特殊学校教育·康复·职业训练丛书

特殊教育学校学生康复与训练

主　　编	黄建行	雷江华		
副 主 编	曹　艳	赵梅菊		
编写人员	李百艺	康小英	郭俊峰	万　勇
	秦　涛	何小玲	张　春	陆　瑾
	徐　勇	王树毅	李凤英	崔　璨
	缴洪勋	邓永兴	钟果贤	朱　惠
	何永娜	徐小亲	邓晓红	沈光银
	郭小水	赵梅菊	亢飞飞	朋文媛
	魏雪寒	罗司典		

图书在版编目(CIP)数据

特殊教育学校学生康复与训练/黄建行,雷江华主编. —北京:北京大学出版社,2014.1

(特殊学校教育·康复·职业训练丛书)

ISBN 978-7-301-23519-5

Ⅰ.①特… Ⅱ.①黄… ②雷… Ⅲ.①特殊教育－康复训练 Ⅳ.①G76②R49

中国版本图书馆 CIP 数据核字(2013)第 285976 号

书　　　名	特殊教育学校学生康复与训练
	TESHU JIAOYU XUEXIAO XUESHENG KANGFU YU XUNLIAN
著作责任者	黄建行　雷江华　主编
丛 书 主 持	李淑方
责 任 编 辑	李淑方
标 准 书 号	ISBN 978-7-301-23519-5/G·3748
出 版 发 行	北京大学出版社
地　　　址	北京市海淀区成府路 205 号　100871
网　　　址	http://www.pup.cn　新浪微博:@北京大学出版社
电 子 信 箱	zyl@pup.edu.cn
电　　　话	邮购部 62752015　发行部 62750672　编辑部 62767857
印 刷 者	北京大学印刷厂
经 销 者	新华书店
	730 毫米×980 毫米　16 开本　30.75 印张　450 千字
	2014 年 1 月第 1 版　2017 年 12 月第 4 次印刷
定　　　价	88.00 元

未经许可,不得以任何方式复制或抄袭本书之部分或全部内容。

版权所有,侵权必究

举报电话:010-62752024　电子信箱:fd@pup.pku.edu.cn

图书如有印装质量问题,请与出版部联系,电话:010-62756370

序一

方俊明
华东师范大学终身教授
中国高等教育学会特殊教育研究会理事长
国家重点课题《特殊教育支持保障体系研究》的首席专家

"十二五"期间,是我国特殊教育工作推动力度最大,取得成绩最为显著的五年。通过贯彻《国家中长期教育改革发展规划(2010—2020)》,执行《特殊教育提升计划(2014—2016)》,以及国家特殊教育实验区的建设,我国特殊教育发展进入了历史上最好的发展时期。一是各级政府和全社会都提高了对发展特殊教育重要意义的认识,逐步落实特殊教育发展的重要任务指标,出台优惠政策与增加财政投入,使特殊教育学校的办学条件有了明显的改善,残疾儿童少年接受义务教育的人数的比例大幅度提高。二是通过国家 37 个特教深化改革实验区的建设,全方位推进区域性特殊教育支持保障体系的构建,初步建立布局合理、学段衔接、普职融通、"医教结合"的特殊教育体系。三是通过研制《全日制特殊教育学校义务教育课程标准》,出台《特殊教育教师专业标准》,促进了特殊教育师资水平和教学质量的提高。

面临我国特殊教育发展的大好形势,我国许多特殊学校和特教单位都在聚焦于内涵发展,通过总结经验,制订未来五年的发展规划,迎接新的挑战,由深圳市元平特殊教育学校黄建行校长与华中师范大学特殊教育系主任雷江华教授主编、北京大学出版社出版的"特殊教育学校教育·康复·职业训练丛书"就是在这样的背景下问世的研究成果。

这套"特殊学校教育·康复·职业训练丛书"系统地总结了我国改革开放的特区深圳市元平特殊教育学校的办学经验和理论思考,结合教育、教学、管理、科研等多方面的实践,深入地探讨了有关特殊儿童,尤其是智力障碍儿童的学校教育、身心康复、职业训练以及终身教育等一系列问题。"特殊学校教育·康复·职业训练丛书"由六本专著构成。

《特殊教育学校办学模式》,用 8 章 27 万字的篇幅系统地介绍了深圳元平特殊教育学校办学模式的形成与发展历程,包括学校的办学理念、办学体制、办学人员、办学环境、办学特色与办学模式的革新。该书总结了深圳市这所规模大、设备好、师资力量雄厚的特殊学校，如何在我国特殊教育发展的大好形势下，适应当地经济发展水平和人才需要，不断革新办学范式。

《特殊教育学校校本课程开发》，用6章30万字的篇幅系统地介绍了深圳元平特殊教育学校根据国家提出的建立国家课程、地方课程、学校课程等三级课程体系的构想，结合学生实际和地方特色开发校本课程的理论与实践。该书在系统地梳理我国特殊教育学校校本课程开发国内外背景、发展历程、课程开发的理念、流程和体系的基础上，以案例的形式说明康复类校本课程开发、职业训练类校本课程开发的实施原则与结构体系，深入地讨论了校本课程开发的多种支持策略。

《特殊教育学校学生康复与训练》，用9章45万字的篇幅系统地介绍了深圳元平特殊教育学校，作为一所面对智力障碍、听觉障碍、视觉障碍、自闭谱系障碍、脑瘫等五类特殊儿童的综合性特殊学校，如何通过"医教结合"，对发展障碍儿童进行康复与训练的经验。作者强调康复与训练是帮助特殊儿童恢复和补偿功能，提高生存质量与社会适应能力的重要途径，是特殊学校一切工作的重中之重。几十年来，学校在"教育、康复、职业训练一体化"办学思想的指导下，已经从建校初期的只是针对某一类特殊儿童单一的康复模式（如最初的聋童的语言康复、脑瘫儿童的肢体康复），发展到包括教育康复、医疗康复、家庭康复和社区康复等综合康复与全面康复的模式。该书的前四章介绍了特殊教育学校学生康复的理论基础、支持体系，后五章分别探讨了五类特殊儿童的康复与训练的原理、方法与过程。

《智障学生职业教育模式》，用8章25万字的篇幅系统地介绍了深圳元平特殊教育学校智障学生职业教育的理念、发展目标、组织结构、课程设置、教学与实训、质量评估与教师发展等一系列问题的实践经验和理论思考。元平学校深刻地认识到，在康复训练的基础上，对智障儿童进行有效的职业技术教育，帮助学生形成良好的职业素养和职业技能，是解决他们的就业与生存问题的重要举措。从2003年以来，学校遵循"以生为本，育残成才"的办学宗旨，提出了"立交桥"式的职业教育模式，尤其是在生态取向、以生为本、职特融通、就业导向等方面取得了显著的成就，赢得了广泛的社会赞誉。

《信息技术在特殊教育中的应用》，用6章26万字的篇幅系统地介绍了深圳元平特殊教育学校信息化建设与应用的实践与经验。学校很早就认识到21世纪是一个知识化、信息化的时代，把培养学生获得与应用信息的能力，促进沟通与交流放在一个非常重要的位置。从1991年建校开始，学校就不断地将信息技术与管理、教学与服务结合起来，积极创建信息化的校园，为教师与学生的发展提供了一个完善的信息化环境。本书不仅全面地介绍了信息技术在特殊教育中应用的概况，还采用案例形式说明了信息技术在视障、听障、智障、自闭症与脑瘫等五类障碍儿童教学、管理与服务过程中的运用策略与成效。

《特殊教育学校特奥运动项目建设》，用9章26万字的篇幅系统地介绍了深圳元平特殊教育学校作为国家特奥培训基地和深圳市残疾人运动训练基地开展特奥运动项目训练的实践与经验。从1991年以来，深圳元平特殊教育学校经过起步、发展、领跑三个阶段的发展，在特奥基地建设方面已经形成了一定的规模，培育出一批有本校特色并在全国乃至世界上都具有一定竞争力的特奥游泳、特奥保龄球、特奥滚球等优势项目。学生通过参加特奥项目的学习、训练和竞赛，不仅提高了体能与健康水平，还增加了自信和社会适应能力，培养了自强不息、奋力拼搏、超越自我的精神。从结构上看，该书的内容分为三大部分：前3章分别阐述了国内外特殊教育学校特奥运动项目建设的背景、项目的体系与项目开发过程。第4—8章，分别介绍了特奥游泳、特奥保龄球、特奥滚球、特奥滑轮以及其他特奥运动项目的发展、特色与实施过程；最后一章讨论了开展特奥运动项目在促进学生发展、提高学校育人的整体水平、赢得社会的赞誉等方面的多重意义和取得的效益。

截至2015年，我国有特殊教育学校2053所，在特殊学校就读残疾学生共20.25万人，特殊学校教职工共5.95万人，其中专任教师5.03万人。这就意味着全国每个特殊学校平均学生数不到100人，教职工人数不到30人，专任教师人数不到25人。但深圳元平特殊教育学校现有五类特殊学生人数是870人，设79个教学班，教职工和专任教师的人数分别是385人和224人，相当于10个中等特殊教育学校的规模。通过书稿的阅读和实地的参观考察，我深切地感到，这所规模大、设备好、师资力量雄厚的特殊教育学校的办学经验，特别是他们创造的"教育·康复·职业训练一体化"的元平模式，在全国特殊教育学校有很大的借鉴和推广价值。为了适应当代融合教育的发展趋势，学校在普特融合、普职融合、家校结合、社会办学、终身教育等方面也积累了丰富的经验，我深信，在未来的融合教育的背景下，作为"中国教育科学院特殊教育实验基地""广东省特殊教育基地""中国特奥培训基地"的深圳元平特殊教育学校也一定能更好地与时俱进，充分地利用学校专业优势，成为一个有引领和指导能力的特殊教育资源和指导中心。

特别值得指出的是，"特殊学校教育·康复·职业训练丛书"作为深圳元平特殊教育学校与华中师范大学教育学院特殊教育系合作研究的成果，它凝结了两地师生多年实践经验与理论思考的心血，展示了我国特殊教育界基础教育与高等教育的相互支撑、共命运、同呼吸的发展历程，证实了专业性的支持,尤其是青年教师教书育人和科研水平的提高是促进特殊内涵发展的重要因素,为学生和教师的发展创设良好的、宽松的学习、工作与生活环境是每一所学校和教育机构发展的必由之路。作为教育界一位老兵,我衷心地祝愿我们的特殊儿童、我们的青年教师,能伴随着学校的发展,特教事业发展、国家的繁荣昌盛,人类的文明进步而共同成长。

本套丛书自2011年陆续出版以来,受到业界广大读者的广泛好评,值此丛书修订重印之际,特作序。

2016年5月13日于深圳

序二

肖 非

北京师范大学教授

深圳元平特殊教育学校创立时间虽然不到30年,但其影响遍及全国。这所学校给人的第一印象恐怕是"大",巨大的校园,就像一所大学;校园面积5.3万平方米,就像一个社区;870名残疾学生,涉及五类以上的残疾类型,规模全国少有。其实,深圳元平特殊教育学校的"大"不仅仅如此,它还有更丰富的内容。"特殊学校教育·康复·职业训练丛书"系统深入地介绍了该校20多年来在特殊教育领域的探索和创新,比较全面地反映了深圳元平特殊教育学校"大"的内涵。

《特殊教育学校学生康复与训练》一书介绍了特殊教育学校学生康复的理论体系,并结合脑瘫、自闭症、智力障碍、视力障碍和听力障碍等类学生的特点,阐述了有针对性的康复方法。《特殊教育学校校本课程开发》一书系统介绍了学校在教育教学、医疗康复、职业训练方面校本课程开发的背景、管理、体系、过程和策略,尤其是校本课程体系、康复类校本课程开发、职业训练类校本课程开发最具特色。《智障学生职业教育模式》介绍了学校"育残成材"办学理念指导下的"立交桥"式职业教育模式,梳理了职业教育发展的历程,明确了职业教育的理念和发展思路,明晰了立交桥式职业教育模式的特点,并提出了提高智障学生职业教育质量的想法。《信息技术在特殊教育中的应用》一书全面介绍了学校信息技术在学校教学、科研管理、为师生进行信息化服务方面的情况,并在案例分析的基础上进行了理论总结。《特殊教育学校特奥运动项目建设》一书对智障学生特殊奥林匹克运动进行了系统介绍,尤其是详细介绍了游泳、保龄球、滚球、轮滑、篮球、乒乓球等有特色的特奥运动项目,对这些运动的开展与普及具有重要意义。《特殊教育学校办学模式》一书则全面系统地总结了深圳元平特殊教育学校建校20多年来的办学模式、办学理念、办学体制、办学环境、办学经费、办学效能的探索与创新,全景性地展现了学校的办学特色和办学成就。

通读整套丛书,本人有以下几个方面的感触:

1. 深圳元平特殊教育学校的发展模式是与深圳这样一个经济社会高度

发达的城市相适应的。深圳作为国家改革开放的排头兵，改革创新是发展的第一要义，特殊教育当然也需要大胆创新。作为一所历史不长的深圳唯一一所公立的特殊教育学校，如何能够满足广大特殊需要儿童接受优质教育的要求，办出学校自己的特色，是摆在学校面前的无法回避的问题。经过20多年的努力，深圳元平特殊教育学校探索出了"以生为本""服务至上""资源整合""科研兴校"的办学理念和"以生为本，育残成才"的办学宗旨，形成了"教育、康复、职业训练一体化"的元平模式。

2. 办好一所学校，人是关键。特殊教育是一项专业要求很高的工作，教师队伍的专业化程度决定了学校办学质量的高低。作为一所综合性的特殊教育学校，深圳元平特殊教育学校已经形成了一支年龄结构、学历结构、职称结构、专业结构等合理的高水平师资队伍。全校教职工385人，其中专任教师本科以上学历达99%，研究生学历达35%。在教师管理方面，元平特殊教育学校已经形成了自己独特的方式，比如班主任工作常规"九个一"，教师教研常规"十个一"等。在教师专业化发展方面，学校始终以提高教师师德修养、业务能力为抓手，给教师提供了广阔的成长平台。专业化的教师造就了专业化的学校，专业化的学校为国家培养了一大批自尊、自信、自强、自立的人才。

3. 专业化的服务是衡量学校办学质量的重要标准。高质量的特殊教育，除了需要有效的课堂教学和丰富多彩的课外实践活动，专业化的相关服务也是必不可少的。相关服务是指交通以及用于帮助残疾儿童获益于特殊教育的发展性、矫正性和其他支持性服务。主要包括：言语病理学、听力学、心理学服务；物理治疗和职业治疗；娱乐活动；早期干预和儿童期残疾的评估；咨询服务；用于诊断和评估目的的医疗服务；学校健康服务、社会工作服务、父母咨询和培训。在这些方面，深圳元平特殊教育学校进行了多方面的探索。其中，他们为脑瘫儿童设立了物理治疗、作业治疗、运动功能训练、心理健康（智障）课程，为自闭症儿童开设了社会交往、感觉运动、听觉统合、音乐治疗等课程，为智力障碍儿童开设了感知训练课程，为视障儿童开设了综合康复课程。这些课程的开设，促进了特殊儿童身心障碍的补偿与矫正，为他们接受高质量的特殊教育提供了前提条件和保障。

感谢以黄建行校长为首的深圳元平特殊教育学校的全体教师，把你们20多年的理论与实践的成果奉献出来，供大家学习借鉴；感谢以雷江华教授为首的华中师范大学的师生们，你们的努力让一线教师的成果得到了理论的升华，更加有血有肉。

2016年5月于北京师范大学英东教育楼407室

前　言

　　康复与训练是帮助特殊教育学生恢复或补偿功能，提高生存质量，增强社会参与能力的重要途径，是特殊教育学校工作的重心和基础。随着特殊教育事业的发展，特殊教育学校的康复工作越来越向综合性的康复训练发展。2009年11月，教育部基础教育二司向部分省、市教育厅（教委）发出《关于在特殊教育学校建立"医教结合"实验基地的通知》，启动了由教育行政部门组织、各类专家介入、基层学校参与的"医教结合"实验，旨在通过综合运用教育与医疗等康复手段使特殊学生的发展达到最佳的程度。这就向特殊教育学校的康复工作提出了新的要求。深圳元平特殊教育学校作为一所综合性的特殊教育学校，教育对象主要包括脑瘫、智力障碍、自闭症、听觉障碍、视觉障碍五类学生，决定了学校康复工作的多重性和复杂性。为了提高康复效果，学校兴建了康复楼，设立了康复办公室，成立了脑瘫康复组、自闭症康复组、心理健康康复组，开发了一系列康复类校本课程，并引进了一大批康复领域的优秀师资，从硬件和软件方面保证了学校康复工作的有效实施。学校在"教育、康复、职业训练一体化"的办学理念的指导下，康复工作已经从建校初单一的听障学生的学前语言康复、脑瘫学生的肢体康复发展到现阶段的面向五大类学生的康复体系，形成了融合教育康复、医疗康复、职业康复、家庭康复和社区康复等多种康复形式的全面康复理念。

　　为了较全面地介绍深圳元平特殊教育学校学生康复工作的概况，本书前四章，介绍了特殊教育学校学生康复的理论体系，后五章，介绍了学校五类特殊学生的康复与训练。其中第1章介绍了特殊教育学校康复的产生与发展，第2章介绍了特殊教育学校学生康复的体系，第3章介绍了特殊教育学校学生康复的设备设施，第4章介绍了特殊教育学校学生康复的方法。第5章介绍了脑瘫学生的训练，第6章介绍了自闭症学生的训练，第7章介绍了智碍学生的训练，第8章介绍了听障学生的训练，第9章是视障学生的训练。本书是深圳元平特殊教育学校和华中师范大学教育学院特殊教育系两个单位合作研究的成果，由深圳元平特殊教育学校黄建行校长和华中师范大学教育学院特殊教育系系主任雷江华教授组织策划，拟订提纲；参与该书编写的人员包括深圳元平特殊教育学校的曹艳副校长、李百艺、康小英、郭俊峰、万勇、秦涛、何小玲、张春、陆瑾、徐勇、王树毅、李凤英、崔璨、缴洪勋、邓永兴、钟果贤、朱惠、何永娜、徐小亲、邓晓红、沈光银、郭小水等老师；华中师范大学特殊教育系的硕士研究生赵梅菊、魏雪寒、亢飞飞、朋文媛、罗司典等。该书编写工作得到了深圳元平特殊教育学校的大力支持和北京大学出版社的友情协助，得到了教育部人文社会科学规划项目(13YJA740023)与教师教育国家级精品课程"特殊儿童发展与学习"等课题资助，在此表示由衷的感谢！

编　者
2012年2月于美国佐治亚大学Aderhold Hall 551室

目 录

第1章 特殊教育学校学生康复的概述 (1)
 第1节 产生与发展 (1)
  一、西方特殊教育学校学生康复的产生与发展 (2)
  二、我国特殊教育学校学生康复的产生与发展 (11)
  三、深圳元平特殊教育学校学生康复的产生与发展 (18)
 第2节 内涵与外延 (21)
  一、医疗模式的康复概念 (22)
  二、社会模式的康复概念 (23)
 第3节 对象与内容 (25)
  一、特殊教育学校康复的对象 (25)
  二、特殊教育学校康复的内容 (29)
 第4节 目的与意义 (32)
  一、特殊教育学校学生康复的目的 (32)
  二、特殊教育学校学生康复的意义 (35)
 第5节 理念与原则 (38)
  一、康复理念 (38)
  二、康复原则 (48)

第2章 特殊教育学校学生康复的体系 (52)
 第1节 理论体系 (52)
  一、人本理论 (53)
  二、传统康复理论 (53)
  三、现代医学模式和整体康复理论 (55)
  四、心理学相关理论 (57)
 第2节 课程体系 (59)
  一、康复课程的设置原则 (60)
  二、康复课程编制指导思想 (62)
  三、深圳元平特殊教育学校康复课程体系 (64)

第3节　人员体系 ……………………………………………………… (73)
　　一、国内外康复人员体系 ………………………………………… (73)
　　二、康复人员职责 ………………………………………………… (77)
　　三、康复人员的培训 ……………………………………………… (79)
第4节　评估体系 ……………………………………………………… (81)
　　一、康复评估的意义、作用和原则 ……………………………… (82)
　　二、康复评估工具、方法及内容 ………………………………… (85)
　　三、康复评估流程 ………………………………………………… (90)
第5节　支持体系 ……………………………………………………… (95)
　　一、康复支持体系概述 …………………………………………… (95)
　　二、政府支持 ……………………………………………………… (97)
　　三、学校软件支持体系 …………………………………………… (101)
　　四、家庭支持 ……………………………………………………… (104)
　　五、专业机构支持 ………………………………………………… (109)
　　六、社会支持 ……………………………………………………… (110)

第3章　特殊教育学校学生康复的设施设备建设 ……………………… (115)
第1节　无障碍设施的建设 …………………………………………… (115)
　　一、我国无障碍设施建设的发展 ………………………………… (116)
　　二、国家无障碍设施建设的标准 ………………………………… (117)
　　三、广东省无障碍设施的要求 …………………………………… (119)
　　四、深圳市无障碍设施的要求 …………………………………… (120)
　　五、学校无障碍设施建设 ………………………………………… (122)
第2节　功能教室的建设 ……………………………………………… (125)
　　一、学校功能教室的建设过程 …………………………………… (126)
　　二、功能教室的具体介绍 ………………………………………… (128)
第3节　仪器设备的建设 ……………………………………………… (132)
　　一、国家对仪器设备的要求 ……………………………………… (133)
　　二、学校现有的仪器设备 ………………………………………… (147)
　　三、学校仪器设备的采购 ………………………………………… (150)
　　四、仪器设备的维修与保养 ……………………………………… (151)
第4节　辅助器具的建设 ……………………………………………… (153)
　　一、辅助器具发展概述 …………………………………………… (153)
　　二、辅助器具在全面康复中的应用 ……………………………… (155)

三、国家对辅助器具的相关要求 ……………………………………（156）
四、深圳市辅助器具相关要求 ……………………………………（158）
五、学校辅助器具使用情况 ………………………………………（162）

第4章 特殊教育学校学生康复的方法 ……………………………（168）

第1节 医疗康复 ……………………………………………………（168）
一、医疗康复政策简介 ……………………………………………（168）
二、医疗康复的原则和意义 ………………………………………（169）
三、医疗康复的方法 ………………………………………………（170）

第2节 教育康复 ……………………………………………………（178）
一、教育康复的模式 ………………………………………………（178）
二、教育康复的原则和意义 ………………………………………（179）
三、教育康复的方法 ………………………………………………（181）

第3节 职业康复 ……………………………………………………（183）
一、职业康复的现状 ………………………………………………（184）
二、职业康复的原则和意义 ………………………………………（184）
三、职业康复的内容 ………………………………………………（185）
四、各类特殊学生的职业康复 ……………………………………（187）

第4节 心理康复 ……………………………………………………（198）
一、特殊学生心理康复的原因 ……………………………………（199）
二、特殊学生心理康复的原则 ……………………………………（199）
三、心理康复方法 …………………………………………………（199）

第5节 社区康复 ……………………………………………………（207）
一、社区康复简介 …………………………………………………（207）
二、社区康复原则 …………………………………………………（208）
三、社区康复的目标、工作流程、内容和方法 …………………（208）
四、元平特色 ………………………………………………………（218）

第5章 脑瘫学生的训练 ……………………………………………（222）

第1节 脑瘫学生的评估 ……………………………………………（222）
一、脑瘫学生的特点 ………………………………………………（223）
二、脑瘫学生评估的目的及原则 …………………………………（225）
三、脑瘫学生评估的形式 …………………………………………（226）
四、脑瘫学生评估的方法 …………………………………………（227）
五、脑瘫学生评估的过程 …………………………………………（228）

  六、脑瘫学生评估的量表 ……………………………………………………（229）
 第 2 节 训练计划的制订 ………………………………………………………（246）
  一、脑瘫学生的训练目标 …………………………………………………（247）
  二、脑瘫学生的训练计划 …………………………………………………（250）
 第 3 节 训练过程的实施 ………………………………………………………（255）
  一、脑瘫学生康复的条件 …………………………………………………（256）
  二、脑瘫学生的训练实施 …………………………………………………（257）
 第 4 节 训练效果的评价 ………………………………………………………（277）
  一、物理治疗效果的评价 …………………………………………………（277）
  二、作业治疗效果的评价 …………………………………………………（280）
  三、脑瘫学生训练课程的综合评价 ………………………………………（281）

第 6 章 自闭症学生的训练 ……………………………………………………（283）
 第 1 节 自闭症学生的评估 ……………………………………………………（283）
  一、自闭症学生的特点 ……………………………………………………（283）
  二、自闭症学生评估的内容 ………………………………………………（287）
  三、自闭症学生评估的方法 ………………………………………………（288）
  四、自闭症学生评估的工具 ………………………………………………（290）
 第 2 节 训练计划的制订 ………………………………………………………（295）
  一、自闭症学生康复目标 …………………………………………………（295）
  二、自闭症学生训练计划的制订 …………………………………………（297）
  三、个别化教育计划 ………………………………………………………（299）
 第 3 节 训练过程的实施 ………………………………………………………（303）
  一、自闭症学生康复原则 …………………………………………………（304）
  二、自闭症学生的康复实施 ………………………………………………（305）
 第 4 节 训练效果的评价 ………………………………………………………（331）
  一、评价方式 ………………………………………………………………（332）
  二、评价阶段 ………………………………………………………………（333）

第 7 章 智障学生的训练 …………………………………………………………（339）
 第 1 节 智障学生的评估 ………………………………………………………（339）
  一、智障学生的特点 ………………………………………………………（339）
  二、智障学生康复训练的意义和紧迫性 …………………………………（342）
  三、智障学生的评估工具、方法、内容 …………………………………（343）
  四、评估的实施 ……………………………………………………………（349）

第 2 节　训练计划的制订 …………………………………………（352）
　　　一、智障学生康复训练目标 ………………………………（353）
　　　二、智障学生康复训练计划的制订 ………………………（356）
　　　三、个别化训练计划 ………………………………………（360）
　 第 3 节　训练过程的实施 …………………………………………（363）
　　　一、智障学生康复训练的实施原则 ………………………（363）
　　　二、智障学生康复训练的方法 ……………………………（364）
　　　三、智障学生康复训练实施 ………………………………（366）
　　　四、智障学生康复训练记录 ………………………………（377）
　 第 4 节　训练效果的评价 …………………………………………（378）
　　　一、评价内容和评价形式 …………………………………（378）
　　　二、评价阶段 ………………………………………………（379）

第 8 章　听障学生的训练 ………………………………………………（389）
　 第 1 节　听障学生的评估 …………………………………………（389）
　　　一、听障学生的特点 ………………………………………（390）
　　　二、听障学生评估的内容和方法 …………………………（396）
　 第 2 节　训练计划的制订 …………………………………………（412）
　　　一、听障学生的康复训练目标 ……………………………（412）
　　　二、听障学生的康复训练计划 ……………………………（413）
　 第 3 节　训练过程的实施 …………………………………………（415）
　　　一、听障学生康复训练的原则 ……………………………（416）
　　　二、听障学生康复训练的实施 ……………………………（417）
　 第 4 节　训练效果的评价 …………………………………………（427）
　　　一、评价的原则 ……………………………………………（427）
　　　二、评价内容和方法 ………………………………………（429）

第 9 章　视障学生的训练 ………………………………………………（436）
　 第 1 节　视障学生的评估 …………………………………………（436）
　　　一、视障学生的特点 ………………………………………（437）
　　　二、视障学生的评估 ………………………………………（440）
　 第 2 节　训练计划的制订 …………………………………………（451）
　　　一、视障学生的康复目标 …………………………………（451）
　　　二、视障学生的康复计划 …………………………………（454）
　 第 3 节　训练过程的实施 …………………………………………（456）
　　　一、视障学生的康复原则 …………………………………（456）

二、视障学生的康复实施 …………………………………………（457）
　第 4 节　训练效果的评价 ……………………………………………（468）
　　一、功能视力评价 ………………………………………………（468）
　　二、适应能力评价 ………………………………………………（469）
　　三、定向行走能力评价 …………………………………………（469）
　　四、学科知识能力评价 …………………………………………（470）

第1章　特殊教育学校学生康复的概述

"康复"是指综合地、协调地应用医学的、社会的、教育的和职业的措施,对患者进行训练和再训练,使其活动能力达到尽可能高的水平。[①] 残疾人康复工作是帮助残疾人恢复或补偿功能,提高生存质量,增强社会参与能力的重要途径,是残疾人工作的核心和基础。关于残疾人康复与服务的理论是建立在特定社会的政治、经济、文化基础之上的,当某一社会对残疾、平等的观念发生变化时,残疾人的服务模式也会随之变化。[②] 1991年,哈珀(Harper)提出,每一种康复类型都有其残疾模型的基础,康复实践者、教育者对残疾人群的治疗和干预方式取决于他们对残疾的态度。[③] 2009年,斯玛特(Smart)也指出残疾模式渗透在每一种康复实践中,是诊断和评估系统的基础。[④] 因此,对特殊教育学校学生康复的产生与发展、内涵与外延、对象与内容、目的与意义、理念与原则等基本问题的讨论需要结合残疾模式的变化进行展开。

第1节　产生与发展

纵观特殊教育发展的历史,人类在如何对待残疾人士的问题上经历了从杀戮到遗弃、忽视、怜悯与过度保护,进而到逐渐接纳,再到最大限度地融合进主流社会的发展过程。相应地,特殊教育学校经历了从无到有,从有到优的过程。在这一漫长的过程中,随着社会经济、科技、文化不断地发展,特殊教育学校的康复模式逐渐从单一的医学康复发展到促进特殊学生整体发展的全面康复阶段,特殊教育工作者越来越多地与医疗、心理、工程技术和社会工作者合作,综合地运用教育、医学等多种技术与手段,对特殊学生进行康复训练,有效地促进了特殊学生身心更好的发展。[⑤]

[①] 陈云英.中国特殊教育学基础[M].北京:教育科学出版社,2004:366.
[②] 邓猛.社区融合理念下的残疾人康复服务模式探析[J].中国特殊教育,2005(8):23-27.
[③] Harper, D. Paradigms for investigating rehabilitation and adaptation to childhood disability and chronic illness[J]. Journal of Pediatric Psychology,1991(16):533-542.
[④] Smart, J. F. The power of models of disability[J]. Journal of Rehabilitation,2009(75):3-11.
[⑤] 李黎红.聚焦"医教结合"[J].现代特殊教育,2011(2):4.

一、西方特殊教育学校学生康复的产生与发展

西方的特殊教育实践经历了隔离式特殊教育体制(特殊学校与特殊班)、回归主流(瀑布式教育服务体系)、融合教育等阶段。[①] 在每个阶段,人们对残疾人的态度、安置模式和理论观点各不相同,与之相适应的特殊教育学校学生康复也在逐渐变化。

(一)隔离特殊教育时期:医疗康复的产生与发展

1. 特殊教育学校的产生与发展

西方特殊教育的雏形出现在 16 世纪末的医学训练,随着医学的不断发展和医生社会地位的提升,一些医学人员开始利用医学、生理学的理论与方法,试图解释并治疗或训练残疾人士。[②] 例如,1614 年,瑞士医学教授菲普拉特杰尔就曾对残疾作出分类;16 世纪末荷兰人阿曼,在医生工作的基础上,对聋人开始语言训练,出版了《说话的聋人或先天聋人可会说话的途径》,他在 1770 年的著述《关于言语的论文》对欧洲聋人教育产生了深远影响;[③]18 世纪末法国医生伊塔德对狼孩维克多开展教育试验,采用设计环境、感官训练、医教结合等方法对其进行训练。[④]

人类对残疾人进行系统的教育始于启蒙时代的欧洲。1770 年,法国的天主教神父莱佩在巴黎创办了世界上第一所聋人学校,开启了近代听障学生正式教育的先河;1837 年,法国精神科医生谢根也在巴黎创立了智障学生训练学校。欧洲的这种对残疾人的养护性教育机构迅速扩展到美洲,例如,谢根 1848 年移民到美国,并将法国的寄宿制智障学生训练学校的理念与方法介绍到美国,对美国智障学生教育的产生与发展作出巨大的贡献。在 19 世纪早期到 20 世纪 20 年代,大量隔离的特殊教育养护机构在美国建立。特殊教育发展的中心也随之从欧洲转移到了美洲。1817 年,加劳德特在哈特福特(Hartford)建立了美国最早的特殊教育机构——克那克提克特听障人士教育与训练收容所。1870 年,美国马萨诸塞州创办了克拉克聋哑学校。到 1880 年,听障人士教育机构在美国增至 55 所。1847 年时,美国仅有 6 所专门接收视障学生入学

[①] Villa, R. A., Thousand, J. S. Restructuring for caring and effective education: piecing the puzzle together[M]. Baltimore, Md.: Paul H. BrooksPub,2000:201.

[②] Skrtic T. M. Behind special education: A critical analysis of professional culture and school organization[M]. Denver, Colo.: Love Pub. Co,1991:78-79.

[③] 朴永馨.特殊教育[M].长春:吉林教育出版社,2000:5.

[④] Poon-McBrayer K. F., Lian M. J. Special needs education: children with exceptionalities[M]. Hong Kong: Chinese University Press,2002:121.

的学校,1875年时,增至30所,就读人数达到三千人左右。1848年,豪在其领导的帕金斯盲校里开设了美国第一个智障学生实验学校,开启了美国智力落后教育的先河。从1848年第一所智障学校成立到1890年的40年间,美国的12个州共建立了14所智障教育机构。[1]

到了20世纪上半叶,由于义务教育法在西方各国的颁布与实施,入学学生的数量大增,学校的特殊儿童数量也急剧增加,仅凭隔离的特殊教育机构或学校显然不能满足这些儿童的教育需要,于是特殊班得以建立,其发展速度超过特殊教育走读学校的发展速度。早在1817年,丹麦就为感官有残疾的儿童的义务教育进行立法,1852年,美国马萨诸塞州颁布了强制入学法令,开始了通过立法的程序强制义务教育普及化的历程。英国则于1893年立法规定教育部承担特殊儿童的义务教育及其所需的经费。义务教育法最初只针对普通人群,后来将特殊儿童也包含在内。随着义务教育观念的深入人心与相关法律的颁布,公立学校被迫招收更多的儿童,为盲、聋儿童提供免费的义务教育已成为人们的共识。隔离的、自足式的特殊教育班越来越成为教育者们愿意接受的残疾儿童教育服务模式,并于20世纪五六十年代达到顶峰。[2]

2. 特殊教育学校医疗康复的产生与发展

西方早期特殊教育学校的产生以及学校采用的康复手段与医学的产生与发展有密切的关系,产生于欧洲的早期特殊教育学校多为医生或神职人员所创办,教育对象残疾程度也较重,教学方法则注重"生理学的方法"。法国人谢根甚至把智力落后儿童教育学校命名为生理学学校,认为自己的教育训练是属于生理学的。[3] 除了医学的发展,心理学的诞生也为特殊教育提供了新的理论与方法。以智力测验为代表的儿童能力测验技术与鉴定程序的广泛应用成为证明少数人优越性的有效的、科学的工具,也成为隔离、控制残疾人士的"科学"的证据。[4] 在心理—医学模式残疾观的影响下,隔离的特殊教育学校主要运用医疗手段对特殊儿童开展训练,特殊教育的着眼点是关注特殊学生病理学的根源、行为特点及其矫正补偿方法,其假设是,残疾是由个体生理、心理缺陷所致,而缺陷是能够测量和诊断的,应对残疾人进行医学的诊断、训练与缺陷补偿。[5] 例如,19世纪早期对智障儿童的教育训练主要倾向于伊塔德等人的

---

[1] 张福娟,马红英,杜晓新.特殊教育史[M].上海:华东师范大学出版社,2000:89-136.
[2] 特殊教育的产生与早期发展[EB/OL]. http://jiguang.ci123.com/blog/uiuighj/entry/2933. 2011-02-09.
[3] 朴永馨,等.特殊教育学[M].福州:福建教育出版社,2002:33.
[4] 邓猛,卢茜.医教结合:特殊教育中似热实冷话题之冷思考[J].中国特殊教育,2012(1):4-8.
[5] 王培峰.西方特殊教育内涵的历史分析[J].现代教育科学,2011(3):156-159.

感官训练的方法。19世纪后期,塞甘的关于智障儿童教育理论与实践的经验在特殊教育领域中有很大的影响。在塞甘教育理论的影响下,19世纪的智障教育强调从训练学生的感官知觉出发,教学内容主要包括:肌肉训练、神经系统的训练、感觉教育、抽象思维训练、语言理解训练、社会理解训练和道德品质的学习等。学校普遍采用的康复方法也来自于塞甘,主要有身体锻炼法、音乐训练法、语言训练法等。[1]

第一次世界大战后,战伤及小儿麻痹流行使残疾人增多,刺激了物理学的迅速发展,如电诊断、电疗等不仅用于治疗,还用于诊断及预防残疾,进而发展成为物理医学。1916年美国医学会下设物理医学和康复委员会,1943年英国成立了物理医学会,美国物理治疗师学会也于1938年成立。[2] 美国、加拿大和西欧一些国家还相继出现了主要采用作业疗法治疗伤病员的康复机构。随着康复医学的发展,"一战"后,医疗康复的概念正式进入特殊教育领域,力求以医疗训练的手段使特殊学生被损害的机能尽可能达到较高水平。医疗康复模式重视发展客观测量工具(如智力量表等)来诊断残疾或障碍类型与程度,并据此发展相应的药物或治疗方法以及具有明显医学特点的干预或训练手段,[3] 认为特殊学生应该得到包括培训、治疗、咨询在内的各种康复服务,需要配备康复专家等专业技术人员或辅助器具,以帮助其恢复自身机能,从而适应社会需要。[4]

医疗康复的训练模式在西方科学文化中被广为重视,从18世纪末特殊教育诞生到20世纪中期一直占据统治地位。尽管从20世纪开始,以慈善、医疗模式为基础的传统特殊教育机构逐渐向教育模式的公立特殊学校(班)体系转变,但医疗模式的影响并未减弱,特殊教育仍然有着强烈的医学色彩,在欧洲出现的"医疗教育学"(therapeutic pedagogy)就是医学治疗与教育训练结合的系统化。[5] 1993年,温泽(Winzer)指出这一阶段医疗干预与慈善、养护是主要目标,教育只是副产品而已,特殊教育是一个医疗化的过程(Medicalization of special education),医生而非教师扮演了特殊教育的主要角色。[6] 但是,由于医学模式过于聚焦个人,认为一切问题的根源都来自残疾人自身而排除了社会因素或环

---

[1] 张福娟,马红英,杜晓新.特殊教育史[M].上海:华东师范大学出版社,2000:140.
[2] 康复医学[EB/OL]. http://wenku.baidu.com/view/27698ccdda38376baf1fae0f.html.
[3] 邓猛,肖非.全纳教育的哲学基础:批判与反思[J].教育研究与实验,2008(5):18-22.
[4] 郑雄飞.残疾理念发展及"残疾模式"的剖析与整合[J].新疆社科论坛,2009(1):44-49.
[5] 邓猛,卢茜.医教结合:特殊教育中似热实冷话题之冷思考[J].中国特殊教育,2012(1):4-8.
[6] Winzer M. A. The history of special education: From isolation to integration[M]. Washington, D. C.: Gallaudet University Press,1993:252.

境因素的存在,并且认为解决办法的第一步是找到一种医学治疗方法——使残疾人"正常化",这就必然决定它是狭隘的,不能真正全面地解决残疾人问题。

(二)回归主流特殊教育时期:医疗康复与教育康复相结合

1. 回归主流运动的兴起

随着"二战"后民权运动与去机构化运动的发展,特殊儿童应尽可能地在正常环境中学习、生活逐渐成为社会的主流观念,这样就势必要求改变过去将特殊儿童安置在隔离制机构中的做法,让残疾人回归主流学校与社会。[①] 在此基础上,回归主流的教育思想应运而生。1970年,迪诺提出了瀑布式特殊教育服务体系,该体系根据特殊儿童的障碍程度设计了一个由七个层次构成的瀑布式的教育安置体系,其教育安置形式从学习环境受限制程度最多的隔离式教养机构到受限制程度最少的普通学校的全日制普通班,与儿童的残疾程度从重到轻相匹配(见图1-1)。[②] 1975年,美国颁发了《所有残疾儿童教育法》(94-142法),该法律提出了安置特殊儿童的一项基本原则,其核心就是要让特殊儿童尽可能与普通儿童一起生活、学习,即使特殊儿童接触普通儿童与主流社会的限制减少到最低程度。[③] 让特殊儿童在最少受限制环境中接受教育的"回归主流"运动在全世界范围内产生了巨大影响,改变了以往将特殊儿童隔离在特殊

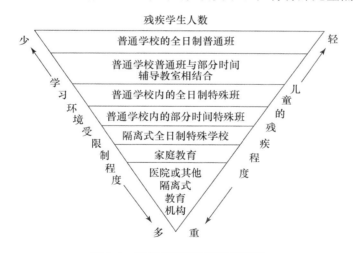

图1-1 瀑布式特殊教育服务体系

---

① Poon-McBrayer, K. F., Lian, M. J. Special needs education: children with exceptionalities[M]. Hong Kong: Chinese University Press, 2002.
② 佟月华. 美国全纳教育的发展、实施策略及问题[J]. 中国特殊教育, 2006(8): 3-7.
③ 张福娟, 马红英, 杜晓新. 特殊教育史[M]. 上海: 华东师范大学出版社, 2000: 299.

学校或特殊班级的教育形式,而是让他们在普通学校内接受教育,从而使特殊教育逐渐回到普通教育的主流中。

2. 特殊教育学校医疗康复与教育康复的结合

瀑布式特殊教育服务体系等级森严,它根据学生残疾程度的轻重决定学生受教育的环境,其基本理论假设有四点:① 残疾是由病理原因导致的。② 诊断与检测是客观有效的。③ 特殊教育体系是精心组织的、能够使被鉴定为特殊学生的孩子受益的层次系统。④ 特殊教育的质量可以通过诊断技术与教学方法的改进而得到提高。① 因此,回归主流特殊教育思想下的对特殊学生的诊断和康复依然还是建立在病理学基础之上的。但是这一时期特殊教育学校的快速发展以及特殊学生安置形式的多样化,使学生有更多的机会在学校接受教育,社会也更加重视早期系统教育、综合教育和对人的知识性教育,形成了具有不同类型、不同层次的教育体系,供特殊学生有选择性地进入不同的教育组织。此外,人们开始尝试为残疾人准备不同的教育项目以适应不同类型残疾人的需要。② 因此,回归主流时期的特殊教育实践从单一的医学治疗与康复模式发展到以医学为主加入其他学科成分(特别是社会学与教育学)的康复阶段,③特殊教育学校逐渐将医疗康复与教育康复结合起来。这一转变导致对特殊学生的评估与诊断发生了变化,与原来相比,评估的内容更加广泛,而且评估的作用也不再是为了对学生的残疾进行鉴定,而是为了更有利于教师为学生制订教育计划。为此,心理学家与教育学者研制了各种评估工具,比如各种能力测验、心理测验量表等。

在这期间,康复医学的发展大大丰富了特殊教育学校康复的内容。"二战"时期伤员较多,为使伤员尽快返回前线,霍华德等(Howard,et al.)在物理医学的基础上采用多学科综合应用于康复治疗,如物理治疗、心理治疗、作业治疗、语言治疗、假肢、矫形支具装配等,大大提高了康复效果,一系列现代的康复疗法得以发展。"二战"结束后,鲁斯克等(Rusk,et al.)大力提倡康复医学,美国、英国都把战时取得的康复经验运用于和平时期对残疾人的康复训练中,建立了许多康复中心,康复的热潮逐渐波及西欧和北欧。比外,由于现代神经生理学、行为医学、生物医学工程学的进步,用于功能评估和康复的新仪器、新方法不断涌现,使康复医学的发展获得了新的动力。④ 康复医学中的物

---

① 邓猛.双流向多层次教育安置模式、全纳教育以及我国特殊教育发展格局的探讨[J].中国特殊教育,2004(6):1-6.

② 李伟.西方历史上对残疾人的态度[J].中国社会医学,1991(6):51-54.

③ 邓猛,卢茜.医教结合:特殊教育中似热实冷话题之冷思考[J].中国特殊教育,2012(1):4-8.

④ 卓大宏.中国康复医学[M].北京:华夏出版社,2003:18.

理治疗、心理治疗、作业治疗、语言治疗等康复方法以及相关的评估方法和康复仪器被特殊教育学校引进,大大推动了特殊教育学校医疗康复的发展。同时,康复医学理念的发展与变化也推动了特殊教育学校康复的发展。"一战"期间兴起的康复医学只重视生物学因素的致病作用,"二战"后,新医学模式则认为除生物学因素外,心理精神情绪因素和社会因素都可能致病。因此,在预防疾病时,不能忽视控制社会和心理的因素。在病因学上,传统的模式只强调疾病的形态变化及其引起的症状,即病因—病理变化—症状。新的康复医学则从重视功能改变及其影响出发,形成"疾病—功能缺陷—个体功能活动受限—社会生活参与受限"的关于疾病与功能障碍关系的新模式。[①] 在新康复观的影响下,特殊教育学校重视采用医学康复与教育康复相结合的康复手段,促进特殊学生身体功能、社会功能的全面发展。

(三)融合教育时期:全面康复的盛行

1. 融合教育的兴起

20世纪60年代兴起的回归主流运动在实施的过程中,人们发现回归主流实施的对象主要是指轻度、中度障碍的儿童,而重度、极重度障碍的特殊儿童仍然留在特殊学校就读,一体化教育思想下仍然存在着"特殊教育"与"普通教育"的双轨制教育体系。[②] 人们开始批判回归主流运动依据残疾的不同程度决定教育环境的做法是不公平的等级制度,认为这种做法恰恰违背了回归主流本身所追求的教育平等的理想。因此,人们又提出了融合教育的思想,认为任何特殊儿童都有权利进入普通教育系统接受与普通儿童一样的教育。1994年在西班牙的萨拉曼卡召开了世界特殊教育大会,并发表了《萨拉曼卡宣言》,宣言声明:

(1)每个儿童都有受教育的基本权利,必须获得可达到的并保持可接受的学习水平之机会。

(2)每个儿童都有其独特的特性、兴趣、能力和学习需要;教育制度的设计和教育计划的实施应该考虑到这些特性和需要的广泛差异。

(3)有特殊教育需要的儿童必须有机会进入普通学校,而这些学校应以一种能满足其特殊需要的儿童中心教育学思想接纳他们。

(4)以全纳为导向的普通学校是反对歧视,创造受人欢迎的社区,建立全纳社会以及实现全民教育的最有效途径;此外,普通学校应向绝大多数儿童提供一种有效的教育,提高整个教育系统的效率。

[①] 卓大宏.中国康复医学[M].北京:华夏出版社,2003:30.
[②] 张福娟,马红英,杜晓新.特殊教育史[M].上海:华东师范大学出版社,2000:309.

此次会议明确提出了融合教育的思想,并对实施融合教育的各个环节进行了广泛的讨论。① 融合教育呼唤改变特殊教育与普通教育的二元体系,建立特殊教育与普通教育的一元体系。在融合教育思想的影响下,特殊教育与普通教育趋于融合,越来越多的特殊儿童在普通学校接受教育。例如,在 2005 年,美国已有超过一半的特殊学生所有学习时间在普通班级,26％的学生大部分时间在普通班级,17％的学生在普通学校的特殊班级,而只有 4％的学生被安置在隔离的设施中。丹麦、挪威、葡萄牙等欧洲国家在 2000 年,隔离在特殊学校或大部分时间在特殊班的特殊学生所占比例均低于 15％。② 特殊教育学校的功能发生了转变,特殊学校为学生提供的康复转向普通学校。此外,融合教育的发展使特殊教育康复的对象也扩大化,特殊教育对象已不仅仅只是特殊儿童,还包括大量有学习困难的儿童。

2. 特殊教育学校全面康复的盛行

20 世纪 70 年代以前的残疾观主要是"医疗模式"的个体型残疾观,对残疾人群提供的康复与服务主要目的在于通过康复计划,使残疾个体身体尽可能康复到接近正常状况。20 世纪 70 年代初,欧洲社会的残疾观出现根本性转变,形成了"社会模式"的残疾观。其核心观点是:① 残疾不是个人问题,其根源在社会和环境;② 残疾人不能参与公平竞争是由于社会上存在太多的障碍造成的;③ 政府及其隶属的各种机构有责任扫除这些障碍;④ 残疾人应该拥有与非残疾人一样多的完全平等的权利。③ 残疾模式的转变反映在特殊教育领域便是融合教育运动的兴起。

残疾模式和特殊教育安置形式的转变相应地影响了特殊教育康复理念的变化,康复模式由以往的医疗模式、医教结合模式转向全面康复模式。全面康复即从生理、心理、职业和社会生活多方面对残疾人进行康复,使残疾人在医疗康复、教育康复、职业康复、社会康复等领域里得到整体康复。④ 这种康复模式强调康复的对象不仅是有功能障碍的器官和肢体,而更重要的是整个人,它将残疾问题的焦点由临床诊治或个人调适,转移到客观的物质环境和社会环境,康复的任务除了帮助残疾人恢复功能外,还致力于消除限制残疾人的外在

---

① 萨拉曼卡宣言[EB/OL]. http://fxxx.rcjy.com.cn/jyky/ShowArticle.asp?ArticleID=6591.

② Justin J. W. Powell.. Special Education and the Risk of Becoming Less Educated in Germany and the United States. Center for European Studies Program for the Study of Germany and Europe Working Paper. 2005(12):9.

③ Roisín, M. Towards Inclusion: Arts & Disability Information Booklet[EB/OL]. http://www.artscouncil-n.i org/departs/strategy/artdis/TowardsInclusion.Pdf,2003:6.

④ 卓大宏. 中国康复医学[M]. 北京:华夏出版社,2003:21.

环境和社会因素。在全面康复理念指导下,提升残疾人士生活质量的水平成为残疾人康复的基本目标。

全面康复的理念提出后,康复服务的提供者不再只是学生所在的学校,而是由学校、校外教育机构、校外医疗机构、心理服务机构及其他相关的社会机构组成的支持体系共同为学生提供服务。如由社会工作者、心理学家和咨询师提供心理咨询服务;由校外医疗机构为学生提供疾病预防、诊断和治疗以及健康教育等方面的医疗服务;由康复专家通过康复教育与康复咨询指导,帮助身体残疾和能力缺陷学生设计康复计划、提供康复服务;职业治疗师通过职业教育和治疗培养能力缺陷学生的职业能力,包括身体机能的训练、职业技能的训练等等。[①] 例如,美国的 IDEA-97 规定,学校必须为学生提供相关的特殊教育服务,如医疗服务、康复教育与康复咨询服务、职业治疗服务、心理咨询服务等等;学校则根据学生的具体需要,有选择、有组织地联系与配备相关的服务和服务人员。[②] 这个阶段的特殊学校职能已有了较大的转变,它不仅仅是一个教育机构,同时也是一个组织机构、一个管理机构,使来自不同机构的各种专业人员能够协调地来学校为特殊学生服务,同时也促进了学校各种职能的发挥。

3. 推动全面康复发展的政策回顾

融合教育时期,国际社会颁布的一系列有关残疾人权利和康复的规则、公约和决议也大大推动了残疾人康复的发展,为保证残疾人获得有效的康复提供了政策依据和法律保障,对残疾人全面康复的发展起到了极大的促进作用。其中有关的康复指导性文件主要有:《关于残疾人的世界行动纲领》《残疾人机会均等标准规则》《残疾,包括预防、管理和康复》和《残疾人权利公约》。

(1)《关于残疾人的世界行动纲领》

1982 年联合国大会第三十七届会议通过的《关于残疾人的世界行动纲领》(以下简称《纲领》)对残疾人康复的定义进行了界定,指出"康复"是指有既定目标并且时间有限的一段过程,这一过程旨在使有缺陷的人在心智上、身体上、参与社会生活的功能上都能达到最佳状态,这样就为其生活的改善提供了自身的条件。《纲领》还对康复服务的内容进行了规定,主要包括:及早发现、诊断与处理;医疗护理;社会、心理和其他方面的咨询和协助;进行自理训练,包括行动、交往及日常生活技能,并为听觉、视觉受损者和弱智者提供所需的

[①] 佟月华. 当代美国特殊教育的新发展[J]. 中国特殊教育,2000(4):25-28.
[②] 郑虹,黄建行,等. 广东省特殊学校培智教育康复工作现状调查与对策的研究[J]. 中国特殊教育,2005(8):28-33.

特殊器材；提供辅助器械、行动工具及其他设备；专门教育服务职业技能训练（包括职业指导）、职业培训、公开招聘的和保护性的就业安置等。为了执行《纲领》，联合国规定会员国必须通过对残疾人给予社会、营养、医疗、教育和职业各方面的协助和辅助器械来提供康复服务。① 纲领明确提出了医疗康复、教育康复、职业康复的内容，拓展了康复服务的范畴，同时也保证了残疾人充分参与社会生活，并享有平等的权利。

(2)《残疾人机会均等标准规则》

1993年经联合国四十八届会议颁布的《残疾人机会均等标准规则》的规则3——"康复"提出，各国应确保向残疾人提供康复服务，以使他们达到最佳的独立和功能水平。具体表现为：① 各国应为所有类别的残疾人制订国家康复方案。这些方案应考虑到残疾人实际需要并符合充分参与及平等原则。② 这些方案应包括广泛范围的活动，诸如为改进或弥补某项受损害的功能而提供的基本技能培训，对残疾人及其家属提供指导，培养自立能力以及不定期的服务，例如评估和指导。③ 需要康复的所有残疾人，包括重残疾和（或）多重残疾人应有机会获得康复治疗。④ 残疾人及其家属应有参与设计安排涉及他们自己的康复服务。⑤ 凡有残疾人居住的社区，均应可得到所有各种康复服务。但是，在某些情况下，为了达到某种特定训练目的，也可举办短期的特别康复训练班，适当时，可采取住宿形式。⑥ 应鼓励残疾人及其家属参与康复工作，例如作为受过培训的教师、辅导员或咨询人员。⑦ 各国在拟订或评价康复工作时，应吸取残疾人组织的专门知识。② 该规则将家庭康复和社区康复纳入康复的范畴，进一步丰富了康复的内容。

(3)《残疾，包括预防、管理和康复》

2005年5月第58届世界卫生大会审议通过的有关《残疾，包括预防、管理和康复》的决议，要求各会员国加强执行联合国关于残疾人机会均等标准规则，促进残疾人在社会中享有完整的权利和尊严，促进和加强社区康复规划，在卫生政策和规划中纳入有关残疾的内容。决议还提出了发展康复的15项措施，涉及政策制定、提升意识、发展知识技能、残疾预防与早期干预、强化康复与社区卫生保健、推动适宜技术应用、关注残疾妇女、辅助技术发展与应用等问题。决议要求统计和分析残疾状况和信息，在加强国家康复规划方面给

---

① 关于残疾人的世界行[EB/OL]. http://www.cdpf.org.cn/wxzx/content/2002-11/12/content_30315579_2.htm.

② 残疾人机会均等标准[EB/OL]. http://www.cdpf.org.cn/wxzx/content/2002-11/12/content_30315579_2.htm.

会员国以支持,支持会员国收集所有有关方面更可靠的数据。这是世界卫生组织在新世纪通过的第一个有关康复的决议,确定了今后国际社会康复发展的重点和发展方向。[①]

(4)《残疾人权利公约》

2006年联合国颁布的《残疾人权利公约》的第二十六条"适应训练和康复"规定:缔约国应当采取有效和适当的措施,包括通过残疾人相互支持,使残疾人能够实现和保持最大程度的自立,充分发挥和维持体能、智能、社会和职业能力,充分融入和参与生活的各个方面。为此目的,缔约国应当组织、加强和推广综合性适应训练和康复服务和方案,尤其是在医疗卫生、就业、教育和社会服务方面。[②]该公约强调了所有残疾人独立生活和融入社区的重要性,所有残疾人都享有在社区中生活的平等权利,缔约国必须采取有效和适当的措施保障残疾人充分融入和参与社区生活。

可以看出,20世纪90年代之后联合国颁布的相关公约和决议不再仅仅是关注残疾人身体功能的恢复,而是强调他们生活能力的恢复、生活质量的提高和融入社区能力的恢复。文件中提出的医疗康复、教育康复、社区康复、职业康复等内容也促进了残疾人全面康复的发展。总之,国际社会颁布的相关法律文件逐渐转变了特殊教育康复的观念并丰富了特殊教育康复的内容。

二、我国特殊教育学校学生康复的产生与发展

(一)中华人民共和国成立前:特殊教育学校学生康复的产生

中华人民共和国成立前的特殊教育学校出现较晚,大多由国外的传教士创办,属于慈善救济的社会教育,教育对象仅有视障学生、听障学生两类特殊儿童。1874年,英国长老会牧师穆·威廉在北京开办了中国第一所特殊教育学校"瞽叟通文馆"(现北京市盲人学校),教以读书、音乐。1887年,美国基督教长老会的传教士查理·米尔斯(Charles Rogers Mills)夫妇在山东登州(今蓬莱市)创建了中国第一所聋哑学校"启喑学馆"(现烟台市聋哑中心学校),经费由美国基督教长老会提供。1916年,实业家张謇在江苏南通创办了南通盲哑学校(现南通市聋哑学校和南通市盲童学校),这是中国人自办的最早的特殊学校之一。在这期间,广东省、湖北省、上海市等地相继开办了一些盲童学

[①] 残疾,包括预防、管理和康复[EB/OL]. http://apps.who.int/gb/archive/pdf_files/EB114/B114_R3-ch.pdf.

[②] 残疾人权利公约[EB/OL]. http://news.xinhuanet.com/ziliao/2009-07/31/content_11801675.htm.

校、聋哑学校、盲哑学校。据1948年出版的《第二次中国教育年鉴》记载:"各省市盲哑学校,因抗战关系,停办甚多。自抗战胜利后始逐渐恢复,截至民国三十五年止,共计有四十二校,教职员三班六十人,学生二千三百八十人。"①

1949年前中国由于政治腐败、战乱不断,政府没有对特殊教育的发展给予有力保障,特殊教育学校办学十分困难,北京市私立启明瞽目院、山东启暗学馆、南通市聋哑学校等学校都曾因战乱或因窘迫而停办过一段时间。特殊教育学校的课程设置和课程内容大多参照相应程度的普通学校课程设置,是普通教育的翻版,专门针对特殊学生身心发展特点的康复课程还处于萌芽状态。聋教育课程方面,以南京市立盲哑学校哑声部小学课程设置为例,当时的课程除了国语、体育、算术、社会、自然等普通学校课程之外,还开设了手语、发音、学话三门与聋儿语言康复有关的课程;盲教育课程设置方面,南京市立盲哑学校盲生小学部的课程开设了针对盲生的"凸字"课程。② 手语、发音、学话、凸字等课程是中国特殊教育学校早期具有康复性质的课程。

(二) 中华人民共和国成立后:特殊教育学校学生康复的稳步发展

1. 初步发展阶段(1949—1988)

1949年中华人民共和国成立后,特殊教育被纳入国家的教育体系,特殊教育事业进入了发展的新阶段。除了盲、聋儿童少年教育外,国家开始从1979年起试办弱智教育。1986年《中华人民共和国义务教育法》第九条明确规定"地方各级人民政府为盲、聋哑和弱智儿童、少年举办特殊教育学校(班)"③,正式把盲、聋、弱智等残疾儿童少年教育列入了国家义务教育的范畴。到1987年底,全国已有24个省、自治区和直辖市在普通小学附设弱智班578个,创办弱智学校90所。截至1987年,全国特殊教育学校已从中华人民共和国成立前的42所发展到504所,在校学生从中华人民共和国成立前的2000余人发展到52000多人。随着特殊教育学校和在校学生人数的快速增加,为了规范特殊教育学校课程,国家对聋、弱智两类学校的教学计划进行了规定,教学计划中课程设置的规定反映了当时特殊教育学校康复的内容。1957年,国家颁布的《聋哑学校口语教学班教学计划(草案)》规定,聋哑学校需要开设语文(包括看话、发音说话、阅读、叙述等)、手工劳动、职业劳动等课程,语文课程中的看话、发音说话体现了聋儿语言康复的内容,手工劳动、职业劳动的课程体现

---

① 教育部教育年鉴编纂委员会.第二次中国教育年鉴[M].北京:商务印书馆,1948:1201.
② 陈云英.中国特殊教育教学基础[M].北京:教育科学出版社,2004:40-43.
③ 中华人民共和国义务教育法[EB/OL]. http://www.law-lib.com/law/law_view.aspid=163284.

了职业康复的思想。① 1987年国家颁布的《全日制弱智学校教学计划(征求意见稿)》中,规定语文课包括常识、阅读、语言训练、作文、写字等内容,要加强学生的说话训练,对学生的言语障碍进行矫正,规定劳动技能课是弱智学校的一门重要课程,除了进行生活自理劳动、家务劳动、手工制作、公益劳动之外,中高年级要因地制宜开展初步的职业技能教育,为学生毕业后的劳动就业准备条件。有条件的学校还可在九年级集中进行职业教育。② 语言训练和职业教育的提出都体现了这一阶段国家对智障学生语言康复训练和职业康复训练的重视。

但是这一阶段由于种种原因,在中华人民共和国成立之后近40年的时间里,我国特殊教育事业的发展依然比较缓慢。截至1988年统计,全国盲、聋学龄儿童入学率不足6%。③ 而且这一阶段特殊教育学校的课程内容和课程设置依然主要参考普通教育课程,体现特殊教育性质和特点的康复课程,在师资和康复仪器的配备上都还比较落后。

2. 快速发展阶段(1988年至今)

1988年11月,第一次全国特殊教育工作会议在北京召开,这是中华人民共和国成立后首次专门研究残疾人教育问题的全国性会议,会议的主要任务是研究和部署全国特殊教育的发展问题,此次会议的召开是我国特殊教育发展史上的一座里程碑。自此以后,我国的特殊教育事业进入了一个快速、健康、持续发展的新时期。④ 特殊教育学校的发展也推动了特殊教育学校康复的快速发展,主要表现在以下几个方面。

(1) 特殊教育学校康复课程的丰富

20世纪90年代,国家重新颁布了盲校、聋校的教学计划。在1993年《全日制盲校课程计划(试行)》中,小学阶段的课程除了一般的学科课程,还安排了定向行走课程,对视障学生进行康复训练。1993年《全日制聋校课程计划(试行)》提出充分利用助听设备,对重听及听觉补偿程度较好的学生在各科教学中形成和发展他们的听、说能力。对听觉损失严重的学生,各科教学也要培养和发展学生的口语、书面语能力。⑤ 1994年国家颁布的《中度智力残疾学生

---

① 听力残疾儿童教育的课程设置[EB/OL]. http://ibbs.ci123.com/post/7021.html.2011-02-11.
② 印发《全日制弱智学校(班)教学计划》(征求意见稿)的通知[EB/OL]. http://www.hzedu.net/Template/govManage3.aspx? id=258.
③ 陈云英.中国特殊教育教学基础[M].北京:教育科学出版社,2004:45.
④ 陈云英.中国特殊教育教学基础[M].北京:教育科学出版社,2004:45.
⑤ 陈云英.中国特殊教育教学基础[M].北京:教育科学出版社,2004:67-66.

教育训练纲要（试行）》提出补偿缺陷的教学任务，要根据每个中度智力残疾学生的运动、感知、言语、思维、个性等方面的主要缺陷，采取各种教育训练措施，使其各方面的潜在能力发展到尽可能高的水平，达到康复的最佳效果。《纲要》把中度智力残疾学生的教育训练内容分为生活适应、活动训练和实用语算三个方面，其中活动训练包括大小肌肉、运动能力训练、体育、美术、音乐、手工、游戏和观察认识世界等内容。[①] 补偿缺陷原则的提出和大小肌肉、运动能力训练的内容的安排都体现了当时智障学校康复课程的理念和内容。相对之前的教学计划，此阶段的聋、盲、弱智学校的康复课程的设置更加明确和规范。

在国家关于盲、聋、培智学校新课程设置实验方案出台之前，王辉对我国部分培智学校校本课程实践情况进行调查研究，发现康复课程的设置已成为培智教育新课程内容的重要组成部分。如宣武培智的运动、休闲领域中包含了康复；卢湾辅读学校在"活动训练"板块中，设置康复一科；中山培智在活动课程中，成立了康复训练组；新马道学校把康复训练课程作为课程内容的四大板块之一；顺德学校把康复任务贯彻在体能课中；元平学校研制了专门的自闭症儿童训练课程标准、脑瘫儿童肢体康复手册等。[②] 郑虹等人在对广东省特殊学校培智教育康复工作现状进行调查时指出，音乐治疗、感觉统合治疗、书法训练、游戏治疗、行为矫正等逐渐走入特殊学校智障儿童的康复生活中。[③]

我国特殊教育学校义务教育课程设置实验方案的出台之后，特殊学校康复课程的发展有了质的飞跃。根据基础教育课程改革和特殊教育事业发展的需求，教育部于2007年颁发了《盲校义务教育课程设置实验方案》《聋校义务教育课程设置实验方案》和《培智学校义务教育课程设置实验方案》。《盲校义务教育课程设置实验方案》中首次直接设定了视障学生的康复课程，建议低年级的康复课设为综合康复，低、中年级的设为定向行走，中、高年级设为社会适应，大大丰富了视障学生的康复课程内容。[④]《聋校义务教育课程设置实验方案》中增设了针对听障儿童的康复课程"沟通与交往"，该课程主要包括感觉训练、口语训练、手语训练、书面语训练及其他沟通方式和沟通技巧的学习与训

---

① 《中度智力残疾学生教育训练刚要（试行）》[EB/OL]. http://wenku.baidu.com/view/d915fae8102de2bd96058820.html. 2011-12-15.
② 王辉. 培智学校校本课程研究案例分析[J]. 中国特殊教育，2004(9)：40-46.
③ 郑虹，黄建行，等. 广东省特殊学校培智教育康复工作现状调查与对策的研究[J]. 中国特殊教育，2005(8)：28-33.
④ 盲校义务教育课程设置实验方案[EB/OL]. http://baike.baidu.com/view/2972137.htm. 2017-03-10.

练。① 《培智学校义务教育课程设置实验方案》为智障学生开设了康复训练课,根据学生生理和心理的发展需求,以及在运动、感知、言语、思维和个性等方面的主要缺陷,结合学生个别化教育计划的制订,有针对性地进行各种康复训练、治疗、咨询和辅导。② 此外,以上《方案》规定三类学生的劳动类课程,可由各校根据当地的实际情况和需要选择不同的劳动和职业技术教育的内容,对学生进行职前劳动的知识和技能教育,体现了国家关于特殊教育学校对学生进行职业康复的要求。特殊教育学校义务教育课程设置实验方案的出台为我国特殊教育学校康复课程的开设和实施提供了科学的依据,使我国特殊学校的康复训练逐渐规范化和系统化。

(2) 特殊教育学校康复理念的更新

中华人民共和国成立前及成立初期,我国特殊教育学校课程的设置主要参考普通学校,很少有专门的康复课程,体现的是一种知识教育的思想。特殊儿童的康复主要依靠医院、专门的医疗康复机构及少量的社会福利机构。20世纪80年代至90年代末,自1988年第一次全国特殊教育工作会议在北京召开后,国家颁布的一系列和残疾人康复有关的法律、法规以及政策文件大大推动了我国特殊教育学校康复进程,特别是促进了我国特殊教育康复理念的更新。1990年,第七届全国人民代表大会常务委员会第十七次会议通过了《残疾人保障法》,其中第二章"康复"首次对我国残疾人康复工作进行了明确的规定,提出康复工作应该以康复机构为骨干,社区康复为基础,残疾人家庭为依托……各级人民政府和有关部门应该开展社区康复工作;残疾人教育机构应当创造条件,开展康复训练活动;残疾人在专业人员的指导和有关工作人员、志愿工作者及亲属的帮助下,应当努力进行功能、自理能力和劳动技能的训练。③ 1994年由国务院批准的《中华人民共和国残疾人教育条例》除了对特殊儿童学前教育、义务教育内容和要求进行规定外,还用专门的章节对特殊儿童的职业教育进行了明确的规定,提出应当重点发展初等和中等职业教育,适当发展高等职业教育,开展以实用技术为主的中期、短期培训。④ 这是我国第一部有关残疾人教育的专项法规,从法律上进一步推动了我国残疾人教育事业

---

① 聋校义务教育课程设置实验方案[EB/OL]. http://baike.baidu.com/view/2972169.htm. 2017-03-10.

② 培智学校义务教育课程设置实验方案[EB/OL]. http://baike.baidu.com/view/2972205.htm?fromTaglist. 2017-03-10.

③ 中华人民共和国残疾人保障法[EB/OL]. http://www.chinanews.com/gj/kong/news/2008/04-24/1231112.shtml. 2008-04-24.

④ 中华人民共和国残疾人教育条例[EB/OL]. http://baike.baidu.com/view/292796.htm.

的发展。

从以上内容可以看出,我国出台的与残疾人康复有关的法规、政策与国际颁布的相关法律条文,诸如《关于残疾人的世界行动纲领》《残疾人机会均等标准规则》《残疾,包括预防、管理和康复》《残疾人权利公约》等在康复精神和理念上保持一致,开始将康复的内容拓宽到教育康复、医疗康复、职业康复、社区康复等方面,体现了与国际接轨的全面康复的理念。但是由于条件的限制,特殊教育学校的实践总是落后于政策和法律对康复内容的规定。从20世纪80年代颁布的《聋哑学校口语教学班教学计划》和《全日制弱智学校教学计划》以及20世纪90年代的《全日制盲校课程计划(试行)》《全日制聋校课程计划(试行)》《中度智力残疾学生教育训练纲要(试行)》等对于特殊教育学校课程的设置可以看出,这一阶段虽然开始设置了相关的医疗康复课程和职业康复课程,但是由于我国特殊学校的康复人员师资匮乏、康复设备落后,国内也没有一套正规的康复课程体系来指导特殊学校学生的康复工作,所进行的康复训练并不规范、不系统,同时也缺乏专业指导。因此,该阶段特殊教育学校的康复主要体现为通过常规课程对学生进行教育康复。

特殊教育学校真正实现现代残疾康复理念的转变始于21世纪。2001年,我国公布了"关于'十五'期间进一步推进特殊教育改革和发展的意见",其中重点强调了与特殊儿童康复相关的内容,提出要将残疾学生的身心康复工作贯穿于学校教育教学的全过程,针对残疾学生的生理缺陷,科学地开展康复训练;要大力加强劳动技能和职业教育,提高残疾学生适应社会生活的能力,把加强劳动技能教育和多种形式、各种层次的职业教育放在重要位置,切实让学生掌握一定的职业技能,为将来平等、充分参与社会生活,适应社会需要创造条件,[①]这为我国各地区未来几年特殊教育学校学生康复工作的开展指出了明确的方向。在此基础上,各个省市制订了残疾人康复训练与服务的实施方案。例如,广东省颁发了"关于印发广东省康复训练与服务'十五'实施方案的通知",提出十五期间康复的主要目标是为各类残疾人切实提供康复服务,康复服务工作实施面在市辖区达到70%、县(市)达到50%,并对广东省各个市进行了工作分配(见表1-1);实施康复训练重点工程,其中肢体残疾人功能训练9310名,脑瘫儿童训练1866名,0~14岁智力残疾儿童能力训练7450名;在广州、深圳、珠海、汕头、东莞、中山、佛山等市开展成年智力残疾人康复训练服务和盲人行走导向训练服务的试点工作。在具体措施中提出,教育部门要结

---

① 关于"十五"期间进一步推进特殊教育改革和发展的意见[EB/OL]. http://www.gddpf.org.cn/html/showmenuId21itemid15938.html.

合义务教育工作,积极开办各类特教学校、特教班,管理并指导社会办的特教机构,为残疾儿童特别是中、重度残疾儿童提供教育。[1] 各个地区制订关于残疾人康复工作实施方案后,对特殊教育学校的重视程度大大提升,对于特殊教育学校师资的配备、设施的建设以及经费的投入等方面给予大力支持,使我国特殊教育学校康复工作得到落实,从办学模式上就体现了特殊教育学校康复和教育理念的更新。例如,元平特校在全国率先提出了"教育、康复、就业一体化"的办学模式,南京市溧水特殊学校提出了"教育—培训—就业"的办学模式、甘肃张市聋人学校提出了"康复—教育—就业"的办学模式。2007年我国教育部颁布的三类特殊教育学校课程设置实验方案更是直接从特殊教育的课程设置方面体现了康复理念的更新。例如,《培智学校义务教育课程设置实验方案》规定智障学生的课程设置要体现教育与康复相结合的原则,课程要注意吸收现代医学和康复技术的新成果,融入物理治疗、言语治疗、心理咨询和辅导、职业康复和社会康复等相关专业的知识,促进学生健康发展。《盲校义务教育课程设置实验方案》规定视障学生的课程要设置借鉴与吸收国外视力障碍儿童教育的有益经验,力求教育与医疗、教育与康复、教育与训练、教育与心理辅导等相结合,让学生学会学习、学会做事、学会共处、学会做人。

表1-1　广东省康复训练与服务"十五"任务分配表(康复训练)[2]

地 区	肢体残疾康复训练(名)	脑瘫儿童康复训练(名)	智残儿童康复训练		
			总任务(名)	机构训练(名)	家庭训练(名)
广州市	1000	200	750	375	375
深圳市	600	150	500	250	250
珠海市	70	50	130	65	65
汕头市	600	100	500	250	250
韶关市	320	80	340	170	170
河源市	320	100	340	170	170
梅州市	500	100	420	210	210
惠州市	270	80	320	160	160

---

[1] 关于印发广东省康复训练与服务"十五"实施方案的通知[EB/OL]. http://www.cjr.org.cn/zcfg/ShengJiFaGui/24269.html.

[2] 关于印发广东省康复训练与服务"十五"实施方案的通知[EB/OL]. http://www.cjr.org.cn/zcfg/ShengJiFaGui/24269.html.

续表

地 区	肢体残疾康复训练（名）	脑瘫儿童康复训练（名）	智残儿童康复训练		
			总任务（名）	机构训练（名）	家庭训练（名）
汕尾市	270	50	250	125	125
东莞市	100	50	110	55	55
中山市	150	70	260	130	130
江门市	510	100	380	190	190
佛山市	435	100	345	173	172
阳江市	360	80	315	158	157
湛江市	740	100	480	240	240
茂名市	710	100	465	233	232
肇庆市	485	100	370	185	185
清远市	445	100	370	185	185
潮州市	300	50	310	155	155
揭阳市	330	50	300	150	15
云浮市	255	40	160	80	80
顺德市	140	10	35	18	17
省 直	200				
合 计	9310	1860	7450	3727	3723

三、深圳元平特殊教育学校学生康复的产生与发展

深圳元平特殊教育学校是深圳市一所为视障、听障和智障、自闭症、脑瘫和多重障碍的特殊学生提供从义务教育到高中职业教育"一条龙"服务的全日制特殊教育学校。学校自1990年开办以来，就坚持"教育、康复、职业训练一体化"的办学模式。办学初期，学校由于场地、设施设备等问题，学校对学生的康复主要体现在理念的建设方面。自1994年学校迁入新校址后，学校加大了康复工作的力度，先后成立了自闭症康复班、脑瘫康复班、听障语言康复班，坚持把教育教学与康复训练结合起来，对学生进行有针对性的康复训练，建立了以校内学生康复为主，辐射校外、服务社会为辅，以智障康复、脑瘫康复、自闭症康复、听障康复、视障康复、心理康复为基础的医教结合立体康复体系，对"教育、康复、职业训练一体化"的办学模式进行了实践。

（一）听障学生康复的产生与发展

学校的康复始于对听障学生的语言康复。1995年，学校创办了聋儿语言

康复班,对在机构进行过早期干预的听障学生进行义务教育阶段的后续康复。为了发展听障学生的说话能力和交往能力,学校开设了以语言治疗为中心的沟通与交往课,并在国家颁布《聋校义务教育课程设置实验方案》后,制订了沟通与交往的课程标准,使听障学生的语言训练更加专业。为了培养听障学生的就业能力,学校还为义务教育阶段的听障学生开设了职业教育课和劳动技术课,对学生进行职业康复。

1998年9月,学校开设了学龄前听障儿童听力语言康复训练班,对听障学生实施早期干预,至2008年停办。在10年的时间里,学校为近100名学龄前聋童进行听力语言康复训练,设有教学班级一个、个别化训练室四间、测听室一间、情境教室两间等。每个教学班级都配有电脑、电视、DVD、多媒体投影仪、音响、有线或无线的集体语训系统等现代化教学设备。个训室配有启音博士、启聪博士、ATU30、多频稳态等康复训练设备。通过医疗设备对聋儿进行言语矫治和听觉训练。聋儿学前班的课程设置依据幼儿园教育大纲规定的教学内容,并辅以聋儿语言康复训练的教学特色(见表1-2)。在教学组织形式上采用"个别化教学法和分流教学法为主,班级授课为辅"的教学组织形式,为听障儿童提供有针对性的训练。

表1-2 聋儿学前班课程设置表

课程类别	一般性课程						选择性课程	活动课程	
	语言	数学	体育与健康	音乐	美工	游戏	语言训练	课外活动	团队活动
课时	4	4	4	2	2	2	8	3	1

(二)自闭症学生康复的产生与发展

学校自1995年2月起开始招收自闭症学生,由于当时自闭症学生属于新生群体,人数也较少,学校主要将这部分学生插班在智障班级,没有设置专门针对自闭症学生的康复训练课程。随着自闭症学生人数的增加,学校对于自闭症学生教育经验的积累,学校于1996年开始率先就自闭症学生单独设班,并为自闭症学生开设了康复课——感觉统合课,对自闭症学生进行身体功能方面的训练。学校在实践的过程中不断积累经验,于2003年成立了自闭症教育教研组,开始开发义务教育段自闭症学生的校本课程,着力对自闭症学生的教育目标、课程计划、教学指引和教材编写等进行探索与实践。在康复课程方面,教研组编写了《感觉运动教学指导手册》,包括感知、粗大运动、感觉统合游戏、精细动作,主要供学校教师平时教学使用。到2016年,康复部自闭症学生已经由1996年的1个班级发展到如今的23个班级,共275人。

2006年9月,学校新修建的康复楼正式投入使用后,学校先后购买了听觉统合治疗仪、启智博士、注意力训练仪、手眼协调训练仪、索玛托音乐震波系统、蒙台梭利教具、感觉统合训练器材、学生认知仪等专业设备,开设了感觉统合训练室音乐治疗室、多感官治疗室等10多间康复训练室,并引进了有大批医学背景、康复背景和心理学背景的康复人员对自闭症学生进行专业的康复治疗。2007年2月,教育部特殊学校义务教育课程设置实验方案出台后,学校针对自闭症学生的特点,在该方案的基础上对课程设置进行了调整,增加了康复类课程的比例。目前学校为自闭症开设了感觉运动、社会交往等康复类课程。除了这两个集体课之外,学校还通过听觉统合治疗、音乐振波治疗、启智训练、注意力训练、手眼协调训练等项目对自闭症学生进行个别化治疗。

(三)脑瘫学生康复的产生与发展

学校于2000年成立了第一个脑瘫康复班,在脑瘫班成立之初,学校设备简陋,仅有一间45平方米的训练室用以脑瘫康复训练,而且缺乏专业的康复训练教师。截止到2016年,学校已有6个脑瘫班,学生人数达70人,专业康复教师达到21名。在搬入学校新建的康复楼后,学校先后投入100多万,购置了气压式减重步态训练仪、电动骑马机、电动直立床、解痉仪等一批先进的康复器材,建立了运动康复训练室、物理治疗室、作业治疗室、资源室、个训室等10多间功能教室,建筑面积达1600多平方米,为脑瘫学生的康复提供多种治疗手段。

学校针对脑瘫学生的身心缺陷,开设了物理治疗、作业治疗、运动功能训练等集体康复课程,另外还开设了经络导平治疗、言语治疗的个别化治疗课程,采取集体康复和有针对性的个别化训练相结合的形式,坚持"医教结合"的康复思想。通过功能训练和康复治疗,大部分脑瘫学生的运动功能、生活自理能力以及社会适应能力都得到了不同程度的提高。2002年至今,学校已经完成了物理治疗、作业治疗、运动功能训练三门课程的课程标准编写工作,其中物理治疗课程成为学校的特色课程,脑瘫组教师编写的《物理治疗教学指导手册》正在修改预备出版中。

(四)智障学生康复的产生与发展

智障学生是学校班级最多、人数最多的一类学生。到2016年,学校共有26个班,334名学生。在智障教育早期,学校将脑瘫学生、自闭症学生都安排在智障班级,班级学生类型多样,个体间差异很大。在课程设置方面,学校主要依据国家课程对智障学生进行语文、数学等学科方面的教育;在康复训练方面,主要通过运动课,对各种类型的学生进行粗大动作的训练。随着脑瘫学生和自闭症学生的单独编班,学校成立了智障教育部,开始对智障学生进行有针对性的训练。在课程设置上,学校为智障学生打造了以生活适应为核心的整合课程体系,并针对智障学生的特点,为智障学生开设了专门的康复课程——感知觉训练课,并编制了感知觉训练课程标准,指导学校教师的康复工作。另外,义务教育阶段开设了劳动技能课,对学生进行职前阶段的劳动技能培训,职业高中阶段开设了办公文员、客房服务、西式面点、中式厨、中国结艺、洗衣服务、插花艺术七类职业教育课程,对学生进行专门的职业康复。在教学方式上,学校遵循由浅入深、循序渐进的"螺旋式"发展原则,将集体教学与个别化教学相结合,注重学生的个别化训练。突出学生的潜能开发特色,最大限度地开发智障学生的潜能,补偿缺陷,促进他们全面发展,帮助他们适应生活、适应社会。

(五)视障学生康复的产生与发展

学校的视障教育坚持以培养学生综合能力,代偿功能缺陷为目标。在国家《盲校义务教育课程设置实验方案》实施后,为改进视障教育教学工作,学校于2007年3月成立了课程设置研制小组,在国家颁布的新课程设置实验方案的基础上,结合深圳实际以及学校视障学生的教育教学工作,完成了视障《义务教育课程设置实验方案(讨论稿)》。其中,康复类课程主要包括一至三年级开设的综合康复课、一至六年级开设的定向行走课,对视障学生的感知觉进行及时的、综合的训练,弥补视力缺损对学生造成的不利影响,帮助学生拓展更多的感知机会,使其感知觉功能可以基本满足学习、生活的需要;对学生进行定向行走的训练,让学生能够顺利地行走和出行。

(六)心理康复的产生与发展

特殊学生特别是青春期的学生多伴有心理情绪问题,为了对学生进行心理治疗,使学生健康成长,学校于2001年成立了心理康复组,目前,心理组有专职心理教师5人,兼职心理教师一人,配有心理评估室、心理咨询室、心理健康活动室、沙盘治疗室、多感官治疗等功能教室,治疗的途径主要有心理健康教育课、心理健康专题讲座、心理评估与诊断、心理辅导、沙盘治疗、多感官治疗、情绪宣泄、转介咨询等。后期又将康复的对象拓展到学生的家长,通过家长学校、网络平台、电话咨询、来访等形式与家长沟通,为家长提供必要的帮助与支持。

第2节 内涵与外延

康复一词,源于英文"rehabilitation",原意是指复原、恢复原来良好的状态,重新获得能力,恢复原来的权益、资格、地位、尊严等。后来随着人们对残疾的正确认识,"康复"的概念从最初的医学模式发展到现在的社会模式,康复功能从改善残疾人的生理功能发展到提高残疾人的生活质量,康复类型从医疗康复发展到全面康复,特殊教育学校的学生康复概念同样也符合上述规律。康复概念的演变和内容的丰富反映了人们对"康复"概念认识的逐渐深入。

一、医疗模式的康复概念

康复事业兴起于20世纪40年代。由于当时社会的"残疾的医疗模式"把残疾看作是人的缺陷,倾向于将残疾人当作福利、卫生和慈善计划的对象,认为残疾人不能参与社会,唯一的办法就是给予其特殊的服务、帮助和施舍。受此残疾观的影响,人们当时将康复界定为医疗护理的第三个阶段,即继第一阶段的预防和第二阶段的内科和外科治疗后应采取的医护措施,体现了医疗模式的康复概念。[①] 1969年世界卫生组织(WHO)医疗康复专家为"康复"下的定义为:为综合地、协调地应用医学的、社会的、教育的和职业的措施,对患者进行训练和再训练,使其活动能力达到尽可能高的水平。20世纪70年代初,国际上的一些康复医学专家认为:康复是使患者通过治疗和训练,最大限度地发展其潜能,以使其能在生理上、心理上、社会上和职业上正常地生活。虽然20世纪60年代至70年代关于康复的概念提出医学、社会、教育和职业多种康复手段,但是仍然没有跳出医疗模式的框架,因为其主要目的还是在于恢复残疾个体的身心功能,而没有强调其重返社会的最终目的,而且当时的康复服务大都在医疗康复机构中进行。

对于这一时期的特殊教育学校来说,从19世纪初开始到20世纪70年代初陆续发展了对听障、视障、智碍等特殊儿童的教育,当时特殊教育学校的创始人多数是医生,他们将残疾看作一种缺陷,即人的心理、生理或解剖结构或功能的缺失或畸形,强调的是特殊儿童的病理学基础与特征。[②] 这些实践者认为特殊学生所有的学习问题是异常或疾病的结果,神经组织、生物因素或基因因素的异常是残疾的主因。所以,特殊学校教学人员应该和医疗人员协作,以寻找合适的对特殊学生的康复方法,他们坚持在进行教育之前应该对儿童进行全面的生理神经组织的诊断。[③] 因此,19世纪初期至20世纪中期这一阶段,特殊学校的康复概念主要是运用医学为主的、教育为辅的措施,对视障、听障、智障几类学生进行生理和心理方面的训练,使学生身体上和心智上的功能

---

① 刘全礼.特殊教育导论[M].北京:教育科学出版社,2003:71-72.
② 陈云英.中国特殊教育学基础[M].北京:教育科学出版社,2004:8.
③ 陈云英.中国特殊教育学基础[M].北京:教育科学出版社,2004:6.

得到恢复。

二、社会模式的康复概念

随着人权运动、去机构化运动的兴起,社会对于残疾的认识更加客观和全面,开始从社会环境的角度认识残疾问题,认为残疾人所遭遇的困难主要不是残疾导致的,而是不健康的社会态度与政策共同造成了对残疾人的普遍的社会排斥与隔离。受社会模式残疾观的影响,人们对残疾人的康复注重消除残疾人融入社区与社会时普遍面临的各种障碍和改变社会态度等支持措施,以保证残疾人平等权利的实现,对康复的定义也由医学模式转向社会模式。

(一)国际社会对康复的界定

20世纪70年代后,人们对于康复定义的界定受社会模式残疾观的影响,开始赋予康复概念更为丰富的内容。1981年,世界卫生组织医疗康复专家委员会对"康复"的重新界定是:应用各种有用的措施以减轻残疾的影响和使残疾人融入社会。康复不仅是指训练残疾人使其适应周围的环境,而且也指调整残疾人周围的环境和社会条件以利于他们重返社会。在拟订有关康复服务实施的计划时应有残疾者本人、他们的家属以及他们所在社区的参与。1982年,联合国《关于残疾人的行动纲领》提出,康复是指有既定目标并且时间有限的一段过程,这一过程旨在使有缺陷的人在心智上、身体上、参与社会生活的功能上都能达到最佳状态,这样就为其生活的改善提供了自身的条件。康复包括为补偿某一丧失或削弱的功能所采取的各种措施(例如采用辅助器械),也包括有助于使他们适应或重新适应社会生活的措施。可以看出,人们对康复的定义从之前的强调个体功能的恢复转向社会生活的重建与回归。

到了20世纪90年代,"职业康复"和"社区康复"的社会学概念被纳入"康复"概念的内涵中,1993年的《残疾人机会均等标准规则》明确指出,"康复"一词是指达到下述目标的一个过程,它旨在使残疾人达到和保持生理、感官、智力、精神和(或)社交功能上的最佳水平,从而使他们借助于某种手段,改变其生活,增强自立能力。康复可包括提供和(或)恢复功能、补偿功能缺失或补偿功能限制的各种措施。康复过程不包括初始的治疗。它包括范围广泛的措施和活动,从较为基本的和一般性的康复,到针对具体目标的活动,例如职业方面的恢复。[1] 1994年世界卫生组织、联合国教科文组织、国际劳工组织联合发

---

[1] 残疾人机会均等标准规则[EB/OL]. http://www.china.com.cn/aboutchina/zhuanti/cjr/2008-09/05/content_16391949_2.htm.

表的《关于残疾人社区康复的联合意见书》指出,社区康复的主要目标是确保残疾人能充分发挥其身心能力,能够获得正常的服务与机会,能够完全融入残疾人所在的社区和社会中。① 这一目标采用的是广义的康复概念,将社区康复融入康复定义中。这一时期的康复是一种大康复概念,除了医学康复,还包括教育康复、职业康复和社区康复,体现了全面康复的思想。当时医学领域的康复概念也反映了这一思想。1998年,著名康复医学专家德利萨(Delisa)从康复医学的角度提出:"康复是一个帮助伤病员或残疾人在其生理或揭破缺陷的限度内和环境条件许可的范围内,根据其愿望和生活计划,促进其在身体上、心理上、社会生活上、职业上、业余消遣上、教育上的潜能得到最充分发展的过程。"②

(二)我国对康复的界定

我国没有对康复进行明确的定义,但是由相关法律条文对康复的规定可以看出,我国对残疾人的康复认识是与国际接轨的。1990年颁布的《中华人民共和国残疾人保障法》中,第二章"康复"第十四条规定我国的残疾人康复工作应当从实际出发,将现代康复技术与我国传统康复技术相结合;以康复机构为骨干,社区康复为基础,残疾人家庭为依托;以实用、易行、受益广的康复内容为重点,并开展康复新技术的研究、开发和应用,为残疾人提供有效的康复服务。这一规定体现了社区康复、家庭康复、机构康复的理念,在一定程度上反映了全面康复的概念。

(三)特殊教育学校对康复的界定

随着社会模式的残疾观和康复观的盛行,特殊教育学校作为社会系统的一部分,对学生康复的认识也在不断演变和更新。以我国为例,我国2007年颁布的《培智学校义务教育课程设置实验方案》对智障学生的课程进行规定时,提出在课程特色上,针对学生智力障碍的成因,以及运动技能障碍、精细动作能力缺陷、言语和语言障碍、注意力缺陷和情绪障碍,课程注意吸收现代医学和康复技术的新成果,融入物理治疗、言语治疗、心理咨询和辅导、职业康复和社会康复等相关专业的知识,促进学生健康发展。从这一规定中可以看出,我国特殊学校的康复内涵已经将医疗康复、职业康复、社区康复、教育康复融入其中。此外,我国台湾智障类课程包括生活教育、社会适应、实用语文、实用数学、休闲教育、职业生活六个领域,其中生活教育中的次领域一"知动能力"

---

① 社区康复服务的基本概念[EB/OL]. http://www.tjdpf.org.cn/system/2009/12/28/010036676.shtml.

② 卓大宏. 中国康复医学[M]. 北京:华夏出版社,2003:12.

包括感官知觉、粗大动作、精细动作三方面的内容，反映了医疗康复的理念，领域二"社会适应"的内容反映了社区康复的思想，领域六"职业生活"反映了职业康复的思想，因此，也反映了全面康复的理念。

此外，随着西方融合教育思想的盛行，"特殊需要儿童"取代了"残疾儿童"的称谓，每个儿童都有可能在发展的某个阶段遭遇学习困难因而具有特殊教育需要。[1]特殊教育对象范围随之扩大，残疾类型更加分化，情绪/行为障碍、自闭症、学习障碍、注意力缺陷与多动症等都成为特殊教育关注的对象。因此，特殊教育学校的康复概念演变为通过医疗康复、教育康复、社区康复、职业康复等措施对特殊儿童进行全面康复，充分发挥其身心能力，并通过改造社会环境使其能够充分参与社会生活的各个方面。

第3节 对象与内容

随着人们对残疾认识的不断深入，残疾模式由生物医学模式转向社会心理模式，特殊教育康复的对象由缺陷儿童转向特殊儿童，并最终形成了特殊儿童的概念，使特殊教育的对象日趋广泛并逐渐分化。相应地，特殊教育康复内容和方法从单纯的医疗康复转向全面康复。也就是说，从康复预防、康复诊断、康复训练到特殊学生各个领域的康复与训练都是特殊教育学校康复要完成的任务。

一、特殊教育学校康复的对象

（一）从缺陷儿童到残疾儿童

1980年《国际损害、弱能、残障》（*International Classification of Impairments, Disabilities and Handicaps*）将残疾划分为三个独立的类别，即病损、弱能、残障。其中的"病损"即"缺陷"，是指心理上、生理上或解剖结构上或功能上的不同程度的丧失或异常，是生物器官系统水平上的残疾。[2]关于残疾的模式是：疾病或异常→损害→弱能→残障（如图1-2），这一模式是以生物医学模式建立起来的，将特殊儿童视为一种"缺陷"，即心理、生理或解剖结构或功能的缺失或畸形，强调的是特殊儿童的病理学基础与特征，把残疾现象作为由疾病、创伤或健康状态所导致的结果。[3]从病理学的角度出发，人们将特殊儿

---

[1] 邓猛，肖非.特殊教育学科体系探析[J].中国特殊教育，2009(6)：25-30.
[2] 刘全礼.特殊教育导论[M].北京：教育科学出版社，2003：71-72.
[3] 卓大宏.中国康复医学[M].北京：华夏出版社，2003：57.

童分为：智力残损、语言残损、听力残损、视力残损、内脏（心肺、消化、生殖器官）残损、骨骼（姿势、体格、运动）残损、畸形、多种综合的残损等类型。① 由于在特殊教育早期，特殊教育学校主要是盲校、聋校、智力落后学校三类，所以就特殊教育康复的对象来说，主要为视障、听障、智障三类。我国于1987年对全国残疾人抽样调查时，是按照五类残疾分类的，即视力残疾、听力语言残疾、智力残疾、肢体残疾、精神残疾。

图1-2　ICIDH理论模式图②

世界卫生组织于1995年开始对原有的残疾分类系统进行修订，建立新的残疾分类体系，最终制订了《国际功能、残疾和健康分类》（*International Classification of Functioning, Disability and Health*），该模式依据残疾发生发展的社会模式，从残疾人融入社会的角度入手，将残疾作为一种社会性问题，残疾不再仅仅是个人的特性，而是社会环境所形成的一种复合体（如图1-3），要求改变环境以使残疾人充分参与社会生活的各个方面。③ 根据该模式，将残疾理解为一种健康因素和情境性因素（即环境和个人因素）之间交互作用而出现的复杂联系的结果。"残疾"的概念由"缺陷"演变为由于残损使能力受限或缺乏，以致人不能按正常的方式和在正常的范围内进行活动。"残疾"是一个演变中的概念，是伤残者和阻碍他们在与其他人平等的基础上充分和切实地参与社会的各种态度和环境障碍相互作用所产生的结果。④ 特殊教育对象范围随之扩大，首先表现为从纵向上依据特殊儿童的障碍程度对同一类型的儿童进行程度区分，例如将智障儿童分为轻度智障、中度智障、重度智障三类，将视障儿童分为盲与低视力两类，将听障儿童分为聋和重听两类等；其次表现为从横向上覆盖更多类型的特殊儿童。例如，除了传统的听障、视障、智障三类特殊儿童，情绪/行为障碍、自闭症、学习障碍、注意力缺陷与多动症等也成为必须面对的问题。

---

① International Classification of Impairments, Disabilities and Handicaps [EB/OL]. http://www.aihw.gov.au/WorkArea/DownloadAsset.aspx? id=6442455478. 2017-03-10.
② 卓大宏. 中国康复医学 [M]. 北京：华夏出版社，2003：57.
③ 卓大宏. 中国康复医学 [M]. 北京：华夏出版社，2003：58.
④ 邓猛，卢茜. 医教结合：特殊教育中似热实冷话题之冷思考 [J]. 中国特殊教育，2012（1）：4-8.

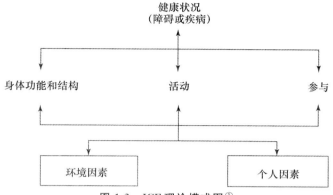

图 1-3　ICF 理论模式图①

各国关于特殊儿童的分类存在区别,例如美国《残疾人教育条例》规定特殊教育的对象有特定学习障碍、智障、视障、听障、言语和语言受损、情绪困扰、肢体受损、自闭症、大脑受伤、盲但不聋、盲且聋、综合障碍和健康受损等十三类。② 在日本,特殊儿童指的是身心有障碍的儿童,分为① 视障,② 听障,③ 精神薄弱,④ 肢残,⑤ 病弱、身体虚弱,⑥ 言语障碍和⑦ 情绪障碍七类。③ 我国根据 1990 年通过的《中华人民共和国残疾人保障法》的定义,残疾人是指"在心理、生理、人体结构上,某种组织、功能丧失或不正常,全部或部分丧失以正常方式从事某种活动能力的人"。以此定义为基础,《残疾人保障法》将残疾人分为视障、听障、智障、言语残疾、肢体残疾、智力残疾、精神残疾、多重残疾和其他残疾九类。④ 元平特校随着学校学生类型和人数的不断增加,康复的对象从建校初的听障、视障、智障三类学生扩展为听障、视障、智障、自闭症、脑瘫五类学生,学校还根据智障儿童的智力水平将智障分为轻度智障、中度智障、重度智障三类。除此之外,其中也穿插有言语障碍、多重障碍、精神残疾等其他类型的学生。

(二)从残疾儿童到有特殊教育需要的儿童

20 世纪 70 年代,伴随着民权运动的深入和对特殊教育的反思,欧美等西方发达国家掀起了一场以融合为导向的"回归主流、一体化"特殊教育改革运动,借以批判医学主导的标签式、隔离式教育模式。1978 年,英国残疾儿童与

---

① 卓大宏.中国康复医学[M].北京:华夏出版社,2003:58.
② 陈云英.中国特殊教育学基础[M].北京:教育科学出版社,2004:366.
③ 韦小满.特殊儿童心理评估[M].北京:华夏出版社,2006:7.
④ 中华人民共和国残疾人保障法[EB/OL]. http://www.chinanews.com/gj/kong/news/2008/04-24/1231112.shtml. 2008-04-24.

调查委员会提交给议会的《沃诺克报告》，首次在国家文件中提出"特殊需要儿童"(child with special needs)或"特殊教育需要儿童"(child with special education needs)的概念，认为学生在成长过程中的不同阶段可能有不同的学习困难，既包括轻微、暂时性的学习困难，也包括严重的、永久性的残疾造成的学习困难，这些都是学生的特殊教育需要。报告同时强调，每个儿童都有自己的独特需要，特殊儿童与普通儿童的特殊需要只是量上的区别，而没有本质的区别；以缺陷、残疾指称特殊儿童不仅具有标签的歧视作用，也强化了对他们的隔离与不平等对待。[①] 因此，引用"特殊教育需要"来指代特殊儿童，以学习困难看待残疾儿童学习问题，这当然是特殊教育观的进步，但是把所有学生都归入特殊教育对象的观念受到了质疑。1994年，联合国教科文组织召开的"世界特殊需要教育大会"引用了"特殊需要教育"概念，并提出了"融合教育"的思想。文件指出：特殊需要学生泛指"一切身体的、智力的、社会的、情感的、语言的或其他的任何特殊教育需要的儿童和青年，这就包括残疾儿童和天才儿童、流浪儿童和童工、偏远地区或游牧人口的儿童、语言或种族或文化方面属少数民族的儿童，以及来自其他不利处境或边际区域的儿童"。自此"特殊教育需要儿童"逐步取代了"残疾儿童"，成为特殊教育领域中重要的专业性术语。"满足学生的特殊需要"亦成为特殊教育乃至整个教育改革活动的依据。因此，不少学者主张把特殊学校教育的对象扩大到所有因文化背景差异而造成的处境不利儿童。2001年，当时的英国"教育与技能部"（2007年重组为"教育部"）公布的"特殊教育需要实践准则（Special Education Needs：Code of Practice)"规定：如果儿童在学龄阶段具有相较于同龄儿童来说非常显著的学习困难，或者具有阻碍他们像正常儿童一样学习的残疾因而需要特殊教育，即称为特殊教育需要儿童，[②]相较于1978年特殊需要儿童的定义，该定义强调了"度"的规定性。

如果说"缺陷"和"残疾"是静态的概念，表示个体身体或心理方面不可逆转的异常，特殊教育需要则是一个动态的概念，表明学生在成长与发展过程中不同阶段可能有不同的教育需要，它从教育的视角审视儿童的需要，远远超出了传统的病理学为基础的残疾分类、诊断。[③] 目前，我国受国际融合教育的影响，逐渐开展随班就读工作，特殊教育的康复对象已从传统的视障、听障、智障

[①] Department for Education. Special Education Needs：Code of Practice 2001[EB/OL]. https//www.education.gov.uk/publications/standard/publicationDetail/Page1/DfES% 200581% 202001. 2001-09-01.

[②] 特殊教育对象的演变[EB/OL]. http://bbs.ci123.com/post/18576118.html. 2017-03-10.

[③] 邓猛,肖非.特殊教育学科体系探析[J].中国特殊教育,2009(6)：25-30.

扩展到自闭症、语言障碍、脑瘫和多重残疾等多种类型,残疾程度已经从轻度障碍扩展到重度障碍学生,从显性障碍向隐性障碍学生扩展,学习障碍、多动症和情绪行为障碍等隐性障碍的学生在数量上将占越来越大的比例。

二、特殊教育学校康复的内容

(一)康复预防

"预防为主"是康复工作的重要方针。残疾预防可以分为三个层级进行:一级预防,即预防能导致残疾的各种损伤、疾病、发育缺陷、精神创伤等的发生;二级预防,即早期发现及早期恰当治疗已发生的致残性损伤和疾病,从而防止遗留永久性的残疾;三级预防,即在较轻度的缺陷或残疾发生后,积极进行矫治及其他康复处理,限制其发展,避免发生永久性的和严重的残障。① 其中的二级预防和三级预防是特殊教育学校康复预防的重要内容。在二级预防方面,元平特校早期开办的聋儿学前班,吸收现代医学和康复技术的新成果,致力于对听障幼儿进行早期干预,促进幼儿健康发展。在三级预防方面,元平特校针对义务教育阶段的听障、视障、智障、自闭症、脑瘫五类学生开设各类康复课程,对身心发展方面存在各种缺陷的学生进行集体康复和个别化训练。

(二)康复评估

康复评估主要是指功能评估,包括对运动、感觉、知觉、言语、认知、职业、社会生活等方面功能的评定,包括初次评估、中期评估、结局评估三个阶段。初次评估即在制订康复计划和开始康复治疗前进行的第一次评估,目的是了解功能状况及障碍程度、致残原因、康复潜力,并估计康复的预后,以此作为拟定康复目标和制订康复计划的依据。中期评估,在康复疗程中期进行,目的是了解经过一段时间的康复治疗后功能的改变情况,并分析其原因,以此作为调整康复治疗计划的依据。结局评估,在康复治疗结束时进行,估计总的功能状况,从而评价康复治疗的效果,提出今后重返社会或进一步康复处理的建议。②

评估的项目一般包括运动能力检查、日常生活能力评估、语言交流能力评估、体能测定、社会生活能力评估、小儿运动及智力发育评估、认知能力评估、职业能力评估等。其中评估的重点是与生活自理、学习劳动有关的综合性功

---

① 中国残疾儿童三级预防的进展[EB/OL]. http://hunanjz.mca.gov.cn/article/zyzs/201003/20100300065839.shtml.

② 卓大宏. 中国康复医学[M]. 北京:华夏出版社,2003:31.

能,如日常生活活动功能、言语功能、认知功能等。为了保证康复评估的科学性和准确性,康复人员会广泛使用各种量表进行评估,例如社会适应能力评定量表、自闭症儿童行为量表、韦克斯勒智力儿童量表、上肢功能评估量表、粗大运动功能评估量表等。[1]

（三）康复训练

康复训练主要是指特殊教育学校联合家庭和社区的力量,对特殊的学生开展必要的、可行的功能训练,例如生活自理训练、步行训练、言语沟通训练、心理辅导等。

1. 康复训练手段

特殊教育学校康复训练常用的手段包括：① 物理治疗,指应用物理因子治疗疾病的方法,包括利用电疗、光疗、水疗、磁疗、超声治疗、热疗、冷疗、蜡疗等。② 作业疗法,指应用与日常生活、工作和娱乐有关的作业活动或工艺过程,指导特殊学生有目的地和有选择地进行某项活动,进一步改善和恢复其躯体、心理和社会方面功能的治疗方法,常用的治疗性作业包括日常生活活动训练、职业性劳动训练、工艺劳动（泥塑、编织等）、园艺劳动等,以及其他促进生活自理、改善日常生活素质的适应性处理和训练等。③ 言语治疗,是指专业工作者对各类言语障碍的一种矫治工作。包括对言语语言障碍者进行检查、诊断、矫正和治疗。对象是单纯的各种言语语言障碍的儿童,也可以是伴随有感觉器官障碍（听障、视障等）和智障的言语障碍者。④ 心理治疗,对心理、精神、情绪、行为有异常者进行个别的或集体的心理治疗。⑤ 康复工程器械的使用,应用电子、机械、材料等工艺技术,为残疾人设计和制造日常生活和职业劳动的辅助器具或其他器械,以补偿功能的不足,提高生活自理的程度,增强学习和工作能力。⑥ 运动治疗,通过上肢训练、下肢训练和平衡能力的训练,并运用生物力学疗法、神经生理学疗法等方法来促进学生的身体功能。⑦ 职前训练,根据特殊学生的职业兴趣、专长、能力和身心功能状况,对其就业潜力和可能性做出分析,并进行职前训练。

2. 康复训练内容

（1）身体发展的康复训练

身体的发展主要包括感觉和动作技能两方面的发展。感觉的发展包括视觉、听觉、味觉与嗅觉等方面的内容。动作技能包括抬头、翻身、坐起、平衡、爬行和行走等粗大动作以及手部精细动作。[2] 由于先天和后天的原因,各类特殊

---

[1] 卓大宏.中国康复医学[M].北京：华夏出版社,2003：24-26.
[2] 张春兴.教育心理学[M].杭州：浙江教育出版社,1996：54.

学生在感觉、动作与技能的发展方面几乎都存在障碍。例如，脑瘫学生由于大脑受损或发育缺陷导致学生肌张力异常、运动能力低下、姿势异常以及上肢功能障碍等；视障学生由于受不到应有的视觉刺激，缺乏视觉模仿学习，其运动能力不能随着机体的成熟而自然地发展，因而出现了身体运动发展延迟的状况，等等。生理水平的健康发展是特殊学生其他能力发展的基础，为了促进特殊学生健康发展，增强其活动能力，身体发展方面的康复训练必然成为特殊教育学校康复的重要内容。元平特校针对特殊学生生理方面的障碍，开设了物理治疗、作业治疗、感知觉训练、运动功能训练等医疗康复课程。

（2）认知发展的康复训练

认知发展是指个体自出生后在适应环境的活动中，对事物的认识以及面对问题情境时的思维方式与能力表现，是儿童心理发展的一个重要层面。皮亚杰将儿童的认知发展阶段分为感知运动阶段（0～2岁）、前运算阶段（2～7岁）、具体运算阶段（7～11岁）、形式运算阶段（11岁以上）。感觉运动阶段的婴儿主要靠视觉、听觉、触觉等感觉与手的动作吸收外界的知识；前运算阶段的儿童能够使用语言表达概念，能用符号代表实物等；具体运算阶段的儿童能够根据具体经验思维解决问题；形式运算阶段的青少年能够进行抽象思维。[1]特殊学生常存在注意力不集中，记忆能力差，分析、综合能力发展较差，思维直观形象等特点，其发展水平常停留在前运算阶段甚至感知运动阶段。认知发展是特殊学生学习的心理基础，因此对特殊学生认知的训练是特殊教育学校康复的重要内容。针对特殊学生的认知发展特点，元平特校根据国家关于特殊教育学校课程设置实验方案，在充分考虑各类学生需求和特点的基础上，构建了由一般性课程、选择性课程、活动课程三部分组成的义务教育课程体系，对特殊学生进行教育康复。

（3）社会发展的康复训练

社会发展是个体在成长阶段（自婴幼儿到青少年），由于社会文化因素的影响，使其在对待自己与对待别人的一切行为，随年龄增长而逐渐产生概念的历程，也称为社会化。[2] 对特殊儿童来说，社会化的最终目的在于使其社会生活功能得到康复，这也是最高层次的恢复，是特殊学生取得良好的生活质量的能力和实现自身价值的能力的康复。要实现这一层次的康复，从主观因素来说，要求特殊儿童能够得到躯体、感官、精神/心理、社会功能多方面的综合康复。从客观因素来说，要求有适当的外界条件的支持或配合才能帮助残疾人

---

[1] 张春兴.教育心理学[M].杭州：浙江教育出版社，1996：85-90.
[2] 张春兴.教育心理学[M].杭州：浙江教育出版社，1996：124.

取得良好的生活质量。① 因此,康复的内容除了包括身体层面的医疗康复和认知层面的教育康复,还包括特殊学生职业康复和社会康复。元平特校为了提高特殊学生的就业能力,在义务教育阶段为各类儿童开设了劳动技能课,进行职前康复,在职业高中阶段,通过专业的职业培训对学生进行就业能力的训练。此外,学校还联合特殊学生家庭、社区以及社会各界的力量,为特殊学生提供走进社区、融入社会的机会,对学生进行社会康复。

第4节 目的与意义

特殊学校对学生康复的目的和任务是最大限度地满足学生的康复需求和教育需要,促进学生潜能发展,使他们增长知识、获得技能、完善人格,增强社会适应能力,最终使其能够融入社会,提高生活质量。特殊学校对特殊学生的康复水平在很大程度上反映出了一个社会的文明程度和特殊教育的发展水平,对特殊学生个人、家庭和社会有着重要意义。元平特校确定了宝塔式的分层目标和提高学生社会适应能力的康复终极目标,通过教育康复、医疗康复、职业康复和社区康复等多样化的康复手段实现对学生的康复目标。

一、特殊教育学校学生康复的目的

(一)发展身心技能,实现缺陷补偿

我国特殊教育理论认为:"缺陷补偿的机制是当机体的一部分组织受到破坏,或者组织虽未损害而生理机能有一定障碍时,其生物本能为了自身的生存,要去适应周围的环境和自己已受损的机体,其统一的机体未被损害的部分就会部分或全部代替、弥补被损害的部分,产生新的技能组合和新的条件联系的过程。"②特殊学生作为一个完整的有机体,各个器官和组织功能是相互联系的,要顺利学习和生活,必须尽量用健全器官来代替受损器官的组织功能,充分发挥学生内在的潜能,增加特殊学生的适应能力。特殊学生的缺陷补偿和功能的重建需要特殊教育学校对学生进行有目的、有计划的训练,抓住学生各方面能力发展的关键期,进行系统的康复,增进特殊学生的身心技能,改善他们的功能障碍。

---

① 陈云英.中国特殊教育学基础[M].北京:教育科学出版社,2004:368.
② 何敏学,全海英.论特殊教育学校体育缺陷补偿功能[J].体育学刊,2010(5):43-45.

(二)培养自理能力,实现生活独立

生活自理能力包括料理个人生活、满足自身基本生活需要,并能从事简单的家务劳动,它是一个人独立生存的基础,是实现自身社会角色、融入社会的前提。[1] 生活自理能力的恢复是特殊儿童社会功能得到基本康复的状态。特殊学生,特别是脑瘫、视障、自闭症学生,由于身心方面存在的障碍,学习基本的生活技能存在困难,而且很多特殊学生在生活上养成了依赖父母的习惯,独立生活能力较差,个人卫生、饮食、衣着等很难自理,严重影响了特殊学生的生活。因此,特殊教育学校康复的重要目的就是在对学生进行躯体和感官功能康复的基础上,使他们学会依靠自身的力量料理个人生活,为家庭自立和社会自立能力做准备。我国《培智学校义务教育课程设置实验方案》在课程设置原则上坚持"生活适应与潜能开发相结合"原则,在课程功能上,强调学生积极生活态度的养成,注重对学生生活自理能力和社会适应能力的培养与训练。其中"生活适应"课就是以提高学生的生活能力为目的,培养学生具有生活自理能力、简单家务劳动能力、自我保护能力和社会适应能力,使之尽可能成为一个独立的社会公民。[2] 可见,特殊教育学校康复课程的目标是以"生存化"和"生活化"为导向,有利于学生掌握实用生活知识、基本劳动技能和良好的生活习惯,从而为他们将来进入社会、参加力所能及的劳动、成为社会平等公民打下基础。[3]

(三)发展职业能力,促进社会融合

人是社会中的个体,具有社会性,残疾人的身心障碍使其暂时离开社会生活的主流,康复的目标就是使残疾者通过功能的改变和环境条件的改善而能重返社会、融入社会,重新参加社会生活。要实现此目的,特殊学校除了对学生身心功能和生活自理能力进行康复和训练外,更重要的是在此基础上对学生进行职业康复,使学生走入社会后能够自食其力。职业康复是特殊学生全面康复过程中的一部分,是帮助特殊学生获得并保持适当的职业,进而使他们参与社会生活的康复活动。从全面康复的角度出发,职业教育不仅仅是帮助特殊学生掌握某项就业所需的技能,更重要的是在教育过程中,将其培养成能够适应社会生活、自尊自强、自信自立的人才。[4] 通过具体的康复措施,帮助特殊学生实现合理就业、回归社会,并使其能够以独立的人

---

[1] 甄岳来,李忠忱.孤独症社会融合教育[M].北京:中国妇女出版社,2010:46.
[2] 培智学校义务教育课程设置实验方案[EB/OL]. http://baike.baidu.com/view/2972205.htm? fromTaglist. 2017-03-10.
[3] 马珍珍,何晓莹.培智学校课程改革的思考[J].现代特殊教育,2005(4):10-12.
[4] 黄建行,雷江华.智障学生职业教育模式[M].北京:北京大学出版社,2011:51.

格和经济地位参与社会生活,这对特殊学生具有重要的意义。特殊教育学校对学生康复的目的不仅要努力培养学生掌握从事某种职业或生产劳动所需要的知识和技能,同时还要注重对学生心理、社会适应的培养,力图帮助学生实现全面康复,解决特殊学生融入社会后的生存、生活和发展问题。我国《中国残疾人事业"十二五"发展纲要》就提出要加强残疾人职业教育培训和职业能力建设,以就业为导向,鼓励各级各类特殊教育学校、职业学校及其他教育培训机构开展多层次残疾人职业教育培训,着力提高培训后的就业率,加强残疾人职业能力开发,反映了我国对特殊教育学校对学生职业能力和社会适应能力培养的重视。

(四) 实行全面康复,提高生活质量

生活质量反映了残疾人对日常生活各方面的能力水平和个人感受,主要反映在健康状况、职业和工作状况、经济状况、婚姻、家庭及居住环境状况、业余生活状况、参与社会生活和政治生活状况以及个人对生活的心理感受等方面。[1] 2002年,夏洛克等(Schalock, et al.)指出,生活质量是对于生命的总体感受、对于社会交往与机会的积极体验。[2] 20世纪下半叶,随着"去机构化运动"的兴起以及社区融合观点的盛行,生活质量成为世界各国规划、提供服务以及评价残疾人康复模式有效性的主要指标。[3] 对残疾人士心智、身体、职业等方面的康复,最终目的都是为了提高其生活质量。因此,提升残疾人士生活质量的水平成为残疾人服务的基本目标,对生活质量满意度的评估也就成为衡量康复服务的主要指标。[4] 在特殊学校也是如此,学校必须通过康复治疗带动对学生的全面康复,使其提高自我决定、自我选择的能力,从而提高其生活质量。

(五) 元平特校康复目标

特殊学生作为社会个体,最终能否独立生活、融入社会并服务于社会,关键在于其生活适应能力的高低,特殊儿童的康复效果,不仅要评价其生理指标,还要评价其社会功能状态。学校全面贯彻落实党和国家的教育方针政策,以教育为本,以医促教,坚持康复训练课程化、康复手段多样化、康复技术创新

---

[1] 卓大宏.中国康复医学[M].北京:华夏出版社,2003:21-22.

[2] Robert L Schalock, Ivan BrownI. Conceptualization, measurement, and application of quality of life for persons with intellectual disabilities: Report of an international panel of experts[J]. Mental Retardation, 2002(6): 457-470.

[3] Ralph Kober, Ian R.C. Eggleton. Factor stability of the Schalock and Keith (1993) quality of life questionnaire[J]. Mental Retardation, 2002(2): 157-165.

[4] 邓猛.社区融合理念下的残疾人康复服务模式探析[J].中国特殊教育,2005(8):23-27.

化的三化宗旨,坚持"以人为本、潜能开发、功能恢复、重建生活、整体发展、全面康复"的康复理念,确立早期干预、综合干预、集体干预与个别化干预等康复原则,通过教育康复、医疗康复、职业康复和社区康复等多样化的康复手段,发展学生身心技能,实现缺陷补偿;培养学生自理能力,实现生活独立;发展学生职业能力,提高生活质量,促进社会融合。为了更好地实现康复目标,学校根据特殊学生身心发展特点和需要,确立宝塔式分层康复培养目标:第一层级,帮助学生补偿缺陷与重建功能,初步改善生活能力;第二层级,帮助学生减轻功能限制,提升参与社会生活的能力;第三层级,促进学生全面康复,实现潜能开发。

图 1-4　三类课程相互衔接

二、特殊教育学校学生康复的意义

（一）对特殊学生自身的意义

1. 能够提供有效的康复训练

学校教育是由专职人员和专门机构承担的有目的、有系统、有组织的,以影响受教育学校教育者的身心发展为直接目标的社会活动。学校教育与社会教育、家庭教育相比,其优势表现为学校教育的专门性、组织的严密性、作用的全面性、内容的系统性。[①] 特殊教育学校作为学校系统的分支也具有此特点。特殊教育学校在康复人员、康复设备、康复课程、康复理念等方面,与机构和家庭相比有其突出的优势,能够为特殊学生提供专业有效的康复训练,而且康复训练贯穿于学生的整个义务教育阶段,更有利于学生的发展。特殊教育是促进残疾人全面发展、帮助残疾人更好地融入社会的基本途径。

2. 能够促进学生的全面康复

特殊教育学校的康复旨在使学生达到和保持生理、感官、智力、精神和(或)社交功能上的最佳水平,从而使他们借助于某种手段,改变其生活,增强

---

① 杨光海.学校教育角色化:实质、后果及其消解[J].现代教育管理,2010(11):11-13.

自立能力。为此,特殊教育学校需要在对每一位特殊学生进行诊断与评估的基础上,根据学生的身心发展水平、学习能力以及康复需求,为学生制订个别化教育计划,并选择合适的康复训练内容,采用适当的训练方法对学生进行康复,有利于学生得到适合其发展的康复训练。此外,特殊教育学校除了常规的教育课程,还会为学生安排恢复学生身体功能的康复课程和训练其职业技能的职业课程,同时还注重将家长和社会力量纳入学校教育中,实现了康复手段的多样化和综合化。在康复和教育的内容上,特殊教育学校除了注重特殊学生的认知训练和缺陷补偿,还注重和学生生活自理能力、劳动技能、职业技能等有关的提升学生社会适应能力的内容,从而通过多样化的康复手段和丰富的康复内容,从躯体和感官功能、精神和心理功能、学习和工作能力、社会生活功能四个层面实现了学生的全面康复,有利于特殊学生以独立的人格和平等的身份参与社会生活。

(二)对于特殊学生家庭的意义

1. 减轻家庭负担

目前,特殊儿童的主要康复方式有机构康复、医院康复和学校康复,相对于机构和医院,特殊教育学校多为国家公立学校,义务教育阶段实行免费制,因此,学校康复在很大程度上减轻了特殊学生家庭的经济负担。更为重要的是,学校康复由于其系统性和稳定性,能为学生提供义务教育阶段,甚至高中阶段的康复教育,解决了家长在教育孩子技术上的困难,使家长从沉重的精神负担和物质压力中解放出来,从而有更多的精力投入工作中去。同时,很多特殊学校在对学生进行康复时,还会为家长提供心理咨询,例如元平特校就建立了心理咨询室,开通了心理咨询热线和"我心飞翔"心理网站,为家长提供心理咨询服务,为家长提供必要的帮助与建议,缓解了家长的精神压力。

2. 提高家长的康复技能

我国学者罗亦超、雷江华等人对特殊学生家庭需要进行研究时,发现特殊学校学生家庭在资讯提供、专业指导、服务帮助、经济补助和精神支持五个方面都有强烈或较强烈的需要。教师和学校是特殊学生家庭最主要的支援来源。[①] 黄辛隐、张锐等人对重庆71例自闭症儿童的家庭需求及发展支持调查后发现,家长最需要的是孩子的发展性支持、接受学校教育的支持,希望

---

① 罗亦超,雷江华.特殊学校学生家庭需要之研究[J].教育研究与实验,1999(4):31-36.

教育训练人员给予他们具体的意见。① 以上数据说明特殊儿童家长对于康复知识和技能的培训需求迫切,特殊教育学校应该重视特殊儿童家长的需求。此外,对于特殊学生来说,家长在其康复和发展过程中具有至关重要的作用,他们对孩子的态度和施加的影响,很大程度上决定着特殊学生后天的康复状况和发展水平,②对整个家庭,而非仅针对儿童个体的康复和支持,将使干预对儿童产生显著的积极影响。③ 因此,特殊教育学校在组织教学的过程中十分重视对家长康复态度和技能的培训,特殊学校在对学生康复时,常通过为家长举办实用性强的讲座和培训、发放培训资料,并通过家长学校让家长有效参与到学校教育中。特殊学校的这些做法在很大程度上提高了特殊学生家长的康复技能,满足了家长的需求,也为特殊学生的长期康复创造了家庭条件。

(三) 对于社会的意义

1. 体现社会文明程度,有重要的社会效益

特殊教育是在一定的经济、文化、教育、立法以及多学科的发展基础上产生的,特殊教育的发展离不开法律、文化、经济、科学的支持,因此,特殊教育的发展水平从某种程度上反映出了一个社会的文明程度,对特殊儿童提供的康复与服务的质量又在很大程度上反映了特殊教育的发展水平。在特殊教育早期,人们对特殊儿童的康复是在隔离封闭的空间中进行的医疗康复,随着社会的发展和人们对残疾认识的深入,康复模式转变为以学校、社区为基础,以家庭为中心的综合康复服务模式,体现了特殊教育发展的进程和社会文明程度的提高。我国要构建和谐社会,使社会主义精神文明和谐发展,就必须发展特殊教育,提高残疾人的整体素质,促进全社会的文明与进步。

2. 减轻社会负担,有重要的经济效益

教育是一种人力资源的开发,教育资金的投入可以产生两种经济效益,其一是个人经济效益,受教育者可以创造财富担负个人生活;其二是社会经济效益,社会对于个人的教育投入最终可以使其回报社会。④ 对于特殊教育的投入,同样也具有以上两方面的经济效益。特殊学生通过学校的康复与训练,实

---

① 黄幸隐,张锐,刑延清. 71例自闭症儿童的家庭需求及发展支持调查[J]. 中国特殊教育,2009(11):43-47.

② 蔡卓倪,李敏,周成燕. 特殊儿童家庭教育社会支持情况调查分析[J]. 中国特殊教育,2010(12):17.

③ McWilliam, R. A. & Scott, S. A support approach to early intervention: A three-part framework[J]. Infants & Young Children, 2001(13):55-66.

④ 陈云英. 中国特殊教育学基础[M]. 北京:教育科学出版社,2004:17.

现生活自理和生活自立，不需要终生依靠家庭与社会的照顾，在一定程度上解除了家庭和社会的经济负担，同时，特殊教育学校通过职业康复，使特殊学生掌握从事某种职业所需要的知识和技能，使他们能够通过自己的努力为社会创造财富，在一定程度上促进了社会经济的发展。元平特校于2002年开办职业高中以来，学校每年的毕业生就业率均达到了95%以上。2007—2010年，职业高中毕业生一次性就业率连续四年达到95%以上。截至2016年，学校有253名学生在职教基地进行了两年的模拟就业，有82名学生在香格里拉酒店集团、百胜餐饮、喜憨儿洗车中心、沃尔玛、康泰制药等企业实现就业。[1] 这说明通过学校职业康复，特殊学生有能力实现社会自立和为社会创造经济效益。

第5节 理念与原则

特殊学校的康复与训练是特殊学生实现生活自理、社会自立的重要途径，对特殊学生的发展有着不可替代的作用。康复的理念与原则对特殊教育学校康复工作的实施有重要的指导意义，康复工作的进展在很大程度上取决于康复理念的更新。在当代社会模式的残疾观和康复观的影响下，特殊教育学校在长期的探索与实践中，以特殊学生的功能恢复、整体发展、生活重建、全面康复作为中心，逐渐形成了以生为本、潜能开发，功能恢复、重建生活，整体发展、全面康复等康复理念，并确立了早期干预、综合干预、集体干预与个别化干预、生活化干预等康复原则，对广大特殊教育工作者有很好的借鉴意义。

一、康复理念

（一）以生为本、潜能开发

坚持"以生为本、潜能开发"的理念，就是要秉承以人为本的科学发展观，要以人的可持续发展作为根本出发点，肯定特殊学生的个体价值，承认特殊学生的个体差异，尊重个体的发展愿望，重视发掘学生的潜能。[2] 加德纳的多元智能理论认为，每一个人都或多或少具有语言智能、逻辑数理智能、音乐智能等方面的智力，只是各种智力在不同人身上所表现的方式和程度不同，但它们之间没有优劣之分。[3] 特殊学生虽然在身心发展及社会适应方面存在障碍，但是他们也有自己的兴趣爱好和能力特点，有其优势智能发展领域。因此，对特

---

[1] 黄建行，雷江华. 智障学生职业教育模式[M]. 北京：北京大学出版社，2011：189.
[2] 孟万金. 人本特教宣言[J]. 中国特殊教育，2008(10)：3-6.
[3] 金野，宋永宁. 多元智力理论对特殊儿童教育的启示[J]. 2007(1)：97-100.

殊学生的教育与康复必须以生为本,尊重学生的个体差异,多方面了解学生的需求和潜在能力,因材施教,使每个学生的潜能都得到开发。

元平特校一直以来坚持"以生为本,育残成才"的办学宗旨,把帮助学生发展放在第一位,将特殊学生视为教育的主体,充分尊重他们的主体地位。因此,学校对学生进行康复秉承的第一个理念就是以生为本理念。学校在对特殊学生开展康复训练时,既重视通过感知觉、认知能力等方面的训练,弥补听觉、视觉、智力等障碍,又重视儿童兴趣、需求、动机、情意等因素对特殊学生成长的作用,坚持在对学生全面了解和科学评估的基础上,根据学生的康复需求和兴趣爱好匹配相应的训练内容。例如,自闭症学生虽然存在语言异常、行为刻板、社会交往异常等多方面的障碍,但是该类型的学生对音乐有浓厚的兴趣,甚至有部分学生在音乐方面有独特的天分,学校根据学生这一特点设置了音乐治疗康复课程,在舒缓学生的情绪、排解学生焦虑的同时,又通过形式丰富的音乐活动培养了学生的音乐才能。

(二)功能恢复、重建生活

从康复的角度看,所谓"功能"是一种有目的的,为达到一定目标而可以调控的行为或行动,这种行为或行动可使人们能满足日常生活、工作的需要。例如:个人生活自理、行走、言语交流(听、说、写)、肢体运动功能、认知功能、职业功能和社会生活功能等。[①] 新的残疾模式提出,康复处理的问题不是临床症状,而是功能障碍,改善身体的功能是康复的重要目标。由此可见,在康复范畴内的功能活动,并不是着眼于某一器官的具体的生理功能,更重要的是综合生理、心理、智能的因素,从总体上看学生适应个人生活、家庭和社会生活以及职业性劳动的能力如何(图1-5)。也就是说,对特殊学生的康复不单从器官和组织的水平看功能活动,更重要的是从个体生活、家庭生活、社会生活、职业生活的水平看人的功能活动。对功能活动的要求最重要的是独立性和适应性,能独立地完成必需的功能活动,同时又能适应环境,进行必需的功能活动或表现出适当的行为。

元平特校对特殊学生进行康复训练时,着眼于保存和恢复学生运动、感知、语言交流、日常生活、职业活动等方面的功能,重视功能的检查和评估,采取多种方式进行训练,尽可能满足学生对功能康复的需求,在身体功能恢复的过程中,学生的生活功能也得到提高。以对脑瘫学生进行训练的作业治疗课为例,作业治疗课的第三单元为职业前技能训练,其内容包括家政(衣物清洁、室内清洁、厨房清洁、物品整理)、家居(电器使用、电器维修等)、编织作业、书

---

① 卓大宏.中国康复医学[M].北京:华夏出版社,2003:31.

法与绘画、园艺、雕塑,通过与职业教育有关的内容训练学生的上肢功能,同时又对学生进行了职业康复,提高了学生的适应能力。

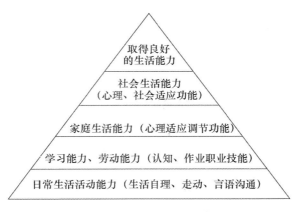

图 1-5 残疾人功能模式图

(三)整体发展、全面康复

特殊教育学校对学生的康复有不同的层次。第一层次是躯体和感官功能的康复,解决残疾人个人生活活动自理、能采用适当的方式与人有效交流等问题;第二层次是学习和工作能力的康复,解决残疾人家庭、社会的问题;第三层次是精神和心理功能的康复,解决残疾人家庭、社会生活和人际关系的适应问题;第四层次是社会生活功能的康复,这也是最高层次的恢复,是残疾人取得良好的生活质量的能力和实现自身价值的能力的康复。[①] 简而言之就是对特殊学生实行身体、心理、职业、社会生活等方面的能力的全面康复。全面康复观将个体视为一个整体而不仅仅是他们的缺陷,强调康复的对象不仅是有病损和功能障碍的器官和肢体,而更重要的是整个"人",要求从生理上、心理上、职业上和社会生活上对残疾个体进行全面的、整体的康复,主要包括医学康复、身体康复、精神康复、社会康复、职业康复五个方面的内容(如图1-6)。[②]

在全面康复理念的影响下,我国一直致力于改革培智学校单一的文化教育模式,努力提高特教教师将教育训练与康复技术有机结合的能力,在此基础上尝试开展康复教育基本理论与实践应用、康复教师培养、康复教育管理和康复教育评估等一系列康复教育方向的研究。2009 年 11 月,我国教育部基础教育二司向有关省、市教育厅(教委)发出了《关于在特殊教育学校建立"医教结

---

① 陈云英.中国特殊教育学基础[M].北京:教育科学出版社,2004:368.
② 卓大宏.中国康复医学[M].北京:华夏出版社,2003:34.

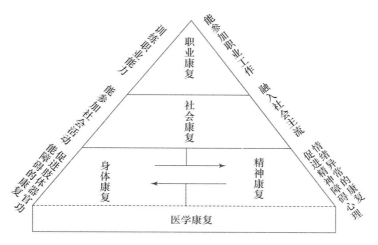

图 1-6　残疾人全面康复图

合"实验基地的通知》(教基二司函[43]号),决定委托华东师范大学"言语听觉科学"教育部重点实验室、学前与特殊教育学院在部分特教学校建立"医教结合实验基地",以探索在特教学校医疗康复与教育相结合的路径,通过实验总结出成功的经验和做法,向全国特教学校推广,使特教学校教师树立新的"医教结合"的理念,用医疗康复和教育有机结合的方式,增强对残疾学生缺陷补偿的效果,使残疾学生在得到文化知识的同时,也能使身体的残疾得到医治康复。[①] 元平特校自 1990 年开办以来,就坚持"教育、康复、职业训练一体化"的办学模式。搬入新校址后,学校不断完善各项基础设施建设、更新康复训练设备,建立了多学科整合的康复训练组,制订了学生个别化康复教育和评估方案,提出了康复训练课程化、康复手段多样化、康复技术创新化的三化宗旨,构建了"个别化教学法和分流教学法为主,班级授课为辅"的教学组织形式,并在实践的过程中明确地提出了"立足于教育,以教育为本,以医促教,建立具有深圳特色的立体多元康复体系"。近年来,为了响应国家提出的医教结合的康复理念,学校积极申请"医教结合"实验基地建设项目,在对国内部分医疗和康复训练工作开展较好的学校进行考察和调研的基础上,拟订了学校"医教结合"的实施方案。下面引用学校郭俊峰老师撰写的《深圳元平特殊教育学校"医教结合"康复模式的实践与探索》对学校的医教结合康复工作进行详细说明。

---

① 达理.全国特校"医教结合、综合康复实验基地建设项目、实施方案"研讨会在杭举行[J].现代特殊教育,2010(5):44.

深圳元平特殊教育学校"医教结合"康复模式的实践与探索（节选）

深圳元平特殊教育学校　郭俊峰

一、元平学校"医教结合"康复模式现状

元平学校自1991年开办以来，走的就是"教育、康复、职业训练一体化"的办学模式，中国残联前主席邓朴方先生称赞这是一条很有希望的路子。办学初期，学校由于场地、设施设备等问题，元平学校学生的康复主要体现在理念方面。1994年迁入新校址后，元平学校加大了康复工作的力度，先后成立了孤独症康复班、脑瘫康复班、聋儿听力语言康复班，坚持把教育教学与康复训练结合起来，对有特殊康复需要的残疾学生进行有针对性的康复。

教育与康复并重是现代特殊教育的重要指导思想之一，良好的康复治疗效果是实现教育目标的保障。据调查，元平学校脑瘫和孤独症康复组的160多名学生中，95%以上的儿童接受过专业的康复治疗，超过90%的家长认为自己的孩子需要接受康复训练。最近三年中，有将近15%的脑瘫和孤独症学生曾经休学或请假到医院、康复中心接受治疗；有近10%的脑瘫和孤独症学生尝试过上课之余，利用晚上或周末的时间接受康复治疗。超过20%的脑瘫和孤独症学生在最近三年中至少接受过一个疗程的康复治疗。从以上数据可以看出元平学校脑瘫、孤独症儿童的康复需求是迫切的，而元平学校目前的康复治疗水平及现状并不能完全满足他们的需要，因此才会有一边接受康复治疗一边上学，两头都要兼顾而又很难兼顾的情况出现。这种教育方式既破坏了孩子们学习的连续性，又增加了家庭的负担。

我们认为通过医学与教育相结合康复模式的探索，既能促进元平学校各类残疾学生的身体康复，又满足了他们接受教育的需求。"医教结合"的康复模式是目前残疾儿童康复中比较理想的一种模式。

二、元平学校"医教结合"康复模式的原则和目标

我校"医教结合"康复模式改革与创新的原则是立足于教育，以教育为本，以医促教（以物理康复治疗为主），建立具有深圳特色的立体多元康复体系。具体的目标如下：

（一）力争康复普及率达到100%：改革传统的特殊教育模式，将教育手段与医疗手段有机结合起来，运用在各类残疾学生的康复治疗中。经过人员的充实，力争使康复治疗普及率达到100%。

（二）力争使每个有迫切康复需求的学生都享受到专业的康复服务：为有迫切需要的脑瘫儿童、孤独症儿童、听障儿童提供多方位的康复服务，力争每个学期每个孩子都能在一个项目上完成至少一个疗程的康复服务，从而提高

学校的康复水平,保证康复效果。

三、促进"医教结合"康复模式改革与创新的具体措施

(一)科学、客观地确定康复治疗对象

借鉴国外的有关经验,建立特殊教育学校的支持体系。由相应的医疗康复专业机构出具各类残疾学生的疾病鉴定证明,从生理、心理的角度来科学评价残疾学生的康复需求。再由特殊教育学校的各类专业人员如言语治疗师、作业治疗师、物理治疗师、心理治疗师等综合评定残疾学生需要哪方面的康复介入,是以教育康复为主、医疗康复为辅,还是以医疗康复为主、教育康复为辅,或两者并重,制订合理的个别化计划。

(二)合理的设置康复治疗类课程

合理设置康复治疗课程与安排康复治疗课时,以满足不同类别残疾学生康复的需求,是成功进行"医教结合"康复模式改革与创新的关键。2001年开始,元平学校在全校范围内开展"校本课程的实践与研究"工作,编写校本教材,其中康复类校本课程是课程体系的一个组成部分,也取得了很好的成绩。康复治疗类课程内容主要包括运动康复、感知觉康复、语言康复、心理康复和职业康复五方面。其中运动康复是通过物理治疗、作业治疗及运动功能训练等方法来改善残疾学生的大运动、精细运动和平衡协调能力;感知觉康复是通过康复治疗改善残疾学生的视觉、听觉、触觉、知觉和认知等方面的障碍;语言康复是通过听力训练、语言理解、口语表达、恢复或改善构音功能、提高语言清晰度等内容改善残疾学生的语言沟通能力;心理康复是通过心理辅导与治疗改善残疾学生的认知、情绪和行为等问题;职业康复是全面康复的重要组成部分,主要是通过职业评定、职业培训、职业指导和职业咨询,使残疾学生逐步成为一个人格完善的人。

根据教育部2007年2月颁发的培智学校义务教育课程设置实验方案,元平学校于2007年4月,结合现有的教育教学资源,制订了各类残疾学生课程设置意见稿。

(三)根据残疾学生的康复需求采取多种康复治疗形式

1. 集体康复治疗:针对各类残疾儿童共同存在的问题,以集体的形式进行康复治疗。一般为1—2个康复治疗师对10—12个残疾学生进行康复,并为残疾儿童提供优良的集体康复治疗环境。集体康复治疗适用于以班为单位的各类残疾儿童,它涉及的课程主要有:运动功能训练、感觉运动、感知觉康复、认知康复、音乐治疗、康复游戏等。

2. 小组康复治疗:针对残疾儿童的共性和差异性,根据治疗内容和目标将学生共性的问题以小组的形式进行治疗。一般为1—2个康复治疗师对5—

6个残疾学生进行康复,并为残疾儿童提供优良的小组康复治疗环境。小组康复治疗适合于各类残疾儿童,它涉及的课程主要有:作业治疗、物理治疗、职业康复、模拟运动、多感官治疗、沙盘游戏、水疗等。

3. 个别康复治疗:由于残疾儿童的个体差异很大,所以必须对他们采取一对一的方式进行治疗,并提供个别化的治疗环境。特别是对于缺陷程度较严重的残疾儿童,个别化的治疗尤为重要。个别康复治疗涉及的课程主要有:言语矫治、认知个训、传统治疗、注意力训练、听觉统合治疗、被动运动训练等。

(四)根据各类残疾学生的特点采用多种康复治疗的方法

由于各类残疾学生有着不同的生理、心理特点,因此必须为他们提供有针对性的康复治疗方法。

1. 针对脑瘫学生开展的康复治疗方法和手段

针对脑瘫学生可以采取运动疗法,包括医疗体操、器械上运动、利用各种运动治疗理论开展的治疗(如 BOBATH 治疗、上田法治疗、引导式教育等);物理治疗,包括电疗、水疗、热疗、蜡疗、磁疗等;作业治疗,包括日常生活活动能力(ADL)训练、手工操作劳动、文体活动(如书法、绘画、乐器演奏等);传统医学治疗,包括针灸、按摩、艾灸、健身武术(如太极拳、五禽戏)等。

2. 针对孤独症学生开展的康复治疗方法和手段

孤独症学生主要存在交往障碍、语言障碍、行为刻板等问题,同时还伴有认知能力低下、感知觉异常等缺陷,除了国内外通常使用的应用行为分析、结构化教学、人际交往训练、想法解读、游戏治疗等训练方法外,感觉统合训练、听觉统合治疗、音乐振波治疗、启智训练、注意力训练、手眼协调训练、认知功能训练都是对他们行之有效的康复治疗方法。

3. 针对听力残疾学生开展的康复治疗方法和手段

听力残疾学生由于听障造成了语言障碍,首先应解决听的问题,然后解决说的问题。通过医疗设备来解决他们听的问题,然后运用一些仪器设备来进行言语矫治,让他们能听会说。目前主要的治疗手段就是言语矫治、听觉训练等。

4. 针对智力残疾学生开展的康复治疗方法和手段

对智障儿童进行康复训练,可以提高智障儿童的感受能力、活动能力及身心协调能力,促进大脑机能的修复和补偿。智障儿童康复训练的主要内容有运动、感知、认知、语言、生活自理、社会适应、职业康复等七大领域,分为功能训练、智能训练、异常行为矫正训练、职业培训四大类。对智障儿童进行康复训练需因人而异,因地制宜,因材施训。康复专业人员必须根据智障儿童的个体情况以及训练环境条件综合考虑,选择恰当的方法施训。

5. 针对视力残疾学生开展的康复治疗方法和手段

视力残疾是指由于各种原因导致视障或视野缩小,包括全盲和低视力两类。对视力残疾学生的康复是指针对各种先天或后天疾病和损伤所造成的各种功能障碍采取综合的措施,以运动功能康复训练为主,辅以必要的辅助支持用具并对环境的改造和适应。全盲学生的康复一方面可通过定向行走训练课,培养其依靠听力、借助辅助工具、感受外界环境,学会独立行走。另一方面通过感知觉训练,发展并提升听觉、运动觉等其他知觉的能力,以补偿受损的视觉。低视力学生的训练一方面应加强视功能训练,以游戏训练为主,训练宗旨是让学生尽早知道自己的残余视力,并且可以利用它,通过视觉得到足够的印象,自己建立一种较符合自己感官所获得的概念,同时增加活动的兴趣性,提高学生的视觉功能。另一方面应加强生活及社会适应能力的训练,以培养其独立生活、与人交往及融入社会的能力。此外,还应对视力残疾学生进行长期有效的心理康复教育,以帮助他们认识并接受自身的残疾,学会与人、与社会和自然和谐相处。

四、促进我校"医教结合"康复模式改革与创新的保障条件

(一)引进相关医疗康复设施设备,建立康复训练基地

"教育、康复、职业训练一体化"是学校的办学思路。自 2000 年以来,学校逐年增加了对脑瘫、孤独症儿童的康复投入,到目前为止我校的康复训练设施及场地与办学初期相比,已有了很大的改善。我校现有的功能教室及脑瘫训练面积 400 平方米,设备投入 207 万;孤独症康复训练面积 257 平方米,设备投入 143 万;听障、智障康复训练投入设备 150 万。

随着办学规模的扩大,学生人数逐年增加,现有的康复设备及训练场所已经远远不能满足我校全体学生的需求。因此,在医教结合的探索实践中,我们希望能建设更多功能齐全、设备完善的康复训练功能教室。拟增加设备及场地投入,脑瘫训练面积 420 平方米,设备投入 240 万;孤独症训练面积 600 平方米,投入 270 万;听障训练投入 45 万;智障训练投入 80 万元;视障训练投入 52 万,拟总投入将近 700 万元。

(二)康复专业人才的引进与培养

医疗康复需要医生、治疗师等专业人员的介入,其中治疗师占的比重较大,以康复类专业为主,具有医师资格的医生不需要很多,医生主要是起学科带头人的作用,医生及治疗师主要来源于医疗或康复专业机构。根据我校医教结合工作长远的发展来看,要做好医教结合的康复工作,真正实现以医促教,在现有的基础上,至少应该增加 30% 的编制,才能达到我校的最终目标。我们建议采用多种形式,引进人才,开展康复治疗服务。一是聘请医疗机构的

专家,成立专家小组,每周定期坐诊、指导。二是与医疗机构或医科大学合作,建立试点合作单位,定期互派工作人员交流学习,并承担对我校康复工作人员培训的工作。三是申请深圳市福利彩票公益金、残疾人保障金等公益基金的支持,以政府购买服务的形式购买康复服务。四是增加我校的人员编制,在增加的所有编制中,医生应占编制的10%,作为残障学生评估及康复学科的带头人;治疗师占70%,以雇员制的形式引进人才;护士20%,作为残障学生疾病和康复护理人员。

专业人才引进以后,还要加大对他们的培训,由于治疗师是在学校工作,也需要掌握一些教育方面的知识,应该给他们提供一些教育康复培训的机会。同时,应该积极支持他们取得各类治疗师资格证,保证我校医疗康复的规范性。

(三)打破传统模式,建立有偿服务机制

为了提升康复服务的质量,增加康复的手段和治疗的方式,推出更多的康复类课程,也为了建立更完备的康复服务体系,健全残疾人康复服务保障措施,真正实现残疾人"人人享有康复服务"。我们认为在条件成熟的情况下,建立合理的有偿服务机制是对我校"医教结合"工作的改革与创新。

学校除了坚持"医教结合"的康复理念,同时秉承"教育康复、医疗康复、职业训练"一体化的办学模式,注重学生的全面康复。在职业康复方面,学校始终坚持国家"以服务为宗旨、以就业为导向"的办学方针,通过创新职业教育办学模式,完善职业教育课程体系,构建了"职业教育、就业培训、就业安置一体化"的职业教育"立交桥"式模式。对义务教育阶段的特殊学生通过劳动技能课对学生进行职业前的技能培训,对职业高中阶段的特殊学生,设置办公文员、客房服务、洗衣服务、西式面点、插花艺术等专业技术课,对学生进行专业的就业技术培训,使学生掌握从事某项工作的知识和技能。

(四)缺陷补偿、动态发展

缺陷补偿是特殊教育的重要理论之一。缺陷补偿有两层含义:一是指机体未被损害的部分去代替、弥补已损害的部分,产生新的机能组合和新的条件联系;二是指利用新的科学技术、工具与手段使机体被损害的机能得到部分或全面恢复。[①] 促进与实现缺陷补偿的主要手段就是康复训练。缺陷补偿理论建立在机体自身的代偿基本条件之上,功能训练、心理治疗以及现代科学技

---

① 朴永馨,等.特殊教育学[M].福州:福建教育出版社,1995:66-71.

术、康复器材的应用是重要的因素。[①] 在缺陷补偿中,人的各种感知觉的感受性水平可以通过训练而提高。例如,视觉障碍学生为了适应周围环境和自己受损的视觉器官,要用未被损害的听觉、触觉、嗅觉、味觉、运动觉以及平衡觉等感知觉部分或全部代替、弥补已损伤的视觉器官的功能,使视觉障碍得到最大补偿。[②] 缺陷补偿的过程涉及生物因素、社会因素与心理因素三方面。补偿的每一个因素都不是孤立存在的,它们相互发生关系和作用,同时,补偿不是静止的瞬间状态,而是一种动态的变化和发展过程。[③] 因此,特殊学校应该把握住学生发展的关键期,充分注重儿童的生物、社会和心理三方面的缺陷补偿,促进特殊学生的动态发展。

（五）改善环境,克服障碍

2001年世界卫生大会通过并发布了《国际功能、残疾和健康分类》(International Classification of Functioning, Disability and Health, 简称ICF), ICF建立在一种残疾性的社会模式基础上,它从残疾人融入社会的角度出发,将残疾性作为一种社会性问题,残疾性不仅是个人的特性,也是由社会环境形成的一种复合状态。[④] "残疾"或"障碍"不再是专属的概念,而是一种普适性的概念,是"生理心理条件"与"环境状态"互动之下的结果,只要环境不改善,任何人都有可能因为身处不良环境中,从而处于障碍情境之中。[⑤] 在这种模式下,个体的功能和残疾被认为是健康状况（疾病、障碍、损伤、创伤等）与背景性因素（包括个人和环境因素）之间动态交互作用的结果。[⑥] 对待残疾,既要给予处于残疾状态的个体必要的医学治疗、教育训练,同时也要从有利环境的构建和辅助器具的使用上来进行支持。因此,ICF理念促使我们更严肃地看待并检视环境中的障碍,更进一步促使我们认为,克服障碍的方式不能仅仅改造残疾人个人的身心条件,必须将改善环境的障碍也列入克服障碍的思考及行动之中,让更多的人可以因为环境的改善而消除障碍。[⑦] 如何使用其他感官与辅具以及一切支持性环境,协助残疾人克服障碍,适应障碍处境的历程,将成为

[①] 杜晓新,王和平,黄昭鸣.试论我国培智学校课程框架的构建[J].中国特殊教育,2007(5):13-18.

[②] 视觉障碍儿童的教育原则[EB/OL]. http://jiguang.ci123.com/blog/mkjkjids/entry/5975. 2012-03-30.

[③] 朴永馨,等.特殊教育学[M].福州:福建教育出版社,1995:66-71.

[④] 邱卓英.《国际功能、残疾和健康分类》研究总论[J].康复理论与实践,2003(9):2-4.

[⑤] 何侃.ICF理念下我国残疾人服务体系建设的新趋向[J].南京特殊教育职业技术学院学报,2011(6):1-7.

[⑥] 宋春.ICF:带给我们新理念[J].现代特殊教育,2006(5):19-20.

[⑦] 卓大宏.中国当代康复医学发展的大趋势[J].中国康复医学杂志,2011(1):1-3.

协助残疾人去除功能限制、适应环境障碍、发掘身心潜能的基本导向。

元平特校为了改善各类特殊学生的教学、生活环境,积极建设校园无障碍环境,目前已经建设完成了无障碍卫生间、扶手、无障碍坡道及无障碍电梯、语音及视频提示系统等基础设施建设。同时,学校还为脑瘫儿童配备了拐杖、轮椅,为听障学生提供可视语训装置等,为视障学生提供助视器、闭路电视放大器、音响辅助器以及盲人用的写字板、盲文打字机、盲文刻印机等辅助设备,方便了特殊学生的生活与学习,克服环境带来的障碍。

二、康复原则

(一)早期干预的原则

早期干预是对幼小年龄的发展偏离正常和可能偏离正常的学生所采用的一种特殊教育和训练手段,以便使这部分学生的智力(或能力)有所提高并获得一定的生活能力和技能。[①] 从个人的心理发展来说,学前期是心理发展的关键期,例如2~4岁是语言学习的关键期,5岁是数概念发展的关键期。心理学的研究表明,如果在关键期之前或在关键期之中进行训练,能达到事半功倍的效果,但如果错过了敏感期再进行训练,很难取得理想的效果。[②] 对特殊学生的干预要抓住其各种能力发展的关键期及时对其实施康复与训练。早发现、早诊断、早训练是特殊儿童康复必须遵循的首要原则。对于有条件的特殊教育学校,可以通过开设学前教育班的形式对学生进行早期干预。如果条件有限,可以在义务教育阶段的早期加大康复课程的比例。例如,元平特校在听障学生低年级阶段,每周为他们安排了3节沟通与交往课,训练他们的语言能力和沟通能力,当进入高年级阶段后,学校便不再单独开设沟通交往课,而是将沟通能力的训练融入其他课程中。学校为低年级的自闭症学生和智障学生分别安排了每周7节感觉运动课、4节感知训练课,而在中高年级阶段,此类课程的课时安排逐渐减少。

(二)综合干预的原则

儿童作为生物的和社会的个体,其早期发展是生理、心理和社会性三方面的共同发展,三方面的发展相互关联、相互影响。因此对特殊儿童的康复,必须整合各相关领域的能力做全面考虑,实行综合干预。国外已经发展出了两种综合干预的模式,一种是DIR模式,它强调发展的(Developmental)、个别差异的(Individual difference)、关联性的(Relationship-Based)干预原则,认为整

---

① 茅于燕,等.智力落后儿童的早期发现和早期干预[M].北京:科学出版社,1990:215.
② 王雁.早期干预的理论依据探析[J].中国特殊教育,2000(4):1-4.

合相关领域的能力才能促进沟通行为的发展。① 另一种是 SCERTS 模式,即社交沟通(Social Communication)、情绪调节(Emotional Regulation)、交互支持(Transactional Support)的模式,SCERTS 模式为直接处理特殊儿童的主要问题提供了一个具有综合性的框架。② 20 世纪 90 年代,林代(Linder)对整合模式进行了继承和发展,创立了以游戏为基础的跨学科综合干预法,该方法不仅强调儿童发展的整体性,同时也注重多学科参与的团队、互动的活动、综合的干预策略以及同伴的参与,它的目的是将儿童发展的各个领域和干预策略整合成为一个全纳性的课程。③ 雷江华等基于特殊儿童身心发展障碍影响因素的复杂性、幼儿障碍的特殊性、治疗方法的局限性、治疗人员的专业性等,也对综合干预模式进行了探讨,他提出综合干预是指通过临床专业人员、特殊教育专业人员、心理学专业人员、教师、家长等共同参与干预,以某种或几种训练方法为主,辅以其他一种或几种训练方法,以解决学前特殊儿童认知、情绪、行为等方面问题的干预模式。④ 邓猛、赵梅菊等人在实践的基础上,对综合干预进行进一步的发展,提出综合干预强调儿童发展的整体性、干预团队的综合性、干预环境的开放性以及儿童的主体性,是一种生态化的干预模式,其最终目的是提升儿童社会适应的能力。⑤ 综合干预的康复原则要求特殊教育学校在对特殊学生进行康复训练时,通过特殊教育教师、医疗康复工作人员、家长等组成的干预小组,通过量表评估、动态观察等方式对特殊学生多方面的能力整体了解的基础上,制订适合特殊学生发展的个别化教育计划,并通过教育康复、医疗康复、职业康复、家庭康复、社区康复等多种方式对学生的整体能力进行全面的干预。

(三)集体干预与个别化训练相结合的原则

特殊儿童通常在社会性方面存在障碍,难以与他人合作,遵守集体规则困难、社会交往能力较差,特别是听障、视障学生由于生理、心理以及后天环境等方面的原因,多存在自卑、封闭、多疑等不良心理,需要将他们置于集体生活的环境中进行干预,激发他们与人交往的动机。根据多元智力理论,每个学生个

---

① Wider S. Autism spectrum disorders: A transactional developmental perspective[M]. Baltimore: Paul H. Brooks Publishing C,2001:279-303.
② 杨广学.自闭症干预的 SCERTS 模式[J].中国特殊教育,2007(5):52-54.
③ 陈学锋,江泽菲,等.在游戏中发展儿童——以游戏为基础的跨学科儿童干预法[M].上海:华东师范大学出版社,2008:4-10.
④ 雷江华,李伦.学前特殊儿童综合干预策略探讨[J].中国特殊教育,2009(3):17.
⑤ 邓猛,赵梅菊,高柏兰.自闭症儿童主动口语沟通行为综合干预的个案研究[J].香港特殊教育论坛,2011(7):40-53.

体均有其优势智力,在集体教学和干预中,同伴之间可以相互合作、相互模仿,会在无形中形成一股强大的教育力量。此外,特殊学生与普通学生相比,个体之间的差异大,统一的集体干预难以满足学生的需求,需要教师针对学生的障碍程度和发展特点制订个别化教育计划,发现每个学生的潜在能力,在尊重差异的基础上,促进学生获得最大可能的发展,满足学生的不同需求,并对其问题行为做出诊断和矫正。个别化教育原则包括两层意思:一是在评估、鉴定的基础上,确定特殊儿童的教育训练目标和方法;二是充分地考虑到学生在身心条件、年龄特征、发展水平等方面的种种差异,根据他们不同的接受能力和知识水平,进行有针对性的教育。[1] 因此,对特殊儿童的教育需要坚持集体干预与个别化训练相结合的原则。

元平特校大力开展个别化教学,充分发掘学生的内在潜能,弥补集体教学容易忽视学生个体差异的缺陷,提出了既要有面向全体学生的康复训练课程,也要有根据每个学生的不同需要开展针对性的个别化训练的康复原则。目前,学校集体干预的康复课程有作业治疗、物理治疗、运动功能训练课、社会交往、感觉运动、感知训练、综合康复、沟通与交往等,个别化训练的内容有听觉统合治疗、认知训练、模拟运动、音乐治疗等,在集体干预的课程中,同样也注重通过对学生的评估与个别化教育计划的制订,将集体训练与个别化训练结合起来,最大限度地满足学生的需要。

(四) 生活化的原则

特殊学生的思维直观具体,难以发现事物和现象之间的内在联系和规律,再加上思维的灵活性差,迁移困难。[2] 因此,对于特殊学生的康复要结合学生的心理特点,康复的内容和形式必须贴近特殊学生的生活,反映学生的需要,借助学生形象具体的现实生活进行训练,以方便他们将获得的能力应用于日常生活。根据新课程改革和特殊教育发展需要,教育部 2007 年颁发了《培智学校义务教育课程设置实验方案》,提出了"生活适应与潜能开发相结合"的原则,并在课程说明中特别强调了"注重以生活为核心"的理念。特殊教育学校康复类课程要求在"来源于生活,服务于生活"的课程理念指导下选择课程内容,组织课程内容并以此为依据进行课程的教学,在课程设计上要面向学生周围的日常生活环境、已有生活经验和未来生活发展趋势。[3] 此外,还要求将学生置于日常常态生活环境中,利用其日常生活活动对学生进行随机训练,实施

---

[1] 方俊明.特殊教育学[M].北京:人民教育出版社,2005:21.
[2] 银春铭.弱智儿童的心理与教育[M].北京:华夏出版社,1993:55-59.
[3] 郑富兴,姜勇.面向生活的新课改与完整性教学[J].课程教材教法,2005(4):26-30.

全天候康复训练。例如,学校针对脑瘫学生的作业治疗,它不仅仅是一种单纯的治疗方法,而是将"生活即训练"作为作业治疗的核心理念,抓住生活中的各类场景来设计和安排作业活动,让作业治疗渗透到学生生活的每一个细节中去。[1] 学校对自闭症学生社会交往能力进行训练时,便以儿童的社会生活为基础,主要涉及家庭、学校、社区等等与自闭症学生生活密切相关的不同生活领域。

(五)家校合作的原则

对特殊学生进行康复时,如果干预人员不与儿童的家长和教师沟通,家长和教师不了解治疗的内容和能够帮助儿童迁移的治疗技术,那么一旦学生离开了治疗的环境,学生的训练就终结。而且以家庭为中心的干预相对于机构和学校的干预,有其独特的优势,它可以对特殊学生的生活自理能力、语言运用与人际交往能力、情绪情感的发展、社会生存技能等多方面的能力进行系统训练,并能为这些能力的发展提供学校和机构无法提供的真实、直接的训练场景。家长在家庭中对学生的社会认知、交往规则、语言表达等进行训练,对特殊学生融入家庭之外的社会交往环境起着重要的作用,而且家庭生活自理能力,是一个人最基本的社会功能,是学生实现更高级、更复杂的社会功能的奠基性教育。[2] 因此,以家庭为中心的康复是特殊学生融入社会的根基,是任何教育机构都无法替代的。元平特校对学生进行康复时,就十分重视家长的参与,通过家长学校、培训讲座等对家长康复知识和技能的培训,实现康复技术向家长的转移,为特殊学生提供长期的康复环境。

---

[1] 秦涛.作业治疗在脑瘫儿童教育康复中的应用[J].现代特殊教育,2010(3):37-38.
[2] 甄岳来,李忠忱.孤独症儿童社会性教育指南[M].北京:中国妇女出版社,2008:108.

第 2 章　特殊教育学校学生康复的体系

康复体系从不同角度看,包括不同的内容。康复理论体系是特殊教育学校学生康复的理论依据和支撑,是整个康复体系的基础;康复课程体系是特教学校学生康复的主要手段和实施的载体,是整个康复体系的核心;康复人员体系是特教学校学生康复的实施者,离开了康复人员,学生康复无从实施,是整个康复体系的重心;康复评估体系既是整个康复过程的指导和方向,也是促进特殊学生康复工作顺利开展的保障,是整个康复体系的航标;特教学校学生的康复离不开各方面的支持,康复支持体系是为学生的康复保驾护航,是整个康复体系的堡垒。广东省残疾人康复工作意见中指出要增强残疾人的康复服务能力,提高康复技术水平,实现残疾人康复事业现代化,使全省残疾人实现"人人享有康复服务"[①]。基于此,元平特校始终坚持"以生为本、育残成才"的办学宗旨,形成了学校"教育、康复、职业训练一体化"的办学模式。坚持把学生康复纳入学校工作,形成了比较完整的康复体系。

第 1 节　理论体系

特殊学生的康复有丰富、坚实的理论基础,涉及多个维度,形成了较完整的理论体系。首先,特殊学生的康复尊重个人生理及心理需要,为以后发展打下基础;其次,传统康复理论对特殊学生康复有着指引的作用;再次,现代医学模式和整体康复理论的发展为特殊学生医疗康复提供了理论依据;最后,哲学、社会学、心理学等学科的相关理论为学生康复奠定了认识论和方法论的基础。正是基于以上考虑,元平特校在进行康复训练的过程中,寻找理论支撑,以期丰富和提升学校特殊学生的理论高度,更好地为特殊学生康复提供全面的帮助。

---

① 深圳市人民政府办公厅转发市卫生局等部门关于进一步加强残疾人康复工作意见[EB/OL]. http://www.34law.com/lawfg/law/1797/3122/law_4646168916.shtml. 2017-C3-10.

一、人本理论

人本理论是以人为出发点和中心点的一种哲学理论，颂扬人的价值、尊严和力量，强调人的地位和作用。人本理论作为一种哲学思潮，有其深厚的理论渊源。中国有着悠久的历史，形成了丰富的人本哲学思想。从《尚书·泰誓》篇的"惟人，万物之灵"起，到管仲"霸王之所以始也，以人为本"（《管子·霸言》）;[①]从儒家的"仁、德"思想、墨家的"兼爱"思想，到现代以人为本的科学发展观等，都是以人为本的具体体现。在西方，人本理论最早可以追溯到古希腊哲学家普罗泰格拉（Protegras）的"人是万物尺度"的观点。而文艺复兴以来的人本主义，使希腊、罗马文化中的世俗性和现世幸福的观念回到了西欧社会。近代的人本主义表现为费尔巴哈（Ludwig Andreas Feuerbach）的人本学唯物主义，他提出："人的本质只是包含在团体之中，包含在人与人的统一之中。"[②]现代人本主义主要以存在主义为表现形式，主张人们应当从公众压力和社会习俗中挣脱出来，过自己想过的生活。

每个人都是社会中的一员，都具有不容忽视的价值，值得人们尊重。以人为本的理论实质上是树立特殊学生康复的根本原则——尊重人，尤其是尊重有特殊需要的人，这一原则贯穿于特殊学生康复及教育的始终。这一原则要求，康复服务的提供者、评估者以及管理者应当充分尊重他们的主体地位，注重调动他们的积极性，让他们积极参与到康复训练中来，从而达到康复目标。其次，以人为本，就是说把人作为根本，把人当作目的而非手段。就特殊学生康复而言，就是在以人为本思想的指导下，强调把特殊学生的全面发展作为康复训练的出发点，以帮助学生实现平等参与社会、融入社会的目标。元平特校坚持"以生为本、育残成才"的办学宗旨，不断为学生完善适合他们的康复体系。

二、传统康复理论

（一）反射控制理论（Reflex Control Theory）

谢灵顿（Charles Sherrington）认为："反射是一切运动的基石"。神经系统通过整合一系列的反射产生复杂协调的动作。反射控制理论的主要因素是：外周感觉刺激、反射弧、反馈控制。在临床应用上主要是利用感觉刺激诱发"好"的反射，抑制"坏"的反射。如感觉刺激降低痉挛；利用触摸或轻拍增强

[①] 朱永新. 新教育之思[M]. 济南：山东友谊出版社，2007：12.
[②] 转引自：苗力田，李毓章. 西方哲学史新编[M]. 北京：人民出版社，2005：662-689.

牵张反射以诱发动作。缺陷主要表现在缺乏感觉刺激时仍可有动作发生;在动作执行前,CNS(皮层、脑干)也可修正将执行的动作,即前瞻性或预期性的动作修正。反射控制理论如图2-1所示。

反射控制理论对于脑瘫学生的肢体动作方面的康复有重要影响作用,元平学校开设运动功能训练课和感觉运动训练课的原理在于此。

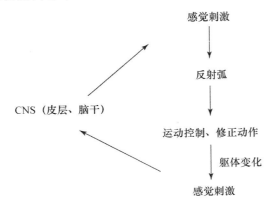

图2-1 反射控制理论图

(二)阶段控制理论(Hierarchical Motor Control Theory)

高级指挥中心设计动作程序并指使下级控制中心来执行。亦即由上而下的组织控制,一层一层的管理。传统的物理治疗技术源发于此理论。阶段控制理论的发展自1940年鲁道夫(Rudolf)提出了脑损伤的观点:损害皮层控制;出现不正常反射;造成不正常反射或动作困难。与此同时,1940年阿诺德(Arold)指出,正常运动的发展是源于中枢神经系统的逐渐皮层化(Corticalization),并使高级控制中枢具有下级反射的能力;动作发展的神经成熟理论(Neuromanturational Theory of Morter Development)。阶段控制理论如图2-2所示。

(三)系统控制理论(Systems Theory of Motor Control)

系统控制理论(如图2-3)1932年由伯恩斯坦(Nicoli Bernstein)提出,动作系统控制是由生物内外不同系统,根据动作目标所达成的。即除神经系统外,身体的其他系统以及体外环境都对动作控制有影响。

其主要观点可概括为动作控制是以动作功能为目标的;强调身体其他系统的功能对动作控制的影响;强调动作控制需考虑外在环境因素的影响;强调肢体动作本身也是遵循力学定律,故会相互影响。该理论在临床应用上认为在评估时除明晰神经系统的原因外,还需确认其他系统对动作可能造成的问题。例如：中风病人肩膀抬不高，除因神经问题外，疼痛及关节僵硬也可能是其原因。在评估与治疗时，需考虑外力及肢体间相互作用力的影响。例如：中风病人的垂足可能会使走路时过伸。动作训练应以功能性动作为目的。如：在步行训练时，则应在分析步态后，依其问题逐一解决，而非自反射获其他低级动作训练开始。

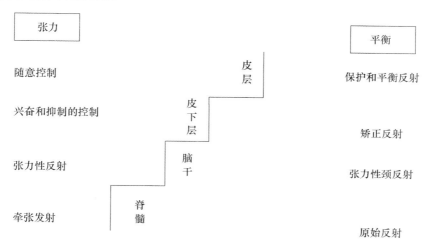

图 2-2　阶段控制理论图

图 2-3　系统控制理论

三、现代医学模式和整体康复理论

（一）现代医学模式与康复

按照世界卫生组织所下的定义，"健康是指在身体上、精神上、社会生活中处于一种完全良好的状态,而不仅仅是没有患病或衰弱",1998年世界卫生组织重申了这一在《世界卫生组织章程》(1948)中关健康的表述。基于以上定义,世界卫生组织在确定卫生保健的全球目标时,不仅要求通过安全饮水和环境保护设施、足够营养、免疫接种等手段预防传染病,而且要求使用一切可能的方法,通过影响生活方式和控制自然与社会心理环境,从而预防和控制传染性疾病和促进精神卫生。上述有关健康的新定义强调了全面的和功能上的健康,这一概念与现代的生物—心理—社会医学模式互相呼应。

新医学模式认为除生物学因素外,心理精神情绪和社会因素都可致病,而这三方面又是互有联系的,即:生物学因素—心理精神情绪因素—社会因素→疾病。因此,在预防疾病和康复时,不能忽视控制社会和心理的因素。新的概念则从重视功能转变及其影响出发,形成以下的关于疾病与功能障碍关系的新模式:疾病(损伤)→功能(结构)缺陷→个体功能活动受限→社会生活参与受限。

以健康的新概念和医学的新模式作为理论基础,可以提出指导康复训练的四大原则,即:功能训练、全面康复、融入社会、改善生活质量。这些原则反映了在康复和保健上的新理论和新观念。

(二)整体保健与康复医学

整体保健(holistic health)是20世纪70年代在欧美兴起的一种新的医疗保健思潮,整体保健的理论和实践模式对康复医学的发展有相当大的影响。整体主义(holism)原来是一个哲学概念,认为每一个生活的有机体都是一个完整的实体,它比构成这一实体的各部分的总和更大、更重要。这个有感觉的存在,通过与周围环境建立起相互联系,不断地创造着自己的实体。用整体主义指导医学,就产生了整体医学(holistic medicine)的理论,认为各人应该而且可能通过自己的努力,取得身、心、精神整体的健康和康复。整体医学的综合康复方法具有以下特点:① 从整体出发,身、心、精神相结合;人、环境、宇宙三者取得平衡和协调。② 强调自我保健的重要,医者对恢复健康只起到促进的作用。③ 治疗的目标是人,而不是疾病或症状。④ 治疗过程富有同情心和人道主义精神,建立起医者和病者之间融洽的关系。⑤ 吸收各民族文化和医学的传统方法(如中国的针灸、太极拳,印度的瑜伽),强调使用不同于药物而后手术的治疗方式。⑥ 重视调整生活方式,认为合理的生活方式是保持健康的关键问题。[1]

---

[1] 卓大宏.中国康复医学[M].北京:华夏出版社,2003:30-31.

显而易见，整体医学理论中的合理因素支持了康复训练的原则，如：重视康复人员和特殊学生及家长良好关系的建立，运用多种康复方法从多个方面对特殊学生进行康复，注重学生良好生活习惯和健康心理的养成。

四、心理学相关理论

心理学是研究人的心理现象，揭示心理内在发展规律的科学。其研究包括人的认知、情感、意志和行为内在的规律。心理学既是一门基础学科，也是一门应用学科。心理学在长期的研究中提出了很多理论，如人本理论、认知发展理论、行为学习理论、需要层次理论和多元智能理论等。其中，认知发展理论、行为学习理论、多元智能理论对特殊学生康复训练有指导意义。

（一）认知发展理论

认知学说专注于内在认知和思维的过程，揭示大脑如何处理信息以及如何从右脑中提取信息。它提出信息处理的过程包括注意（attention）、知觉perception）、记忆（memory）、概念形成（conceptualization）、理解（comprehension）、逻辑关系（reasoning）、解决问题（problem-solving）和决策（decision-making）等。

认知发展理论又有各个分支理论，其中信息加工理论、皮亚杰和维果茨基的儿童心理发展理论对特殊学生康复训练有重要影响。信息加工的过程是一个高度互动而且受管制功能（executive function）控制的过程，可以用于训练、协调、监控和评价任何一个行动计划。[①] 对特殊学生认知康复训练有重要的原理影响。皮亚杰儿童心理发展理论，是从生物学的理论演绎而来的。他认为智力或思维只是一种适应，儿童心理或行为乃是儿童的心理或行为图式（如吮吸动作、抓握动作以及其他心理活动，这是内因）在环境（外因）影响下不断通过同化、顺应（或异化）而达到平衡的过程，从而就使儿童心理不断从低级向高级发展。皮亚杰一生研究儿童认知发展心理，为特殊儿童康复认识论打下基础。而维果茨基儿童的心理发展理论，强调最近发展区、活动、心理工具和内化等。这些概念之间的内在联系就构成了一个完整的关于教育教学的思想体系，这就是被西方人称为"社会性建构"的思想，为我们提供了康复方法论的基础。

---

① 陈云英.智力落后课程与教学[M].北京：高等教育出版社，2007：12.

（二）行为学习理论

行为学说认为行为分析是任何特殊教学法的基础，强调采用可观察的行为和改变环境的方法来改变行为。教师通过改变学生行为的前因因素（antecedent event）和后果因素（consequent event）来达到改变学生行为的目的。在教学过程中记录儿童的行为变化是这个教学的重要环节。特殊学生的问题被认为是不恰当行为的表现，教师可以通过对前因后果的控制强化合适行为、减弱不合适的行为来塑造学生。

行为模式发展出来的方法有"刺激控制法""事故管理法"（contingency management method）、精确教学法（precision teaching）、熟练掌握学习法（mastery learning）、导向教学法（direction instruction）、电脑辅助教学法（computer-assisted instruction method）等。这些用于特殊教育领域的方法，都受到了行为模式的影响。[①] 特殊学生行为矫正、肢体康复都是在此理论的影响下得以发展的。

（三）多元智能理论

1983年美国心理学家霍华德·加德纳在其著作《智能的结构》中提出每个人都拥有的相对独立存在的、同等重要的基本7种智能：语言智能、逻辑数理智能、音乐智能、空间智能、身体—动觉智能、人际关系智能、内心智能。后来，加德纳又提出了自然智能和存在智能，目前又在识别第十种智能，即道德智能。加德纳的多元智能理论强调：个体除了拥有语言智能和数理逻辑智能外，同时拥有同等重要的其他多种智能。不能孤立地谈论哪种智能重要，每位学生都会有他自身的优势智能领域，都有一定的潜能，通过教育、康复训练可以得到不同程度的发展。

加德纳多元智能理论对特殊学校课程设置有很大的借鉴意义，它不仅强调语言智能、逻辑数理智能，同时也注重空间、内心、道德、身体—动觉等智能。这就要求学校不仅重视文化类知识、技能类知识、实践类知识，而且还要重视康复类课程，其中一个重要的内容就是渗透了空间的、内心的、身体—动觉的感知觉训练。这也就是学校开设感觉运动课程、感知觉训练课程及语言治疗、音乐治疗的内在理论依据（见表2-1）。

---

① 陈云英.中国特殊教育学基础[M].北京：教育科学出版社，2004：7.

表 2-1　加德纳的多元智能及康复建议(节选)①

智力维度	定义	代表性人物	康复应用举例
语言智能 (linguistic intelligence)	运用语言达到各种目的的能力以及对声音、韵律、语意、语序和灵活操纵语言的敏感能力,包括听、说、读和写的能力	诗人、记者、编辑、作家、演讲家和政治领袖	帮助学生纠正发音障碍,教学生正确发音
音乐智能 (musical intelligence)	感受、辨别、记忆、理解、评价、改变和表达音乐的能力	作曲家、指挥家、歌唱家、演奏家、乐器制造者	帮助学生理解和欣赏环境声音或者将思想观点以音乐旋律的形式表达出来
空间智能 (spatial intelligence)	准确感受视觉—空间世界的能力。包括感受、辨别、记忆、再造、转换以及修改物体的空间关系,并借此表达思想和情感的能力	画家、雕刻家、建筑师、航海家、博物学家和军事战略家	对学生进行感知觉训练,并形成空间概念,以帮助学生自我保护(盲生)
身体运动智能 (bodily-kinesthetic intelligence)	控制自己身体运动和技术性地处理目标的能力	运动员、舞蹈家、外科医生、赛车手和发明家	帮助学生协调整个身体的动作或掌握一些动作技能

第 2 节　课程体系

课程是指学校学生所应学习的学科总和及其进程与安排。广义的课程是指学校为实现培养目标而选择的教育内容及其进程的总和,它包括学校老师所教授的各门学科和有目的、有计划的教育活动。狭义的课程是指某一门学科。而课程体系是指课程与课程的组合,或一个专业所设置的课程相互间的分工和配合。课程体系是实现人才培养方案的核心内容,课程体系是否科学、合理,对学校能否实现高质量的人才培养目标具有决定性意义。② 2007 年国家教育部颁布了《培智学校义务教育课程设置实验方案》,在课程的设置上明

---

① 雷江华,方俊明.特殊教育学[M].北京:北京大学出版社,2011:19.
② 黄建行,雷江华.智障学生职业教育模式[M].北京:北京大学出版社,2011:82.

确提出要遵循教育与康复相结合的原则,力求使特殊学生的身心缺陷得到一定程度的康复,受损器官和组织功能得到一定程度的恢复,身体素质和健康水平得到提高。这不仅体现了我国特殊教育未来发展的趋势,也为特殊教育学校今后如何培养特殊儿童指明了方向。[①] 元平特校经过多年的摸索、发展和努力,已经打好了前期基础,现在正在制订计划,逐步建立脑瘫、自闭症、智障、听障、视障等类型学生的康复课程体系。

一、康复课程的设置原则

(一)以学生的特殊需要为本

学生的特殊需要是康复课程设置的依据和内容,这是基于人本主义思想而提出的。人本主义是20世纪50年代末60年代初在美国兴起的一种反对行为主义倾向的心理学流派。由于"技术统治一切"的理论和各国进行的教育改革都未能使学生和社会从当代尖锐的矛盾中解脱出来,因此人本主义学者认为,以往的教育教学都忽视了学生的主观能动性,从而提出了"培养能够适应变化、知道如何学习的、个性充分发展的人"的教育教学目的。

人本主义教育反对将学生个人组织化,而是期待学生个人能成为教育的中心,应当把每一个学生都当作具有他或她自己的感情的独特的人看待,而不是作为授予某些东西的物体。学生作为独立的学习个体,只有人格得到了尊重,才能体现自身存在的价值。人是教育的出发点,又是教育的归宿;是教育的中心,又是教育的灵魂。离开了人,教育就无从说起。教育必须以人为本,尊重、关心、理解和信任每一个学生。

特殊学生由于各种各样的原因,身心发展的诸多方面都存在不同程度的落后现象,这些落后导致了他们有不同的特殊教育需要,包括康复的需要。国家残疾人事业"十一五"规划中明确提出了"人人享有康复"的目标,这对广大残疾人来说是一个福音。学生的康复需要如果得不到满足,将直接影响到他们的学习和生活。例如,手眼协调能力差的学生,一方面书写能力会受影响,另一方面进食技能也会出现问题;脑瘫学生肢体障碍,影响穿衣、如厕、进食等生活自理方面,同时也对看书、写字等学习方面的行动产生不利影响。每一个特殊学生的问题都可能不一样,每个学生都有自己的特殊需要,康复训练课程的设置必须以学生为本,否则就会失去意义。

---

① 陈云英.中国特殊教育学基础[M].北京:教育科学出版社,2004:366.

（二）以特殊学生身心发展特点为导向

特殊学生与普通学生的心理发展既有共性，又有差异，而且共性远大于差异。这是目前国内外大多数特殊教育学者已经形成的共同认识。

特殊学生首先是学生，其次才是有特殊需要的学生。无论生理上还是心理上，特殊学生和普通学生都存在很多共性。台湾学者陈政见认为，特殊学生与普通学生的共性主要体现在五个方面：① 发展历程模式相似；② 生理组织结构相似；③ 心理需求要素相似；④ 人格结构发展相似；⑤ 社会适应内容相似。但是，特殊学生在生长发育的过程中，由于受到各种不利因素的影响，身心机能发展的各个方面总体上落后于同龄普通学生。

1. 特殊学生的身心缺陷明显多于普通学生

大部分特殊学生都有生理和心理的缺陷，这些缺陷妨碍了他们以正常的方式或速度学习和适应社会，其心理会产生较多的问题，易引发第二性缺陷——心理障碍。例如，视障学生的视觉器官有缺陷，他们不得不利用听觉、触觉等来感知外界事物，由于失去接收外界信息的视觉通道，他们对一些事物的认识往往不够全面；听障学生由于听觉器官有缺陷，对其语言学习会产生不利的影响，而语言发展的局限性又会妨碍其抽象思维的发展；智障学生的智力有缺陷，他们学习知识和掌握技能比普通学生晚，起点低，速度慢，所能达到的水平一般也有限。

2. 特殊学生的个体间差异和个体内差异都明显大于普通学生

特殊学生个体之间的差异非常大。个体差异既包括不同类型的特殊学生之间的差异，又包括同一类型的不同特殊学生之间的差异。例如，超常学生与智障学生分别代表了智力水平较高和较低的两类学生，这两类学生之间有极大差异。又如，视障学生接收外界信息的方式明显不同于听障学生及其他学生。正是由于特殊学生之间存在着较大的差异，所以，在对其实施康复教育之前应该进行归类和具体分析。个体内差异通常是指个体内部各种能力之间的差异。特殊学生各种能力的发展不平衡，差异特别大。例如，有些自闭症学生的记忆力非常好，而语言理解力、人际交往能力又特别差。又如，有些听障学生虽然听不见声音，但手眼协调能力却非常好。因此，对特殊学生的康复教育要根据其个体特点进行。

针对特殊学生的以上特点，对其进行康复训练是继续发展的基础和前提。特殊教育实践的各个方面都包括特殊学生的心理学问题，特殊学生的心理活动规律和心理活动的特点是教育工作的重要依据之一。一方面，教学过程尤其是特殊教育方法的选择和使用，不能不考虑学生的心理活动；另一方面，教学内容的选择必须结合特殊儿童身心发展的特点，否则就难以因材施教。特殊学生的这些特点要求开设康复课程,同时又是康复课程开设的依据和特点。

(三)以特殊学生的能力发展为方向[①]

特殊教育一方面要给特殊学生传授基本的科学文化知识,另一方面还要致力于培养他们的各种能力,这两方面都是特殊教育的基本任务,也是特殊教育的基本目标。然而,由于受到传统教育思想的影响和普通教育模式的束缚,仍有不少特殊教育学校,过分强调学科知识的学习,甚至以学生认识多少字、会做多少数学题作为评价教学工作的最主要的指标。这种做法没有注意到一个基本事实,即特殊教育尤其是智障、自闭症、脑瘫等学生的教育并不承担升学任务,学生接受完九年义务教育后将要走入社会、参与正常的社会生活。如果他们没有得到应有的康复和社会生活能力的培养,将难以适应未来,这会给家庭带来负担,给社会造成不良影响。所以说,特殊教育对象的特殊性,决定了特殊教育要加强学生实际能力的训练和培养,使他们能尽量适应社会,参与社会生活。特殊学生表现出较大的差异性和个体稳定的发展优势,要找出特殊学生的发展优势,坚持缺陷补偿与潜能开发相结合,既对特殊学生的缺陷进行康复,又要对其能力进行发展,以康复促进学生能力的发展。

二、康复课程编制指导思想

(一)残而不废、育残成才的教育理想

特殊学生虽然有着不同程度的身心障碍,但是他们同样有着自己的优点。残而不废、育残成才的教育理想正是我们的追求。元平特校在开发康复类课程时,坚持缺陷补偿与潜能开发相结合的原则,在课程内容的选择上,根据学生的身心发展障碍选择有针对性的训练内容,同时又考虑学生的兴趣和需要,着眼于特殊学生优势能力的培养,不仅要关注特殊学生不能做什么,还要关注特殊学生能够做什么;在课程内容的组织上,既考虑学生的心理发展顺序,又兼顾学生的生活实际,将发展性课程和生态性课程相结合。学校在补偿缺陷、开发潜能的基础上,为学生构建了自我教育、康复、职业训练的发展平台,促进了学生终身学习能力的形成,从而提高生活质量、完善自我。

(二)以生为本的人本精神

坚持以人为本、以生为本的精神,关注的核心是满足特殊学生的需要和

---

① 陈云英.智力落后课程与教学[M].北京:高等教育出版社,2007:278-280.

重视特殊学生的潜能。在每一个环节,始终把学生主动、全面的发展放在中心地位。在注意发挥教学活动中教师主导作用的同时,特别强调学生主体地位的体现,注意学生的康复需要,以充分发挥学生的学习积极性和学习潜能。学校充分注意到特殊学生在身体条件、兴趣爱好和运动技能等方面的个体差异,根据他们的差异性确定学习目标和评价方法,并提出相应的分层分类教学建议,从而保证绝大多数学生能完成课程学习目标,使每个学生都能体验到学习和成功的乐趣,以满足自我发展的需要,进一步促进学生个性健康发展。

(三)"医教结合"教育理念

"医教结合"不同于过去传统单一化的医疗康复模式,而是一种集体的、游戏式的综合康复方法。[①]《培智学校义务教育课程设置实验方案》明确提出,要将教育与康复相结合,"针对学生智障的成因,以及运动技能障碍、精细动作能力缺陷、言语和语言障碍、注意力缺陷和情绪障碍,课程吸收现代医学和康复技术的新成果,融入物理治疗、职业康复和社会康复等相关专业的知识,促进学生健康发展"[②]。特殊教育实施医教结合,旨在采用多学科合作的方式,根据特殊学生身心发展规律和实际需求,对特殊学生实施有针对性的教育与康复,开发其潜能,使每一个特殊学生的身心都能得到全面发展。这不仅是落实"以学生发展为本"理念的最好载体,也是特殊教育内涵发展的必然要求。[③]"医教结合、综合康复"是今后我国特殊教育事业发展的一项重要内容,为特殊教育科学发展、加强针对性、提供适应特殊儿童需要的教育,搭建了新的平台。

(四)"过程模式"的编制思想

课程开发不以事先确定好的、由仔细分解一般目的而得出的目标系统作为课程编制的依据,而是关注整个课程(包括教学)展开过程的基本规范,使之与"宽泛"的目的保持一致。在这种理念指导下,编制课程不是为生产出一套"计划""处方",然后予以实施和评价效果,而是一种研究的过程,其中贯穿着整个过程所涉及的变量、要素及其相互关系的不断评价和修正。从这个思想出发,结合特殊儿童差异性大的特点,元平特校编写的指导手册实际上是一个开发的系统,提供了一个操作上的框架以及基本的内容。使用者可以通过自

---

① 郭新志.脑瘫综合康复与医教结合[J].前进论坛,2011(2):51-52.
② 培智学校义务教育课程设置实验方案[EB/OL].http://www.dzjks.com/xkjy/ShowArticle.asp? ArticleID=130.
③ 陈东珍.建设医教结合特教支持体系,促进残疾儿童全面发展[J].现代特殊教育,2010(4):13-14.

已实践经验以及特殊儿童的实际情况不断增加或减少其训练内容,以适应康复训练的需要。

三、深圳元平特殊教育学校康复课程体系

特殊学生需要发展的能力,就是我们应该教育康复的内容。元平特校针对不同类型特殊学生的需求开设有针对性的康复课程,形成了一整套体系,具体内容见表2-2。

表2-2 元平学校各类学生康复课程一览表

学生类型		课程设置	年级 / 每周开设课时		
			低年级(1—3)	中年级(4—6)	高年级(7—9)
脑瘫		物理治疗	2	2	2
		作业治疗	3	2	2
		运动功能训练	6	4	2
		心理健康(智障)	0	0	1
自闭症		社会交往	1	2	2
		感觉运动	7	6	5
		听觉统合;音乐治疗	根据学生情况具体安排时间		
智力障碍	轻度	感知训练	4	0	0
	中度		4	2	0
	重度		4	4	3
		运动与保健	3		4
		综合实践活动	1		2
听觉障碍		沟通与交往	3	2	0
视觉障碍		综合康复	3	0	0

(一)脑瘫学生康复课程体系

脑瘫学生存在运动发育迟滞以及运动姿势异常,粗大和精细动作发展迟缓,平衡能力差,四肢不协调,动作呆板而机械,不能保持稳定姿势,严重影响了他们的日常生活和学习。围绕脑瘫学生的康复,学校开设物理治疗、作业治疗和运动功能训练等课程。针对脑瘫学生肢体及运动方面的障碍,学校开设了物理治疗课,通过系统合理地安排物理因子对学生进行治疗;开设了作业治疗课,以改善脑瘫学生的上肢运动能力和精细动作能力;开设了运动功能训练课,通过大运动和精细动作的训练来改善和提高脑瘫学生的头部、躯干等部位

的控制能力。脑瘫学生的特殊性决定了对康复的需求,从表 2-2 中不难看出,脑瘫学生康复课程在整个康复课程体系中所占的比重很高,并且贯穿整个义务教育阶段。

1. 物理治疗

物理疗法是利用自然界中及人工制造的各种物理因子作用于人体,以治疗和预防疾病为目的的一种治疗方法。其中人工的物理因子包括电疗、光、磁、超短波、温热、激光、水、生物反馈疗法等。物理治疗作为医学康复的基本构成要素和重要内容,对脑瘫学生恢复功能有较重要的作用。课程内容从框架结构上可以分为四个单元,分别是电疗、水疗、热疗以及其他的物理疗法(图 2-4),每个单元将利用物理治疗仪器与康复运动训练相结合的方式引导学生及家长掌握康复仪器的使用与康复知识的学习,以达到尽可能康复的目的。

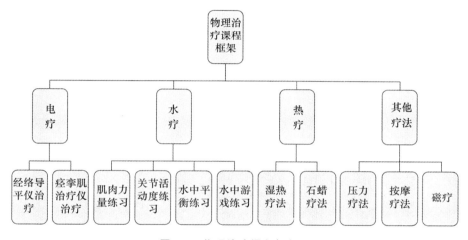

图 2-4　物理治疗课程框架图

2. 作业治疗

作业治疗课程是通过具有某种目的性的作业和活动来促进脑瘫学生健康生活的一种康复类课程。脑瘫学生普遍存在上肢功能障碍,上肢功能受损会不同程度地影响其他功能的发育,如感觉、精细运动能力、粗大运动能力、认知能力和日常生活能力等,这些功能受损导致脑瘫学生日常生活活动能力受到影响。[①] 针对脑瘫学生的障碍特点,学校的作业治疗通过有目的的、经过选

---

① 梁和平.康复治疗技术[M].北京:人民卫生出版社,2005:272.

择的作业活动,对身体、精神存在障碍以致不同程度丧失生活自理能力和职业劳动能力的学生进行训练,改善他们的肢体功能、认知和感知功能,提高他们的生活自理能力和职业劳动能力,为将来参与社会活动、劳动和工作奠定基础。

根据脑瘫学生在不同阶段的需求,选择作业治疗的内容。对于低年级的学生,作业治疗课以日常生活活动为主;中年级的作业治疗课程转向更高要求的手部精细动作;高年级的学生需要为职业教育阶段的学习打好基础,这个阶段的作业治疗课主要让学生掌握普通的编织、园艺、家居、家政等职业所需要的基本技能。该课程从框架结构上分三个单元,分别是日常生活活动、休闲活动、职业前技能(图2-5),每个单元将选择适合学生的作业活动,促进学生的发展。

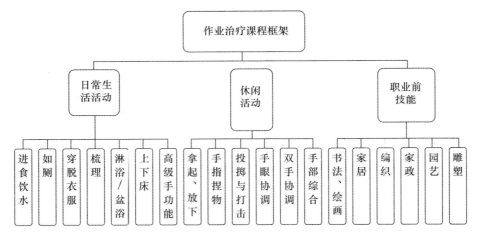

图 2-5 作业治疗课程框架图

3. 运动功能训练

运动功能训练是元平特校为一至九年级脑瘫学生开设的一门康复课程,是脑瘫学生康复的核心课程。元平特校以上肢和下肢各个关节的训练为依据设置课程内容,运动功能训练课程由三个单元组成:第一单元为上肢训练方法,包括两章,第一章大关节运动,第二章手指精细运动;第二单元为下肢的训练方法;第三单元为平衡及协调能力的训练,主要包括三章,第一章是跪位平衡训练方法,第二章是立位平衡训练方法,第三章是器械上平衡训练方法。

脑瘫学生课程采用一般性课程、选择性课程和活动课程三部分组成的课程体系。一般性课程体现对学生素质的最基本要求,着眼于学生适应生活、适应社会的基本需求;选择性课程着眼于学生个别化发展需要,注重学生潜能开发、缺陷补偿(身心康复);活动课程主要是指班会、团队活动、课外活动等,以提高学生的学习兴趣,充分发展学生的各种能力,达到开发潜能和补偿缺陷的目的。康复训练课程体系在整个脑瘫学生课程中所占比重很高。心理健康课程是每一类型的特殊学生都要学习的课程,并且主要针对智障学生,将放在智障学生章节讲解。三大康复训练课程有交叉之处,共同作用于脑瘫学生的康复。除以上康复课程外,还开设模拟运动和音乐治疗等康复课,正在制订课程标准,力争构建合理、科学的康复课程体系。

(二) 自闭症学生康复课程体系

自闭症学生在语言方面存在着严重障碍,主要表现为语言的主动性严重不足,影响了自闭症学生的社会交往能力,所以说社会交往障碍成为自闭症学生的核心症状。[①] 因此,学校为自闭症学生开设了社会交往课。另外,自闭症学生在视觉、听觉、嗅觉、触觉、前庭平衡觉与本体觉的传送与接收等方面,也存在显著个别差异与障碍,影响自闭症学生的学习成效。针对学生的需求,学校开设了感觉运动课,以感觉统合训练、感知觉训练和身体大小肌肉练习为主要方式,促进学生感觉统合能力的协调发展。

1. 社会交往

社会交往课程是学校为一至九年级自闭症学生设置的一门以学生社会生活为基础,促进学生社会适应能力的形成和社会交往能力发展的综合课程。本课程以学生的社会生活为主线,引导学生通过与自己学校生活、家庭生活、社会生活密切相关的社会环境、社会活动和社会关系的交互作用,不断丰富和发展自己的知识、经验、情感、能力,加深对自我、他人、社会的认识和理解,有效地补偿其社会交往行为的缺陷,为其具有相应的社会适应能力、交往能力和平等参与社会生活奠定坚实基础。

学校根据自闭症学生的身心及社会交往障碍特点,训练和加强学生在家庭、学校和社会三种场景下的社会交往能力,所以社会交往课程包括四个单元,分别为家庭场景交往、学校场景交往、社会场景交往和交往礼仪。

---

① 杨晓玲,蔡逸周.解密孤独症[M].北京:华夏出版社,2007:5.

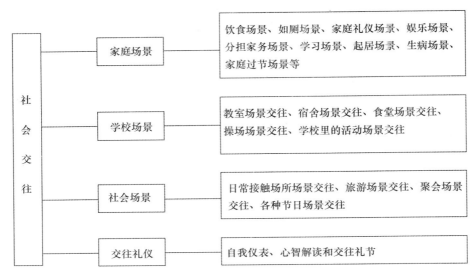

图 2-6　社会交往课程框架图

2. 感觉运动

感觉运动课程是一门以身体感知和运动为主要手段,以增进自闭症学生身心健康为主要目的的课程。自闭症学生的感觉能力差,不能在生活和活动中得到体验和感受,学不会必需的技能,更难从经历体验中理解事物其中的意义与规律,所以只能是机械地学习,或以固定、刻板的程序进行活动。[1] 学校基于自闭症学生的感知觉障碍特点,开设感觉运动康复课程,通过有针对性地组织、选择对感觉器官提供外界刺激,丰富自闭症学生大脑的感知信息,增加信息反馈,提高大脑皮层的调节、控制、分析和综合能力,促进自闭症学生的康复和发展。

感觉运动课程根据自闭症学生身心发展的特征和需要划分学习领域,包括感知、粗大运动、精细运动和感觉统合游戏四个单元(图 2-7)。学校编制课程时,充分考虑内容的选择性,教师在制订具体的课程实施方案时,可以依据课程的学习目标,从本班学生的实际情况出发,选用适当的康复内容和方法。

---

[1]　自闭症儿童的感觉统合训练[EB/OL]. http://www.ugene.cn/cautism/index.php? option=com_content&view=article&id=96:2010-10-19-15-17-08&catid=37:training&Itemid=62.

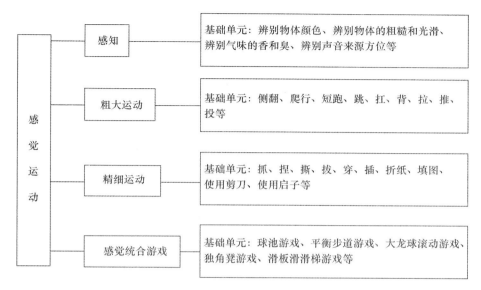

图 2-7　感觉运动课程框架图

（三）智障学生康复课程体系

智障学生基本的感知觉和输入机能存在障碍，无法感知或感知不到正确的信息，同时还存在感知速度慢、感知容量小，感知觉不够分化的特点。[1] 根据智障学生的身心特点，学校开设了感知训练课，通过有效的感官刺激，训练和加强智障学生的感觉和知觉能力。另外，还开设了运动与保健、综合实践活动等课程，以促进学生的综合康复。

感知训练课程是培智学校开设的一门重要的基础康复课程，是一门根据智障学生的身心特点，通过大量的、综合的、有效的感官刺激，训练和加强学生的感觉和知觉能力，帮助智障学生进行心理第二缺陷的补偿，刺激大脑功能定位的恢复，从而改善大脑皮层活动机能的课程。并开设运动与保健、综合实践活动等课程，对学生的运动能力、生活能力等进行教育康复训练。

学校通过感知训练协助学生充分发挥各项感官功能，刺激大脑功能定位的恢复和补偿，从而为学生在其他领域的学习做好准备。智障学生根据智力和生活适应的水平分为轻度、中度和重度三个层次，课程兼顾学生能力和程度的客观差异，对学生进行分层、分类康复。根据智障学生的身心特点及各感觉器官的重要性，提高学生视觉、听觉、肤觉、嗅觉、味觉、平衡觉、运动觉以及机

---

[1] 郝传萍.浅谈残疾学生体育教育[J].中国特殊教育，2000(3)：56-58.

体觉等八大项领域的能力。具体内容如下：第一单元视觉，主要包括训练学生的凝视、追视、精确度、双眼协调、视觉注意、视觉辨别、视觉记忆与序列、视觉对象背景区分、视觉空间形式的处理、手眼协调等能力。第二单元听觉，训练学生的敏锐度、听觉辨别、听觉记忆、听觉对象背景区分能力。第三单元肤觉，对学生的痛觉和痒觉、触觉、压觉和振动觉、温觉和冷觉、触觉辨别、记忆与序列等进行训练。第四单元嗅觉，训练学生对不同的气味反应的敏锐度、嗅觉辨别能力、嗅觉记忆能力。第五单元味觉，对学生的味觉的敏锐度和辨别能力进行训练。第六单元平衡觉，包括静态平衡和动态平衡。第七单元运动觉，又称为动觉，是仅次于视、听觉的感觉。各种操作动作的准确进行，都离不开动觉的调节。包括主动运动（对身体运动的感知，主动地控制自身运动的方向，运动过程中遇到障碍物能主动避开）和被动运动（被推或拉时，能顺势将身体移动）。第八单元机体觉，分辨并表达疲倦、瞌睡、晕眩、发烧、饿饱、干渴、身体受压、麻胀酸痛等感觉。

运动与保健课程是一门为重度智障一至九年级的学生开设的以身体练习为主要手段，以增进健康、补偿生理缺陷为主要目的的必修课程。是针对原有的体育课程进行深化改革，突出健康目标的一门课程。它对于提高学生的体质和健康水平，促进学生身体功能的康复，逐步提高自身生活能力，成为自食其力的劳动者，具有极为重要的作用。包括运动参与、运动技能、身体健康、心理健康、社会适应等五大单元。通过体育运动，提高大肌肉群活动能力、反应能力和协调平衡能力，刺激大脑机能的发展，提高安全意识和运动中的自我保护能力，提高社会适应水平。

综合实践活动课程是基于重度智障学生的兴趣和直接经验，以学生经验和生活为核心的实践性课程。它旨在培养学生的生活能力、实践能力和创新能力以及对知识综合运用的能力。该课程具有实践性、自主性和开放性的特点。领域包括：学校生活、家庭成长、社区环境、安全健康、科技文明等。但一到六年级和七到九年级，领域相同，内容不同。

此外，针对脑瘫、自闭症、智障三种类型的学生，根据其共同点（智力水平和适应性行为）开设心理健康、劳动技能、艺术休闲、绘画与手工等课程，将康复训练贯穿到日常教育教学活动中。

学校心理健康课是由心理健康教育学科课程、心理健康教育活动课程、心理健康教育环境课程和融合型心理健康教育课程等部分组成。根据学生特点，运用心理教育方法和手段，培养学生良好的心理素质，促进学生身心全面和谐发展和素质全面提高。它包括：自我心理、个性品质、人际交往、环境适应、行为习惯、智力开发、学习管理、审美创造与生涯规划、生命教育、青春期心理、心理健康基本知识等。

劳动技能课程是以教育学、生理学、康复学以及社会科学为基础,对义务教育阶段培智学校学生进行自我服务劳动、家务劳动、公益劳动、服务技能的相关知识和技能培养,依据智障学生的身心特点而开设的综合性、操作性的培智课程。包括四大单元:第一单元家政服务,包括整理物品、家庭清洁、衣物的清洁和整理、食物加工等;第二单元客房服务,包括客房服务的礼仪、整理客房、清洁客房等;第三单元园艺劳动,包括认识并会使用常见的园艺工具、种子的种植、移植、植物的护理等;第四单元社区服务,包括社区服务的礼仪、社区门卫服务、社区清洁服务、物流技能等。使学生通过学习具备一定的社会适应和职业适应能力。

艺术休闲课程是以社会学、教育学、心理学、生理学、艺术学科为基础,根据智障儿童的身心特点,通过大量的艺术休闲活动,培养学生的休闲兴趣、技能及对休闲的认知,使其能够利用休息时间合理安排健康的、有益的休闲活动,提高智障学生的生活幸福感和生活质量的培智课程。包括:艺术休闲、观赏活动、社交活动、体能活动、益智活动、其他休闲活动、休闲态度及技能等领域。提高智障学生参与活动的能力,增进其身心均衡发展。

绘画与手工是以教育学、心理学、造型美学等为基础,根据学生的身心特点,有针对性地进行教学设计。围绕"造型与表现、欣赏与评述、情感与沟通"三个主题开展。强调学生美学知识的吸收,一方面丰富他们的学习生活,另一方面也促进了学生身心的发展,陶冶学生的情操,提高审美能力,发展学生的感知能力和形象思维能力,促进学生的个性形成和全面发展。

(四)听障学生康复课程体系

听障学生最主要的特征是语言发展有困难,无法通过听的途径学习说话,因而说话能力较弱,较难进行口头交谈,整个语言发展及社交沟通均受到限制。[①] 针对学生的需求和特点,学校开设了以语言治疗为中心的沟通与交往课,发展听障学生的说话能力和口头交往能力。将康复课程贯穿到各个课程中,在学习、生活中促进听障学生的康复。

沟通与交往是学校为一至六年级听障学生开设的一门语言康复课程。沟通与交往是在不同情境下,借助各种形式手段实现的,具有极其明显的功能特性,要求所学内容与真实世界有关,将学生个人生活经验和生活融于课程,使课程知识与实践操作紧密结合,让学生在学习过程中建立起现实和未来生活所必须具备的沟通与交往技能,并将所学到的沟通与交往技能恰当地运用到

---

① 陈云英.中国特殊教育学基础[M].北京:教育科学出版社,2004:158.

社会环境中。学校通过早期语言治疗,为听障学生提供专门系统的学习语言技能和沟通技能的机会,激发听障学生沟通与交往的兴趣,增强其语言理解与表达的能力,养成使用语言进行思考的习惯,提高他们在实际情境中使用恰当语言(口语/手语/书面语)进行沟通的语言运用能力,是一门对听障学生全面发展与终身发展具有重要价值的课程。课程内容大体从"感觉训练""口语训练""手语训练""书面语训练""其他沟通方式和沟通技巧的学习和训练"几方面提出要求,但学校根据一至三年级和四至六年级阶段目标的不同,对课程内容的设计进行了分层,以满足不同发展阶段学生的需要。

(五)视障学生康复课程体系

视障学生由于视觉受损,缺乏与周围环境互动的动机,运动能力不能随着身体的成熟而自然发展,导致动作发展迟缓,而且由于出行不便,长期生活在隔离的环境中,导致社会交往和社会适应存在障碍等。针对视障学生存在的多方面的问题,学校重视视障学生的早期干预,为一至三年级的视障学生开设了综合康复课,对学生进行生活指导、感觉训练、社会适应、行为矫正等若干领域的康复与训练。

综合康复课程包括认识初步与生活指导和感觉运动综合训练两个单元,对学生进行早期干预,使学生认识生活中常见的事物(如日常生活用品、交通工具、蔬菜水果等),统称为综合康复。第一单元认识初步与生活指导,其课程内容的编写,在结合本校实际情况的基础上,参照人民教育出版社出版的全日制盲校教师教学用书《认识初步与生活指导》,一年级的教学内容主要包括熟悉学校环境、如厕、洗手、刷牙、洗脸、洗脚、认识自我、穿脱上衣、穿脱袜子、穿脱鞋、会辨认自己的衣物、擦桌椅、叠被子等最基本的生活自理能力。二年级的内容主要包括折叠上衣、扫地、拖地、打扫教室、整理床铺、整理房间、洗裤子、面部表情、点头和摇头、认识常见的水果、熟悉校外环境等劳动技能和生活常识的训练。三年级的内容主要为洗澡、洗外衣;认识常见的交通工具、家畜、昆虫、天气、电视机、洗衣机、电冰箱、安全用电、打电话、校外环境等偏向于难度较高的家务劳动技能和生活认知训练。第二单元感知觉训练,主要包括残余视力训练、听觉训练、触觉训练、嗅觉训练、定向行走训练五章。

视障学生的康复课程体系,围绕综合康复这一课程展开,将康复贯穿到各门课程教学之中。

(六)课程评价

1. 构建多元化的课程评价体系

建立多元化、科学的课程评价体系,发挥评价的诊断、激励、导向功能,采用多样化的评价方法,促进学生、教师、学校在不同层面的发展。

2. 评价应促进学生全面发展

评价的内容要有助于特殊学生综合素质的提高。应根据培养目标与学生的实际情况,整体设计社会性与情感、认知、语言、自理和运动等多方面的评价内容,全面反映学生的学习经历和成长轨迹。

3. 评价应促进课程建设与发展

评价应促进学校高质量实施课程。学校课程计划及其可行性、课程安排的适切性、课程管理的合理性、有效性、个别化教育计划的科学性,以及学校特色课程开发的针对性等都应成为学校课程评价的重要内容。

4. 建立学校、家长和社会共同参与的评价制度

学校应积极搜集各方面对课程实施的意见与建议,提高教师、家长参与课程实施与管理的积极性,促进学校评价与社会评价有机结合。要积极宣传培智学校课程改革,营造良好舆论环境。

第3节 人员体系

康复,本身来说是一门多学科性和跨学科性的专业,而特殊教育学校学生康复更是一个复杂的工作,需要多种专业的人员参加,用专业团队的方法(rehabilitation team approach)对学生进行康复诊断评估的治疗、教育与训练,以争取最佳的康复效果。国内外康复人员体系有所不同,元平特校根据本校实际和资源形成了比较完善的康复人员体系。

一、国内外康复人员体系

(一)国外康复人员体系

世界卫生组织专家委员会指出,一个理想的康复治疗协作组应包括康复医师(受过康复医学专业训练的其他科的医师)、康复护士、物理治疗师、作业治疗师、言语治疗师、社会工作者(social worker)、临床心理学工作者、职业咨询师(vocational counselor)、假肢和矫形器师、劳动就业部门工作人员(安排就业)、特殊教育工作者和文体活动治疗师等。

1969年以来,康复领域有了很大的发展,康复团队中又出现了以下一些专业人员,即音乐治疗师、舞蹈治疗师、园艺治疗师、儿童生活指导专家(child life specialist)、康复营养师等。[①] 在国外,大多数医院、康复机构和社区有众多学科的专业人员各司一职,共同合作研究特殊儿童,形成一个个专业团队,这样

---

① 卓大宏.中国康复医学[M].北京:华夏出版社,2003:46.

的团队通常由下列专业人员组成,包括:听力专家、牙科医生、耳鼻喉科医生、幼儿教育专家、运动康复专家、新生儿科专家、神经科专家、神经外科医生、营养学家、职业治疗师、眼科专家、验光师、整形外科医生、矫正器修配者、儿科医师、物理治疗师、足病医生、精神病学家、心理学家、康复专家、社会工作人员、言语—语言治疗师、泌尿科医师等。①

综上所述,在康复工作比较发达的国家,如美国、加拿大等,其康复(全面康复)专业人员的结构如表 2-3。必须指出,表 2-3 中所示有关专业人员的分类只是大概的、相对的,事实上,由于医疗、教育、职业、社会这几个领域的康复互有联系,因此一个康复专业人员往往直接或间接地对患者在几个领域上的康复(全面康复)都起到自己的作用。

表 2-3 国外康复专业人员结构

1. 医疗康复专业人员	2. 教育康复专业人员
康复医师	特殊教育工作者
康复护士	儿童生活指导专家
物理治疗师/体疗师	3. 职业康复专业人员
作业治疗师	职业咨询师
言语治疗师	作业治疗师、技工师傅
临床心理学工作者(心理治疗师、心理测验师)	劳动就业部门人员
假肢、矫形器师	4. 社会康复专业人员
康复工程人员	医学社会工作者
音乐治疗师	文体活动治疗师
园艺治疗师	舞蹈治疗师

美国社会有很多种行业的工作者为特殊学生提供康复训练,在特殊教育学校有相应特殊教育方面的教师,还有教育特殊学生的其他康复人员如语言训练师、心理咨询师等。② 同时,美国对从事特殊儿童康复训练的特教老师纳入标准及所具备的各方面能力等进行了研究,制订了特殊教育老师的准入标准。③ 有研究报告显示特殊儿童需要特殊教育工作者有针对性的实施干预方案,并由医疗和康复人员监测病情和康复的进展。美国特殊儿童委员会提出,准备成为特殊儿童康复训练的特殊教育教师和获得专业资格的人员必须获得

---

① Nan Colledge. A Guide to Cerebral Palsy[M]. 3rd Ed. Canada: Cerebral Palsy Association of Manitoba,1999:20-22.

② Rosenberg M. S., Sidebar P. T., Hardman M. L. Preparing Highly Qualified Teachers for Students with Emotional or Behavioral Disorders: The Impact of NCLB and IDEA[J]. Behavioral Disorders,2004,29(3):266-278.

③ 顾定倩.特殊教育师资教师资格制度的比较研究[J].比较教育研究,2005,26(9):53-58.

学士学位,并且具有专门的知识和技能,在特定领域中至少当一年的辅导老师。除此之外,特殊儿童康复老师每年最少要参加 20 多个小时专业领域的继续教育,必须具备一定的特殊儿童康复人员适任证书。[①] 并且美国特殊儿童委员会进行了一项从事特殊儿童教育教师的核心能力研究项目,从知识和技能两个方面提出了从事特殊儿童教育的教师核心能力要求,知识方面应该具有特殊儿童早期症状、诊断评估、康复理论、儿童心理学等方面的知识;技能方面需要具备识别特殊儿童早期迹象的能力,能够运用量表对特殊儿童进行初步的筛查,能够进行评估、沟通等。[②]

(二)我国康复人员体系

我国康复事业起步较晚,康复机构建设刚开始不久,还没有定型,尚缺乏成熟的经验。因此,各级康复医疗机构中康复专业人员的配备,也还处于实践摸索阶段。国内一些专家经过调查,在我国康复机构从事康复工作的人员,包括康复医师、康复护士、物理治疗师、作业治疗师、言语治疗师、心理治疗师等各种治疗师、康复工程技术人员、中医康复人员和社会工作人员等。根据我国卫生部制订的综合医院分级管理标准,并结合我国目前康复医疗机构专业队伍建设的情况,关于康复专业人员的配备方案见表2-4。[③]

表2-4 我国各级综合医院(康复中心)康复专业人员的配备

	康复医师	康复护士	PT	OT	心理治疗师	中医康复治疗人员	假肢矫形器人	社会工作者
大型及中型康复中心	+	+	+	+	+	+	+	+
三级医院康复部(科)	+	+	+	+	+	+	+	+
二级医院康复科(门诊)	+	+	+	+	+			
一级医院康复室	+	(兼职)	+*	+	+			

注:+指配备有,或应创造条件逐步配备有   *指在基层或称为康复治疗师(士)

与国外康复专业人员相比较,我国康复专业人员的结构有两个特点:一是配备有传统康复医疗的专业人员,即中医师(或中西医结合医师)、针灸师(士)、推拿按摩师(士),为特殊儿童提供有中国特色的传统康复医疗,元平学校就将传统按摩和现代康复器械结合对脑瘫学生进行肢体康复。二是一般不

---

① Grey I. M., Honan R. M. C., Clean B., et al. Evaluating the effectiveness of teacher training in Applied Behavior Analysis[J]. Journal of Intellectual Disabilitias,2005(3):209-213.
② 吴广霞,陈雪萍.儿童自闭症康复及康复人员现状与对策[J].健康基础理论研究,2011(2):65.
③ 卓大宏.中国康复医学[M].北京:华夏出版社,2003(7):47.

设分科过细的治疗师（士），提倡培训和使用一专多能的康复治疗师（士）（multipurpose rehabilitation therapist），既能从事运动治疗、理疗，也能做一些作业治疗和言语治疗工作。

我国政府十分关心残疾人的康复工作，在许多的法律政策中对残疾人的康复工作都有明确的规定。在《中华人民共和国残疾人保障法》的第二章专门对我国残疾人康复工作的职责、指导原则、人员培养和器具作了详细的规定，"医学院和其他有关院校应当有计划地开设康复课程、设置康复专业，培养各类康复专业人才。国家和社会采取多种形式对从事康复工作的人员进行技术培训，向残疾人、残疾人家属、有关工作人员和志愿工作者普及康复知识，传授康复方法。"针对特殊教育学校学生康复，需要学校和医院、康复机构的合作，共同完成。

（三）元平学校康复人员体系

近年来，康复专业人才开始走入特殊教育的行列，如一些高等院校的语言康复专业、运动康复专业的毕业生等；也有少部分医学专业人员开始加入特殊教育的队伍中，使特殊教育师资队伍的专业结构不仅仅是以前的只有特殊教育学或教育学的单一型结构；而且近年来学校开始重视康复师资队伍的建设，对很多一线教师进行康复知识的继续教育和培训。

医学治疗、康复训练等都是专业性较强的工作，要求康复人员具备专业的知识、技能和方法，为了更好地致力于特殊学生的康复工作，学校引进了一大批物理治疗师、作业治疗师、言语治疗师、心理治疗师、康复医师等各类康复人才，打造了专业的康复治疗师团队，参与教师对学生的评估鉴定工作，指导康复计划的制订。学校脑瘫康复组共有六个脑瘫班级，学生70名。专任教师21名，其中康复专业治疗师9名。自闭症康复组共有二十三个班级，学生275名，专任教师61名。心理康复组现有专业教师5名。在康复组的90名专业教师中，其中高级、中级、初级职称比例是1∶15∶4。

除此之外，学校通过利用校外资源、聘请兼职康复人员来解决康复人员缺乏的问题。包括深圳市残联购买服务下发到学校中的专职康复人员，他们都有深厚的康复医学知识和丰富的康复经验，专门针对学生做个别化康复训练，康复对象包括脑瘫、自闭症和智障以及听障、视障学生的早期康复训练。另外，学校教师经过康复培训和指导，具备医学康复知识，与医学康复人员合作，参与到学生的康复工作中，在平时的教育教学中对学生进行康复训练。同时，为脑瘫和自闭症学生配备雇员，由深圳市教育局购买服务分发到学校辅助康复治疗师对学生进行康复，脑瘫班级为1名老师，自闭症为2名老师。形成了跨学科的综合康复团队，脑瘫班级基本实现了1+1+1的康复配备模式（1名特教专业老师、1名康复治疗师、1名班级管理员），自闭症班级基本实现2+1+1的教师配备模式(2名特教专业老师、1名康复治疗师、1名班级管理员)。

二、康复人员职责

目前,我国康复专业队伍的建设已经起步,各类康复人员的职责(岗位责任)正在逐步明确。由于康复人员的职责因各康复机构、医院和学校的技术设备、服务范围而异,很难做出统一的规定,国外与国内差别更大。[①] 现参考我国一些康复中心(医院)和综合医院康复科建立的岗位责任制度,结合国内外经验,综合介绍学校内康复人员的职责。

（一）康复医师

康复医师(rehabilitation physician,physiatrist)是医科大学毕业后再以住院医师的方式接受康复医学专业培训并取得国家认可资格的专业医师,是康复小组的组织者和领导者。[②] 在没有康复医师的单位,可暂时由受过康复医学培训的其他专业的医师代替,元平特校康复部秦涛老师和徐勇老师有多年康复经验,承担康复医师的责任。其职责如下。

① 接诊病人,采集病历及做体检。经功能评定后,列出患者有待康复的存在问题,制订进一步检查、观察及康复治疗计划。

② 指导、监督、协调各部门康复治疗工作。

③ 主持病例讨论会、总结会。

④ 主持康复治疗组,负责领导本专业分科领域的康复医疗、科研、教学工作。

（二）物理治疗师

物理治疗师(physical therapist,简称PT)是中学毕业后再接受3～4年物理治疗专业教育,并取得国家认可资格的治疗师。[③] 在尚无物理治疗师的单位,可暂时由受过物理治疗专业培训的护士或老师代替。主要负责肢体运动功能的评定和训练,特别是对神经肌肉、骨关节和心肺功能的评定和训练。经评定后制订和执行物理治疗计划。

① 进行功能评定。如对肌力、关节运动范围、平衡能力(坐位、立位)、体位转移能力、步行能力及步态的评定。

② 指导学生进行增强肌力、耐力的练习。

[①] 吴弦光.康复医学导论[M].北京:华夏出版社,2003:39.
[②] 卓大宏.中国康复医学[M].北京:华夏出版社,2003:48.
[③] 卓大宏.中国康复医学[M].北京:华夏出版社,2003:48.

③ 指导学生进行增加关节运动范围的体操。

④ 指导学生进行步行训练,提高步行能力,纠正错误步态。

⑤ 指导学生进行各种矫正体操、医疗体操训练,提高神经、肌肉、骨关节等的运动功能,并调整内脏功能和心理状态。

⑥ 为学生进行牵引治疗、手法治疗和按摩推拿治疗。

⑦ 指导学生进行医疗运动,如健身跑、太极拳、医疗气功等,以增强体质、调整内脏功能、促进康复。

⑧ 为学生进行电疗、水疗、光疗、超声治疗、热疗、冷疗、磁疗等物理因子治疗,以及生物反馈等治疗。

⑨ 对学生进行有关保持和发展运动功能的卫生教育。

(三) 作业治疗师

作业治疗师(occupational therapist,简称 OT)是中学毕业后再接受 3～4 年作业治疗专业教育,并取得国家认可资格的治疗师。在尚无作业治疗师的单位,可暂时由物理治疗师或受过作业治疗专业培训的护士和老师代替。[1] 指导学生通过有目的的作业活动,恢复或改善生活自理、学习和职业工作能力。对永久性残障者,则教会其使用各种器具,或调整家居和工作环境的条件,以弥补功能的不足。

① 功能检查及评估:包括日常生活活动能力(activities of daily life,简称 ADL)、感觉及知觉、认知能力、家务活动能力等。

② 指导学生进行 ADL 训练。

③ 指导学生进行感觉、知觉训练。

④ 指导学生进行家务活动能力训练,包括简化操作、减少体力消耗、避免疲劳等。

⑤ 指导学生使用生活辅助器具、轮椅和手部功能夹的制作或使用指导。

⑥ 指导学生进行工艺治疗。

⑦ 指导学生进行认知训练。

⑧ 了解及评价学生家居房屋的建筑设施条件,如有对学生构成障碍不便之处,提出重新装修的建议。

(四) 言语治疗师

言语治疗师(speech therapist,简称 ST/ speech pathologist),对有言语障碍的学生进行康复训练,以改善其言语沟通能力,是康复人员队伍中的重要组成部分,通常是需要有医学背景的人员担任,具体职责如下:

---

[1] 卓大宏.中国康复医学[M].北京:华夏出版社,2003:48.

① 对言语能力进行检查评估,如构音能力检查、失语症检查、听力检查、吞咽功能检查等。

② 对由神经系统病损、缺陷引起的言语交流障碍(如失语症、呐吃等)进行言语训练。

③ 发音构音训练。

④ 无喉言语训练(食管音、人工喉发音)。

⑤ 对由口腔缺陷引起的言语交流障碍进行训练,改善构音能力。

⑥ 指导学生使用非语音性言语沟通器具。

⑦ 对学生及其家人进行有关言语交流及吞咽问题的卫生和康复教育。

(五) 心理治疗师(临床心理工作者)

心理治疗师(clinical psychologist)是大学心理系毕业的专业治疗人员,在尚无心理治疗师的单位,可暂时由受过心理治疗专业培训的医生和老师代替。心理治疗师在康复人员体系中,配合其他人员为学生进行必要的临床心理测验,提供心理咨询及必要的心理治疗,帮助康复组和学生本人恰当地确定康复目标,以心理康复促进学生的全面康复。

① 进行临床心理测验与评定,如精神状态测定(焦虑症、抑郁症等)、人格测验、智力测验、职业适应性测验等。

② 根据心理测验结果,从心理学角度对学生进行总的心理评估及提供诊断、治疗计划。

③ 对学生进行心理咨询服务,特别是对如何对待残疾等。

④ 对学生进行心理治疗。

(六) 康复治疗师(rehabilitation therapist)

在元平特校,由于治疗人员较少,无法按专科过细分工,故配备一专多能的康复治疗师,其职责如下。

① 对学生进行基本的运动治疗、物理治疗、作业治疗,在需要时也可进行一些简单的言语矫治和心理治疗。

② 对学生进行简单的手法按摩、推拿治疗,在需要时也可以进行一些针灸治疗等。

三、康复人员的培训

加强专业队伍建设,提高康复人员素质,是康复工作顺利开展并逐渐完善的前提。国务院有关部门要将康复医学教育纳入国家教育计划,医学院校应设置康复医学课程,加强康复医学教育和继续医学教育,培养高素质的专业人才。有计划地采取多种方式对现有人员进行在职培训,不断提高其康复业务水平和工作能力;将残疾人康复业务纳入全科医生培训内容,增强基层残疾人康复服务力量。进一步完善康复医学专业技术职务聘任制。健全康复专业技术人员任职资格评价体系和管理制度,稳定和发展残疾人康复专业人员队伍,提高专业康复工作者水平。① 广东省也出台相关政策提出对康复人员进行培训,"有条件的残疾人教育机构、福利性企业事业单位、工疗或者农疗机构、辅助性或者庇护性就业机构,应当根据实际需要配备康复专业技术人员,指导残疾人康复训练。卫生、教育等部门和残疾人联合会可以采取多种形式对从事康复工作的人员进行技术培训,向残疾人及其亲属和志愿工作者普及康复知识,传授康复方法。"② 加强康复人员队伍建设,形成多层次、多形式、多渠道的立体的特殊学生康复人员培训体系,提高康复人员综合能力素质是当前学校康复建设的重要措施。

学校自 2002 年成立康复部以来,一直重视对康复人员及教师的培训工作。通过外出培训和校内培训提升康复人员及教师的素质。学校制订并实施"滚动式三年培训计划",保证每位教师在周期内能外出学习培训一次。深圳市政府不断加强对中小学教师进行教育培训,从 2003 年开始实施深圳市中小学教师海外培训计划,元平特校参加海培计划的教师有 20 人。通过参与培训,提高了专业知识,拓展了视野,为学校继续开展特殊学生康复工作奠定了理论基础。与中央教科所、北京师范大学合作,对本校教师进行康复知识学习与培训,在学校"十二五"发展规划中确定继续与高等院校合作开办教育硕士进修班,2004 年至 2006 年,学校与北京师范大学教育学院联合举办了特殊教育专业硕士研究生课程班,学校有四十多位教师参加了学习。通过这项战略性工程,学校已有硕士学位或通过特殊教育研究生课程学习的教师达到了专任教师总数的 40%,为学校师资队伍的可持续发展和康复工作等的教育科研的稳妥推进奠定了坚实的基础。2006 至 2007 年第一学期,张和平、钟果贤两位老师参加广东省残疾人康复协会与香港明爱共同主办的为期一周的自闭症教育培训班,两位老师回来后结合所学内容,在康复组内进行了专题汇报;2009 至 2010 年第二学期,康复部有 2 名老师参加了广州、香港举办的培训和研讨会。2014 年 6 月,康复部共 4 位老师赴杭州参加图片沟通系统第一期培训班。2015 年 11 月,康复部邓景秀、王海燕老师参加了广东省的自闭症省培

---

① 中华人民共和国国务院办公厅.国务院办公厅转发卫生部等部门关于进一步加强残疾人康复工作意见的通知[EB/OL]. http://www.cjr.org.cn/zcfg/GuoJiaFaGui/24217.html.2004-08.
② 广东省人民代表大会常务委员会.广东省实施《中华人民共和国残疾人保障法》办法[EB/OL]. http://www.gddpf.org.cn/html/showmenuId20itemid15893.html,2010-06.

项目。2016年,康复部共有5位老师参加上海、北京举办的培训和研讨会。并争取与不同国家、地区的3—5所学校或康复机构确立友好合作单位的关系,定期互派教师交流,赴广州参加由广东省教育学会特殊教育专业委员会组织举办的特殊教育学校学生健康教育的相关培训;参加省级课题的开题报告会,并成为研究残疾学生健康教育的实验学校;多次参加深圳市教育局举办的深圳市中小学心理教师专业能力提升系列讲座,教师的专业素养得到进一步的提高;学校组织康复教师参加蒙台梭利教育法、自闭症儿童康复、结构化和ABA等方面的培训,充实学校教师康复方面的知识,壮大学校康复人员队伍。

另外,学校定期召开各学科、各层次的研讨会和经验交流会。参加培训回来的老师将自己所学、所见、所闻和其他老师分享,共同进步,定期的交流会也让老师反省自己,不断改进。邓景秀老师参加"深圳市自闭症相关发育障碍儿童康复技术培训班"培训,学习回来后在康复组内用整理发放资料等形式进行了汇报和交流。学校还会不定期地聘请国内以及国际特殊教育专家举办专题报告会或讲座,如2004年5月邀请了中国特殊教育专家王雁来校开展讲座。2006年至2007年第一学期,自闭症康复组对新教师进行了包括课程知识、教学指引编写在内的19次培训,脑瘫康复组进行了一次关于"脑瘫儿童教育康复"的专题讲座。2008年上半年自闭症教研组组织了以课程及教材编写为主要内容的4次培训,脑瘫教研组对组内的教师和家辅人员有针对性地开展了多次培训,提高教师及家辅人员的专业知识。2011年至2012年上学期,康复部开展了eyesbody模拟运动康复设备培训、MOTOmed康复训练设备培训、VS99语音工作站系统培训、语言沟通板专题学习等康复仪器和设备培训工作,使康复人员能在教学中更好地发挥设备和仪器的作用,同时也提高了学生的康复质量及康复效果。另外,积极开展校级课题开题研讨会,及时进行教学经验和康复体会的交流,为下一步的康复工作奠定基础。

第4节 评估体系

康复评估,是指评估者根据心理测量的结果和其他多方面的资料,对被评估个体和群体的身心特征、发展水平及其存在的问题作出判断、解释的过程。在康复过程中往往需要反复多次的评估,不断地了解康复的效果,修改康复训练计划,以达到预期的康复目标。可以说,康复评估是康复目标得以实现和康复训练得以实施的前提条件,没有康复评估,就没有康复。对特殊学生的康复评估,是检验其康复效果,保障康复工作顺利、持续并有效开展的必然要求,是康复的起点,又是评价教育教学效果的手段和改进教育教学工作的依据,贯穿于整个教育教学和康复的全过程,从评估到教育康复到再评估,每一次循环之后都将从儿童发展过程中的一个较高的水平上开始新的循环。元平学校自从2002年创办康复部以来就坚持对特殊学生进行康复评估。针对不同特殊学生身心发展特点、学校实际和康复课程特点,由教师、医疗工作人员、家长共同参与对学生的评估,将医学评估与教育评估相结合,建立了适合特殊学生特点的、相对完善的发展性康复评估体系。

一、康复评估的意义、作用和原则

(一)康复评估的意义

1. 从特殊学生角度来看

通过评估可以增进学生及其家人对自身残障需要、活动能力及潜能的了解,帮助学生理解和制订合适的康复目标,增强信心,提高对康复的积极性,促使学生及其家人更加努力地帮助自己、主动地参与康复训练。

2. 从康复人员角度来看

通过全面、系统、准确地评估,康复人员了解学生各个方面发展的优弱势,如:生理状况、个性特征、认知功能、语言功能、社会情绪、学业成就等,就可以通过这些材料制订出更为全面合适的康复训练计划,随时掌握学生的情况,对学生进行合理的分班、分组教学。而且评估过程中收集的资料能为康复人员提供丰富的康复资源支持,从而能使康复训练更加符合学生适应生活的需求,符合学生的实际能力,达到较理想的康复效果。总之,运用康复评估,康复人员通过对其进行深入的分析,分类管理,形成学生学习与发展状况的数据库,为特殊学生康复教育和课程编制提供科学的依据。通过开展各种评估活动,培养康复人员的科研能力,从而促进学校康复工作的研究与实践;通过对特殊学生进行康复评估,可以培养康复人员的观察、记录和分析等各方面能力,从而提高康复人员的多方面能力。

3. 从社会角度来看

通过评估,发现在社会康复方面存在的问题,如社会对提供资助、改进服务质量、环境状况以及政策法规方面所存在的缺陷,为社会及包括特殊学生在内的残疾人提供帮助提供依据。[1] 此外,评估还可以就残障为政府相关部门提供新的发病资料。

(二)康复评估的作用

1. 掌握特殊学生障碍情况

了解障碍的性质,寻找引起障碍的器官组织缺陷,包括先天性的、后天性

---

[1] 王玉龙.康复功能评定学[M].北京:人民卫生出版社,2008:12.

的、继发性的;了解障碍的范围,明确障碍是哪一个或哪几个方面受到限制;了解障碍的程度,以及障碍对学生生活、学习等造成的影响。

2. 设定康复目标

为此需寻找和分析阻碍学生重返社会和家庭的具体因素。例如言语沟通、关节活动度受限、肌力低下或平衡和运动协调功能障碍;当然,心理状态、社会影响也可能为其原因。[①]

3. 制订康复训练方案

评估是制订康复训练方案的前提,根据评估结果确定康复训练的内容和方法。如选择适当训练手段以促进功能恢复,或考虑如何进行自身功能代偿和研究应用轮椅、支具或其他辅助器具进行补救以增进功能和能力的具体方法,以及康复训练的内容和重点。

4. 评价康复训练效果

一个完整的康复训练过程应该是以评估开始,又以评估结束。通过评估,找出学生存在的障碍,分清主次,根据评估结果制订出适宜的康复方案,进行有针对性的康复训练。经过一定时间的康复,要再次评估,以了解康复的效果,并根据再次评估的结果,制订或修改下一阶段的康复方案,继续康复,然后再评估,再康复……如此循环下去,直至达到既定的康复目标。另外,学生的情况千差万别又不断变化,需要我们不断探索新的更有效的康复方法。为了比较它们的康复效果,必须用客观统一的标准去衡量。

5. 帮助判断预后

由于病、伤、残的部位、范围、性质和程度不同,同一类型、相似的障碍的发展变化不同,评估可以动态地观察残疾的进程,对其结局有一定的预见性。对预后的判断可给学生及其家长以心理准备,可使制订的康复计划更合理,以便充分地利用各种资源,避免学生及其家长期望值过高或过低。

(三)康复评估的原则

1. 客观性原则

客观性原则是指进行评估时一切要从客观存在出发,正确地、准确地、真实地、实事求是地反映评估内容的实际,客观地评估特殊学生。当然,做到完全客观、绝对客观有时也是很难的。但明确这一原则对于评估人员来说,要注意不能满足于他人提供的表格、数据,真正有意义的评估数据莫过于评估者自己参与获取的数据;另外,评估者评估态度要严肃、有负责的精神;评估标准要客观,一方面不能标准太高,另一方面也不能太低。[②]

[①] 王玉龙.康复功能评定学[M].北京:人民卫生出版社,2008:2.
[②] 刘全礼.特殊教育导论[M].北京:教育科学出版社,2003:170.

2. 多元评估原则

特殊学生的身心发展特点是多种多样的,各类都有其不同的特点,对特殊学生的评估也应该是多元的,既包括对教师、家长、学生、社区工作人员等参与人员的康复行为进行评估,也包括对家庭、学校、社区等环境以及康复软件建设、硬件设施设备等进行评估,还包括对具体实施过程的监控评估。通过多元评估,来考察特殊学生康复体系中各种资源是否都得到了充分的运用,各类功能是否得到了充分的发挥。多元评估结果也可以促使特殊学生康复活动多元化的开展。另外,从评估的特质来看,评估具有多元化的特质,评估的内容也具有多元化的特质,因而必须采取多种不同的评估指标,以避免一概而论影响特殊学生的康复。

3. 多种评估方法原则

评估具有多元化的特质,评估方法自然也是多元化的。每一种方法既有优点又有局限,因此在对特殊学生进行评估时不能总是运用一种评估方法,而应采取多种不同的方法,发挥多种评估方法的优点,从而得到相对科学、规范的数据和资料,为特殊学生教育教学工作提供充足的理论依据。

4. 实用性原则

特殊学生康复的最终目标是促使其掌握基本的认知与技能知识,学会生活自理,较好地适应社会。特殊学生康复活动的开展不能与生活脱节,尤其是对重度特殊学生而言,使他们具备基本生活自理能力是康复的最基本要求。所以,特殊学生的康复评估应该具有实用性。

5. 相对评估与绝对评估相结合原则

相对评估反映的是个体在群体中的相对位置。绝对评估则是运用一个固定的标准(发展常模或教学目标)来分析、解释对学生行为的评价结果。[①] 相对评估能发现学生自己的进步或知道学生处于某个发展位置;而绝对评估则反映出学生的实际水平,或者说其知识能力的现有水平。相对评估和绝对评估结合起来才能较为全面地反映学生的康复效果。

6. 静态评估与动态评估相结合原则

静态评估注重的是学生的知识、能力的目前发展水准的评估,是一种基线评估。而动态评估大抵以"前测—训练—迁移—后测"为顺序,跨越多个时间点以侦测学生在表现上的演变的一种评估,它不仅注重目前的发展水准,而且注重评估学生的最大可能表现水准。在动态评估的指导下,可以根据他们在

---

① 王彦. 浅谈教育评估与智障儿童的康复教育[C]. 广东省康复医学会、广东省残疾人康复协会 2005 学术年会论文汇编,2005:604.

学校康复、家庭训练和社区活动中给予支持人员的反馈信息,及时进行分析,并随时根据评估结果对康复计划进行修正与调整,制订新的方案,再实施①,以此形成完整的动态评估流程,即坚持发展性评估原则。在特殊学生的整个评估过程中,要注意静态、动态评估的结合运用。

7. 听取多方面意见,家长积极参与的原则

特殊学生生活在多元的社会中,但在一定意义上,又是相对狭窄的。在评估过程中要争取多方面的支持,听取教师、家长、心理学工作者等多方面的意见以保证评估结果的科学性和全面性。父母无疑是最了解学生的监护人之一,特殊学生的评估须得到家长的支持,要让家长积极参与到学生的评估工作中来。这既是学生、家长的民主权利的体现,又可以提高评估的质量。

二、康复评估工具、方法及内容

(一)康复评估工具

康复评估工具是进行康复评估的必要条件。广东省残疾人康复协会在《广东省智力残疾儿童康复机构建设规范》中提到康复评估工具,如下:

(1)《儿童孤独症及相关发育障碍心理教育评定量表(C—PEP)》

(2)《婴儿—初中学生社会生活能力量表(S—M评估量表)》

(3)《儿童适应行为评定量表》(分农村本与城市本)

(4)《中国—韦氏幼儿智力量表》(所用工具:《中国—韦氏幼儿智力量表》及相关测试工具)

(5)《中国—韦氏儿童智力量表》

(6)《感觉统合能力量表》

(7)《PORTAGE早期教育指导手册》

(8)《全套粗大运动评估材料》

(9)《全套精细运动评估材料》

(10)《全套语言评估材料》

(11)《全套智能/学前概念评估材料》

(12)《全套自理/社交评估材料》②

元平特校接收六类特殊学生:脑瘫、自闭症、智障、听障、视障学生及多重障碍等。除有以上评估工具外,还包括针对不同类型的学生的评估工具。针

---

① 谢明. 孤独症儿童的教育康复[M]. 天津:天津教育出版社,2007:284.

② 广东省残疾人康复协会. 广东省智力残疾儿童康复机构建设规范(试行)[EB/OL]. http://www.gdkf.org.cn/old/2007-5-9/200759103800.htm. 2007(4).

对脑瘫学生的评估量表：作业疗法 ADL 评价表、MRC 肌力分级标准、肌力评价表、关节活动范围检查量表、小儿脑瘫患者的平衡功能评定量表、步态分析评定表、简易上肢机能检查表、脑瘫儿童综合功能评定表等评估工具；针对自闭症学生的评估量表：感觉运动诊断性评估表、形成性评估表、总结性评估表、感觉统合发展评定量表、感觉统合基础资料表、社会交往诊断性评估表、形成性评估表、总结性评估表等；针对智障学生的评估量表：感知训练各领域基线评估表、劳动技能诊断性评估表、形成性评估表、总结性评估表等；针对听障学生的评估量表：沟通与交流基线评估表、沟通与交往形成性评估表、总结性评估表等；针对视障学生的评估量表：低视力儿童视觉功能评估检查记录表、功能性视觉评估记录表、深圳市特殊教育后援中心视力残疾儿童入学评估方案等。针对全校学生的康复评估工具包括：元平特校新生报名表（见表2-5、表2-6)、个别教育计划基线能力评估表、家庭学校教育联系手册评估表、学生入学心理档案评估表等。

表 2-5　元平学校新生报名表

残疾类型：　　　　　　　　　　　　　　　　　　　　　档案编号：

姓名			性别		出生年月		照片
籍贯			邮编		入学时间		
家庭住址							
家庭电话					户口所在派出所		
身心健康	听力	左耳		右耳		检测时间	
	视力	左眼		右眼		检测时间	
	智力						
生活自理	睡眠□		饮食□		行动□	穿衣□	洗脸□
	刷牙□		叠物□		如厕□	洗衣□	冲凉□
病史							
特长							
其他							
家庭主要成员情况	姓名	称谓	年龄	工作单位		职务	联系电话

填表人：_____　　　　　　　　　　　　　填表时间：____年___月___日

表 2-6 新生报名信息表

评估建议	_____类型（轻、中、重度） 是否带家辅　是□　否□	学生安置情况	
学生已交材料			

1. 学生户口簿□　　　　父亲户口簿□　　　　母亲户口簿□
2. 儿童出生证□
3. 父母广东省"计划生育服务证"□
4. 住房证明材料（购房□　租房□　自建房□　职工宿舍□　其他_____）
5. 医院诊断证明（智力评估□　社会适应行为评估□　听力评估□　自闭症行为评估□　　其他_____）
6. 深圳市残疾人证□
7. 预防接种查验证明□

填表人：_____　　　　　　　　　　　填表时间：____年____月____日

（二）康复评估方法

特殊教育学校的康复评估有正式与非正式方法之分。在康复的过程中所做的评估一般是综合性的，需要将两者结合起来。[①] 具体的评估方法有：观察法、测验法、访谈法、问卷调查法、档案袋法等。

1. 观察法

观察法也叫观察记录法或行为观察记录法，它主要是对被评估者的行为情况进行有目的、有计划的观察、记录相应资料的一种方法。观察法是康复评估中最基本、最普遍的一种方法，它是在自然条件下进行的，具有方便、灵活的优点，获得的资料也比较真实可靠。既要进行外部观察（即身体观察），还要进行内部观察（包括心理、精神、性格、情绪、智能等方面的观察）。内在观察主要通过言语和行动进行，外部观察则包括：局部观察（以障碍为中心的观察）；全身观察（主要是通过全身观察以了解局部障碍对全身所造成的影响）；静态观察（即形态观察，如：观察姿势、肢位等情况）；动态观察（即功能观察，是要求在活动时进行观察，如了解步行时是否存在异常步态等）。[②]

2. 测验法

测验法是通过一系列的科学程序（如编制题目、具体施测、评估等）对学生

[①] 王彦.浅谈教育评估与智障儿童的康复教育[C].广东省康复医学会、广东省残疾人康复协会2005学术年会论文汇编,2005：603-604.

[②] 王玉龙.康复功能评定学[M].北京：人民卫生出版社,2008：14.

的某一方面或某些方面的表现进行测量的方法。常用的测验法有标准化测验和非标准化测验,运用测验法可以为课程改革提供科学的数据。

标准化测验是专业人员按照严格的程序和要求进行的测验,一般分为常模参照性测验和目标参照性测验,很多心理或教育测验都是常模参照性测验,如斯坦福—比奈智力测查量表、儿童期孤独症评定量表(CARS)等。标准化测验都经过严格的设计论证,信度和效度(测验要达到一定的信度和效度才有意义。信度是指测验结果的可靠性或稳定性;效度是指测验能够测量某些特定的身心特性的真实性和准确性)有保障,应用较为广泛。[1]

非标准化测验多是由教师自己编制的测验,是教师等康复人员根据平常对学生的了解,自己的经验,以及学生对学习或康复目标的实现程度等实施的测验。这种测验针对性强,简便易行,但较之标准化测验,缺乏周密性,大多数测验信度和效度有待于检验,故只能作为标准化测验的补充,而不能代替。

3. 访谈法

访谈法是学校康复人员通过与学生的家人、邻里、教师、同学的交谈,了解学生的一些行为、情绪、学习态度等各方面情况的一种方法。这种方法的优点是不受任何评估条件、工具的限制,是一种比较容易开展运用的方法。访谈要有准备,有技巧,要考虑家长和学生的心理感受,防止对方产生戒备或顾虑,从而影响访谈效果,为此,可事先准备好访谈提纲,提高访谈的针对性、有效性。

4. 问卷调查法

通过填表这种方式能迅速地收集到多个人、多方面的资料,也可通过信访填表的形式进行,省时省力,是最常用、最有效的方法。但此法也有缺点,填表人可能对表中的项目不是很了解,难以用文字表达清楚,造成信息量的丢失。

5. 档案袋法

档案袋法即建立一套完善的特殊学生发展评估档案,便于作纵向的相对评估,了解学生发展状况,从而评价康复训练效果,元平特校为每位学生建立档案袋,针对学生不同的实际情况,综合运用多种评估方法。

(三)康复评估内容

康复评估内容是康复评估和康复训练的载体,评估内容必须全面,能反映学生的现状和需求。元平特校根据本校学生特点及学校实际情况,确定了比较完善的康复评估内容。

---

[1] 梁纪恒,李淑英.特殊儿童的教育鉴别与评估[M].天津:天津教育出版社,2007:11.

1. 个人资料

特殊学生个人资料的评估包括出生史、发展史、教育史、康复史、医药史等多个方面，是整个康复评估的基础，一般通过家访、与家长面谈获得以上信息。学校要求学生入学自带相关诊断报告和证明，要求家长参与学生评估。

2. 健康资料

特殊学生健康资料的评估包括视力（含敏锐度、空间与移动、视知觉等）、听力（含听力损失值、类型、两耳听力、语言听力、听知觉等）、神经系统功能，以及其他新陈代谢、呼吸系统、消化系统和其他涉及生理学疾病的检查评估。

3. 认知功能

认知功能评估主要包括对认知能力的评估。认知能力，一般用智力来表示。智力评估是整个特殊学生康复评估过程中极其重要的一项评估，同时又是一项十分严肃的工作，需要专门的机构来进行，切不可随意给学生作评估。科学规范的智力评估对特殊学生的教育安置起着十分重要的作用。因此，对特殊学生尤其是智障学生的智力应作"一分为二"评估，如果只看智商，则容易对智力形成"固定"的成见，有碍于学生智力的发展；再者，智力测验题目在一定程度上能反映学生的智力水平，但仍可能出现偏差。所以评定智力的最好方法是以一种智力测验为主，多种智力测验为补充，并从多方面入手，进行多次测定。元平特校要求学生在入学时自带韦氏智力量表测试情况，这一智力测验是由家长带学生到专门机构测得的，学校根据这一测试情况，会对学生进行再次评估，以期获得更为准确的评估结果。

4. 动作功能

此项评估由专业的物理治疗师来完成。动作功能的评估一般包括大小肌肉动作、能力、关节肌力等评估。通过此项评估，施教者或物理治疗师就可以针对特殊学生的动作功能缺陷进行专门的康复训练和物理治疗，同时又对康复机构的环境设置、运动课程的设置提出了很高的要求。因此，动作功能评估在特殊学生康复和教育教学中具有十分重要的意义，尤其对于脑瘫学生。

5. 语言功能

对特殊学生语言能力的评估包括语言理解能力、表达模式、语言障碍情形，以及发音器官的结构与功能等的评估。发音器官的结构与功能由医院进行评估，其他内容的评估则由专业语言治疗师进行评估。

6. 社会情绪

情绪行为评估是一项含社会适应行为、不适应行为、学习态度、异常行为、在各环境中的行为的评估。社会适应行为的评估是判断儿童实际表现出来的行为是否达到社会要求的一种评估，是一项与儿童适应社会生活直接联系的评估内容。这一评估的结果决定着特殊学生学校教育目标的确定和康复课程设置和课程模式的选择。

7. 课程评估

对特殊学生学业成就的评估可选择一套课程来进行。如采用台湾"双溪心智障碍儿童个别化教育课程",分为粗大动作、精细动作、认知、感官知觉、生活自理、社会技能以及沟通七大领域的评估。也可采用包括"语文、数学、常识、生活自理"等的分科课程以及其他模式的课程。元平特校为康复课程制订了课程标准,其包括评估表和评估建议。

8. 家庭资料

众所周知,当学校、家庭、社会三方面的力量产生合力时,便可能出现最大效果。家庭资料的评估是做好家庭教育康复工作的前提,在特殊学生康复和教育教学中具有相当重要的作用。包括家族是否有遗传病、家庭经济状况、家庭结构、家庭氛围、家长对子女态度等。

9. 环境评估

环境评估主要是对特殊学生所处社区环境的评估,包括特殊学生每天生活必须做的事情及其场地和所用的设施、所要交往的人等,从而确定教学目标、教学内容、教学过程,使康复人员有计划、有目的、有步骤、有针对性地对特殊儿童实施康复。

三、康复评估流程

对学生的康复过程实际上是一个解决问题的过程,康复评估作为康复过程的重要一环,其过程可以用图2-8表示。

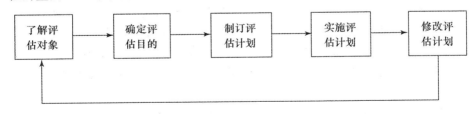

图2-8 康复评估工作的流程

(一)康复评估过程

1. 了解评估对象

在确定评估目的时,评估者已大致了解将对什么人实施评估。不过,在设计评估方案之前还应该多了解一点评估对象,因为评估对象的类别、年龄和水平等不同会影响评估工具的选择和方法的使用。

2. 确定评估目的

作一个评估首先要确定评估的目的,即通过评估想要获得的结果或想要解决的问题。在特殊教育领域,特殊学生评估有着广泛的应用,其目的主要有筛查、转介、鉴别、制订教育计划和教育评价等。[①] 有目的的评估是做好康复评估的先决条件。

3. 制订评估计划

每一项评估都有详细的评估计划,包括评估内容、方法、时间、工具等,并设计收集资料的程序,准备好充分的评估资源,这是做好评估工作的前提条件。

4. 实施评估计划

实施评估是评估工作的核心环节,根据评估计划搜集多方面的资料,对各种资料进行分析与综合整理。实施的过程中要注意评估的多元化、精致化、人性化、意义化、个别化和科技化的把握。

5. 结果的分析与解释

每一项评估内容都具有多元化的特质,每一种评估方法又各有其局限性,加之评估者自身素质、主观因素以及其他诸多因素的影响,评估所得出的结果都有存在偏差的可能,所以应对其进行深入的、科学的分析与解释。

6. 结果的应用

康复评估所得出的资料必须加以应用,否则就失去了评估的意义。应用是评估的价值体现。但同时也要注意:每一项评估结果还会受到社会经济条件、康复人员能力等诸多因素的影响。

(二)康复评估程序

1. 入学的诊断性评估

不同类型学生有不同要求:脑瘫学生自带医院诊断书、韦氏智力量表测试情况、适应性行为评估情况等个人资料;自闭症学生带医院诊断证明、韦氏智力测量表、适应性行为评估情况和卡尔斯量表等;智障学生带韦氏智力量表测试情况和适应性行为评估情况;视障和听障学生带医院诊断书、适应性行为评估表等。学校参考医院、康复机构等专业部门的建议,并组织学校心理人员(教师)、康复治疗人员(教师)对学生的言语沟通、情绪状况、行为表现、生活自理、身体功能等方面进行评估(见表2-7)。

[①] 韦小满.特殊儿童心理评估[M].北京:华夏出版社,2009:34.

表 2-7 学生入学心理档案信息表(部分)

二、学生心理评估与诊断情况(教师填写)					
	测试时间	测试机构	测验名称	测验结果	测验结论
智力测验				VIQ： PIQ： FIQ：	
适应性行为评定				ADQ：	
孤独症鉴定					
听力鉴定					
视力鉴定					
肢体					

三、现场评估(教师填写)	
言语沟通	目光对视：○有　○无/时间　○正常　○短暂 吐字发音：○清晰能听清　○模糊需努力才能听清 　　　　　○含混无法听辨　○基本无语言 言语理解：○能听懂简单指令　○无法理解简单指令 指令执行：○执行(完成)　○不执行(无法完成) 对话交流：○简单自我介绍　○懂初次见面礼仪　○能进行简单对答 　　　　　○沟通困难　○基本无法沟通 识字数理：○认识简单字词(如名字)　○会数数 　　　　　○能写简单字词　○会基本运算　○不识字,不会算术
情绪状况	○稳定,无明显异常　○不稳定,波动大,变化快
行为表现	注意力：○集中,未现明显异常　○涣散,不集中,明显异常 行为表现：○重复、刻板语言　○自伤、自残 　　　　　○攻击(打、骂等)　○无明显异常
生活自理	○吃饭　○穿衣、鞋　○睡觉　○大小便　○冲凉　○简单劳技 总体：○良好　○一般　○较差
既往教育康复训练	○普通幼儿园、中小学　○医院或康复机构康复训练 ○特殊学校教育及康复训练　○其他
身体功能	精细动作：○正常　○异常　粗大运动：○正常　○异常

四、入学安置建议	
入学安置建议	智障教育教学部： A：智障轻度班(　) B：智障中度班(　) C：智障重度班(　)　　康复教育教学部：A 脑瘫(　)　B 自闭症(　) 　　　　　　　　　　听视障教育教学部：A 听障(　)　B 视障(　) 　　　　　　　　　　职业教育教学部：(　) 特殊类：陪护(　) 长期服药(　)： 重大疾病记录(　)：

根据初步诊断情况分年级分班,各类特殊学生有相应的基线评估表:如脑瘫学生的综合功能评定表,自闭症学生的感觉统合基础资料表,智障学生的感知训练基线评估表,视障学生的功能性视觉评估记录表和深圳市特殊教育后援中心视力残疾儿童入学评估方案,听障学生的沟通与交流基线评估表等。对于新生,学校根据学生情况并使用基线评估表,而老生则沿用上学期测评情况,根据个别教育计划基线能力评估表(见表2-8)完成各个学生的个别化教育计划和个别康复计划。

表2-8 个别化教育计划基线能力评估

元平学校个别化教育计划基线能力评估					
教研组长(签名):_____ 家长(签名):_____ 时间:___年___月					
一、基本资料					
学生基本情况	姓名	出生年月	性别	班级	性格特点
					如:相对开朗
父母基本情况		姓名	年龄	职业	对孩子的态度
	父亲				如:自立、自强
	母亲				
家庭其他成员及其与孩子的关系					
分娩、病史及目前是否用药					
家长对孩子的期望					
二、学生目前能力及水平描述					
情感(态度、动机、情感、自我观等)					
认识(逻辑、记忆、知觉等)					
社会(交往人际关系、态度变化等)					

续表

学业（适应、语言沟通、算术、书写、职业发展等）	生活适应	
	生活语文	
	生活数学	
	唱游与律动	
	运动与保健	
	绘画与手工	
	信息技术	
	劳动技能（含家政、职前技能）	

2．学期间的形成性评估

学校康复课程标准包括对学生进行形成性评估的要求和表格，如：作业治疗课程形成性评估表、物理治疗课程形成性评估表、感觉运动课程形成性评估表、沟通与交往形成性评估表、社会交往形成性评估表等。根据学生需要和情况，学校康复人员及教师结合家长反映的情况对学生进行活动评估和阶段评估，而且每次康复训练都会作记录。

3．期末的总结性评估

期末评估是班主任和康复人员根据本学期康复内容和康复目标对学生在本学期的康复情况所做的评估。从评估内容来看，期末评估是综合性评估，涉及内容较广泛，旨在反映学生学期表现的整体状况；从评估目标看，又属于阶段性评估，反映了学生在一个学期阶段的康复效果和目标达成情况，为下个阶段的康复做准备；从评估主体来看，是多主体参与的评估，除班主任和康复人员之外，还要求家长的参与，虽然以上阶段也需要家长的参与，但期末评估更强调家长的参与，需要家长对学生学期的整体康复情况提出评估的意见和建议。学校有各种康复课程总结性评估表：作业治疗课程总结性评估表、物理治疗课程总结性评估表、感觉运动课程总结性评估表、沟通与交往总结性评估表、社会交往总结性评估表等。

（三）康复评估注意事项

① 既要全面，又要有针对性。环境、个人、生理、心理、社会、教育等因素都应该评估，又要针对学生的突出特点来评估。

② 选择适当的评估方法。

③ 评估前要向特殊学生及其家长说明目的和方法，消除他们的不安，取得积极的配合。

④ 评估时间要尽量短,不引起特殊学生的疲劳。
⑤ 评估常由一个人或团队自始至终的进行,以确保一致性。
⑥ 评估一般要做多次,以确保准确性。
⑦ 评估过程中特殊学生如出现明显不适或不配合时,应停止评估活动,分析原因,改变策略寻求学生的合作。

第5节 支持体系

特殊学校对学生开展康复,就目前情况来看,很难独立承担学生的康复服务,需要其他多渠道的社会支持与帮助。元平特校深知支持体系的重要,不断完善学校学生康复的支持体系。积极寻求政府的行政支持与资金投入,与当地残联建立联系,为学生提供各种福利与机会。学校本身也建立起多方面保障体系,并与特殊学生的家庭建立相互信任、密切的联系,争取家长的支持与配合。另外,学校也关注各专业机构、专业人士对康复专业知识的指导与支持,与有关高校或研究机构建立联系,寻求康复理论与研究的指导,以及与相关医疗机构或康复机构建立联系,寻求康复专业技术与实践的支持。与周围社区建立联系,寻求社会对特殊学生的理解与支持,从而建立了一个以学校为中心、各相关组织或机构为网络的支持体系。

一、康复支持体系概述

(一) 支持与支持体系的内涵

《汉语大词典》把"支持"释义为支撑、协助、援助。社会支持研究认为支持是在环境中改善人类生存状况的力量或因素,由"社区、社区网络和亲密伙伴提供的工具性或表达性的资源",支持是通过机构组织或个体的行为活动体现出来的。

很多情况下,支持是单向的,是对社会弱势群体提供的一种无偿救助和服务。正是因为支持的这种关注弱势群体的特点,支持观念被引入特殊教育领域。最早见于美国智力落后协会,它认为支持是一种资源和策略,是增进个体利益,并使其从整合的工作与生活环境中获得资源、信息和固有关系,进而促使其独立性、互存性、生产性、社区整合性与满足感都得到提高的过程。

支持是一个整合资源、提供最大帮助的过程,所以在提供支持的同时,实际上需要整合动用各方面的资源。为了使这些资源得到最佳整合并形成体系,需要以支持系统的模式来提供支持服务。有研究者认为:支持体系是以个体(被支持者)为中心,个体及其周围与之有接触的人(支持者)以及个体与这些人之间的交往活动(支持性的活动)所构成的系统。① 人与人的支持活动可以独立提供,但各类支持服务的提供往往立于一定的组织体系基础上,如政府人员在提供支持时需要利用政府机构的资源,学校教师在提供支持时需要利用学校资源。即使父母在为子女提供支持时也需要利用家庭内部资源,所以个体的支持行为发生的同时,实际上已经动用了支持系统的资源。但相对单独以个体行为的形式提供支持而言,如果提前组织好各类资源,进行调配,合理分工,形成一个系统资源,有可能取得更好的支持效果。另外,环境因素以及人与环境的互动也是支持系统的重要组成部分,这些环境不仅仅指各类机构的硬件设备、实体建设,还包括人文环境,良好的环境提供可以增强支持服务的效果,在环境中,人和环境的互动也是支持系统所要关注的一个层面。②

(二) 支持服务的内容与提供者

支持服务的内容涉及很多方面,研究者提出了不同看法。如韦尔曼运用因子分析方法将支持内容分为感情支持、小宗服务、大宗服务、经济支持、陪伴支持等五项;考伯将支持内容分为情感性支持、网络支持、满足自尊的支持、物质性支持、工具性支持和抚育性支持;马特·G.M.范德普尔指出除了情感支持和实际支持,支持内容还应该包括社会交往或社会活动的参与;巴勒内尔认为支持内容可以包括更广泛的内容,他从六个角度来划分支持内容:即物质帮助,如提供金钱、实物等;行为支持,如分担劳动等;亲密的互动,如倾听,表示尊重、关怀、理解等;指导,如提供建议、信息或指导等;反馈,对他人的行为、思想和感受给予反馈;正面的社会互动,即为了娱乐和放松而参与社会活动等。

综合而言,支持内容可以归纳为三个方面,即认知(知识、技术、社会技能学习等)、物质(金钱、实物等)、情感(自尊、理解、关怀、陪伴)等。本节主要是从认知和情感等软件角度来论述支持体系内容,第 3 章将重点讨论特殊学校康复的硬件支持。

这些支持服务由谁来提供,可以从多个层面来考虑:一是个体层面的支持者,主要是与个体相关的各类人员,如父母、同伴、教师、邻里、同事、亲戚等;二是组织机构层面的支持者,如家庭、学校、社区、事业单位、企业、民营机构等;三是国家、社会层面的支持者,包括国家政策、法律法规、社会大众意识等方面。支持服务的提供者多还是少,程度强还是弱,会受到多种因素的影响,

---

① 谭静.高中生社会支持对心理健康影响的研究[D].桂林:广西师范大学硕士研究生学位论文,2004.

② 谢明.孤独症儿童的教育康复[M].天津:天津教育出版社,2007:255.

如支持体系大小、社会关系基础、支持提供者自身的能力和主观愿意程度以及各成员间的接触频率等。以上支持服务提供者在本节中都会提到。

（三）特殊教育领域对支持的认识

20世纪80年代末期，特殊教育领域对为特殊儿童提供支持的重要性有了初步的认识，但有较深入系统的看法是始于美国智力落后协会（AAMR）1992年对智力落后定义的变革。该定义一经公布，引起了人们对支持的普遍重视。它从功能出发，以提供间歇的、有限的、广泛的、全面的四种不同程度的支持服务下可以获得个体自身发展的可能性对特殊儿童进行分类。根据特殊儿童的需要，来确定他们在哪种程度的支持服务下可以获得个体的独立性。在认识到这点后，不管他们能力如何，我们都可以通过改变环境、设施，提供不同程度的支持性服务，进而促进其实现自身发展。

美国智力落后协会把智力落后者的支持体系分为自然支持和社会支持两个体系。"自然支持体系"是指由智力落后者父母、同伴、同事等在生活、学习和工作方面共同对智力落后者提供的不需付费、持续的、非正式支持。"社会支持体系"与"自然支持体系"不同之处在于它由政府、机构和各类专业人员（教师、社会工作者、心理咨询师、医生等）为智力落后者提供支持，这些支持大部分是付费的专业支持，需要投入较高的社会经济成本。

冼权锋等认为要形成三级支持局面：为学生与教师提供支持；以学校为基础的支持系统或团队；外部支持组织，如家庭、社区、国家等。

二、政府支持

政府在特殊学校的支持体系中应该发挥主导作用，提高全体公民的福祉是政府应尽的责任。中国政府为残障者提供的支持，主要是政策性支持。国家制定各项政策法规、制度促进特殊学校学生康复工作的进展。

（一）国家层面

① 1994年《残疾人教育条例》（以下简称《条例》）中对残疾人的早期康复做了规定，如对残疾幼儿的学前教育可以通过残疾儿童康复机构来实施；残疾儿童的教育应当与保育、康复结合实施；《条例》规定卫生保健机构、残疾幼儿的学前教育机构应当注意对残疾幼儿的早期发现、早期康复和早期教育等。[1]

② 1996年《中国残疾人事业"九五"计划纲要》中提到："市和有条件的县

---

[1] 残疾人教育条例[EB/OL]. http://www.hunan.gov.cn/ggfw/jyfw/tsjy/cjcz/tsjyzc/201010/t20101021_257257.html,1994(8).

建立智残儿童康复站,特殊教育学校和儿童福利院开设智残儿童学前班,普通幼教机构根据生源情况设置智残儿童班并与家庭相结合,对智力残疾儿童进行生活自理和认知能力训练。"①

③ 2001年《康复训练与服务"十五"实施方案》中阐述了完善社会化康复训练服务体系,如下。

第一,组织管理

——民政、卫生、教育、残联等部门,将残疾人康复训练与服务工作纳入社区服务、社区卫生服务、初级卫生保健、特殊教育和残疾人事业等发展计划,并组织实施。

——各地政府将残疾人康复训练与服务工作纳入当地社区建设规划,明确部门职责,实行目标管理。

——地方各级残疾人康复工作办公室将康复训练与服务工作纳入当地相关部门业务范畴,制订工作计划,分解任务指标,动员社会力量,协调实施并进行统计检查。

第二,技术指导

——成立全国康复训练与服务技术指导组,制订技术标准,统编培训大纲和教材,培训技术骨干,深入地方指导,推广实用技术,参加检查评估验收。

——省、市、区、县建立健全康复训练与服务技术指导组,确定相应机构为当地技术资源中心,面向基层培训人员,传授训练方法,普及康复知识,提供康复服务,进行督导检查。

第三,服务网络

以社区为基础、家庭为依托,充分发挥社区服务中心、社区卫生服务中心(站)、乡镇卫生院、学校、幼儿园、福利企事业单位、工疗站、残疾人活动场所等现有机构、设施、人员的作用,资源共享,形成社区康复训练服务网络,使残疾人就地就便得到康复训练与服务。

根据各类残疾人特点,开展康复训练。对脑瘫儿童按照早发现、早诊断、早干预的原则,适时选配辅助器具,开展运动功能、姿势矫正、语言交往、生活活动四方面的康复训练,并对训练效果进行阶段评估;对智力残疾儿童开展运动、感知、认知、语言交往、生活自理和社会适应六方面的能力训练,并对训练效果进行阶段评估。②

---

① 中国残疾人事业"九五"计划纲要[EB/OL]. http://www.people.com.cn/item/flfgk/gwyfg/1996/112602199602.html.1996.
② 中华残联社会服务指导中心.康复训练与服务手册[M].北京:华夏出版社,2004:113-115.

第四,2002年在《国务院办公厅转发卫生部等部门关于进一步加强残疾人康复工作意见的通知》中提到:残疾人康复工作的原则和主要措施,要求完善康复工作体系、提高康复服务水平、加大经费投入、开发社会资源等。

第五,《中华人民共和国残疾人保障法》第二章对我国残疾人康复的工作职责、指导原则、组织实施、人员培养和康复器械等方面做了详细的规定。如工作职责为"国家和社会采取康复措施,帮助残疾人恢复或者补偿功能,增强其参与社会生活的能力"。指导原则为"康复工作应当从实际出发,将现代康复技术与我国传统康复技术相结合;以康复机构为骨干,社区康复为基础,残疾人家庭为依托;以实用、易行、受益广的康复内容为重点,并开展康复新技术的研究、开发和应用,为残疾人提供有效的康复服务"。组织实施方面有"残疾人教育机构、福利性企业事业组织和其他为残疾人服务的机构,应当创造条件,开展康复训练活动。残疾人在专业人员的指导和有关工作人员、志愿工作者及亲属的帮助下,应当努力进行功能、自理能力和劳动技能的训练"等等。[①]

(二) 省级层面

① 广东省残疾人联合会在2003年印发《广东省残疾人康复专业人员继续教育考核登记制度》要求各市、县(区)残联及省直属有关单位,结合实际情况,认真贯彻执行。以加强康复人员的素质,提高特殊学生康复的质量。

② 广东省残疾人联合会、卫生厅、教育厅、民政厅、药品监督管理局、计划生育委员会、妇女联合会印发《广东省聋儿康复"十五"实施方案》和《广东省康复训练与服务"十五"实施方案的通知》;广东省残疾人联合会、卫生厅、民政厅、公安厅印发《广东省低视力康复"十五"实施方案的通知》;广东省残疾人联合会、卫生厅、民政厅、公安厅印发《广东省精神病防治康复"十五"实施方案》等。这些法规表明了广东省对特殊学生康复工作的重视。

③ 2010年广东省第十一届人民代表大会常务委员会修订通过《广东省实施〈中华人民共和国残疾人保障法〉办法》,其中第二章对残疾人康复做出了详细的规定,鼓励教育工作者从事残疾人教育工作,享受特殊教育津贴,在职称评定、晋级等方面给予优先和照顾。

④ 2011年9月,学校被省教育厅、省民政厅、省残疾人联合会评为"广东省特殊教育先进单位",黄建行校长被评为"广东省特殊教育先进个人"称号。学校申报的省级课题《虚拟运动在脑瘫儿童医教结合中的实践研究》,被省教育厅确立为广东省中小学教学研究"十二五"重点规划课题。10月,学校心理

---

① 中华人民共和国残疾人保障法[EB/OL]. http://www.cjr.org.cn/zcfg/GuoJiaFaLv/25013.html,2008(4).

组梁涛老师作为全市教师的唯一代表,参加"广东省教师工作会议",这是对学校全体教师的鼓舞和鞭策。

⑤ 2012年11月广东省卫生厅、教育厅、民政厅、人力资源和社会保障厅、公安厅、财政厅、质量技术监督局、广东省食品药品监督管理局、广东省人口和计划生育委员会、广东省妇女联合会、广东省残疾人联合会印发《广东省残疾人康复服务"十二五"实施方案》,要求进一步做好残疾人康复服务工作,不断完善残疾人康复组织管理、康复技术指导和康复服务网络,逐步构建起与政府公共服务责任相适应的康复保障机制。①

广东省残疾人康复工作意见中也指出要增强康复服务能力,提高康复技术水平,实现残疾人康复事业现代化,使全省残疾人实现"人人享有康复服务"。广东省政府的各项政策和奖励是对学校工作的支持和肯定,激励学校老师和康复工作更好地发展。

(三) 市级层面

中共深圳市委在《深圳市人民政府关于促进残疾人事业发展的意见》提到:巩固、发展深圳市残疾人"人人享有康复服务"成果,进一步推进康复进社区、服务到家庭,实现残疾人康复服务全覆盖。将各类康复服务机构建设纳入城市规划,完善残疾人康复服务网络和管理系统,依据残疾人报告信息开展个案管理、综合评估和转介服务,推进残疾人康复服务的专业化和标准化建设。制订完善残疾人康复补助办法,建立残疾儿童康复救助制度,对贫困残疾人康复训练、辅助器具适配给予补贴。建立残疾人康复工程技术服务系统,扶持残疾人辅助技术和辅助器具的研发、生产和服务推广。②

深圳市人民政府残疾人工作委员会印发《深圳市残疾人"人人享有康复服务"实施方案》,其中要求整合资源、完善服务平台;充实技术力量,加强专业技术培训;健全康复管理员、社区康复协调员;加大经费投入等。要求相关职能部门,包括卫生部门、民政部门、教育部门、劳动保障部门、财政部门、公安部门等高度重视残疾人"人人享有康复服务"活动,将其列入部门日常工作,加强合作,共同参与政策的制订、机构建设和监督检查等工作,加大残疾人基层康复工作力度,提高残疾人"人人享有康复服务"的实效。③ 为学校康复工作的大力

---

① 关于印发《广东省残疾人康复服务"十二五"实施方案》的通知[EB/OL]. http://www.gddpf.org.cn/zwgk/syfz/201211/t20121113_621530.htm. 2016-12-07.

② 中共深圳市委. 深圳市人民政府关于促进残疾人事业发展的意见[EB/OL]. http://www.cjr.org.cn/zcfg/ShiJiFaGui/26919.html,2009.

③ 深圳市人民政府残疾人工作委员会. 深圳市残疾人"人人享有康复服务"实施方案[EB/OL]. http://www.cjr.org.cn/zuanti/2007cjr/web/16.htm,2007.

进行提供了政策支持。

元平特校是深圳市一所为视障、听障和智障儿童、青少年提供服务的特殊教育学校,目前已发展成为全国同类学校中办学规模最大、特殊学生种类最多、办学水平先进的特教强校,被教育部誉为"中国特殊教育的一面旗帜",成为展示深圳和谐社会建设、中国特殊教育事业和中国人权事业发展水平的窗口。历届市政府领导把元平学校看作深圳教育的名片,在教育投入、师资配备、评优评先等方面给予全方位的特别关注。办学20年来,政府不断加大投入,基础建设投入近亿元,400米标准塑胶运动场、建筑面积2600平方米的康复训练大楼、建筑面积4000平方米的多功能体育馆相继建成投入使用。

元平特校受到深圳市各政府部门关注,深圳市残联通过招标购买服务的形式向元平学校倾斜,残联向全市公布每年的资金分配情况,学校参与竞争,学校通过向残联申报项目获取经费,开展各种康复活动,如学校2010—2014承担了"深圳市自闭症、脑瘫儿童、唐氏综合征儿童康复训练营",累计训练超过1000人次。深圳市残联举办多期康复训练培训,为学校康复、唐氏综合征儿童训练的开展提供人员、技术、经费等支持。

三、学校软件支持体系

(一)学校在特殊学生康复中的角色

1. 主导者

学校在特殊学生康复支持体系中处于主导地位。特殊学生几乎所有的康复活动都是以学校为主要基地开展的,因此,学校要协调政府、家庭和社会等各方面的力量,为特殊学生提供尽可能多的支持性教育康复服务。

2. 训练者

学校是特殊学生康复最主要的执行人员。学校具备特殊儿童康复训练的专业康复人员及康复教师,承担康复训练的主要任务,包括特殊学生的认知、行为、生活自理、情绪控制等方面。

3. 指导者

学校应该为特殊学生家长或其他机构提供一些具体操作层面的指导,以帮助他们更好地配合学校康复活动;也可以提供一些专业指导,增强他们对特殊教育康复的了解,较好地领悟这些活动的意义和价值,让没有这类经验的家长在帮助下学会有效地利用家庭资源及家长时间来预防和矫治子女的学业、心理和行为等问题。

4. 组织管理者

学校在为特殊学生提供教育康复服务时,要尽可能多地利用各种可利用资源。此时,学校应该扮演起组织者的角色,以学校为核心来组织家庭、社会各个群体或组织机构有秩序、有主次地参与进来,并且使各个成员发挥他们最大的支持功能。①

(二)人员支持体系

学生康复工作的完成不仅仅需要康复人员,还需要其他人员的配合和支持。主要包括学校管理者、学校教师、班级学生及学校其他人员,他们在特殊学生康复中起着非常重要的作用。

1. 学校管理者

学校管理者能全面把握全校师生的需求、学校特色,更好地了解教育的趋势,掌握各种信息和资源,更有条件引入教育变革的新思路和新做法,引导和激励广大教职工达成共识,通力合作,努力提高学校教育的质量,逐步建立学校的教育教学传统和办学特色。与此同时,管理者还掌握着时间、人员安排和资源提供等行政权力,因此他们不但是康复工作的参与者,而且也是支持者和领导者,承担起营造氛围、协调沟通和提供服务与监督的责任。元平特校以校长为中心,成立康复部、智障部、视障部、听障部、科研办和教务处等分工明确又相互联系的部门,这些部门的管理者有的也兼任康复或教学工作,他们互相沟通、配合与监督,根据本部门实际情况协调工作,发挥领导者和决策者的作用,共同管理学校特殊学生的康复工作。

2. 学校教师

这里提到的学校教师是指包括除康复人员及康复教师以外的班主任、各类学科教师、资源教师。教师是特殊学生最主要的康复支持人员。教师有意识、有计划、有组织地实施教育康复活动,并在日常学校生活中对特殊学生的学习、行为、交往等随时给予具体指导,协助其解决问题。教师还要组织班级学生及家长共同为特殊学生创设适合其发展的支持性环境,提供充分的环境资源支持。学校教师了解学校的生态环境、资源所有、教学课程、班级活动等状况;了解其他专业支持人员的背景;提供有关特殊学生的书面材料;协调与专业支持人员的合作关系,并与专业支持人员互动、沟通、讨论,帮助他们理解特殊学生的心理与行为特征;最后整合各类资源和建议,形成个别教育计划。教师是联系各种支持服务的关键,可以协助家长、社区人员及相关专业人员澄清问题、沟通想法,整合各方意见。② 元平特校定期举办教师经验交流会和讲座,教师之间互相沟通,分享经验,康复人员及教师就会向其他教师介绍一个

---

① 谢明.孤独症儿童的教育康复[M].天津:天津教育出版社,2007:270.
② 谢明.孤独症儿童的教育康复[M].天津:天津教育出版社,2007:271.

时期以来特殊学生的康复情况,学校教师也会向康复人员反映学生的情况,从中可以看到康复效果,便于康复人员调整康复训练计划,不断促进特殊学生康复工作的进展。

3. 班级学生

来自同伴友谊的支持和帮助与专业教师提供的帮助同样重要。虽然特殊学生尤其是孤独症、智障、脑瘫等类型的学生的同伴关系稳定性不强,但由于同伴之间具有平等的关系、相近的年龄、相似的语言和理解问题的方式,而且相处时间较多,同伴仍然是特殊学生成长过程中不可缺少的心理与行为支持者。研究证明,同伴能够在认知、行为、情感等方面为特殊学生提供有益的支持。特殊学生的班级同学是最方便纳入康复体系中的人员,但是要注意选择合适的人员,最好是乐于助人、学习成绩较好、愿意接纳的学生。教师也要有意识地培养能够给予其支持服务的班级学生,可以通过少先队工作、德育工作等形式开展,但需征求学生家长的同意。如果能妥善引导,给予深入指导,班级学生可以成为非常有效地支持人员。元平特校对特殊学生开展康复训练工作,既有针对某个学生的个别化康复训练,也有针对整个班级学生的集体康复训练。对于个别化康复训练的学生来说,班级学生能理解和关心他们,避免他们形成自卑的心理,并纠正他们的言语、行为缺陷等;对于集体康复训练而言,在康复训练过程中,可以互相监督和帮助,积极配合康复老师的康复训练,提高康复效果。

4. 其他人员

元平特校规模较大,既有专门的教学人员、康复人员、行政人员,也有生活老师、医生、物业人员、保安、司机等其他人员。生活老师帮助专业教师照顾特殊学生的生活,为教师分担了一些任务,教师就可以利用这些时间、精力开展康复方面的研究;学校面对的是一群有特殊需要的学生,他们随时都会出现各种难以预料的问题,医生可以暂时缓解这种危机,为学生康复免除"后顾之忧";物业人员,包括水、电等方面的人员,为康复系统、器械等的运转提供保障;部分学生难以控制自己的行为,尤其是自闭症学生,有时会情绪失控,保安除了避免校外人员对学生造成的威胁外还可以避免学生跑出校园给自身带来伤害,为特殊学生康复提供安全的环境等。

(三)学校康复相关管理制度

康复楼建成投入使用,为学校的康复工作提供了一个很好的发展机遇。为了更好地使用管理好康复楼,最大限度地发挥康复楼的使用效率,康复部教师认真思考,初步建立了一整套的管理制度,包括:《听觉治疗室管理制度》《启智训练室管理制度》《家居技能训练室管理制度》《学生档案及教具制作室管理制度》《蒙台梭利训练室管理制度》《注意力训练室管理制度》《手眼协调训练室管理制度》《音乐治疗室管理制度》《评估室管理制度》《个训室管理制度》《运动训练室管理制度》《感觉统合训练室管理制度》《物理治疗室管理制度》《作业治疗室管理制度》《康复训练室管理制度》《个别训练室管理制度》《评估室管理制度》《资源教室管理制度》《心理咨询室管理制度》《心理咨询人员岗位职责》《心理评估室管理制度》《心理评估人员岗位职责》《心理健康活动室管理制度》《个别训练室管理制度（语言训练）》《情境教室管理制度》《听力检测室管理制度》等26个管理制度，共1万多字。

（四）校园文化建设

校园文化是一种在学校自身发展过程中逐渐形成、不断进化并积极作用于全体师生员工思想和行为的群体文化形态，它涵盖了学校长期形成的校园特色、优良传统、教育观念、价值标准以及集中反映学校的校风、学风和精神风貌等，是具有强大引导功能的教育资源，是一所学校育人素质的综合体现。特殊学生由于其特殊性，需要学校尊重和考虑学生的需要，创造接纳包容的氛围。元平特校始终坚持以特殊学生为本，以道德、文化、科学教育为中心，以身体、心理康复为基础的教育发展途径，强化就业训练，培养学生自尊自强、顽强拼搏、超越自我、立志成才的品质，努力为残疾学生将来平等、充分参与社会生活、适应社会打好基础，实现"育残成才"的目标。学校"十二五"发展规划中提出实施教师职业幸福指数提升工程，通过组织师德论坛、班主任工作研讨会、师德征文等活动，充分发挥教职员工的创造力，为学校康复工作营造了以"博爱、宽容、尊重、理解、平等、公正"为核心价值的校园文化氛围。

四、家庭支持

《世界人权宣言》和《儿童权利公约》都承认家长在引导和参与子女教育方面的权利，同时指出家长应该履行相应的义务，如家长有责任照顾和保护子女，促进子女的健康成长，家长应该参与家长协会或相关组织开展的活动，家长的有效参与是保障家庭与学校之间建立良好合作关系的前提条件。尤其是特殊学生，家长必须参与到子女的相关教育计划制订、实施和评估等过程中。美国1975年颁布的《所有残疾儿童教育法》（*The Education for All Handicapped Children Act*）即94-142公法也赋予了家长参与特殊儿童诊断、参与个别化教育计划制订、参与特殊儿童安置决定的权利。所以，考虑到特殊学生的身心特征，家庭参与到其康复活动中是非常有意义的，也是家长不容推卸的责任。

（一）家庭在特殊学生康复中的角色

家庭在特殊学生康复中扮演了重要角色。他们不但是特殊学生康复工作的直接参与者，而且需要提供力所能及的帮助来配合学校康复工作的开展。

1. 直接参与者

一是家长直接参与对特殊学生的教育与心理评估和诊断。家长最了解子女的行为特征，在采用行为量表对特殊学生的行为做量性评估时，需要家长如实填写相关问卷。这直接关系到特殊学生是否得到正确的诊断。家长还需要详细汇报日常所观察到的学生行为特征，这也是评估他们的一个重要指标。元平特校要求父母填写新生入学信息表、家校联系册等相关评估量表，以帮助学校对特殊学生进行康复评估。

二是家长直接参与对特殊学生的个别化教育计划的制订、实施、评估与修改。学校为每一位特殊学生制订个别化教育计划，家长则应该参与个别化教育计划的制订与修改，因为他们对孩子了解最深，他们的意见应该成为个别化教育计划的重要参考意见。通过家校双方协商而制订的个别化教育计划，可以避免家庭和学校在教育理念和方法方面发生分歧，使康复训练方案得以顺利实施。[①]

三是家长直接参与学校康复活动。当特殊学生存在较大适应困难时，家长应该直接参与到学校的康复活动中，如监督孩子的表现，协助孩子完成教师布置的任务。也可以以陪读形式来帮助孩子，及时发现问题，帮助他们解决问题。除了学业、技能学习方面的帮助外，还要帮助他们学会与人相处。元平特校现有84个教学班，有视障、听障、智障、自闭症、脑瘫及多重障碍6类残疾学生928人，是目前国内同类特殊教育学校中学生残疾类别最多、残疾水平最重的学校。考虑到学校的师生比例以及学生家庭康复的重要性，学校要求残疾程度重的特殊学生必须有一名家庭辅助成员参与到学生的教育和康复中。目前学校的家庭辅助成员除了学生的家长外，还有家长为孩子请的专门负责学生生活和学习的生活指导员。如：脑瘫学生的运动技能训练课上，学生存在严重的肢体障碍，每个动作都需要辅助，家长参与其中保证了学生能够得到及时的辅助。

2. 配合者

首先，家庭的配合体现在家长要积极主动向学校教师提供特殊子女的基本情况，如医学诊断与治疗情况、早期教育经历、行为表现、个性特征等，以使

[①] 谢明.孤独症儿童的教育康复[M].天津：天津教育出版社，2007：266.

教师较全面地掌握特殊学生的背景资料,方便康复活动的开展,学校设有学校家庭教育联系手册(见表2-9),既可以作为家校沟通的工具,又可以为教师掌握学生校外情况提供来源。其次,家长通过开展家庭康复活动来延续学校康复活动,并使学校中的康复内容得到复习和巩固。家庭康复活动应该作为学校康复内容在家庭中的延伸和补充被重视起来。有的家长也会在专门的康复训练中心寻求帮助。通过专门训练,特殊学生可以在感知觉统合、认知、运动等方面得到发展。在假期,家长会带孩子外出认识自然和社会,以弥补校园环境的局限性。家长的这些努力可以为学校开展康复活动提供前提条件,并可以减少学校康复的难度。但要协调好康复训练中心的康复活动与学校康复的关系,使之能为学校康复提供有益的支持,而不是背道而驰。

表2-9 学校家庭教育联系手册

第____周在校情况

内容		评价			内容		评价		
		好	良好	一般			好	良好	一般
学习情况	按时完成作业				卫生	处理个人卫生情况			
	课间操、眼保健操					参加班级劳动			
	学习态度好、认真听讲					饮食卫生情况			
	积极发言、勤于思考					衣着整洁情况			
文明礼貌	勇于承认错误并改正				纪律情况	遵守宿舍纪律			
	尊敬师长、主动问好					遵守课堂纪律			
	团结同学、帮助他人					遵守晚自习纪律			
活动	愉快参加活动					遵守食堂纪律			
	与同伴友爱相处								
	做力所能及的事								
	参与班级活动、能否为集体服务								
本周情况和建议	班主任签名:_____								
通知									
家庭作业									

第____周在家情况

(便于反馈,请家长认真填写)

续表

内容	评价			内容	评价		
	好	良好	一般		好	良好	一般
主动向人问好				自己的事情自己做			
为家人做事情况				参加体育活动			
不任性、不乱发脾气				讲卫生、爱清洁			
与亲友和睦相处				早晚刷牙			
复习在校学习内容				饭前便后洗手			
按时完成家庭作业				安静地按时睡觉			
家长意见	家长签名:_____						

(二)家庭康复支持人员

首先,家长是特殊学生康复的主要支持人员。父母在支持体系中处于核心地位,除了上面提到的,还要负责组织或决策子女康复的具体事务,如为子女选择康复机构,决定开始康复的时间,争取有价值支持人员的参与等。祖父母、外祖父母也是家庭中重要的支持人员,尤其在父母不能投入较多时间时,他们可以代替父母的作用。学校内陪同学生康复、上课的许多家长都是祖父母或外祖父母。

其次,家庭其他参与人员(亲戚和朋友等)是特殊学生康复的坚强后盾。他们可以为特殊学生父母提供各类帮助,如从情感上提供支持,帮助增强其战胜困难的决心;帮助接送上学,提供抚养建议,给予物质或行为上的支持等;还可以为其提供信息支持,如:诊断、治疗机构等相关信息;也可以直接为特殊学生提供支持,如赠送玩具、陪伴玩耍等。尤其是亲戚朋友的子女,可以成为特殊学生的玩伴,并建立起稳定的同伴关系,这有利于特殊学生社会性的发展。

2016年广东省对《广东省人口与计划生育条例》进行了修订,规定了七种可申请生二胎的情况,第一条就是:已生育两个子女的夫妻,经地级以上市病残儿医学鉴定组织鉴定,其中一个或者两个子女均为残疾儿,不能成长为正常劳动力,且医学上认为可以再生育的,可再生育一胎子女。特殊学生中有不少并不是独生子女,①特殊学生中有不少并不是独生子女,家中兄弟姐妹对特殊学生的影响极其大,也是很重要的家庭支持人员。

(三)家庭康复支持的内容

对特殊学生,尤其是程度较为严重的,家庭对其生活自理、交通、康复训练等方面的支持在所有支持服务中占据很大一部分,而且这部分服务是持久的,甚至延续终身。家庭能否为特殊学生提供必要的支持受到很多因素的影响,包括家庭经济条件、家长文化程度、教养观念、教养态度以及家长的自信心等。另外,家庭成员的参与程度、家庭网络的大小及关系疏密程度也会影响到家庭支持水平。

1. 物质支持

家庭为特殊学生康复提供了各类物质支持,如金钱、食品、玩具、书籍等。特殊学生康复需要较多资金投入,学费、个训费用等是家庭为子女投入的相对较多的一笔资金。除此之外,家长还要为特殊学生购买康复所需要的玩具以及一些基本用具,以便把学校康复活动真正延伸到家庭中来。家长还应该为自己购买一些书籍、软件,以提高自身对特殊学生的了解水平,并掌握一些基本的教育康复方法。

2. 认知与技能支持

家长需要为特殊学生提供认知与技能方面的支持,以促进他们的教育康复,如指导学习方法,辅导家庭作业,提供阅读机会等。在孩子进入学校之前,家长为子女提供认知与技能支持的机会更多,如从日常生活出发帮助他们掌握一些基本概念,形成初步的认知,习得基本技能,为学校教育康复打下基础。

3. 情感支持

家庭是特殊学生主要的情感支持者。因为他们比较欠缺发展和谐人际关系的能力,无法获得深入的友谊,所以只能依靠家庭等关系亲密的人主动接纳他们,或陪伴他们,来帮助他们获得情感体验。② 也只有在家中,他们才更可能拥有安全感,为在学校、社会中发展更高级的情感做铺垫。

元平特校深知家庭支持的重要性,实施各种措施充分利用家庭支持。一是定期为家长举办实用性强的讲座和培训,并为家长发放培训资料。二是课堂参与,学校教师在课堂教学中,十分注意引导家长在辅助孩子的过程中掌握训练特殊学生的基本知识、技能技巧。例如,让家长掌握帮助视障学生定向行

---

① 省人大常委会审议通过《广东省人口与计划生育条例(修正案)》http://www.gdwst.gov.cn/a/zwxw/2016093016474.html,2017-03-10.

② 谢明.孤独症儿童的教育康复[M].天津:天津教育出版社,2007:268.

走训练和保护残余势力的方法,帮助听障学生语言训练的方法,帮助自闭症学生掌握社会交往技能的方法以及帮助脑瘫学生进行上下肢功能训练的方法等,保证各类特殊学生得到及时、有效的干预。三是加强家校合作。为了保证该家长更积极有效地参与学校事务,扩大家长参与面,学校成立家长委员会,对学校工作计划和重要决策,特别是事关学生和家长利益的事项提出意见和建议。学校还定期召开家长会、家长教师交流会,广泛征集家长对学校建设的建议,促进家长和学校、家长和教师的联系与沟通。例如,康复部在制订听力语言训练课程时,就多次召开家长会,实现了家校合作办学的模式。另外,学校为家长参与学校教育提供多种方便可行的途径,例如学校开通了家校热线、家长意见箱、家校网上互动专栏,并通过课堂开放周、教学开放日等活动为家长参与学校事务提供了便利。

五、专业机构支持

(一) 高校及研究机构支持

有关高校或研究机构对康复理论有比较深入的研究,能为特殊教育学校提供康复理论和研究的指导。许多高校都开设了康复治疗专业,开设以下专业课程:"运动学""针灸学""医学影像学""外科学总论""康复学导论""康复心理学""言语治疗学""运动疗法""推拿学""康复工程学""作业疗法""临床康复学""理疗学""临床疾病概论"等。特殊学校教师可以参加学习。另外,特殊学校加强与研究人员的支持与合作,可以使学校在对学生进行康复训练时少走弯路,避免盲目性,同时给予本校教师一定的专业培训和指导。康复人员及教师在教育康复过程中可能会遇到各类疑难问题,需要专家给予指导。有些问题是教师的专业知识不能解决的,需要转介到相关机构,由专业人员解决。元平特校为促进教师的专业发展,制订了"滚动式三年培训计划",与中央教科所、北京师范大学合作,不断提高学校康复人员及教师素质,为学校康复工作提供高层次的理论指导。

(二) 康复机构、医院的支持

设有病床、护理部及配套的医院设施,但其主体为康复诊断和康复治疗部门。这种类型的机构多被称为康复中心(rehabilitation center),或康复医院。康复中心为独立的康复机构。康复中心一般建于自然条件较好的地方,有较完善的康复设施,包括系统的功能测试设备和各种康复疗法科室。由康复医师、有关学科的临床医师、物理治疗、作业治疗、心理治疗、语言治疗、康复工程等专业技术人员组成康复治疗组(rehabilitation team),为病人进行临床诊断、功能测评,制订康复计划,进行综合的康复治疗,同时也进行必要的临床治疗以及康复医学的科研工作。

医疗机构康复是指通过医疗手段治疗和功能培训促进残疾人康复。它是应用与功能障碍有关的预防、诊断、评定、治疗和处理的医学学科,也就是运用医学手段使医疗对象的功能障碍得到康复的手段。[①] 医疗康复是整个康复系统最早被关注、极为重要、也是被研究得最多的领域。以至于很多人提起康复就马上联想到医疗康复,而对其他康复形式不了解。学校康复人员和教师可能在某方面还不具备娴熟的教育康复技能,需要在该领域有丰富经验和显著成就的专家给予培训及指导。另外,学校要求学生在入学时要带医院诊断证明、智力测验和适应性行为测验等材料,这都是由医院和康复机构所能提供的,间接为学校提供了支持。学校还会请医院的相关专家来学校做讲座,给学校教师提供专业的技能指导,如深圳儿童医院、四二一医院的相关专家来校指导。

总的来说,专业服务人员主要为特殊学生提供的相关服务,包括早期诊断、医疗服务、语言治疗、物理治疗、学校社会工作、训练、保健等。这些服务不可能单靠学校独自提供,而要借助于不同支持人员的力量,所以不同专业人士进行合作是必要而有意义的。通过合作,可以最大限度地发挥集体力量,整合不同的力量。

六、社会支持

社会主要是从社会氛围、经费及志愿者等方面来提供支持。良好的社会氛围为特殊学生康复提供精神动力,经费可以补充学校经费的不足并鼓励学校师生,志愿者可以辅助特殊学生的康复,减轻康复人员和学校支持人员的负担。

特殊教育学校学生的康复离不开社会民众的理解和支持。社会对特殊学生的关怀,能激发特殊教育学校和各参与人员工作的热情和积极性,使他们树立起责任感,更好地投入特殊学生的康复工作中。元平特校在本校"十二五"发展规划中提到:加大宣传力度,营造良好的社会环境和社会氛围。积极、主动地通过多种形式、多种渠道宣传国家和省、市有关特殊教育发展的方针、政策,争取政府各部门和社会各界对特殊教育事业的更加有力的支持,认真落实市政府民生实事和市政府工作白皮书的精神,率先探索"学校教育、康复、职业训练相结合的特殊教育模式"。

同时,倡导民间团体组织筹集特殊学生发展资金,增加特殊学校的经费投

---

① 陈云英.中国特殊教育学基础[M].北京:科学教育出版社,2004:102.

入,补充政府投入不足,为康复人员和教师更好地开展康复训练与科研活动提供精神和经费支持。元平特校积极联系社会力量,平安银行于 2007 年 9 月设立"元平优秀教育奖",用于表彰和奖励为特殊教育事业作出卓越贡献的学校优秀教师、优秀残疾学生。在过去的五年中,平安银行合计已向元平学校捐赠 50 万元,受助学生达 150 人次,受助特教教师达 50 人次,并资助家境困难学生 20 名,资助金额 2 万元。2011 年教师节,平安银行再向学校捐赠 60 万元,继续设立"元平优秀教育奖"。极大地鼓舞了学校师生的斗志,促进了学校康复工作的发展。

志愿工作者、慈善组织机构人员等是康复训练中不可忽视的社会力量。要广泛动员离退休医务人员、教育工作者、大中专院校师生及热心为残疾人服务的人员,积极参与肢体特殊学生的康复训练工作,通过培训使他们有效指导训练,提供康复服务。志愿者的加入可以减轻学校康复工作的压力,增强影响力。当特殊学生不愿意参与教育康复活动或不合作时,志愿者可以协助教师改善他们的行为,促使其参与。慈善组织机构人员可以利用慈善机构资源,从人力、物质、设备等方面为特殊学生康复提供必要的帮助。元平特校校长助理郭俊峰主任曾经探讨过特殊学校康复工作,现将其附上,以供参考。

谈谈综合性特殊教育学校的康复工作

深圳元平特殊教育学校　郭俊峰

随着特殊教育的发展,越来越多的特殊教育学校由只招收单一类型的残疾学生变为招收多种残疾类型的学生,这就为特殊教育学校的康复工作提出了新的要求。康复工作在特殊教育中的重要性是不容置疑的,在综合性的特殊教育学校,康复工作不仅仅是聋儿听力语言康复,还应该包括智障学生的心理康复,孤独症儿童的心理、行为康复,脑性瘫痪学生的肢体康复等。这就决定了特殊教育学校康复工作的复杂性,如何在特殊教育学校开展康复工作,使每一个需要康复的学生都得到最大限度的康复,是所有从事特殊教育的人都面临的问题,也是一个值得研究的问题。下面谈谈我对在特殊教育学校开展康复工作的一些认识。

一、建设康复基地

康复基地的建设对于康复训练是非常重要和必要的。康复训练不同于一般的教育教学活动,需要一定的场地和设施。比如,聋儿的听力语言训练就需要相对安静的环境,需要一些训练使用的器材和设备;孤独症的孩子康复训练就需要一些感觉统合类的器材和相对安全的训练环境;脑性瘫痪的孩子进行训练的器材又不同于以上两类,对环境的要求也不同。因此,仅仅依靠普通的教室进行康复训练的效果是有限的,一定要根据每一类残障学生的实际情况,建设不同的康复训练基地,购买专业的康复训练设备,只有这样,才能真正对各类残障学生的身体康复起到积极、有效的作用。当然很多地方由于受到客观条件的限制,无法建设比较好的康复训练基地,也可以把原有的教学用地进行适当的改造,建设简单的康复训练基地,以满足残障孩子康复训练的需要。

二、培养康复师资

师资队伍是决定一个学校、一项工作能否发展或者能有多大发展的重要因素。特别是康复工作,专业性很强,师资力量更是起到了决定性的作用。首先是数量上要能够满足,对于从事聋儿听力语言训练和脑性瘫痪训练的师资,师生比至少应该是一比三,对于从事孤独症康复训练的师资则更应该有所倾斜,至少应该是一比二。这样的师资配备才能在数量上满足教育教学和康复训练的需要。其次是质量要有所保证,这是决定康复训练效果最重要的因素之一。关于师资的培养,可以采取多种方式进行。目前,很多地方都有各种各样的长短期培训班,可以有针对性地安排教师参加,以提高师资的康复水平。第三要培养学科带头人,由学科带头人开展一些校内的讲座,来提高教师的整体素质。总之,康复师资的培养是康复工作的一个关键因素,但又不是一朝一夕可以完成的,需要不断的努力。

三、编写康复教材

康复专业教材建设既关系到康复训练的效果,又体现一个学校的师资水平。特别是目前全国尚没有一个专门编写康复训练教材的基地,绝大多数学校或者训练机构都在使用自编教材或者借用别的地方的自编教材。编写康复训练的教材是一项艰巨的工作,涵盖的内容很多,既包括聋儿听力语言康复训练的教材,又包括孤独症训练的感觉统合教材,还包括脑性瘫痪的肢体功能训练教材。不仅内容繁多,而且系统性很强,对教师有比较高的要求。在编写教材的过程中,可以提高教师对康复训练的理性认识和理论水平。教师在一线从事康复训练实践,同时在使用过程中又可以提出修改的意见,逐步完善,真正做到理论联系实际并指导实践。

四、完善评估体系

评估体系可以算作对康复专业教材的一个补充。但其重要性却是不可替代的。目前,很多地方都有一些简单的评估系统,用来检测康复训练的效果,但不够完善和科学。评估这项工作十分重要,可以对以前的工作进行检验,并对以后工作的改进提出客观的依据。因而应该建立一种系统性、专业性很强的评估体系,用来指导、评价康复工作。这个评估系统从时间上来看至少应该包括入学初的评估、阶段性评估、总结性评估;从类别上来看,至少应该包括聋儿的听力语言康复评估、孤独症儿童的康复效果评估、脑性瘫痪儿童的康复效果评估。评估是康复工作的一个重要工作,因而应该尽快完善。

五、拓宽康复对象

曾经有位康复专家这样形容早期康复的重要性:如果你今天发现孩子需要康复,你明天就带他去参加康复训练,那么,你已经晚了一天了。现在,大多数康复机构和学校都已经认识到早期康复的重要性,认识到康复应该从幼儿抓起,所以都抓住了学龄前孩子的康复黄金期,如果过了黄金期,康复的效果就会事倍功半。但对于特殊教育学校来说,教育的主体是义务教育阶段的残疾孩子,这些孩子依然需要康复,渴望并需要康复训练,因而,应该拓宽康复服务的对象,针对义务教育阶段的孩子开展适合的康复训练,不仅可以保持他们以前训练的效果,还可以对其他方面的学习起到帮助作用。同时还要拓宽康复范围,比如,需要语言训练的并不仅仅是聋儿,很多脑性瘫痪的孩子、孤独症孩子、智障的孩子也同样需要。

除了校内的孩子之外,还有其他需要康复指导的学生。现在随班就读工作开展的力度很大,有很多的孩子在普通学校随班就读。这些孩子同样需要康复指导,不然他们会遇到很多学习及生活上的困难。特殊教育学校应该担负起这个责任,真正起到辐射作用,为更多的残障孩子服务,满足他们的需要。另外,有一些成年人,他们依然需要康复帮助,比如:一些脑瘫患者,如何保持或发展肢体的现有机能,需要专业的康复指导;再比如,一些心理有问题的人,需要专门的心理辅导,虽然一些医院开了心理门诊,但不是所有的患者都愿意去看的,但学校开心理辅导室就不同了。这是大家的一个观念问题。

六、指导培训家长

"一个孩子最终的康复效果如何,家长占到70%的作用,老师只起到30%的作用。"有人曾经这样评价家长在康复训练中的作用,也许这话过分强调了家长的作用,但至少体现了家长在康复训练中的作用和地位。但家长的素质是参差不齐的,如何才能让他们发挥最大的作用呢? 开展一些培训或者系统的开展家长学校是一个不错的方法。作为特殊教育学校,也应该担负起这个重任,担负起向家长和社会传播特殊教育方法,提高大家对特殊教育的认识程度的责任。家长学校的开展,应该选一些适合家长的题目进行讲解,内容要让家长能够听懂,不要让家长觉得很难接受或者太容易,要难易适中。方式可以是多种多样的,可以开展讲座、听课、评课或者座谈的形式进行。可以请一些专家来讲,也可以请家长自己讲讲自己的育儿心得。总之,要充分利用好家长这个教育资源,共同对孩子进行最大限度的康复。

七、利用校外资源

当今社会飞速发展,是知识的时代,是科技的时代,仅靠一个学校的师资,一个学校的力量,康复效果是很有限的。我们应该充分利用政府对残疾人事业的优惠政策,大胆创新,和一些有技术优势的医院、康复中心联合办一些机构。这样可以利用他们的技术提高我们的师资水平,还可以给我们提供一些参观、学习的机会。要善于合作,争取达到双赢的局面。

康复工作是一项长期的工作,有很多工作要做,在此只是谈了我对在特殊教育学校开展康复工作的一些简单认识,希望与各位同仁商榷并得到大家的指正。

第3章 特殊教育学校学生康复的设施设备建设

特殊教育学校的康复是指借助一系列科学、专业的干预手段,通过有针对性的教育、康复训练,修复特殊儿童的生理和心理功能,传授适合其身心特点的文化知识和职业技能,帮助其生活独立并最大限度融入社会,实现其生存价值。[①] 联合国通过的国际性文件,一再强调通过医疗、教育、训练等措施改善残疾人的弱势功能,使其达到和保持感官、智力、精神或社交上的最佳水平,进而能够独立或依靠辅助器械、科技手段进行正常的学习、工作和社会交往,增强自立能力和参与能力。因此,借助科学合理的康复治疗与训练方法,在无障碍环境的保障下,依托先进的康复设施设备及专用的辅助器具,在学校的功能教室中对其进行专门的康复与训练,特殊学生的残疾状况往往能够达到明显的改善。深圳元平特殊教育学校作为全国同类学校中办学规模最大、办学条件良好、办学水平较高的特教名校,其无障碍设施不断改造与完善,功能教室齐全且利用率高、效果明显,学校仪器设备不断更新,学生的辅助用具能够充分发挥其作用,这些硬件条件的提供,为学生的康复提供了广阔的发展空间。

第1节 无障碍设施的建设

无障碍设施是指为了保障残疾人、老年人、儿童及其他行动不便者在居住、出行、工作、休闲娱乐和参加其他社会活动时,能够自主、安全、方便地通行和使用所建设的物质环境而在建设工程中配套建设的服务设施。其包括无障碍通道(路)、电(楼)梯、平台、房间、洗手间(厕所)、席位、盲文标识和音响提示以及通讯、信息交流等其他相关的生活设施。无障碍设施的建设,是指在新建设城市道路、公共建筑、居住建筑、交通设施、通信网络设施及广播电视设施的同时从事的无障碍设施建设,或者在已建的上述设施中新增无障碍设施进行改造,目的在于使这些设施不断完善,满足残疾人的要求。深圳元平特殊教育学校在建校伊始无障碍设施相对滞后,但在国家、省、市的无障碍设施建设标

---

① 王军永,刘霞,陈和利,等.江西省残疾人康复医疗服务和救助需求调查[J].中国康复医学杂志,2011(1):61-64.

准的指导下,在特殊学生对康复的需求及改进生活环境的要求下,在学校领导的带领下,逐渐完善本校的无障碍设施,为特殊学生提供安全、舒适的学习及生活环境,力求最大限度地满足特殊学生的要求。

一、我国无障碍设施建设的发展

我国无障碍设施的建设是从无障碍设计规范的提出与制定开始的。1985年3月,在"残疾人与社会环境研讨会"上,中国残疾人福利基金会、北京市残疾人协会、北京市建筑设计院联合发出了"为残疾人创造便利的生活环境"的倡议。北京市政府决定将西单至西四等四条街道作为无障碍改造试点。1985年4月,在全国人大六届三次会议和全国政协六届三次会议上,部分人大代表、政协委员提议在建筑设计规范和市政设计规范中考虑残疾人需要的特殊设置的建议和提案。1986年7月,建设部、民政部、中国残疾人福利基金会共同编制了我国第一部《方便残疾人使用的城市道路和建筑物设计规范(试行)》,于1989年4月1日颁布实施。

2001年国家建设部关于发布行业标准《城市道路和建筑物无障碍设计规范》的通知中,参考有关国际标准和国外先进技术,对《方便残疾人使用的城市道路和建筑物设计规范》进行了修订。总则中指出,为建设城市的无障碍环境,提高人民社会生活质量,确保行动不便者能方便、安全使用城市道路和建筑物,用以进行道路和建筑设计必须遵守的共同规则,制定本规范;本规范适用于全国城市各类新建、扩建和改建的城市道路、房屋建筑和居住小区,以及有残疾人生活与工作场所的无障碍设计;供人们行走和使用的道路、交通与建筑物的相应设施,应符合乘轮椅者、拄盲杖者及使用助行器者的通行与使用要求;根据无障碍环境建设的用途和目的,无障碍设计应综合考虑其所获得的经济效益、社会效益和环境效益;城市道路和建筑物无障碍设计除应符合规范的规定外,尚应符合国家现行的有关强制性标准的规定。

2003年中华人民共和国民政部、建设部、全国老龄工作委员会、中国残疾人联合会颁布《关于加强无障碍设施建设和管理工作的通知》中指出:"无障碍设施是残疾人参与社会生活的基本条件,是方便老年人、妇女儿童等特殊群体生活的重要设施。近十多年来,我国无障碍设施建设工作,在各级政府的重视下,在建设、民政、残联、老龄等部门(单位)以及社会各界的共同努力下,取得了明显的进展。大中城市中盲道、坡道等大批无障碍设施的建成和使用,为残疾人、老年人、伤病人、妇女、儿童和其他社会成员更好地参与社会生活提供了方便。由于此项工作起步较晚,我国多数城市无障碍设施的数量和水平与社会发展的需求相比还有一定的差距,新建的无障碍设施设计把关不严,原有设施改造迟缓,管理不到位等问题都亟待解决。"为进一步加强和规范无障碍设施的建设,提高无障碍设施的管理水平,提出了相应的建议。

2012年,为了创造无障碍环境,保障残疾人等社会成员平等参与社会生活,国务院常务会议通过《无障碍环境建设条例》①,总则中指出:无障碍环境建设,是指为便于残疾人等社会成员自主安全地通行道路、出入相关建筑物、搭乘公共交通工具、交流信息、获得社区服务所进行的建设活动。无障碍环境建设应当与经济和社会发展水平相适应,遵循实用、易行、广泛受益的原则。县级以上人民政府编制无障碍环境建设发展规划,应当征求残疾人组织等社会组织的意见。无障碍环境建设发展规划应当纳入国民经济和社会发展规划以及城乡规划,鼓励、支持采用无障碍通用设计的技术和产品,推进残疾人专用的无障碍技术和产品的开发、应用和推广,倡导无障碍环境建设理念,鼓励公民、法人和其他组织为无障碍环境建设提供捐助和志愿服务。

十多年来,随着经济发展和社会进步,我国的无障碍设施建设取得了一定的成绩,北京、上海、天津、广州、深圳、沈阳、青岛等大中城市比较突出。在城市道路中,为方便盲人行走修建了盲道,为方便乘坐轮椅的残疾人修建了缘石坡道。建筑物方面,大型公共建筑中修建了许多方便乘坐轮椅的残疾人和老年人从室外进入室内的坡道,以及方便使用的无障碍设施(楼梯、电梯、电话、洗手间、扶手、轮椅位、客房等)。但总的来看,设计规范没有得到较好执行,同残疾人的需求及发达国家和地区的情况相比,我国的无障碍设施建设还较为落后,有较大差距。

二、国家无障碍设施建设的标准

为了创造无障碍环境,保障残疾人等社会成员平等参与社会生活,制定《无障碍建设条例》。该条例所称无障碍环境建设,是指为便于残疾人等社会成员自主安全地通行道路、出入相关建筑物、搭乘公共交通工具、交流信息、获得社区服务所进行的建设活动。无障碍环境建设应当与经济和社会发展水平相适应,遵循实用、易行、广泛受益的原则。县级以上人民政府负责组织编制无障碍环境建设发展规划并组织实施。编制无障碍环境建设发展规划,应当征求残疾人组织等社会组织的意见。无障碍环境建设发展规划应当纳入国民经济和社会发展规划以及城乡规划。国务院住房和城乡建设主管部门负责全国无障碍设施工程建设活动的监督管理工作,会同国务院有关部门制定无障

---

① 无障碍环境建设条例(国务院令第622号)[EB/OL]. http://www.gov.cn/flfg/2012-07/10/content_2179947.htm. 2016-12-08.

碍设施工程建设标准,并对无障碍设施工程建设的情况进行监督检查。国务院工业和信息化主管部门等有关部门在各自职责范围内,做好无障碍环境建设工作。国家鼓励、支持采用无障碍通用设计的技术和产品,推进残疾人专用的无障碍技术和产品的开发、应用和推广。国家倡导无障碍环境建设理念,鼓励公民、法人和其他组织为无障碍环境建设提供捐助和志愿服务。对在无障碍环境建设工作中作出显著成绩的单位和个人,按照国家有关规定给予表彰和奖励。

(一)无障碍设施建设

城镇新建、改建、扩建道路、公共建筑、公共交通设施、居住建筑、居住区,应当符合无障碍设施工程建设标准。城乡、村庄的建设和发展,应当逐步达到无障碍设施工程建设标准。无障碍设施工程应当与主体工程同步设计、同步施工、同步验收投入使用。新建的无障碍设施应当与周边的无障碍设施相衔接。对城镇已建成的不符合无障碍设施工程建设标准的道路、公共建筑、公共交通设施、居住建筑、居住区,县级以上人民政府应当制定无障碍设施改造计划并组织实施。无障碍设施改造由所有权人或者管理人负责。县级以上人民政府应当优先推进下列机构、场所的无障碍设施改造:(1)特殊教育、康复、社会福利等机构;(2)国家机关的公共服务场所;(3)文化、体育、医疗卫生等单位的公共服务场所;(4)交通运输、金融、邮政、商业、旅游等公共服务场所。城市的主要道路、主要商业区和大型居住区的人行天桥和人行地下通道,应当按照无障碍设施工程建设标准配备无障碍设施,人行道交通信号设施应当逐步完善无障碍服务功能,适应残疾人等社会成员通行的需要。城市的大中型公共场所的公共停车场和大型居住区的停车场,应当按照无障碍设施工程建设标准设置并标明无障碍停车位。无障碍停车位为肢体残疾人驾驶或者乘坐的机动车专用。民用航空器、客运列车、客运船舶、公共汽车、城市轨道交通车辆等公共交通工具应当逐步达到无障碍设施的要求。有关主管部门应当制定公共交通工具的无障碍技术标准并确定达标期限。视障人员携带导盲犬出入公共场所,应当遵守国家有关规定,公共场所的工作人员应当按照国家有关规定提供无障碍服务。无障碍设施的所有权人和管理人,应当对无障碍设施进行保护,有损毁或者故障及时进行维修,确保无障碍设施正常使用。

(二)无障碍信息交流

县级以上人民政府应当将无障碍信息交流建设纳入信息化建设规划,并采取措施推进信息交流无障碍建设。县级以上人民政府及其有关部门发布重要政府信息和与残疾人相关的信息,应当创造条件为残疾人提供语音和文字提示等信息交流服务。国家举办的升学考试、职业资格考试和任职考试,有视障人员参加的，应当为视力残疾人提供盲文试卷、电子试卷，或者由工作人员予以协助。设区的市级以上人民政府设立的电视台应当创造条件，在播出电视节目时配备字幕，每周播放至少一次配播手语的新闻节目。公开出版发行的影视类录像制品应当配备字幕。设区的市级以上人民政府设立的公共图书馆应当开设视障人员阅览室，提供盲文读物、有声读物，其他图书馆应当逐步开设视障人员阅览室。残疾人组织的网站应当达到无障碍网站设计标准，设区的市级以上人民政府网站、政府公益活动网站，应当逐步达到无障碍网站设计标准。公共服务机构和公共场所应当创造条件为残疾人提供语音和文字提示、手语、盲文等信息交流服务，并对工作人员进行无障碍服务技能培训。举办听力残疾人集中参加的公共活动，举办单位应当提供字幕或者手语服务。电信业务经营者提供电信服务，应当创造条件为有需求的听力、言语障碍提供文字信息服务，为有需求的视障人员提供语音信息服务。电信终端设备制造者应当提供能够与无障碍信息交流服务相衔接的技术、产品。

（三）无障碍社区服务

社区公共服务设施应当逐步完善无障碍服务功能，为残疾人等社会成员参与社区生活提供便利。地方各级人民政府应当逐步完善报警、医疗急救等紧急呼叫系统，方便残疾人等社会成员报警、呼救。对需要进行无障碍设施改造的贫困家庭，县级以上地方人民政府可以给予适当补助。组织选举的部门应当为残疾人参加选举提供便利，为视障人员提供盲文选票。

（四）法律责任

城镇新建、改建、扩建道路、公共建筑、公共交通设施、居住建筑、居住区，不符合无障碍设施工程建设标准的，由住房和城乡建设主管部门责令改正，依法给予处罚。肢体残疾人驾驶或者乘坐的机动车以外的机动车占用无障碍停车位，影响肢体残疾人使用的，由公安机关交通管理部门责令改正，依法给予处罚。无障碍设施的所有权人或者管理人对无障碍设施未进行保护或者及时维修，导致无法正常使用的，由有关主管部门责令限期维修；造成使用人人身、财产损害的，无障碍设施的所有权人或者管理人应当承担赔偿责任。无障碍环境建设主管部门工作人员滥用职权、玩忽职守、徇私舞弊的，依法给予处分；构成犯罪的，依法追究刑事责任。

三、广东省无障碍设施的要求

2005年《广东省无障碍设施建设管理规定》第三条指出，本规定所称无障碍设施，是指为保障残疾人、老年人、伤病人和孕妇、儿童等弱势人群的通行安全和使用便利，在建设项目中配套建设的服务设施；第四条指出，各级人民政府对本级行政区域内无障碍设施建设和管理负有领导和监督责任。各级人民政府残疾人工作协调委员会负责协调本行政区域内无障碍设施建设和管理工作。规划、建设、市政管理、交通、公安机关交通管理部门,应当按照各自的职责对无障碍设施建设、养护和使用,实施监督和管理;第十五条指出,残疾人联合会、老龄工作委员会、妇女联合会以及其他社会组织或者个人有权对无障碍设施的建设、维护和管理实施监督。对发现的问题,可以按照下列职责分工向有关管理部门反映:(1)对损坏城市道路范围内无障碍设施的,由道路主管部门处理;损坏无障碍交通标志和信号设施的,由公安机关交通管理部门处理。(2)对擅自占用城市道路范围内无障碍设施的,或者虽经批准临时占用但没有按照规定设置警示标志和信号设施的,由道路主管部门处理。(3)对侵占公共建筑、居住区中的无障碍设施或者改变其用途的,由规划行政主管部门处理。[1]

2012年11月,《广东省无障碍建设"十二五"实施方案》提出要全面推进无障碍建设。加快推进城市无障碍建设和改造,将无障碍建设纳入社会主义新农村和城镇化建设内容,民航、铁路、交通、教育等行业无障碍建设进一步加强。加强信息交流无障碍建设,提高全社会无障碍意识。积极推进小城镇、农村无障碍建设。提高小城镇、农村无障碍化水平,缩小城乡无障碍建设的差距。启动"无障碍建设市、县"创建活动。在全省21个地级以上市,积极推广"全国无障碍建设城市"经验,启动"全国无障碍建设市、县"创建工作。加大力度推进残疾人居家无障碍环境改造。全省完成2万户残疾人实施居家无障碍环境改造。继续对经济欠发达地区残疾人基本服务设施无障碍建设和改造提供补助。完成2000人次无障碍建设技术培训任务。[2]

四、深圳市无障碍设施的要求

深圳市人民政府关于《积极开展无障碍建设,努力创建全国无障碍建设城市》指出,随着深圳经济建设的快速发展,人民生活水平的不断提高,残疾人、老年人平等参与社会生活的需求日益增加。在市委、市政府的领导下,在各有关职能部门的支持下,在广大市民的理解配合下,经过多年的努力,深圳的城市道路、建筑物、公共场所、公共交通和信息交流等方面的无障碍建设有了较

---

[1] 广东省无障碍设施建设管理规定[EB/OL]. http://code.fabao365.com/law_99431_1.html. 2005-07-01.

[2] 关于印发《广东省无障碍建设"十二五"实施方案》的通知[EB/OL]. http://www.cdpf.org.cn/zcwj1/dfzc/201407/t20140717_336028.shtml. 2016-12-08.

大发展,无障碍环境得到明显改善。2016年,深圳市成为全国无障碍建设示范市。在公交无障碍改造方面,我市在2014年内完成1000辆公共汽车车载导盲系统(简称"车载设备")安装,并为1000名视力残疾人配送导盲终端机;2013年12月30日正式投放运营100辆无障碍出租车。在残疾人居家无障碍改造方面,市、区残联四年来共为897户残疾人家庭进行了居家无障碍改造。其中盐田区实现了残疾人居家无障碍全覆盖。在信息无障碍建设方面,2007年市图书馆就设立了视障阅览室,为视障人员阅读书籍、使用互联网提供了便利。2009年深圳广播电台开播了"阳光人生"残疾人专题节目,为视障人员获取信息提供了广播平台;2011年深圳电视台开播了每周一次的电视新闻手语节目,并在电视新闻节目加配了字幕,满足了广大听力残疾人获取信息的需求。[①]

深圳市委、市政府积极推动无障碍建设工作,把创建无障碍建设城市作为落实科学发展观、构建和谐社会的一项重要任务,一项"民心工程"来抓,加强领导,精心组织,将无障碍建设纳入社会经济发展和城市文明建设的主要内容,列入城市建设的总体规划,采取切实有效的措施,扎实开展工作,认真组织实施,进一步提升了城市的文明程度和良好形象。开展无障碍建设的主要做法包括以下几个方面。

(一)加强领导,充分发挥政府职能部门作用

深圳毗邻香港,作为一个经济较发达的沿海开放城市和口岸城市,无障碍建设水平不仅体现了城市的文明程度,也展现了我国的国家形象。无障碍建设是一项系统工程,必须充分发挥政府各职能部门的作用,齐抓共管。

(二)制定法规,纳入规范化管理轨道

早在1985年,市政府就发出了《关于公共场所设置残疾人设施的通知》,要求在建设公共场所时,为残疾人设置专用设施。进入"十一五"期间,市政府颁布的《深圳市扶助残疾人办法》又进一步明确规定:"新建、扩建、改建城市道路、交通设施及公共建筑物时,应当严格按照国家有关方便残疾人使用的城市道路和建筑物设计规范的要求,进行无障碍设计、建设,并加强无障碍设施的管理和维护。"《深圳市残疾人事业"十一五"发展纲要》也将"继续推进深圳无障碍建设工作;着力加强居住环境、公共场所、公共交通、信息交流的无障碍建设;全面提高无障碍建设管理水平"列入任务目标,要求必须采取切实可行的措施,将无障碍建设落实到位。

---

① 深圳市成为全国无障碍建设示范市[EB/OL]. http://www.cjr.org.cn/contents/12/45217.html. 2016-12-08.

(三)抓好源头,纳入城市建设总体规划

创建全国无障碍建设城市,首先要从源头抓起,从规划、从标准抓起,才能取得事半功倍的效果。深圳市规划局在制订城市发展总体规划时,将无障碍设施建设也纳入其中。2006年12月市规划局与市残联共同举办了"残疾人参与城市规划无障碍建设座谈会",市规划部门的负责人、规划师、工程师与残疾人面对面地交流,认真听取残疾人对城市无障碍设施建设的意见,并积极采纳,市规划局总规划办在新一轮的城市总体规划中充分考虑无障碍设施建设,确保城市功能适应残疾人、老年人的特殊需要。

(四)采取措施,积极推进信息交流无障碍

除了加快城市道路、建筑物、交通等方面的无障碍设施建设外,深圳还采取各种措施,积极推进信息交流无障碍。深圳图书馆建立了盲人阅览室,有2500本盲用电子图书、280多册盲文图书,还有盲人阅读器和专用盲文打印机等,为盲人提供读书学习的好场所。市残联积极推动有关单位组织开发了盲用GPS接收终端,免费发放给盲人;开办了盲用电脑辅助软件培训班,盲人可以上网查阅新闻、获取信息、与朋友聊天;为近900名聋人朋友发放爱心手机信息卡,使残疾人信息交流无障碍,与健全人一样共享社会精神文明生活。另外,充分发挥民间组织的作用,市科协推动残疾人和助残义工成立"深圳市信息无障碍研究会",开展无障碍理论研究和实践探索,利用电子多媒体技术和传播手段,进行盲人技能培训、网上手语教学。

(五)加强宣传,加大无障碍检查监督力度

为提高城市无障碍建设意识,加强对无障碍建设的宣传,市残联向全市各个设计、施工、监理、管理部门和单位发放了850多本《城市道路和建筑物无障碍设计规范》,推动无障碍标准在建设项目中执行,并在报刊媒体、电台、电视台开展无障碍建设宣传,开设专栏、专访和对话节目,制作和播放《深圳创建无障碍家园》宣传片,在社区开展创建"无障碍家园"活动。同时,对一些无障碍设施被占用、被破坏的现象在媒体曝光,引起社会广泛关注,加大整治力度。[①]

五、学校无障碍设施建设

学校在建设伊始并未完全按照特殊教育学校无障碍设施要求进行建筑物及外部环境的无障碍设施建设,随着国家对无障碍设施建设的要求不断完善,且对特殊学生的生存环境也越加关注,学校积极改建和完善学校的无障碍设

---

① 深圳市残疾人辅助器具资源中心[EB/OL]. http://www.rcatc.cn/index.asp?bianhao=932&Page=1.

施,不仅包括建筑物内的无障碍设施改造,同时也包括校园环境的无障碍设施建设,为特殊学生接受康复训练及生活提供一个安全、舒适的良好环境。

(一)学校无障碍建设现状

无障碍设施是残疾人及其他有需要者平等参与社会生活的保障,是社会文明进步的标志。根据《国务院办公厅转发中国残联等部门和单位关于加快推进残疾人社会保障体系和服务体系建设指导意见的通知》(国办发〔2010〕19号)以及建设部、民政部、中残联和全国老龄办关于"开展创建全国无障碍建设城市的通知"的精神,2010年3月,深圳市人大制定了《深圳市无障碍环境建设条例》并颁布实施。元平特校是深圳市教育局直属的特殊教育学校。在深圳市委、市政府及社会各界的重视下,已经发展成为展示深圳精神文明建设和深圳教育改革成果的窗口。学校先后被授予"残疾人之家""人民满意的社会服务集体""全国教育系统先进集体""全国特殊教育先进单位"等荣誉称号。

学校作为深圳市一所公办特殊教育学校,现有听障、视障、智障、脑瘫、自闭症及多重障碍等各类残疾学生928名,共84个班级。学校建设初期没有设计盲人专用通道、无障碍通道,给学生生活学习带来诸多困难,同时存在许多安全隐患。如,学校主干道没有设计无障碍通道,脑瘫学生无法依靠轮椅自由行走,行动受到极大限制,每次进出教室、宿舍需有人协助方能完成,人车无法实现分流,存在较大安全隐患。学校主干道没有设计盲道,视障学生在校园中就无法自由行走,这不仅影响学生的学习和生活,也不利于学生适应社会能力的提高。

为了改善各类特殊学生的教学、生活环境,让更多有需要的特殊学生享受到人性化的关爱和尊重,同时也为了保障校园内学生出行的安全,学校积极改善校园无障碍环境,目前已经建设完成了无障碍卫生间、扶手、无障碍坡道及无障碍电梯等基础设施建设。这些设施进一步提升深圳市的文明程度和良好的城市形象,提高了深圳创建全国无障碍建设城市的竞争力。同时也能让学校所有的特殊学生拥有更人性化的生活环境,让他们充分感受到社会对残疾学生的尊重和关爱。在无障碍的校园中,各类特殊儿童的学习和生活将更加安全、舒适和方便。在建筑物内,特殊学生的教室、功能室、走廊、楼梯、卫生间等也都进行了无障碍设施的改造,确保学生安全,同时也方便特殊学生生活与学习。

(二)学校无障碍改建情况

学校的无障碍设施建设已经基本达到国家及广东省、深圳市的要求,但是为了给特殊学生提供更好的、更为完善的无障碍环境,学校积极改建已有的无障碍环境,提高无障碍环境质量,因此在现有水平上提出了改造学校无障碍环境的基本思路,并逐渐付诸行动。

1. 改造思路

无障碍建设是为了方便残疾人平等参与社会生活而实施的一项民生工程,是建设现代化城市、提高城市品位、优化城市环境的重要内容。学校改善无障碍设施的目的,在于改造校园内各类设施,以使学校特殊学生能够在最少的限制条件环境下,享有各种教育资源,增强他们对校园生活学习与适应能力。在迎接学校建校20周年之际,以建设"两个窗口"的思想(以学生发展为本,以教师发展和课程建设为抓手,促进学校科学、持续发展,努力把学校办成能够代表中国特殊教育发展水平和中国人权保障水平的窗口学校)为指导,对学校的无障碍设施进行改造,并借此机会在全校营造无障碍环境,提高广大师生的无障碍意识,形成学校无障碍化的格局。

2. 改造方案

根据学校现有无障碍设施的实际情况及学生对无障碍设施的需要情况,初步将学校无障碍设施的类型分为七大类,分别是扶手、道路、电梯、卫生间、标识、语音及视频提示系统及其他。

(1) 扶手类改造方案

首先是康复楼琢玉楼一楼通向立人楼拐角处需要做扶手水平延伸处理,防止学生在拐角处摔倒。学生宿舍一楼,包括楼梯、宿舍黑板前的过道、一楼宿舍一圈建立扶手。食堂一楼大门口处的台阶改成阶梯,在大门两侧改善无障碍坡道,并配有扶手和标识。翊教厅门口及舞台楼梯一侧添加扶手。行政楼与翊教厅中间处建立一个无障碍的坡道,延伸到翊教厅阶梯入口处,并在左右两边都配有扶手。体育组下操场的楼梯及台阶,完善扶手设施。

(2) 道路

学校大门口到康复楼门口实行人车分流;在开蒙楼与风雨走廊之间的小道建立一个无障碍的坡道,并配有扶手和相应的标识。学生宿舍两头前坡道减缓,设置无障碍坡道,配扶手和标识;操场主席台前一侧楼梯改造成无障碍回型坡道,方便轮椅学生上下主席台;康复楼一楼与翊教厅西门之间的空地,使用频率高,应改善地面结构,做平整和防滑处理,并在有阶梯处改建成无障碍坡道,配扶手和标识;康复楼一楼白瓷砖地面在潮湿环境下比较滑,做防滑处理;改善排水沟盖设置。

(3) 电梯

康复楼电梯内需设置低位操作按键。

(4) 卫生间

根据城市无障碍设计的标准,对卫生间的入口、门扇、通道、洗手盆、男厕的小便器、无障碍厕所和安全抓杆等都有明确的要求。根据要求,学校卫生间需要完善入口的宽度和门的操作性;通道的防滑,不积水处理;洗手盆安全抓杆的改善;加建低位的洗手盆;无障碍厕所面积要能容纳轮椅自由活动,以及蹲位扶手设置等修缮工作;另外马桶一般选用坐式马桶,并处理好冲水按键和卫生纸的位置等。

(5) 标识

在有无障碍设施的地方悬挂醒目的标识,如:轮椅通道标识、无障碍洗手间标识、无障碍电梯标识等;在无障碍通道的路线上安装路线指引提示牌,让特殊学生及残疾人士能更便捷地通过无障碍通道到达目的地。

(6) 语音及视频提示系统

为了方便外来人员对校园无障碍通道路线及各种无障碍设施的了解,建议学校在公共场所的显要位置安装电子触摸屏及语音提示系统,并根据当前所在的位置设计出路线示意;购买相应设备,为坐轮椅的学生提供上下车服务。以上为正在计划建设的项目。

(7) 其他

设立残疾人士专用餐台(降低高度、画上轮椅区标识);设置残疾人士洗手台(高度降低);运动场北侧看台设轮椅看台区,并在显要位置设置标识;在康复楼和琢玉楼内设置轮椅停放区,并作好标识;在门卫室及康复楼一楼设立公用轮椅提供点,方便有需要人士借用。

第2节 功能教室的建设

功能教室是对特殊学生进行康复与训练的专用教室,在形态上是集多种服务资源于一体的综合体,它包括:① 教育资源:特殊教育课程、教材、教具及图书等;② 诊断资源:测查评估中所用各种检查工具、测评量表等;③ 康复资源:促进各类特殊儿童全面康复的康复咨询、康复指导、康复书籍及康复器材等;④ 技术资源:能提供各种相关技术指导和服务,如特殊教育技术、特殊学生鉴定诊断技术、残障儿童康复技术等;⑤ 人力资源:有各类专家及专业技术人员,如特殊教育专家或教师、心理咨询师、康复治疗师(物理治疗室、语言治疗师、作业治疗师、艺术治疗师等)、医生、营养师、科研人员及管理人员等。功能教室的成功建设与良好运作是一项艰巨复杂的宏伟工程,为了保证功能教室的多功能发挥,成功建设功能教室成为首要条件。功能教室的建设首先要有足够的资金投入,然后进行功能教室的选址、平面规划、硬件设备的配制、各专业人员的配备等基本操作。

一、学校功能教室的建设过程

功能教室的良好运作需满足三个方面的条件：一是硬件设备为基础，即为成功建设功能教室提供的场地、设备等，这是保证功能教室工作开展，并良好运作的前提和基础；二是软件技术的保证，也就是需要有高素质（即有经验、知识、技术及品德等）的专家、教师或专业技术人员来提供知识和技术等无形资源，这是功能教室良好运作并获得成功效益的关键；三是科学管理的保障，功能教室一切工作流程的良好运作及协调还离不开科学规范的管理做保障。学校功能教室的建设经历了从无到有、从设备较少到设备不断更新与完善、从无规章制度到每个功能教室都有成文的规章制度以及教师的专业水平不断提升的过程。

（一）2006 年以前

2006 年以前，康复楼未正式投入使用，学校的功能教室没有成文的规章制度，仪器设备并不齐全，因此学校对特殊学生进行康复与训练时缺乏专门的功能教室，仪器设备不能满足特殊学生康复的需求。

（二）2006—2007 学年

2006 年康复楼建成并投入使用，为学校的康复工作提供了一个很好的发展机遇。为了更好地使用与管理康复楼，最大限度地发挥康复楼的使用效率，康复教育教学部初步建立了一整套包括脑瘫组、自闭症组、心理组的管理制度。学校还集中完善康复楼的设备及功能教室的使用和管理，在实行中改进相关制度。脑瘫康复组将继续完善康复楼一楼各功能教室的管理制度，边使用边调整，力求制订出一套科学、实用并符合康复楼特色的管理制度。心理组继续完善康复楼三楼心理各功能教室的设备申请及使用和管理工作。自闭症组进一步修订现有的康复楼的设备及功能教室的使用和管理的相关制度；进一步探索康复楼的设备及功能教室的使用和管理措施，尽可能做到充分、合理利用各种康复设备，以提高康复训练效果。

（三）2007—2008 学年

随着脑瘫学生人数不断增多，已有的康复器材已经不能满足学生康复训练的需要。为了更好体现"以人为本"的教学理念，满足个别化教学的需要，康复教育教学部不断完善康复器材的配置。同时进一步完善功能室建设，对功能室管理制度进一步进行修订完善。继续完善康复楼三楼心理功能室的建设，增加了多感官治疗、情绪宣泄和沙盘治疗等项目。

随着康复楼的设施设备的陆续到位，学校加强了对功能室的安全检查，并确立了每周检查记录及每月统计制度，责任到人，确保了功能教室的正常使用。科学规划,充分利用功能训练室开展康复工作。深圳市残联通过购买服务方式为学校提供两名专业技术人员,针对脑瘫和自闭症学生开展一对一的言语矫治,并着手准备建立个训室。心理健康教育组增加了沙盘游戏治疗和多感官治疗设备,在学生的心理辅导方面起到一定作用。

(四)2008—2009 学年

在快乐康复的指导思想下,脑瘫组整合资源建立了模拟运动训练室。通过各种适合脑瘫学生参与的游戏活动,达到康复治疗的目的。自闭症教研组特别加强了家居技能训练室、感觉运动训练室、蒙台梭利训练室、音乐治疗室等功能室的管理。心理教研组完善了"沙盘治疗室",使心理辅导和咨询能更好地服务于各类特殊学生。针对社会、家庭和教育教学工作给老师们带来的不同压力和心理冲突,心理组本学期筹建了"情绪宣泄室",为教师和青春期的学生提供了缓解情绪和释放精神压力的空间。

为了加强管理,确保康复楼设备及功能教室正常使用,康复教育教学部对各功能室的管理制度进行系统的修订,使功能室有完备的工作规范和工作制度,功能室负责人职责明确。各功能教室规章制度统一悬挂上墙,使相关制度变得有章可循,规范学校对康复器材及设施设备的管理;加强对各类康复设备的使用管理,建立健全设备使用登记制度,做到康复设备使用情况每课一记录,每周一统计;加强康复设备的安全使用,就康复训练室的康复设备进行组内的全员培训,要求组内康复教师熟练掌握设备的操作,非康复训练教师基本掌握设备的操作;落实功能教室责任人管理制度。每间功能教室设置一名管理员,定期对各功能教室的设施设备进行检查和维护,发现问题及时上报维修,力争做到功能教室卫生零死角、安全零隐患。

(五)2009—2010 学年

为了丰富康复治疗的手段,使康复楼的教育资源得到充分利用,脑瘫组通过资源优化整合、合理调配的方式,购买了一批引导式教育设备和模拟运动设备,并已将其投入到日常康复训练工作中。自闭症组也增加了一批感统器材及教学辅助用品,为学生的学习和发展提供了有力的保障。心理组本学期也加快了功能教室的建设工作,情绪宣泄室的建设基本完成。多感官音乐治疗室、情绪宣泄室、心灵阳光室已经开始对师生开放。

(六)2010—2016 学年

康复教育教学部探索具有学校特色的康复类课程形式与内容,充分使用各功能教室,使其发挥最大作用。在此基础上,学校对特殊学生的康复治疗的形式和手段得到创新,脑瘫组在完成物理治疗、运动功能训练、作业治疗等康复类课程教学工作的同时,还开设了言语个训、认知训练、经络导平治疗等个别化治疗。自闭症组在康复训练过程中,结合不同年龄阶段自闭症学生的运动特点,开展了骑单车、溜旱冰、滑板车等方面的训练。脑瘫个训室与自闭症个训室投入使用,个别训练的内涵和质量得到提高。学校近 70 名脑瘫学生开展了言语及认知功能的个别化治疗。通过口腔肌肉控制训练、语言题板训练、OT-SOFT 认知训练等形式,从整体上使学校脑瘫学生的语言能力和认知能力得到提高。学校每学期为 50 名自闭症学生开展了听觉统合训练、注意力训练、手眼协调训练、言语训练、认知训练等形式多样、内容丰富的个别化训练。

二、功能教室的具体介绍

学校功能教室经历了不断更新完善,目前为止各教育教学部已经建立了众多适合学生特点的功能教室,为特殊学生的康复与训练奠定了坚实的硬件基础。智障教育部功能教室包括:家居室、感知训练室、地理园、植物园、智障教育部器具室、蒙台梭利训练室、心理评估室、情绪宣泄室、家政室、陶艺室、钢琴训练室、钢琴训练室/架子鼓训练室、钢琴训练室/声乐训练室等。听障、视障教育部功能教室包括:律动教室、基础课画室、理化实验室、沙盘治疗室/多感官治疗室/情绪宣泄室、个训室等。康复教育教学部功能教室包括:上肢功能训练室、作业治疗室、评估室、个别训练室、物理治疗室、康复训练室、准备室、听力检测室、模拟运动训练室、听觉统合治疗室/家长咨询室、启智训练室、家居技能训练室、蒙台梭利训练室、手眼协调训练室、注意力训练室、音乐治疗室、评估室、个训室、感觉统合训练室、大运动训练室等。以下具体介绍一下康复教育教学部脑瘫组、自闭症组和心理组的一些功能教室。

(一)脑瘫组

1. 物理治疗室

服务对象:脑瘫的学生。

功能说明:物理治疗室主要是开展经络导平及气压式按摩等治疗。

(1)经络导平

经络导平仪的治病原理是与针灸、推拿相同,但治疗方式不同,它是以数千伏高压电能刺激人体的经络穴位,促使人体经络的导电量趋向平衡。

(2)气压式按摩治疗

气压式按摩治疗是借助气压柔力和推拿按摩手法对全身各部位肌肉进行刺激按摩,使躯体各部位肌肉有节奏地舒张和收缩,从而促进全身的血液循环。

2. 作业治疗室

服务对象:作业治疗的对象不仅只限于儿科、外科、精神科、康复科,也包括肢残患者,在学校的主要服务对象为脑瘫学生。

功能说明：作业治疗是从日常生活活动、手工操作劳动或文体活动中选出一些针对性强，能恢复脑瘫学生减弱的功能和技巧的作业，以促进学生运动发育和上肢功能来抑制异常姿势和运动模式，完成正常姿势运动发育，最后达到日常生活的自立为目的；促进情绪、社会性的发展，并为职业康复和训练打下基础。

3. 康复训练室

服务对象：主要是为学校脑瘫、运动障碍学生。

功能说明：康复训练室是集各种训练为一体的多功能训练室，主要的训练项目有：电动跑台、按摩床、站立架、模拟楼梯、髋膝训练器等。各项目由专业教师指导，根据各学生障碍特点，制定运动处方，从而使学生的体能得到进一步的康复，提高学生的生活质量。

4. 评估室

服务对象：适用于所有有语言交流障碍患者，学校目前主要用于脑性瘫痪学生。

功能说明：该评估室的主要功能是利用语言障碍诊治仪对有语言交流障碍的脑瘫儿童进行语言障碍类型的评估和康复治疗。该系统包括系统简介、病历管理、诊断筛选、康复训练四大模块。学生的个人资料及评估诊断的内容，将以病历的形式存储在电脑中。治疗师将根据评估的结果对学生进行一对一的个别训练。

5. 个训室

针对的对象：智障幼儿、脑瘫幼儿。

功能说明：启智博士。

① 制作精美生动的动画，能很好地吸引孩子的注意力和兴趣，在很大程度上能够弥补特殊儿童的注意缺陷，使学生能较长时间关注教师设定的教学内容。

② 采用多媒体的方式进行语言教育，音、形、意、颜色同时出现，多通道的同时介入能够提高学习的效果。

③ 课程结束后附有训练效果的自动评估，使教师便于了解学生的学习状况，为下一步学习提供依据。

④ 整个语言的学习过程从儿童的感知觉、注意、记忆的训练入手，具有科学性。

⑤ 训练内容丰富，含有大量的图片和动画，为教学提供了丰富的、生动的素材。

⑥ 在学习过程中，要求儿童触摸或移动鼠标，锻炼了儿童手眼协调性。

(二) 自闭症组

1. 听觉统合治疗室/家长咨询室

服务对象：自闭症、言语及语言发育障碍、学习障碍（阅读困难）、精神发育迟滞（智力障碍）、多动症、注意缺陷障碍、情绪障碍学生。

功能说明：听觉统合治疗是通过让儿童聆听经过特殊仪器调配和过滤的音乐，来矫正儿童听觉系统对声音处理失调的现象，并刺激脑部活动，从而改善儿童情绪、行为，并促使儿童的言语等发育的一种治疗形式。学校是国内第三个使用听觉治疗为儿童服务的单位，是第一所使用听觉治疗为学生服务的学校。

疗程：一个疗程20次，每天2次，每次30分钟。

治疗效果：对声音的注意力增加；听觉理解增强；社会行为改善：目光接触增多、交流的兴趣增加、适当的社会行为增加、对他人存在的感知和对他人的容忍增强；不适当行为减少：发脾气、冲动、刻板、自我刺激、攻击等行为减少；独立生活能力增强；对日常信息记忆增强；计算能力增强；语言：说话声音增大、说话句子长度增加、刻板语言减少、言语理解能力增强。

2. 启智训练室

服务对象：自闭症、言语及语言发展障碍、智障、注意力障碍学生。

功能说明：启智博士是一套针对智障的孩子而设计的言语训练系统，包括了30个训练单元，涵盖了字、词、句、篇、章的所有内容，通过形象生动的动画，让孩子通过角色扮演，选择和自主学习，达到发展智力和语言的目的。

软件制作：上海泰忆格。

训练内容：学名词、学动词、认识名词、认识动词，用名词，用动词，学简单句结构，早期语法形成，学词类，语言评估与发展，认识我的家、我的城市、我的学校，强化词汇与概念，20种词类训练。

训练效果：纠正发音；改善孩子的注意力；通过游戏和训练结合，能增强训练的效果；通过设计的语言发展顺序，在角色中逐渐增强孩子的语言能力和思维能力。

3. 家居技能训练室

服务对象：自闭症、智障学生。

功能说明：主要进行家居技能训练，饮食制作、洗涤、衣着、洗浴、如厕、清洁居所等训练。家居技能训练是通过创设一个贴近自闭症学生的生活环境，因势利导使自闭症学生能够感受到家庭的温暖，提高康复效果。

4. 手眼协调训练室

服务对象：12~36个月的普通儿童，或者伴有各种障碍的特殊儿童。

软件特点：整套软件提供了丰富多样、色彩丰富的操作游戏，儿童通过使用方便易学的儿童键盘与之互动。游戏活动充分调动了学生的听觉、视觉、触觉等感知觉，从而训练学生的手眼协调性。

操作特点：无须掌握鼠标、键盘的使用方法，儿童键盘的介入为儿童提供了一个简单、自然的方式，帮助学生走进不可思议的电脑世界。

使用效果：改善注意品质；手眼协调工作能力改善；图形与颜色的认知能力提高；理解和掌握更多的社会性常识。

5. 注意力训练室

服务对象：自闭症、智障、多动症、注意缺陷障碍学生。

功能说明：Play Attention 注意力训练是整合了脑电波监测、认知技能训练和行为塑造技术，通过电脑放出一定的声音和动画，让儿童进行一些操作，特制头盔监测儿童脑电波做出反馈，以提高儿童注意力的品质和注意力的持久性为目的的一种治疗形式。

疗程：遵照循序渐进的原则，以儿童注意力训练基线为起点，逐渐加长时间。一般刚开始治疗时间为5分钟左右。

治疗前准备：让学生玩一些他们喜欢的玩具，保证他们情绪安稳。同时要保持一个安静的环境。

治疗效果：有意注意增加，与他人目光接触增多，交流的兴趣增加；能保持较长时间的注意，注意力持久性增加；一些多余动作和不适当行为减少，如：稍稍兴奋就乱拍手、大声叫喊等；理解能力提高。

6. 音乐治疗室

服务对象：自闭症、言语及语言发育障碍、精神发育迟滞（弱智）、多动症、注意缺陷障碍、情绪障碍学生。普通人：由于脑部神经障碍，频频发生身体紧张的患者。

功能说明：索玛托音响震波是一项专利技术。通过声音转为有效的声波传入人体的各个部位。令人惊奇的抚慰震动，到处放松紧的肌肉而且刺激血液循环，使肌肉和身体内部的紧张得到放松。这项技术现已经运用于美国宇航局每个宇航员升空前必做的一个程序。它不仅可适用于普通正常的人，而且也适用由于脑部神经障碍，频频发生身体紧张的患者。

治疗效果：减缓紧张、促进松弛的反应、增强生理机能、提高交流沟通能力、干预不良行为、制造身心融合、提供身体和听觉刺激、提高感官意识、打断强迫性（情不自禁的）行为、解决疼痛、放松肌肉的过分紧张、唤起情绪、减少压迫力、推进音乐鉴赏力。

(三) 心理组

1. 心理健康活动室

服务对象：听障学生。

功能说明：心理健康活动室是为听障学生进行心理团体辅导与上课的活动室。听障5至8年级每班每周一节心理课，对初中和高中学生定期在这里开展心理讲座。心理阅览角摆放的都是适合学生看的心理书籍和杂志，以帮助听障学生心理品质的提高。在这里学生可以进行情绪的宣泄和放松。

2. 心理咨询室

服务对象：教师、家长和听障学生。

功能说明：由专业的心理咨询师负责，在这里接待来访的教师、家长和听障学生，帮助他们解决心理的困惑并严格遵守保密原则。这里的环境布置让来访者感觉温暖、松弛并有安全感。

第3节 仪器设备的建设

特殊教育学校的仪器设备主要包括各类教师演示及学生操作实验仪器设备，各种用于观察的标本、模型、挂图，各种康复训练仪器设备，以计算机为核心的数字化呈现图像、播放语音、收集信息、编辑文字的设备。在实施素质教育的背景下，仪器设备对促进特殊学生实现全面发展，特别是使他们具有初步的创新精神、实践能力、科学和人文素养以及环境意识，具有适应终身学习的基础知识、基本技能和方法等方面，具有重要的地位和作用。所以，特殊教育学校仪器装备应该全面，涉及各个学科、各个领域，保障国家规定开设的所有课程都能顺利进行；所装备的仪器设备应该体现现代教育思想，符合特殊学生身心发展特点和规律，能够提供丰富的、适合于多种学习方式的教育资源，从而保证课程改革所倡导的课程目标、课程理念、学习方法能够实现，能促进特殊学生全面发展。学校对各类特殊学生进行康复时所采用的仪器设备是在国家政策领导下，在满足国家规定的仪器设备要求下，积极吸收和引进我国香港、台湾及国外的先进仪器设备，对各类学生进行康复与训练。学校作为全国同类学校办学规模最大、办学条件优良、办学水平较高的特教名校，在深圳市政府、残联的关心与支持下及学校自身努力下，学校的仪器设备能够满足对特殊学生进行康复与训练的要求。学校教师充分利用学校现有仪器设备的良好条件，掌握先进的技术对特殊学生进行医疗康复，充分发掘特殊学生的潜能。

一、国家对仪器设备的要求

教育部2007年颁布了《盲校义务教育课程设置实验方案》《聋校义务教育课程设置实验方案》《培智学校课程设置实验方案》,规定了三类特殊教育学校的培养目标、课程设置原则和各类校所设置的具体课程,把握住"课程方案"就把握住了学校的整体教育教学任务。现盲校部分涉及了18个学科、5个康复训练项目;聋校部分涉及了20个学科、7个康复训练项目;培智学校部分涉及了9个学科、6个康复训练项目,覆盖了各类学校的基本教育教学内容。教育部基础教育二司委托教育部教学仪器研究所担任义务教育阶段盲校、聋校和培智学校教学与康复训练仪器设备配备标准的编写工作(以下简称三类特殊学校配备标准),并于2008年提交全国教学仪器标准化技术委员会秘书处。本标准通过提供各种有教育教学功能的康复训练器材,为实现教育教学与康复有机结合创造条件。

（一）三类特殊教育学校教学与康复训练仪器设备配备标准的认识

1. 对发展特殊教育具有特别重要的意义

在特殊教育学校,通过科学教育与康复训练,可以有效提高特殊儿童的整体素质,最大限度地发掘特殊儿童的潜能,发展其基本生活自理能力和为社会做出贡献的能力。特殊教育的发展离不开特殊教育教学与康复训练仪器设备,而特殊教育学校的技术装备需要有政府发布的配备标准来规范,使特殊教育学校装备品种、规格、数量等指标得以明确、得以保障。通过三类特殊教育学校配备标准的实施,为学校配备了丰富的教学与康复训练仪器设备,改善了学校办学条件,提高了教育教学水平,为特殊儿童创设了良好的学习和康复训练环境,是党和国家以及全社会对残疾儿童关心的体现,是社会文明程度提高的体现,是教育科学和康复医学进步的体现。

标准通过配备项目的取舍、仪器设备品种的选择、技术指标或功能要求的设定,提出适用、适度、注重效率的一种科学的配备方案。配备方案面向全国不同地区的特殊教育学校,通过设定配备项目最低技术指标要求,使按照本标准要求配备的学校,在教育教学功能方面,在保障教育教学质量所需的办学条件方面,不同地区的学校差距不大,其差别主要在所购置的仪器设备材质不同、所购置的仪器设备所采取的技术手段不同、仪器设备的某些指标功能不同。

2. 符合特殊教育教学活动对教学与康复训练仪器设备的需求

特殊教育学校仪器装备应该全面,涉及各个学科各个领域,以保障国家规定开设的所有课程都能顺利进行。各类特殊教育学校教学与康复训练仪器设备配备应突出重点,由于特殊儿童感官存在缺陷,所以特殊教育学校的教育教学活动更加需要借助仪器设备来呈现、模拟、放大教学内容，创造更多的观察、触摸等亲身体验感知的机会，积极开展缺陷补偿，努力实现潜能开发，特别需要借助仪器设备进行康复训练。这种康复训练是专业医学康复训练的延伸，并容纳于教育教学活动之中，与文化课学习、学校日常生活有机结合，使康复训练活动中含有一定的教育因素，某些教育目标通过康复训练来实现、巩固。所以，特殊教育学校应装备有助于开发潜能和补偿缺陷的仪器设备，应装备具有明显的学校特征的康复训练器材。

3. 体现教学与康复训练仪器设备的科学配备理念和发展方向

随着科学技术的快速发展，特别是以计算机技术为核心的现代信息技术在特殊教育、康复医学等领域的应用，研发出了促进特殊教育与康复训练长足发展的仪器设备。如针对视障儿童的视力康复设备、助视设备、有声阅读设备和网络阅读设备；针对听障儿童的听力补偿与康复仪器设备；针对智障儿童的言语语言康复设备、运动功能康复设备等。随着时间的推移，研究成果将不断涌现出来。因此为了避免造成因为不符合标准的要求而使新的科研成果、新的产品、新的技术无法进入学校，可以采取在名称、规格、型号、功能等方面减少限制性或指向性的策略，为新产品开发预留出尽可能大的空间。

4. 适应特殊教育学校发展

特殊教育，特别是康复训练，越早开始越有效、效果越好，我国专业从事幼儿阶段特殊教育的幼儿园数量很少，专业教师数量不多，专门设备配备能力不高，目前许多特殊教育学校利用现有资源，开设了学前阶段的特殊教育班。实践证明，这种方式在很大程度上弥补了特殊教育体系的缺陷，提高了学校装备的效率，更重要的是，由于抓住了康复训练关键期、实施了正确的康复训练，许多特殊儿童获得了较好的康复效果，极大地改善了学习能力、生活能力、社会交往能力，这些将使他们受益终身。所以特殊学校的教育功能有必要向学前延伸，这需要相应的仪器设备做保证。如盲校的低视力康复训练设备、感统训练设备；聋校的听力言语康复设备、感统训练设备；培智学校的运动功能康复训练设备、感统训练设备、音乐治疗设备、心理干预设备；各类学校的职业技术教育设备等。

5. 选择恰当的编写体系

教学仪器配备标准的编写体系可归纳为四种，即以主题教学活动为线索、以专用教室装备为线索、以各学科教学仪器设备整体需求为线索、以学校总体配备的各种仪器设备为线索。以主题教学活动需求为线索是从各个主题教学活动内容层面分类提出所需仪器的品种要求、规格要求和数量要求；以专用教室需求为线索是从各个专用教室应具备的功能层面分类提出所需仪器设备要求;以学科需求为线索是从科学教学内容层面分类提出仪器设备的要求;以学校需求为线索是从学校层面分类提出仪器设备的要求。①

(二) 义务教育阶段盲、聋、培智学校教学与医疗康复仪器设备配备标准

由教育部基础教育二司组织领导、教育部教学仪器研究所负责起草的教育行业标准《义务教育阶段盲校教学与医疗康复仪器设备配备标准》《义务教育阶段聋校教学与医疗康复仪器设备配备标准》和《义务教育阶段培智学校教学与医疗康复仪器设备配备标准》于2010年由教育部批准发布。这三个标准分别规定了义务教育阶段三类特殊教育学校的普通教室、学科教学、康复训练、资源中心和职业技术教育仪器设备的配备要求。三个标准充分考虑了特殊儿童的身心发展规律,充分体现了现代特殊教育理念,从而保证义务教育各项课程顺利开展,是三类特殊教育学校配备教学与医疗康复仪器设备必备的指导性文件。②

义务教育阶段盲校、聋校、培智学校教学与医疗康复仪器设备配备标准中规定了义务教育阶段三类学校仪器设备的配备要求。其中学校教学与康复训练仪器设备分为"基本"和"选配"两种配备要求。"基本"栏目规定了完成教育部发布的三类学校课程设置实验方案中所规定的各项教学与医疗康复任务应具备的普通教室教学设备、学科教学仪器、医疗康复仪器设备、教学资源中心设备和职业技术教育器材设备,所有特殊教育学校均应达到该栏目的配备要求。有条件的特殊教育学校在达到"基本"配备要求的基础上,可根据学校场地条件和教师状况等实际情况,在"选配"栏目中有选择地配备相应的仪器设备,以满足教学与医疗康复的需要。若已经配备"选配"栏目中的仪器且与"基本"栏目中的仪器功能相近,则"基本"栏目中的相应仪器原则上不再要求配备。有条件的特殊教育学校宜配备性能更好的仪器。购置的对特殊儿童进行诊断、治疗、监护、缓解、补偿等单独或者组合使用于人体的医疗康复仪器、设备(包括所需要的软件),应符合《医疗器械监督管理条例》有关安全、有效规定,通过医疗器械产品市场准入审查,保证康复功效,确保使用者不受伤害,并符合 GB 6675、GB 9706.1、GB/T 14710 和 GB 17498 等相关要求,医疗康复仪器设备应在专业人员指导下使用。

下面是三类学校义务教育阶段教学与医疗康复仪器设备配备标准中对医

---

① 金林.对特殊教育学校教学与康复训练仪器设备配备标准的认识与思考[J].教学仪器与实验,2008(11):62-65.

② 中国上杭教育信息网[EB/OL]. http://www.fjshjy.net/xxgk/zhuangbei/biaozun/201004/t20100422_44705.htm.2010-04-22.

疗康复仪器设备配备要求。

表 3-1　盲校医疗康复仪器设备配备要求

名称	规格　功能	单位	数量	配备要求 基本	配备要求 选配
语音指南针			适量	√	
盲杖	各种规格		适量	√	
盲聋杖	各种规格		适量	√	
手杖技能训练金属架		付	2	√	
眼罩		付	40	√	
实验材料和工具					
校园环境触摸图制作材料		套	3～6	√	
教学VCD、DVD					
定向行走教学光盘		套	1/校	√	
低视力医疗康复					
光学助视器材	不同倍数的单筒望远镜、双筒望远镜、眼镜式助视器、手持式放大镜、立式放大镜、镇纸式放大镜等	套	1/校	√	
屏幕助视器	放大倍数4～30，带滑轨		适量	√	
保健台灯		个	6～12	√	
视力测试评估设备	远视力测试表、近视力测试表、低视力测试表、反差视力测试表、放大倍数需求测试表、低视力测试柜、低视力助视器配镜箱等	套	1	√	
视功能训练设备	水柱灯、光箱（配材料）、各类训练用灯具、二维视力跟踪训练器、环形视觉跟踪训练器、视野训练器、感应式视觉训练器、闪烁光视觉训练器、视知觉训练材料、眼手协调类训练材料、视动协调类训练材料、视听类训练材料、放松类训练材料等	套	1	√	
运动功能医疗康复					
关节训练器	上肢训练器、下肢训练器等	套	1/校		√
肌力及耐力训练器械	系列哑铃等	套	1/校		√

续表

名称	规格　功能	单位	数量	配备要求 基本	配备要求 选配
姿势矫正器械	坐姿矫正器等	套	1/校		√
步态训练器械	助行器等	套	1/校		√
平衡训练器械		套	1/校		√
综合训练设备		套	1/校		√
物理治疗床		套	1/校		√
上肢协调功能练习器		套	1/校		√
橡筋手指练习器		套	1/校		√
插板训练器		套	1/校		√
螺丝、螺母训练器		套	1/校		√
作业训练器	水龙头、插销、挂钩、合页、电插头等常用开关		1/校		√
模拟作业工具	锤子、斧子、钳子、螺丝刀、扳手、锯子等常用工具	套	1/校		√
分指板		套	1/校		√
手功能组合训练器			1/校		√
挂图、软件及其他资料					
运动功能康复相关书籍					√
感觉统合训练					
平衡功能统合训练器材			1/校		√
本体感觉统合训练器材			1/校		√
视觉统合训练器材			1/校		√
听觉统合训练器材			1/校		√
触觉统合训练器材			1/校		√
感觉统合训练相关书籍					√
心理康复					
心理测量（评估）与训练系统	具有档案管理、量表测量等功能，且能提供咨询辅导、训练调节、综合报告、统计分析等网络服务		1/校	√	
心理咨询与康复训练设备	箱亭等		1/校	√	
心理健康教育设备			1/校	√	
心理健康教育书籍				√	

表 3-2 聋校医疗康复仪器设备配备要求

名称		规格　功能	单位	数量	配备要求	
					基本	选配
听力检测、补偿与听觉医疗康复						
纯音听力计		气导、骨导、纯音、啭音、脉冲音、窄带噪音、声场,言语测听功能	台	1/校	√	
有线助听系统		一对十以上,麦克风对主机无线传输,主机对分机有线连接。双声道,可调频,最大声输出 130 dB	套	1/班		√
无线助听系统	发射器	一对十以上、单耳/双耳,全数字无线音频传输,有麦克风与音频输入选择,具有混响功能,记忆开关、低电量显示,发射不少于十个标准频段,内置麦克风与外置麦克风同步接收信号	台	1/班	√	
	接收器	体配或非体配式,全数字无线音频传输,自动消除声场反馈啸叫,直接音频输入,验配范围 120 dB,具有麦克风与外音输入混响功能,频道锁定选择显示,手动频道更换及自动频道追踪功能(无须调节频道),记忆开关、数字变频	个	1/人	√	
特大功率助听器		全数字,最大声输出不小于 136 dB(SPL),适合于平均听力损失大于 110 dB 者。验配范围 120 dB。具有麦克风与外音输入混响功能,自动反馈抑制、自动降噪、直接音频输入、可编程电感功能,智能音量控制,内置接收机	只	2/人		√
听觉评估设备		用于听觉康复评估。用于纯音、啭音、窄带噪声、滤波复合音等评估,自然环境声、听觉定向、语音词语词组短句选择性听取等功能评估,基于语音均衡条件下的听觉分辨练习,言语主频分析和助听效果模拟;能产生主频特性明确的滤波复合测试音	套	1/班	√	
听觉康复训练设备		具有主频特性明确的听觉察知训练、滤波复合音的视听训练、超音段分辨条件下的听觉分辨训练、助听效果模拟等功能,具有音位对比条件下的音位识别评估、错误走向分析及训练,具有词、句、段条件下的听觉理解评估及训练功能。能根据听觉功能评估标准提供个别化的听觉康复建议。具有数据采集、编辑、分析等功能	套	1/班	√	

续表

名称	规格　功能	单位	数量	配备要求 基本	配备要求 选配
便携式听觉评估仪	测试音：纯音、啭音、窄带噪声、滤波复合音等。中心频率：500 Hz、1 kHz、2 kHz、3 kHz、4 kHz	台	1/班	√	
视听统合训练仪器	用于全频及滤波复合音的视听统合训练	台	1/校	√	
助听器验配系统	助听器编程系统、电脑等	套	1/校	√	
声级计	具有 A 计权及线性功能，量程 35—120 dB，中心频率：125 Hz、250 Hz、500 Hz、1 kHz、2 kHz、3 kHz、4 kHz、8 kHz	台	1/校	√	
耳模制作工具	紫外灯、取耳印工具、相关材料等	套	1/校	√	
听觉语音训练器	具有词、句、段条件下的听觉理解能力训练和辅助言语沟通功能	套	1/班	√	
听觉评估与训练用具	具有听觉能力评估及训练功能，包括简单的超音段分辨；简单的语音均衡与音位对比识别；简单的词、句、段理解	套	1/班	√	
听觉康复与听觉功能评估相关图书	—			√	
言语医疗康复					
言语障碍测量（评估）设备	具有呼吸、发声、共鸣、构音功能的实时测量与评估；汉语语音功能的实时测量与评估；声门波动态显示与测量；声带动态显示及振动功能测量	套	1/校	√	
言语障碍矫治（训练）设备	具有实时声音、音调、响度、起音、清浊音的感知及发音教育功能，呼吸、发声、共鸣、构音、汉语语音功能的视听反馈训练，电声门图显示及发声训练，能根据汉语的言语功能评估标准提供个别化康复建议	套	1/班	√	
言语重读治疗（训练）设备	具有词、句、段重读的实时反馈训练功能	套	1/班	√	
积木式语音训练器	具有言语韵律训练功能和辅助言语沟通功能	套	1/班	√	
口部构音运动训练组件	咀嚼器、唇运动训练器、舌尖运动训练器、舌前位运动训练器、舌后位运动训练器、下颌运动训练器、唇肌刺激器、舌肌刺激器、指套型乳牙刷、压舌板等	套	1/人	√	

续表

名称	规格　功能	单位	数量	配备要求 基本	配备要求 选配
言语功能评估与训练用具	能进行呼吸、发声、共鸣障碍的促进治疗，语音功能的简单评估与训练，口部、构音运动能力的简单训练	套	1/班	√	
言语矫治与言语功能评估相关图书				√	
语言康复					
语言障碍康复设备	语言能力评估与学习，言语—语言综合训练，言语韵律训练，构音功能评估与训练，语音功能评估与训练	套	1/班	√	
语言能力评估与训练用具	语言理解能力评估，词、句、段等的简单训练	套	1/班	√	
语言康复相关图书				√	
中国手语教学软件		套	1/校	√	
个别化康复教育支持系统	具有康复、教育、教学档案记录、数据管理，教师备课与教学管理和教学质量控制分析等功能	套	1/校	√	
运动功能医疗康复					
平衡功能评定及训练系统	适合儿童用	套	1/校		√
运动功能测量系统	适合儿童用	套	1/校		√
角度尺	适合儿童用	套	1/校		√
组合运动训练器	适合儿童用	套	1/校		√
手指肌力训练桌	适合儿童用	套	1/校		√
上肢协调功能练习器	适合儿童用	套	1/校		√
橡皮筋手指练习器	适合儿童用	套	1/校		√
站立架	单人或多人	件	1/校		√
踏步器		件	1/校		√
股四头肌训练板	适合儿童用	件	1/校		√
股四头肌训练椅	适合儿童用	个	1/校		√
踝关节矫正板	适合儿童用	套	1/校		√
助行器	适合儿童用	套	1/校		√

续表

名称	规格 功能	单位	数量	配备要求 基本	配备要求 选配
拐杖	适合儿童用	件	1/人		√
轮椅	适合儿童用	辆	1/人		√
平行杠	适合儿童用，高度可调	套	1/校		√
阶梯	下肢训练	件	1/校		√
物理治疗床		个	1/校		√
作业治疗综合训练工作台		个	1/校		√
上肢推举训练器		套	2/校		√
手指阶梯	手指训练	件	1/校		√
手功能组合训练箱	分指板、套圈、几何图形插件、切切看、串珠等	套	1/校		√
形状轮、集合九支柱		套	1/校		√
胸背部矫正器		套	1/校		√
肋木		件	1/校		√
沙袋	挂式	组	1/校		√
沙袋	绑式	组	1/校		√
轮椅桌椅	适合儿童用	套	1/校		√
减重步态训练器		台	1/校		√
运动功能康复训练相关书籍					√
感觉统合训练					
平衡功能统合训练器材	适合儿童用				√
本体感觉统合训练器材	适合儿童用				√
视觉统合训练器材	适合儿童用				√
听觉统合训练器材	适合儿童用				√
触觉统合训练器材	适合儿童用				√
感觉统合训练相关书籍					√

续表

名称	规格　功能	单位	数量	配备要求 基本	配备要求 选配
认知康复					
认知能力评估与测试设备	能对感知觉能力、注意能力、观察能力、记忆能力、思维能力(推理能力)进行评估	套	1/校		√
认知能力训练设备	感知觉、注意、观察、记忆、思维(推理)等能力训练	套	1/校		√
蒙台梭利教具		套	1/校		√
认知训练卡片及光盘	感知觉、注意、观察、记忆、思维(推理)等能力的简单训练	套	1/校		√
认知训练相关图书					√
心理康复					
心理测量(评估)与训练系统	具有档案管理、量表测量等功能,且能提供咨询辅导、训练调节、综合报告、统计分析等网络服务		1/校	√	
心理咨询与康复训练设备			1/校	√	
心理健康教育设备			1/校	√	
心理健康图书				√	

表3-3　培智学校医疗康复仪器设备配备要求

名称	规格　功能	单位	数量	配备要求 基本	配备要求 选配
运动功能医疗康复					
平衡功能评定及训练系统		套	1/校	√	
运动功能测量系统		套	1/校	√	
角度尺		套	1/班	√	
组合运动训练器		套	1/校	√	
手指肌力训练桌		个	1/班	√	
上肢协调功能练习器		套	1/班	√	
橡皮筋手指练习器		套	1/班	√	
站立架	单人或多人	件	1/人	√	
踏步器		件	2/校	√	

续表

名称	规格　功能	单位	数量	配备要求 基本	配备要求 选配
股四头肌训练板	适合儿童用	件	1/班	√	
股四头肌训练椅	适合儿童用	个	1/班	√	
踝关节矫正板	适合儿童用	套	2/校	√	
助行器	适合儿童用	件	1/人	√	
平行杠		套	1/校	√	
阶梯	下肢训练	件	2/校	√	
物理治疗床		个	2/校	√	
作业治疗综合训练工作台		个	1/校	√	
作业操作训练器材	开关、水龙头、插销、挂钩、合页、电插头、衣服夹等	套	1/校	√	
上肢推举训练器		套	2/校	√	
手指阶梯	手指训练	件	1/班	√	
手功能组合训练箱	分指板、套圈、几何图形插件、切切看、串珠等	套	1/班	√	
形状轮、集合九支柱		套	1/校	√	
胸背部矫正器		套	1/人	√	
肋木		件	1/校	√	
沙袋	挂式	组	1/校	√	
沙袋	绑式	组	1/校	√	
拐杖	适合儿童用	副	1/人	√	
轮椅	适合儿童用	辆	1/人	√	
轮椅桌椅	适合儿童用	套	1/人	√	
减重步态训练器		台	1/校	√	
运动功能康复相关书籍				√	
感觉统合训练					
平衡旋转器		个	1/校	√	
手摇旋转盘		个	1/校	√	
1/4 圆平衡板	4片,直径不小于1360 mm,宽不小于420 mm,可进行拆装组合	套	1/校	√	
大陀螺	直径不小于800 mm,高不小于440 mm	个	1/校	√	
踩踏车	360 mm×48 mm×160 mm	辆	4/校	√	

续表

名称	规格　功能	单位	数量	配备要求 基本	配备要求 选配
吊缆组	横、竖抱筒各1个,吊网1张,横杆1根,安全扣10个,铁链5条	套	1/校	√	
平衡触觉板	直8片,曲8片,不小于490 mm×130 mm×70 mm	套	1/校	√	
平衡步道	4色各1个,不小于1480 mm×300 mm×30 mm	套	1/校	√	
踩踏石	3对,不小于120 mm×80 mm×600 mm	组	1/校	√	
跷跷板	不小于长530 mm×230 mm	个	2/校	√	
魔术环		个	2/校	√	
跳袋	直径不小于480 mm,高不小于700 mm	套	2/校	√	
圆形跳床	直径不小于900 mm,高不小于220 mm	件	1/校	√	
大滑板	不小于3060 mm×590 mm×500 mm	套	1/校	√	
圆形滑车	直径480 mm	个	6/校	√	
太极平衡板	直径660 mm	件	2/校	√	
钻滚筒		件	2/校	√	
万象组合		套	1/校	√	
彩虹伞		套	1/校	√	
彩色接龙		套	1/校	√	
平衡木		套	2/校	√	
独脚椅		件	4/校	√	
滚筒		套	2/校	√	
大龙球		个	2/校	√	
颗粒大龙球		个	4/校	√	
羊角球		个	12/校	√	
花生球		个	2/校	√	
触觉球		个	1～2/人	√	
球池	球池≥2 m×3 m×1 m,内装球深≥0.5 m	套	1/校	√	
多感官统合训练系统	具有多感官统合训练功能	套	1/校	√	
感觉统合训练相关书籍				√	

续表

名称	规格　功能	单位	数量	配备要求 基本	配备要求 选配
感觉统合评估量表		套	1/班	√	
言语—语言医疗康复					
言语障碍测量（评估）设备	呼吸、发声、共鸣功能的实时测量，声门波动态显示与测量。声带振动动态显示及定量分析	套	1/校	√	
言语障碍矫治（训练）设备	具有实时声音、音调、响度、起音、清浊音的感知及发音教育功能；呼吸、发声、共鸣、构音、汉语语音功能的视听反馈训练；电声门图显示及其发声训练，能根据汉语的言语功能评估标准提供动态的个别化建议	套	3/校	√	
构音障碍测量（评估）设备	具有构音运动能力评估、构音语音能力评估，能进行下颌距、舌距、舌域图、语音类型、构音清晰度、鼻流量、声道形状等测量	套	1/校	√	
构音障碍康复训练设备	具有口部运动治疗、构音运动训练、构音音位训练等，能根据构音功能评估标准提供个别化康复建议	套	3/校	√	
语音障碍测量（评估）设备	用于超音段音位和音段音位评估与测量	套	1/校	√	
语音障碍康复训练设备	具有超音段音位训练、音段音位训练功能，能根据语音功能评估标准提供个别化康复建议	套	3/校	√	
言语重读治疗（训练）仪器	词、句、段重读的实时反馈训练	套	1/校	√	
早期语言障碍评估设备	前语言能力的评估，词、词组、句、短文理解能力的评估，语言韵律能力的测量	套	1/校	√	
早期语言障碍干预（康复）设备	具有非语言沟通能力的训练、前语言阶段的辅助沟通能力训练功能，言语—语言综合训练。可根据语言及韵律功能评估标准提供个别化康复建议	套	3/校	√	
口吃听觉反馈治疗仪		台	1/校		√

续表

名称	规格　功能	单位	数量	配备要求 基本	配备要求 选配
听处理障碍评估与干预仪器	具有听觉识别、听觉记忆、听觉理解能力评估与训练功能，以及可视序列诱导条件下的听觉注意力训练、听觉统合训练。可根据听处理能力评估标准提供个别化康复建议	套	1/校	√	
积木式语音训练器	具有字、词、句的发音及韵律训练，以及言语沟通辅助功能	套	1/班	√	
口部构音运动训练器材	咀嚼器、唇运动训练器、舌尖运动训练器、舌前位运动训练器、舌后位运动训练器、下颌运动训练器、悬雍垂运动训练器、唇肌刺激器、舌肌刺激器、指套型乳牙刷、压舌板等	套	1/人	√	
言语功能评估与训练用具	能进行呼吸、发声、共鸣障碍的促进治疗，语音功能的简单评估与训练，口部、构音运动能力的简单训练	套	1/班	√	
沟通辅具	对无言语沟通能力者进行沟通训练及辅助功能	套	1/班	√	
听觉评估与训练用具	具有听觉能力评估及训练功能，包括简单的超音段分辨；简单的语音均衡与音位对比识别；简单的词、句、段理解	套	1/班	√	
听觉语音训练器	具有词、句、段条件下的听觉理解能力训练和辅助言语沟通功能	套	1/班	√	
电子琴		台	1/班	√	
语言训练卡片	生活用品、常见动物、人物、生活场景等	套	1/班	√	
听觉干预与听觉功能评估标准相关图书				√	
言语康复与言语功能评估标准相关图书				√	
语言康复相关图书				√	
音乐治疗					
音响		套	1/校	√	
钢琴		架	1/校	√	

续表

名称	规格　功能	单位	数量	配备要求 基本	配备要求 选配
电子琴		台	1/校	√	
吉他		把	1/校	√	
奥尔夫乐器		套	1/校	√	
音乐干预仪	音乐干预素材、音乐治疗评估软件	套	1/校	√	
音乐治疗相关图书				√	
心理康复					
心理测量评估与训练系统	具有档案管理、量表测量等功能，且能提供咨询辅导、训练调节、综合报告、统计分析等网络服务		1/校	√	
心理康复（干预）训练设备	箱庭等	套	1/校	√	
心理健康教育设备		套	1/校		√
心理康复相关图书				√	
认知干预					
认知能力的测试与评估设备	能对感知觉能力、注意能力、观察能力、记忆能力、思维能力（推理能力）进行评估	套	1/校	√	
认知能力训练设备	感知觉、注意、观察、记忆、思维（推理）等能力训练	套	1/班	√	
早期干预卡片		套	2/校	√	
蒙台梭利教具		套	1/校	√	
认知干预操作用具	视动统整、手眼协调等能力的训练	套	1/班	√	
认知干预相关图书				√	
个别化康复教育支持系统	具有康复、教育、教学档案记录、数据管理，教师备课与教学管理和教学质量控制分析等功能	套	1	√	

二、学校现有的仪器设备

元平特校的仪器设备除了具备国家规定的义务教育阶段三类特殊教育学校教学与医疗康复仪器设备配备标准的基本要求，同时积极引进我国香港、台湾以及国外特殊教育学校仪器设备。学校在引进先进仪器设备后会对相关教师进行设备使用的集中培训，使教师能够充分利用先进的仪器设备对学生进行康复与训练。

下面是学校近年来仪器设备的引进情况，见表3-4、表3-5。

表3-4　元平学校2008年仪器设备引进

序号	项目名称	规格
1	儿童认知训练系统软件	
2	健康智能专家系统windows版及儿童自闭症个体针对性培训软件	含健康智能专家系统windows版一套、儿童自闭症个体针对性培训软件一套
3	心理评估与咨询系统	包含沙盘游戏、宣泄室配置、心理咨询与评估系统、团体活动训练工具包2套
4	认知功能训练系统	认知障碍诊治仪
5	引导式教育系统一组	引导式训练组合桌椅45套 引导性上肢协调训练器2台 OT综合训练工作台2台 作业治疗工作平台2套
6	肢体康复功能训练系统	减重步态训练器（儿童电动配医用慢速跑台） 平衡功能检查训练系统 多功能训练器（四件组合） 多功能训练器（七件组合） 平行杠（配矫正板） 功能牵引网架（网架和床） 训练浪桥 训练浪桥（儿童） 儿童站立架2台
7	功能训练辅助系统1组	电动直立床（电脑控制） 微电脑关节被动训练器（下肢） 微电脑关节被动训练器（肩、肘、腕） 减重步态训练器（电动配医用慢速跑台） 活动平板（医用慢速跑台） 训练床4张 PT训练床2张

表 3-5　元平学校 2010 年仪器设备引进

序号	组别	项目名称	数量	单位	项目内容
1	脑瘫康复组	eyebobi 四合一多媒体互动模拟运动训练室	1	套	eyebobi 墙面情景体验系统、eyebobi 地面情景体验系统、eyebobi 运动会系列、绿屏钩像主题教学系列、训练室总体软包设计
2		智能运动训练系统 MOTOmed	1	台	含上肢运动训练系统及下肢运动训练系统
3		MR CUBE 运动控制魔方	1	套	含 MR 运动控制魔方、笔记本电脑（带蓝牙接口）、软件、电脑架
4		运动康复训练用具	1	批	含训练垫、训练带、软式重力球、专业训练台、手部训练工具、WII 模拟游戏设备
5		VS-99 语音工作站	1	台	含 VS-99 语音训练软件、实时动态采集系统、电脑、打印设备等
6	自闭症康复组	儿童注意力测试分析仪（附训练功能）	1		该仪器能够对自闭症儿童注意力方面的状况进行分析并提出相应的改善方法，对自闭症儿童注意力的改善起到积极的促进作用
7		智能儿童沟通训练仪	10		含全触摸式 pc 操作平台、图文精灵软件、标准配件、特殊开关；支持多媒体教学，并提供打印，摄制音频机、投影等功能
8		启智博士早期语言评估与干预仪（增强版 L4E）	1		含专用仪器车、专用主机、DSP-MA 信号处理工作站
9	心理康复组	心理健康团体辅导活动产品及量表	1	套	600 件活动器件、活动指导手册、活动工具箱、活动音乐盘、活动指导手册的电子光盘、心理量表
10		心理测评系统（移动版）	1	套	1. 笔记本电脑一台 2. 移动硬盘（软件操作系统盘）一部 3. 儿童适应行为评定量表、韦氏智力量表等多份心理测评量表
11		智能身心反馈训练系统 GA-SXZ-BZ	1	套	智能身心反馈训练平台（一套）、放松椅（一套）、生理指标传感器及数模转换器（一套）、工作台、加密器

续表

序号	组别	项目名称	数量	单位	项目内容
12	语训组	CONNEVANS 有线集体语训系统	1	套	含主控器一台、桌面训练器 10 台、耳筒连麦克风 10 个、教师用麦克风 1 个、麦克风座 1 个、专用桌椅 11 套
13	电教设备组	电子白板	1	套	含电子白板、电子白板笔及配套软件

三、学校仪器设备的采购

元平学校作为深圳市一所为残疾儿童和青少年提供从学前教育到高中职业教育服务的学校,办学 20 年来全面实施素质教育。学校办公室于 2008 年编印《元平学校规章制度汇编》,规定了学校各方面的工作章程,并于 2014 年对《制度汇编》进行了一次大规模修订。其中为了保障学校的仪器设备的引进与使用,专门制订《采购(维修)工作管理暂行办法》,以此来保障学校仪器设备的采购,保障学生能够使用最先进的仪器设备来完成康复与训练。

采购(维修)工作管理暂行办法[①]

为加强学校分散采购工作的监督和管理,提高资金的使用效益,防止国有资产流失,确保国有资产的安全完整,根据深圳市教育局和深圳市财政局的有关规定,特制定本暂行办法。

一、采购(维修)组织

(一)学校采购(维修)工作由总务处统一管理。

(二)学校成立采购小组,由总务处主任 1 名,总务外勤干事 1 名,校产管理 1 名,申请部门 1 名以上相关人员组成采购小组。

二、采购原则和方式

(一)凡属学校自行采购的物品,原则上由采购组统一采购。

(二)采购实行货比三家,低价者得的原则(在物品质量相同条件下)。

(三)对专业性和安全性较强、要求较高的物品采购(维修),由采购小组会同有关部门进行现场采购。

(四)采购实行竞争性谈判、询价、单一来源谈判等方式。

---

① 引自:《元平学校规章制度汇编》。

1. 1万元以下的采购和5万元以下的维修项目,实行询价采购。
2. 1万元以上5万元以下的采购和5万元以上10万元以下的维修,实行三家供货商以上竞争性谈判。
3. 5万元以上10万元以下采购和10万元以上20万元以下的维修,实行三家供货商以上竞争性谈判,结果报校务委员会批准。
4. 单一来源采购,谈判前做好市场价格调查。
5. 应急性采购(维修),经领导批准后,方可进行采购(维修)。

三、采购申请和审批

(一)采购申请实行部门预算管理。对下一年度的固定资产采购(维修)的预算须于当年8月底前完成申报;对下一年度的日常消耗品的预算须于当年12月底前完成申报。

(二)申请人提供采购物品的品牌、数量、规格、型号及相关技术参数,同时提供参考价格。

(三)申请人将申请表报部门负责人审核,部门负责人根据预算,提出审核意见。

(四)申请人将申请表报校长审批。

四、采购程序

(一)采购小组根据申请表的内容,对外发布采购(维修)信息,寻找供货商。

(二)采购小组对供货商的资格(质)进行审核。

(三)初步确定入围供货商名单。

(四)根据采购(维修)金额和物品的特点,确定采购形式。

(五)采购细节性谈判。

(六)签订购销合同。

(七)按合同条款进行物品验收、付款,并登记入库。

四、仪器设备的维修与保养

《元平学校规章制度汇编》对学校的仪器设备的维修与保养也做了专门的规定,以提高仪器设备的使用率和使用年限。

(一)设备、器材的保管和使用

1. 保管

一切设备、仪器、工具、元件等都是学校财产,一定要保管好,不得造成积压、损坏、过期等浪费现象。要做到货物、名称能对上号,数量准确,做到分类摆放。

2. 设备的使用管理办法

设备、仪器、工具、材料是进行电化教育的物质基础。采购设备的目的就是为了使用。因此使用是一个关键环节,一定要掌握好、保管好、用好。

① 大型、精密、贵重设备的管理与使用。单价在2000元以上的设备或单价虽不足2000元但属配套设备或稀缺精密设备,应由精通该设备的专职技术人员负责使用管理和维护;正式使用前必须验收合格才能使用;建立技术档案:包括订货合同、单据、验收记录、说明书、线路图、保修证、安装及使用要求、操作规程等;如有故障,立即停止使用,并报请检查维修。

② 一般仪器、设备、工具的管理与使用。通用小型仪器、工具、器件根据工作情况借给本人使用保管,如工作调动、离开,要如数交还,如有丢失按价赔偿;已进入教室的电教仪器由班主任保管。

③ 一切材料须有专人保管,领用人要签名,以便记账备查。

(二)仪器设备的保养与维修

1. 维护保养

保养是为了更好地使用,是为了延长仪器设备的使用寿命,健全保养制度是设备管理的重要一环。具体做法是:根据仪器设备的说明书进行定期保养工作;仪器设备应有保护罩,防尘、防晒、防霉;使用前要认真进行清洁工作,防止丢失配件、防止振动。

2. 仪器设备的修理

① 修理分类。预防修理:对异常情况早发现早修理;事后修理:设备损坏后才进行修理;改善修理:对设备进行改造,以提高使用效率。

② 维修制度。仪器设备出故障,应立即停止使用,交信息中心技术人员进行修理,不得私自拆装;需要专业维修部门修理的设备,由信息中心管理人员负责送修和验收;修好后立即送回原保管处,维修单位不得积压,以免影响使用。

3. 仪器设备报废的条件和审批制度

① 已经达到或超过使用年限,且无修复使用价值的仪器设备。

② 主要结构陈旧,性能落后,不能满足使用要求,或质量低劣,不能使用又不能改装利用的设备。

③ 严重影响安全、继续使用将会引起事故危险的且不宜改装使用的设备。

凡是仪器设备已达到上述条件之一者均应报废。报废时必须严格履行报废手续,由设备使用人填报报废申请表,并请有关技术人员鉴定,总务处负责人签注意见、校长批准同意才能报废。

第4节 辅助器具的建设

残疾人辅助器具是指用于预防、代偿、监测、缓解或抵消损伤、活动受限和参与限制的产品(包括器具、设备、仪器、技术和软件)。残疾人辅助器具服务是指对残疾人进行辅助器具需求评估、适配评估,辅助器具的设计、定(改)制、适应性训练、借用、维修、回收更换和效果评估、补贴配送,辅助器具服务的咨询、转介、宣传教育以及居家环境无障碍改造和对残疾人家属、监护人、雇主、康复工作者和提供服务的其他人员进行培训及指导。我国现有残疾人8296万(出自第二次全国残疾人抽样调查主要数据公报),其中60%以上需要辅助器具。我国残联系统辅助器具供应服务机构已遍布全国,形成贴近残疾人、服务残疾人的省—市—县三级服务网络。面向残疾人和社会提供辅助器具配置、供应,假肢、矫形器装配,助听器、助视器验配以及需要调查、知识宣传、信息咨询等系列服务。

一、辅助器具发展概述

(一)辅助器具发展历程

自有人类以来就有残疾人,他们为了生活和劳动不得不制作一些简单器具来弥补已失去的功能,这些为残疾人制作的功能代偿器具可以称为残疾人辅助器具,我国通常称为残疾人用品用具。早期的残疾人辅助器具是为肢残者装配假肢和矫形器开始而发展起来,随着科学进步和医疗条件的改善,人口老龄化已经是世界趋势。实际上许多老年人在视力、听力、语言、肢体、智力等方面都或多或少存在问题,他们也需要器具的帮助来提高生活质量,因此统称为辅助器具(assistive device)。日本山内繁(1998)曾就辅助器具和医疗器械(medical devices)的区别作了专门的比较。认为:前者的目的是提高生活质量,后者是治病和挽救生命;前者的购买者和使用者一致,是残疾人和老年人,而后者的购买者是医务人员,使用者是病人;前者的特点是个人使用,后者是公用;所以前者的经济特色是尽量便宜,而后者如核磁共振即使贵也被广泛使用。

几千年来,人类为了适应自然、改造自然和利用自然而在人与自然界之间和人与社会之间加上一些人为的界面或称接口(interface),从而构成了一个有机的、互相联系又互相依存的人—机—环境大系统。这些接口可以分为两大类,即软件接口和硬件接口。软件接口如语言、文字、措施、方法、技术等,硬件接口如用品、器具、设备、仪器等。人类的历史,从某种意义上来讲,正是这些接口的不断创新和发展,才使人类这个群体脱离了原始的野蛮生活,逐步建立了物质文明和精神文明,以致达到今天这种科学、技术、文化都高度发达的现代社会。

国际上目前已趋向于把辅助技术看作是残疾人进入社会主流的"通道"(access)。如对于听障者,根据世界卫生组织(WHO)的规定,平均听力在25 dB以内为听觉障碍,需加特殊接口即助听器,其实质是使声音增益,其作用是克服听障者和环境之间的障碍而建立传递声音信息的听觉通道。对于视障者,根据世界卫生组织的1973年标准,在视力表中低于0.3为低视力,需在眼外加特殊接口即助视器,其实质是放大物体,其作用是克服视障者和环境之间的障碍并建立传递光学信息的视觉通道。对肢体残疾者也类似,由于截肢、截瘫、偏瘫、脑瘫、儿麻等原因造成运动器官失调,需要在肢残者和环境之间加上拐杖、轮椅、假肢、矫形器等特殊接口,其实质是帮助肢残者移动,其作用是克服肢残者和环境之间的障碍并建立传递力的运动通道。所以从广义上来讲,辅助器具的作用是残疾人提高生活质量并融入社会的无障碍通道。

进入20世纪90年代后,随着残疾人的增多和被重视,特别是人口老龄化已经是全球趋势,致使辅助器具的需要急剧增加。发达国家对辅助器具的开发非常重视,投入了大量的财力和人力。随着辅助器具的发展和需求,发达国家和地区相继建立了辅助器具的资源中心,为残疾人和老年人提供各种服务。我国现代辅助技术的研究和推广始于20世纪80年代,近年来有较迅速的发展。

(二)辅助器具分类

残疾人辅助器具可以按不同方法来分类。多年来国内外习惯上是按残疾的性质来分类,即不同性质的残疾人需要不同的辅助器具。如视障者需要助视器和专为盲人的导盲装置等辅助器具;听障者需要助听器和专为聋人的辅助器具;言语障碍者需要语训器;肢体残疾者需要假肢、矫形器、轮椅和交通用具、转乘搬运用具等;智障者需要智力开发的物品和教材;等等。这种分类方法的优点是针对性强,缺点是反映不出这些辅助器具的本质区别。特别是有许多康复训练器具,包括物理治疗、运动治疗和作业治疗器具,并不局限于某类残疾人才能用。

国际标准化组织ISO在辅助器具方面有两个标准化技术委员会,即TC 168(假肢矫形器标准化技术委员会)和TC 173(残疾人辅助器具标准化技术委员会)。我国是TC 168的O成员国(观察员)和TC 173的P成员国(积极成员国)。与ISO保持正常的业务联系,并于1998年10月在北京成功举办了第七届国际标准化组织 ISO/TC 173 国际会议。我国在"八五"期间成立了"全国残疾人康复和专用设备标准化技术委员会",制定了国家标准 17 个、行业标准 6 个。民政部筹建了"国家假肢质量监督检查中心",负责对假肢、矫形器、轮椅的质量进行监督检查;中国残疾人联合会筹建了"国家康复器械质量监督检查中心",负责对残疾人用机动轮椅车、助行器具、失禁用品、助听及语训器等四类辅助器具中的 24 个产品的质量进行监督检查。

二、辅助器具在全面康复中的应用

(一)辅助器具在医疗康复中的应用

医疗康复是利用医疗手段促进康复,其方法有物理疗法、运动疗法、作业疗法、言语治疗等。物理疗法用的电刺激、超声、热疗、冷疗、磁疗、水疗、蜡疗、牵引及中医的超声针疗、直流电药物离子导入等;运动疗法用的肋木、平衡杠、拐杖、轮椅、墙壁拉力器、功率车、划船器、各种旋转器、助行器等;作业疗法需要配置钳工工具、裁剪工具、木工工具、缝纫机、编织机、打字机等;言语矫治中需要配置录音机、语音语调训练装置等;在康复评定中还需要使用心电图仪、肌电图仪、功率自行车、握力计、重心计、红外热像仪、等速肌力测试仪、平衡测试仪、步态分析系统等;以上都是医疗康复需要的辅助器具。

(二)辅助器具在教育康复中的应用

教育康复是通过特殊教育和培训以促进康复。如对听障学生的教育,需先用听力检查后配备相应的助听器,并可通过各种语训装置来进行语言训练,有无线调频或有线装置及可视语训装置等。对视障学生的教育,需要光学和非光学助视器、闭路电视放大器、音响辅助器,以及盲人用的写字板、盲文打字机、盲文刻印机等。对智障儿童的教育,需要配置相应的玩具和教具等。这些都是教育康复需要的辅助器具。

(三)辅助器具在职业康复中的应用

职业康复旨在恢复就业能力、取得就业机会。首先是职业能力评定,对残疾人从功能、能力、技巧三方面进行职业能力评定时,大多需要辅以工程手段;其次是就业前的训练,除中医和按摩外,大多是工程技术项目;第三是残疾人就业和就业环境的改造,更离不开辅助器具。如美国为盲人能磨钻头,在一般砂轮机上装了特殊支架,并采用盲文显示的千分尺来测量;日本为盲人就业研制出语音血糖计;挪威为上肢残疾者从事电焊工作设计了专用悬吊带等。可见,职业康复是离不开辅助器具的。

(四)辅助器具在社会康复中的应用

社会康复是在社会的层次上采取与参与社会生活相关的措施,促进残疾人能重返社会。残疾人回归社会时遇到的很多问题都需要辅助器具来帮助。如在城市环境的无障碍改造方面,我国于1989年就颁布了《方便残疾人使用的城市道路和建筑物设计规范》,要求今后修建的城市道路和重要公共建筑必须依照规范执行,对原有的道路、重要公共建筑亦应有步骤地改造。在家庭环境的无障碍改造方面,唐山市大地震后一些幸存者的家庭改造可以借鉴,如做饭、切菜工作的改造,床及其周围、厨房、厕所及住宅内外的改造。目前我国一些发达城市如深圳的社区正在筹建康复站,这些社区康复站都需要配置普及型的辅助器具。

由上可见,辅助器具不仅是残疾人回归社会的无障碍通道,而且还是全面康复所需的基本设施和必要手段。因此,在应用辅助器具来克服障碍和进行康复时,要特别注意辅助器具的选用和适配训练,这是目前容易被忽略的环节。严格来说,辅助器具都是处方产品,是需要经过医生、治疗师、康复工程师和使用者共同商定取舍。特别是对个人佩戴的辅助器具,如果选配不当,不仅不能帮助使用者还可能对使用者造成进一步的伤害。为此,在残疾人选用辅助器具之前必须接受检查和评价,才能正确选用适配的辅助器具。例如视觉障碍者在佩戴助视器之前应当检查和评价眼睛,找出障碍的原因是近视、远视、散光、老花眼、弱视,还是由于白内障和青光眼,根据患者眼睛的实际情况而选用不同种类的助视器。对听觉障碍者在佩戴助听器之前要用听力计来检查和评价其听力损失的范围,在确定所需声音的增益值和频率后,才能选取适配的助听器。对肢残者在选用辅助器具之前也要进行检查和评价,还要考虑环境因素。此外,残疾人在佩戴合适的辅助器具之后,还要和辅助器具一起在试用过程中反复进行适配训练才能成为一个整体,否则会影响人—机系统的效能。在发达国家和我国香港,这项工作多半在辅助器具资源中心进行。由有经验的职业治疗师来帮助残疾人进行选用和适配训练。[1]

三、国家对辅助器具的相关要求

2006年中国残联文件《关于进一步加强残疾人辅助器具服务工作的意见》中指出,辅助器具是残疾人补偿和改善功能,提高生存质量,增强社会生活参与能力最直接有效的手段之一。辅助器具服务是残疾人康复工作的重要组成部分,对满足残疾人需求,实现残疾人"人人享有康复服务"具有重要意义。但是,与广大残疾人迫切的康复需求相比,与日新月异的科技进步和繁荣的日用品市场相比,我国辅助器具服务工作仍处于起步阶段。辅助器具品种较少,机

---

[1] 卓大宏.中国康复医学[M].北京:华夏出版社,2003:587-603.

构建设滞后，专业技术人员匮乏，事业投入不足，辅助器具的补贴和贫困救助机构尚未建立，多数残疾人特别是贫困残疾人还得不到基本的辅助器具服务。

2006年中央机构编制委员会办公室下发《关于中国残疾人用品开发供应总站更名为中国残疾人辅助器具中心的批复》明确了中国残疾人辅助器具中心的主要职责，为促进我国残疾人康复事业发展，推动残疾人"人人享有康复服务"目标的实现，进一步做好残疾人辅助器具服务工作，提出以下意见。

（一）残疾人辅助器具服务工作的基本原则

1. 坚持机构建设和社区服务相结合

通过加强机构建设，不断探索服务模式，提高服务水平，使辅助器具服务适应残疾人个性化的康复需求；与社区康复有效衔接，推广实用、易行的服务模式和服务方法，使辅助器具服务深入残疾人家庭，最大限度地满足各类残疾人对辅助器具的需求。

2. 坚持满足迫切需求和可持续发展相结合

通过实施重点工程，满足广大贫困残疾人最基本和迫切的辅助器具需求；通过全面开展服务，不断积累经验，增强服务功能，提高服务水平，逐步建立残疾人辅助器具服务的长效机制，促进辅助器具服务可持续发展。

3. 坚持公益性和社会服务相结合

各地要在始终坚持辅助器具服务公益性原则的基础上，适应经济和社会发展，结合当地条件和残疾人需求，面向社会，不断探索有效的服务模式，为各类残疾人提供全面系统的辅助器具服务。

（二）加强残疾人辅助器具服务工作的主要措施

1. 加强机构建设，完善辅助器具服务体系

省级残联要按照《残疾人辅助器具服务机构建设规范》的要求，制定本省辅助器具服务机构建设规范，并逐步落实。明确辅助器具服务机构的公益性事业单位性质；各级辅助器具服务机构要面向肢体、视力、听力、语言、智力、精神等各类残疾人提供全面服务；建立健全层次清晰、结构合理、服务有效的辅助器具服务体系。

2. 发挥机构辐射作用，积极推进社区服务

各级残联要将残疾人辅助器具服务纳入社区康复工作，与卫生、民政等相关部门的政策措施充分融合。有机整合、充分利用基层卫生、民政等现有社区康复资源和社会康复资源，重点依托基层卫生和残疾人服务机构，明确工作职责，规范工作流程，为残疾人提供辅助器具的信息咨询、使用指导、服务转介、租借、简易制作、维修、环境改造等服务。

3. 加强专业培训，提高人员素质

通过培训班、进修班、学术讲座、学术会议、业务考察和远程教育等多种方式，做好各级辅助器具机构专业人员的继续教育工作，提高辅助器具服务系统专业人才的整体素质。

4. 加大经费投入，开发社会资源

积极争取各级政府制定有关扶助政策，充分发挥政府的积极作用，加大对辅助器具服务工作的经费投入；广泛动员社会力量，以多种形式参与残疾人辅助器具服务工作；多方筹措资金，争取国际合作，推动重点项目的实施。从就业保障金中安排一定数量的资金用于残疾人就业培训中和就业后的辅助器具配置。

5. 对残疾人配置辅助器具予以补贴

各级残联应积极争取地方政府支持，落实配套资金，通过分级负担、减免费用等措施，扩大受益面。推动有条件的地区出台残疾人辅助器具配置的补偿和救助政策，逐步纳入相关社会保障体系，建立起残疾人辅助器具配置的经费给付机制，确保残疾人辅助器具服务的可持续发展。

6. 广泛开展宣传活动，普及辅助器具知识

利用广播、电视、报刊、网络等媒体，发挥各类残疾人专业协会的作用，通过产品展示、咨询、会议、公益活动、讲座等多种方式大力宣传辅助器具知识，编制、发放适用于各类残疾人和残疾人工作者需要的宣传资料和普及读物，提高残疾人、残疾人亲友和社会公众对辅助器具的认知度，推广较为先进的辅助器具理念。[①]

四、深圳市辅助器具相关要求

元平特校中特殊学生的辅助器具是在深圳市残疾人联合会的领导下，由家长为其申请所需的辅助器具，由深圳市残疾人联合会和深圳市残疾人辅助器具资源中心予以配备，由相关专业人员进行评估、调适和检查工作。辅助器具交付残疾人后，定点服务机构应对残疾人进行使用适应性训练，同时组织开展残疾人及其亲属有关辅助器具使用培训。

（一）深圳市残疾人辅助器具资源中心

深圳市残疾人辅助器具资源中心是经深圳市政府批准成立的，是深圳市残疾人联合会直属事业单位。中心自成立至今组织开发、供应和推广残疾人

---

① 中国残联文件：关于进一步加强残疾人辅助器具服务工作的意见[EB/OL]. http://www.cdpf.org.cn/zcfg/content/2006-09/21/content_30316409.htm. 2006-09.

辅助器具(含假肢矫形器);开展辅助器具知识宣传、辅具展示、评估适配、使用指导、适应性改造等工作;对贫困残疾人配置辅助器具实施救助;承担中国残疾人辅助器具中心委托的有关工作。中心在全国首开先河,组建了辅助器具适配评估专业,建立起一支专业辅助器具服务队伍,现有社工、治疗师、医生、工程师、视光师、技工等多专业团队。自 2000 年开始,开展假肢矫形器适配评估鉴定,2004 年,引进美国、我国台湾专业评估系统、设备,开展残疾人辅助器具个性化评估鉴定。中心共设一室五部,即:主任室、社会部、适配评测部、技术部、配送服务部、视障服务研究部。该中心的组织架构如图 3-1 所示。

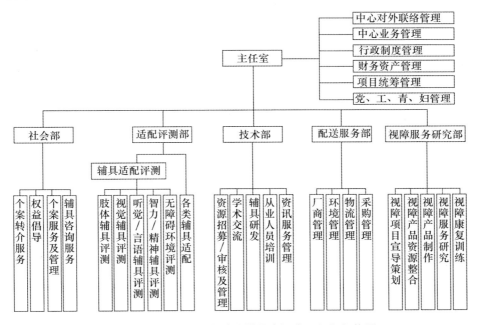

图 3-1　深圳市残疾人辅助器具资源中心组织架构图

其主要工作职能是:(1)辅具咨询:由专业社工人员提供残疾人辅助器具信息、知识咨询服务,并结合专业的医疗团队,了解身心障碍者及其家属问题或需求,适时提供服务或转介至其他机构服务。(2)辅具展示。(3)辅具操作:为残疾人及其家属提供辅助器具使用及操作的培训,让残疾人了解辅助器具的功能及使用方法。(4)辅具评测:残疾人辅助器具适配评测,针对个案需要,评估其需求以提供便利适合之服务,包括假肢矫形器评测、足部检测、坐姿辅具评测、职业辅具评测、视障辅具评测、听障辅具评测、家居无障碍改造评测。根据评测结果,出具辅助器具适配评测报告。通过科学化评测,了解残疾人的功能障碍,为残疾人开具适合的辅助器具处方。(5)辅具租借:提供拐杖、轮椅等一般性辅具,为有需求的残疾人提供辅助器具借用服务,同时与各区及各相关机构配合,实现资源整合与共享。(6)辅具维修:由辅具技术专业人员检查辅具损坏程度,给予维修及更换零件的服务,让辅具维持在最佳状态。(7)辅具定改制:对于市场上无法购买的辅具,经中心辅具工程师、辅具技工进行定做或对现有辅具进行改造。(8)假肢矫形器生产:为肢体残疾人开展假肢及矫形器的设计、生产及制作,帮助肢体残疾人实现功能代偿,回归社会。(9)居家无障碍改造:经由中心无障碍工程师的专业团队利用测量设备,根据无障碍改造的设计标准,深入残疾人家庭,开展家居无障碍环境的测量、设计等工作,为残疾人无障碍日常生活构建无障碍的环境。(10)辅具配送:深入社区,深入残疾人家庭了解残疾人生活环境的辅助需求,将残疾人辅助器具配送至残疾人家庭。(11)辅具回访:利用中心社工团队,开展残疾人辅助器具使用情况回访,了解辅具使用的效果,结合中心的辅具服务团队,提升服务品质和效果。(12)辅具宣导:组织开展各类辅助器具宣传活动,让残疾人及其家属了解各种辅助器具的功能及作用,提升普通民众对于辅助器具的认识等。[1]

(二)深圳市残疾人辅助器具服务管理办法

为进一步规范深圳市残疾人辅助器具服务管理工作,促进残疾人"平等、参与、共享",根据《中华人民共和国残疾人保障法》和《深圳市扶助残疾人办法》,深圳市制定《深圳市残疾人辅助器具服务管理办法》。经深圳市卫生医疗机构诊断具有疑似残疾的3岁以下户籍儿童,依据本办法,享有相应的辅助器具服务。

深圳市残疾人辅助器具资源中心负责全市残疾人辅助器具服务工作的规划、组织与实施,审核定点服务机构资格,审定市级辅助器具的配送,培养专业技术人员和基层服务人员,拟定市级年度经费预算,组织开展残疾人辅助器具需求调查、评估、配送、适配等业务工作,承担全市残疾人辅助器具服务技术指导、业务管理、信息统计、科研开发与质量管理等工作。区残疾人联合会会同有关部门负责落实本区残疾人辅助器具服务发展规划,建立区级残疾人辅助器具服务中心,落实专项工作经费,审批辅助器具服务的申请,实施区级辅助器具补贴,指导街道开展残疾人辅助器具服务工作。

---

[1] 深圳市残疾人辅助器具资源中心[EB/OL]. http://www.rcatc.cn/pages.asp? val-78. 2009-11-19.

具有辅助器具需求的深圳户籍残疾人可向户籍所在地街道残联提出辅助器具申请,填写《深圳市残疾人康复需求申请表》,连同户口本或身份证、残疾人证和其他有效证件复印件上交所在街道残联。各街道残联负责受理辖区内残疾人辅助器具申请,在做好残疾人资料初审后,上报区残疾人联合会审核。各区残疾人联合会受理残疾人辅具申请后,组织各类专业服务人员对残疾人的辅助器具需求进行评估,对具有《深圳市残疾人辅助器具补贴目录 A》需求的,由区残疾人联合会组织实施;对具有《深圳市残疾人辅助器具补贴目录 B》需求的,转介到市残疾人辅助器具资源中心。辅助器具交付残疾人后,定点服务机构应对残疾人进行使用适应性训练,同时组织开展残疾人及其亲属有关辅助器具使用培训(结构、操作方法、维修常识、安全事项)。辅助器具交付残疾人使用一个月、三个月及半年间,定点服务机构应安排专业人员会同社区服务人员上门进行回访,对残疾人使用辅助器具的效果进行评估,征询意见,跟踪服务。市残疾人辅助器具资源中心需组织人员进行抽查,并将抽查情况定期上报市残疾人联合会。深圳市残疾人辅助器具资源中心服务流程如图 3-2 所示。

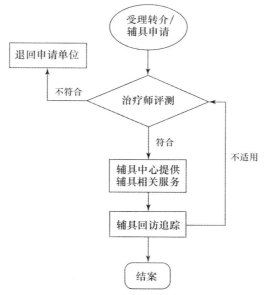

图 3-2　深圳市残疾人辅助器具资源中心服务流程[①]

---

① 深圳市残疾人辅助器具资源中心[EB/OL]. http://www.rcatc.cn/pages.asp? val＝112.

五、学校辅助器具使用情况

学校残疾学生类型较多,分为视障、听障、智障、自闭症和脑瘫五类学生,其中需要辅助器具的学生较多。为了帮助特殊学生能够更好地接受康复训练,学校按照中国残疾人联合会下发的关于《残疾人辅助器具基本配置目录》(表3-6),根据学生的需求及医院处方对其进行相关的辅助器具的配备。学生在配备辅助器具后,需要学生家长、教师及学生个人对辅助器具进行保护,以便最大限度地使用辅助器具,使其发挥最大作用。

表3-6 残疾人辅助器具基本配置目录[①]

类别		名称	使用年限	产品说明	适用对象	主要作用
肢体残疾	假肢	部分足假肢	3	由国产材料制作的假肢接受腔、机械关节、聚氨酯或橡胶假脚、国产材料外装饰套及内衬等	上、下肢相应部位截肢,经评估适合装配假肢的残疾人	代偿或弥补肢体缺失部分的功能,使截肢者在身体平衡和外观上得到改善
		踝离断假肢	3			
		小腿假肢	3			
		膝离断假肢	3			
		大腿假肢	3			
		髋离断假肢	3			
		部分手假肢	3	硅橡胶定制装饰性手套		
		腕离断简易假肢	3	国产组件及装饰性手套		
		前臂手	3			
		上臂假肢	3			
		肩部假肢	3			
		前臂肌电假肢	3	国产组件及装饰性手套	双侧上肢截肢者,其中与装配假肢对应部位经测试有实用肌电信号	通过装配假肢,使双侧上肢截肢者获得手的抓、握等功能

---

① 中国残疾人联合会[EB/OL]. http://www.cdpf.org.cn/2008old/wxzx/content/2010-03/24/content_30280208.htm. 2010-03.

续表

类别	名称		使用年限	产品说明	适用对象	主要作用
肢体残疾	矫形器	矫形鞋	2	国产材料定制产品	儿麻、偏瘫、截瘫残疾人或外伤导致的下肢功能障碍者（包括畸形）	补高及改善足部功能
		足矫形器	2			改善相应部位的功能状态（如支撑、保护、限位）
		踝足矫形器	2			
		膝踝足矫形器	2			
		膝矫形器	2			
		脊柱矫形器	2			
		颈托	2	国产材料通用产品	颈椎损伤者	保持颈部功能状态，防止损伤
	移动辅具类	助推轮椅	3	国产护理型轮椅，铝合金材质，由护理者推动	经评估需配置轮椅但自身不具备驱动轮椅能力的残疾人	丧失自主行走能力的残疾人依靠他人实现移动功能
		普通轮椅	3	固定扶手，钢质车架	需借助轮椅代步的残疾人	代步工具及增进残疾人日常生活能力
		功能轮椅	3	活动扶手，活动脚踏板，另外可根据残疾人具体情况增加头枕、身体固定带、腿托等配件。并具备附属功能，如可调为全躺位或半躺位	有位置转移需求、长时间借助轮椅活动的截瘫、偏瘫残疾人	
		电动四轮轮椅	5	由电子控制装置操作轮椅运动方向和速度，转向灵活，具有身体固定安全带和防倾斜装置；扶手及脚踏板可拆卸	高位截瘫残疾人，单侧上肢功能正常，只能依靠电动驱动轮椅的残疾人	使运动受限的残疾人实现自主移动功能
		手摇三轮车	3	多种操控形式并设有倒挡装置	下肢残疾，但上肢健全具有相应体力的残疾人	

续表

类别	名称		使用年限	产品说明	适用对象	主要作用
肢体残疾	移动辅具类	防褥疮坐垫	2	充气垫、记忆海绵垫或凝胶垫	长时间乘坐轮椅、自行移位困难的残疾人	降低褥疮多发部位的受压程度，改善局部供血供氧状况，防止褥疮发生
		助行器	3	铝合金材质，高度可调，包括框式助行器、两轮助行器、四轮助行器	下肢残疾，肌力及平衡能力较差，需借助其进行站立和行走训练，以及辅助生活的残疾人	使行走困难的残疾人实现部分行走功能
		腋拐	2	木质、钢质或铝合金材质，高度可调	下肢残疾但上肢功能健全的残疾人	
		肘拐	2	钢质或铝合金材质，高度可调	下肢伤残需借助工具行走	
	护理类	移乘板	2	高强度塑料或钢板制成，表面光滑，摩擦力小	截瘫等乘坐轮椅者移位的辅助	帮助长期卧床的重度残疾人移动
		护理床	5	手摇三折式，带床垫	重度肢体功能障碍无法独立翻身及自行坐起	方便看护人员对重度残疾人进行护理
		床护栏杆	5	包括水平扶手和防护栏	截瘫、偏瘫残疾人	防止使用者从床上跌落，辅助翻身及坐起
		床用桌	5	高度可调	截瘫、偏瘫残疾人	长期卧床残疾人进餐
		可调靠架	2	可折叠，角度可调	截瘫、偏瘫残疾人	用于卧床者坐位支撑，便于阅读、进餐等日常生活
		防褥疮床垫	2	充气垫、记忆海绵垫	长时间卧床、自行移位困难的残疾人	降低褥疮多发部位的受压程度，改善局部供血供氧状况，防止褥疮发生
		座便椅	3	可折叠，框架式，有靠背，钢质材料	因肢体功能障碍导致的如厕困难的残疾人	帮助残疾人解决如厕困难
		引流袋	一次性	由引流管、集尿袋和外阀门构成	截瘫残疾人	用于截瘫残疾人尿失禁后收集尿液

续表

类别	名称		使用年限	产品说明	适用对象	主要作用
肢体残疾	日常生活类辅具	进食类辅具	2	专用刀、叉、勺、筷、杯盘、防滑垫等	因为肢体残疾而导致日常生活（包括进食、穿衣等）能力下降的残疾人	帮助残疾人自主饮食
		衣着类辅助器具		专用穿衣、穿鞋、穿袜等		帮助残疾人穿衣
		洗漱类辅具		专用牙刷、梳子、刷子等		帮助残疾人解决洗漱困难
		居家类辅助器具		专用门把手、烹调用具、开瓶罐器、特制开关等		帮助残疾人解决居家生活中的困难
	家居无障碍改造	门的改造	10	根据需求加宽门、剔除门槛、安装折叠门等；安装坡道（固定坡道或便携式坡道）	根据残疾人需求，需要进行改造的家居环境	改善残疾人在家庭生活的状况
		扶手		专用洗手池扶手、坐便器扶手、淋浴扶手、浴凳等		
		卫生间改造		改善项目包括：水龙头、坐便器、防滑措施、门等		
视力残疾	盲文写字板和笔		5	4行×28方	盲人	盲用书写工具
	听书机		3	具备收音、电子书阅读等功能	盲人、低视力残疾人	帮助残疾人学习、接收信息
	盲杖		3	铝合金材质,包括可折叠式和直杖两种	盲人	帮助盲人行走
	光学放大镜		2	普通光学助视器，树脂或玻璃制品，含多种倍数	低视力残疾人近用（如阅读）	改善残疾人的视力状况
	眼镜式助视器		2			
	单筒望远镜		2	8倍以内,焦距可调	低视力残疾人远用（如看远处公交车牌,红绿灯等）	
	盲用手表		3	国产电子手表（语音报时）或者机械手表（触摸式）	视力残疾人	帮助视力残疾人计时

续表

类别	名称	使用年限	产品说明	适用对象	主要作用
听力残疾	闪光门铃	1	有闪光装置的门铃	听力残疾人	提示听力残疾人
	助听器	4	包括盒式助听器、耳背式助听器等		改善残疾人的听力状况
	震动闹钟	2	具备震动功能的报时装置		提示听力残疾人
	环路放大器	3	环路放大器是根据电磁原理设计的一种放大器，它将电信号转换成磁场能量，供具有电磁接收功能的接收器使用（如助听器的"T"档或"MT"档）		适用于语音教学及助听器配戴者使用
电脑辅助器具	盲用电脑软件	4	配置电脑辅助器具的残疾人要求已具备个人电脑基本配备（如电脑主机、显示器、键盘）	六岁以上视力残疾人	帮助残疾人使用电脑
	键盘保护框			六岁以上肢体残疾人	
	特殊鼠标				
	手部辅助支架				
	沟通板		采用嵌入式技术，可以将日常的沟通模式转化为语音、图形符号、文字等组合成扩大性输入/输出	智障和自闭症儿童等语言沟通障碍人群	帮助语言障碍者进行沟通

续表

类别	名称	使用年限	产品说明	适用对象	主要作用
儿童残疾	坐姿椅	3	具有调整功能，有放置双手的操作平台、限位装置	不能自行保持坐姿的残疾儿童	帮助残疾儿童保持坐姿
	坐姿保持装置	3	定制或模塑产品		
	儿童轮椅	3	除轮椅基本配置外，还包括各种固定装置及限位装置	因脑瘫等原因需长时间借助轮椅进行生活、活动的残疾儿童	改善肢体残疾儿童的活动能力
	儿童站立架	3	进行站立康复训练用辅助器具	不能自行站立的残疾儿童	帮助残疾儿童自行站立
	儿童助行器	3	手扶拉进式助行器，钢质或铝合金材质，高度可调，带止退装置	独立步行困难的残疾儿童	帮助残疾儿童独立行走
	儿童助听器	3	数字式助听器、大功率或特大功率	听力残疾儿童	改善残疾儿童听力状况
	无线调频系统	3	无线调频发射和接收装置，与助听器相连接	听力残疾儿童	听力残疾儿童学习和生活用

第 4 章　特殊教育学校学生康复的方法

国家在《中国残疾人事业"九五"计划纲要(1996—2000)》《中国残疾人事业"十五"计划纲要(2001—2005)》《中国残疾人事业"十一五"发展纲要(2006—2010)》《中国残疾人事业"十二五"发展规划纲要》《中共中央国务院关于促进残疾人事业发展的意见》等文件中多次强调要重视特殊学生的康复。国内外的特殊教育实践证明,如果把特殊教育学校只作为单纯的教学单位,对特殊需要的学生仅实行单纯的教育,而没有医疗和康复等方法的介入,特殊学生的康复便难以取得最理想的效果。在此背景下,深圳元平特殊教育学校坚持"以生为本、育残成才"的办学宗旨,坚持医疗康复、教育康复、职业康复、心理康复和社区康复相结合的全面康复模式,促进了本校学生的全面康复和身心的全面发展。

第 1 节　医疗康复

医疗康复(medical rehabilitation)是在"医教结合"的理念下对特殊学生实施康复的一门科学,与教育康复、职业康复、心理康复和社区康复共同组成一个完整的康复体系。医疗康复是由康复医学的专业人员利用康复医疗的方法、仪器帮助特殊学生康复的一门科学。

元平特校从办学以来,一直探索如何使"医"和"教"更加合理地结合起来。2007年,学校校领导带队考察了南宁、广州、东莞等地的康复机构,回校后结合学校的实际情况,经过多次修改和讨论,完成了"元平特校'医教结合'康复模式的改革与创新"的调研报告。元平学校提出了要建立"立足于教育,以教育为本,以医促教(以物理康复治疗为主),建立具有深圳特色的立体多元康复体系"和"康复普及率100%和每个孩子都享受到专业的康复服务"这两个目标。目前,元平特校正积极地探索与实践各类特殊学生的医疗康复,并很好地促进了学生的全面康复。

一、医疗康复政策简介

国家计委、国家教委、民政部、财政部、劳动部、卫生部及中国残疾人联合会编制的《中国残疾人事业五年工作纲要(1988—1992)》中指出"科学技术的进步,使残疾人的功能和能力可以通过医疗的、工程的、心理的、社会的以及其他手段,得到恢复和补偿……借鉴国外经验,结合我国传统医学,充分利用现有医疗卫生网和社会保障网,充实康复内容,增加康复功能,开展康复工作"。《中国残疾人事业"八五"计划纲要(1991—1995)》总目标中指出要使"残疾人接受康复、教育、医疗保健的人数增加",在实现任务的措施中指出"逐步在全国四分之一的三级综合医院设立康复科(室)"。《中国残疾人事业"九五"计划纲要(1996—2000)》和《中国残疾人事业"十五"计划纲要(2001—2005)》中多处都提到在残疾人的康复过程中要重视医学的作用。《中国残疾人事业"十一五"发展纲要(2006—2010)》中指出"康复是帮助残疾人恢复和补偿功能,增强生活自理和社会适应能力,平等参与社会生活的基础"。并在主要措施中指出要"整合资源,发挥医疗卫生机构、社区服务机构、学校、幼儿园、福利企事业单位、残疾人活动场所等现有机构、设施和人员的作用,大力开展社区康复服务;加强二级以上综合医院康复医学科室建设,推动基层卫生机构开展肢体残疾康复训练与服务"。《中国残疾人事业"十二五"发展规划纲要》中指出"十二五"期间要"使残疾人基本生活、医疗、康复、教育、就业、文化体育等基本需求得到制度性保障""全面开展医疗康复、教育康复、职业康复、社会康复"。随着康复医学的发展和国家对于医疗康复的支持,目前我国在残疾人的康复工作中逐渐形成了医疗康复、教育康复、职业康复和社区康复相结合的全面康复体系。

二、医疗康复的原则和意义

(一)医疗康复的原则

首先,坚持以特殊学生的需要为前提的原则,要根据特殊学生的具体情况和特点选择他们最需要的康复类型和康复方法。

其次,坚持以特殊学生为中心的原则,要充分发挥特殊学生的主动性和积极性,只有特殊学生自己能够主动配合康复,康复工作才能进展得比较顺利并能取得很好的康复效果。

第三,坚持医疗康复与其他康复方法相结合的原则,纯粹的医疗康复方法,难以取得最理想的康复效果,将医疗康复与教育康复、心理康复和职业康复相结合,实行全面的康复,才能最有效地促进特殊学生的康复。

第四,坚持循序渐进的原则,既有医疗康复时间的循序渐进,还有医疗康复量的循序渐进。

第五,坚持长期性原则,医疗康复不是一两天就能实现的,是一个长期的过程,需要特殊学生坚持进行医疗康复。

(二) 医疗康复的意义

对特殊学生实行医疗康复是贯彻《中国残疾人事业"十二五"发展纲要》等国家政策的体现,而且实践证明医疗康复能很好地促进特殊学生的康复。医疗康复作为特殊学生全面康复的重要组成部分,并与其他的康复穿插在一起,可以增强教育康复、职业康复、心理康复和社区康复的康复效果。

三、医疗康复的方法

(一) 中医疗法

中国医学博大精深,中国传统医学认为,人体以五脏为中心,通过经络系统把五脏六腑、五官九窍、四肢百骸连接成为协调、统一的整体。这一思想对医疗康复具有指导意义。

中医疗法包括中药康复疗法、针灸康复疗法、推拿康复疗法和气功疗法等,在此简要介绍中药康复疗法和推拿康复疗法。

1. 中药康复疗法

所谓中药康复疗法,是以中医理论为基础,以辩证法为指导,应用中药学和方剂学的原理和方法,对康复临床中所遇到的患者的脏腑、经络、气血和阴阳失调及虚损等病机进行调治,以减轻其功能障碍,促进其身心健康的重要疗法。[1]

中药康复疗法可分为外治法和内治法。中药外治法是利用具有康复治疗作用的中药,经过一定炮制加工后,通过对患者全身或局部病位及穴位的敷、洗、熏、贴等外用途径,达到药物康复目的的治疗方法。外治法可分为膏药疗法、熏蒸疗法、熨敷疗法和熨洗疗法等。而中药内治法是最常用的中医治疗方法。清代医学家程钟龄在《医学心悟》中把内治法概括为"汗、吐、下、和、温、清、消、补"八法。[2] 中药康复疗法在脑瘫、听障等特殊学生的康复过程中有很重要的作用。有很多的康复机构和医院就采用中药药浴的方法对特殊学生进行康复。而且,实践证明,中药康复疗法能缓解部分特殊学生的症状。

2. 推拿康复疗法

推拿具有通经络、行血气、消淤行滞、消肿止痛的功效,并能增进局部营养、防止肌肉废用萎缩,促进瘢痕变软和损伤修复。此外,还能调补气血、固本培元,有增强体质、消除疲劳、恢复元气的作用。一般根据推拿手法的形态将其分为六类。

---

[1] 树荣.康复疗法学[M].北京:华夏出版社,2003:357.
[2] 树荣.康复疗法学[M].北京:华夏出版社,2003:357-362.

① 摆动类：包括滚法、一指禅推法、揉法等。
② 摩擦类：包括按摩法、擦法、推法、搓法、抹法等。
③ 按压法：包括按法、点拨、捏法、拿法、捻法、踩法等。
④ 叩击法：包括拍法、击法、弹法等。
⑤ 振动类：包括抖法、振法等。
⑥ 运动关节类：包括摇法、背法、扳法、拔伸法等。

以上各类手法都要求做到持久、有力、均匀、柔和，从而达到"深透"，也就是把手法作用的力传达到病变的所在的部位。[①] 国内有一些康复中心、学校、医院设有医疗康复设施设备，利用推拿、按摩、针灸及手法等对特殊学生进行经络疏通，以增强学生的体质，调和气血，增强身体的协调性，改善学生的睡眠质量及感觉统合失调现象，并已取得很好的康复效果。

（二）物理疗法

物理疗法包括运动疗法和理疗。运动疗法是物理疗法的主要部分，它是通过运动对身体的功能障碍和功能低下进行预防、改善和功能恢复的治疗方法。理疗主要是应用除力学因素以外的电、光、声、磁、水、冷、热等各种物理因素去治疗疾病，促进患者的康复。以下简要介绍运动疗法、电疗法、冷热疗法和水疗法。

1. 运动疗法

运动疗法是根据特殊学生的特点和功能情况，借助治疗器械、治疗者手法、特殊学生自身的积极参与，通过主动与被动运动方式来达到治疗目的，从而使特殊学生全身或者局部的运动、感觉等功能得以恢复的训练方法，是主要的医疗康复方法之一，包括肌力训练、关节活动训练、耐力训练、平衡能力训练、协调能力训练、牵引技术等。

运用运动疗法要坚持以下几个原则：① 要坚持循序渐进的原则。既要注意量的渐进，也要注意质的渐进。② 掌握持久锻炼和积极主动、全身性锻炼的原则。③ 注意运动疗法方法的选择。④ 注意根据学生特点的不同制订不同的治疗计划。

运动疗法可以提高中枢神经系统和植物神经系统的调节能力；提高代谢能力、改善心肺功能；维持和恢复运动器官的形态和功能；促进代偿机制的形成和发展。运动疗法在脑瘫学生、智力落后学生和自闭症学生的康复中占有很重要的地位。

元平特校根据本校学生的实际特点，为1—9年级的脑瘫学生开设了运动

---

① 树荣.康复疗法学[M].北京：华夏出版社，2003：368.

功能训练课程。此门课程将医疗康复和教育康复结合起来,通过康复体操的形式对脑瘫学生的肩关节、肘关节、腕关节、髋关节、膝关节、踝关节等部位进行训练,此外通过借助各种器械和游戏训练脑瘫学生肌肉的承受能力、肢体活动能力和身体的平衡及协调能力。根据智障学生身心发展规律及特殊性、发展性、选择性等教育康复原则,以促进智障学生身心的健康发展、潜能的充分开发和终身康复需要的满足为目的,运用运动疗法训练智障学生的平衡觉和运动觉。针对自闭症学生感知迟钝或过于敏感、动作反应慢、感觉统合不协调等问题,开设了感觉运动课程,训练自闭症学生的坐、爬、走等粗大运动和抓、捏、撕等精细运动等。

2. 电疗法

电疗法是通过电流或电磁场预防和治疗疾病的方法。经常使用的有直流电疗法、低频电疗法、中频电疗法和高频电疗法。应用电压 50~100 V 直流电治疗疾病的方法,称为直流电疗法。直流电疗法可以促进血液循环、改善营养和代谢过程。医学上把频率 1000 Hz 以下的脉冲电流称作低频电流或低频脉冲电流。应用低频脉冲电流来治疗疾病的方法称为低频电疗法。低频电疗法主要用于刺激神经肌肉、使肌肉收缩、镇痛、促进局部血液循环以及促进骨折和伤口愈合等。临床上应用频率为 1000~100000 Hz 的脉冲电流治疗疾病的方法,称为中频电疗法。中频电疗法可以促进局部血液循环、镇痛、消炎、软化疤痕、松解粘连和刺激神经肌肉。频率大于 100 kHz 的交流电属于高频电流。应用高频电流作用于人体以治疗疾病的方法,称高频电疗法。高频电疗法可以止痒镇痛、改善局部血液循环、改善局部组织营养代谢和镇静。[①]

元平特校根据学生的需求,引进了经络导平治疗仪和痉挛肌治疗仪等电疗设备,用经络导平治疗仪对脑瘫学生的踝关节、髋关节、膝关节、肩关节、头颈部等部位进行治疗。用痉挛肌治疗仪对脑瘫学生的肘关节屈曲肌群、肘关节伸直肌群、腕关节屈曲肌、腕关节伸直肌群、髋关节屈曲肌群、髋关节伸直肌群、膝关节伸直肌群、膝关节屈曲肌群等部位进行治疗。

3. 冷热疗法

冷热疗法是利用低于或高于人体温度的物质作用于体表皮肤,通过神经传导引起皮肤和内脏器官血管的收缩和舒张,从而改变机体各系统体液循环和新陈代谢,达到治疗的目的。[②] 冷疗法可以分为局部冷疗法和全身冷疗法。

---

① 电疗法[EB/OL]. http://www.iiyi.com/med/thread-1814187-1.html. 2017-03-10.
② 冷热疗法[EB/OL]. http://wenku.baidu.com/view/5655933a580216fc700afdd0.html. 2010-09-03.

局部冷疗法可以使用冰袋、冰帽和冷湿敷,全身冷疗法可以用温水擦浴和乙醇擦浴。冷疗法可以止血、止痛、消炎与退热等。[①] 热疗法可分为浅表热疗和深层热疗。浅表热疗常用的方法有热敷法、石蜡浴和红外辐射。浅表热疗可以缓解疼痛、增强组织延展性、减少或消除软组织发炎及肿胀、加速组织愈合、减少软组织和关节挛缩和减轻肌肉挛缩。深层热疗也称为超声疗法,是使用声波来刺激皮肤表层以下组织的治疗方法。深层热疗可以缓解疼痛增强组织延展性、减少或消除软组织发炎及肿胀、加速组织愈合减少软组织和关节挛缩和减轻肌肉挛缩等。[②] 元平特校引进了湿热疗仪器和石蜡疗仪器,对脑瘫学生的上肢和下肢进行治疗,并取得很好的治疗效果。

4. 水疗法

水疗法是指利用水的温度、水静压、浮力和水中所含有的化学成分,以不同的方式作用于人体以治疗疾病的方法。水的治疗作用有温度刺激、机械刺激和化学刺激。水疗法包括步行浴、起跑浴、涡流浴、气泡浴、喷流浴等。[③] 元平学校有室内游泳馆,康复老师定期组织学生到游泳馆进行康复训练。康复训练主要包括水中肌肉力量的训练(上肢肌肉群练习、下肢肌肉群练习、头部及躯干肌群的练习)、水中关节活动度的训练(踝关节、髋关节、膝关节、肩关节、肘关节、头颈部、躯干部的关节)、水中平衡能力的训练(坐位平衡、膝立位平衡、站立平衡和行走训练)和水中综合练习(水中游戏训练)等。

(三)作业疗法

作业疗法是促进残疾人独立生活能力的一种治疗,在香港译为职业治疗,在台湾译为职能治疗。作业疗法是为恢复患者功能,有目的、针对性地从日常生活活动、职业劳动、认知活动中选择一些作业,对功能障碍者或残疾人进行训练,改善或提高其功能水平的一种康复治疗方法。作业疗法有提高特殊学生生活自理能力、改善肢体功能、认知功能、感知功能和克服心理障碍的作用。根据作业的名称可以将作业疗法分为木工作业、编织作业、黏土作业、制陶作业、手工艺作业、电器装配与维修、日常生活劳动、认知作业和治疗性游戏等等。[④]

元平特校在"医教结合"理念指导下,针对脑瘫学生开设了作业治疗课程。作业治疗课程是通过具有某种目的性的作业和活动来促进脑瘫学生健康生活

---

① 冷热疗法[EB/OL]. http://www.docin.com/p-102868642.html. 2010-12-02.
② 热疗法[EB/OL]. http://wenku.baidu.com/view/a7b731ea5ef7ba0d4a733b2f.html. 2012-04-07.
③ 卓大宏. 中国康复医学[M]. 北京:华夏出版社,2003:397.
④ 作业治疗[EB/OL]. http://www.doc88.com/p-614924021131.html. 2012-09-04.

的一种康复类课程。脑瘫学生开展作业治疗的目的：减轻致残因素所造成的后果,通过专业化的训练、游戏、文娱活动、集体活动等,促进脑瘫学生的感觉运动技巧的发展,掌握日常生活活动技能,提高言语、认知和社会生活能力,争取达到生活自理和能够接受正常的教育或特殊教育,为将来参与社会活动、劳动和工作奠定基础。

元平特校作业治疗课程的内容包括日常生活活动、休闲活动和职业前的技能。其中日常生活活动内容包括：① 进食与饮水；② 如厕功能训练；③ 穿脱衣服功能训练；④ 梳理功能训练；⑤ 淋浴/盆浴功能训练；⑥ 上下床功能训练；⑦ 高级手功能训练等。休闲活动包括：① 桌上足球；② 空气球；③ Wii 游戏；④ 飞行棋；⑤ 五子棋；⑥ 跳棋；⑦ 大富翁(益智桌面游戏)；⑧ 跳舞毯；⑨ 电子打鼓游戏；⑩ 折纸等。职业前的技能包括：① 家政类；② 家居类；③ 编织作业；④ 书法、绘画；⑤ 园艺；⑥ 雕塑等。

（四）语言疗法

语言疗法是特殊学生医疗康复的方法之一,主要是针对失语症和无语症、构音障碍、语言发展迟缓、口吃等问题的学生进行语音矫正和言语康复训练,尽可能地帮助他们与他人进行正常的语言交往。

1. 失语症和无语症

失语症(aphasia)是指发生在不同年龄阶段上的语言表达和语言理解功能完全的或部分的丧失。脑营养障碍、脑出血、脑动脉硬化、脑封闭性和开放性颅脑损伤等都可能导致失语症。[1] 失语症可分为运动性失语症、感觉性失语症、失读症、命名性失语症以及职场失语症等。[2]

在对失语症学生进行治疗的过程中,开展治疗工作的人员要尊重失语症学生,理解他们的需要,与他们建立一种良好的关系,充分利用当时当地所拥有的资源为失语症学生的康复创设条件和契机。此外,还需充分利用失语症学生的兴趣来帮助失语症学生康复。失语症的训练方法包括综合感知法、触觉分析法、图片使用法、顺序性言语使用法、词义扩发法、图示法、讨论训练法等等。

无语症是由发生于出生前、出生过程中及出生后一岁前后的大脑器质性损伤造成的言语发展严重滞后。无语症学生一般无法通过自然途径获得言语。无语症分为感觉性无语症和运动性无语症。感觉性无语症的特点是在有

---

[1] 失语症的评价与训练[EB/OL]. http://wenku.baidu.com/view/5e9398c4aa00b52acfc7ca5a.html. 2011-08-04.

[2] 失语症[EB/OL]. http://baike.baidu.com/view/144210.htm. 2017-03-10.

听力、有能力发展口语的情况下在理解言语方面发生障碍。失语症学生语音听觉发生困难,缺少对口语的注意力和记忆力。运动性无语症学生在能够理解言语的情况下,难以掌握表达技能。他们基本上能和其他学生一样及时地开始理解别人的话,但是自己却不能表达自己的观点。

无语症学生的言语训练根据无语症类型的不同而采用不同的训练方法。感觉性无语症学生言语训练的过程中要充分利用无语症学生的视觉,因为视觉是他们受损较轻的感觉渠道;严格控制无语症学生的言语活动量,活动量太大,学生容易疲劳和失去耐心;要帮助无语症学生广泛地建立词与物之间的联系;激发他们对言语的需求和学话的积极性;努力发展他们的语音听觉。运动性无语症学生的语言训练工作十分复杂和艰巨,可以分阶段进行训练。第一个阶段的主要任务包括:诱导无语症学生模仿说话;发展无语症学生的一般运动能力;训练构音器官的活动能力。第二阶段的主要任务是系统地教无语症学生学习发声,并把声音运用到咿呀语式的词汇中。第三个阶段主要是训练无语症学生对新学的词汇进行加工。第四个阶段的基本任务是帮助无语症学生独立地使用言语。[①]

2. 构音障碍

构音障碍是指由于构音器官先天性或后天性的结构异常,神经、肌肉功能障碍所致的发音障碍以及虽不存在任何结构、神经、肌肉、听障所致的言语障碍,主要表现为完全不能说话、发音异常、构音异常、音调和音量异常和吐字不清,不包括由于失语、儿童语言发育迟缓、听障所致的发音异常。

构音障碍的矫治一般分为辨音、正音和正常发音技能的迁移。辨音指帮助构音障碍学生辨清自己的异常发音同正常发音的差异,能够正确地辨音是学生进行构音障碍矫治的前提。正音是利用各种方法矫治学生的构音错误,使他们掌握符合公认标准的构音技能,克服异常发音,这是整个构音矫治工作的基本环节。所谓正常发音技能的迁移,就是帮助构音障碍学生将已经形成的正确发音技能运用到日常的交往言语中,把话说清楚,以便将别人的注意力由他们的说话方式转移到他们的说话内容上。不同的矫治阶段采用的训练方法有所不同,一般通过听觉训练游戏等来训练学生的辨音能力,通过正确发音技能的导出、正确发音技能的巩固和相似声音的分辨来训练构音障碍学生的正音能力,通过日常生活、角色游戏等训练他们的正常发音技能的迁移能力。[②]

---

①② 银春铭,于素红. 儿童语言障碍矫正[M]. 北京:人民教育出版社,2001:277-335,105-151.

3. 语言发展迟缓

语言发展迟缓是指儿童在发育过程中，其语言发育未达到与其实际年龄相应的水平。但不包括由于听障而引起的语言发育迟缓，以及构音障碍等其他语言障碍等类型。这里的语言发展主要是指学生的言语理解能力和利用词汇和语法知识进行言语表达的能力的发展。学生语言发展迟缓具体表现为开始说话的年龄晚，言语的发展速度慢，在语言的基本构成（词汇、语法和语音）上达到的水平低。从临床的角度一般讲语言发展迟缓分为单纯的语言发展迟缓和症状性语言发展迟缓。前者指学生仅有的障碍就是语言发展迟缓，后者指语言发展迟缓表现为其他障碍的一种症状。

语言发展迟缓学生的语言训练要注意以下几个方面：① 首先要丰富学生的词汇，有了大量的词汇，学生才能更加自信，更加顺利地与他人进行交流。但是，丰富学生的词汇并不等于语言训练就局限于积累词汇，要将词与句结合起来。② 密切结合学生的认知活动。认识事物是获得语言的先决条件，而言语的发展反过来促进学生认知能力的发展和对世界的认识。而学生的认知活动又与学生的游戏、日常生活、学习活动等联系在一起。因而，因充分利用学生的这一系列活动来训练学生的语言。③ 充分发挥游戏的作用。游戏是学生的基本活动，在游戏中对学生进行语言训练，学生会很感兴趣、很配合教师的训练。④ 争取全校教师的密切合作。争取学校的全体教师为学生创设一种接纳、宽容的态度，为学生提供习得语言的机会。⑤ 争取学生家人的全面配合。帮助语言发展迟缓学生的家人正确地看待子女、尽可能为学生提供优越的语言环境、安排尽可能充分的活动机会、与学校教师密切配合学生的语言训练。①

4. 口吃

口吃是一种言语流畅性障碍，表现为言语的正常进程因不能自控的阻塞及重复而中断。这种阻塞和重复主要由言语器官肌肉的抽搐所致。口吃学生有重复发音、起音困难、言语中阻、拖长字音等构音特征。口吃多发生于学生当中，尤其是学前学生。据捷克专家季曼（M. Seeman）统计，60％的初期口吃特征出现于学生学会连贯言语的三至五岁时期。下一个口吃的时期是六到七岁。这时，神经质型的学生进入陌生的学校环境后，容易受到心理伤害而发作口吃。到青春性成熟期，在内分泌系统急速发展的影响下，大脑皮质的兴奋性和反应性过分强烈，导致原来不明显的口吃复发和加剧的情况。

导致口吃的原因还有：① 遗传，母亲家族方面的遗传的口吃案例比父亲家族方面遗传的口吃案例多一倍。② 疾病，一些慢性疾病不会导致口吃，但

---

① 银春铭，于素红. 儿童语言障碍矫正[M]. 北京：人民教育出版社，2001：337-362.

是会加剧口吃。伤风往往是口吃加剧或复发的原因。③ 气候，春秋两季，学生的机体状况比较差，气候和天气的变化影响学生说话。④ 家庭环境，家人的指责、嘲笑、家庭不和睦等易导致和加剧学生的口吃。⑤ 学校环境，在学校中阅读时或者回答问题时，学生说话容易卡住，此时同学的讥讽和教师的议论等可能为学生的口吃创造条件。⑥ 惊吓和恐吓往往引起学生的情感震动、使学生突然出现口吃，并伴有呼吸器官和血液循环系统的障碍。受惊吓的学生说话带着痉挛性的停顿、抽搐性地重复声音和词语，此时会出现口吃的初期特征，之后可能会被固定下来。⑦ 模仿，如果学生长时间同口吃学生或者成人交往，就很容易因模仿他人而产生口吃。

矫正口吃的目的不仅在于消除错误的言语节奏、形成正确的说话技能，更重要的是矫正口吃者的心理和行为问题，培养其健康的个性品质。因而在矫正学生口吃的过程中要注意言语矫治和心理治疗相结合。在矫正学生口吃的过程中要根据学生口吃阶段的不同采取不同的矫治方法。

初期口吃主要指学前学生及学龄初期学生的言语结巴现象，这时学生尚未意识到自己的言语问题，缺少言语恐惧心理，因而不会为回避口吃做任何的特别努力。在初期口吃阶段，教师和家长要尽可能为学生创设一种安宁的家庭氛围，避免使孩子陷入过分激动、窘迫或受挫的情境；要多鼓励学生说话，多注意听学生说话；要用平静、温和的方式与学生说话；尽量保持学生的身体健康，如果学生突然出现言语阻塞、重复现象要检查学生是否生病；不要让孩子听到"口吃"这个词；不要在学生说话时督促说"快一点""慢一点"等，不要表现出使学生终止说话及意识到自己言语不好的任何举止；不要在学生说话阻塞或重复时表现出不耐烦的样子等。此外，还可以针对口吃学生的特点有针对性地进行个别的或小组的语言训练。教师可以在游戏活动中让学生跟着自己说话，让学生练习通过看图说话学会的语句，让学生在表演节目、散步等活动中独立说话，培养说话技能。

顽固口吃阶段，口吃学生已经意识到自己的言语问题，并关注周围的人们对其言语问题的反应和评价，对说话产生忧虑及恐惧。在此阶段，教师和家长要确定恰当的矫治目标，矫正口吃学生的个性障碍，培养口吃学生正确的言语技能。在此阶段，口吃学生的自我矫治非常重要。口吃学生要养成慢速说话的习惯，犯口吃时要平静、安然、不着急、不挣扎，不掩饰自己的口吃，尽力改掉回避、拖延或替代的习惯，决心排除或减缓任何异常的伴随动作及习惯，保持与谈话对方的视线接触，细心体验自己在口吃时的肌肉活动，设法改变或消除异常的肌肉抽搐现象。①

---

① 银春铭，于素红.儿童语言障碍矫正[M].北京：人民教育出版社，2001：433-479.

第 2 节　教育康复

《中华人民共和国残疾人保障法》中规定"国家保障残疾人受教育的权利。各级人民政府应当将残疾人教育作为国家教育事业的组成部分,统一规划,加强领导。国家、社会、学校和家庭对残疾学生、少年实施义务教育"。《中国残疾人事业"十二五"发展规划纲要》中明确指出要"全面开展医疗康复、教育康复、职业康复、社会康复"。元平特校,作为深圳市一所全日制的特殊教育学校,按照国家政策的要求,积极开展特殊学生的义务教育和教育康复,并已取得很大成效。教育康复(educational rehabilitation)是通过教育与训练的手段,提高残疾者的素质和能力,这些能力包括智力、日常生活的操作能力、职业技能以及适应社会的心理能力等方面。特殊教育学校特殊学生的教育康复旨在提高特殊学生的文化知识能力;培养特殊学生热爱祖国、热爱家乡、热爱学校、关心他人以及接纳自己的精神。教育康复的最终目的是让特殊学生能够独立地生活,能够很好地参与社会。

一、教育康复的模式

教育康复的模式是教育康复在运行过程中的相关要素构成的理论模型和操作程序等。[①] 特殊教育学校特殊学生教育康复的模式可以按照实施教育康复的场所分为特殊学校模式、随班就读模式、普通学校特殊班级模式、资源教室模式等。

（一）特殊学校模式

特殊学生教育康复的特殊教育学校模式是古老的、传统的特殊教育模式,是为不同类型的特殊学生,尤其为有严重障碍的学生设立的专门特殊学校。专门的盲校、聋校、培智学校等都是这种教育模式的体现。我国目前有2503余所各类型的特殊学校,这些学校承担了我国特殊教育的主要任务。这些特殊学校由于基础较好,设备比较齐全,是各地特殊教育的教学、科研和人员培训的中心。我国特殊学校有半日制、全日制、寄宿制等多种形式。特殊学校一般都配有经过系统培训的特殊教育师资和比较齐全的教学设施,适合中、重度障碍特殊学生的教育康复。近年来,我国一些特殊教育学校已经开始招收自闭症等类型的特殊学生入学。

---

① 黄建行,雷江华.智障学生职业教育模式[M].北京：北京大学出版社,2011：17.

（二）随班就读模式

特殊学生教育康复的随班就读模式是指特殊学生在普通教育机构的普通班级中和普通学生一起接受教育的一种特殊教育模式。1988年教育部根据我国特殊教育的发展方针和多年教育实践发展的经验提出，"坚持多种形式办学，逐步形成以一定数量的特殊教育学校为骨干，以大量的特殊班和随班就读为主体，进行障碍学生少年教育的新格局。"随班就读投资少、见效快，有利于普及特殊学生义务教育。随班就读方便障碍学生就近入学，有利于特殊学生和普通学生"一体化"，实现教育融合，促进特殊学生健康发展，能使特殊学生在最少限制的环境中接受教育，有利于他们更好地适应社会。

（三）普通学校特殊班级模式

特殊学生教育康复的普通学校特殊班级模式是在普通学校中设立特殊教育班级对特殊学生实施特殊教育的一种教育模式。特殊班级通常由10～15个学生组成。特殊班级的教师是受过特殊教育专业训练的教师。特殊班的教学多采用个别教学的方法，有针对性地进行教学。在这个特殊教育班里，教师必须根据学生障碍的种类和程度进行适当的训练活动。特殊学生除了在特殊教育班学习外，还要和普通班的学生一起参加某些活动，以提高他们与普通学生的交往能力和社会适应能力。

（四）资源教室模式

特殊学生教育康复的资源教室模式是回归主流运动中一种比较有效的教育模式，那些被安置到普通班学习的特殊学生用部分时间到资源教室接受补救或强化性的特殊教育。资源教室是对轻、中度障碍学生较为常用的安置方式。特殊学生教育康复的资源教室模式最初流行于美国和加拿大，近十年来，已被许多国家所接受。资源教室模式的特点是能最大限度地利用普通学校现有的人力、物力资源。运用特殊学生教育康复的资源教室模式，首先是要建立一两个资源教室。这种教室比一般的教室要大一些，根据需要隔成几个教学角。教室里不仅要配置教学的基本设备，如黑板、讲台、桌椅等，还要配置专为特殊教育服务的语言教学机、盲用打字机、专用电子计算机及一系列测试与评定的量表和其他测试工具。资源教室由专人管理，通过课表安排不同类型的特殊学生来此接受特殊教育。

二、教育康复的原则和意义

（一）教育康复的原则

① 零拒绝原则，任何教育阶段的特殊学生，不论其性别和民族都有接受教育康复的权利，任何学校都不能以学生的某种缺陷为由将他们拒之门外。

② 早期干预原则，很多研究都证明早期干预对特殊学生的康复很重要，因为学生早期特别是学龄前期，有很多的发展关键期。若在关键期内对特殊儿童进行干预，就能取得很好的康复效果，如，学前的听障儿童语训等。过了关键期之后，在对特殊学生进行干预就很难甚至无法取得理想的效果。

③ 无偏见评估原则，学校对特殊学生的评估要公平，无偏见才能比较准确地诊断出学生有哪些特殊教育需要，才能为以后教育康复计划的制订提供科学的依据。对特殊学生的评估不能以某一位教师的意见为准，必须综合评估小组的评估意见。

④ 个别化原则，每位特殊学生的特殊情况都不一样，需要教师通过评估、观察和与家长沟通等方法充分掌握孩子的基本情况，再为每个孩子制订个别教育计划，进行有针对性的教育康复。

⑤ 以学生为主体的原则，在教育康复的过程中，要充分尊重学生的意愿，要发挥学生的主动积极性，康复内容的选择要充分尊重学生的意愿，在康复的过程中，教师以引导和支持为主。

⑥ 生活化原则，主要是指教育康复内容和教育方式的生活化。生活化的教育康复内容和教育方式，特殊学生更容易学习和接受，而且更容易在生活中进行运用。此外，特殊学生的康复目的是让他们能够独立生活，所以，在教育康复的过程中，教师应坚持生活化原则。

⑦ 家长参与性原则，家长有权参与特殊学生的评估、诊断、教育康复计划的制订等。家长参与教育康复，不仅可以减轻教师的负担，而且家长可以学习教师的康复方法，回家后就能更科学地继续对特殊学生实行康复。

⑧ 无障碍环境原则，接收特殊学生的学校或机构要为特殊学生创设无障碍的环境，包括自然环境和心理环境。自然环境指学校的各种场所的无障碍，心理环境指教师等康复人员对特殊学生的无条件接纳，这对特殊学生而言非常重要。

(二) 教育康复的意义

对特殊学生实行教育康复，是贯彻《中国残疾人事业"十二五"发展纲要》等国家政策的体现。教育康复，不仅可以促进特殊学生生理上的康复，还可以促进他们的心理康复。而且，教育康复可以提高他们的人际交往能力、智力、日常生活能力和职业技能等，以促进他们以后更好地生活。同时，教育康复作为全面康复的一部分，并与医学康复、职业康复、心理康复和社区康复融合在一起，可以有效地促进特殊学生的康复。

三、教育康复的方法

特殊学校的教育康复贯穿于日常的教育教学过程之中,针对不同类型的特殊学生采取不同的教育康复方法。而且,义务教育阶段教育康复的方法都是贯穿于学校为特殊学生开设的课程之中。元平特校根据本校脑瘫学生、自闭症学生、智障学生、听障学生和视障学生的特点和康复需求开设了不同的康复课程。

（一）脑瘫学生的教育康复

元平特校脑瘫学生的教育康复已经形成了一个比较完善的体系。脑瘫学生新入学的时候,学校为脑瘫学生进行智力测试和适应行为评估,然后组织教师根据本校脑瘫学生的特点编写适合他们生理和心理特点的校本教材,再根据校本教材以及学生的情况开展教学活动,并将教育康复的内容融入其中。

脑瘫学生的教育康复是基于"以人为本"的理念,尊重脑瘫学生人格意愿及需要,培养学生具有初步的爱国主义、集体主义精神,使学生具有初步的社会公德意识、法制观念及乐观向上的生活态度。在教学的过程中教师坚持"引导式教育"的理念,引导学生掌握实用的基础文化知识和基本技能,并能初步运用所学知识与技能分析问题、解决问题;通过"生活适应""劳动技能"等课程的教育与康复,使学生养成正确的劳动态度和习惯,掌握简单的劳动技能,具有生活自理、社会适应、职业适应的能力;通过"生活语文""生活英语"等课程的教育,使学生具有基本的听、说、读、写的能力及掌握相应的沟通手段;通过"唱游与律动""信息技术"以及专门的康复课程使学生的运动协调能力、肌力、关节活动度得到改善;通过"艺术休闲"和活动课程等,使学生初步具有健康的审美情趣。通过这一系列课程,以及融合于课程中的教育康复,使学生初步掌握锻炼身体和康复训练的基本方法,最终促使脑瘫学生能够适应社会的发展。

（二）自闭症学生的教育康复

元平特校自闭症学生的教育康复同样做出了自己的特色,在日常的课程教学中结合"应用行为分析法""结构化教学"的理论,采取分组教学与个别训练相结合的教学形式,并在教学过程中融入教育康复。在为自闭症学生开设的听觉统合训练、音乐治疗、多感官综合治疗、启智训练、注意力训练、手眼协调训练、蒙台梭利训练等丰富的康复活动中也融入教育康复的内容。

自闭症学生的教育康复旨在让学生有爱祖国、爱人民、爱劳动、爱科学、爱社会主义的情感,养成文明、礼貌、遵纪守法的行为习惯,具有良好的品德。学校为自闭症学生开设了"生活适应""劳动技能""绘画与手工""艺术休闲"等课程,旨在通过这些课程的教学以及融合在课程中的教育康复,让自闭症学生初步掌握实用的基础文化知识和基本技能,初步具有运用所学知识与技能分析问题、解决问题的能力;初步掌握锻炼身体的基本方法,具有较好的个人卫生习惯,身体素质和健康水平得到提高;初步具有健康的审美情趣;掌握实用的日常生活、劳动的知识和技能;培养学生自尊、自信、自强、自立的精神和维护自身合法权益的意识,具有基本的生活自理、与人交往和社会适应的能力,成为平等参与社会生活的公民,促使他们人格、智能、知识、体质、体能、艺术修养和社会行为等方面的全面发展。

(三)智障学生的教育康复

元平特校智障学生的教育康复也开展得非常出色,学校根据学生在各个发展阶段的不同需求,将教育过程分为学会生存阶段(小一至小三)、学会适应阶段(小四至小六)、学会发展阶段(中一至中三)。在实际的教学过程中遵循由浅入深、循序渐进的"螺旋式"发展原则,将集体教学与个别化教学相结合,注意学生的个别训练,突出学生的潜能开发特色,教学的过程伴随着教育康复。

智障学生的教育康复使学生有初步的社会公德意识和法制观念;具有乐观向上的生活态度;具有基本的文化科学知识和适应生活、社会以及自我服务的技能;具有基本的身心保健知识与能力;具有初步的健康审美情趣和相应的审美能力;形成正确的劳动态度,掌握简单的劳动技能,养成健康的行为习惯和生活方式,在成为适应社会发展的公民这个总目标的前提下,设置了"生活语文""生活数学""生活英语""劳动技能""运动与保健""综合实践活动"等课程,希望通过这些课程的学习与教育康复,不同智障程度的学生达到不同的康复目标。第一层级,帮助学生补偿缺陷与重建功能,初步改善生活能力;第二层级,帮助学生减轻功能限制,提升参与社会生活的能力;第三层级,促进学生全面康复,实现潜能开发。

(四)听障学生的教育康复

元平特校听障学生的教育康复同样是伴随在平时的教育教学之中。与脑瘫学生、自闭症学生和智障学生不同的是,义务教育阶段听障学生文化知识的学习非常重要,尤其是高年级的听障学生,他们在康复的同时还肩负着考大学的任务,但是本校在提高听障学生文化知识的同时,对他们的教育康复依然非常重视。所以本校为低年级听障学生除了开设国家实验课程之外,还开设了语训课,通过先进的听力语训设备,培养学生的听说能力。

本校根据听障学生的特点和需求以及国家教育部颁布的《聋校义务教育

课程设置实验方案》,为听障学生开设了"思想品德与社会""科学""语文""数学""英语""沟通与交往""体育与健康""艺术""劳动"以及"综合实践活动"等课程,旨在通过教学使听障学生热爱祖国、热爱人民、热爱中国共产党;具有社会主义民主法制意识,遵守国家法律和社会公德;具有社会责任感,逐步形成正确的世界观、人生观、价值观,努力为人民服务;具有创新精神、实践能力、科学和人文素养以及环境意识;具有适应终身学习的基础知识、基本技能和方法;具有生活自理能力、社会适应能力和就业能力;具有健壮的体魄、良好的心理素质,养成健康的审美情趣和生活方式,培养自尊、自信、自强、自立的精神,成为有理想、有道德、有文化、有纪律的一代新人。

(五)视障学生的教育康复

义务教育阶段特殊学校视障学生主要以学习文化知识为主,并在学习的过程中进行教育康复。为了促进视障学生的教育康复,元平特校为视障学生的教育坚持以培养学生的综合能力、代偿视功能缺陷为目标。

义务教育阶段视障学生的课程包括"语文""数学""英语""科学"等基本的文化课,还开设了"美工""音乐""陶艺"等艺术课以及"定向行走""综合康复"和"社会适应"等康复课程,教师教学的过程就是对学生进行教育康复的过程。元平特校旨在通过这些课程的教学和康复,培养学生作为社会公民所应有的自理与自控、道德与修养、与人交往与职业适应等社会能力,补偿视障学生社会能力发展缺陷,促进视障学生社会化。提高学生的认知能力、运用信息技术辅助学习和社会交往的能力,开发视障学生的音乐潜能、培养视障学生的音乐能力等。

第3节 职业康复

职业康复作为特殊学生全面康复的重要组成部分,在特殊学生适应社会和生活中发挥着巨大的作用,特殊学生的职业康复一直受到国家的重视和支持。《残疾人(职业康复)和就业公约》第二部分中规定了残疾人职业康复原则和就业政策。《中国残疾人事业"十二五"发展规划纲要》明确指出要"全面开展医疗康复、教育康复、职业康复、社会康复"等。《中华人民共和国义务教育法实施细则》规定:"实施义务教育的学校可根据城乡经济、社会发展和学生自身发展的实际情况,有计划地对学生进行职业指导教育和职业预备教育或者劳动技艺教育。"职业康复是连续的、统一的全面康复过程中的一部分,是为残疾人获得并保持适当的职业并使其参与或重新参与社会生活而进行帮助的过程。[①] 特殊教育学校学生的职业康复是特殊学生全面康复的重要组成部分,是全面提高特殊学生的素质,使之顺利融入社会,成为社会主义劳动者的必由之路。元平特校根据国家的各项相关政策、学生的特点以及学校的实际条件,为义务教育阶段的特殊学生开设了劳动课程,课程包括生活指导、劳动技术和职业技术,以期促进学生的职业康复,并已取得很大的成效。

一、职业康复的现状

职业康复的形成历史较短,就职业康复的实施模式而言,我国尚处于摸索阶段。我国现阶段较为常见的职业康复形式有以下两种:一种是由政府部门开办的各种职业康复中心,为残疾人提供包括作业治疗、物理治疗、心理治疗等相关内容的康复服务;另一种是由私营教育或康复机构开展的职业康复服务,这种职业康复服务大都直接套用学龄期"特殊教育"的模式,只是对前期教育康复工作进行时间上的延续,没有开设与职业相关的、系统的康复训练。这两种职业康复服务在实施过程中都存在着诸多不足,比如说:职业评定的方法不当,不能较为准确有效地对康复服务者进行客观的评定;职业培训的力度不够、形式单一,很难达到预期的效果;职业咨询和职业指导的作用不明显,不能为残疾人获取或重新获取工作,进而参与社会生活提供有效的帮助。简而言之,职业康复的实施很难实现预期目标,很少有学生能够通过现有的职业康复服务来有效地提升自己的综合职业能力,进而获得并保持适当的职业。[②] 特殊学校特殊学生的职业康复,尤其是义务教育阶段的职业康复,主要是通过各种职业性质的课程、培训和实习来实施的。

二、职业康复的原则和意义

(一)职业康复的原则

① 坚持"以生为本"的原则。根据学生的生理特点和特殊需要,为特殊学生选择适合他们的职业康复类型。不同类型的特殊学生,他们的生理特点和特殊需要不一样,他们的潜能也不一样。在职业康复的过程中,要坚持"以生为本",充分尊重特殊学生,充分挖掘他们的潜能,帮助他们发现自己的长处和职业定向,帮助他们找到适合自己的职业。

② 坚持早期介入、系统康复的原则。特殊学生的职业康复可以在义务教

---

① 卓大宏.中国康复医学[M].北京:华夏出版社,2003:630.
② 残疾人的职业康复实施[EB/OL].http://jiguang.ci123.com/article.php/6537.2011-12-31.

育小学阶段就进行引导,进行基本的生活指导和简单的劳动技能的教育和培训。职业康复是一个漫长的过程,一定要有耐心和计划,要为特殊学生提供一个系统的职业康复。

③ 坚持职业康复和其他康复途径相结合的原则。职业康复的过程中结合心理康复和医疗康复等康复方法,会比单纯的职业康复取得更好的效果。

(二) 职业康复的意义

对特殊学生进行职业康复是贯彻落实《残疾人(职业康复)和就业公约》和《中国残疾人事业"十二五"发展规划纲要》等政策的体现。特殊学生的职业康复是特殊学生全面康复的重要组成部分,特殊学生的职业康复可以促进特殊学生的全面康复。职业康复可以帮助特殊学生提高生活自理能力和独立生活的能力,可以增强特殊学生的自信,减轻特殊学生的家庭负担。

三、职业康复的内容

国际劳工组织(ILO)在1985年《残疾人职业康复的基本原则》中明确规定了职业康复的主要内容,包括以下六个方面:① 掌握残疾人的身体、生理和职业能力状况;② 就残疾人职业训练和就业的可能性进行指导;③ 提供必要的适应性培训、心理功能的调整以及正规的职业培训;④ 引导从事适当的职业;⑤ 提供需要特殊安置的就业机会;⑥ 残疾人就业后的跟踪服务。这六个方面归结起来主要包括,职业评定、职业咨询、职业培训和职业指导这四个方面的内容。[①]

(一) 职业评定

职业评定是职业康复的第一个环节,是运用科学系统的理论与方法对残疾人完成某项工作所必需的能力倾向进行评定。目的是为了评定残疾人的作业水平和适应职业的可能性。职业评定是一个综合性的过程,国际劳工组织指出,从职业与工作角度对残疾人进行的评定工作主要包括医学评定(确定残疾造成的身体功能障碍的情况)、生理学评定(确定与活动相关的身体动作)、心理学评定(确定残疾者的智力与职业活动兴趣等)、职业活动评定(确定残疾人的技能水平、职业的适应性和作业能力等)这四个方面。目前我们国家职业评定主要内容见图4-1。

---

① 卓大宏.中国康复医学[M].北京:华夏出版社,2003:633.

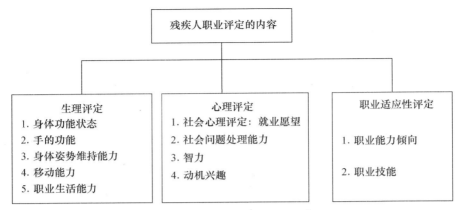

图 4-1 残疾人职业评定系统①

通过职业评定,可以诊断、指导和预测残疾人的职业发展的可能性,并为科学的职业指导、训练与制订职业康复计划提供依据。

(二) 职业咨询

职业咨询是通过人际交往使残疾人有关职业活动方面的问题得到指导、教育和帮助的过程。② 美国学者帕森斯·威廉逊提出了职业咨询的内容和方法,他概括了以下六个咨询步骤:① 分析:分析有关被咨询者的资料,包括态度、兴趣、家庭背景、教育进展、学识和能力倾向等;② 综合:根据个案材料和被咨询者的特征以及职业特长进行综合、整理,得出对其职业能力发展的印象;③ 诊断:诊断和描述被咨询者显著的特征,比较个人能力测验图和职业对能力的要求,查出问题之所在;④ 预测:预测或判断问题和调整的可能性,为被咨询者指示选择恰当的职业计划的调整方案;⑤ 商量:同辈咨询者共同商量怎样做才能达到现在或将来所期望的目的;⑥ 重复:当新的问题出现时,重复以上步骤,进一步帮助被咨询者实现合乎希望的行动计划。

残疾人就业咨询过程中应注意以下几个问题:① 与被咨询者建立良好的咨询关系。树立指导者的信誉、尊重被咨询者,对被咨询者的材料要保密。② 培养被咨询者的自我了解能力。帮助他们了解自己的长处和短处,才能在职业选择中注意扬长避短。咨询者应向被咨询者解释测验材料和职业咨询报告,与来访者商谈,达成共识。③ 提出职业发展和解决职业问题的建议。咨询者首先让被咨询者谈出自己的选择、目标和看法,然后根据已有的材料对其

---

① 卓大宏.中国康复医学[M].北京:华夏出版社,2003:636.
② 卓大宏.中国康复医学[M].北京:华夏出版社,2003:642.

选择、目标和看法提出建议。建议的方法有三种：一是直接建议，即咨询者公开、坦率地说出自己的看法；二是说服方法，咨询者对已掌握的资料做逻辑性的判断，帮助被咨询者认识自己选择的利弊和得失，使他对原有计划作出更符合实际的选择；三是解释方法，即咨询者逐渐地、细致地解释被咨询者的特点，并指出何种人格特性适合于何种职业。④ 制订科学可靠的职业发展计划。若被咨询者在建议下选择了合适的职业领域，咨询者要帮助被咨询者将计划付诸实践，这种帮助包括职业选择、培训、工作安置等内容。[①]

（三）职业培训

职业培训是围绕残疾人所希望的职业目标，在职业技术、工作方法、工作速度、工作效率、人际关系、工作适应能力等多方面进行的训练。通过职业培训可以增强残疾人的自信心，提高他们的工作能力、处理人际关系的能力和对工作的适应能力，使他们建立良好的职业道德。职业培训包括岗前培训和在岗培训。残疾人职业培训的内容因对象的类型不同而有所差异。但是，都强调残疾人的基础文化教育、专业技能教育和职业道德教育等。

（四）职业指导

残疾人职业指导主要是根据我国劳动就业的法律、政策和劳动力市场的需求情况，帮助需要求职的残疾人选择适当的职业并保持这项工作。我国现有专门的职业指导师，他们在对残疾人进行职业指导的过程中首先要理解残疾人的身体、生理、职业能力、心理个性特点、兴趣爱好、家庭背景等基本信息；其次，职业指导师会为需求职的残疾人提供一些合适的招聘信息、相关的法律法规和政策等；再次，职业指导师还会根据残疾人的具体情况为求职的残疾人树立正确的择业观，尤其是帮助他们正确认识自己的职业能力、职业技术水平和潜能；最后，职业指导师还会在残疾人就业之后，帮助他们更快地适应环境，有时还会提供就业跟踪服务。

四、各类特殊学生的职业康复

特殊教育学校义务教育阶段特殊学生的职业康复因其类型不同而有所不同，这主要是因为各类特殊学生生理、心理特点和潜能的不同而决定的。另外，还与学生所在的特殊教育学校的师资和各种硬件设备相关。元平特校作为全国著名的全日制特殊教育学校，共有脑瘫学生、自闭症学生、智障学生、听障学生和视障学生五类特殊学生，他们之间的职业康复要求各不相同。脑瘫学生和自闭症学生主要以医疗康复、教育康复、心理康复等为主，职业康复占

---

① 卓大宏.中国康复医学[M].北京：华夏出版社,2003：642-643.

的比例很小。因此,此处主要介绍元平学校义务教育阶段智障学生、听障学生和视障学生的职业康复情况。

(一)智障学生的职业康复

义务教育阶段智障学生的职业康复主要通过智障学生的劳动技术教育课的形式进行。劳动技能课程是以教育学、生理学、康复学以及社会科学为基础,对义务教育阶段智障学生进行自我服务劳动、家务劳动、公益劳动、服务技能的相关知识和技能培养,依据智障学生的身心特点而开设的综合性、操作性的康复课程。

1. 劳动技能课的目标

(1)总目标

劳动技能课以培养学生简单的劳动技能为主,对学生进行职前劳动的知识和技能教育。通过劳动技能的训练,培养学生劳动的意识和兴趣,使学生掌握一定的劳动知识与技能,养成良好的劳动习惯,具备一定的社会适应和职业适应能力,并通过动手操作练习,发展学生的身体协调性和手眼协调能力。

(2)分层目标

元平特校根据智障程度的不同,对他们的劳动技能课要达到的要求也不同,具体表现为:轻度智障学生:为满足智障学生在个人、家庭和社会工作方面的生存需要,所以选择了家政服务、客房服务、园艺劳动和社区服务等劳动技能内容作为职前劳动教育的主体。可以根据各阶段学生的身体发育和接受能力特点,从拓展内容中选择和增加适当内容。中度智障学生:低年级、中年级主要进行简单的环境整理、废物处理和简单的园艺劳动的学习,养成良好的劳动习惯。高年级家政的学习内容主要是食物加工;为了与本校高中职业教育接轨,职前劳动的学习内容主要是园艺劳动或客房服务。重度智障学生:在教师指导下学习简单的环境整理和废物处理、园艺劳动以及简单食物加工等技能,养成良好的劳动习惯,提高自我服务的意识和能力。

2. 劳动技能课的具体内容

元平特校根据智障学生的生理和心理特点,确立劳动技能训练与智障学生今后面临的职业趋向相结合的原则,从家政服务、客房服务、园艺劳动、社区服务四大领域对学生进行劳动技能训练,具体内容如下。

(1)家政服务

① 整理物品

A. 整理和摆放生活用品(如鞋子、毛巾、洗漱用品、水桶、脸盆、水杯等)。

B. 整理学习用品(如文具盒、图书、书包等)。

C. 整理和摆放玩具。

② 家庭清洁

A. 认识家庭清洁用品和工具。

B. 了解家庭清洁的准备。

C. 清洁地面(如会扫地、拖地、使用吸尘器吸净地毯或地面的灰尘等)。

D. 擦拭与刷洗(如会搓洗和拧干抹布；会用抹布擦拭桌椅、柜子、门、窗台；会使用清洁剂擦拭窗户、镜子等；会将水槽、浴缸清洗干净，必要时会使用清洁剂；会用消毒水或洁厕灵刷洗马桶；会使用清洁剂擦拭厨房的墙面和台面等)。

③ 衣物的清洁和整理

A. 衣物的清洁。认识清洗衣物的清洁用品(肥皂、洗衣粉等)；认识清洗衣物的工具(刷子、脸盆、洗衣机等)；会将衣物按颜色深浅、材质、肮脏程度分类，准备清洗；会用手搓洗小件衣物，并会用清水洗净；会用洗衣机洗涤衣物，掌握正确的洗衣和脱水方法。

B. 衣物的晾晒。用衣架晾衣服；晾衣物于绳子上，能用夹子固定；使用活动衣架晾晒衣物。

C. 折叠衣物。会折叠毛巾、浴巾、长短衣裤、被子等；会把折叠好的衣物分类放置。

D. 修补衣物。认识缝衣工具；会穿线打结；会把脱落的扣子缝上；会缝直线(手缝和机缝)；会缝补小破缝(手缝和机缝)。

E. 鞋子的清洁和美容。刷洗运动鞋；选择相应颜色的鞋油擦不同颜色的皮鞋。

④ 食物加工

A. 认识常见食物。认识常见食物(主食类、生鲜类、零食类等)，并能分类；认识调味品的名称与分类(盐、糖、味精、辣椒、胡椒、酱油、醋等)；能分辨食物是否新鲜与保质(根据生产日期等标志)；会分类存放食物于冰箱或其他合适地方。

B. 认识与使用常见厨具、餐具等。认识常用餐具的名称与分类(如碗、碟、筷子、调羹等)，并会分类放置；认识常用的名称与分类(如刀、砧板、炒锅、锅铲、汤煲、汤勺等)；会使用汤匙、开瓶器、刨丝器、削皮刀、菜刀等工具。

C. 烹煮食物。会用冷水煮简单食物(如烧开水、煮蛋、煮绿豆水、煲稀饭、煲汤等)；会用滚水煮简单食物(如：泡方便面、下面条、速冻汤圆、馄饨、速冻水饺等)；会用少量油煎炒简单食物(如煎荷包蛋、煎饼、炒菜等)；会用电饭锅或蒸锅蒸煮简单食物(如蒸热剩余饭菜、速冻食品、根茎类食物等)。

D. 常见家用厨具的使用和维护。使用电热水器烧水(灌暖瓶、泡茶);使用电饭煲煮米饭(稀饭);使用微波炉加工简单食物;会用电动果汁机榨果汁;会使用抽油烟机并能定期清洁。

E. 常见厨具的清洁、整理和消毒。会清洁厨具(锅、铲等),并分类放置;会清洁餐具(碗、筷子、碟子等),并分类放置;清洁水槽,必要时使用清洁剂;清洁灶台,必要时使用清洁剂;清洁厨房的地面和墙面。

(2) 客房服务

① 客房服务的礼仪

懂得客房服务的准备和着装;服务客人的正确用语;与客人沟通的技巧。

② 整理客房

会按正确的程序整理床单、被子、枕头等床上用品;正确有序地摆放房间物品;知道不动客人的行李和物品。

③ 清洁客房

A. 认识清洁用品和工具。

B. 了解清洁过程中的准备工作。

C. 清洁地面。会用扫把扫地;会把垃圾扫入簸箕内;会把垃圾倒入垃圾桶;会换装垃圾桶里的垃圾袋;会把垃圾放置于指定地点;会用吸尘器吸净地面。

D. 擦拭与刷洗。会搓洗和拧干抹布;会用湿抹布擦拭桌椅、柜子、门、窗台等;会用干抹布擦拭各种家电、皮沙发、窗户玻璃、镜子;会用清洁剂清洗厕所地面、墙面瓷砖;会用消毒水(洁厕灵)刷洗马桶,会用清洁剂清洗水槽、浴缸等;会用拖把拖地,清洗拖把。

(3) 园艺劳动

① 认识并会使用常见的园艺工具:铲子、锄头、喷壶、水桶、枝剪等。

② 种子的种植:种植的准备(松土、选种等);不同种子的种植方法。

③ 移植:能根据不同的植物进行移植,保证植株成活。

④ 植物的护理:能根据天气和植物的生长情况给植物浇水;能根据天气和植物生长情况给植物施肥;除虫(人工除虫和药物除虫);能根据植物的生长情况给植物剪枝;能根据植物生长情况给植物松土;使用支架固定植株的方法;常见植物的嫁接程序和方法。

(4) 社区服务

① 社区服务的礼仪:社区服务的正确着装;与社区居民见面问好的礼仪;与人沟通的技巧。

② 社区门卫服务:看管好小区公物;收发报纸和邮件。

③ 社区清洁服务：清扫小区；清理垃圾并放置于固定的垃圾收集点。

④ 物流技能：认识物品包装上的物品名称；知道搬运物品的注意事项；能合理使用简单交通工具(推车等)运送物品；能对所运送的物品进行交接(计数等)，并能与人沟通。

3. 劳动技能课程的评估

通过劳动课程的评估，可以了解学生对劳动技能的具体掌握情况，同时也可以知道教师的教学情况怎样，为以后的教学计划以及康复计划的制订提供依据。元平学校对学生劳动技能课程的评估包括诊断性评估、形成性评估和总结性评估。以"洗毛巾"这个主题的评价为例，具体内容如下，见表 4-1，表 4-2 和表 4-3。

表 4-1　劳动技能课程诊断性评估表

评估项目例：洗毛巾

领域	次领域	评估主题	评估项目	操作材料	是否独立完成	备注
家政服务	家庭清洁	洗毛巾	认识毛巾、肥皂、脸盆等物品名称			
			能挑选出洗毛巾的工具(脸盆、肥皂)			
			能按正确的程序和方法洗毛巾			
			能判断毛巾是否洗干净			
			能够拧干毛巾			
			能够正确晾晒毛巾			

使用说明：

1. 本评估表可以依据学生的实际情况通过观察和活动进行评估。

2. 必要时教师可适当动作示范。

3. 学生独立完成用"√"标注，不能独立完成用"×"标注。

表 4-2　劳动技能课程形成性评价表

评估项目例：洗毛巾

1. 评估形式：建议采用同学互评、学生自评、家长评价以及教师评价相结合的形式。

2. 评估标准：在操作实践中完成考评，分"掌握、基本掌握、没掌握"三个等级。分别用"√、〇、×"进行标记。

3. 评估阶段：以一个月为单位时间进行阶段性评估一次。

4. 体现学习过程中的情感态度等因素，主要由教师根据学生学习过程中的表现给予评价。对于练习认真、比较认真和不够认真的分别给予记录"☆☆、☆、△"标记。

测评领域	次领域	测评内容（主题）	测评时间	自我评价	同学互评	家长评价	教师评价		备注
							掌握情况	兴趣态度等	
家政服务	家庭清洁	洗毛巾							

表 4-3　劳动技能课程总结性评价表

评估项目例：洗毛巾

1. 评估形式：建议采用同学互评、学生自评、家长评价以及教师评价相结合的形式。

2. 评估标准：结合主题内容进行测评，分前测和后测，根据完成情况划分"掌握、基本掌握、没掌握"三个等级，分别用"√、〇、×"进行标记。

3. 评估阶段：以一个学期为单位时间评估一次。

4. 以一个学期为单位时间对所学习的内容进行描述性评价。

测评领域	次领域	测评内容（主题）	测评时间	自我评价	同学互评	家长评价	教师评价	学期描述性评价
家政服务	家庭清洁	洗毛巾	前测					
			后测					

（二）听障学生的职业康复

全面落实《中国残疾人事业"十二五"发展规划纲要》，对听障学生实行职业康复，是促进听障学生全面康复的重要途径，是提高听障学生的职业素质，使他们能够更加顺利地融入社会，成为社会主义劳动者的必由之路。

现阶段特殊教育学校的职业康复仍然是通过职业教育课程来实施。元平特校为听障小学低年级的学生开设了生活指导课，小学高年级开设了劳动技术课，初中阶段开设了职业技术课。其中的技术课程包括信息技术和美术方面的专业技能。下文以听障学生义务教育阶段的信息技术课为例。

1. 听障学生信息技术课的课程理念

① 提升听障学生的信息素养，使信息技术成为终身受用的工具，培养学生自强不息的奋斗精神；② 营造良好的信息环境，重视可持续发展，为听障学生打造终身学习的平台；③ 充分考虑听障学生的生理和心理差异，实行分类教学；④ 注重利用信息技术帮助聋生补偿缺陷、开发潜能，提高听障学生的语言和交往能力；⑤ 注重运用信息技术解决问题的方法，提高听障学生的实践能力；⑥ 注重培养听障学生的合作精神，构建健康丰富的信息文化；⑦ 加强与普通教育的融合，增强听障学生平等参与和融入社会的意识。

2. 听障学生信息技术课的目标

(1) 总目标

培养听障学生对信息技术的兴趣和意识,让学生了解和掌握信息技术基本知识和技能,了解信息技术的发展及其应用对日常生活和科学技术的深刻影响。培养他们获取信息、传输信息、处理信息和应用信息的能力,有效地利用信息技术帮助聋生补偿缺陷、开发潜能,提高他们的语言能力和社会交往能力,教育学生正确认识和理解与信息技术相关的文化、伦理和社会等问题,培养学生良好的信息素养,把信息技术作为支持终身学习和合作学习的手段,为适应信息社会的学习、工作和生活打下必要的基础。

(2) 阶段目标

学校根据听障学生的特点,按照年级的不同为听障学生设置了阶段性的目标,具体如下。

第一学段(三至五年级):① 初步建立对计算机的感性知识,了解计算机在日常生活中的应用,培养听障学生学习、使用计算机的兴趣和意识;② 确立正确的学习态度,养成爱护机器设备、遵守机房规则等良好习惯;③ 初步学会用计算机处理文字、图形的技能;④ 初步掌握信息获取与处理的基本方法;⑤ 培养良好的信息意识,了解信息技术的发展及其对社会的影响;⑥ 培养与人共事的协作精神。

第二学段(六至八年级):① 有较强的信息意识,深入了解信息技术的发展及其对社会的影响;② 掌握网络的基本知识,学会信息获取、传输、处理、应用的基本方法;③ 熟练掌握一种汉字输入方法;④ 能较好地对文字、图形、动画、视频等素材进行加工与处理;⑤ 初步掌握数据处理的基本方法;⑥ 掌握利用网络进行人际交流、融入社会、回归主流的能力;⑦ 能用科学的态度,自觉依法进行与信息有关的活动。

3. 计算机课程的主要内容

第一学段(三至五年级):重点学习计算机入门的基础知识,学习图形的绘制与处理以及简单的操作系统的相关知识,了解信息技术基本工具的具体内容及其使用方法,着重学习一种汉字输入的方法及字处理的软件 Word 的使用。

第二学段(六至八年级):主要学习演示文稿的制作,字表处理软件的使用,图像、动画、视频等多媒体素材的处理及网页制作等信息技术的综合应用,并进一步熟练掌握一种汉字输入方法(对于听障学生来说,五笔字型输入法是比较合适的选择)。

4. 听障学生义务教育阶段计算机课程的评估

对听障学生的计算机学习情况的评估主要采取同学互评、学生自评、家长评价以及教师评价相结合的形式。每一学年结束时,会有计算机考试。

(三)视障学生的职业康复

元平学校义务教育阶段视障学生的职业康复主要通过计算机课程、陶艺课等来实施,计算机课与听障学生的类似,就不再重复论述,此处以陶艺课为例进行阐述。元平特校所有的视障学生都会上陶艺课,在陶艺课上视障学生的身心都是自由的,在不违反纪律的情况下,他们可以想用泥做什么都是允许的。所以,陶艺课没有什么具体的目标。其实,陶艺课本身就是一种康复,视障学生在上课的过程中,通过玩泥、创作,已经在制作的过程中锻炼了手的协调能力,训练了抽象思维能力,提高了自信心等。因而,陶艺课在潜移默化中就促进了视障学生的康复。陶艺课的内容见表4-4。

表4-4 元平学校一至六年级视障学生陶艺课内容

第一学年上学期(一年级)	第一学年下学期(一年级)
1.《参观陶艺教室》《有趣的陶泥》	1.《小汽车》(2)
2.《印个小手印》	2.《机器人》(2)
3.《棒棒糖、小饼干、面条和小方糕》	3.《泥球累积——小皿》
4.《糖葫芦》	4.《泥条盘筑——小皿》
5. 自由创作	5. 自由创作
6.《我的项链》(1)	6.《塔》(2)(泥块搭筑)
7.《塔》(1)(泥球累积)	7.《脸》(2)
8.《泥片装饰》	8.《我最喜欢的……》(1)
9.《脸》(1)	9.《泥片拼接——小皿》
10.《泥片成型——小碟子》	10.《小精灵》
11.《泥球累积——小烛台》	11. 自由创作
12. 自由创作	12.《小牛》
13.《蜗牛》	13.《人物》(2)
14.《我的相框》(1)	14.《泥板装饰——指划法》
15.《泥条盘筑——小碟子》	15.《鱼》(1)
16. 自由创作	16. 自由创作
17.《茶杯》(1)	17.《苹果》(1)

续表

第一学年上学期（一年级）	第一学年下学期（一年级）
18.《机器人》(1)	18. 自由创作
19.《小汽车》(1)	19.《茶杯》(2)
20.《人物》(1)	20.《集体合作——壁饰》(1)
第一学年上学期（二年级）	第一学年下学期（二年级）
1.《陶艺小常识》(1)	1.《陶艺小常识》(2)
2.《泥球累积——小笔筒》	2.《玉米杯》
3.《泥球累积——小方盒》	3.《泥球、泥条烟盅》
4.《泥条盘筑——小笔筒》	4.《泥条盘花——小皿》
5. 自由创作	5. 自由创作
6.《叶子与小肥虫》	6.《方形泥板的制作与装饰》(1)
7.《我的相框》(2)	7.《机器人》(3)
8.《泥条盘筑——小方盒》	8.《小乌龟》
9.《蛋糕与面包》(1)	9.《我最喜欢的……》(2)
10.《小汽车》(3)	10.《特殊技法——钢丝切割》
11.《泥球、泥条合筑—小笔筒》	11. 自由创作
12.《自由创作》	12.《圆形泥片的制作与装饰》
13.《塔》(3)	13.《鱼》(3)
14.《十二属相——猪》	14.《船》(2)
15.《船》(1)	15.《十二属相——兔》
16.《茶杯》(3)	16.《脸》(3)
17.《小茶壶》(1)	17.《人物》(4)
18.《鱼》(2)	18. 自由创作
19. 自由创作	19.《集体合作——壁饰》(1)
20.《人物》(3)	20.《集体合作——壁饰》(2)
第一学年上学期（三年级）	第一学年下学期（三年级）
1.《陶艺趣闻》(1)	1.《陶艺趣闻》(2)
2.《我的项链》(2)	2.《泥球累积——小花插》(2)
3.《玉米杯》	3.《泥条盘筑——小花插》
4.《泥球累积——小花插》(1)	4.《泥板围筑——小花插》(2)

续表

第一学年上学期(三年级)	第一学年下学期(三年级)
5. 自由创作	5. 自由创作
6.《泥条盘筑——小花插》(1)	6.《泥条盘筑——方盒》
7.《塔》(4)	7.《机器人》(4)
8.《蛋糕与面包》(2)	8.《特殊技法——工具的运用》
9.《方形泥板的制作与装饰》(1)	9.《我最熟悉的……》
10.《小坦克》(1)	10.《船》(3)
11.《房子》(1)	11. 自由创作
12.《方形泥板的制作与装饰》(2)	12.《模具的运用》
13. 自由创作	13.《修光初步——带把子的杯子》
14.《钢琴》(1)	14.《小坦克》(2)
15.《飞机》(1)	15.《十二属相——鸡》
16.《鱼》(4)	16.《小茶壶》(2)
17.《泥板围筑——小花插》(1)	17.《茶杯》(4)
18. 自由创作	18. 自由创作
19.《水果》(1)	19.《脸》(4)
20.《人物》(5)	20.《集体创作——城堡》(1)
第一学年上学期(四年级)	第一学年下学期(四年级)
1.《陶艺简史》(1)	1.《陶艺简史》(2)
2.《首饰》	2.《泥球累积——花插》(2)
3.《泥球累积——花插》(1)	3.《泥条盘筑——花插》(2)
4.《泥条盘筑——花插》(1)	4.《泥板围筑——花插》(2)
5.《泥板围筑——花插》(1)	5. 自由创作
6. 自由创作	6.《异形》(2)
7.《小房子》(2)	7.《钢琴》(3)
8.《叶形小盘》	8.《小茶壶》(3)
9.《钢琴》(2)	9.《脸谱》(2)
10. 自由创作	10.《我最近关注的……》(3)
11.《修光初步——泥球小碗》	11. 自由创作

续表

第一学年上学期(四年级)	第一学年下学期(四年级)
12.《脸谱》(1)(实践课)	12.《飞机》(1)
13.《脸谱》(1)(陶艺课)	13.《人物》(2)(创作课)
14.《异形》(1)	14.《鳄鱼》
15. 自由创作	15.《十二属相——鼠》
16.《十二属相——龙》(1)	16.《十二属相——狗》
17.《十二属相——龙》(2)	17. 自由创作
18.《战车》	18.《恐龙》(1)
19.《人物》(6)	19.《集体合作——城堡》(2)
20.《人物》(7)	20.《集体合作——城堡》(3)
第二学年上学期(五年级)	第二学年下学期(五年级)
1.《陶艺欣赏》(1)	1.《小茶杯》(1)
2.《泥球累积——花插》(3)	2.《泥条盘筑——笑脸菠萝罐》
3.《泥条盘筑——花插》(3)	3.《动物笔筒》
4.《泥板围筑——花插》(3)	4.《泥板成型——筒形横式花器》
5.《异形》(3)	5. 自由创作
6.《贝壳与陶艺》(实践课)	6.《两节葫芦瓶》(2)
7.《贝壳与陶艺》(创作课)	7.《树》(实践课)
8.《装饰盘》(1)	8.《树》(创作课)
9. 自由创作	9.《十二属相——马》
10.《十二属相——蛇》	10.《让我困惑的事……》
11.《两节葫芦瓶》(1)	11. 自由创作
12.《脸谱》(3)(实践课)	12.《小别墅》
13.《脸谱》(3)(创作课)	13.《异形》(4)
14.《十二属相——龙》(3)	14.《十二属相——虎》
15.《人物》(7)	15.《恐龙》(2)
16. 自由创作	16. 自由创作
17.《集体合作——城堡》(3)(实践课)	17.《胖猪杯子》
18.《集体合作——城堡》(3)(创作课)	18.《十二属相——龙》(4)
19.《拉坯技法——旋转的乐趣》(1)	19.《拉坯技法——旋转的小碗形花器》(1)
20.《拉坯技法——旋转的乐趣》(2)	20.《拉坯技法——旋转的小碗形花器》(2)

续表

第三学年上学期(六年级)	第三学年下学期(六年级)
1.《陶艺欣赏》(2)——陶艺创作(1)	1.《陶艺欣赏》(3)——陶艺创作(2)
2.《泥条盘筑大陶罐》	2.《礼花大罐》
3.《装饰盘》(2)	3.《三节葫芦瓶》
4.《浮雕小品》(1)	4.《切割挖空制作花器》
5.《浮雕小品》(2)	5.《我对……的理解》
6.《茶壶与茶杯》	6.《云纹钵》(3)
7.《十二属相——马》	7. 自由创作
8.《异形》(5)	8.《异形》(6)
9.《十二属相——猴》	9.《浮雕小品》(2)
10.《脸谱》(4)(陶艺课)	10.《鱼》(5)
11. 自由创作	11.《十二属相——龙》(5)
12.《人物》(8)	12. 自由创作
13.《人物》(9)	13. 自由创作
14.《我最喜欢的动画形象》(1)	14. 大型主题创作
15.《我最喜欢的动画形象》(2)	15. 大型主题创作
16. 主题创作《花器——泥性的漫想》(1)	16. 大型主题创作
17. 主题创作《花器——泥性的漫想》(2)	17. 大型主题创作
18. 主题创作《花器——泥性的漫想》(3)	18. 大型主题创作
19. 主题创作《花器——泥性的漫想》(4)	19. 大型主题创作
20. 主题创作《花器——泥性的漫想》(5)	20. 大型主题创作

第4节 心理康复

良好的心理素质是人的全面素质中重要组成部分,是未来人才素质中的一项十分重要的内容。中小学生正处在身心发展的重要时期,随着生理、心理的发育和发展,社会阅历的扩展及思维方式的变化,特别是面对社会竞争的压力,他们在学习、生活、人际交往、升学就业和自我意识等方面,会遇到各种各样的心理困惑或问题。而特殊学生由于自身的各种缺陷,往往存在自卑、孤独、自伤、攻击行为、厌学心理、过度焦虑、孤僻、自满、自私、妒忌、对抗、学习困难等心理问题。心理康复是特殊学生全面康复的一个重要组成部分,对学生的全面发展非常重要。心理康复是运用系统的心理学理论与方法,从生物—心理—社会角度出发,对患者的缺陷、弱能和残障问题进行心理干预,以提高残疾患者的心理健康水平。[1] 对特殊学生实行心理康复,不仅可以帮助特殊学生以一个更加积极的心态面对生活,以一个正确乐观的态度面对未来,而且特殊学生心理康复工作开展得好可以促进特殊学生其他康复工作的开展。

一、特殊学生心理康复的原因

特殊学生由于自身的各种缺陷,导致了他们形成了特有的心理特征。如听障学生由于不能正常地听到外界的声音,不能正常地表达自己的想法和观点,受到了其他普通学生的歧视,也让他们自己感觉低人一等,渐渐地会和普通学生进一步疏远,产生强烈的自卑心理,长期的自我封闭,会让他们缺乏自信心,情绪波动大,容易发脾气。视障学生由于视觉上的缺陷,不愿意参加社交活动,长期把自己封闭在个人生活的小圈子里,易形成孤僻、多疑和敏感的个性、强烈的自卑感;智障学生常常伴有抑郁、爱哭、易怒和害怕等情绪。

二、特殊学生心理康复的原则

首先,坚持根据特殊学生的生理特点和心理特点实行有针对性的心理康复的原则。不同类型及同一类型不同特殊学生的生理特点和心理特点有所不同,教师在实行心理康复的过程中要因学生的类型和个人的特点而采取不同的心理康复内容和方法。

其次,坚持以学生为主体的原则,在心理康复的过程中充分调动学生的主动性和积极性。学生主动积极地配合教师的心理康复非常重要,而且心理康复最后主要靠学生自己的努力。如果学生不配合,往往会事倍功半。

最后,坚持心理康复与医疗康复、教育康复、职业康复和社区康复相结合的原则。单独的心理康复,很难取得理想的康复效果,而且往往是在教育康复、社区康复等过程中纳入心理康复。

三、心理康复方法

心理康复所使用的心理治疗方法是系统的心理学理论与方法在康复领域中的应用。特殊学生心理康复中使用的心理疗法主要包括认知疗法、行为疗

---

[1] 卓大宏.中国康复医学[M].北京:华夏出版社,2003:480.

法、音乐疗法、绘画疗法和沙盘疗法等。

（一）认知疗法

1. 认知疗法概述

从社会心理学的角度来说，认知指个体对他人、自我、社会关系、社会规则等社会性客体和社会现象及其关系的感知、理解的心理活动。认知疗法（cognitive therapy）是根据人的认知过程，影响其情绪和行为的理论假设，通过认知和行为技术来改变求治者的不良认知，从而矫正并适应不良行为的心理治疗方法。根据认知疗法理论，认知过程及其导致的错误观念是行为和情感的中介，适应不良行为和情感与适应不良认知有关。认知疗法常采用认知重建、心理应付、问题解决等技术进行心理辅导和治疗，其中认知重建最为关键。特殊学生由于自身的缺陷，往往不能正确认识自己、接纳自己、正确地认识他人和社会，从而可能会有系列性的心理和行为问题。并且，随着年龄的增长，特殊学生的心理问题会越来越突出，所以更需要教师和家长对特殊学生进行心理上的辅导和帮助，帮助他们建立正确的认知。

2. 认知疗法的分类及主要观点

依据不同的理论倾向可以将认知疗法分为理性情绪疗法、贝克认知疗法、自我指导训练、解决问题技术、认知分析治疗和应激接种训练。由于特殊学生的认知能力相对较差等原因，认知疗法在实际的康复训练中运用的很少，因此在此只简要介绍理性情绪疗法。

理性情绪疗法（rational emotion theory，简称 RET），是埃利斯（Albert Ellis）于 20 世纪 50 年代创立。理性情绪疗法的基本理论认为，人们的情绪和行为反应不是由某一诱发性事件本身直接引起的，而是经历这一事件的个体对诱发事件的看法、信念、认知和解释所引起的，即人们对发生事件的认知是决定人们情绪反应和行为的关键。这一理论也叫 ABC 理论。A 指诱发事件（Activating events），B 指个体在遇到诱发性事件之后相应的信念（Belief），C 指在特定的情境下，个体的情绪及行为的结果。

理性情绪疗法理论认为，人们对一切事件的发生，基本不外乎两种信念，即理性信念和非理性信念。所谓信念是人们对所发生事件的看法、解释和评价。如果理性信念占主导地位，人们就会采取正确的态度对待和有效的措施处理，产生的情绪反应和行为后果基本是恰当的；而当人们某些非理性信念占主导时，自然会产生一系列不良情绪反应，其行为是消极的、不良的。非理性信念有三个常见的特点：对事和人绝对地要求，过分概括化和极端观点。[①] 理

---

① 卓大宏. 中国康复医学[M]. 北京：华夏出版社，2003：486-487.

性情绪疗法在运用的过程中可由 ABC 延伸为 ABCDE,D 是指(Disputing irrational believes)即与不合理的信念辩论,E(New emotive and behavioral effects)即通过治疗达到的新的情绪及行为治疗效果。其实理性情绪疗法最终就是要帮助特殊学生实现 E 这个目标。

特殊学生由于自身的一些缺陷,当遇到各种问题时更容易产生非理性的信念。有时总以一种过分概括化、以偏概全的思维方式想问题,从而导致自卑、抑郁等情绪。这就需要教师时刻关注学生的心理变化,当学生出现一些非理性信念,并影响到学生的情绪、学习和生活时要注意引导学生,充分利用情绪疗法的作用,帮助学生认识到自己的非理性信念,重新建构自己正确的理性信念。

(二)行为疗法

1. 行为疗法的理论基础

(1)经典条件作用理论

该理论包括巴甫洛夫在研究狗的消化过程中发现的经典条件反射理论和华生用应答性条件作用进行实验发现的操作性条件反射理论。

巴甫洛夫在实验时,用皮带把狗固定在隔间室的食物台前,用漏斗和皮管从经过外科手术处理的狗的唾液腺口处收集唾液。当给狗吃东西时,狗会分泌唾液,巴甫洛夫称此现象为"无条件刺激反射"。当给狗铃声刺激时,狗则不会分泌唾液,巴甫洛夫称之为"无关刺激"。如果在每次给狗喂食之前给予铃声刺激,然后再给狗吃东西。多次重复、强化之后,每当铃声一出现(即使在没有喂食的情况下)狗即会分泌唾液,巴甫洛夫称之为"条件刺激"。这就是有名的巴甫洛夫"经典条件反射实验"。在实验中巴甫洛夫还发现:当提供的刺激与形成条件反射的条件刺激相似时,比如摇铃时伴随其他的与铃声不同的声音,狗也会分泌唾液,巴甫洛夫称这一过程为泛化。如果他强化若干次只对狗给予铃声刺激,不予喂食,狗就会在铃声刺激下逐渐减少唾液分泌,这一现象被巴甫洛夫称为消退。

华生很早就利用应答性条件作用的知识进行实验,他曾使一个本来喜欢动物的 11 个月的男孩对白鼠产生恐惧的反应。其做法是每当这个男孩伸手要去玩弄白鼠时,实验者就在他背后猛击铁棒。经这样几次的结合之后,每当白鼠出现,这个男孩就会哭闹,出现紊乱的表现。此后又进一步发现这个男孩的这种反应又泛化到其他白色有毛的动物身上去了,本来他并不害怕的对象如兔子、狗、有毛的玩具等现在也发生了恐惧或消极的反应。即男孩对白鼠的恐惧心理发生了泛化。

(2) 操作性条件反射理论

该理论的主要代表人物是桑代克和斯金纳。桑代克把猫关在迷箱之中，它们可借助于拉绳圈、推动杠杆、转动揿钮而逃出来，关在迷箱之中的猫一开始挤栅门，抓、咬放在迷箱里的东西，把爪子伸出来等，进行了多种尝试以逃出迷箱。最后偶然发现了打开迷箱的机关。以后猫的错误行为渐渐减少，只有成功的反应保存了下来。动物就这样通过"尝试与错误以及偶然的成功"，学会了如何逃出迷箱，桑代克也把这个过程称为试误。桑代克通过这个实验还得出了效果律，即一种行为过程的发生次数受该行为的后果的影响而改变。效果律所反映的是人或动物保持或消除先前反应与效果之间的关系。一种行为之后出现了好的效果，这种行为就趋向于保持下来；如果效果不好，则趋向于被消除。这也就是斯金纳等人称之为强化的一种关系。

斯金纳的操作性条件反射是指由强化生物的自发活动而形成的条件反射。斯金纳在实验箱内放一只处于饥饿状态的老鼠，老鼠在箱内乱窜时，偶尔按压了一下能掀动食物的横竿获得了食物，强化了几次之后，条件作用就迅速形成了。踩竿反应是对环境"操作"，因此称其为"操作条件反射"。斯金纳根据其在实验中所得的观点，认为包括心理疾病在内的大多数行为都是习得的。因此，心理咨询和治疗就是要以改变对来访者起作用的强化物的方式来改变其行为。斯金纳认为，操作条件反射与经典条件反射的主要区别在于：前者是一个反应—刺激过程，而后者则是一个刺激—反应过程。斯金纳在人的被试中开展实验研究证明，人的反应可以用语言、声音或手势代替具体的强化物。同时，在实际治疗中，只要治疗者对期望的某种行为予以奖励，这种行为就会获得强化，反之就会消退。若施以惩罚，则会加快消退的速度。

(3) 学习理论

学习理论的主要代表人物是班杜拉。班杜拉的社会学习理论特别强调榜样的示范作用，认为人的大量行为是通过对榜样的学习而获得的，不一定都要通过尝试错误学习和进行反复强化。但是班杜拉并未置强化于不顾，他指出，虽然个体可通过简单的观察学会某些行为，但为使个体运用这些行为，就必须运用强化手段。班杜拉曾对社会模仿学习进行分析，将其分为下述四个过程：① 注意的过程。人们要向某个模型学习，就必须集中注意力，准确地感知对方的行为。注意过程一方面与要模仿的对象有关，如其行为的有效性、特点及行为的价值等；另一方面与观察者本人的特点有关，如其感知的能力、唤醒水平、感知习惯和过去所受过的强化的情况等。② 保持的过程。人们为了有效地进行模仿学习，必须能记得所要模仿的行为。这包括了对象和信息的双重存储，通常要利用言语进行编码。保持的目的是能够重新提取出来并付诸行动。③ 运动的再现过程。在某些阶段,对所要模仿的行为的言语信息的呈现需要有一个把它们翻译为有效的行为的过程。影响这一过程的因素有:观察者的生理能力,是否其反应已包括了必要的反应成分在内,以及在尝试采用新的行为时,是否具有正确的调适能力。④ 动机建立过程。学习的和操作性行为的一个重要的区别是在从事他们所学来的行为时,是否具有明显的动机。观察者在下列情况下更愿意采用他们通过模仿习得的行为:① 可以得到内部的奖励;② 内心认为是值得的;③ 已经见到过这种行为给模型带来过好处。班杜拉还认为影响人模仿学习的因素包括:① 被模仿人的特征:如相似性、能力、地位等;② 观察者的特征:如依赖性、从属性、安全感等;③ 观察者的参与程度:这与观察者是主动地参与或是被动地观察有关。主动地模仿更有利于行为改变的发生。[①]

2. 行为疗法的常用技术

(1) 代币法

代币法是行为疗法中运用最广泛的方法之一,它是根据操作性条件反射理论进行的,也称为阳性强化法。它是用奖励强化所期望的行为,用惩罚消除不良行为而达到目的的一种方法。教师在用代币法时,可以用各种卡片、彩纸等可以做象征性的东西作为代币,当特殊学生做出所期望出现的行为时若没有发生规定禁止的行为,就给特殊学生一个代币。最后,特殊学生可以用代币去换自己感兴趣的东西,如食物、糖果、玩具、书等。这样持久下去,以达到建立适应社会行为的目的。

(2) 系统脱敏疗法

这一方法于 20 世纪 50 年代由精神病学家沃尔帕所创,它是整个行为疗法中最早被系统应用的方法之一。最初,沃尔帕是在动物实验中应用此法的。他把一只猫置于笼子里,每当食物出现引起猫的进食反应时,即施以强烈电击。多次重复后,当食物出现时,猫就会立即产生强烈的恐惧反应,拒绝进食。最后发展到对笼子和实验室内的整个环境都产生恐惧反应。即形成了所谓"实验性恐怖症"。然后,沃尔帕用系统脱敏法对猫进行矫治,不再给猫食物的同时出现电击,逐渐使猫消除恐惧反应,最后猫回到笼中就食也不再产生恐惧。所以治疗教师在对特殊学生实施这种疗法时,首先要深入了解特殊学生的异常行为表现(如焦虑和恐惧)是由什么样的刺激情境引起的,把所有焦虑反应由弱到强按次序排列成"焦虑阶层"。然后教会特殊学生一种与焦虑、恐

---

① 社会学习理论[EB/OL]. http://www.ncbuct.com/wfy/xxcl/xuexiguocheng/2012-06-06/618.html. 2012-06-06.

惧相抗衡的反应方式,即松弛反应,使特殊学生感到轻松而解除焦虑;进而把松弛反应技术逐步地、有系统地和那些由弱到强的焦虑阶层同时配对出现,形成交互抑制情境(即逐步地使松弛反应去抑制那些较弱的焦虑反应,然后抑制那些较强的焦虑反应)。这样循序渐进地、有系统地把那些由于不良条件反射(即学习)而形成的、强弱不同的焦虑反应,由弱到强一个一个地予以消除,最后把最强烈的焦虑反应(即我们所要治疗的靶行为)也予以消除(即脱敏)。

(3) 厌恶疗法

厌恶疗法是一种帮助人们将所要戒除的靶行为(或症状)同某种使人厌恶的或惩罚性的刺激(真实的或者想象的)结合起来,通过厌恶性条件作用,从而达到减少或戒除靶行为出现的目的的一种方法。在实际的康复过程中使用厌恶疗法时,治疗教师首先要确定要减少或戒除的靶行为,然后选择一种让特殊学生厌恶的刺激,如不能和同学一起玩游戏等,当特殊学生做出靶行为时,就呈现厌恶刺激。但是需要注意,厌恶疗法中使用的厌恶刺激不能对特殊学生造成生理和心理上的伤害。

(三) 音乐疗法

1. 音乐疗法概述

音乐疗法是以心理治疗的理论和方法为基础,运用音乐特有的语言和功能,通过生理和心理两个方面的途径来进行治疗的一种方法。一方面,音乐声波的频率和声压会引起生理上的反应。音乐的频率、节奏和有规律的声波振动,是一种物理能量,而适度的物理能量会引起人体组织细胞发生和谐共振现象,能使颅腔、胸腔或某一个组织产生共振,这种声波引起的共振现象,会直接影响人的脑电波、心率、呼吸节奏等。另一方面,音乐声波的频率和声压会引起心理上的反应。良性的音乐能提高大脑皮层的兴奋性,可以改善人们的情绪,激发人们的感情,振奋人们的精神。同时有助于消除心理、社会因素所造成的紧张、焦虑、忧郁、恐怖等不良心理状态,提高应激能力。

2. 音乐疗法的方法

① 主动性音乐治疗,该方法是心理康复中使用的主要方法之一。在主动性音乐治疗活动中,治疗对象是执行角色,具体方法有歌曲演唱及音乐演奏等。使治疗对象在演奏、演唱中情绪高涨、心理充实,并逐步建立适应外界环境的能力,最大限度地调动身心各部分功能的发挥,最终达到康复目的。

② 被动音乐治疗,目前国内外治疗的一种主要方法,也是西方国家最早开展的一种治疗方法。被动音乐治疗注重治疗师的引导作用,强调欣赏音乐的环境设置。治疗师先对治疗对象催眠,使治疗对象潜意识中的活动呈现出

来，通过播放事先选好的音乐，边听边进行中性的引导，使治疗对象产生想象，然后自由联想，使治疗对象在不知不觉中，充分进行自我认识，重新认识丰富的世界。

③ 其他方法，如音乐电疗。这也是一种被动音乐治疗的方法，它是伴随着音乐治疗的发展，运用物理、中医理论与音乐治疗相结合研究的一种治疗方法，它把音乐信号转换成与音乐同步的低、中频电流，嘱咐治疗对象戴上耳机仰卧，然后将电极衬垫浸湿放在电极板上，安置于人体的不同穴位，输出 1~2 mA 的电流，通过不同的声波输入、输出，使物理能量对机体产生振动，而产生局部震颤、肌肉收缩、紧迫的感觉，从而改善局部血液循环，起到康复的作用。

(四) 绘画疗法

1. 绘画疗法概述

绘画疗法作为心理疗法的一种形式是以大脑两半球分工和心理投射理论为基础的。绘画疗法是借助绘画及其创造性的自由表现活动，使绘画者将潜意识内压抑的感情与冲突呈现出来，并且在绘画的过程中获得舒解与满足，从而达到诊断与治疗的效果。人们在绘画的过程中防御心理较低，不知不觉中就会把内心深层次的动机、情绪、焦虑、冲突、价值观和愿望等投射在绘画作品中，有时也会将早期记忆中被隐藏或被压抑的内容更快地释放出来，并且开始重建过去。绘画疗法在很多特殊学生的心理康复中有很重要的作用，例如在自闭症学生、听障学生、智障学生等有语言障碍学生的心理康复过程中，用其他的方法进行心理康复可能引起他们的抵触情绪，而绘画疗法可以让他们在绘画的过程中潜移默化地对他们进行心理康复。

2. 绘画疗法的形式

在实际的心理治疗过程中，主要有三种绘画形式。第一种是自由绘画，在自由绘画的过程中，治疗对象可以自由地表现其最渴望表现的内心世界，治疗师可观察出患者最主要的情节、被压抑最深的情绪、最迫切需要解决的问题。第二种是命题绘画，即治疗师规定了绘画的内容。例如，治疗师让治疗对象画房树人，然后通过房树人的位置关系、大小、形状等分析治疗对象所存在的问题。第三种介于以上两种之间，治疗师只给出一定的刺激或者一幅未画完的画，然后再让治疗对象绘画。最后由治疗师对治疗对象的画做一个解读。

(五) 沙盘疗法

1. 沙盘疗法概述

沙盘疗法(也称箱庭疗法)是在治疗者的陪伴下，来访者从玩具架上自由挑选玩具,在盛有细沙的特制箱子里进行自我表现的一种心理疗法(张日昇,2006)。1929年,受威尔斯《地板游戏》的启示,洛温菲尔德将收集的各式玩具模型放在箱子之中,让孩子们在箱子中游玩,孩子们将这个箱子称之为"神奇的箱子"。洛温菲尔德观察到孩子们在游戏时,自由地表现自己的内心世界,从而她认为这个"神奇的箱子"可能有心理治疗的作用,把它叫作"世界技法"。后来,瑞士的考尔夫将其称为"沙疗"。

沙盘疗法的理论基础包括荣格的分析心理学、洛温菲尔德的"世界技法"以及东方哲学思想,主要包括中国的道学、易学和禅学思想。沙盘疗法的治疗假设是每一个体的心灵深处,都有自由治愈心理创伤的倾向,如果存在一个自由的且受保护的空间,来访者的自我治愈能力就可以得以发挥。其治疗理念是通过沙盘疗法促进个体心理发展和成长,自信强大的自我治愈得到发挥,个体将自己内心不愉快或消极体验、被阻滞的情感、无法解决的内心冲突、消极信念和态度释放、宣泄出来,将自己由情境引起的恐惧、不安、担忧、焦虑等负面情绪表现出来,从而促进自我的整合和个性化的实现。[①]

2. 沙盘疗法的构成与实施过程

沙盘疗法有以下三个主要构成要素:① 内侧尺寸为 $57\times72\times7$(cm),外侧涂深颜色或木本色,内侧涂蓝颜色的沙箱;② 茶色粗沙、细沙和白沙;③ 各种各样的玩具。

当咨询对象或特殊学生已进入咨询室时,咨询师就要与治疗对象进行谈话并建立一种信任的关系,让治疗对象感到自由和放松,并了解来访者的个人背景、咨询目标,对咨询的期待等,然后引导治疗对象玩沙盘游戏。当咨询对象在玩沙盘游戏的时候,咨询师或教师通常坐在一个离对象比较近的地方以便观察,但是不要轻易去提问或打断对象的游戏过程。另外,教师在观察的同时要记录对象使用了哪些玩具以及玩具的摆放位置。等咨询对象完成沙盘游戏之后,可在他的同意下拍摄照片,以便日后分析和研究,也可送给治疗对象。拍完后,让治疗对象将建构好的沙盘拆掉。

元平特校于2001年成立了心理康复组,目前学校拥有专业的心理康复教师,从医学、心理学、教育学等专业角度出发,为特殊学生的各种心理、行为问题提供帮助和治疗。学校建立了心理评估室、心理健康活动室、沙盘治疗室、情绪宣泄室和心灵氧吧等功能教室。

学校有二十余种专业心理评估量表,对学生的智力、社会适应能力、情绪、行为、人格等方面进行评定,并对有一般心理问题的学生给予学业、个性、情

---

① 周冬梅.箱庭疗法综述[J].黑龙江教育学院学报,2008(7):62-64.

绪、行为、人际关系、社会适应、家庭、青春期心理卫生等方面的辅导。对有严重情绪、行为等问题的学生制订个别化康复计划，进行系统的训练与治疗。为有严重情绪、行为等问题而必须联合用药的学生提供治疗建议，转介至医院专科进行药物治疗。学校还开展了心理健康教育，讲授与学生日常生活密切相关的生理、心理卫生知识，旨在提高特殊学生对身心健康的认识，促进他们身心的和谐发展。

第5节 社区康复

《中共中央国务院关于促进残疾人事业发展的意见》（中发〔2008〕7号）提出："大力开展社区康复，推进康复进社区、服务到家庭。"社区康复是以社区为平台开展残疾人康复的一项工作，是国际上开展残疾人康复服务的主要形式，也是实现2015年残疾人"人人享有康复服务"目标的重要手段和途径。社区康复是残疾人康复各项工作的落脚点，能够有效整合社区内卫生、教育、社会服务、就业和社区活动等资源，为残疾人提供融合发展的机会和条件，是符合我国国情的康复事业发展模式。实践证明，社区康复是实现残疾人机会均等、充分参与、消除贫困、改善残疾人状况的基本手段。

一、社区康复简介

2004年《社区康复联合意见书》中将社区康复界定为"社区康复是为社区内所有残疾人的康复、机会均等及社会包容的一种社区整体发展战略。社区康复通过残疾人和家属、残疾人组织和残疾人所在社区，以及相关的政府和民间的卫生、教育、职业、社会机构和其他机构共同努力贯彻执行。"[1]

2010年世界卫生组织、联合国教科文组织和国际劳工组织正式颁布《社区康复指南》，其中指出社区康复结构中包括健康、教育、谋生、社会和赋能五个部分（见表4-5）。

可以看到结构图中的健康、教育、谋生、社会、赋能五个部分中，每一部分又有五个要素。前四个部分与关键性发展层面相关，反映了社区康复的多层面的重点。最后一部分关于赋权予残疾人、他们的家庭和社区，它是保证残疾人无障碍地参与发展的各个层面、提高生活质量、分享人权的基础。

---

[1] 刘林，郭悠悠. 残疾人社区康复的认知与实践[J]. 中国康复理论与实践，2011(7)：609-612.

表 4-5 社区康复结构图

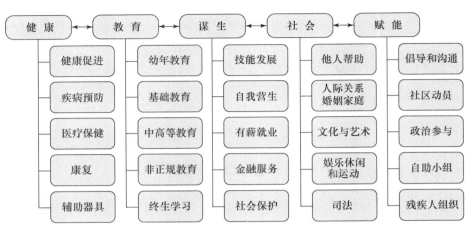

(资料来源:《社区康复指南》[EB/OL]. http://www.docin.com/p-463406569.html.)

二、社区康复原则

首先,《社区康复指南》中指出的社区康复原则是以《残疾人权利公约》的原则为基础,具体是以下几个原则:① 尊重固有尊严和个人自主,包括自由作出自己的选择,以及个人的自立;② 不歧视;③ 充分和切实地参与和融入社会;④ 尊重差异,接受残疾人是人的多样性的一部分和人类的一分子;⑤ 机会均等;⑥ 无障碍;⑦ 男女平等;⑧ 尊重特殊学生逐渐发展的能力并尊重残疾学生保持其身份特性的权利;⑨ 倡导;⑩ 维持。

其次,我国《关于进一步将残疾人社区康复纳入城乡基层卫生服务的意见》中指出的社区康复原则:① 坚持政府主导,部门配合,共同推进残疾人社区康复;② 坚持社会化工作方式,积极引导、鼓励社会力量参与残疾人社区康复服务;③ 坚持"低投入、广覆盖",推广适宜康复技术,满足广大残疾人的基本康复需求;④ 分类指导,因地制宜,探索、形成符合各地经济社会发展水平的残疾人社区康复工作长效机制,加快发展,逐步完善。

三、社区康复的目标、工作流程、内容和方法

(一)社区康复的目标

① 使残疾人和慢性病、老年病者的身心得到康复。通过康复训练和给予辅助用具用品,使残疾人日常生活活动能够自理,能在住所周围活动(包括步行或用轮椅代步),能够与人互相沟通和交流。

② 使残疾人在社会上能享有均等的机会。主要是指平等地享受入学和就业的机会，学龄特殊学生能够上学，青壮年残疾人在力所能及的范围内能够就业。

③ 使残疾人能融入社会，不受歧视、孤立和隔离，不与社会分开，并能得到必要的方便条件和支持以参加社会生活。[①]

（二）社区康复的工作流程

社区康复的工作流程包括：建立社会化工作体系（组织管理网络、技术指导网络、训练服务网络）—制订工作计划—培训人员—摸底调查（康复资源、康复需求）—组织实施—检查评估（以深圳市为例）。

1. 建立社会化工作体系

政府领导、部门配合、社会参与、共同推进。明确部门职责，实行目标管理。如深圳市有关社区康复的管理部门有：深圳市人民政府残疾人工作协调委员会、深圳市人民政府办公厅、深圳市民政局、深圳市卫生局、深圳市残疾人联合会。关于技术指导，《社区康复"十二五"实施方案》指出："国家、各省（自治区、直辖市）、各市（地）残疾人康复工作办公室组织医疗、康复、教育、辅助器具适配、职业康复等专业人员，成立残疾人社区康复专家技术指导组，制定技术标准，培训康复人员，推广实用技术，指导基层对社区残疾人进行综合评定，制订康复训练计划，定期督导和检查。有条件的县（市、区）充分利用卫生、教育、康复、辅助器具等各类专业技术机构，建立肢体残疾、精神残疾、视力残疾、听力语言残疾、智力残疾和残疾人辅助器具康复技术指导中心或专家技术指导组，培训基层康复人员，发挥社区内各类专业机构的作用，指导社区和家庭为残疾人提供康复服务。"例如深圳市残疾人联合会于 2004 年发布了《关于调整深圳市残疾人康复技术指导成员的通知》，其中明确了深圳市残疾人康复技术指导组的人员名单。其中包括精神康复组、智力残疾康复组、视力残疾康复组、肢体残疾康复组、听力残疾康复组和辅助用具组。

2. 制订工作计划

各级政府都应以国家社区康复计划为依据结合当地实际情况，制订本地工作计划，明确任务目标、主要措施、实施进度、统计检查及经费保障等。

3. 培训人员

《社区康复"十二五"实施方案》中关于培训人员这一点指出"各级残疾人康复工作办公室制订本地区社区康复人员培训计划，定期举办培训班，对社区

---

① 卓大宏.中国康复医学[M].北京：华夏出版社，2003：81.

康复管理人员、社区康复员和社区康复协调员进行社区康复知识和技能培训，建立资格认证和考核制度，形成稳定的工作队伍。"《全国残联系统康复人才培养规划（2005—2015年）》实施细则规定：全国残联系统康复人员培养工作的对象是本系统内从事康复工作的管理人员、专业技术人员和社区康复协调员。康复工作管理人员指各级残联分管康复工作的理事长、康复管理职能部门负责人和工作人员以及各级残联的康复机构领导（30学时），康复专业技术人员指在各级残联所属各类康复业务机构内从事残疾人康复业务的专业技术人员（120学时），社区康复协调员指社区居民委员会内负责建立康复服务档案、协调并组织有关机构和人员向残疾人提供综合康复服务和支持的人员（30学时）。

4. 摸底调查

《社区康复"十二五"实施方案》实施办法中指出"县（市、区）残联牵头，协调卫生、民政、教育、统计、妇联、人口计生等部门，负责组织和指导辖区残疾人康复需求调查工作"，即需要了解和掌握当地现有的康复资源（隶属各部门和社会兴办的医院、康复机构、特教学校、福利院和用品用具等单位），掌握残疾人的状况，如姓名、性别、疾病史、残疾史、康复需求（医疗、教育、辅具、转介服务、就业参与社会生活）等。

5. 组织实施

根据《社区康复"十二五"实施方案》及其实施办法的要求，要开展综合性社区康复服务。综合性的社区康复不仅指康复对象的综合性，也指各种各样康复技术、康复设施和康复服务人员。其实施环节包括残疾筛查、诊断，建立康复服务档案，提供综合性康复服务，康复知识宣传、普及和转介服务（社区卫生服务机构对社区内难以诊断治疗的患者转介到上级医疗机构或专门康复机构）。

6. 检查评估

社区康复评估包括对组织管理的评估、实施情况的评估、康复对象康复效果评估和社会效果的评估四方面内容。检查评估可以及时了解康复的具体情况，为下一步的康复服务提供有益的信息。

（三）社区康复的内容和方法

1. 康复服务的主要内容

① 康复医疗服务，主要指为残疾人提供诊断、功能评定、康复治疗、康复护理、家庭康复病床和转诊（分流）服务等。

② 训练指导服务，主要指制订和执行训练计划、指导使用矫形器和制作

简易训练器具、评估训练效果。

③ 心理疏导服务,主要指通过了解、分析、劝说、鼓励和指导等方法,帮助残疾人树立康复信心,正确面对自身残疾,形成积极向上的心态,鼓励残疾人亲友理解、关心残疾人,支持、配合康复训练。

④ 康复知识普及服务,主要指为残疾人及家属、亲友开展咨询活动,举办知识讲座,发放普及读物,传授残疾预防知识和康复训练方法。

⑤ 辅具用品服务,主要指根据残疾人的需要,进行辅助器具适配评估、提供用品用具的需求信息、选购、租赁、使用训练和指导,提供用品用具的维修服务。

⑥ 咨询、转介服务,主要指掌握当地康复资源,根据残疾人在康复治疗、康复训练、心理支持及用品用具等方面不同的康复需求,联系有关机构和人员,提供有针对性的转介,做好登记,进行跟踪服务。

2. 社区康复的主要内容和方法(以深圳市为例)

① 残疾预防:依靠社区的力量,落实各项有关残疾预防的措施,如开展预防接种、搞好优生优育和妇幼卫生工作、开展环境卫生、保健咨询、营养卫生、精神卫生、安全防护、卫生宣传教育等工作。

② 残疾普查:依靠社区的力量,在社区范围内挨家挨户进行调查,查出本社区的残疾人员和他们的分布,做好登记,进行残疾总数、分类、残疾原因等的统计分析,为制订残疾预防和康复计划提供资料。

③ 康复训练:康复训练的内容以下文的深圳市脑瘫学生的康复训练为例(见表4-6)。

④ 教育康复:依靠社区的力量,帮助特殊学生解决上学问题,或组织社区内残疾学生的特殊教育学习班。

⑤ 职业康复:依靠社区的力量,对社区内还有一定劳动能力、有就业潜力的青壮年残疾人,提供就业咨询和辅导,或介绍到区、县、市的职业辅导和培训中心,进行就业前的评估和训练,对个别残疾人,指导自谋生计的本领和方法。

⑥ 社会康复:依靠社区的力量,组织残疾人与非残疾人在一起的文娱体育和社会活动,以及组织残疾人自己的文体活动;帮助残疾人解决医疗、住房、交通、参加社会活动等方面的困难和问题;对社区的群众、残疾人及其家属进行宣传教育,使其能正确地对待残疾和残疾人,为残疾人重返社会创造条件。

⑦ 转介服务:掌握当地康复资源,根据残疾人在康复治疗、康复训练、

心理支持及辅助器具等方面不同的康复需求,联系有关机构和人员,提供有针对性的转介,做好登记,进行跟踪服务。特别对疑难的、复杂的病例,则需要转介到区、县、市以上的医院、康复中心等有关专科进行康复诊断和治疗。

表 4-6 脑瘫学生康复训练档案

姓名＿＿＿＿＿＿＿＿

＿＿＿＿＿＿＿＿省　　　　　　　　　＿＿＿＿＿＿＿＿市

＿＿＿＿＿＿＿＿县(市、区)　　　　　＿＿＿＿＿＿＿＿街道(乡镇)

A. 训练登记

姓名		性别	男□ 女□	出生年月	年　月
家庭住址					
家长姓名		与残疾学生关系		联系电话	
是否伴有其他残疾 　　视力□　　智力□　　听力□　　言语□ 　　癫痫□　　其他					
确诊时间＿＿＿＿年＿＿＿月					
致残原因 　　先天□　　早产□　　难产□　　疾病□ 　　其他□					
既往医疗、康复情况 　　1. 手术□　　　　　　　5. 康复训练□ 　　2. 药物治疗□　　　　　6. 使用假肢、矫形器及辅助用具□ 　　3. 传统方法□　　　　　7. 其他□ 　　4. 理疗□					
需要说明的情况					
康复员签名　　　　　　　登记日期　　　　　　　年　　月　　日					

注:1. 此表由康复员在相应的栏目填写文字或在"□"中打√。
　　2. "需要说明的情况"栏,填写表中需进一步详细说明或未涉及的与康复训练服务相关的内容。

B. 训练评估

项目	说明	分值	评分依据	评估计分		
				初次	中期	末期
1. 翻身	在仰卧、侧卧、俯卧间的体位变化过程	2	独立完成			
		1	需他人部分帮助			
		0	完全依赖他人帮助			
2. 坐	保持独立坐位3分钟	2	独立完成			
		1	需他人部分帮助			
		0	完全依赖他人帮助			
3. 爬	用双手、双膝支撑爬行3米	2	独立完成			
		1	需他人部分帮助			
		0	完全依赖他人帮助			
4. 站	全脚掌着地站立1分钟	2	独立完成			
		1	需他人部分帮助			
		0	完全依赖他人帮助			
5. 转移	在床、轮椅、椅子、便器等之间的移动	2	独立完成			
		1	需他人部分帮助			
		0	完全依赖他人帮助			
6. 步行	1岁半以后独自步行6步以上而不跌倒	2	独立完成			
		1	需他人部分帮助			
		0	完全依赖他人帮助			
7. 上下台阶	连续上下6级台阶	2	独立完成			
		1	需他人部分帮助			
		0	完全依赖他人帮助			
8. 进食	将食物送入口中	2	独立完成			
		1	需他人部分帮助			
		0	完全依赖他人帮助			
9. 穿脱衣物	穿脱衣物	2	独立完成			
		1	需他人部分帮助			
		0	完全依赖他人帮助			
10. 洗漱	洗脸、刷牙、梳头任意一项	2	独立完成			
		1	需他人部分帮助			
		0	完全依赖他人帮助			
11. 如厕	使用便器、便后清洁任意一项	2	独立完成			
		1	需他人部分帮助			
		0	完全依赖他人帮助			

续表

项 目	说 明	分值	评分依据	评估计分 初次	评估计分 中期	评估计分 末期
12. 交流	对方言语、手势、文字、图示等任意一种方式的理解和表达	2	能			
		1	部分能			
		0	不能			
13. 参加集体活动	上幼儿园、上学及与其他孩子一起游戏任意一项	2	能			
		1	部分能			
		0	不能			
整体评估分数						
评估时间						
康复指导员签名						

注：1. 此表由康复指导员填写。
2. 训练对象的初次、中期、末期三次评估，均需对13个训练项目进行整体评估计分。
3. 在进行训练评估时，脑瘫学生可使用假肢、矫形器、生活自助具等辅助器具。

C. 训练计划

康复目标　脑瘫学生经12个月康复训练后预期实现 　　1. 运动功能　　　明显改善□　　　　改善□ 　　2. 姿势矫正　　　明显改善□　　　　改善□ 　　3. 语言交往能力　明显提高□　　　　提高□ 　　4. 生活活动能力　明显增强□　　　　增强□
训练项目　针对训练对象的主要功能障碍和困难，依据"训练评估"表确定的训练项目为 　　1. 翻身□　　　　6. 步行□　　　　11. 如厕□ 　　2. 坐□　　　　　7. 上下台阶□　　12. 交流□ 　　3. 爬□　　　　　8. 进食□　　　　13. 参加集体活动□ 　　4. 站□　　　　　9. 穿脱衣物□ 　　5. 转移□　　　　10. 洗漱□
训练指导材料 　　1.《肢体残疾系统康复训练》　　　　（中国残联编）□ 　　2.《康复指导丛书》　　　　　　　　（中国残联编）□ 　　3. 康复训练普及读物　　　　　　　（中国残联编）□ 　　4. 脑瘫学生康复训练的音像制品　　（中国残联编）□ 　　5. 省残联认定的训练指导材料　　　　　　　　　　□
训练场所 　　1. 机构□ 　　2. 家庭□

续表

训练方法		
1. 使用器具训练□		4. 理疗□
2. 徒手训练□		5. 社会适应训练□
3. 传统方法□		6. 其他□
康复指导员签名	康复员签名	制订计划日期

注：此表由康复指导员在相应栏目的"□"中打√。

D. 训练记录

记录日期	年 月 日
	康复员签名
记录日期	年 月 日
	康复员签名
记录日期	年 月 日
	康复员签名
记录日期	年 月 日
	康复员签名
记录日期	年 月 日
	康复员签名
记录日期	年 月 日
	康复员签名
记录日期	年 月 日
	康复员签名
记录日期	年 月 日
	康复员签名

注：此表由康复员每两个月将训练内容、次数、训练中出现的问题及解决办法等情况填写一次。

E. 评估与总结

中期评估 　　评分　初次分数_____　中期分数_____　提高分数(初次至中期)_____ 　　小结训练计划执行情况,脑瘫学生当前的主要功能障碍和困难,训练中存在哪些问题以及训练计划进行了哪些调整: 　　康复指导员签名_____　评估日期_____
末期评估与总结 　　评分　末期分数_____　提高分数(初次至末期)_____ 　　训练效果　显效□　　有效□　　无效□ 实现康复目标情况 　1. 运动功能　　　明显改善□　　改善□ 　2. 姿势矫正　　　明显提高□　　提高□ 　3. 语言交往能力　明显增强□　　增强□ 　4. 生活活动能力　明显增强□　　增强□ 进一步康复意见 　1. 康复医疗□　　　　　　　4. 参与集体活动□ 　2. 继续训练□　　　　　　　5. 转介□ 　3. 装配矫形器或辅助用具等□　6. 其他□   　　康复指导员签名_____　评估日期_____

注:此表由康复指导员在相应的栏目填写文字或在"□"中打√。

F. 评估标准

本标准适用于14岁以下脑瘫学生在康复机构、社区和家庭进行康复训练的效果评估,包括康复训练评估项目、评分依据和效果判定三项内容。

① 评估项目

脑瘫学生康复训练评估项目包括运动功能、姿势矫正、语言交往和生活活动四个方面,共13项,其中姿势矫正训练贯穿于各项训练过程之中。13个评估项目说明如下。

项 目	说 明
1. 翻身	在仰卧、侧卧、俯卧间的体位变化过程
2. 坐	保持独立坐位3分钟
3. 爬	用双手、双膝支撑爬行3米
4. 站	全脚掌着地站立1分钟
5. 转移	在床、轮椅、椅子、便器等之间的移动
6. 步行	1岁半以后独自步行6步以上而不跌倒,可使用假肢、矫形器、生活自助具等辅助器具
7. 上下台阶	连续上下6级台阶
8. 进食	将食物送入口中
9. 穿脱衣物	穿脱衣物
10. 洗漱	洗脸、刷牙、梳头任意一项
11. 如厕	使用便器、便后清洁任意一项
12. 交流	对方言语、手势、文字、图示等任意一种方式的理解和表达
13. 参加集体活动	上幼儿园、上学及与其他孩子一起游戏任意一项

② 评分依据

依据脑瘫学生完成康复训练评估项目动作、活动的程度、范围,分为三个等级评估计分,说明如下表。

计分	说 明
2	不需他人帮助能独立完成康复训练评估项目的动作、活动和要求(可以使用辅助器具)
1	需他人部分帮助才能完成康复训练评估项目的动作、活动和要求
0	完全依赖他人才能完成康复训练评估项目的动作、活动和要求

③ 效果判定

通过对脑瘫学生康复训练评估项目进行的初次、中期、末期三次整体评估、计分,判定末期训练效果(显效、有效、无效),效果判定具体方法如下表。

训练效果	标 准	说 明
显效	评估分值提高8分以上	依据脑瘫学生末期评估与初次评估分值之差,判定训练效果: 训练效果=末期评估分-初次评估分
有效	评估分值提高1~7分	
无效	评估分值无提高	

(资料来源:深圳市残疾人康复服务指导中心[EB/OL]. http://www.rehabserve.cn/.)

四、元平特色

元平特校在社区康复方面有自己独特的方式,并已取得很显著的成果。尤其是近年来学校引进了社工人员,社工积极地与学校和当地的其他相关机构配合,在很大程度上促进了学校学生的社区康复。

学校社会工作服务总结报告(2009—2011年度)

深圳市希望社工服务中心驻元平学校社工蒋爱秋,龙丽

一、社工服务总结

近三年来,社工服务在学校领导的大力支持,全校教职工的积极配合以及学校社工的努力探索下,以学生及家长需求为导向,把服务学生及家长作为工作的出发点和落脚点,从宣传、预防、发展、治疗四个层面入手,陆续推行八大服务计划,使服务取得了一定的成效:服务群体逐年扩展,受益人次逐年增加,服务满意度逐年提高。现将2009—2011年度服务总结如下。

(一)同在一片蓝天下微笑——特殊学生/家庭社会融合计划

该服务计划的推出,基于一定的背景:从整个社会环境来说,公众对特殊学生的认识不足,特殊学生缺乏应有的爱、自由和关怀,他们在生活中,很少受到道德、宽容、励志等方面的关怀和教育。故而,在服务过程中,社工注重学生及家长的社会融合服务,以推进学生个人及家庭的全面发展。2010年初,社工推出在一片蓝天下微笑——特殊学生/家庭社会融合计划,自计划推行以来,与深圳中学初中部、深圳市第三高级中学初中部、深圳市育新学校新鹏职业高中、深圳市图书馆、深圳市天使家园特殊学生关爱中心、深圳壹基金公益基金会、深圳市残疾人社区心理讲师团、广州益力多乳品有限公司等多家单位、基金会、团体及爱心企业建立合作关系,为特殊学生及家庭融入社会生活累积了丰富的资源和开阔的平台。期间,累计开展融合活动19节,服务超过2000人次。其中,听障学生义工服务,"我和你一样"特殊学生家庭剪影大赛,假日特殊学生社会融合系列活动受到服务对象的欢迎和好评,并引起较大的社会反响。

(二)星级Volunteer——听障学生义工服务

2011年学校社工开拓听障学生服务以来,积极尝试开展各种符合听障学生优势和需求的服务,而"星级Volunteer——听障学生义工服务"基于引导学生发掘和发挥潜能或优势、实现自我价值的目标,构建"走出去"听障学生社会融合服务模式,打造听障学生义工服务品牌。此服务即以听障学生志愿者协会为平台,实行"走出去、引进来"的服务策略,引导学生走出校园,参与更多的

社会活动；同时，积极与各市属学校、社会团体合作，组织听障学生义工与普通学生义工、社会义工，形成"多对一"的义工帮扶模式，带领听障学生参与社会活动。一年时间里，累计组织听障学生义工培训3次、听障学生义工成长类活动4次、听障学生义工发展性小组2个。服务大受听障学生及各班班主任的欢迎和好评，而且各项服务成效都很不错，协助听障学生在人际沟通、与人合作、互助等方面不断成长。

（三）家长（辅）资源中心——特殊学生家长/辅支援计划

对家长和家辅的服务，是特殊学校社工服务的重要工作内容。自社工入校以来，组织了形式多样、内容丰富的讲座、专题工作坊、减压小组、亲子活动。为更好地落实"家校零冲突"精神，实现家校良好互动，推动家庭教育与学校教育的有效结合，促使家庭教育更好地成为学校教育和社会教育的基础和纽带，2011年，社工在总结以往家长/辅工作经验的基础上，结合对学校环境与家庭需求的评估，提出了实现社工机构与学校共建家长（辅）资源中心构想。依托此家长（辅）资源中心平台，为特殊学生及家庭、家长、家辅提供系统性、多方位的服务，并陆续推开心理减压援助、亲职教育、兴趣小组、玩具图书馆等服务，随着服务不断推进，家长（辅）资源中心将成为学校与家庭相连的纽带，及家长、家庭辅助人员成长的乐园和心灵憩息之地。

（四）手绘人生蓝图——听障学生生涯规划服务

2011年，学校社工开始在听障教育教学部开拓各项服务，先后尝试开展了听障学生社会融合服务、听障学生义工成长服务。与此同时，在这些服务的成效评估中，了解和发现听障学生拥有正常的智力、良好的自理能力和学习能力，也有着自己的优势和理想，他们也渴望与普通的学生一样发挥自己的长处和能力，实现自己的价值，成为有用的人。但是他们由于听力的缺陷、自身能力的不足，面对未来会感到迷惘和不知所措，需要长辈、教师、朋辈的支持和帮助。因此，学校社工结合学校培养学生德、智、体综合能力的目标，从2011年底开始着手准备"手绘人生蓝图——听障学生生涯规划服务"，并将在2012年陆续推出人生见面会等各项服务。开展这些服务的目的是引导学生发展自己的潜能，及时做好人生的规划，并培养为实现人生目标的各种能力，以帮助他们更好成长。

（五）春蕾计划——特殊学生青春期教育支援服务

与普通学生相比，特殊学生对青春期身心变化更容易出现难以适应的情况；生活老师在照顾学生的日常生活中，亦反映学生出现很多不适当的青春期行为，在"教育"过后效果不佳；老师在教学过程中，表示学生青春期到来是一项令人头疼的事情，对学生及家长而言，亦有迫切的援助需求；很多家长，在孩子步入青春期后,出现亲子关系紧张、沟通困难等情形,并对孩子的情绪变化、身心需求手足无措。针对青春期服务的多方需求,社工整合社会资源,推行"春蕾计划",形成多方支援合力,为学生及家庭提供全方面的辅导、支援服务。现今,该计划已成为学校社工固定服务,并着力推动品牌服务的形成:"让每一粒花蕾如期绽放——智障学生青春期教育小组"获2009年度深圳社工十佳案例;"为那迟开的花——智障人士家庭综合服务项目"晋级第三届项目创投大赛80强。

(六)暮橙计划——特殊学生晚间服务

在晚间18:30—21:00时段,智障学生不用上晚自习,可自主安排时间,而大多数学生在此时段的活动方式为看电视。对于程度较好的学生,学校与家长都期望社工可以开展一些服务,丰富其课余生活的同时,协助其在文化知识、社会适应、自我成长方面有所提升。从2009年开始,学校社工以探访宿舍、开展小组和活动的形式,有层次有计划地开展特殊学生晚间服务,累计开展小组16个、活动20节,探访宿舍120次。暮橙计划开启以来,特殊学生的课余生活变得丰富多彩,他们在社会适应、朋辈交流等方面都有所提升,深受学生及其家长、老师的好评。

(七)扬帆起航——毕业班辅导服务

每年临近毕业时,大部分家长对孩子的未来表示担忧,如初中义务教育阶段结束后因能力不能升学的学生,家长恳请校方让自己的孩子继续留在学校。而职高毕业班学生的家长,对孩子步入社会表现过多忧虑,期望学生可继续享有类似学校的环境。可见在毕业班学生中都有离校情绪处理、未来生活规划、信心和希望输入等多方面需求。从2011年开始,学校社工针对毕业班学生及其家长开展毕业生辅导小组和专题活动。虽然,智障毕业班辅导服务开展仅有一年时间,但颇受学生、家长和老师的欢迎。

(八)海洋天堂计划——贫困学生资助服务

此计划与深圳壹基金公益基金会、深圳天使家园特殊学生关爱中心联合推出,旨在为家庭困难的学生提供康复和生活援助。2011年度第四季度,学校1名学生获1500元的康复资助,19名学生获900元的生活援助。此计划为期三年,在后续,社工将继续为有困难的学生家庭联络资源,以提高家庭康复和生活质量。

二、社工服务情况统计

个案服务			
个案建档数量	73 个	开启个案数量	49 个
结案数量	30 个	典型个案形成数量	23 个
探访			
宿舍探访数量	120 次	家访数量	99 次
咨询			
咨询服务数量	153 次	平均每次咨询时长	0.5 小时
成长计划			
制订成长计划数量	61 个	□3 个月以内　61 个　□3～6 个月　0 个　□6～12 个月　0 个　□12 个月及以上　0 个	
小组服务			
小组开展数量	32 个	小组开展次数	156 节
小组参与人次	1136 人次	小组完成数量	32 个
社区活动			
社区活动举办次数	71 节	超过 100 人次	10 次以上
义工组织			
组织义工数量	73 人次	义工服务时间量	146 小时

第5章 脑瘫学生的训练

2001年,中国残联、卫生部、公安部、国家统计局和联合国儿童基金会进行的0~6岁特殊儿童抽样调查结果表明,36.56%的肢体障碍儿童是由于脑瘫导致,脑瘫已跃居儿童肢体障碍的九大致残原因之首。脑瘫给孩子带来不幸和痛苦,也给家庭和社会造成沉重负担。脑瘫儿童是最脆弱、最无力,又是最具有康复潜力的特殊群体,他们对康复、教育和参与社会生活等方面的要求更加迫切。因此采取综合的康复方法,改善脑瘫学生的功能状况,是使他们能够生活自理、上学读书、劳动就业、改善生存质量和贡献社会的前提和基础。元平特校作为深圳市一所全日制特殊教育学校,招收脑瘫学生数量之多在国内尚属少数,学校积极引进具有康复医学背景的人才,努力吸收先进的康复理念与方法,不断引进和更新与脑瘫学生康复相关的康复仪器设备,为脑瘫学生在学校接受康复训练提供了充分的支持。学校在分析脑瘫学生特点的基础上,采取一定的评估手段对脑瘫学生进行全面的评估,并为其设定了具体的康复目标,制订个别化康复计划,设定具体康复课程,并实施康复训练,同时促进脑瘫学生参加康复机构的康复训练,鼓励家长在家庭中对其进行康复。

第1节 脑瘫学生的评估

脑性瘫痪(Cerebral palsy,即CP,简称脑瘫)是以运动功能障碍为主的致残性疾病。随着新生儿急救医学的发展,早产儿、低出生体重儿成活率提高,加上病因复杂、发病机制复杂、临床表现多样、可能伴有多种并发症等原因,脑瘫的预防与康复治疗成为世界性的难题,多年来世界范围内脑瘫发病率和患病率没有明显的下降趋势。近十年来,随着社会的快速进步、人民生活水平的不断提高及对生命质量的追求,脑瘫学生的康复与训练呈现快速、跨越式发展的景象。对脑瘫学生进行的医疗康复、教育康复、职业康复和社会康复等全面康复理念越来越受到政府、社会及广大专业工作者的重视,与国际接轨、富有中国特色的脑瘫学生康复模式处在深入探索与积极推进之中。

评估是医疗康复工作中一项重要手段。由于康复对象是残疾人及其功能障碍,目的是最大限度地恢复其功能,因此康复评估不是寻找疾病原因或诊断,而是客观地、准确地评定功能障碍的性质、部位、范围、严重程度、发展趋势、预后和转归等,为制订康复治疗计划打下牢固的科学基础。康复评估一般至少应在康复前、中、后各进行1次,根据评估结果,制订或修改康复计划并对康复效果做出客观的判断。评估是收集儿童的有关资料,检查与测量功能障碍,对其结果进行比较、分析、解释并进行障碍诊断的过程。通过评估能够发现和确定儿童当前存在的障碍点、障碍水平以及儿童的潜在能力,为制订明确的康复目标和康复治疗计划提供依据。世界卫生组织将障碍分为三个层次。形态障碍的评价:该评价指身体形态、关节活动度、肌力、肌张力、运动发育、平衡与运动协调性、上下肢运动功能、感觉、认知等形态方面的功能障碍;能力障碍的评价:该评价指作业活动能力,如日常生活能力、智能情况等;社会因素障碍的评价:该评价指学习环境、各种自然环境的评价等。[1]

一、脑瘫学生的特点

脑瘫学生临床表现多种多样,由于学生大脑受损部位和临床表现的不同,同一种类脑瘫学生,在不同年龄阶段,表现也不一样。若同时存在两种或两种以上类型,则表现更为复杂。虽然脑瘫的特点错综复杂,但一般都有以下几种表现。

(一)运动发育落后、主动运动减少

脑瘫学生在新生儿时期常表现为动作减少,吸吮能力及觅食反应均差,常表现吸吮无力;正常3个月小儿仰卧位时常有踢腿或交替蹬踢动作,脑瘫学生踢蹬动作明显减少,而且很少出现交替动作;正常4～5个月的小儿上肢活动很灵活,脑瘫学生上肢活动也减少;正常儿童在1岁内尚未形成右利或左利,而痉挛型脑瘫偏瘫型则表现为经常只利用一只手持物或触物,另一侧手的活动减少,而且手常呈握拳状。[2]

(二)肌张力异常

肌张力是安静状态下肌肉的紧张度,可以通过肢体被动地屈曲、伸直、旋前、旋后,了解儿童的肌张力。小婴儿可握住其前臂摇晃手,根据手的活动范围了解上肢肌张力;测下肢肌张力可握住小腿摇摆其足,根据足活动的范围判

---

[1] 郭新志.儿童脑性瘫痪综合诊治与康复实用[M].北京:科学出版社,2007:71.
[2] 郭新志.儿童脑性瘫痪综合诊治与康复实用[M].北京:科学出版社,2007:38-39.

断其张力。张力低时摇晃手足时手足甩动的范围大,张力高时活动范围小。还可根据关节活动范围大小来判断,被动运动关节若活动范围大,说明张力低,关节活动范围小,运动受限,则说明张力高。

肌张力的发育过程表现为新生儿时期屈肌张力增高,随着月龄增长肌张力逐渐减少转为正常。所以一些不太严重的痉挛性脑瘫,在6个月以内肌张力增高并不明显,有时造成诊断困难。但一些严重的痉挛型脑瘫学生仍可在6个月以内表现出肌张力增高。痉挛性脑瘫肌张力增高表现为"折刀式";手足徐动型在1岁以内往往无肌张力增高,随着年龄的增加而表现出来,常呈"齿轮状"或"铅管状";强直型表现为"铅管状"肌张力增高;共济失调型肌张力不增高,肌张力低下型则表现为肌张力低下,关节活动范围增加,但腱反射活跃或亢进。[①]

(三) 姿势异常

脑瘫学生异常姿势多种多样,与肌张力异常及原始反射延迟消失有关。

1. 俯卧位

由于紧张性迷路反射延缓消失,婴儿时期(3~4个月以后)表现为俯卧位时屈肌张力明显增高,四肢屈曲,臀部高于头部;或不能抬头,双上肢不能支撑躯干,肩部着床,臀部高举;或上肢内旋、屈曲,双手握拳,下肢伸直,内收内旋,足尖朝内;也可表现为一侧异常,一侧上肢肘关节屈曲、腕关节屈曲。

2. 仰卧位

受紧张性迷路反射影响,头后仰,下肢伸直,有时呈角弓反张姿势。由于不对称颈紧张反射持续时间延长(正常小儿4~5个月时消失),表现为头转向一侧时,枕部的一侧上肢及下肢呈屈曲状,面部一侧上下肢伸直。四肢肌张力低下,仰卧位时腕、肘、肩、髋、膝、踝等关节均可同时置于床面,呈青蛙仰卧状。

3. 由仰卧位牵拉成坐位

将3~4个月以后的脑瘫学生从仰卧位拉成坐位时,表现为躯干拉起,但头后垂;一侧下肢伸直,足趾曲;双下肢均伸直伴足趾曲;一侧上肢正常,呈屈肘动作,另一侧伸直;牵拉时不经坐的过程直接成为直立姿势;头极度后垂,脊柱背屈。

4. 直立位

脑瘫学生直立悬空位时两下肢内旋、伸直、足尖下垂,两下肢由于内收肌张力增高表现为两腿交叉呈剪刀状。脑瘫学生直立位时,头、脊柱、足跟往往

---

① 林庆,李松.小儿脑性瘫痪[M].北京:北京医科大学出版社,2000:101.

不能保持在一条垂直线上,髋腰部侧弯;或表现为两大腿内旋,膝半屈,下肢呈X形,足尖着地。

（四）反射异常

脑瘫学生神经反射常表现为原始反射延缓消失、保护性反射减弱或延缓出现。主要有以下反射：① Moro 反射。即拥抱反射,正常儿童出生后即出现,6个月时消失,如出生后3个月内不出现或出生后6个月后仍不消失均属异常,痉挛型脑瘫学生此反射活跃。② 交叉伸展反射。小儿仰卧位,按住一侧膝部使下肢伸直,并刺激此侧足底,出现另侧下肢先屈曲后伸展的动作。此反射出生后即出现,正常情况下1个月后消失,脑瘫学生2个月后仍存在。③ 不对称颈紧张反射。正常儿童出生后1个月以内明显,4～5个月时消失。脑瘫学生持续时间明显延长,此反射的存在阻碍了儿童翻身动作的发育。④ 握持反射。正常儿童2～3个月逐渐消失,痉挛型脑瘫学生持续时间延长,手经常呈握拳状。[①]

（五）其他问题

除了上述特点外,多数脑瘫学生还伴有各种各样的其他问题,如学习困难、视觉损伤、听力损害、语言障碍、癫痫或抽风、心理行为异常、饮食困难、流涎、牙齿问题、直肠和膀胱的问题、感染问题等。[②]

由此可见,首先,脑瘫是发生在儿童生命的早期,其中一部分是在尚未出生前,胎儿脑的发育就有了异常,另有一部分则是在出生过程中或是在出生后一个月内发生的,生命的早期是脑成长发育最快的阶段。其次,脑瘫本身是非进行性的疾病,随着年龄的增长和发育,辅以合理的康复治疗与训练,则一系列障碍可以改善,如果不能坚持康复治疗与训练,障碍亦可加重,如继发关节挛缩畸形,甚至出现心理障碍、学习困难等,但这并非是由脑部病变加重所致。第三,脑瘫的主要障碍是运动障碍及姿势异常,但脑的损伤经常为广泛性,不但运动功能受损,其他功能也受损,因此,常常表现为多功能障碍的综合征。[③]

二、脑瘫学生评估的目的及原则

对脑瘫学生进行康复评估的目的：确定障碍的性质、范围和程度；确定影响儿童康复的外界因素；确定是否需要运动疗法、作业治疗或语言训练；指导

---

① 林庆,李松.小儿脑性瘫痪[M].北京:北京医科大学出版社,2000:102-104.
② 李晓捷.实用小儿脑性瘫痪康复治疗技术[M].北京:人民卫生出版社,2009:10-12.
③ 卓大宏.中国康复医学[M].北京:华夏出版社,2003:850.

制订康复治疗计划;判断康复疗效、评估投资效益比;判断预后;为残疾等级的划分提出标准。①

对脑瘫学生进行康复评估的原则:① 要把脑瘫学生看成是一个整体来进行全面的评估,不仅评估运动功能障碍情况,而且要评估儿童躯体发育、智能、语言等方面内容。② 不仅评估其现存的功能障碍,而且要注意儿童现有的能力和潜能。③ 要结合儿童所处的家庭状况和社区情况进行评估,因为社会环境因素对儿童各个方面起着重要作用。②

三、脑瘫学生评估的形式

对脑瘫学生进行评估是涉及多专业跨学科的。多专业是指医疗康复常涉及小儿内科、神经内科、骨科等多个专业;跨学科是指评估涉及医学、工程学、心理学、教育学、社会学等学科。康复评估常以小组形式进行工作。康复小组成员主要包括康复医师、PT师、OT师、ST师、理疗师、心理治疗师、文体治疗师、康复护士、教师、社会工作者、职业工作者等,其中主要是由康复医师、治疗师来进行评估。根据不同时期以及评估目的的不同,可将康复评估分为初期评估、中期评估、末期评估及随访评估。③

对脑瘫学生既往病史通用的评估主要涉及以下方面:

① 高危婴儿筛查。注意婴儿在妊娠期、分娩过程、新生儿期有无高危因素,如多胎、低体重出生、未熟儿、新生儿窒息、新生儿黄疸、呼吸困难、哺乳困难、惊厥等重要因素。

② 运动发育落后及异常运动检查。运动发育是生命体按其遗传信息,不断根据其所处环境逐渐获得个体的运动模式。发育顺序是由头至尾方向、由近位向远位发育,通常3~4月龄可以控制头颅、翻身;6~7月龄可坐位;8月龄可以爬;12月龄可站立;13月龄可步行。脑瘫学生除发育落后外还表现为:左右肢体运动不对称;只以某种固定模式运动;抗重力运动困难;做分离运动困难;上下肢运动不协调;肌张力不平衡。

③ 反射与姿势反射异常。反射及姿势反射异常是诊断脑瘫学生的重要神经症候。检查时既要检查新生儿及小儿的正常反射反应是否存在,也要注意原始反射逐渐消除的时间,随月龄增长应该出现的生理反射与反应及不能出现的病理反射,这些都是婴幼儿期诊断脑瘫学生的必要依据,以此就

---

① 郭新志.儿童脑性瘫痪综合诊治与康复实用[M].北京:科学出版社,2007:72.
② 唐久来,吴德.小儿脑瘫引导式教育疗法[M].北京:人民卫生出版社,2007:217.
③ 郭新志.儿童脑性瘫痪综合诊治与康复实用[M].北京:科学出版社,2007:81-82.

能对脑瘫学生早期做出诊断,正确评价其情况,并选择治疗方法及确定康复计划。

④ 肌力与肌张力。肌力是用来说明肌肉自主活动能力的用语,肌力的大小不仅标志其运动能力,也标志其关节的稳定能力,是保持肢体姿势及决定步态的重要因素。

近20年随着科技进步及诊断技术的深入研究,主要采用脑电图、CT检查、MRI检查、诱发电位检查、核医学和基因诊断等方法对脑瘫学生进行诊断。[1]

四、脑瘫学生评估的方法

全面评估的内容一般包括:儿童体格发育状况,肌张力的评估,肌力的评估,关节活动度的评估,肢体功能的评估,平衡能力的评估,智力水平的评估,言语功能的评估,日常生活能力的评估,听觉、视觉等特殊感觉功能评估。[2]

评估方法大致可分为面谈、观察和检查测定三种。

(一)面谈

面谈是康复工作程序中重要的环节之一,通过与脑瘫学生及家属的接触,不仅可以获得与康复有关的直接资料,同时还可以向儿童及家属介绍康复治疗的特点,建立彼此信赖的关系,为今后长时期的治疗与训练打下良好的基础。

(二)观察

1. 内心的观察。从儿童的言谈举止中对其心理、精神方面进行观察,了解儿童的性格、情绪、智力等情况。

2. 外表的观察。可以分为局部观察、整体观察、静态观察和动态观察。(1)局部观察:以障碍部位为中心,如患部关节有无变形,皮肤有无瘢痕等。(2)整体观察:由于局部的障碍而引起的全身状况的改变。(3)静态观察:对儿童静止时的观察,如坐位时上肢、下肢、躯干的姿势等。(4)动态观察:对儿童运动功能、步态等的观察。

3. 检查测定。指对儿童身体形态、残存功能、潜在能力的量化。如偏瘫儿童上、下肢的功能、能力的级别检查,截肢儿童残端的长度、周径、肌力的测定等。

---

[1] 张兰亭,尹彪中,李如求.小儿脑性瘫痪治疗与康复工程[M].北京:中国医药科技出版社,2010:5-9.

[2] 郭新志.儿童脑性瘫痪综合诊治与康复实用[M].北京:科学出版社,2007:72.

评估时,一般应注意的事项:正确地选择评估方法;评估前要向脑瘫学生说明目的和方法,以消除他们的不安感;评估的时间要尽量短,动作迅速,不引起儿童的疲劳;对儿童的评估要由一人从始至终地进行,以保证评估的准确性、统一性;当儿童提出疼痛、疲劳时,要变换体位,休息或改日再进行;检查与测定一般需做三次,然后求出平均值;健侧与患侧要进行对照。

五、脑瘫学生评估的过程

学校在接收脑瘫学生入学时,需要其家长提供医院的诊断书、智力测验结果、儿童适应行为评定的结果,以了解学生的障碍类型和发展水平。还需提供儿童适应行为评定量表(ADQ量表)等医院的诊断结果。然后学校根据脑瘫学生的特点、程度、年龄对其进行分班教学。学生入学后,学校会采取一系列措施保证学生获得合适的教育。首先,学校对脑瘫学生进行评估,以掌握脑瘫学生的障碍程度及预期的发展水平;其次,召开小组会议讨论脑瘫学生的发展目标及制订具体的康复训练计划;最后,对脑瘫学生进行康复训练。学校还为每个学生制订专门的《脑瘫学生综合评价手册》,以便能规范地对脑瘫学生进行全面的评估,为制订康复计划提供充分的证据。对脑瘫学生评价的过程可以分为:收集情报、分析研究、设定目标和制订治疗方案三个阶段。

(一)收集情报

收集情报是掌握脑瘫学生障碍水平的过程。残疾人与正常人一样,在社会生活中必须具备日常生活动作、贡献性活动及消遣活动三者的平衡状态。为了使残疾人真正复归社会,就必须以这三项活动为核心进行评估,其内容如下:

① 一般情况(姓名、性别、出生年月、出生史、治疗史、原发病诊断、并发症等)与临床资料(与疾病有关的情报,如病历摘要、与康复有关的治疗方法、并发症、禁忌症及注意事项)。

② 日常生活动作(身体动作,移动动作,家务劳动)。

③ 贡献性活动(有偿与无偿劳动)。

④ 消遣活动(各种使自己感觉愉快的活动)。

⑤ 身体功能(根据障碍的不同,选择适当的评价方法,如关节活动度、肌力、协调性、耐久力、感觉、外观、疼痛等)。

⑥ 社会文化(社会环境、家庭关系、友谊、障碍对家庭及其他的影响等)。

⑦ 精神状态(认知、情绪与情感、行为、感知、思维能力、对于障碍的适应及反应、思维与行为中所表现的意志、决断等)。

（二）分析研究

将以上几个方面的情报进行分析整理，找出脑瘫学生存在的主要问题及产生的原因，并逐个分析、研究其改善的可能性。

（三）设定目标，制订治疗方案

1. 设定目标

通过对儿童存在问题的分析，提出康复的有利条件（残存能力）和不利条件（阻碍恢复的因素），从而对今后可能发生的变化和康复程度进行预测。康复目标分为短期目标和长期目标两种。短期目标是指在治疗1~4周内可能解决的问题，可以根据康复治疗的不同阶段进行调整。长期目标即康复小组治疗结束时收到的效果及脑瘫学生复归社会的位置。

2. 制订治疗方案

各专业根据评估的结果提出治疗计划，然后在初期评估会议上讨论并发表意见，经会议研究确定后方可实施。脑瘫学生的康复计划及康复实施将在后面具体分析。

六、脑瘫学生评估的量表

学校在接收脑瘫学生入学时，由康复教育教学部的脑瘫教学组组织相关教师、医师和康复治疗师对脑瘫学生进行相关的评估。经过多年的探索与实践，康复部形成了较为完整的对脑瘫学生进行评估的方法，结合学校实际情况及国内脑瘫学生评估的研究现状，引用、修订或制订了以下量表来对脑瘫学生进行综合的评估，为全面了解脑瘫学生的障碍程度做充分的准备。

（一）脑瘫患儿粗大运动功能测量（GMFM）

GMFM（gross motor function measure），是1989年拉塞尔等人（Russell, et al）设计的反映脑瘫学生临床运动功能改变的量表，已成为国际公认的脑瘫粗大运动功能测试工具，具有正常运动功能的儿童在5岁内能完成的所有项目。该量表共分五个功能区，共计88项，评分标准按完成的程度评为0~3分，其适应年龄在0~6岁。以功能分区、总分来测量脑瘫学生的粗大运动功能状况随时间或由于干预而出现的运动功能改变。该量表在五个功能区可以将脑性瘫痪的主要功能障碍、姿势异常、异常姿势反射的康复情况反映出来，既可以评估儿童运动发育，又可以对重要反射进行评估，某些功能区也反映肌力、肌张力的变化情况。因此该量表基本上可以较全面地评价脑瘫学生康复状况，学校在对脑瘫学生进行粗大运动测试时，采用的就是脑瘫患者粗大运动功能测量（GMFM）。

表 5-1 脑瘫患者粗大运动功能测量(GMFM)

编号	评定内容	评定等级			
	A. 仰卧	0	1	2	3
1	头放中线位,双手对称于身体两侧,转动头部				
2	把手放在中线位,双手合拢				
3	抬头 45 度				
4	屈曲右侧髋、膝关节				
5	屈曲左侧髋、膝关节				
6	伸出右手,越过中线				
7	伸出左手,越过中线				
8	从右侧翻身到俯卧位				
9	从左侧翻身到俯卧位				

编号	评定内容	评定等级			
	俯卧	0	1	2	3
10	抬头向上				
11	直臂支撑,抬头,抬起胸部				
12	右前臂支撑,左前臂伸直向前				
13	左前臂支撑,右前臂伸直向前				
14	从右侧翻身到仰卧位				
15	从左侧翻身到仰卧位				
16	用上肢向右水平转动 90 度				
17	用上肢向左水平转动 90 度				

编号	评定内容	评定等级			
	B. 坐位	0	1	2	3
18	抓住双手,从仰卧位到坐位,头与身体呈直线				
19	向右侧翻身到坐位				
20	向左侧翻身到坐位				
21	检查者支撑背部,保持头直立 3 秒钟				
22	检查者支撑背部,保持头直立在中线位 10 秒钟				

续表

编号	B. 坐位 评定内容	评定等级 0	1	2	3
23	双臂撑地坐,保持5秒钟				
24	双臂游离坐,保持3秒钟				
25	前倾,拾起玩具后恢复坐位,不用手支撑				
26	触到放在右后方45度的玩具后恢复坐位				
27	触到放在左后方45度的玩具后恢复坐位				
28	右侧坐,双臂游离,保持5秒钟				
29	左侧坐,双臂游离,保持5秒钟				
30	从坐位慢慢回到俯卧位				
31	从坐位向右侧转到四点跪位				
32	从坐位向左侧转到四点跪位				
33	不用双臂协助,向左/右水平转动90度				
34	坐在小凳子,不需任何帮助,保持10秒钟				
35	从站立到坐在小凳子上				
36	从地上坐到小凳子上				
37	从地上坐到高凳子上				

编号	C. 爬和跪 评定内容	评定等级 0	1	2	3
38	俯卧位,向前爬行2米				
39	手膝负重,保持四点跪位10秒钟				
40	从四点跪位到坐位,不用手协助				
41	从俯卧位到四点跪位,手膝负重				
42	四点跪位,右臂前伸,手比肩高				
43	四点跪位,左臂前伸,手比肩高				
44	爬行或拖行2米				
45	交替爬行2米				
46	用手和膝/脚爬上4级台阶				
47	用手和膝/脚后退爬下4级台阶				

续表

\	C. 爬和跪				
编号	评定内容	评定等级			
		0	1	2	3
48	用手臂协助从坐位到直跪,双手放开,保持 10 秒钟				
49	用手协助从直跪到右膝半跪,双手放开,保持 10 秒钟				
50	用手协助从直跪到左膝半跪,双手放开,保持 10 秒钟				
51	双膝行走 10 步,双手游离				

\	D. 站 立				
编号	评定内容	评定等级			
		0	1	2	3
52	从地上扶着高凳站起				
53	站立,双手游离 3 秒钟				
54	一手扶着高凳,抬起右脚 3 秒钟				
55	一手扶着高凳,抬起左脚 3 秒钟				
56	站立,双手游离 20 秒钟				
57	站立,双手游离,抬起右脚 10 秒钟				
58	站立,双手游离,抬起左脚 10 秒钟				
59	从坐在凳子上站起,不用手协助				
60	从直跪通过右膝半跪到站立,不用手协助				
61	从直跪通过左膝半跪到站立,不用手协助				
62	从站立位慢慢坐回地上,不用手协助				
63	从站立位蹲下,不用手协助				
64	从地下拾起物品后恢复站立				

\	E. 走、跑、跳				
编号	评定内容	评定等级			
		0	1	2	3
65	双手扶着高凳,向右侧行 5 步				
66	双手扶着高凳,向左侧行 5 步				
67	双手扶持,前行 10 步				
68	单手扶持,前行 10 步				

续表

编号	评定内容	评定等级			
		0	1	2	3
	E. 走、跪、跳				
69	不用扶持,前行 10 步				
70	前行 10 步,停下,转身 180 度,走回				
71	退行 10 步				
72	双手携带物品,前行 10 步				
73	在 20 厘米宽的直线上连续行走 10 步				
74	在 2 厘米宽的直线上连续行走 10 步				
75	右膝先行,跨过平膝高的障碍				
76	左膝先行,跨过平膝高的障碍				
77	前行跑 5 米,停下,跑回				
78	右脚踢球				
79	左脚踢球				
80	双脚同时向前跳 5 厘米高				
81	双脚同时向前跳 30 厘米高				
82	在直径 60 厘米的圆圈内,右脚跳 10 次				
83	在直径 60 厘米的圆圈内,左脚跳 10 次				
84	单手扶持,上 4 级台阶,一步一级				
85	单手扶持,下 4 级台阶,一步一级				
86	不用扶持,上 4 级台阶,一步一级				
87	不用扶持,下 4 级台阶,一步一级				
88	双脚同时从 15 厘米高的台阶上跳下				

注:此法采用 4 级计分评定:0 分:完全不能做　　1 分:开始做(完成不到 10%)
　　　　　　　　　　2 分:部分完成(完成 10%～99%)　　3 分:全部完成

(1) 各功能位得分计算:
　A. (仰卧和俯卧):实测得分$/51×100\%=$　　B. (坐位):实测得分$/60×100\%=$
　C. (爬和跪):　　实测得分$/42×100\%=$　　D. (站立):实测得分$/39×100\%=$
　E. (走、跪、跳):　实测得分$/72×100\%=$
(2) 总分计算:$(A\%+B\%+C\%+D\%+E\%)÷5=$

(二)脑瘫患儿日常生活活动能力(ADL)评定表

生活活动能力(activities of daily living,ADL)是指人们为独立生活而每天必须反复进行的、最基本的、具有共性的身体动作群,即进行衣、食、住、行、个人卫生等的基本动作和技巧。家庭及社会对脑瘫学生的康复最基本的要求是他们可以生活自理。因此 ADL 的评定在脑瘫学生的医疗康复中越来越受到重视,在脑瘫康复评定中同样也占有主导地位。学校对脑瘫学生进行生活活动能力评估时根据胡莹媛修订的《脑性瘫痪患儿日常生活活动能力(ADL)评定表》进行了修订,最终制订了学校 ADL 评价表。该量表包括九个部分:个人卫生动作、进食动作、更衣动作、排便动作、器具使用、认识交流动作、床上动作、转移动作、步行动作,共 50 项。评分按完成的程度每项有 2 分、1.5 分、1 分、0.5 分、0 分共 5 个评定级别,满分 100 分。

表 5-2　脑瘫患儿日常生活活动能力(ADL)评定表

动作	得分
一、个人卫生动作	
1. 洗脸、洗手	
2. 刷牙	
3. 梳头	
4. 打肥皂	
5. 使用毛巾	
二、进食动作	
1. 使用吸管	
2. 用勺子、叉子进食	
3. 用筷子进食	
4. 用茶杯饮水	
5. 端碗	
三、更衣动作	
1. 穿脱衬衫	
2. 穿脱裤子	
3. 穿脱袜子	
4. 穿脱鞋	
四、床上运动	
1. 翻身	
2. 仰卧—坐起	
3. 坐—膝立位	

续表

动作	得分
4. 膝立位移动	
5. 卧位移动	
6. 手支撑坐位	
7. 独立坐位	
五、移动位置	
1. 扶桌子坐在椅子上	
2. 椅子与椅子间的移动	
3. 扶双杠走	
4. 开关门窗	
5. 课桌—黑板或讲台	
6. 卫生间门口—便器	
7. 扶扶手上楼梯	
8. 从站立位到蹲位拿取地板上的物品	
六、排泄运动	
1. 能自我控制小便	
2. 能自我控制大便	
3. 便后自我处理	
4. 卫生纸的使用	
5. 便后冲水	
七、器具的使用	
1. 剪刀的使用	
2. 钱包使用	
3. 电源插座、电器开关	
4. 指甲刀的使用	
5. 锁、钥匙的使用	
6. 开瓶盖、启罐头	
八、交际、交流、动手	
1. 翻书页	
2. 写字(姓名、地址)	
3. 打电话	
4. 与人交流	

续表

动作	得分
5. 信封、信纸的使用	
九、步行动作	
1. 前进、后退 5 米	
2. 迈过 10 厘米高障碍物	
3. 持物步行	
4. 蹲起	
5. 能上下台阶	

(三) 肌力的评估

肌力是肌肉在收缩或紧张时所表现出来的能力,以肌肉最大兴奋时所负荷的重量来表示。由于脑瘫儿童长期的四肢、躯干自主运动障碍,大多数儿童有不同程度、不同部位的肌力降低。脑瘫学生能否恢复其自主运动,与其四肢、躯干肌力恢复正常是分不开的,所以脑瘫学生评估中肌力评价是非常必要的。学校对脑瘫学生进行肌力的评定时以肌力分级标准为准则,对脑瘫学生的肌力进行评估,主要包括上肢肌力、颈与躯干肌力和下肢徒手肌力评估。

表 5-3 肌力分级标准

测试结果	Lovett 分级	M. R. C. 分级	Kendall 百分比
能抗重力及最大阻力运动至测试姿位或维持此姿位	正常(Normal, N) 正常(Normal⁻)	5 5⁻	100 95
同上,但仅能抗中等阻力	良⁺(Good⁺, G⁺) 良(Good, G)	4⁺ 4	90 80
同上,但仅能抗小阻力	良⁻(Good⁻, G⁺) 好⁺(Fair⁺, F⁺)	4⁻ 3⁺	70 60
能抗自体重力运动至测试或维持此姿位	好(Fair, F)	3	50
能抗自体重力运动至接近测试姿位,能在消除重力姿位运动至测试姿位或加小助力能运动至测试姿位	好⁻(Fair⁻, F⁻)	3⁻	40
能在消除重力姿位作中等幅度运动或加中等助力能运动至测试姿位	差⁺(Poor⁺, P⁺)	2⁺	30
能在消除重力姿位作小幅度运动或加较大助力能运动至测试姿位	差(Poor, P)	2	20
可见到或扪到微弱的肌肉收缩或肌腱活动,无可见的关节运动	差⁻(Poor⁻) 微(Trace, T)	2⁻ 1	10 5
无可测知的肌肉收缩	零(Zero, O)	0	0

表 5-4 肌力评价表

姓名_____ **性别**_____ **班级**_____ **出生年月**_____

体 位	肌肉（群）	评分	备 注
仰卧,颈前屈,额上抗阻	胸锁乳突肌		
俯卧,颈后伸,枕部抗阻	斜方肌		
仰卧位,两手头后交叉,固定下肢及骨盆,作躯干屈曲运动	腹直肌		双上肢可置于两侧,以肩胛骨离开为判断标准
俯卧位,躯干后伸,双上肢置于体侧,肩部离地,胸廓抗阻	竖脊肌、腰方肌		腹下可放枕头
坐位,上肢自然下垂,肘微曲,掌心向下,肩关节作90°屈曲抗阻上举运动	三角肌（前部纤维肌力）		可选侧卧、仰卧位
肩胛骨上提,坐位两肩放松,医者从上向下施压	斜方肌、肩胛提肌		
坐位,上肢90°屈曲,肘曲,医者将肘后推,患者反向对抗	前锯肌		可选仰卧位
坐位,前臂旋后,肘关节屈曲,抗阻运动	肱二头肌		可取仰卧位
仰卧,肘关节伸展,上肢伸直,在肘关节处抗阻	肱三头肌		
坐位,小腿下垂,双手抓床沿稳定躯干,在膝关节近端加阻力,患者做髋关节屈曲运动	腰大肌、髂肌		髋关节尽量屈曲达120°~130°
侧卧位,髋关节伸展,固定骨盆外展,抗阻	臀中肌		可取仰卧位,
俯卧位,下肢伸展,医者一手按骨盆一手在膝上方施压	臀大肌、股二头肌		可观察臀大肌有无收缩,臀皱有无变窄
坐位,小腿下垂,双手抓台沿,在踝关节上加压,膝屈曲到0°	股四头肌		固定大腿,膝关节从屈曲位尽量伸展到0°
立位,膝伸展,足跟尽量上抬,足尖着地（重复动作）	腓肠肌、比目鱼肌		侧卧位,俯卧位

评 价:

(四) 肌张力的评估

生理上肌肉的张力是指被动拉长或牵拉肌肉时所遇到的阻力。这种阻力的产生可以来自肌肉或结缔组织内部的弹性，反射性肌肉收缩。患有脑瘫的儿童绝大部分有肌张力阻碍，或肌张力增高，或肌张力降低，或主动肌与拮抗肌不协调收缩，肌张力时高时低。临床上表现为姿势异常，或异常运动模式，或异常姿势反射。因此，肌张力的评价对脑瘫学生康复效果的评价比较重要。学校在对脑瘫学生进行肌张力评估时，采用改良 Ashworth 痉挛量表进行临床肌张力等级评价，共分 0—4 级。

表 5-5 改良 Ashworth 量表（Modified Ashworth Scale，MAS）

等级	标准
0	肌张力不增加，被动活动患侧肢体在整个范围内均无阻力
1	肌张力稍增加，被动活动患侧肢体到终末端时有轻微的阻力
1+	肌张力稍增加，被动活动患侧肢体时在前 1/2ROM 中有轻微的卡住感觉，后 1/2ROM 中有轻微的阻力
2	肌张力轻度增加，被动活动患侧肢体在大部分 ROM 内均有阻力，但仍可以活动
3	肌张力中度增加，被动活动患侧肢体在整个 ROM 内均有阻力，活动比较困难
4	肌张力高度增加，患侧肢体僵硬，阻力很大，被动活动十分困难

(五) 关节活动度的评估

由于脑瘫学生肌肉痉挛，或肌腱挛缩，或被动非正常姿势及异常姿势运动模式的长期存在，会导致四肢关节活动度障碍，关节活动度障碍又会严重影响脑瘫学生的自主运动，因此脑瘫学生康复评价汇总关节活动度的评价也十分重要。关节活动度（ROM）评定可发现阻碍关节活动的因素，判定障碍的程度，提示治疗方法，作为治疗训练的评价手段。其方法有：用角度计在关节活动的前后测量其活动度，通过测量了解儿童自力能够移动的关节活动度（主动），用外力能够移动的关节活动度（被动）。学校在对脑瘫学生的关节活动度进行评估时制订了《关节活动范围检查量表》，对上肢关节活动度、颈、躯干及下肢关节活动度的评价也都制订了相应的记录表，下以《上肢关节活动度评价记录表》为例。

表 5-6 关节活动范围检查量表

关节	运动	测量姿位	量角器放置标志			0 点	测量最大值	测量值
			中心	近端	远端			
肩	屈伸	解剖位,背贴立柱站立	肩峰	腋中（铅垂线）	肱肌外上髁	两尺相重	屈180°伸50°	
	外展	同上	同上	同上	同上	同上	180°	
	内旋、外旋	仰卧,肩外展肘屈90°	鹰嘴	铅垂线	尺骨茎突	同上	各90°	
肘	屈伸	解剖位	肱骨外上髁	骨峰	尺骨茎突	两尺成一直线	屈145°伸0°	
腕	屈伸	解剖位	桡骨茎突	前臂纵轴	第二掌骨头	两尺成一直线	屈90°伸70°	
	尺屈桡屈	解剖位	腕关节中点	同上	第三掌骨头	同上	桡屈25°尺屈55°	
髋	屈	仰卧,对侧髋过伸	股骨大转子	躯干纵轴	股骨外髁	两尺成一直线	屈膝时125°膝伸时90°	
	伸	仰卧,对侧髋屈曲	同上	同上	同上	同上	15°	
	内收外展	仰卧,避免大腿旋转	髂前上棘	对侧髂前上棘	髌骨中心	两尺成直角	外展45°内收20°	
	内旋外旋	仰卧、两小腿桌缘外下垂	髌骨下端	铅垂线	胫骨前缘	两尺相重	各45°	
膝	屈伸	仰卧	股骨外髁	股骨大粗隆	外踝	两尺成一直线	屈130°伸0°	
踝	屈	仰卧	内踝	股骨内髁	第一跖骨头	两尺成直角	屈20°	
	伸						伸45°	
	内翻	俯卧	踝后方两踝	小腿后纵轴	足跟中点	两尺成一直线	内翻30°	
	外翻		中点				外翻20°	

表 5-7 上肢关节活动度评价记录表

| 姓名 | | | | | | 性别 | | | 年龄 | | | 班级 | | |

左侧						部位	检查项目	正常值（°）	右侧					
月 日		月 日		月 日					月 日		月 日		月 日	
主动	被动	主动	被动	主动	被动				主动	被动	主动	被动	主动	被动
						肩	屈曲	－180						
							伸展	－50						
							内收	－45						
							外展	－180						
							内旋	－70						
							外旋	－90						
						肘	屈曲	－150						
							伸展	－0						
						前臂	旋前	－90						
							旋后	－90						
						腕	掌曲	－90						
							背伸	－70						
							桡偏	－25						
							尺偏	－55						
						四指	MP 屈曲	－90						
							MP 伸展	－45						
							PIP 屈曲	－100						
							PIP 伸展	－0						
							DIP 屈曲	－90						
							DIP 伸展	－10						
						拇指	MP 屈曲	－60						
							IP 伸展	－80						
							MP 伸展	－10						
							IP 伸展	－10						
							内收							
							外展	－70						

注：1. MP＝掌指关节，PIP＝近端指间关节，DIP＝远端指间关节 2. 因痉挛导致关节活动受限在角度后用"S"表示，因疼痛导致活动受限在角度后用"P"表示。

（六）平衡功能评估

平衡功能是指人体所处的一种稳定状态以及不论处在何种位置，当运动或受到外力作用时，能自动调整并维持姿势的能力。正常情况下，当人体重心垂线偏离稳定基底时，即会通过主动的或反射性的活动使重心垂线返回到稳定基底内，这种能力就称为平衡功能，可分为静态平衡和动态平衡。平衡的维持取决于正常的肌张力、正常的感觉输入、交互支配或交互抑制、大脑功能正常等。所谓平衡功能评定，就是指依照特定的方法或程序对人体的平衡功能进行定量或/和定性的描述和分析的过程。学校对脑瘫学生进行平衡功能评定时主要采用 Senans 平衡功能评定法。

表 5-8　Senans 平衡功能评定法

级别	特　征
V	能单腿站立
IV	能单膝跪立
III	一腿前一腿后地站立着时能将身体重心从后腿移向前腿
II-3	能双足站立
II-2	能双膝跪立
II-1	手膝位站立
I	能在伸直下肢的情况下坐着
0	伸直下肢时不能坐

（七）步态分析评估

人类的步态就是行走时人体的姿态。它是人体结构与功能、运动调节系统、行为及心理活动在行走时的外在表现。四肢、躯干、神经调节系统或某些全身性的疾病都能影响一个人的步态。步态分析是利用力学的概念、处理手段和已经掌握的人体解剖、生理学知识对人体行走的功能状态进行对比分析的一种生物力学研究方法。人体直立行走运动中包含着丰富的人类生命整体行为活动的信息，步态分析是一个很好的整体信息提取手段。对步态分析力学进行全面、深入、细致、精确的分析研究，以便从直立行走中提取更多、更有价值的整体行为信息，这是保障人类身心健康的需要，也是人类整体生命活动研究的需要。脑瘫学生由于运动技能障碍，造成姿势与动作控制异常，步态与正常儿童不同，学校对脑瘫学生步态分析时采用以下量表进行评估。

表 5-9　步态分析评定表

评定内容			第一次 年　月　日		第二次 年　月　日	
			左	右	左	右
支撑相	踝关节	全脚底同时着地				
		足尖先着地				
		内翻（支撑相初期）				
		内翻（全支撑相）				
		足跟先着地（几乎正常）				
	膝关节	折膝				
		轻度膝反张				
		中、重度膝反张				
		稍屈由位稳定				
		正常				
	髋关节	躯干前倾				
		1. 外旋 2. 内旋 3. 外展 4. 内收				
		稳定，几乎正常				
摆动相	踝关节	足下垂，足尖拖地				
		内翻				
		过度屈曲				
		旋转（内、外）				
	膝关节	屈曲不充分				
		膝弛缓				
		过度屈曲				
		几乎正常				
	髋关节	划圈				
		髋上提				
		僵直				
		外旋（摆动相初期）				
		外旋（全摆动相）				
		1. 内旋 2. 外展 3. 内收				
		过度屈曲				
		几乎正常				
异常步态分析			签名：　　　年　　月　　日			
矫治建议及方法			签名：　　　年　　月　　日			

（八）上肢机能检查

脑瘫学生除了下肢功能障碍以外，很大一部分存在着上肢功能障碍，上肢功能受损会在不同程度上影响其他功能的发育，如感觉、精细运动能力、粗大运动能力、认知能力和日常生活能力等，所以加强对脑瘫学生上肢功能障碍的管理与评估具有重要的意义。脑瘫学生上肢的痉挛与挛缩给上肢功能带来很大的影响，主要表现在伸手、抓握和释放等基本功能受损，这些基本功能受损会不同程度地影响日常生活能力。学校对脑瘫学生上肢机能的检查主要采用简易上肢机能检查表。

表 5-10　简易上肢机能检查表

	检手	限制时间	所用时间	得分										时间内个数	差的指标
				10	9	8	7	6	5	4	3	2	1		
检查1（大球）	右	30		5.9	7.7	9.5	11.3	13.1	14.9	16.7	18.5	20.3	30.0		1.2
	左	30		6.5	8.6	10.7	12.8	14.5	17.0	19.1	21.2	23.3	30.0		1.4
检查2（中球）	右	30		5.3	7.1	8.9	10.1	12.5	14.3	16.1	17.9	19.7	30.0		1.2
	左	30		5.6	7.4	9.2	11.0	12.8	14.6	16.4	18.2	20.0	30.0		1.2
检查3（大立方）	右	40		8.7	11.4	14.1	16.8	19.5	22.2	24.9	27.6	30.3	40.0		1.8
	左	40		9.5	12.5	15.5	18.5	21.5	24.5	27.5	30.5	33.5	40.0		2.0
检查4（中立方）	右	30		8.3	10.7	13.1	15.5	17.9	20.3	22.7	25.1	27.5	30.0		1.6
	左	30		8.7	11.1	13.5	15.9	18.3	20.7	23.1	25.5	27.9	30.0		1.6
检查5（木圆片）	右	30		6.3	8.4	10.5	12.6	14.7	16.8	18.9	21.0	23.1	30.0		1.4
	左	30		7.0	9.4	11.8	14.2	16.6	19.0	21.4	23.8	26.2	30.0		1.6
检查6（小立方）	右	30		7.2	9.3	11.4	13.5	15.6	17.7	19.8	21.9	24.0	30.0		1.4
	左	30		7.7	9.8	11.9	14.0	16.1	18.2	20.3	22.4	24.5	30.0		1.4
检查7（布）	右	30		6.1	8.2	10.3	12.4	14.5	16.6	18.7	20.8	22.9	30.0		1.4
	左	30		6.8	9.2	11.6	14.0	16.4	18.8	21.2	23.6	26.0	30.0		1.6
检查8（金属圆片）	右	60		10.2	13.5	16.8	20.1	23.4	26.7	30.0	33.3	36.6	60.0		2.2
	左	60		11.7	15.9	20.1	24.3	28.5	32.7	36.9	41.1	45.3	60.0		2.8
检查9（小球）	右	60		12.4	17.5	22.6	27.7	32.8	37.9	43.0	48.1	53.2	60.0		3.4
	左	60		13.1	18.5	23.9	29.3	34.7	40.1	45.5	50.9	56.3	60.0		3.6
检查10（钉子）	右	70		15.4	21.1	26.8	32.5	38.2	43.9	49.6	55.3	61.0	70.0		3.8
	左	70		16.5	22.2	27.9	33.6	39.3	45.0	50.7	56.4	62.1	70.0		3.8

第一次记录时间：_____	左手得分：_____　　　右手得分：_____
治疗师签名：_____	观察事项：

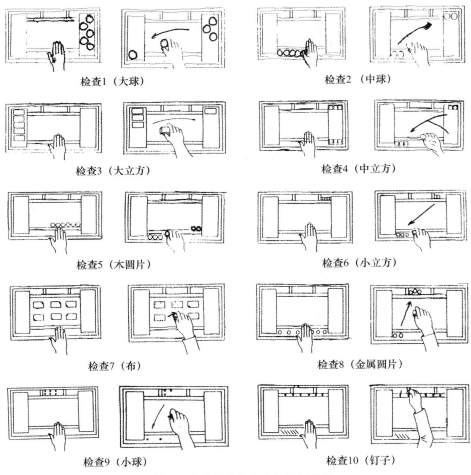

图 5-1 上肢机能检查方法图例说明

（九）综合功能评定表

学校根据特殊儿童综合功能评定法，对脑瘫学生进行综合功能评定，主要从认知功能、言语功能、运动能力、自理动作、社会适应性五个方面对其进行综合功能评估。认知功能是通过画片、实物、语言来进行认知功能的评定；言语功能主要通过言语理解与表达来评定；运动能力主要对大动作及精细动作进行评定；自理动作是对清洁、进食、穿脱衣服、如厕等基本自理动作进行评定；社会适应性主要通过表达与言语来了解适应家庭及环境的情况。此量表不作为诊断脑瘫学生智能水平的唯一标准，只作为脑瘫学生综合能力、障碍程度和疗效的评定标准之一。

表 5-11 综合功能评定表

项 目	分数 时间	分数 时间	项 目	分数 时间	分数 时间
第 1 部分　认知功能			6 站		
1 认识常见形状			7 走		
2 分辨常见概念			8 上下楼梯		
3 基本空间概念			9 伸手取物		
4 认识 4 种颜色			10 拇食指取物		
5 认识画面上的东西			**第 4 部分　自理动作**		
6 能画圆、竖、横、斜线			1 开、关水龙头		
7 注意力可集中瞬间			2 洗脸、洗手		
8 对经过事情的记忆			3 刷牙		
9 寻求帮助表达意愿			4 端碗		
10 能数数和进行加减运算			5 用手或勺进食		
第 2 部分　言语功能			6 脱、穿上衣		
1 理解冷、热、饥饿			7 脱、穿裤子		
2 有沟通的愿望			8 脱、穿鞋袜		
3 能理解别人的表情动作			9 解系扣子		
4 能表达自己的需要			10 便前、便后处理		
5 能说 2～3 个字组成的句子			**第 5 部分　社会适应性**		
6 能模仿口部动作			1 认识家庭成员		
7 能发 b，p，m，f，a，o，e，ao，ang 等音			2 尊敬别人，见人打招呼		
8 遵从简单指令			3 参与集体性游戏		
9 能简单复述			4 自我称谓和所有关系		
10 能看图说简单的话			5 能离开母亲		
第 3 部分　运动能力			6 知道注意安全，不玩电或火		
1 头部控制			7 认识所处环境		
2 翻身			8 能与家人亲近		
3 坐			9 懂得健康和生病		
4 爬			10 能简单回答社会性问题		
5 跪					
总分：(1)　　　　　(2)　　　　　(3)　　　　　(4)　　　　　(5)					
功能状态总评：					

测评者：　　　　　年　　月　　日

注：(1) 评分标准：采用百分制。每项完成记 2 分，大部分完成记 1.5 分，完成一半记 1 分，小部分完成记 0.5 分，不能完成记 0 分。(2) 疗效评定标准：总分提高 20％或以上为显效，提高 1％～19％为有效，未提高或减少为无效。(3) 残疾程度标准：总分＞75 为轻度，25～75 为中度，＜25 分为重度。

经过对脑瘫学生进行粗大运动功能、日常生活活动能力、肌力的评定、肌张力的评定、关节活动度的评定、平衡功能评定、步态分析评定、上肢机能检查等方面的评估及对其进行综合功能评估后,学校康复教育教学部最终为脑瘫学生填写《脑瘫学生综合能力评定表》,为脑瘫学生进入学校学习及接受康复奠定基础,给教师提供一个较为清晰的学生基本发展情况表。

表 5-12 脑瘫学生综合能力评定表

姓名		性别		年龄		病历号	
出生年月		测查时间		学习成绩		智　测	
适应性行为		ADL		诊断			
家庭成员	姓名	年龄	文化程度		职业	健康状况	收入
功能状态总评: 时间: 评定者:							
功能状态总评: 时间: 评定者:							

第2节 训练计划的制订

脑瘫学生的康复是一个全面的、长期的系统工程,康复涉及多学科多领域的合作,而且康复治疗付出的人力、物力代价甚高,治疗时间长,有的甚至须终生康复治疗,所以脑瘫学生的康复不但需要国家、政府政策的支持,法律的保障,需要社会各方力量的共同参与和关怀,也需要脑瘫学生和家长的积极参与和配合,涉及医疗、教育、职业、社会等方面,所以说脑瘫学生的康复是一项庞大而复杂的工程。[①] 脑瘫学生康复的基本目标并不是使其治愈及完全正常化,

---

① 郭新志.儿童脑性瘫痪综合诊治与康复实用[M].北京:科学出版社,2007:184.

而是通过医疗、教育、职业、社会等康复手段,使脑瘫学生在身体、心理、职业、社会等方面达到最大限度的恢复和补偿,力求实现最佳功能和独立性,提高生活质量,同其他公民一样,平等享有权利,参与社会,分享社会和经济发展成果。

一、脑瘫学生的训练目标

设定脑瘫学生的训练目标是通过对学生存在的问题进行分析,提出康复的有利条件和不利条件,从而对以后可能发生的变化和康复程度进行预测。训练目标分为短期和长期两种,短期目标是指治疗 3~4 周内可能解决的问题,可以根据康复治疗的不同阶段进行调整;长期目标即康复小组治疗结束时收到的效果及儿童回归家庭和社会的情况。制订治疗方案是根据康复评定所明确的脑瘫学生的类型,功能障碍的性质、部位、严重程度、转归趋势及愈后,提出康复对策,完整地、系统地、协调地运用各种康复治疗手段降低儿童的残障程度,提高儿童的自理能力。康复医生和专业人员必须将评估结果与制订方案密切结合,使评估与治疗一体化。脑瘫是一种终身性残疾,目前的康复医疗水平还不能将其治愈。其康复治疗的目的就是利用各种有益的手段,对脑瘫学生进行全面、多样化的康复治疗和训练,促使他们在运动能力、智力、语言能力、社会适应能力等诸方面得到最大的改善和充分发挥残存功能;最大限度地提高他们的日常生活、心理应变、社会交往、娱乐以及将来接受教育和从事某一适当职业的能力。[①]

(一)脑瘫学生的全面康复理念

脑瘫学生的康复是综合、协调地应用各种措施减少脑瘫学生身心、社会功能障碍,以发挥其身体的最高潜能,使脑瘫学生能够重返社会,提高生活质量。尽管一个人的病理发生无法消除,但经过康复,仍可以达到最佳功能状态。学校对脑瘫学生进行康复时,坚持全面康复的理念,主要包括医疗康复、家庭康复、心理康复、教育康复、社区康复、职业康复。其中医疗是最重要的康复方法,没有医疗的康复,不具备一定的生活自理能力,其他康复就没有实际的意义。

1. 医疗康复

脑瘫学生最主要的问题是功能障碍,脑瘫学生的医疗康复包括诊断、评价、康复方案的制订、药物疗法、物理疗法、作业疗法、言语疗法、心理疗法、康复工程技术、康复护理、手术治疗等,医疗康复是基础,全面康复是目标。在积

[①] 卓大宏.中国康复医学[M].北京:华夏出版社,2003:864.

极进行医疗康复的同时进行教育、社会、职业等康复,做到"病而不残、残而不废",尽量使他们能自食其力,成为社会财富的创造者。

2. 家庭康复

脑瘫不同于其他疾病,由于脑部受损,运动和智力方面都会受到影响,并非短期的治疗就能使其治愈,需要多学科多领域参与治疗,尤其需要家长及家庭成员的参与。医疗康复与家庭康复相结合非常重要。家庭康复是一条适合我国国情的发展道路,在脑瘫儿童的全面康复中占有十分重要的地位。对脑瘫学生进行家庭训练的基本原则是:① 创造良好愉快的合作气氛和环境,在儿童情绪最好的时候进行训练,采用游戏与训练相结合的方式。② 训练形式多样,不要让儿童产生厌烦感,从简单到复杂,循序渐进,不要急功近利,以免儿童失去好奇心和信心。③ 树立长期康复训练的耐心和信心,任何事情都有它发展的规律和周期。家长要给孩子鼓励和信心,要给学习时间,要允许孩子学不会,学会宽容和有耐心。④ 要选择舒适安静的环境,在孩子情绪好的时候做训练。⑤ 鼓励孩子多参加社交和集体活动,学会和他人相处。⑥ 训练不急于求成,应循序渐进、科学训练、手法到位,要有长期治疗的思想和心理准备,训练方式要多样化、趣味化,并将康复训练融于日常生活中,持之以恒。

3. 心理康复

脑瘫学生由于肢体运动障碍、智障、神经发育迟缓、社会活动受限等原因,常常出现情绪及性格的变化。同时社会的歧视和偏见使儿童和家长产生自卑心理,学生容易表现出性格不稳定、注意力不集中等情况。因此对脑瘫学生进行心理康复显得尤为重要。脑瘫学生早期心理护理是为了养成良好的性格,更好地适应社会;必要时进行心理咨询,由专业心理人员对家长和儿童进行心理测试和评估;对有认知和行为障碍的儿童要进行认知行为的治疗;同时需要社会的支持与宣传,使公众了解脑瘫学生,减少脑瘫学生的心理障碍。

4. 教育康复

脑瘫学生除运动功能障碍外,智力水平亦低于普通儿童,常伴有不同程度的感觉障碍、交流障碍和情感及社会适应行为缺陷,所以脑瘫学生是特殊教育的主要对象。对脑瘫学生进行医疗康复的同时,对其进行系统和有组织的教育康复,以此来补偿和矫治身体障碍带来的不便,使脑瘫学生获得适应社会、参与社会的能力,为脑瘫学生的全面康复奠定坚实的基础。

5. 社区康复

脑瘫学生的社会康复是全面康复的重要组成部分,主要涉及社会生活方面的内容,是从社会的角度,采取各种措施为脑瘫学生创造一种适合他们生存、发展、实现自身价值的环境,并使他们享受与健康人同样的权利,达到参与社会生活的目的。[①] 社会康复的措施是要依靠国家、政府、社会、脑性瘫痪者本身及其家庭、从事脑瘫学生康复的人员和各行各业与此项工作有关的人员共同努力去实现的,而政府的主导作用是开展社会康复最主要的条件。社会康复工作主要通过各种康复机构和社区康复、家庭康复工作来实现。其中社区康复是指在社区的层次上采取的康复措施,这些措施是利用和依靠社区的人力资源而进行的,包括依靠残疾人本身及他们的家庭和社会关系。脑瘫学生社区康复的主要内容包括残疾的预防、残疾的康复、社区康复人员的组成与培训。实践证明,社区康复较医院式康复具有更多的优点,更适合我国国情。社区康复依靠社区本身的人力、资源、设施和技术,使大部分的儿童可以不需要去专门康复中心或医院,就在社区里进行康复。其优越性主要是容易开展,有利于社会支持,有利于贯彻全面康复的原则,有更好的社会效益及经济效益。

6. 职业康复

职业康复也是残疾人全面康复过程中一个重要组成部分,是为残疾人谋求并维持适当的职业而进行的计划、设想及给予职业咨询、职业训练、改善工作环境等与就业有关的协助过程。职业康复的目的是协助适龄脑瘫者获取一定的就业能力。轻度脑瘫者经过医疗康复及职业康复能够找到适合他们的职业和专业,中度脑瘫者经过必要的治疗和训练后,在特别为他们设计和制作的辅助器具的协助下,也能获得一定的工作技能。职业康复能使脑瘫患者获得自立,最大限度地改善他们的生活。

(二)脑瘫学生具体训练目标

相较于国内的其他特殊学校来说,学校脑瘫学生数量众多,因此,学校依据国家和地区对脑瘫学生的康复现状以及学校的自身条件,开发适合脑瘫学生的康复课程。首先是坚持全面发展的原则。在对脑瘫学生进行教育过程中,坚持以改善功能为主,同时融合认知、语言沟通、情绪及社交等各方面的发展,从整体出发改善脑瘫学生的状况。其次是坚持自我发展、终身发展的原则。对脑瘫学生的教育与康复不但是一个长时期的过程,而且涉及脑瘫学生生活的各个方面,因此在康复课程实施的过程中,从课程设计到课程评价都应该体现自我发展和终身发展的观念,调动学生的积极性,始终把学生主动、全面的发展放在中心地位,让学生逐渐形成自我发展的态度,掌握自我发展的方法,最终实现学生的终身发展。最后是关注学生的个体差异,使每个学生得到最大限度的发展。脑瘫学生除了在瘫痪类型和功能障碍方面表现得各不相同

---

① 郭新志.儿童脑性瘫痪综合诊治与康复实用[M].北京:科学出版社,2007:184-203.

外,在年龄、性别、生活习惯及身体状态等方面也不相同,因此在康复课程实施时要时刻关注每个脑瘫学生的个体差异性,挖掘每个学生的潜能,使学生得到充分的发展。

学校对脑瘫学生实施医疗康复训练的主要目标是减轻致残因素造成的后果,尽量提高儿童的运动、生活自理、言语和认知能力,争取达到生活自理和能够接受正常教育或特殊教育的目标,为将来参加社会生活、劳动和工作奠定基础。康复的总目标是:① 防治畸形;② 使肌张力正常化;③ 鼓励对称性的和双手的活动;④ 促进接近正常和正常的运动和技能;⑤ 早期要限制较轻侧的代偿;⑥ 力图改善较重的一侧。其中痉挛型脑瘫学生的训练目标是:① 减轻痉挛;② 阻止异常的运动和姿势;③ 促进总体模式的分离;④ 用最适宜水平的努力避免诱发 ATNR 等反射的活动,特别是头的持续地转向一侧;⑤ 应用 RIP 技术。手足徐动型脑瘫学生训练目标是:① 增强头、肩胛带、躯干、髋的稳定;② 鼓励保持于不自主运动最少的位置上;③ 促进分段运动。[①]

二、脑瘫学生的训练计划

学校在对脑瘫学生进行入学评估后,通过整理分析评估结果,找出脑瘫学生存在的主要问题及产生的原因,并逐个分析、研究其改善的可能性。通过对脑瘫学生存在问题的分析,提出康复的有利条件(残存能力)、不利条件(阻碍恢复的因素),从而对今后可能发生的变化和康复程度进行预测。然后为脑瘫学生设定目标,制订治疗方案。康复目标可以根据康复治疗的不同阶段进行调整,康复小组根据康复目标为脑瘫学生设置个别化教育计划(IEP),为其提供相应康复治疗方案,经小组会议研究确定后方可实施。

(一)组织召开会议

学校康复教育教学部在为每个脑瘫学生制订个别化教育计划时会组织召开相关的会议,讨论制订训练计划。个别化教育计划是指在目前我国的教育条件下,教师为某个学生制订的旨在有效提高教育教学效果的备课、上课的因材施教计划。参与脑瘫学生个别化教育计划的制订者主要包括:康复治疗师、学校管理者、家长、医生、教师等。其中康复治疗师是制订个别化教育计划的主要参与者,其对学生的情况最熟悉,对学生的各种特殊的康复需要比较清楚,能比较实际地为制订训练计划提供相应的信息;学校管理者在制订个别化教育计划中的作用很大;家长参与制订个别教育计划首先可以提供更为具体的有关孩子的详尽资料,并由此探讨孩子如何能接受最有效的康复,同时家长

---

① 刘振寰.让脑瘫儿童拥有幸福人生[M].北京:中国妇女出版社,2009:168.

也要与学校联合在家庭中开展相应的康复训练;医生是从更专业的角度对脑瘫学生进行评估和诊断,从而提出康复治疗与训练的方向与手段;其他专业工作者如社会义务工作者、心理老师等,对制订个别教育计划也具有重要的作用。[①]

（二）填写康复评估记录表

学校在对脑瘫学生进行综合评估并组织召开会议后,需要为每个脑瘫学生填写《元平学校脑瘫康复评估记录表》,全面记录脑瘫学生存在的具体问题、康复目标及具体训练计划。学校对脑瘫学生进行三次评估,分别是初期评估、中期评估和末期评估。下面以初期评估记录表为例,中期评估记录表和末期评估记录表表格相同,在此不一一列出。

表 5-13　元平学校脑瘫康复初期评估记录表

姓名：		科室：		床号：		住院号：	
性别：		年龄：		职业：		文化程度：	
单位：				住址：			
申请医师：				申请时间：			
病史摘要：							
临床诊断：							
主要问题：							
康复目标：							
治疗计划：							

---

① 刘全礼.特殊教育导论[M].北京:教育科学出版社,2003:263-290.

（三）个别化教育计划

学校在为脑瘫学生制订个别教育计划时主要包含基本资料、学生当前能力及水平描述、个别化教学的学期目标和短期目标、IEP委员会成员签字四个方面的项目。学校为每位脑瘫学生制订个别化教育计划，并印发《元平学校个别化教育计划》手册。下面以康复教育教学部的李凤英老师对某一年级脑瘫学生制订的个别化教育计划为例来呈现学校为脑瘫学生制订个别化教育计划的基本情况。

表 5-14　学生基本情况记录表

姓名	谢××	性别	女	出生年月	1998年3月
籍贯		身高	120 cm	体重	26 kg
视力	左眼：0.5 右眼：0.4	听力	正常	适应能力	尚可
出生史	早产，出生体重2.1 kg，母亲前置胎盘，出生时轻度窒息					
原发病诊断	小儿痉挛性脑瘫，双侧瘫					
癫痫发作史	曾发作过两次					
并发症	脑瘫并发智力低下及肢体运动功能障碍、双眼共同性内斜视					
治疗史	1999年至今，陆续在深圳××医院、××医院康复科作康复训练、高压氧、药物治疗 2001年11月26日在××医院做L2-S1脊神经后跟部分神经纤维切除术					
总体评价	该生语言流利、吐字清晰，理解能力尚可，学习与训练积极刻苦，能较好地配合教学及训练，完成教学任务。 该生目前在肢体运动功能方面存在的主要问题是 1. 四肢肌张力增高，左侧肢体肌张力高于右侧。 2. 关节活动度主动运动范围小。 3. 下肢肌力Ⅲ～Ⅳ级，上肢肌力Ⅳ～Ⅴ级，右侧肢体肌力高于左侧肢体。 4. 平衡功能差，为Ⅱ-1级，手膝位站立。 5. 无独立行走能力，扶持下呈交叉剪刀样步态。 6. 左上肢动作欠精细。					
康复建议	1. 控制双上肢屈曲、内收，骨盆前倾，髋关节屈曲、内收、内旋，膝关节屈曲挛缩，足关节内翻尖足的异常运动模式；进行牵张练习，降低四肢的肌张力，缓解肌痉挛。 2. 进行维持关节活动度的运动疗法改善关节活动度。 3. 通过主动、被动、抗阻练习提高股四头肌、胫前肌、背肌、腹肌、髂腰肌、旋后肌群、拇指内收肌、指间肌、腕伸肌的肌力。 4. 促进平衡和保护性伸展反应、诱发和强化翻正运动，提高平衡协调能力。					

续表

长期目标	5. 加强坐、站、行走练习，注意姿势控制。 6. 通过作业练习改善上肢精细运动能力。 2005年9月 1. 良好的坐位平衡。 2. 能够站立。 3. 能够步行。 4. 坐位时上肢能具备日常生活独立的功能。
短期目标	1.1 坐着前倾向前伸手撑地。 1.2 坐着向旁跌时，向旁伸手撑地。 1.3 独坐向后倾向后伸手撑地。 1.4 独坐左右来回转。 1.5 能自己坐起来。 2.1 能扶臀站立。 2.2 能拉一只手站立。 2.3 能扶物站起来。 3.1 能扶东西走。 3.2 能由大人拉着走。 3.3 能借助助行器行走。 4.1 能用左手拇指与食指提起物品。 4.2 能用左手拇指与食指捏小米、细碎片。 4.3 能用左手拧盖。 4.4 能用左手握笔。 4.5 能系纽扣。

表5-15 ××同学一学期的个别化训练安排

时间（每周2课时）	个训内容
第1周	学生基本情况调查 制订本学期个训计划
第2周	关节活动度评定 Fugl-Meyer上肢运动功能评定 Fugl-Meyer下肢运动功能评定 Fugl-Meyer四肢感觉功能评定
第3周	肌力评定 肌张力评定（Ashworth评定法） 平衡功能评定（Semans平衡功能评定法） 协调功能评定
第4周	简易上肢机能评定 日常生活活动能力评定 各种发育能力的综合评定 制订长短期目标

续表

时间(每周2课时)	个训内容
第5周	抑制异常运动模式,缓解肌紧张: Bobath法上肢手法解痉、下肢手法解痉、躯干功能训练、放松运动
第6周	抑制异常运动模式,缓解肌紧张: Bobath法上肢手法解痉、下肢手法解痉、躯干功能训练、放松运动
第7周	个别化训练阶段小结 本月个训内容安排(重点为改善下肢运动能力): 下肢异常姿势控制、下肢肌力练习、下肢关节活动度练习、膝立位训练、爬位训练、站立训练、行走训练
第8周	下肢运动能力训练: 下肢异常姿势控制、牵张练习、下肢肌力练习、下肢关节活动度练习、膝立位训练、爬位训练、站立训练、行走训练
第9周	下肢运动能力训练: 下肢异常姿势控制、牵张练习、下肢肌力练习、下肢关节活动度练习、膝立位训练、爬位训练、站立训练、行走训练
第10周	下肢运动能力训练: 下肢异常姿势控制、下肢肌力练习、下肢关节活动度练习、膝立位训练、爬位训练、站立训练、行走训练
第11周	个别化训练阶段小结 本月个训内容安排(重点为改善上肢运动能力,尤其是左上肢) 手指操、手指精细活动的练习、插板、串珠、拼图、打结、上肢肌力练习、上肢关节活动度练习
第12周	上肢运动能力训练: 手指操、手指精细活动的练习、插板、串珠、拼图、打结、上肢肌力练习、上肢关节活动度练习
第13周	上肢运动能力训练: 手指操、手指精细活动的练习、插板、串珠、拼图、打结、上肢肌力练习、上肢关节活动度练习
第14周	个别化训练阶段小结 本月个训内容安排(重点为改善平衡协调能力) Frenkel体操、平衡反应的促进练习、手扶肋木从椅子上坐起练习、坐位抬腿练习、手扶双杠侧走和步行练习、助行器步行和转弯练习
第15周	平衡协调能力训练: Frenkel体操、平衡反应的促进练习、手扶肋木从椅子上坐起练习、坐位抬腿练习、手扶双杠侧走和步行练习、助行器步行和转弯练习

续表

时间（每周2课时）	个训内容
第16周	平衡协调能力训练： Frenkel体操、平衡反应的促进练习、手扶肋木从椅子上坐起练习、坐位抬腿练习、手扶双杠侧走和步行练习、助行器步行和转弯练习
第17周	平衡协调能力训练： Frenkel体操、平衡反应的促进练习、手扶肋木从椅子上坐起练习、坐位抬腿练习、手扶双杠侧走和步行练习、助行器步行和转弯练习
第18周	关节活动度评定 Fugl-Meyer上肢运动功能评定 Fugl-Meyer下肢运动功能评定 Fugl-Meyer四肢感觉功能评定
第19周	肌力评定 肌张力评定（Ashworth评定法） 平衡功能评定（Semans平衡功能评定法）、协调功能评定 简易上肢机能评定
第20周	个别化训练学期总结

第3节 训练过程的实施

党和政府十分重视脑瘫学生的康复，自1998年始，将特殊儿童的康复训练工作纳入国家发展计划，并有组织、有计划、大规模推进包括脑瘫学生康复在内的各项康复工作。《中国残疾人事业"十五"规划纲要》还将脑瘫学生的康复训练与服务，以国家任务的形式下达实施。2003年至2005年，国家彩票公益金残疾人康复项目又为急需手术治疗的贫困脑瘫学生实施矫治手术。经过多年的实践，初步形成了残疾预防与早期干预相结合、康复训练与文化教育相结合、重点工程与普通服务相结合的工作模式。元平特校将脑瘫学生安置在康复教育教学部，对脑瘫学生实施医疗康复的同时，学校在教学中采用"引导式教育"的理念，并开展了物理治疗、运动治疗、作业治疗、经络导平治疗、言语治疗、启智训练等形式多样的康复训练项目。脑瘫学生康复治疗遵循医疗康复的规律并符合儿童生长发育特点和需要，采取综合康复治疗的方法，根据每个儿童的情况选择和制订康复治疗的方案，开设相关的康复课程，鼓励和支持脑瘫学生在康复机构和家庭中接受康复训练。

一、脑瘫学生康复的条件

随着经济的发展、科技的进步、国家的强盛,我国残疾人事业的发展也上了一个新的台阶。党和国家出台了多项政策、文件,加快了我国残疾人事业的发展,尤其是残疾人的康复工作。脑瘫学生的康复不同于其他类型儿童的康复,脑瘫学生的康复必须借助康复器材和辅具以及较为专业的康复人员。脑瘫学生的康复治疗目标是力求促进其功能正常化,使其日常生活能够基本自理,尽可能创造与普通同龄儿童一样生活和入校学习的机会和条件,使其成人后可以回归社会。[①] 而目前我国脑瘫学生康复器材的功能与发达国家存在一定差距:康复器材的灵活性和质量有待提高;康复器材对脑瘫学生生活能力的提高效果不大。同时国内康复治疗师较为缺乏,康复人员的专业水平有待提高。学校对脑瘫学生实施康复时,在深圳市政府的关心和帮助下,在学校先进的办学理念指导下,不断提高自身的康复水平,最终具备了对脑瘫学生实施医疗康复较为充足的条件。

(一)多渠道筹措资金为脑瘫学生康复工作提供物质保障

学校脑瘫学生康复器材多样且先进,能够满足脑瘫学生康复的需要。学校在充分研究脑瘫学生特点及康复需求的基础上,积极引进香港、台湾及国外对脑瘫学生进行康复时使用的康复训练器。康复教育教学部的教师提出需要引进的相关康复器材,经学校讨论确定相关设备名称后,提交给深圳市教育局,教育局会组织专家论证设备是否符合学校发展需要,而后拨专项基金给元平特校,学校则将所需设备提交网上,进行公开招标,引进所需康复器材。

(二)加强师资培训,提高康复人员的专业化水平

采取多种形式为康复人员提供专业培训,提高康复人员的业务水平,是提高脑瘫学生康复训练质量的关键。学校加快推进"医教结合"教育改革的进程,积极探索与康复机构和医疗机构互为依托的合作模式,拓宽学校康复服务的渠道和范围。建立多元化的康复师资队伍,不断加大康复类专业教师引进和培养力度,充实物理治疗师、职业治疗师、言语治疗师、心理治疗师、康复医师等各类康复人才。积极争取深圳市残联的资金支持,完善客座教授、兼职治疗师的聘任机制,打造在全国具有领先水平的专业康复治疗师团队。

(三)重视康复理论的指导和康复技术的应用

加强基层从事脑瘫学生康复工作人员与高校以及专业机构的联系,将先

---

① 张洲,陈桂山.脑瘫儿童康复器材的开发和使用情况调查报告[J].南京特教学院学报,2011(2):65-69.

进的康复技术和理论应用到康复实践中。[①] 学校积极与北京师范大学、华中师范大学开展特殊教育研究生课程班培训工作,提高学校教师的专业水平和学历层次,不断更新康复理念和康复技术。同时不断派一线教师到香港、台湾及国外特殊教育发达地区进行参观学习,拓展教师视野,增加康复理论和康复技术知识,为学校脑瘫学生康复提供扎实的理论支持和先进的技术指导。

二、脑瘫学生的训练实施

随着脑瘫学生入学率的不断提升,对脑瘫学生教育的研究也逐步提上了日程,特殊学校在对脑瘫学生进行康复时主要着眼于提高他们的素质和能力,满足其身心的特殊需求。学校在康复教育教学部单独设置脑瘫班级对其进行相应的教育与康复训练。学校立足脑瘫学生的发展需求,根据课程设置的原则,形成了脑瘫学生义务教育课程体系,主要对脑瘫学生开设物理治疗、作业治疗、运动训练、个别化训练(主要针对脑瘫学生的认知和言语训练)及心理健康等康复课程,将脑瘫学生的康复课程与学科课程融合起来,最大限度发掘脑瘫学生的潜能,补偿其缺陷,减轻其损伤程度,以期达到最大的康复效果。学校在对脑瘫学生实施康复时,坚持"引导式教育理念",对脑瘫学生实施全面的康复,包括医疗康复、家庭康复、心理康复、教育康复、社区康复与职业康复。通过对脑瘫学生进行全面的康复,使其能够获得进入社会所必需的基本生存技能和生活能力。

(一)医疗康复

学校对脑瘫学生的康复采用"引导式教育"理念,即通过教育方法引导或诱导功能障碍儿童进行各方面训练,引导他们应用引导式教育体系方法学习各种功能,达到改善其异常或者使其恢复正常的目的。正是在此种理念的指导下,学校对脑瘫学生开展了物理治疗、作业治疗、运动功能训练、个别化训练等医疗康复课程。下面将分别介绍这几门课程的实施过程。

1. 物理治疗

物理疗法是利用自然界中及人工制造的各种物理因子作用于人体,以治疗和预防疾病为目的的一种治疗方法,包括电疗、光疗、磁疗、超短波疗法、温热疗法、激光疗法、水疗、生物反馈疗法等。物理治疗作为康复医学的主要手段之一,对脑瘫学生恢复功能有较重要的治疗作用。研究证明,物理治疗对脑瘫是有效的。无论是对症治疗(用于缓解痉挛、降低肌张力和增强运动功能)还是对因

---

① 陆莲,张福娟.上海市智障、脑瘫儿童康复工作现状调查研究[J].中国特殊教育,2007(5):24-27.

治疗(用于改善患儿脑部微循环,改善血液灌注量不足和脑组织的缺血、缺氧状态)均有效。物理治疗的远期疗效,对脑瘫学生整体发育过程都会有影响,其作用不可低估。为了提高脑瘫学生肢体功能,进而提高其学习生活能力和社会适应能力,学校开设物理治疗课程。

(1) 课程目标

根据课程的特殊性原则、发展性原则、选择性原则和系统性原则,有针对性地组织、选择各种物理因子对学生身体局部或全身进行刺激,改善学生的身体血液循环,提高肌肉力量,缓解肌肉痉挛,从而改善脑瘫学生身体的活动机能。具体目标是调整肌肉张力使之正常化,加速协调运动和随意活动控制能力的恢复;增强肌力;避免并发症,如挛缩、肌肉萎缩、纤维化;扩展血管,促进血液循环,改善肌肉营养;强调整体动作模式,改善其肢体功能;对神经细胞的分化和功能重建等起到积极作用。物理治疗是现代治疗学的重要组成部分,具有收效快、无痛苦、副作用少、疗效持久等特点。

(2) 治疗原则

首先坚持"改善功能为主"的指导思想,从整体出发,改善学生的身体机能。物理疗法是一种条件刺激,通过生理调节机制产生治疗作用。因而,在进行物理治疗时,必须注意儿童全身功能状态和对物理因子的反应能力,把人体内脏和体表各部分组织器官视为一个有机整体,既强调人体内环境协调性和完整性,又重视人体与外环境的统一性。因此在治疗脑瘫疾患时,要注意从整体观念出发,以改善功能为主,切忌头痛医头,脚痛医脚。其次坚持理疗和运动康复训练相结合的原则,主动、被动运动相辅。以运动康复训练为主,物理治疗为辅,从儿童整体出发,综合考虑学生需要加以合理安排。最后多种理疗综合。在临床上,一种疾病采取两种或两种以上互相促进和协同作用的理疗方法,也是常见的。根据在校脑瘫学生评估情况,或分先后,或同时,或交替,选取多种理疗适当配合治疗。

(3) 实施对象

选择物理治疗项目,应根据每个学生功能状态和物理治疗的目标,从多种物理治疗技术中选择合适的物理治疗内容。选取何种物理治疗的强度,物理治疗的时间,不仅要考虑局部肢体的病损情况,而且还要考虑学生对物理治疗项目的反应情况,选择适度的物理治疗强度和治疗时间。在做物理治疗的过程中要确保学生的安全,密切关注学生对治疗的反应,避免治疗时发生损伤。学校在对脑瘫学生实施物理治疗课程时主要针对不同年龄阶段(一至三年级、四至六年级、七至九年级)脑瘫学生分别设置,具体课程设置、课时数安排如表5-16。

表 5-16　元平学校脑瘫学生物理治疗课程设置

学年段	设置年级	每周开设课时
低年级	一至三年级	2
中年级	四至六年级	2
高年级	七至九年级	2

（4）具体实施

根据治疗目的的不同,将物理治疗课程的内容按电疗、水疗、热疗和其他疗法四个大领域进行细化。学校在实施物理治疗时在专门的物理治疗室对学生进行康复训练,治疗室内设备齐全,能够为脑瘫学生提供较好的康复环境。

① 电疗

元平特校在对脑瘫学生实施电疗时,主要分经络导平仪治疗和痉挛机治疗两个方面。具体的训练内容、训练目标及训练器材如表 5-17。

表 5-17　电疗康复训练

电疗	训练内容	训练目标	训练器材
经络导平仪治疗	肩关节	改善肩关节的肌肉紧张,提高肌力,增强肩关节的控制能力	导平治疗仪器、肩关节练习器、肩梯、楔形板、掷球机等
	肘关节	改善肘关节的肌肉紧张,提高肌力,增强肘关节的自主控制能力;矫正肘关节的屈肌痉挛	导平治疗仪器、套圈、前臂旋转练习器等
	腕关节	改善腕关节的肌肉紧张,提高肌力,增强腕关节的自主控制能力;矫正腕关节的屈肌痉挛,促使关节屈伸、旋转功能的正常	导平治疗仪器、滑轮、吊环组合练习器、前臂旋转练习器等
	髋关节	改善髋关节的肌肉紧张,提高肌力;提高髋关节的关节活动度、自主控制、重心转移及下肢的负重能力	导平治疗仪器、气球等
	膝关节	改善膝关节的肌肉紧张,提高肌力;提高膝关节的关节活动度、自主控制及下肢的负重能力	导平治疗仪器、踩脚踏器、垫子、小凳子、音响等
	踝关节	改善下肢肌肉紧张,提高下肢肌力,纠正足翻	导平治疗仪器、步行板、所需的功能训练器、皮球等
	头颈	改善头颈的肌肉紧张,提高颈部的肌力,增强头部的控制能力	导平治疗仪器、楔形板等
	躯干	改善躯干的肌肉紧张,提高躯干的肌力,增强躯干的控制能力,改善脊柱的倾斜和抑制躯干的过度前倾	导平治疗仪器、平衡板、Bobath 球等

续表

电疗	训练内容	训练目标	训练器材
痉挛机治疗	肘关节屈曲肌群	改善肘关节的屈曲肌群肌肉紧张，提高肌力，增强肘关节的自主控制能力；矫正肘关节的屈肌痉挛	痉挛机、套圈、前臂旋转练习器等
	肘关节伸直肌群	改善肘关节的伸直肌群肌肉紧张，提高肌力，增强肘关节的自主控制能力；矫正肘关节的伸直肌痉挛	痉挛机、套圈、前臂旋转练习器等
	腕关节屈曲肌群	改善腕关节的屈曲肌群肌肉紧张，提高肌力，增强腕关节的自主控制能力；矫正腕关节的屈肌痉挛，促使关节屈伸、旋转功能的正常	痉挛机、滑轮、吊环组合练习器、前臂旋转练习器等
	腕关节伸直肌群	改善腕关节的伸直肌群肌肉紧张，提高肌力，增强腕关节的自主控制能力；矫正腕关节的伸直肌痉挛，促使关节屈伸、旋转功能的正常	痉挛机、滑轮、吊环组合练习器、前臂旋转练习器等
	髋关节屈肌	改善髋关节的屈肌肌肉紧张，提高肌力；提高髋关节活动度、自主控制、重心转移及下肢的负重能力	痉挛机、气球等
	髋关节伸肌	改善髋关节的伸肌肌肉紧张，提高肌力；提高髋关节活动度、自主控制、重心转移及下肢的负重能力	痉挛机、气球等
	髋关节外展肌	改善髋关节的外展肌肌肉紧张，提高肌力；提高髋关节活动度、自主控制、重心转移及下肢的负重能力。	痉挛机、气球等
	髋关节内收肌	改善髋关节的内收肌肌肉紧张，提高肌力；提高髋关节活动度、自主控制、重心转移及下肢的负重能力	痉挛机、气球等
	膝关节的伸肌	改善膝关节的肌肉紧张，提高肌力；提高膝关节的关节活动度、自主控制及下肢的负重能力	痉挛机、踩脚踏器、垫子、小凳子、音响等
	膝关节的屈肌	改善膝关节的肌肉紧张，提高肌力；提高膝关节的关节活动度、自主控制及下肢的负重能力	痉挛机、踩脚踏器、垫子、小凳子、音响等
	踝关节的背屈肌	改善下肢肌肉紧张，提高下肢肌力，纠正足翻	痉挛机、步行板、所需的功能训练器、皮球等
	踝关节的跖屈肌	改善下肢肌肉紧张，提高下肢肌力，纠正足翻	痉挛机、步行板、所需的功能训练器、皮球等

② 水疗

利用水的温度、水静压、浮力和水中所含的化学成分,以不同方式作用于脑瘫学生以治疗其疾病的方法称为水疗法。通过水中的温度刺激、机械刺激和化学刺激来缓解肌痉挛,改善血液循环,调节呼吸频率,增加关节活动度,增强肌力,改善协调性,提高平衡能力,纠正步态等。尤其对小儿还可增加训练的兴趣,树立自信心,改善情绪,对于智力、语言、个性的发展都有极大的好处。水与人体作用面积和皮肤温度相差越大,刺激越突然,反应也越强烈。全身浸浴时,人体受到水静压的作用,可使血液重新分布;借助水的浮力,能使脑瘫学生在水中进行辅助性或抗阻性等各种运动锻炼;水流或水射流的冲击,能起到按摩作用;在水中锻炼时投入各种矿物盐类,能收到天然矿泉的功效。脑瘫学生通过游泳学会如何控制四肢、躯干肌肉和保持平衡。尤其是对肌张力强的儿童,仰泳姿势可以体验肌肉松弛的感觉。为了抗水压要增强呼吸功能,需要增大胸廓运动力度,强化呼吸器官功能。并且水能刺激皮肤、改善循环、增强易感冒儿童的抵抗力。在水中换气需要训练口呼吸和鼻呼吸分开,这也是语言发音和摄食的基本训练方法之一。一些平日在床上翻身、爬行都困难的重症脑瘫学生,在水中有了手足运动的实际体会,必然增强自信心。特别是在集体训练过程中,可以和家长、伙伴、指导者一起体会到亲情和友情、爱护和关怀,这些都是水疗法独有的特色。学校在夏天对脑瘫学生开设水疗康复训练,训练地点是在学校的游泳馆,训练时要注意安全问题,室温和水温要保持恒定,要掌握好训练时间和训练量。

③ 传导热疗

学校对脑瘫学生进行传导热疗康复时,主要是用湿热疗法和石蜡疗法对上肢和下肢进行康复训练。

表 5-18　传导热疗法康复训练

传导热疗法	训练内容	训练目标	训练器材
湿热疗法	上肢	降低肌张力,减轻疼痛;促进组织代谢,加强心功能;松解挛缩关节	湿热袋,二氧化硅凝胶颗粒,专用恒温水箱
	下肢	降低肌张力,减轻疼痛;促进组织代谢,加强心功能;松解挛缩关节	湿热袋,二氧化硅凝胶颗粒,专用恒温水箱
石蜡疗法	上肢	改善局部血液循环,促进组织生长,软化松懈肌腱挛缩	白色医用石蜡,电热熔蜡槽、排笔、温度计、耐高温塑料布、保温棉垫
	下肢	改善局部血液循环,促进组织生长,软化松懈肌腱挛缩	白色医用石蜡,电热熔蜡槽、排笔、温度计、耐高温塑料布、保温棉垫

④ 其他疗法

学校对脑瘫学生进行其他疗法康复训练主要是按摩仪治疗、压力疗法和磁疗法。

表 5-19 其他疗法康复训练

其他疗法	训练内容	训练目标	训练器材
按摩仪治疗	头颈及躯干等部位	改善全身肌肉紧张,降低肌张力,改善躯体的血液循环	按摩治疗仪器等
	双下肢	改善双下肢肌肉紧张,降低肌张力,改善双下肢的血液循环	按摩治疗仪器等
压力疗法	上肢	改善上肢血液循环和淋巴液回流,促进挛缩瘢痕等的愈合	正压顺序循环治疗设备(上肢气囊、导气管道、气泵和控制系统)
	下肢	改善下肢血液循环和淋巴液回流,促进挛缩瘢痕等的愈合	正压顺序循环治疗设备(上肢气囊、导气管道、气泵和控制系统)
磁疗法	上肢	改善局部血液循环,镇静止痛,降低肌张力,软化松懈肌腱挛缩	磁片/磁珠,胶布
	下肢	改善局部血液循环,镇静止痛,降低肌张力,软化松懈肌腱挛缩	磁片/磁珠,胶布

2. 作业治疗

作业治疗课程是通过具有某种目的性的作业和活动来促进脑瘫学生健康生活的一种康复类课程。脑瘫学生开展作业治疗的目的：减轻致残因素所造成的后果,通过专业化的训练、游戏、文娱活动、集体活动等,促进脑瘫学生的感觉运动技巧的发展,掌握日常生活活动技能,提高言语、认知和社会生活能力,争取达到生活自理和能够接受普通教育或特殊教育,为将来参与社会活动和参加工作奠定基础。学校为脑瘫学生开设作业治疗课程是贯彻《培智义务教育新课程设置实验方案》的基本精神,根据脑瘫学生身心发展规律及特殊性、发展性、选择性等教育康复原则,以促进脑瘫学生身心的健康发展、潜能的充分开发和终身康复需要的满足为目的,根据作业疗法的内容选取有关日常生活活动能力、职业前技能训练及改善手指精细运动能力的休闲活动三大项的训练内容进行日常生活活动能力、上肢精细运动功能和职业前技能的康复训练。根据治疗目的的不同,将作业治疗课程的内容按各领域进行细化。日常生活活动能力的训练可以分为进食、更衣、梳洗、排泄四方面；以改善上肢运动功能为目的的休闲活动可以分为上肢关节挛缩的牵拉训练、上肢支撑能力的训练和手功能的训练;结合我校现有的资源开展的职业前技能训练可以分为工匠、电器装配与维修、简单家务劳动等。

(1) 课程目标

根据课程的特殊性原则、发展性原则、选择性原则和系统性原则,通过有目的的、经过选择的作业活动,对身体上、心理上有功能障碍的脑瘫学生进行治疗和训练,改善和恢复其生活自理能力、学习和劳动能力,使其作为社会的一员过上有意义的生活。

具体目标:① 改善肢体功能。通过功能性作业训练,改善肢体(尤其是上肢)的活动能力,如增大关节活动范围,增强肌力和协调性等,更好地完成日常生活动作。② 改善认知和感知功能。通过认知、感知训练,提高脑瘫学生的注意力、记忆力、思维能力及感觉、知觉能力。③ 克服心理障碍。通过各种作业活动,调节脑瘫学生的情绪和积极性,增强克服困难的信心。④ 提高生活自理能力。通过日常生活活动训练和使用自助具,提高脑瘫学生穿衣、进食、翻身、起坐、行走、如厕等生活自理能力和家务处理能力。⑤ 提高职业劳动能力。通过普通的职业劳动技巧训练,为学生进行职业教育和参加工作做准备。

分层目标:① 一至三学生。通过训练来增强肢体(尤其是上肢)的肌力和耐力,改善关节活动度(ROM)和手指的灵活性;通过训练调节精神和转移注意力,改善认知、知觉功能,通过训练提高日常生活活动能力,如运用自身能力或在矫形器具、辅助器的帮助下学习翻身、起坐、站立、如厕、进食、穿衣等;通过训练,调节脑瘫学生的情绪和学习的积极性,增强克服困难的信心;② 四至六年级学生。通过训练来增强肢体(尤其是上肢)的肌力和耐力,改善关节活动度(ROM)和手指的灵活性;通过训练调节精神和转移注意力,改善认知、知觉功能;通过训练提高处理家务能力;通过训练掌握常见的休闲娱乐活动。③ 七至九年级学生。通过训练来增强肢体(尤其是上肢)的肌力和耐力,改善关节活动度(ROM)和手指的灵活性;通过训练调节精神和转移注意力,改善认知、知觉功能;通过训练提高普通的职业劳动技巧;通过训练掌握常见的休闲娱乐活动。

(2) 治疗原则

首先,作业治疗的内容和方法与治疗目标一致。为了恢复实用功能目标和辅助功能目标、获得功能目标、发挥代偿功能目标,可根据学生的愿望和兴趣选择作业活动,尽量选择学生能完成80%以上的作业活动。作业治疗时需特别重视在考虑局部效果时要注意对全身功能的影响等。

其次,选择作业项目,应遵循作业治疗的原则,根据每个学生功能状态和作业治疗的目标,从多种作业治疗技术中选择合适的作业项目;选择何种活动强度,决定了学生能否完成治疗任务。在选择时,不仅要考虑治疗局部的活动强度,还要考虑全身所能承受的负荷强度;作业强度、时间、频率是构成作业治疗量的基本要素。作业治疗中实际时间长短与休息时间如何配合,应结合学生实际情况制订。

(3) 实施对象

根据脑瘫学生的年龄和不同年龄段存在的主要生活和社会问题,将脑瘫学生作业治疗的内容以低年级(一—三年级)、中年级(四—六年级)、高年级(七—九年级)为主线进行划分,并结合脑瘫学生的功能障碍程度进行课程内容的设置。低年级及中重度脑瘫学生的作业治疗内容以改善日常生活活动能力和上肢运动功能为主要目的;中高年级及轻度脑瘫学生的作业治疗内容以改善上肢运动能力和职业前技能训练为主要目的。具体课程设置、课时数安排如表5-20。

表 5-20　元平学校脑瘫学生作业治疗课程设置

学生年龄阶段	设置年级	每周开设课时
低年级	一—三年级	3
中年级	四—六年级	2
高年级	七—九年级	2

(4) 具体实施

根据治疗目的的不同,将作业治疗课程的内容按日常生活活动能力、休闲活动及职业前技能三个大领域进行细化。学校在对脑瘫学生实施作业治疗时,在专门的作业治疗室进行相应的康复与训练,作业治疗室内设备齐全,能够为脑瘫学生提供较好的康复环境和条件。

① 日常生活活动能力

1) 进食与饮水

a. 进食功能训练(用手进食、用汤勺进食、用筷子进食)

b. 自行饮水训练

2) 如厕功能训练

a. 扶扶手向下蹲坐在便盆上训练

b. 坐在便盆上训练

c. 从坐在便盆上起来训练

d. 大小便控制

e. 便后自我清洁

3）穿脱衣服功能训练

a. 穿脱上衣训练

b. 穿脱裤子训练

c. 穿脱袜子训练

d. 穿脱鞋子训练

4）梳理功能训练

a. 洗手

b. 洗脸

c. 刷牙

d. 梳头

5）淋浴/盆浴功能训练

6）上下床功能训练

7）高级手功能训练

a. 抓

b. 握

c. 捏

d. 书写

e. 双手协调活动

② 休闲活动

1）丢沙包、套圈练习。目的：手拿起、放下的训练。

2）插板、插棒、捡豆子练习。目的：手指捏物的训练。

3）投掷沙包、敲击蹦跳玩具的练习。目的：投掷与打击动作的训练。

4）拧螺丝、拼装飞机、插图等的练习。目的：双手协调性训练。

5）串珠子、传球练习。目的：手眼协调性训练。

6）各种棋类游戏、钓鱼及组合型玩具的练习。目的：手部动作的综合训练。

③ 职业前技能训练

1）家政类

a. 衣物清洁（衣物/床上用品/窗帘等布类清洁）

b. 室内清洁（地板/桌面/玻璃/家具等清洁）

c. 厨房清洁（餐具/厨具等油污清洁）

d. 物品整理（房间整理/收纳/归类放置等）

2）家居类

a. 常用电器使用（电视机/洗衣机/消毒柜/空调/热水器等）

b. 家居维修（上螺丝/换灯泡/换锁/换水龙头/门窗水电简单故障排除/简单的零件更换等）

3）编织作业

a. 编织（结艺、布艺等）

b. 织染（钩绣、十字绣）

4）书法、绘画

a. 书法

b. 绘画

c. 刻绘（剪纸、刻纸等）

5）园艺

a. 花卉

b. 盆景

c. 果蔬

6）雕塑

a. 泥塑

b. 石雕

c. 木雕

3. 运动功能训练

运动疗法指以生物力学和神经发育学为基础，采用主动和被动运动，通过改善、代偿和替代的途径，旨在改善运动组织（肌肉、骨骼、关节、韧带等）的血液循环和代谢，促进神经肌肉功能，提高肌力、耐力、心肺功能和平衡功能，减轻异常压力或施加必要的治疗压力，纠正躯体畸形和功能障碍。随着医学模式的转变和障碍学的发展，运动疗法已经形成了针对脑瘫学生进行康复治疗的独立体系。学校康复教育教学部脑瘫组的工作人员，经过长期的实践与总结，专门针对学龄期肢体功能障碍患儿，特别是学龄期脑瘫儿童编写了一本比较实用且易于操作的《脑瘫学生肢体康复训练指导手册》。编写这本小册子的主要目的是为了给致力于肢体障碍儿童康复的治疗师和教师们提供一些康复训练的指导方法，以便在工作中指导脑瘫学生及家属进行科学的康复治疗。同时，希望通过这本小册子能够使肢残儿童的康复知识得到推广，使肢残儿童在家中也能得到正确的康复指导。对脑瘫学生进行运动功能训练是在运动训练室中进行，训练室内设备齐全，能够为脑瘫学生提供较好的康复训练环境。其主要的训练方法如下：

（1）上肢训练方法

上肢的训练主要涉及肩、肘、腕、指四类关节。在本章节中，把上肢各关节的运动分为：大关节运动（如肩关节的内收、外展，肘关节的屈曲、伸展以及腕关节的屈、伸、旋转）和精细运动（手指各关节的活动）两部分，并以康复操的形式把各关节的基本运动融入其中，既增加了训练的趣味性，又达到了康复的目的。

① 上肢大关节运动，主要包括旋转肩关节、旋转前臂、旋转腕关节、后压肩、上肢综合练习、拍手操、屈伸肘关节等活动。

② 手指精细运动，主要包括握拳、分指、碰指、弹指、碰掌等活动。

（2）下肢的训练方法

下肢的训练包括：髋关节的训练、膝关节的训练、踝关节的训练以及肌肉的训练和步行的训练等。训练的目的主要是抑制下肢关节的挛缩、腿部肌肉的痉挛，促进关节的选择性伸展运动，促进足及足趾的主动背屈并防止下垂，增加下肢的运动控制能力。

髋关节的训练就是牵拉髋关节韧带及松解肌肉痉挛，增加髋关节的活动范围，防止髋关节的内收、内旋（剪刀步状），防止髋关节挛缩。

膝关节的训练主要在于牵拉膝关节韧带，增加膝关节的活动范围及控制能力。

踝关节的训练主要是增加踝关节背伸及伸趾肌力，维持踝关节主动运动的背伸屈及足趾主动背伸屈运动的活动范围。

下肢肌肉训练可以抑制下肢肌肉的萎缩、增加肌肉的力量。通过对下肢关节、韧带、肌肉的训练，可以增加下肢的运动控制能力，促进下肢正确的选择性运动，使站立平衡恢复，为正确行走打下良好的基础。

下肢训练主要包括的训练动作有：直腿抬高、直腿后抬高、直腿侧抬高、正压腿、侧压腿、开跨坐、跪撑、蹲马步、屈膝抬腿、弓步正压腿、腿后伸、俯卧屈腿、坐位屈伸腿、仰卧屈髋屈膝、坐位屈踝。

（3）平衡及协调能力的训练

平衡是指人体所处的一种稳定状态，以及不论处在何种位置，当运动或受到外力作用时，能自动地调整并维持姿势的能力。协调是指平滑、准确、有控制的运动能力，例如使用适当的肌力、速度、节奏，到达准确的方向和距离。平衡与协调之间存在着密切的关系。

在日常训练中的平衡训练方法可分为：① 静态平衡训练。是指使身体或身体某一部位保持稳定状态，它需要肌肉的等长收缩（静力性运动），可与姿势训练相结合，常与挤压技术结合应用。② 动态平衡训练。是指需要不断地调整姿势并维持新的平衡的训练，需要肌肉的收缩。

根据训练时的姿势及使用辅助器械的情况，将平衡训练的方法暂时分为三种类型：① 跪位平衡训练方法，学生取跪立位，治疗师站在患儿身后，用膝帮助学生伸髋。由于膝屈曲时伸髋是选择性运动,所以在这种体位伸髋对一些学生来说相当困难,即学生不能用全伸协同运动模式,迫使整个腿呈全屈模式。利用本法促通髋的完全伸展。在跪位或单腿跪位活动时,要求学生的手臂不能叉握在一起,但可以自由抬起,以鼓励正常的平衡反应。患臂的位置也提示出所给帮助是否足够,以及学生是否正在费力地运动。这种训练方法包括双腿跪和单腿跪两种方法。② 立位平衡训练方法,跪位的平衡练习的目的就是要让学生能站立,站立则要有更高的平衡能力来维持。本练习通过站立位躯干姿势改变来刺激各肌肉的肌张力,从而更好地维持平衡。这种训练方法主要包括后倾、前倾、侧倾、足跟立、足尖立、一字步、平衡木上一字步。③ 器械上平衡练习法,跷跷板或平衡木上的站立练习,能帮助学生正确地运用运动觉、位置觉及视觉。学生通过感受跷跷板的运动来学习正确的重心转移,提高控制能力。在跷跷板上将重心左、右、前、后转移对学生来说是困难的事,故在此活动前,学生必须在平地上有正确的重心移动,并有很好的自信。这种训练方法主要包括:重心左右移、前后转移。

4. 个别化训练

学校康复教育教学部对脑瘫学生实施个别化训练,主要是针对脑瘫学生的认知和言语进行相应的训练。通过VS99语音工作站系统,对学生语言能力进行了全面的评估,有针对性地开展了口肌控制训练、电脑辅助发音训练、语言题板训练、OT-SOFT认知训练、智能沟通认知训练等多形式多途径的个别化训练,从整体上提高了学校脑瘫学生的语言能力和认知能力。在脑瘫组个训室对其进行认知和言语训练,并对每次个训内容和效果进行记录。

语言障碍是脑瘫学生常见的并发障碍,其发生率约占脑瘫学生的70%~75%。这种障碍不仅在不同程度上阻碍了儿童的语言交流,而且也会影响他们今后的学习,因此是脑瘫学生致残的重要原因之一。运动障碍性构音障碍是脑瘫学生主要的语言障碍,其发病机理是由于神经病变导致与语言运动有关肌肉的麻痹或运动不协调。因此常常会影响到语言发生的各种因素,如发音的质量,发音、呼吸,共鸣和语言的韵律。轻度至中度构音障碍儿童表现出各种发音错误,如说话费力、不连贯等,重者甚至根本不能发音。部分脑瘫学生由于大脑功能发育不全可以引起语言发育迟缓,这些儿童的智力和语言能力都落后于普通同龄儿童。因此脑瘫学生语言发育迟缓的康复也不容忽视。[①]

脑瘫学生语言障碍的原因主要有:首先,语言发育迟缓。由于脑瘫学生的语言环境及周围环境的限制,以及脑瘫学生运动阶段发展落后等因素所致。

---

① 林庆,李松.小儿脑性瘫痪[M].北京:北京医科大学出版社,2000:331-343.

其次是发音器官功能障碍。脑瘫学生的全身运动障碍势必也影响到发音器官的运动功能,其发音器官运动功能在基本因素上均有程度不等的障碍,且所占发病率的比率很高。然后是听觉障碍。脑瘫学生听觉障碍率很高,从类型来看以手足徐动型为多见。此类儿童大部分伴有高音区的感音性听障。最后是交流意欲障碍。脑瘫学生由于表情缺乏,伴有随意动作和发音障碍,以及手势语表达等功能存在一定障碍,还有一部分脑瘫学生对周围的事物,对他人的关心程度及向他们表达自己意愿的能力低下,阻碍了儿童本来具有的潜在能力的发展及主动交流意欲的形成。

对脑瘫学生进行语言训练的目的是为了提高他们的语言表达能力和理解能力,恢复他们的语言交际能力。其语言治疗的原则是早期干预、早期治疗,为学生提供较好的语言环境。同时,应坚持因材施教的原则,根据评估结果为每个儿童制订具体的训练计划和康复目标。通过综合、系统的语言训练,使儿童的各个方面都能得到改善和提高。表 5-21 是学校对脑瘫学生进行构音障碍评价的量表。

表 5-21 构音障碍评价总表

姓名: 　　　　　性别: 　　　　　年龄: 　　　　　班级:
有无癫痫: 　　　　Frenchay 法: 　　　　　　　评定日期:

评价内容		级别	表现
反射	咳嗽	a 级	没有困难
		b 级	偶有困难,咳、呛或有时食物进入气管,患者主诉进食必须小心
		c 级	患者必须特别小心,每日咳呛 1~2 次,清痰可能有困难
		d 级	吃饭或喝水时频繁咳呛,或有吸入食物的危险;偶尔不是在吃饭时咳呛,例如,咽唾液时也可咳呛
		e 级	没有吞咳反射,用鼻饲管进食或在吃饭、喝水、咽唾液时连续咳嗽
	吞咽		观察患者喝下 140 ml 温开水和吃两块饼干,要求其尽可能快地完成。并询问患者是否吞咽时有困难,记录进食的速度及饮食情况;喝一定量的水,正常时间是 4~15 s、平均 8 s,超过 15 s 为异常缓慢
	流涎	a 级	没有流涎
		b 级	嘴角偶有潮湿,患者可能叙述夜间枕头是湿的(正常人在夜间也可有轻微的流涎),当喝水时轻微流涎
		c 级	当倾身向前或精力不集中时流涎,略能控制
		d 级	在静止状态下流涎非常明显,但不连续
		e 级	连续不断地过多流涎,不能控制

续表

评价内容		级别	表现
呼吸	静止状态	a级	没有困难
		b级	吸气或呼气不平稳或缓慢
		c级	有明显的吸气或呼气中断,或深吸气时有困难
		d级	吸气或呼气的速度不能控制,可能显出呼吸短促,比c更加严重
		e级	患者不能完成上述动作,不能控制
	交谈状态	a级	没有异常
		b级	由于呼吸控制较差,极偶然地中止平稳呼吸,患者可能声明他感到必须停下来,做一次外加的呼吸完成这一要求
		c级	患者必须说得快,因为呼吸控制较差,声音可能消失,可能需要4次呼吸,才能完成这一要求
		d级	用吸气或呼气说话,或呼吸非常表浅只能运用几个词,不协调,且有明显的可变性;患者需要7次呼吸来完成这一要求
		e级	由于整个呼吸缺乏控制,言语受到严重障碍;可能一次呼吸只能说一个词
唇的运动	静止状态	a级	没有异常
		b级	唇轻微下垂或不对称,只有熟练检查者才能观察到
		c级	唇下垂,但是患者偶尔试图复位,位置可变
		d级	唇不对称或变形是显而易见的
		e级	严重不对称,或两侧严重病变,位置几乎不变化
	唇角外展	a级	没有异常
		b级	轻微不对称,熟练的检查者才能观察到
		c级	严重变形,只有一侧唇角抬高
		d级	患者试图做这一动作,但是外展和抬高两项均在最小范围
		e级	患者能在任何一侧抬高嘴角,没有唇的外展
	闭唇鼓腮	a级	极好的唇闭合,能保持唇闭合15 s或用连贯的唇闭合来重复发出"P""P"之音
		b级	偶尔漏气,气冲出在爆破音的每次发音中唇闭合不一致
		c级	患者能保持唇闭合7~10 s,在发音时观察有唇闭合,但不能坚持,听不到发音
		d级	很差的唇闭合,唇的一部分闭合丧失,患者试图闭合,但不能坚持,听不到发音
		e级	患者不能保持任何唇闭合,看不见也听不到患者发音
	交替动作	a级	患者能在10 s内有节奏地接连做这两个动作,显示出很好的唇收拢和外展
		b级	患者能在15 s内连续做这两个动作,在唇收拢及外展时,可能出现有节奏的颤抖或改变
		c级	患者试图做这两个动作,似是很费力,一个动作可能在正常范围内,但是另一个动作严重变形
		d级	可辨别出唇形有所不同,或一唇形的形成需做3次努力
		e级	患者不能做任何动作
	言语时	a级	唇动作(运动)在正常范围内
		b级	唇动作(运动)有些减弱或过渡,偶有漏音
		c级	唇动作(运动)较差,听起来呈现微弱的声音或爆破音、嘴唇形状有许多遗漏
		d级	患者有一些唇动作(运动),却听不到发音
		e级	没有观察到两唇的动作(运动),或在试图说话时唇的运动

续表

评价内容		级别	表现
颌的位置	静止状态	a级	颌自然地处于正常位置
		b级	颌偶尔下垂,或偶尔过度闭合
		c级	颌下垂松弛地张开,偶然试图闭合或频繁试图复位
		d级	大部分时间颌松弛地张开,且可看到缓慢不随意的运动
		e级	颌下垂很大地张开着,或非常紧地闭住,偏斜非常严重,不能复位
	言语时	a级	无异常
		b级	疲劳时有最小限度的偏离
		c级	颌没有固定的位置或颌明显地痉挛,但是在意识的控制之下
		d级	明显存在一些有意识的控制,但是有严重的异常
		e级	在试图说话时,颌没有明显地运动
软腭运动	反流	a级	无进入鼻腔
		b级	偶尔进入鼻腔,咳嗽时偶然出现
		c级	患者诉述说一周内发生几次
		d级	在每次进餐时,至少有一次
		e级	患者进食流质或食物时,接连发生困难
	抬高	a级	软腭运动充分保持对称性
		b级	轻微的不对称,但是运动能完成
		c级	在所有的发音中软腭运动减退,或严重不对称
		d级	软腭仅有一些最小限度的运动
		e级	软腭无抬高或无运动
	言语时	a级	共鸣正常没有鼻漏气音
		b级	轻微的鼻音过重和不平稳的鼻共鸣或偶然有轻微鼻漏气音
		c级	中度的鼻音过重或缺乏鼻共鸣,有一些鼻漏气音
		d级	中到过重的鼻音或缺乏鼻共鸣,或明显的鼻漏气音
		e级	严重的鼻音或鼻漏气音
喉的运动	发音时间	a级	患者能持续发"啊"15 s
		b级	患者能持续发"啊"10 s
		c级	患者能持续发"啊"5~10 s,发音断续沙哑或中断
		d级	患者能清楚持续发"啊"3~5 s 或能发"啊"5~10 s,但是明显沙哑
		e级	患者不能持续清楚地发"啊"3 s
	音高	a级	无异常
		b级	好,但是患者显出一些困难,噪音嘶哑或吃力
		c级	患者能表现4个清楚的音高变化,不均匀地上升
		d级	音高变化极小,显出高低音间有差异
		e级	音高无变化
	音量	a级	患者能用有控制的方式来改变音量
		b级	中度困难,偶尔数数声音相似
		c级	音量有变化,但是有明显的不均匀改变
		d级	音量只有轻微的变化,很难控制
		e级	音量无变化或者全部过小或过大

续表

评价内容		级别	表现
舌的运动	静止状态	a级	无异常
		b级	舌显出偶尔的不随意运动,或最低限度的偏离
		c级	舌明显地偏向一边,或不随意明显运动
		d级	舌的一侧明显皱缩,或成束状
		e级	舌显出严重的不正常,即舌体小、皱缩或过度肥大
	伸出	a级	舌在正常范围的平稳活动
		b级	活动慢(4～6 s),其余正常
		c级	伸舌不规则,或伴随面部怪相,伴有明显的震颤或在6～8 s完成
		d级	患者只能把舌伸出唇,或运动不超过两次,完成时间超过8 s
		e级	患者不能做这一动作,舌不能伸出唇
	抬高	a级	无异常
		b级	活动好,但慢(8 s内)
		c级	两方面都能运动,但吃力或不完全
		d级	只能向一方运动,或运动迟缓
		e级	患者不能完成这一活动,舌不能抬高或下降
	两侧运动	a级	无异常
		b级	活动好,但慢(8s内)
		c级	两侧都能运动,但是不完全
		d级	只能向一侧嘴角运动
		e级	患者不能做出这一动作,舌不能移向两侧嘴角
言语	读字	a级	10个字均正确,言语容易理解
		b级	10个字均正确,但是治疗师必须特别仔细听,并猜测所听到的字
		c级	7～9个字说得正确
		d级	5个字说得正确
		e级	2个或更少的字说得正确
	读句	a级	10句字均正确,言语容易理解
		b级	10句字均正确,但是治疗师必须特别仔细听,并猜测所听到的字
		c级	7～9句字说得正确
		d级	5句字说得正确
		e级	2句字或更少的字说得正确
	会话	a级	无异常
		b级	言语异常,但可理解,偶尔需患者重复
		c级	言语严重障碍,其中能明白一半,经常重复
		d级	偶尔能听懂
		e级	完全听不懂患者的语言
	速度	a级	每分钟108个字以上
		b级	每分钟84～95个字
		c级	每分钟60～71个字
		d级	每分钟36～47个字
		e级	每分钟23个字以下

根据构音障碍评价表对脑瘫学生的语言能力进行基本的评定后,开始为其语言康复制订详细的个别训练计划,并对每次个训进行记录。下以三年级一脑瘫女学生个别训练计划及相应的记录为例。

表 5-22　脑瘫学生康复治疗个训计划

时间	计划内容
第1周	头部运动(屈曲,后伸)　呼吸功能训练
第2周	舌唇运动训练　唇的张开闭合　前凸缩回　舌的前伸等
第3周	发音训练　　先训练韵母,再训练声母
第4周	下颌训练　训练下颌的前伸和下颌的闭合
第5周	口腔知觉的训练　　改善口腔内的知觉
第6周	语调训练　克服单一音调
第7周	音量训练　增强说话的音量
第8周	呼吸训练　舌唇运动　训练发音　训练口腔感知觉
第9周	放松训练　口腔感知觉　下颌训练　舌唇运动　读卡片
第10周	呼吸训练　舌唇运动　下颌训练　口腔感知觉　读卡片

表 5-23　脑瘫学生个训记录表

姓名		性别	女	班级	Cp3
个训时间	2011.9.		个训地点		个训室

个训内容:
　　1. 头部训练:训练学生的头部控制能力主要为前屈、后伸。
　　2. 呼吸功能训练:学生自己坐稳,躯干保持直立,双肩水平头保持正中位;呼吸末向前下方轻轻按压腹部延长呼吸时间和增强呼气的力量,最后结合发声和发音一起训练。
　　3. otsoft 训练仪　(1) 训练学生的注意力
　　　　　　　　　　　(2) 概念性的比较
　　　　　　　　　　　(3) 大小的排序

个训反馈:学生比较配合,头部控制力和呼吸能力有一定的提高。

治疗师签字:
学生或家属签字:
时间:2011 年　月　日

(二) 家庭康复

学校不仅重视对脑瘫学生进行教育和康复,还注重将教育和康复技能向家庭迁移。让家长参与到学校教育中,了解学校的教育计划、教育目标,并进入课堂辅助孩子学习,不仅能让家长结合孩子的自身特点及家庭情况,对孩子施加有目的、有计划的影响,从而实现家庭教育对学校教育的有效补充,还能让家长在辅助孩子学习的过程中提升训练技能。脑瘫学生的康复需要持续的进行,课堂的教学只是学生康复的一部分。家长是孩子长期的陪伴者,可以抓住学习和生活中的每一次机会对学生进行干预,因此,让家长掌握康复技能能够对学校康复进行补充。为了帮助家长掌握特殊教育的知识和技能,学校定期为家长举办实用性强的讲座和培训,并向家长发放培训资料。学校教师在课堂教学中,十分注意引导家长在辅助孩子的过程中掌握训练特殊学生的基本知识、技能技巧。例如,让家长掌握帮助脑瘫学生进行上下肢功能训练的方法等,保证学生得到及时、有效的干预。

为了保证家长更积极有效地参与学校事务,扩大家长参与面,学校成立家长委员会,家长委员会由1名主任,若干名副主任组成。家长委员会对学校工作计划和重要决策,特别是事关学生和家长切身利益的事项提出意见和建议。对学校教育教学和管理工作予以支持,积极配合。对学校开展的教育教学活动进行监督,帮助学校改进工作。参与教育工作。发挥家长的专业优势,为学校教育教学活动提供支持。发挥家长的资源优势,为学生开展校外活动提供教育资源和志愿服务。发挥家长自我教育的优势,交流宣传正确的教育理念和科学的教育方法。沟通学校与家庭。向家长通报学校近期的重要工作和准备采取的重要举措,听取并转达家长对学校工作的意见和建议。向学校及时反映家长的意愿,听取并转达学校对家长的希望和要求,促进学校和家庭的相互理解。家长学校还定期召开家长会、家长教师交流会,广泛征集家长对学校课程建设的建议,促进家长和学校、家长和教师的联系与沟通。

(三)心理康复

脑瘫学生由于肢体运动障碍、社会活动受限等原因,常出现情绪及人格特征的变化。首先是情绪障碍。脑瘫学生常感到孤独、不幸、悲观,甚至有严重的情绪障碍如焦虑、抑郁及羞耻感等。其次是行为异常。脑瘫学生的行为异常主要表现为性格改变,固执、多动、冲动、社交退缩、强迫行为、攻击行为,甚至是自我伤害。另外还可表现为选择性缄默症,主要表现为拒绝与任何人接触或说话。最后是认知损害。脑瘫学生存在记忆障碍,在学习新事物、记忆和集中精力等方面存在困难。认知障碍是影响儿童生活质量的重要因素之一,儿童的认知功能主要取决于脑损害程度,遗传和环境因素也有一定的作用,另外,儿童的情绪和行为也能影响学习潜能的发挥。[①]

学校为七至九年级的脑瘫学生开设心理健康课,每周1课时,力求对脑瘫学生实施心理康复。心理健康教育对个人的成长有着至关重要的作用,对社会的进步,对国家的发展有着深远的现实意义、政治意义和历史意义。因此,

---

① 李树春.小儿脑性瘫痪[M].郑州:河南科学技术卫生出版社,2000:360-361.

学校十分重视脑瘫学生的心理健康问题,本着对社会、对未来负责的态度,认真细致地进行脑瘫学生心理健康教育的研究和实践工作,力求将其培养成为有责任意识和自理、自立能力比较强的有用人才,为国家的发展、社会的进步做出更大的贡献。心理健康教育的总目标是在最大限度地补偿脑瘫学生的心理缺陷的基础上,充分结合学生的个性特点大力挖掘开发他们的潜能,培养学生乐观、向上的心理品质,促进学生人格的健全发展,全面提高和完善脑瘫学生的心理素质,最终提高其生活自理和社会适应能力。心理健康教育的具体目标是帮助学生了解心理健康的基本知识,树立心理健康意识,掌握心理调适的方法,使脑瘫学生不断正确认识自我,增强调控自我、承受挫折、适应环境的能力;培养学生健全的人格和良好的个性心理品质。指导学生正确处理各种人际关系,学会合作与竞争,培养职业兴趣,提高应对挫折、求职就业、适应社会的能力;确立符合自身发展的积极生活目标,培养责任感、义务感和创造精神,养成自信、自立、自律、自强、乐群的心理品质,提高脑瘫学生的心理健康水平。另外,对有心理困扰或心理障碍的学生,给予科学有效的心理咨询和辅导,使他们尽快摆脱障碍,调节自我,提高心理健康水平,增强自我教育能力。

(四)教育康复

脑瘫学生的教育康复是将脑瘫学生的康复训练与教育相结合,帮助其克服躯体和社会心理适应上的困难,在降低障碍的同时,充分挖掘其各种潜能,提高脑瘫学生的素质、能力和生活质量,并使其掌握基本文化知识,最终能独立生活、参与社会。我国脑瘫学生的教育康复起步较晚,但元平特校接收了数量较多的脑瘫学生。经过学校脑瘫组教师的努力,对脑瘫学生的教育康复已经取得了长足进步,开发了一系列针对脑瘫学生的教育课程,效果良好。坚持矫治缺陷、为教育与训练奠定基础原则,早期发现、早期干预原则,热爱儿童、严格要求的原则,激发学习积极性、体验成功的喜悦原则,从实际出发、因人而异制订学习计划原则。学校立足脑瘫学生的发展需求,根据课程设置的原则,注重以生活为核心,整体设计九年一贯制的课程体系。方案充分考虑了学校脑瘫学生的需求和特点,构建了由一般性课程、选择性课程、活动课程组成的脑瘫学生义务教育课程体系。一般性课程包括生活语文、生活数学、生活适应、劳动技能、唱游与律动、绘画与手工、运动与保健;选择性课程包括信息技术、康复训练、第二语言、艺术休闲和校本课程;活动课程包括班会、团队活动、课外活动。

(五)社区康复

学校作为深圳市一所特殊教育学校,深得广东省和深圳市政府的关心与支持,学校脑瘫学生在学校接受康复训练仍不能满足其康复的要求,因此需要在社区中继续对其进行相应的康复。社区康复具有经济、有效、简单易行、效果持久、康复普及面广的特点,因此学校脑瘫学生需要接受社区康复。

"真挚关爱——深圳市2007—2008年扶助残疾人服务计划"资助脑瘫学生坐姿椅项目正式启动,在深圳市民政局福彩金的资助下,150名2～16岁的脑瘫学生将获得量身定制的坐姿椅。此项目是一项民生工程,也是构建和谐社会的重要举措,是在"十七大"精神的指引下,继续坚持以人为本的科学发展观,以残疾人的实际需求为导向,切实为广大残疾人提供有针对性、实用性、可行性的服务。① 深圳市罗湖区残疾人联合会2010年7月举办"2010年罗湖区脑瘫学生康复训练营",为脑瘫学生提供了认知功能训练、手功能训练、日常生活活动能力(ADL)训练、脑瘫肢体综合训练、引导式教育、平衡功能训练、小儿捏脊治疗、传统针灸治疗以及物理因子治疗等康复训练内容。② 2015年,盐田区创建助残健身工程示范点,把全区的残障人士全部纳入,覆盖率达100%,投入了创建经费45万元。为了方便残障人士来到示范点健身,配备专车接送残障人士,开设专门的食堂为残障人士提供免费午餐及午休的房间,对辖区特殊群体如视障人士、听障人士,提供一对一健身指导。健身示范点设在区康复中心,让前来健身的残障人士将健身活动与康复相结合。经过一年的创建,2016年8月,盐田区广东省全民助残健身工程示范点被广东省残联、广东省体育局授予了"广东省全民助残健身工程示范点"称号。③

深圳市残疾人康复中心为贯彻落实市政府办公厅《转发市卫生局等七部门关于进一步加强残疾人康复工作意见》的文件精神,实现2008年"人人享有康复服务"的目标,解决深圳市残疾人在社区康复的服务广度和深度上存在的经费问题,邀请福彩公益金资助"深圳市残疾人中途康复训练营"项目。项目的宗旨是解决经济收入偏低家庭残疾人的生活自理能力并提升其生活质量,使其回归社会,探索机构—社区康复的新模式,从而进一步推动深圳市残疾人"人人享有康复服务"工作,项目资助对象是150名由住院治疗转为社区康复的户籍残疾人。

(六)职业康复

职业康复的目的是协助适龄脑瘫学生获取一定的就业能力。职业康复能使脑瘫学生获得自立,最大限度地改善他们的生活。脑瘫患者在获得职业技能后会感到生活过得有意义,成为家庭和社会中积极的一员。职业康复能够减轻或解除脑瘫患者家属在精神上及经济上的负担。学校的轻度脑瘫学生进入职业高中学习,学校根据深圳当地的残疾人就业需求、脑瘫学生技能水平、

---

① 深圳市2007—2008年资助脑瘫儿童坐姿椅项目正式启动[EB/OL]. http://www.wscl.gov.cn/artshow.asp? id=3530.2007-10-30.
② 深圳市罗湖区残疾人联合会[EB/OL]. http://www.lhdpf.com/index.asp? bianhao=23332.
③ 盐田实打实助力残障人士健身[EB/OL]. http://www.cjr.org.cn/contents/15/46848.html.

学校现有设施而开设的课程,主要包括办公文员、客房服务、西式面点、中式厨、中国结艺、洗衣服务、插花艺术七类,旨在培养学生从事某一类或多类职业的能力和素质。学生可根据自身的能力和兴趣选择其中一项作为自己的专业,深入学习,熟练掌握这一专业所需的基本知识和技能,具备相应职业岗位所要求的职业道德和品质。

第4节 训练效果的评价

学校对脑瘫学生进行一定的康复训练后,会采用形成性评价、总结性评价等方法对其进行训练效果的评价。对训练效果进行评价,是为了检查脑瘫学生接受训练后其各项能力的康复状况,同时也为调整其个别训练计划做好准备。本节主要介绍学校对脑瘫学生接受物理治疗、作业治疗等课程的评价,以及在每学期末对其进行的综合评估。

一、物理治疗效果的评价

形成性评价是在教师教育教学过程之中,为使教师的专业水平继续提高,不断获取反馈信息,以便改进教学而进行的系统性评价。它在教育教学活动中进行,目的是为了找出教师工作中的不足,为教师不断改进教学提供依据。学校在对脑瘫学生进行康复与训练时,在课程进行过程中,根据学生的情况,不断对学生进行粗大动作功能的测试,以便掌握学生康复训练的最新情况,不断调整康复计划。表5-24是学校对脑瘫学生实施物理治疗训练后,对脑瘫学生进行的粗大运动功能的测试,以此来检验脑瘫学生接受物理治疗后的康复效果,清楚地得出脑瘫学生不同运动技能的状况,为调整后续的训练计划做准备。

表 5-24 脑瘫学生粗大运动功能测试

编号_____ 姓名_____ 填表日期_____

填表说明:
1. 将学生能够完成的动作圈出来。
2. 对照 GMFM 量表算出分数。
3. 根据图 5-2 填写下面表格:

项目	得分(百分比)	
卧位和翻身	项目总分_____/51×100=	_____%
坐位	项目总分_____/60×100=	_____%
爬和跪	项目总分_____/42×100=	_____%
站立	项目总分_____/39×100=	_____%
走、跑、跳	项目总分_____/72×100=	_____%

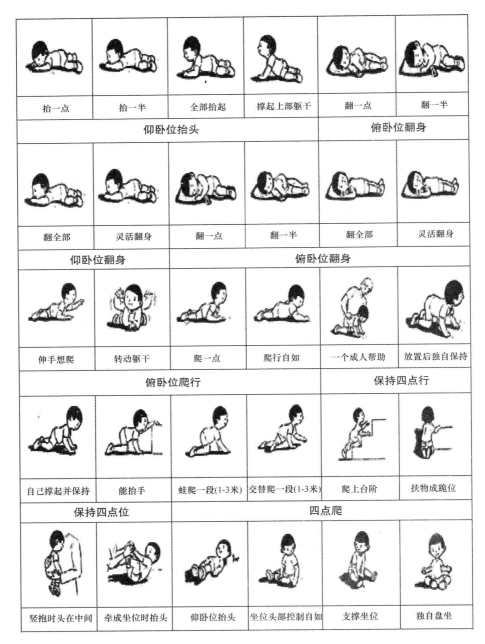

图 5-2 脑瘫学生粗大运动功能问卷

图 5-2 脑瘫学生粗大运动功能问卷（续）

二、作业治疗效果的评价

总结性评价又称"事后评价",一般是在教学活动告一段落后,为了解教学活动的最终效果而进行的评价。学期末或学年末进行的各科考试、考核都属于这种评价,其目的是检测学生的学业是否最终达到了各科教学目标的要求。总结性评价重视的是结果,借以对被评价者做出全面鉴定,区分出等级,并对整个教学活动的效果做出评定。学校对脑瘫学生实施作业治疗课程,并制订了完整的对脑瘫学生训练效果的评估系统,主要包括简易上肢机能检查表和日常生活活动能力(ADL)评价表(见表5-25)。简易上肢机能检查表和评价阶段使用的表格相同,以检查学生经过训练后在能力方面是否有所提升。日常生活能力的评价主要是老师或家人对学生在学校生活、家庭生活中的表现进行观察,通过具体的生活事件和活动对学生的生活能力进行评价,以观察学生经过训练后生活适应能力的提升效果。评价的内容涉及学生吃、穿、住、行等多个方面。

表 5-25 日常生活活动能力(ADL)评价表

姓名_____ 性别_____ 班级_____ 出生年月_____

序号	项目	完成所需时间	完成情况				
			不能完成（0分）	在帮助下完成（25分）	在指导下完成（50分）	独立完成但较慢（75分）	独立完成,速度基本正常（100分）
1	穿上衣,扣衣扣						
2	穿裤子,结腰带						
3	穿鞋、袜						
4	用匙						
5	端碗						
6	用筷						
7	提暖瓶倒水						
8	收拾床铺						
9	开关电灯						
10	开关水龙头						
11	用钥匙开锁						

续表

序号	项目	完成所需时间	完成情况					
			不能完成（0分）	在帮助下完成（25分）	在指导下完成（50分）	独立完成但较慢（75分）	独立完成,速度基本正常（100分）
12	平地步行						
13	上下楼梯						
14	坐上及离开轮椅						
15	利用轮椅活动						
16	上、下公共汽车						
17	刷牙						
18	洗脸						
19	洗澡						
20	用厕						

总评：2000分正常，1500分轻度障碍，1000分轻残，500分残疾，0分严重残疾

合计　　　分

其中五级20项日常生活活动能力测定表评分标准：

Ⅰ级：不能完成，全靠别人代劳。

Ⅱ级：自己能做一部分，但要在别人具体帮助下才能完成。

Ⅲ级：在别人从旁指导下可以完成。

Ⅳ级：能独立完成，但较慢，或需要使用辅助器和支具。

Ⅴ级：正常，能独立完成。

测试教师：

测试时间：

三、脑瘫学生训练课程的综合评价

学校的脑瘫学生众多，在多年的康复与训练过程中，学校已经形成了自身独具特色的评估系统和训练方法。在学校系统实施物理治疗、作业治疗、运动技能训练以及个训课的基础上，教师积极关注每个脑瘫学生在课堂上的表现，热情与脑瘫学生家长沟通与合作，家校结合进行训练。在学期末对每个脑瘫学生进行综合素质评估，填写评估表（见表5-26），进入学生档案，并为下学期脑瘫学生的训练计划做好准备。

表 5-26　　　　学年度第　学期脑瘫学生综合素质评估表

类别	项目	指　标　内　容	等级
在校表现	爱祖国		
	爱集体		
	诚实		
	讲文明		
	讲卫生		
	爱劳动		
	生活适应		
	生活数学		
	生活语文		
	运动训练		
	作业治疗		
	物理治疗		
	唱游律动		
	劳动技能		
	绘画手工		
获奖情况			
教师寄语		班主任：＿＿＿＿＿＿	
在家表现	项目	内容	等级
	学习		
	礼貌		
	卫生		
	劳动		
家长评价		家长签名：	

第6章 自闭症学生的训练

自闭症又称孤独症,是一种因神经心理功能异常而导致的交流、社会交往和行为三方面出现问题的广泛性发育障碍。自闭症已经从过去的罕见疾病变为较普遍的儿童心理发育障碍,目前还没有发现能够彻底治愈自闭症的康复方法,但通过一系列教育康复训练可以使自闭症儿童的残存功能和潜在能力获得最大限度的发挥,使他们的身体、心理和适应能力,获得最大限度的改善或恢复,最终使儿童接近正常或回归到主流社会当中。元平特校自1995年起开始招收自闭症学生,在对学生进行康复训练时,学校注重康复过程的规范性、科学性和有效性,通过康复评估、康复计划的制订、康复的实施等环节,采用医疗康复、职业康复、家庭康复、教育康复等手段,对学生实施全面康复,以实现提高学生社会适应能力的核心目标。

第1节 自闭症学生的评估

特殊教育评估是通过观察、访谈和测验工具等多种途径来收集有关信息、鉴别教育对象,确定教育康复目标和检验教育效果的综合过程。[①] 通过对学生的评估,教育工作者不仅可以对特殊学生进行诊断和安置,还可以全面地了解特殊学生的心理发展状况及有关情况,为康复计划的制订、康复效果的评估以及教育教学管理等提供依据。自闭症病因复杂,临床表现差异大,要成功地对自闭症学生进行康复,就必须客观、全面、动态地把握学生的发展情形,对学生实行科学的诊断与评估,整合多方面的信息,才能为学生提供合适的个别化教育计划。

一、自闭症学生的特点

(一) 语言发展异常

语言是个体顺利进入社会、适应社会发展的必备工具,是其他能力得以发展、成熟的先决条件。但自闭症学生在语言方面存在着严重的障碍,主要表现在:① 语言发展迟缓。据统计,大约50%的自闭症学生到了一定年龄完全没

---

① 韦小满.特殊儿童心理评估[M].北京:华夏出版社,2006:16.

有发展出语言沟通行为,即使有一定的语言,以后其语言发展的速度也慢于普通儿童,词汇量非常有限。部分儿童还可表现为言语功能的退化,即在 2～3 岁之前会说话,但之后随着年龄增长语言逐渐减少。① ② 言语表达异常。自闭症学生缺乏用语言表达的内在动机,没有运用语言交往的兴趣,常以动作代替语言。② 在进行语言表达时,其语调、语速、音量和内容上都有异常,例如说话声音小而尖细、语速过快、含糊不清,有时甚至出现没有原因的大喊大叫、奇妙的音调以及失去节奏平衡和不同寻常的说话方式等现象。③ 自闭症学生常自言自语地重复一些机械的语言或出现回声式语言,即鹦鹉学舌般地重复所听到的内容,并且在日常生活中有明显的人称代词使用问题,分不清"你、我、他"含义,常用指物或指人的名称代替代词。③ 语言理解困难。自闭症学生的一个普遍特征是对言语信息只能进行具体或字面上的处理,一般只能理解简单的因果关系和有明确答案的问题,程度较重者,对于他人的语言只会进行无意义的重复和模仿。除了对语言理解困难,自闭症学生对面部表情、手势等非语言的理解亦有困难,故难以了解他人的意愿和感受。

(二) 社会互动困难

社会互动困难是自闭症学生发展障碍的核心体现,是对自闭症学生生存能力最为本质的影响。自闭症学生缺乏社会交往的兴趣,对熟悉和不熟悉的人不加区别地表现出冷漠,表现出不看人、不理人、对人缺少反应,不容易和父母建立亲子依恋关系。研究指出:能够进行正常社会互动的自闭症幼儿少于 25%,85% 的父母认为他们的自闭症子女无视他人的存在,超过 90% 的自闭症幼儿不会伸手向父母要求拥抱,约 76% 的自闭症幼儿避免眼神的接触。④ 厄斯特林和汤森(Osterling & Dawson,1994)发现,自闭症幼儿在共同注意力、眼神接触、凝视他人、名字呼唤、模仿等社会互动能力上存在严重障碍。⑤ 此外,自闭症学生在和别人对话时,无法倾听别人谈话的内容,同时也缺乏一般谈话时,一来一往、一问一答的互动沟通特质,即使是高功能的自闭症学生,也存在明显的社会性人际关系障碍。

---

① Bryson,S.,Brief report:Epidemiology of autism[J]. Journal of Autism and Developmental Disorders,1996(26):165-168.

② 贾林祥.自闭症儿童的语言障碍及其形成原因[J].徐州师范大学学报,2007(7):100-104.

③ 宋维村.自闭症儿童辅导手册[M].台南:教育部特殊教育小组主编,2000:17-22.

④ Volkmar F R. Handbook of Autism and Pervasive Developmental Disorders[M]. NY:John Wiley,2005:312-316.

⑤ Osterling,J.,Dawson,G. Early recognition of children with autism:A study of frist birthday home videotapes[J]. Journal of Autism and Developmental Disorders,1994(24):247.

（三）兴趣与行为异常

自闭症学生常表现出兴趣狭窄、行为刻板重复、有强烈要求维持环境不变的意愿。[①] 自闭症学生通常对普通儿童喜欢的玩具和活动不感兴趣，但却对个别玩具或某些物品极端痴迷，特别是能够旋转的物品，如磁带、瓶盖、车轮、电扇等。他们对物体的整体属性和功能不感兴趣，却喜欢反复摆弄物体的某些部件。在刻板行为方面，自闭症学生常表现出重复的、仪式化的动作行为，如旋转身体、晃手、挥舞手臂、来回奔跑、反复蹦跳等。此外，自闭症学生常喜欢一成不变的环境，周围环境的细微变化或日常安排的小小变动都会让他们烦躁不安。[②] 但随着年龄的增长，他们的兴趣范围可能会逐渐扩大，刻板重复的动作和活动会有所减轻。

（四）感知觉功能异常

感知觉主要包括视觉、听觉、嗅觉、味觉和触觉五类，是人类认识世界的基础。自闭症学生的感知神经系统在建立过程中出现了种种问题，阻碍了他们正确感知世界。① 听觉。自闭症学生听觉过于敏感或过于迟钝，有时环境中的某些特定的声音会令他们极为反感而时常捂住双耳，但又常对人的呼唤充耳不闻。大多数自闭症学生具有语音分辨困难，他们对外界的声音、自己发出的声音、额外的杂音和背景噪音等无法区分，使他们不能排除不适宜的声音和噪音的干扰。[③] 因此，对于嘈杂的环境十分反感。② 视觉。相对于听觉系统来说，自闭症学生的视觉系统一般较好，大多数有视觉学习的优势。因此，对视觉性文字信息登记较好，理解视觉信息也相对较快。但是相对于普通儿童也存在一定的问题，例如不能准确辨别他人面孔，所需识记时间较长，而且常常回避他人的目光，很少与人对视。③ 痛觉。有少数自闭症学生表现出痛觉迟钝，例如对于摔跤、打针等没有痛苦的表情和反应，有的甚至表现出咬手、拍墙、扯头发等自残行为。④ 味觉、触觉、嗅觉。自闭症学生常嗅觉敏感、味觉迟钝，他们常通过嗅觉来判定对食物的喜好，自闭症学生多数存在严重偏食行为；多数自闭症学生有明显的触觉敏感现象，如拒绝他人的抚摸，不接受新的衣服、鞋袜等。

（五）认知缺陷

1. 注意力特点

自闭症学生经常出现注意力过于分散或极其专注而不能有效转移的问题，他们对自己痴迷的行为有着超常的专注，却不能对其他的事有应有的注

---

① 王梅,张俊芝.孤独症儿童的教育与康复训练[M].北京：华夏出版社,2007：9.
② 褚宏启.特殊教育导论[M].北京：中国人民大学出版社,2010：434.
③ 王梅,张俊芝.孤独症儿童的教育与康复训练[M].北京：华夏出版社,2007：9.

意。集中表现在以下两方面：① 共同注意力缺陷。共同注意是指与他人共同对某一对象或事物加以注意的行为，被认为是儿童心理理论发展的重要前提，表现为追随他人手势、视线，在他人和物品间转换视线，通过手势或视线吸引他人注意等。① 共同注意的缺陷是自闭症儿童最重要的症状之一，关于自闭症儿童共同注意力的研究表明，自闭症儿童普遍存在共同注意力方面的问题，而且共同注意力的缺陷已经成为判断婴儿是否患有自闭症的一个重要标准。不少学者认为，共同注意这条标准能够筛选出 80% 至 90% 的自闭症儿童，其区分度高于游戏、模仿技能等早期指标。② 周念丽和杨志良对自闭症幼儿的自主性共同注意力进行实验研究发现，自闭症幼儿的自主性视觉方向所及目标物多于人，而人的目标中更多地锁定同伴而不是教师，在唤起他人共同注意力的时候自闭症学生多以"拉"和"抱"的方式来代替指点行为。③ 自闭症学生由于共同注意力方面的缺陷，不能准确地注意到模仿对象的动作、语言，缺乏眼神的交流，不能准确理解他人的意图进而使模仿能力、语言交流能力以及社会交往能力方面的障碍更加突出。② 注意力选择性的基本特征。自闭症学生由于感知觉问题和倾向于维持不变的认知行为，对于自己喜欢的刺激有着常人难及的专注力，希望进行重复行为或者仪式化行为，而对自己不感兴趣的事物视而不见。此外，其注意力还表现出过度的选择性，倾向于把注意力集中于个别物体或物体的某个细节，而不是整体，因此就影响到注意力的转移性支付。

2. 智力发展特点

自闭症学生智商水平分布很广，既可能伴随严重甚至极重度的智障，也可能具有天才的智力。尽管自闭症学生的智力分布较广，但是据调查 70%～80% 的自闭症学生伴有智障。④ 有的儿童虽没有明显的智力问题，但是受情绪等因素的影响，很难表现出已达到的智力水平。此外，自闭症学生的智力结构往往表现出明显的不均衡，一般来说操作智商高于言语智商，视觉空间能力、记忆力高于理解能力。

3. 思维方式特点

有研究者认为思维方式异常是自闭症最大的困难，导致他们不能或很难了解物与物、人与物、人与人的相互关系。皮亚杰认为思维方式不成熟表现在

---

① 周念丽，杨治良.自闭症幼儿自主性共同注意的实验研究[J].心理科学，2005(5)：1063-1067.
② Mundy, P., Sigman, M., Ungerer, J., et al.. Defining the social deficits of autism: the contri-bution of nonverbal communication measures[J]. Journal of Child Psychology and Psychiatry, 1986 (5): 657-669.
③ 周念丽，杨治良.自闭症幼儿自主性共同注意的实验研究[J].心理科学，2005(28)：1063-1067.
④ 肖非.特殊需要儿童教育导论[M].北京：中国轻工业出版社，2007：235.

两个方面：一是"自我中心化"，即不能从对方的角度和客观的角度思考；二是"客体中心化"，即不能从相反的角度和相对性的角度思考。随着儿童心理的发展，思维方式会逐渐从"中心化"走向"社会化"，能够理解别人的感受，能够参照别人的观点、态度来调节自己的行为，可以从多角度思考问题。自闭症学生的思维方式长期停滞在"自我中心化"上，在人际关系中，他们不能站在对方的角度思考问题，以自己的主观意愿理解客观现实，难以理解事物的特点会随着背景的不同而产生变化。

（六）生活自理能力和社会生存能力差

生活自理能力是一个人独立生存的基础，而自闭症学生由于对周围的环境缺乏关注，很难通过主动模仿学习基本的生活技能，而且很多自闭症学生在生活上养成了依赖父母的习惯，独立生活能力较差。克莱杰（Kraijer，2000）指出自闭症者的生活自理能力较其他广泛性发展障碍者更为严重。[1] 此外，先天性的社会功能障碍导致自闭症患者的社会适应能力普遍偏低。张正芬对我国台湾 15 岁至 38 岁自闭症患者的社会适应能力进行调查，发现可就业或就学、社会适应良好的人只占 22%；仍需大量特教或医疗介入协助，社会适应较差的人占 46.2%；无独立生活能力的人占 80%。[2] 2005 年，我国台湾对 15 岁以上的残疾人士就业状况进行调查，发现自闭症患者面临的就业困难超过一般的身心障碍者，所有的自闭症患者中处于就业状态的仅占 9.4%，且大多数工作年限未满一年，超过一半的自闭症患者由于不能处理和同事之间的人际关系经常更换工作。[3] 以上数据说明自闭症人士的社会适应能力和生存能力存在困难。

二、自闭症学生评估的内容

（一）感知觉—动作发展评估

自闭症学生由于脑生理学上的问题，导致其感觉输入以及运动指令输出上存在困难，因此，自闭症学生常常存在感觉统合方面的问题。研究指出，自闭症学生的人际关系障碍、语言发展迟缓、环境适应不佳等问题都可能与触觉敏感、本体感不佳等相关。[4] 因此，对自闭症学生的感知觉—动作发展进行评

---

[1] Kraijer D. Review of adaptive behavior students in mentally retarded persons with autism developmental disorder[J]. Journal of Autism and Developmental Disorders, 2000(30): 39-47.

[2] 张正芬.自闭症青年与成人现况调查研究[J].特殊教育学刊,1996(14):133-155.

[3] 2005 年台湾地区身心障碍者劳动状况调查[EB/OL]. http://statdb.Cla.gov.tw/html/svy94/9405menu.htm,2005-02-06.

[4] 王梅,张俊芝.孤独症儿童的教育与康复训练[M].北京：华夏出版社,2007:166.

估对于自闭症学生康复计划的制订十分重要。学校根据开设的康复课程"感觉运动课"的需要,对学生在感知觉、动作方面的评估内容主要包括:视觉、触觉、嗅觉、听觉等感知觉能力;侧翻、前后翻、坐、爬、跳、跑、上下楼、行走等粗大运动能力;抓、捏、撕、拔、穿、插、拼图、折纸、填图、画线等精细运动能力;走平衡步道、跳大龙球、趴地推球等感觉统合综合运动能力。

(二)认知评估

自闭症学生由于大脑神经机制的问题,在注意力、智力、思维、记忆等方面都存在明显的障碍。良好的认知能力是学生学习的重要基础,认知领域的康复是自闭症康复的重要内容。学校对自闭症学生认知的评估内容主要包括概念认知、象征语言、知觉关系、分类、序列关系等内容,所使用的评估工具为台湾仪讯股份有限公司开发的认知功能评估系统。

(三)沟通行为评估

语言障碍及社会沟通障碍是自闭症学生的两大核心障碍,严重影响了自闭症学生的社会交往与生活质量。语言发展与社会沟通是自闭症学生康复的重要内容,为了制订合适的干预计划,必须对学生语言及沟通行为进行评估。评估内容主要包括学生表达要求、表达拒绝、表达情感、回答问题、维持互动等沟通行为的发展状况。

(四)社会适应能力评估

自闭症学生的核心障碍是社会性障碍,改善自闭症学生的社会功能,提高其社会适应能力是康复的最终目标。因此,对自闭症学生的评估不能局限于学科或认知能力方面,社会适应能力的评估相当重要。适应能力的评估内容主要包括生活自理能力、认知能力、交往能力、社会技能、社会情感等多方面的内容。适应能力的评估是在诊断性评估、访谈、观察的基础上进行的,在自然情境下进行的观察和与成人进行的访谈是信息的主要来源。

三、自闭症学生评估的方法

为了保证训练计划的科学性和有效性,对自闭症学生的评量应该采用多元评估的方式,通过多种方法、从多个角度对学生进行。来自多个领域评估人员的信息将使干预人员得以观察学生在不同场景中的行为表现,从而对学生做出更准确的评价。元平特校对自闭症学生进行评估时采用综合评估的方法。所谓综合评估就是搜集各种信息、分析信息、得出结论的过程,包括观察评估、量表评估、课程性评估、家庭评估等。[①] 多途径、多元化的评估方式保证

---

① 王梅,张俊芝.孤独症儿童的教育与康复训练[M].北京:华夏出版社,2007:82.

了评估的科学性、全面性,也提高了评估的效率。

(一)量表评估

量表评估是目前教育领域内对自闭症学生评估的主要手段,主要运用各类客观的、标准化的工具对学生的身心发展情况进行科学的评估,可以使我们客观地获悉学生的技能与能力状况。目前学校所用的量表评估主要有两类,一类是诊断性评估量表,例如自闭症学生行为量表(ABC,Aberrant Behavior Checklist),既能够反映自闭症学生的行为特征,又能够判别自闭症学生的障碍程度。另一类是发展性导向评估量表,用来对自闭症学生的模仿、动作、语言、认知、社会交往等各方面能力的发展水平进行评估。

(二)观察评估

自闭症学生的认知能力、语言理解能力较差,评估人员很难通过常规的"评估人员—学生"的评估方式对学生进行评估,一般主要通过家长填写评估量表的方式来了解学生的发展情况。但是这种间接的评估方式很难客观反映自闭症学生的真实状况,还需要评估人员在自然的环境中对学生的自发行为、所具备的能力和学习风格等进行观察。学校采用的观察方法主要是课堂观察和日常生活观察,根据学生在课堂和课外自然情境中的表现情况对其语言、注意力、社会交往能力、行为、兴趣爱好等进行动态评估。

(三)课程性评估

课程性评估是将课程目标作为教学评估的标准,并以此标准评估学生能力水平和进步情况。通过课程性评估,教师可以确认自闭症学生在课程中完成教学目标的程度,并据此对课程进行调整,使之与学生的水平和进步程度相符合,使教学工作与评估工作同步进行,并为课程的实施和及时调整及时提供信息。[①] 课程性评估的目标包括:① 分析自闭症学生的发展性能力;② 针对自闭症学生改变学习材料、学习进度;③ 确定个别化教育计划的目标;④ 监控自闭症学生进步情况,评价课程方案;⑤ 促进教师和家长的合作。[②] 课程性评估主要采用质的评量方式,对自闭症学生的课堂表现情况、课程目标完成情况进行定性的描述。

(四)家庭评估

对特殊教育来说,评估与鉴定是一项很重要的工作。因此,有些国家(例如美国)通过立法来规定家长必须参加学校对子女的评估与鉴定。在自闭症学生评估的过程中,父母或主要照料者是信息的重要来源,他们能够提供儿童

---

① 钱文.学前融合课程评价的有效方法:课程性评估[J].中国特殊教育,2004(4):39-12.
② 雷江华.学前特殊儿童教育[M].武汉:华中师范大学出版社,2009:278.

纵向发展和现时情况的主要资料。而且,适应性的、日常功能水平的测量最好是由与儿童共同生活的人来进行评估。因此,让家长参与的评估提高了对学生评估的精确性和全面性。同时,除了通过家庭参与的评估了解学生相关信息之外,学校还通过学生家庭基本情况调查表、家庭资源调查表和家庭教养态度调查表等,评估自闭症学生家庭的各种优势和能力、家庭教养环境等,将家庭服务计划纳入自闭症学生的干预计划中。

四、自闭症学生评估的工具

学校根据评估内容和评估方式确定自闭症儿童常用的评估工具,主要包括自闭症儿童心理教育评量量表、儿童适应行为评量量表、感觉统合能力测量量表、社会交往诊断量表、认知能力评估、综合功能评估、家庭教育环境调查表等。

（一）自闭症儿童心理教育评定量表

心理教育评定量表中文修订版(简称 C-PEP)是一种新型的发展量表,最适用于自闭症及相关发育障碍儿童的个别化评估。作为评估工具,它能提供患儿在模仿、知觉等7项功能领域的发展信息,而作为诊断工具,它能识别在情感、感觉模式和语言等领域中的病理行为及其程度。其中功能量表由模仿、知觉、大肌肉、小肌肉、手眼协调、认知理解、认知表达七大项目组成(见表6-1)。量表评分除了包括通过(P)、不通过(F)级别外,还提供了其他测验易于忽略的"中间反应"(E)级别,对年龄较低、能力较差儿童功能水平的把握颇有助益。该量表不仅能够测出儿童现阶段的实际发展水平,还能够测出儿童潜在发展水平,学校根据学生的测评结果,以其实际发展水平为教育起点,以其潜在发展水平为教育目标,逐步促进自闭症学生的发展。

表 6-1　C-PEP 发展量表项目内容

项目	项目名称	题数	内容
1	模仿	10	动作模仿(操作万花筒、举胳膊、摸鼻子等)、发音模仿(动物声音、口语)等
2	知觉	11	追视泡泡、拼图注视、寻找杯中物、声音定位等
3	大肌肉	10	抛球、踢球、单脚独立、上楼梯等
4	小肌肉	11	穿珠、用剪子剪东西、拧开泡泡瓶等
5	手眼协调	14	此领域主要与写字、绘画能力有关,如着色、临摹图形、堆积木等
6	认知理解	20	认知理解侧重于评估问题解决能力
7	认知表达	19	认知表达侧重于对口语的反应能力

（二）儿童适应行为评定量表

湖南医科大学姚树桥、龚耀先（1994）修订编制的《儿童适应行为评定量表》（城市版）（见表 6-2），其评定的对象为 3～12 岁的智力正常或低下儿童。此量表采用分量表式结构，共有 8 个分量表。分别为：感觉运动、生活自理、语言发展、个人取向、社会责任、时空定向、经济活动、劳动技能。该量表主要由学生的主要抚养者、班主任、生活教师共同评定，了解学生的社会适应能力发展水平，是设置生活适应、劳动技能、社会交往等课程教学目标的重要依据。

表 6-2　儿童适应行为评定量表（节选）

1. 视觉（在矫正之后） （选择一项）		4. 肢体功能 （选择所有适合的项）	
看东西无困难	3	右上肢使用好	1
看东西有点困难	2	左上肢使用好	1
看东西有很大困难	1	右下肢使用好	1
没有视力	0	左下肢使用	1
2. 听觉（在矫正之后） （选择一项）		5. 双手控制能力 （选择所有适合的项）	
听无困难	3	双手能抓住一个篮球或排球	1
听有点困难	2	手举过肩能投球	1
听有很大困难	1	单手能抓起杯子	1
没有听力	0	能用大拇指和其他手指抓握	1
3. 身体平衡 （选择一项）		6. 走和跑 （选择所有适合的项）	
要求用脚尖站立可达 10 秒钟以上	5	能自己行走	1
要求用单脚站立可达 3 秒钟以上	4	能自己上楼梯	1
双脚站立不要扶	3	跑步很少摔跤	1
站立要扶	2	能跨、蹦或跳	1
坐不要扶	1	能自己双脚交替步行下楼	1
坐不稳或只能卧位	0	……………	

（三）感觉统合能力发展评定量表

感觉统合能力测量量表适用于 6～11 岁的学龄儿童，由 58 个问题组成，分为五大项目，分别是前庭失衡、触觉过分防御、本体感失调、身体协调不良、学习能力发展不足以及大年龄的特殊问题（见表 6-3），其中大年龄的特殊问题主要评定 10 岁以上的儿童。量表按"从不、很少、有时候、常常、总是如此"1～5 五级评分。"从不"为最高分，"总是如此"为最低分。儿童感觉统合能力发展评定量表由父母填写，结果判断是根据儿童的年龄将原始分换算成标准分进行评定。凡标准分≤40 者说明存在感觉统合失调现象。标准分在 30～40 之间为轻度；20～30 为中度，20 分以下为重度。

表 6-3　儿童感觉统合能力发展评定量表

儿童姓名：_____　　性　　别：_____　　年　　龄：_____

出生日期：_____　　检查日期：_____

从不这样＝5　很少这样＝4　有时候＝3　常常如此＝2　总是如此＝1					
（一）前庭失衡					
1. 特别爱玩旋转的凳椅或游乐设施，而不会晕。	5	4	3	2	1
2. 喜欢旋转或绕圈子跑，而不晕不累。	5	4	3	2	1
3. 虽看到了仍常碰撞桌椅、旁人、柱子、门墙。	5	4	3	2	1
4. 行动、吃饭、敲鼓、画画时双手协调不良，常忘了另一边。	5	4	3	2	1
5. 手脚笨拙、容易跌倒、拉他时仍显得笨重。	5	4	3	2	1
6. 俯卧地板和床上，头、颈、胸无法抬高	5	4	3	2	1
7. 爬上爬下、跑进跑出、不听劝阻。	5	4	3	2	1
8. 不安地乱动，东摸西扯，不听劝阻，处罚无效。	5	4	3	2	1
9. 喜欢惹人、捣蛋、恶作剧。	5	4	3	2	1
10. 经常自言自语，重复别人的话，并且喜欢背诵广告语言。	5	4	3	2	1
11. 表面左撇子，其实左右手都用，而且无固定使用哪只手。	5	4	3	2	1
12. 分不清左右方向，鞋子衣服常常穿反。	5	4	3	2	1
13. 对陌生地方的电梯或楼梯，不敢坐或动作缓慢。	5	4	3	2	1
14. 组织力不佳，经常弄乱东西，不喜欢整理自己的环境。	5	4	3	2	1
（二）触觉过分防御					
15. 对亲人虽暴躁，强词夺理，到陌生环境则害怕。	5	4	3	2	1
16. 害怕到新场合，常常不久便要求离开。	5	4	3	2	1
17. 偏食、挑食，不吃青菜或软皮。	5	4	3	2	1
18. 害羞，不安，喜欢孤独，不爱和别人玩。	5	4	3	2	1
19. 容易黏妈妈或固定某人，不喜欢陌生环境，喜欢被搂抱。	5	4	3	2	1
20. 看电视或听故事，容易大受感动，大叫或大笑，害怕恐怖镜头。	5	4	3	2	1
21. 严重怕黑，不喜欢在空屋，到处要人陪。	5	4	3	2	1
22. 早上赖床晚上睡不着，上学时常拒绝到学校，放学后又不想回家。	5	4	3	2	1
23. 容易生小病，生病后便不想上学，常常没有原因拒绝上学。	5	4	3	2	1
24. 常吸吮手指或咬指甲，不喜欢别人帮忙剪指甲。	5	4	3	2	1
25. 换床睡不着，不能换被或睡衣，出外常担心睡眠问题。	5	4	3	2	1
26. 独占性强，别人碰他的东西，常会无缘无故发脾气。	5	4	3	2	1
27. 不喜欢和别人谈天，不喜欢和别人玩碰触游戏，视洗脸和洗澡为痛苦。	5	4	3	2	1
28. 过分保护自己的东西，尤其讨厌别人由后面接近他。	5	4	3	2	1
29. 怕玩沙土，有洁癖倾向。	5	4	3	2	1
30. 不喜欢直接视觉接触，常必须用手来表达其需要。	5	4	3	2	1
31. 对危险和疼痛反应迟钝或反应过于激烈。	5	4	3	2	1
32. 听而不见，过分安静，表情冷漠又无故嬉笑。	5	4	3	2	1
33. 过度安静或坚持奇怪玩法。	5	4	3	2	1
34. 喜欢咬人，并且常咬固定的友伴，并无故碰坏东西。	5	4	3	2	1
35. 内向，软弱，爱哭又常会触摸生殖器官。	5	4	3	2	1
（三）本体感失调					
36. 穿脱衣裤，扣纽扣，拉拉链，系鞋带动作缓慢、笨拙。	5	4	3	2	1

续表

37. 顽固,偏执,不合群,孤僻。	5	4	3	2	1
38. 吃饭时常掉饭粒,口水控制不住。	5	4	3	2	1
39. 语言不清,发音不佳,语言能力发展缓慢。	5	4	3	2	1
40. 懒惰,行动慢,做事没有效率。	5	4	3	2	1
41. 不喜欢翻跟头,打滚,爬高。	5	4	3	2	1
42. 上幼儿园,仍不会洗手、擦脸、剪纸及自己擦屁股。	5	4	3	2	1
43. 上幼儿园(大、中班)仍无法用筷子,不会拿笔、攀爬或荡秋千。	5	4	3	2	1
44. 对小伤特别敏感,依赖他人过度照料。	5	4	3	2	1
45. 不善于玩积木、组合东西、排队、投球。	5	4	3	2	1
46. 怕爬高,拒走平衡木。	5	4	3	2	1
47. 到新的陌生环境很容易迷失方向。	5	4	3	2	1
(四)学习能力发展不足					
48. 看来有正常智慧,但学习阅读或做算术特别困难。	5	4	3	2	1
49. 阅读常跳字,抄写常漏字、漏行,写字笔画常颠倒。	5	4	3	2	1
50. 不专心,坐不住,上课常左右看。	5	4	3	2	1
51. 用蜡笔着色或用笔写字也写不好,写字慢而且常超出格子外。	5	4	3	2	1
52. 看书容易眼酸,特别害怕数学。	5	4	3	2	1
53. 认字能力虽好,却不知其意义,而且无法组成较长的语句。	5	4	3	2	1
54. 混淆背景中的特殊图形,不易看出或认出。	5	4	3	2	1
55. 对老师的要求及作业无法有效完成,常有严重挫折。	5	4	3	2	1
(五)大年龄特殊问题					
56. 使用工具能力差,对手工或家事均做不好。	5	4	3	2	1
57. 自己的桌子或周围无法保持干净,收拾上很困难。	5	4	3	2	1
58. 对事情反应过强,无法控制情绪,容易消极。	5	4	3	2	1

(四)自闭症学生社会交往课程诊断性评价表

自闭症学生社会交往课程诊断性评价表由元平特校康复部的教师编写,从人际交往基本礼仪、家庭场景交往、学校场景交往、社会场景交往及其他场景五个方面来考察自闭症学生的社会交往能力。教师通过与家长、学生交谈以及对学生进行观察完成评价表的内容,对学生的能力进行描述性评价。该评价表主要是为了配合学校开设的社会交往课程,评估结果是社会交往课程实施的重要依据。

表6-4 自闭症学生社会交往课程诊断性评价表

学生基本情况	姓 名		性别		出生年月		班级		残疾类别		照片
身体状况					病 史						
家长期望											
学生目前能力											

续表

领　域	描　述
人际交往基本礼仪	
家庭场景交往方面	
社会场景交往方面	
学校场景交往方面	
其　他	

填表日期：　　年　　月　　日

（五）综合功能评定表

为了能够从整体上对自闭症学生有全面的认识，也为了便于学校教师操作，学校心理组的教师编制了综合功能评定表，该量表包括认知功能、言语功能、运动能力、自理动作、社会适应性五个方面的内容，对学生进行综合功能评估（量表见表 5-11）。

（六）认知功能评估系统

认知功能评估系统是一套对儿童认知能力进行评估和训练的仪器，评估系统共包括三大部分，即个人基本资料管理子系统、测验记录管理子系统、评估测验子系统。另外还包含治疗师管理和文件管理两个次系统。评估内容包括物体概念、象征语言、知觉关系、比较排序、同类匹配等。评估系统的操作流程如图 6-1 所示，被试的评估结果系统会自动生成，是自闭症学生个别化训练的重要依据。

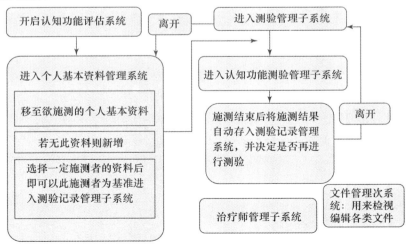

图 6-1　认知功能评估系统操作流程

（七）儿童家庭教育情况调查表

家长在特殊儿童康复和发展过程中具有至关重要的作用，他们对孩子的态度和施加的影响，很大程度上决定着特殊儿童后天的康复状况和发展水平。在学生入学初，学校会通过向家长的咨询，了解儿童家庭的基本情况、家庭教育的情况以及儿童所需要的帮助等，在此基础上对家长进行培训，保证自闭症学生在家庭环境中得到合适的教育与康复训练。

第 2 节 训练计划的制订

特殊学生由于身体缺陷，生活、学习各个方面都受到限制，他们和普通学生在生理、心理的发展上存在差异，普通学校的教育教学方式不能全部用于特殊学生身上。特殊学生个体间存在很大的差异，较多的特殊学生存在身心发展方面多重障碍，单一、统一的教学不适合特殊学生。因此要从学生的个别差异出发，根据特殊学生的发展特点和家庭环境实施个别化教学，为他们制订个别化的训练计划，这是特殊学生享受到高质量的、合适的教育的重要保证。

一、自闭症学生康复目标

（一）总目标

社会适应能力是指个人独立处理日常生活与承担社会责任的能力达到他的年龄和所处社会文化条件所期望的程度，[1]包括生活自理能力、认知能力、交往能力、社会技能、社会情感等多方面的内容。在特殊教育中，社会适应能力始终占据着重要的地位，美国智力落后协会（AAMR）在 1983 年、1992 年、2002 年对智力落后的的定义中，都将"社会适应"作为衡量智力落后水平的标准之一，[2]而且社会适应能力与学业发展是西方特殊教育课程设计的两条主轴线，缺一不可。[3] 对于自闭症学生来说，社会适应能力有其特殊的含义。自闭症是以社会性发展障碍为特征的精神残疾，也叫作社会功能残疾。先天性的社会功能障碍导致自闭症患者的社会适应能力普遍偏低，恢复和改善自闭症学生的社会功能，提高其社会适应能力是康复效果的主要评价标准。因此，自闭症学生康复的总目标是通过家庭融合、社区融合、幼儿园融合、学校融合的

---

[1] 姚树桥,龚耀先.儿童适应行为评定量表的编制及城乡区域性常模的制订[J].心理科学,1993(16)：38-42.

[2] AMR. Mental Retardation：definition,classification,and systems of supports. Washington,DC：American Association on Mental Retardation,2002：3-10,23.

[3] 邓猛,雷江华.培智学校课程改革与社会适应目标探析[J].中国特殊教育,2006(8)：17-20.

教育训练过程,重点改善自闭症学生的社会功能,提高自闭症学生的社会适应能力,让其成为具有社会性的人,最终能够实现与社会的融合。

(二)阶段目标

自闭症学生在社会性发展方面存在严重的障碍,要提高他们的社会适应能力,最终使他们融入社会,需要分阶段进行。甄岳来等人提出自闭症学生的康复主要包括家庭生活自理、社会生活自理、社会生活自立三个阶段(如图6-2)[①]:

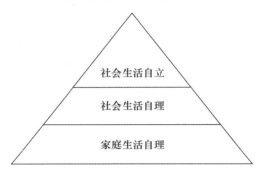

图6-2 自闭症学生康复目标阶段图

1. 家庭生活自理

家庭生活自理是自闭症学生社会适应能力得到康复的初级阶段,是自闭症学生康复的基本目标,主要包括能够自主安排自己的日常家庭生活,能够自我服务,能够理解家庭成员之间的关系,能够担当自己在家庭中的角色,能够从事家庭生活所必需的家务劳动等。家庭生活自理康复目标的实现需要家长在家庭环境中的随机教育,同时也需要学校教师通过专门的康复课程对学生的认知能力、社会交往能力、劳动技能等方面进行系统的训练,学校生活自理是自闭症学生家庭生活自理的基础。家庭生活自理的康复目标主要是针对小学阶段的自闭症学生。

2. 社会生活自理

社会生活自理是社会适应能力得到康复的较好状态,包括能够独自出行、在社区内从事和自己日常生活密切相关的社会活动、遵守社会规则、能够与他人进行正常的工具性交往、承担一定的社会角色和有较好的社会意识等内容。社会生活自理的康复目标主要为初中阶段自闭症学生而设定,需要学生家长和学校教师联合,为学生创造更多与社会接触的机会,在实际场景中对学生进行社会适应能力的康复。

---

① 甄岳来,李忠忱.孤独症儿童社会性教育指南[M].北京:中国妇女出版社,2008:20.

3. 社会生活自立

社会生活自立是自闭症学生社会适应能力得到最好康复的阶段,主要是指高年级阶段的自闭症学生通过家庭教育和学校职业康复,基本上能够实现就业、自食其力和独立生活,具有对生活的理解性、自主性,具有基本正常的自我意识和自主解决问题的能力等。这是自闭症学生康复的最终目标,也是最难实现的目标,需要学校、家长、社会多方面的、长期的努力。

(三)元平特校训练目标

元平特校对于自闭症学生康复目标的设定依据学校宝塔式的分层目标,即第一层级具有基本的生存能力,第二层级具有劳动技能和基本适应社会的能力,第三层级具有生活自理、社会适应、职业适应和自食其力的能力。学校将自闭症学生的康复内容分为三个阶段,即小学阶段(小一至小六)、初中阶段(中一至中三)、高中阶段(高一至高三),小学阶段让学生学会生存与学习,初中阶段让学生学会发展,高中阶段让学生学会自立。基于此,学校根据社会生活、家庭生活的基本要求,将认知能力、生活能力、良好的行为表现、劳动技能等作为不同时段的训练目标,最大限度地补偿学生缺陷,充分挖掘其潜能,使其掌握实用的生活知识,形成基本的生活能力和良好的生活态度与习惯。学校还通过集体教学、分组教学和个别化教育计划等教学组织形式,通过低起点、小步子、循序渐进的教育教学方式方法,逐步提升学生的适应性功能。在课程设置方案中,学校尊重自闭症学生的康复需求,通过一般性课程来满足其生理、心理和社会发展的需求,最大限度地开发他们的潜能;通过选择性课程来满足学生缺陷补偿的个体发展需求,促进他们多方面的发展;同时,通过班队/团队活动等活动性课程培养他们参与学校集体活动的意识和参与能力,并发展他们正确的社会行为习惯和良好的思想道德情操。

二、自闭症学生训练计划的制订

(一)制订原则

1. 全员商量的原则

自闭症学生康复计划的制订需要参考多方面人员的意见,学校在制订学生入学初的康复计划时,将评估人员、学生的家长、班主任、科任教师全部纳入进来组成讨论小组,共同对学生的现有问题和潜在发展能力进行分析,为学生拟定康复目标和康复措施。在征询多方人员的前提下,为学生制订最合适的康复计划。

2. 遵循最近发展区的原则

维果茨基认为,学生有两种发展水平:一是学生的现有水平,二是即将达到的发展水平。这两种水平之间的差异，就是"最近发展区"。也就是说，学生在有指导的情况下，借助成人帮助所能达到的解决问题的水平与独自解决问题所达到的水平之间的差异，实际上是两个邻近发展阶段间的过渡状态。因此，教学不能只适应学生发展的现有水平，而应适应"最近发展区"，从而走在发展的前面，最终跨越"最近发展区"而达到新的发展水平。自闭症学生的康复也是如此，康复目标的制订需要依据学生的最近发展区，目标过低或过高都不利于学生的发展。元平特校依据 C-PEP 的测试结果了解学生的现有能力和潜在能力，以其现有能力为训练起点，以潜在能力为短期康复目标，逐步推动学生的发展。

3. 全面考量的原则

学生生理、心理和社会性三方面相互关联、相互影响，学生康复计划的制订必须全面考虑学生的发展能力，对其进行整体康复。因此，康复人员需要对学生的身心发展状况的各个方面进行了解，包括该学生的生长发育状况（性别、年龄、身高、体重以及医学检验的各种生理、生化方面的指标）、感知觉发展状况（听觉、视觉、嗅觉、味觉、触觉）、语言和言语水平、日常行为（特别是刻板行为的状况）、社会适应能力等，以保证在对学生各方面能力全面考量的基础上制订出能够融合多方面训练内容的康复计划。

4. 动态发展的原则

自闭症学生康复计划的制订是一个动态的发展过程，学校需要根据学生的发展情况和学校的实际情况对康复计划不断地更新，对出现的新问题做出迅速的反应，并且每一个短期目标结束后，教师都要对学生进行评估，以了解学生的实际发展情况，及时对学生的康复目标、康复措施进行必要的调整。

（二）拟订步骤

1. 收集学生背景资料

学生背景资料包括学生个人资料和学生家庭资料，学生个人资料主要包括学生性别、年龄、过往病史、发病时间、智力水平、身心缺陷情况等；家庭资料包括家庭人口、父母的学历和工作、教养方式、生活环境、家庭资源等。自闭症学生康复计划的制订需要对学生的背景资料进行详细的描述。

2. 分析学生现状

康复人员根据评估结果对学生的生理、心理、行为及其他各方面的发展情况进行综合的评定与分析，尤其是针对自闭症学生的思维认知水平、情绪行为、语言沟通、社会交往、精细运动和大运动等进行全面考量，找出学生发展的核心问题，确定难易先后。

3. 拟定训练目标

训练目标是康复训练的方向,也是评价康复效果的主要依据,既要符合特殊学生的现有发展水平,又要有利于发挥他们的最大潜能。由于特殊学生的个体差异性较大,学校需要根据学生个体的发展情况为每位学生拟定康复目标,有针对性地进行训练。按照训练过程,康复目标可分为"长期目标"和"短期目标"两部分。长期目标即学生个体一学期或一学年可以达到的康复目标,长期目标的描述要明确、具体。短期目标是围绕长期目标分阶段制订的,以分段的、逐步的、量化的短期目标达成长期教育目标。在拟定康复目标时,还要注意参考家长的期望和意见,优先解决可以获得突破的内容项目。

4. 确定训练项目

训练目标拟定后,康复人员需要根据训练目标制订合适的训练项目,例如模仿、粗大动作、精细动作、手眼协调、社会交往、主动语言、认知能力、生活自理等。确定训练项目时,要对各个项目做比较和分析,确保训练计划的整体性、系统性和渐进性。

5. 确定训练措施

康复训练的措施包括按照训练目标安排的训练内容、训练的形式和方法等。康复内容应该依据学生的康复需求和拟定的康复目标来选择,并尽量贴近学生生活。康复形式主要有集体训练和个别化训练两种方式,集体训练主要是在正规的课堂上由教师统一组织教学,个别化训练由康复训练师对有特殊需求的学生单独进行一对一的训练。在执行计划的过程中,如果目标已经调整,训练内容和方法也应当进行相应的调整和补充。

6. 确定训练时间

训练时间主要包括训练的起始时间和完成时间,在做阶段性记录分析时,要尽可能地把时间标注清楚,以更好地呈现个案的发展历程。

三、个别化教育计划

元平特校在对自闭症学生进行康复教育时,依据课程标准和学生的实际情况,为每个学生量身打造的个别化教育计划,主要包括学科教育计划和个别训练计划。

(一)学科教育计划

学科教育计划是由班级的授课教师在每个学期初共同商讨后,为儿童拟订的学期课程康复计划。主要的执行者是各门学科的科任老师,康复的形式多为集体康复。下面以康复部自闭症组王青等老师为三年级欧××自闭症学生制订的教育计划为例,来呈现元平特校对自闭症学生制订学科个别化教计划的基本情况。

表 6-5　元平学校个别化教育计划（节选）

学生姓名：欧×× 　　班　级：A 三(1)班　　计划时间：2011 年 9 月至 2012 年 1 月		
计划教师：　　王青　　缴洪勋　童月		
教学重点和方向：语言沟通　交往能力		
康复训练重点：语言表达能力　　注意力		
科目	教学时间	学期目标
生活适应	9月（单元一）	1. 认识班级的老师和同学，有尊敬老师和团结同学的意识；2. 认识并会使用常见的文具；3. 培养正确的读写姿势；4. 能配合老师遵守课堂行为规范。
	10月（单元二）	1. 认识并能指认常见蔬菜，说出它们的名称；2. 在提示和帮助下学会择菜；3. 在提示和帮助下学会洗菜；4. 在辅助下能制作一道凉拌蔬菜。
	11月（单元三）	1. 认识并能指认常见的水中的动物，说出它们的名称；2. 了解水中动物的饮食习惯和生活习性；3. 在提示和帮助下会喂养乌龟、金鱼。
	12月（单元四）	1. 认识并能指认自己的家庭成员，正确称呼他们；2. 熟悉自己的家庭住址，在提示下能说出和写出自己家庭的电话或父（母）手机号码；3. 能积极参加家庭郊游活动；4. 在辅助和提示下能整理自己的房间。
	2012年1月	综合复习。
生活语文	9月	单元一《课堂上》，了解单元主要教学目标，能书写笔画"横"。 1. 认识数字并描写"一""二""三"；2. 能看图认读词语"老师、学生"，了解词语含义并描写；3. 能理解并复述短句"老师好，老师再见"；4. 能描写汉字"上""下"，并理解课文《有序的课堂》。
	10月	单元二《常见蔬菜》，了解单元主要教学目标，能书写笔画"竖"。 1. 能认读并描写生字"十、山、日、干"；2. 看图认读词语白萝卜、胡萝卜、土豆、白菜、番茄、茄子、辣椒、南瓜、花菜、冬瓜、豆角、青菜；3. 能理解并复述完成句式"我喜欢吃××，多吃××身体好"。
	11月	单元三《水中的动物》，了解单元主要教学目标，能独立书写笔画"撇"。 1. 能认读并独立书写生字"舌、人、月、鱼"；2. 认读词语"鱼、虾、乌龟、螃蟹、青蛙、蝌蚪"；3. 能完成句式训练：××在水中游。
	12月	单元四《我的家》，了解单元主要教学目标，书写笔画"捺、点"。 1. 认读并描写生字"六、伞、八、犬"；2. 能进行对话训练："你家住哪里？我家住在××"；3. 你家电话号码是多少？我家电话号码××；4. 看图认读词语"客厅、厨房、卧室、阳台、饭厅、洗手间"。
	2012年1月	总复习。

续表

科目	教学时间	学期目标
感觉运动	9月	主要通过开展常规训练让学生能够较好地遵守课堂秩序,增强学生的注意力,为后续学习奠定基础。
	10月	主要通过开展模仿能力、身体协调、手眼协调等方面的训练来加强学生主动配合意识,增强学生主动学习的积极性,促进学生身体协调方面能力的提高。
	11月	主要以大运动、感统游戏等方面的训练为主,主要为增强学生的体质,培养学生不畏困难、吃苦耐劳的精神,促进学生大肌肉力量的发展。
	12月	本月份主要从感知训练、精细动作训练等方面促进学生认知和小肌肉力量的发展。
	2012年1月	综合复习。
绘画与手工	9月	1. 学会涂色的方法(横涂、竖涂、斜涂);2. 撕纸作品欣赏;3. 在提示下学会简笔画临摹(简单图形);4. 在提示下学会手工折纸:花朵。
	10月	1. 学会涂色(小鸭);2. 在提示下学会撕纸的几种方法;3. 在提示下学会简笔画临摹(树);4. 在提示下学会手工贴画:西瓜。
	11月	1. 学会涂色(汽车);2. 在提示下学会撕纸:太阳;3. 在提示下学会简笔画临摹(汽车);4. 在提示下学会手工剪纸:苹果。
	12月	1. 学会涂色(花园);2. 在提示下学会撕纸:房子和小人;3. 在提示下学会简笔画临摹(房子和小人);4. 在提示下学会制作手工玩具:风车。
	2012年1月	综合复习。
社会交往	9月	学习问路的用语并掌握问路的方法。
	10月	学会使用赞美的词语并在不同情景中合理使用。
	11月	学会使用手机和固定电话打电话。
	12月	学会与他人交流的方式和技巧。
	1月	综合复习。

计划制订时间:2011年9月
教师签名:王青　缴洪勋　　教研组长签名:　　　　　家长签名:

(二) 个别化训练计划

自闭症学生个体间的差异大,集体的康复训练很难满足学生的康复需求。学校针对认知、情绪、语言等方面存在严重缺陷的学生在集体康复的基础上,还为他们提供个别化训练计划。由于学校的师资存在一定的限制,学校的个别化训练不再由班级教师单独执行,而是通过个别化训练课程和康复训练营两种途径来完成。

1. 个别化训练常规课程

个别化训练课程主要是由深圳市残联提供的康复师来执行。当班级有程度严重、需要额外的个别化训练的学生时,首先由班级教师提出申请,并提交与学生相关的资料,鉴定通过后,康复师会为学生制订个别化训练计划,并在学校的个别化训练室对学生进行一对一的训练,有针对性地提高学生的能力,以弥补班级教学的不足。

2. 康复训练营

深圳市提出残疾人"人人享有康复服务"的目标后,政府高度重视这项民生保障的工程,将这一工作纳入政府工作的大局,全面推进残疾人康复服务工作。元平特校受到深圳市各政府部门关注,学校通过向残联申报项目获取经费,开展了各种康复活动,其中一项重要活动便是承担了"深圳市自闭症、脑瘫儿童康复训练营计划",主要运行模式为政府出资为残疾学生购买服务,由元平特校的教师利用周末、假期的时间为自闭症学生提供集中的康复训练。康复训练营为每位参与训练的自闭症学生建立训练营档案,档案的内容由康复训练营申请表、评估档案、个别化康复训练计划、教案、个训记录、康复服务满意率问卷调查表、康复情况统计表七部分组成,翔实地记录了自闭症学生在训练营期间的发展动态。下面同样以王青、缴洪勋老师为三年级欧××学生在训练营期间制订的个别化康复训练计划为例介绍。

表 6-6 学龄期自闭症学生康复训练营个别化康复训练计划(节选)

学生姓名:欧××	班级:A3-1 班	计划时间:2011 年 7 月至 2011 年 12 月
制订教师:王青 缴洪勋		

科目	康复训练时间	训练目标
感觉统合训练	第一阶段	增强学生调节自身平衡控制能力
	第二阶段	强化学生固有前庭觉
	第三阶段	强化学生本体觉
	第四阶段	感统游戏——培养学生与人交往,合作游戏意识
多感官综合训练	第一阶段	学习视觉的追踪:视线跟着光源移动、视线紧跟着物体移动、视线由一个近的目标移向一个远的目标、视线有顺次地转移如由上至下等。
	第二阶段	学习听觉的分辨:辨别声音的大小、强弱、快慢;辨别声音的位置,声音的配对。
	第三阶段	学习嗅觉的分辨:学会分辨常见气味,识别以前闻过或刚闻过的气味。
	第四阶段	触觉的训练:皮肤的感受(如:软硬、锐利迟钝、粗糙平滑、凹凸等)

续表

科目	康复训练时间	训练目标
小肌肉训练	第一阶段	手指的力量训练
	第二阶段	手指的灵活性训练
	第三阶段	手指的协调性训练
	第四阶段	手眼配合协调训练
大肌肉训练	第一阶段	行为常规训练
	第二阶段	动作模仿训练
	第三阶段	增强体能（肌肉力量）训练
	第四阶段	肢体协调配合训练
语言训练	第一阶段	单韵母认知及发声训练。自我介绍和同学姓名。生字书写：男、女、姓名。
	第二阶段	呼吸训练，单韵母长短音训练。学校、班级的名称。句式和情景对话。生字书写：元、平、学、校、同、学。
	第三阶段	单韵母四声训练。常见蔬菜：番茄、土豆、胡萝卜、白萝卜、大白菜、青菜、茄子的名称。常见水果：苹果、橘子、香蕉、葡萄、西瓜的名称。句式和情景对话。儿歌《吃饭不挑菜》。
	第四阶段	拟声词训练。常见动物：猫、狗、鸡、鸭、兔、马、牛、羊、老虎、大象的名称。看图说话《在动物园》。
认知训练	第一阶段	1. 把两个完全相同的物品配对；2. 把常见物品与图片或照片配对；3. 指出图片或照片中指定物品的名称。
	第二阶段	1. 认知圆形、三角形、方形，把圆形、三角形、方形的插块插入拼图板中；2. 把圆形、三角形、方形与相似的图片配对；3. 模仿画横线；4. 模仿画圆；5. 区分上、下方位，按要求把物品放在指定物品的上方或是下方。
	第三阶段	1. 指认图片中4件常见物品的名称；2. 把4件物品进行一对一配对；3. 模仿画竖线；4. 模仿画十字；5. 把用途相关的两个物品进行配对（例：纸和笔）；6. 按类别把实物、图片进行分类（例：食物、动物）。
	第四阶段	1. 模仿画曲线；2. 模仿数10件物品；3. 读出并写出数字1—100；4. 认知一角、五角、一元的人民币硬币；5. 认知一角、五角、一元、五元、十元、二十元、五十元、一百元的人民币纸币。

第3节　训练过程的实施

元平特校为自闭症学生开设了感觉运动、社会交往、听觉统合训练、音乐治疗、认知训练等康复课程，通过集体干预和个别训练相结合的方式对学生进行多方面的训练,促进了学生在认知、注意力、行为规范等方面的发展,保证了学生得到最大限度的康复。除此之外,学校还对学生实施了教育康复、职业康复和家庭康复。

一、自闭症学生康复原则

(一)早期康复原则

自闭症学生一般发病于3岁前,其行为特征表现最为明显的阶段是2~5岁,这一时期也是干预效果最明显的阶段,儿童最容易接受环境和教育的影响。[①] 如果抓住关键期对自闭症学生的感知觉、语言、运动能力、生活自理能力进行训练,对儿童后期恢复能够起到明显的效果。研究表明,如果对自闭症学生及早进行康复干预,其神经功能恢复较快,能够逐渐缩小与普通儿童的差距。[②] 因此,对自闭症学生的康复越早越好,越及时越好。

(二)功能性康复原则

自闭症学生由于认知思维发展方面存在的障碍,抽象思维能力差,如果康复内容和方式脱离实际生活,则儿童很难将学到的技能迁移到真实生活中。因此,对自闭症学生进行康复时,要坚持功能性康复原则。功能性康复是以改善自闭症学生社会功能为训练目标,将与自闭症学生实际生活直接有关的实用知识、实用技能作为主要训练内容,强调训练过程的生活化和活动化。[③] 例如,在训练自闭症学生的手部精细动作时,串珠的方式是形式化训练,而穿衣服扣扣子、系鞋带、使用筷子的方式便是功能性训练。对自闭症学生训练的目的是使他们能够以正确的方式思考和解决生活中的实际问题,所有教育和训练是为了让学生能够解决生活中的问题,而不是为了训练而训练。这要求特殊学校要树立"生活适应为核心"的课程观,从自闭症学生生活、学习中遇到的实际问题选择学习经验,从学生中来,到学生中去,使学校课程真正符合适应生活、适应社会的理念。

学校在对自闭症学生进行康复时,就注重实践性和功能性相结合的康复原则。康复课程"生活语文""生活数学""生活适应"等都突出将学科知识融入学生的生活中,强调课程的生活化,课程内容的选择贴近学生生活实际。在教育活动中,通过反复操作实践,并尽可能为学生提供生活化的情景,帮助自闭症学生学会简单生活技能、生存技巧以及正确认识社会、适应社会、学会生存,

---

① 王梅,张俊芝.孤独症儿童的教育与康复训练[M].北京:华夏出版社,2007:9.
② 谢明.孤独症儿童的教育康复[M].天津:天津教育出版社,2007:44.
③ 甄岳来,李忠忱.孤独症儿童社会性教育指南[M].北京:中国妇女出版社,2008:102.

逐渐实现生活自理。从课程设置到课程的实施,教师注重对学生所具有潜力的挖掘,使其潜能得到开发,缺陷得以补偿,进而提高其生活能力和质量。

(三) 整体性发展原则

儿童作为一个生物的和社会的个体,其发展是生理、心理和社会性三方面的整体发展,这三方面的发展是相互关联、相互影响的。[①] 孤立地发展某一个领域远远不如整体的发展有效,事实上还有可能会干扰其他方面的发展。例如,自闭症学生语言的发展需要很多前提性的技能,如构音器官功能完善、注意力集中和社交性技能的发展等,单纯对自闭症学生的言语交际行为进行训练无法取得有效效果,[②]需要从语言学习的整体出发,以语言功能为中心,兼顾认知、语言、沟通各个方面。因此,自闭症学生康复计划的制订必须全面考虑现有的能力和最可能发展的能力,对其进行整体康复。

(四) 兴趣导向原则

对于特殊学生的教学、干预或训练,首先要让儿童主动参与进来,参与是第一步,参与就是目标。只有儿童主动地参与到活动中,康复训练才会产生效果。[③] 而传统康复训练模式通常是以成人为主的互动,由成人告诉儿童做什么和怎样做,干预的内容也是取决于评估中未通过的项目,很少考虑各内容间的联系以及儿童自身的潜力和兴趣,结果导致沟通行为的缺乏,也产生很多问题行为。[④] 自闭症学生兴趣狭窄,注意力不集中,如果让学生通过单一的机械模仿来学习各项能力,容易使他们产生抵触情绪。所以,对自闭症学生进行康复训练时,康复内容、方式、情境都应从儿童的实际需要、兴趣和可接受的方式出发。

二、自闭症学生的康复实施

(一) 医疗康复

1. 社会交往

社会交往困难是自闭症学生的三大核心障碍之一。为了改善自闭症学生的社会交往能力,提升其社会适应水平,学校为自闭症学生开设了社会交往康复课程。该课程是为一至九年级自闭症学生设置的一门以儿童社会生活为基础,促进儿童社会适应能力的形成和社会交往能力发展的综合课程。课程以儿童的学

[①] 陈学锋,江泽菲等.在游戏中发展儿童——以游戏为基础的跨学科儿童干预法[M].上海:华东师范大学出版社,2008:13.

[②] 万蓓.自闭症儿童综合训练的个例方案[J].中国组织工程研究与临床康复,2007(39):1-8.

[③] 邓猛,赵梅菊,高柏兰.自闭症儿童主动口语沟通行为综合干预的个案研究[J].香港特殊教育论坛,2011(7):40-53.

[④] 朱友涵,孙桂民.自闭症儿童沟通行为干预的研究[J].中国康复医学杂志,2009(8):752-753.

校生活、家庭生活、社区生活为主线，引导学生不断丰富和发展自己的经验、情感、能力、知识，加深对自我、对他人、对社会的认识和理解，有效地补偿其社会交往的缺陷，为使其具有相应的社会适应能力、交往能力奠定坚实基础。

（1）康复内容

国内目前没有正式的关于自闭症学生社会交往能力训练的康复教材，学校为了规范训练内容、提高训练效果，组织康复部自闭症组的教师编写了社会交往的课程标准。社会交往的内容主要包括家庭场景交往、学校场景交往、社会场景交往三个部分，训练自闭症学生在家庭、学校和社会三种场景中的社会交往能力。家庭场景交往包括饮食、如厕、家庭礼仪、分担家务、起居、家庭过节等场景的交往，让自闭症学生学会在家中与家人沟通。学校场景交往包括教室场景交往、食堂场景交往、操场场景交往、学校里的活动场景交往，让学生学会学校各种场所需要的沟通语言和沟通技巧。社会场景交往包括旅游场景交往、聚会场景交往、节日场景交往、交往礼仪等内容，共包括61个主题单元（见表6-7），让学生充分掌握在常见的各种社会场景中所需要的沟通技能，提高他们的生活适应能力。

表6-7 社会场景交往主题单元一览表

学年	学期	单元一	单元二	单元三	单元四
一	1	问好（一）	自我介绍	应答	等待
	2	用餐礼仪（一）	如厕表达	告别	分享（一）
二	1	称呼（一）	致谢	道歉	拒绝
	2	合作（一）	听指令	帮忙（一）	请求
三	1	问路	赞美	打电话	交谈
	2	询问	指路	送客	送贺卡
四	1	问好（二）	新朋友	借东西	还东西
	2	乘车礼仪	和兄妹相处	过节礼仪（一）	分享（二）
五	1	看电视	和长辈相处	聚会	迟到
	2	称呼（二）	上课了	去办公室	看病
六	1	合作（二）	超市购物	帮忙（二）	去公园
	2	探望病人	生病表达	我会待客	表达情绪
七	1	问好（三）	拜访	送礼	做客
	2	握手	拥抱	接受批评	分享（三）
八	1	称呼（三）	小区场景交往	做训练	外出就餐
	2	理发	商场购物	车站接人	寄信
九	1	合作（三）	关心家人	过节礼仪（二）	逛书店
	2	帮忙（三）	服装店购物	银行场景交往	外出旅游

学校社会交往康复内容的选择都是紧紧围绕学校的真实生活,将学生置于真实场景中进行训练,训练内容即为学生的生活内容,减少了自闭症学生对所学内容进行迁移的困难。

（2）康复目标

① 总目标

社会交往训练的目的旨在促使自闭症学生了解和掌握社会交往的基本技能和技巧,认识和遵守基本的社会交往常规,学会社会普遍接受的行为,并能够发展恰当的人际关系,以便最终能融入社会。对于不同阶段的自闭症学生,课程的目标不同。低年级阶段（一至三年级）侧重于学校场景的教育训练。此阶段要求学生能基本适应学校的生活,能够在学校学会与老师、同学打招呼,会自我介绍,能正确表达自己的意愿,基本能准确地称呼他人,基本学会致谢、道歉、拒绝,学会听指令等。中年级阶段（四至六年级）侧重于家庭场景的教育训练。此阶段要求学生在家庭场景中,会正确称呼亲朋好友,并能主动问好;会与家人一起休闲、购物,参与亲朋好友聚会,分享食物玩具及快乐等;能正确表达情绪及意愿,学习招待客人等。高年级阶段（七至九年级）侧重于社会场景的教育训练。此阶段要求学生能基本掌握走向社会的交往技能,如主动向他人问好并能较准确地称呼初次见面的人,能在公共场所寻求帮助等。

② 学生个体目标

自闭症学生个体差异大,在语言发展和社会交往能力发展方面不均衡,学校为学生制订了个别化教育计划,结合每个学生的实际情况设定了长期目标和短期目标,并根据学生的发展随时对训练目标进行调整。表 6-8 为唐伟华等教师为学生制订的社会交往学期目标。

表 6-8 社会交往个别化教育计划学期目标

学生姓名：小兵　　计划时间：2012 年 2 月至 2012 年 6 月　　计划教师：唐伟华　陈阳　胡宇

康复时间	康复阶段目标
2 月 13 日—3 月 30 日	在老师的提示下可以向别人借东西,发出邀请,问地点
3 月 20 日—4 月 30 日	主动用身体语言为他人指路,在老师的提示下使用语言为他人指路
4 月 20 日—5 月 30 日	学会送客的礼仪,掌握送客的礼貌用语
5 月 20 日—6 月 30 日	能在节日到来之际给爷爷、奶奶、爸爸、妈妈、老师等人送祝福的贺卡,并使用祝福语

③ 康复策略

A. 日常交往法

日常交往法是通过日常生活中的交往来提高儿童的语言交往水平,培养日常交往能力的一种方法,目前在语言矫治中越来越重视日常交往能力的训练和培养。[①] 学校教师充分利用儿童日常生活中各种机会培养儿童的社会交往能力,在儿童进餐、睡觉、如厕、做早操等各种活动中,有意识地引导儿童与教师、同伴等进行交往。对自闭症学生社会交往能力的训练,不应限于日常生活中的某段时间或某一节课,而应渗透儿童活动日程的每一环节。

B. 情景表演法

对自闭症学生的干预强调在自然情境中进行生活化的训练,但是某些生活场景需要通过情景表演的方法让学生进行感知,让学生在角色扮演中体会到不同的角色特点,引导学生学习模仿他人的行为,同时也可以学习掌握各种角色的行为方式,学习各种社会规范,有助于学会如何与人进行交往,完成日常活动。例如,学校李光霞老师、孙成雯老师对学生进行社会交往能力的训练时,就注重调动家辅人员、生活老师和学生的力量,为学生创设交往情景,让学生在亲身参与和体验中提高交往能力,并将学生表演的过程拍摄下来,利用下课的时间给学生重复播放,让其他学生模仿和巩固学到的交往技能。下面是孙成雯老师的一节社会交往课的教学案例。

超市购物——问询技巧

深圳元平特殊教育学校　孙成雯

[教材分析]

本次教学内容选自我校自闭症特色课程"社会交往"六年级第一学期的单元主题——"超市购物",所设场景为超市场景,本课"超市购物——问询技巧"主要帮助学生解决当找不到想要购买的商品时如何询问。关于问询技巧共有4课时,第一课时帮助学生在超市情境下熟悉超市工作人员;第二课时帮助学生掌握礼貌用语和称谓;第三课时帮助学生掌握问询语句;本节课是第四课时,主要复习上几节课内容,在熟悉超市销售员的基础上,主动向销售员寻求帮助,创设主动问询的条件,培养文明购物行为,通过成功的购物体验增强学生社会交往的能力和信心。

[教学对象分析]

本次授课对象是我校自闭症六年级一班的学生,共8名,平均年龄14岁,大部分学生已进入青春期,出现青春期躁动表现。总体智力水平为中度,有个别学生情况比较差,属于重度。社交障碍是自闭症孩子的核心障碍,本班学生不同程度地存在社交障碍,主要表现在缺乏与他人交往的兴趣和愿望,喜欢独

---

① 雷江华. 学前特殊儿童教育[M]. 武汉:华中师范大学出版社,2009:224.

自玩耍,对他人的多数指令常常充耳不闻,缺乏与亲人的目光对视,不愿意或不懂得如何与他人一起玩,不能参加合作性游戏,不注意别人的情感亦不在意自己的负面行为对别人的影响,对理解声音及面部表情有困难,对别人的情绪及面部表情不能做适当的反应。

由于本单元主题教学内容的生活化和教学模式情景化,并且部分同学具有一定的实践经验,所以同学们对教学内容很感兴趣,部分同学能在已有的认知基础上协助教师布置超市的环境并进行购物活动,互动较为主动;而部分同学还要在教师的指导和帮助下完成超市环境布置,对超市环境仍然漠不关心,互动较为被动。大体将学生分为了A、B、C三个层次。A层次的学生能够与他人进行日常交往,但缺乏主动性;B层次的学生不能使用恰当的方式与人沟通;C层次学生无语言,对周围事物漠不关心,不喜参与社交活动。

[教学目标]

1. 社交知识和技能方面

A类学生熟练掌握问询技巧,能够使用礼貌用语主动问询解决困难。

B类学生在提示下使用问询技巧解决问题。

C类学生在家辅协助下参与完成问询及购物互动。

2. 过程和方法

(1) 在购物活动中,引导学生使用问询技巧。

(2) 通过规范的购物示范,使学生形成内化的文明购物习惯。

(3) 体验和分享购物成果,建立学生再次购物的动机和信心。

3. 情感、态度和价值观

通过愉快、成功的购物活动,增强学生独立解决问题的自信心,引发学生与销售员的交往兴趣与愿望,建立学生良好社会交往的情感基础。

[教学重难点]

1. 教学重点:使用向超市销售员问询的技巧,巩固已形成的文明购物行为和礼貌用语。

2. 教学难点:主动使用文明用语向销售员问询,积极主动完成购物任务。

3. 主要措施

(1) 通过交互式电子白板技术和自制教具,创设超市购物情境,激发学生的学习兴趣,在解决购物时遇到的问题中,体会问询技巧的实用性。

(2) 利用交互式电子白板布置任务,设置购物障碍,驱使学生产生问询动机,以实现主动问询。

[教学过程]

一、超市情境建设

1. 指导或协助自闭症学生完成超市场景的布置。通过活动引导学生熟悉超市环境:我们的"六一超市"马上开张,我们来给超市工作人员帮帮忙吧。

2. 师生互动交流共同做好购物前的准备。请学生去水果区帮忙摆放水果,做到轻拿轻放,爱护超市商品。

活动目标:通过电子白板、自制教具及角色扮演创设超市环境,通过参与布置情境活动,使自闭症学生了解互动环境,减轻对环境的漠视或紧张,更利于自闭症学生迁移习得的社交技能。

二、回顾购物流程

复习购物的五步流程,师生互动说说购物流程中的重点环节。

1. 建立流程的整体概念(课件),出示购物图片,理清购物流程。

2. 师生共同回忆购物各个环节的注意事项:购物前记得带哪三样东西?在哪里拿购物车或购物篮?哪些商品需要称重?买完东西记得拿什么?等等。

活动目标:系统复习和强化知识点,利用自闭症学生刻板行为的特点形成良好的购物习惯,帮助学生顺利进入情境模拟环节。

三、购物活动之一

1. 创设购物情境一:请一位学生扮演顾客(通过胸牌建立顾客角色)照单购物,其余学生观摩购物流程,教师扮演女售货员。下周我们去春游,谁想去超市买点东西?(B类学生购物)设置障碍购物:购物清单上的香蕉未上架。引导B类学生问询香蕉在哪里。

2. 复习问询技巧:师生小结顾客的问询语句并板书,填充和修改问询语句。小结学生的购物活动,强调使用正确称谓(阿姨)和礼貌用语(请问……)。看图练习问询语句,学生指读或跟读句子。

活动目标:通过自制教具模拟购物活动揭示问询技巧在实际中的应用,引发自闭症学生产生主动性语言,触发主动问询这一社交活动的动机。复习和巩固问询技巧,塑造自闭症学生的主动性语言和丰富性语言。

四、购物活动之二

1. 创设购物情境二:两名学生结伴购物,其余学生观摩购物流程,家辅扮演男售货员。导入购物活动二:孙老师想买些东西,谁帮忙?(AB类两名学生结伴购物)设置障碍购物:购物清单上的包菜未上架。引导A类学生问询包菜在哪里,B类学生仿说。

2. 复习问询技巧:师生小结上一顾客问询语句的使用,讨论如何正确使用称谓和礼貌用语。小结学生购物活动,师生指读或跟读问询语句。看图说话:根据人称变化,学生试着说出正确的问询语句。

3. 教师小结超市工作人员的职责和活动范围。根据图片讲解超市工作人员的职能。

活动目标：重复的购物活动帮助 AB 类自闭症学生将文明行为、礼貌用语、同伴意识进行迁移和泛化；发挥生生间的互动，促进学生主动使用问询技能；巩固问询中称谓的使用技巧，强化塑造自闭症学生语言的灵活性；营造宽松、和谐的社会环境和交往氛围，教师良好情绪的表达，促使自闭症学生走入社交环境。

五、购物活动之三

创设购物情境三：在家人的陪伴下购物，参与和体验购物活动。教师提出购物期望，导入购物活动三：C 类学生陪妈妈去超市，顺便为同学们买海苔吃，好吗？设置障碍购物：购物清单上的梨子未上架。妈妈向销售员询问梨子在哪里，学生观察。

活动目标：设置亲子购物活动，培养 C 类学生购物兴趣，增强自闭症学生的社交信心，减少不适应行为的发生。

六、小结作业

1. 课堂小结：① 文明购物行为。② 礼貌用语。
2. 布置作业：周末和家人一同外出购物。

C. 家庭干预法

家庭场景中的交往是自闭症学生社会交往康复内容的重要组成部分，学生所需要学习的人际交往各方面的内容都可以在家庭活动中找到训练的机会，而且学生已经习得的交往技能也需要在家庭环境中进行多次强化才能使儿童真正掌握。为了让家长充分利用家庭的有利环境，随时随地发现教育机会，因势利导地对自闭症学生进行教育训练，学校制订了"学校家庭教育联系手册"，将学生每周的康复内容和康复进展在联系手册中详细说明，并安排了家庭训练内容，要求家长在自然状态的日常生活中对儿童及时干预。

D. 综合干预法

综合干预法强调运用多种干预方法，在丰富的干预场所中，对儿童多方面的能力进行训练。自闭症学生的社会交往能力训练涉及多方面的内容，例如学校场景交往中的感统室场景交往、个训室场景交往、分享食品场景交往等，不能仅靠社会交往课程，还需要将交往能力的训练融入感觉运动、劳动技能等课程中，通过多种课程、多种手段全方位进行训练。此外，良好的语言能力、共同注意力、模仿能力、假想能力、理解能力是社会交往能力提升的基础，社会交往能力的干预需要在对学生进行整体评估、全面了解的基础上，运用多种干预方法提升学生的整体能力。

2. 感觉运动

感觉运动能力是人的基本能力,并随儿童的生理成熟而不断提高。[①] 自闭症学生的感知神经系统在建立过程中出现了种种问题,导致他们的视觉、听觉、触觉、平衡觉等存在障碍,阻碍了儿童的发展。学校基于自闭症学生的感知觉障碍特点,发展了感觉运动校本课程。

(1) 训练内容

感觉运动课程根据自闭症学生身心发展的特征和需要划分学习领域,共包含感知、粗大运动、精细运动、感觉统合游戏四大方面的内容,主要采用游戏的形式进行组织。感知训练主要对学生的视觉、触觉、嗅觉、听觉、味觉等各种感知觉能力进行全面综合的训练;粗大运动训练的主要内容有侧翻、前后翻、坐、爬行、攀爬、钻圈、队列、行走、上下楼、蹲、短跑、长跑、跳、扛、背、拉、推;精细运动训练包括抓、捏、撕、拔、穿、插、拼图、折纸、填图、画线、画图、描、使用剪刀等内容;感觉统合游戏主要有球池游戏、平衡步道游戏、拳击袋游戏、触觉坐垫游戏、平衡触觉板游戏、大龙球滚压游戏、毛巾蛋卷游戏、羊角球游戏、趴地推球游戏、阳光隧道游戏、摇滚跷跷板游戏等内容,通过各种感觉统合器材,以游戏的形式开展教学。课程在编制时,加大内容的选择性,教师在制订具体的课程实施方案时,可以依据课程的学习目标,从本班的实际情况出发,选用适当的教学内容和教学方法。

感知训练的具体内容如下。

① 视觉训练

A. 注视:看固定物件,如实物、玩具、图片等。

B. 目光移动:如看滚动的球,追视移动的灯光(玩具汽车)、飞行中的飞机(玩具类、实物)或飞碟,追拍泡泡;捉迷藏等。

C. 目光对视:做"望着我"游戏、照镜子、模仿做鬼脸等。

D. 寻找物件:在房间等固定范围内寻找物件。

E. 视觉辨别:其一,看复杂图案。听指令配对、比较相同与不同、寻找路线(利用图书等)。其二,用视觉辨别他人所表达的意思,包括他人的动作、表情等。

② 听觉训练

A. 听喜欢的歌,并逐渐扩大听歌范围。

B. 听喜欢的声音,并逐渐过渡到其他声音并由简单到复杂。

C. 寻找移动的声源(音乐盒、人声等)。

[①] 李彩云.特殊儿童早期干预[M].长春:东北师范大学出版社,2002:23.

D. 身体游戏：听诊游戏，耳语或听吹口哨。

E. 听辨不同的声音以明白声音与环境的关系：如使用听辨盒，听自己的录音。

F. 声音模仿（动物类、自然类、物品类），玩各种乐器。

G. 听觉统合治疗（注：需经专业人士操作进行）。

③ 味觉训练

A. 单一味（酸、甜、苦、辣、咸）。

B. 复合味（小食品、家庭菜肴）。

C. 专门训练：味觉瓶游戏。

④ 嗅觉训练

A. 生活类：单一味（香油、酱油、酒、醋、花香、饭菜香味）。

B. 专门训练：嗅觉瓶游戏。

⑤ 触觉训练

A. 头部触摸：洗头、花洒冲淋、戴不同的帽子等。

B. 手部触摸训练：洗手、毛巾（刷子）摩擦、触摸不同物件，分辨其大与小、多与少、长与短、软与硬、干与湿、轻与重、粗糙与光滑以及不同形状，玩沙，撕纸（视、触、听结合）。

C. 肢体触摸：挠痒痒，抓、拍、打、挤、压、掐、刷身体不同部位等；拥抱、冲淋、泡沫浴、电动摩擦、按摩（专业的、家庭式的），体验压、痒、痛、舒服等感觉，增进亲情和交往甚至互动。

⑥ 痛觉训练

A. 用手拍、拧、捏、弹、敲身体各部位。

B. 球类游戏（打身体各处）。

C. 碰头、撞肩等游戏。

⑦ 感情认知训练

A. 观察分析他人的面部表情和体态表情训练。

B. 分析声音表情训练。

C. 面部表演和体态表情及声音表情训练。

（2）训练目标

① 总目标

感觉运动训练课程的总目标包括：① 通过感觉统合训练，促进学生感觉统合能力的协调发展，发展学生感知外界事物的能力，帮助自闭症学生了解自己的身体各部分以及身体与周围环境的关系，改善大肌肉发育不良，提高肌肉的力量和控制力，加强平衡及协调能力，为他们的进一步学习提供条件；② 通过感知训练扩大自闭症学生的感知觉范围,增加他们的感知内容,发展其听觉与视觉的有意注意,不断提高认识水平,发展思维能力。最终目的是通过学生身体功能的恢复达到社会生活与参与活动的能力的提高,从而改善他们的日常生活质量。

② 学生康复目标

学校对学生进行感觉运动训练前,通过观察、访谈和量表评估等途径,对学生的感官功能、平衡协调能力、语言、日常行为、社会交往和学习能力等方面的内容全面把握后,为学生制订个别化教育计划。其中学生康复目标是在课程总目标的基础上,结合学生个体在感知觉、运动方面的评估结果拟定的,包括学期目标和阶段目标,通过循序渐进的方式提升学生的感觉运动能力。

(3) 训练原则

① 游戏为主导的原则

对自闭症学生感觉运动能力的训练,不仅仅是行为的塑造,更重要的是要使学生能够有效利用自己的感官,从环境中获得不同感觉通路的信息,并能够对获得的信息进行加工处理。机械的动作模仿和行为训练虽然能够从形式上提升学生的运动能力,但不能从根本上解决问题,而且自闭症学生注意力不集中、兴趣狭窄,机械的训练让儿童勉强参与自己不喜欢的活动,很容易使儿童产生情绪问题。游戏是儿童的天性,可以使自闭症学生在轻松的活动中自然地发展走、跳、跑、平衡等能力,从游戏的活动形式中得到快乐,并在游戏中使大脑神经对深层的感觉进行有效的整合。更重要的是,游戏是一种综合的活动,学生可以通过游戏学会理解和遵守规则,学习人际交往的技巧,建立人际关系,增进语言的主动性,通过整体能力的提高带动儿童感觉运动等多方面的发展。

学校对自闭症学生进行感觉运动方面的康复时,将游戏贯穿始终。首先,感觉运动课程的内容以游戏的形式编写,课程第四部分"感觉统合游戏"就主要借用各种感觉统合器材,设计各种游戏,通过游戏组织课程内容。其次,以游戏的形式开展教学。教师在对学生的感觉统合状况进行准确评估的基础上,精心设计各种学生感兴趣和能逐步培养学生身体活动能力的游戏,让学生在快乐的游戏中接受训练。例如,在对学生的跳跃能力进行训练时,教师设计了"袋鼠跳"的游戏,将学生分小组,让学生穿上"袋鼠跳"到指定的地方取"波波球",以球的数量决定小组的胜负,学生在比赛中既锻炼了身体能力,又培养了学生的竞争和合作意识。

② 能力整合的原则

大多数自闭症学生对于感觉统合游戏十分感兴趣,学校教师借助学生这一特点,将学生身体动作、认知、语言等多方面的训练整合到学生感兴趣的游戏中。例如,训练学生跳蹦床时,教师自编儿歌《四个小朋友》——"我有四个小朋友,耳朵、肩膀、腰、屁股,耳朵听听话,肩膀背书包,屁股坐一坐",让学生伴着音乐在蹦床上边唱儿歌边做动作,既训练了学生的发音和身体协调性,又建立了身体各部分功能的概念。同时,在感觉统合游戏中为学生创设语言环境,抓住一切时机加入社会交往能力的训练,当学生在自然情境下产生想要休息、上厕所、喝水等内在动机时,教师及时加入"好累呀!我想休息""我做完了,我要喝水"等主动语言的训练。

③ 个别化训练原则

学校对自闭症学生感觉运动的训练主要采用集体课的形式,主要原因在于自闭症学生的核心障碍是社会性障碍,对学生所有的训练都要紧紧围绕学生社会水平的提高,将学生个体置于集体中训练,便于游戏的展开和融入游戏规则、主动语言、同伴交往等社会性知识的训练。但同时自闭症学生个体差异较大,学校在组织集体训练时,还注意根据每个学生的不同心理特征、体能特征、身体协调能力等诸多因素,因人而异,制订有针对性的训练计划。例如,注意力不集中的学生重点加强前庭平衡功能的训练,而触觉敏感的学生则更多地强化触觉方面的训练,等等。

3. 听觉统合治疗

听觉统合治疗是通过让患儿聆听经过特殊仪器调配和过滤的音乐,来矫正受试者听觉系统对声音处理失调的现象,并刺激脑部活动,从而改善患儿情绪、行为,并促进患儿的言语等发育的一种治疗形式。[①] 听觉功能的失调会造成儿童对周围环境产生异常的感知,影响儿童的言语和情绪行为正常发展。为了改善自闭症学生的听觉统合功能,学校开设了听觉统合治疗个训课,为听觉统合功能严重失调的自闭症学生提供个别化的训练。为了保证康复质量,学校安排康复部自闭症组的部分教师接受了专业的培训,使教师掌握了听力检测技术和听觉治疗技术,并得到国内主持听觉统合治疗的北京大学精神卫生研究所杨晓玲教授、广州中山三院邹小兵教授在医学原理和技术保证方面的支持。

(1) 治疗原理

听觉统合治疗的原理到目前为止尚不完全清楚,可能与以下机制有关:① 过滤掉过度敏感的频率,使大脑听觉皮层重新组织,促进对所有频率的知

---

① 杨晓玲,蔡逸周.解密孤独症[M].北京:华夏出版社,2006:123.

觉,减少对听觉信号的歪曲。② 过滤掉某些超敏频率的声音,减少内耳和(或)大脑中某些区域的敏感性,其他频率的声音使其他部位接受到更强的刺激。由于刺激的减少,对超敏声音的超敏减轻,由于刺激增强,使非超敏频率的声音感知增强。③ 侧支抑制:某些神经元在被刺激产生兴奋的同时,对其他相邻的神经元产生抑制作用,因而超敏频率声音的刺激会使内耳或大脑的某些部位的神经元兴奋,而对相邻的感受其他频率不再被抑制,并被兴奋,而感受过度敏感频率声音的神经元被抑制。④ 中耳肌肉张力不足以保持中耳的适当功能,听觉统合治疗可训练和强化中耳的肌肉,使肌肉力正常,使声音有效传导。⑤ 鼓膜张肌和镫骨肌不能共同工作,以免成听觉反射,如此易造成中耳损害。听觉治疗可使两块肌肉共同很好地工作,完成听觉反射。⑥ 转移儿童的注意力,逐步矫正刻板动作。⑦ 接受声音刺激,更好地学习声音与行为、物体、行动及事件的关系。⑧ 额叶高代谢减轻,枕叶活动增强。

(2) 治疗仪器

听觉统合治疗仪是法国耳鼻喉科医生伯纳德(G. Berard)发明的,后来被美国引进,批准为 DAA(Digital Auditory Aerobice)。听觉统合治疗仪包括播放器(CD机)、立体声均衡器(可调节)、耳线(耳机)、CD碟20张、变压器五部分,主要用于4到16岁的特殊儿童治疗,包括自闭症、言语及语言发育障碍、学习障碍、精神发育迟滞、多动症、注意缺陷障碍、情绪障碍等类型的儿童。[1] 听觉统合的禁忌症包括:年龄小于4岁者,配戴助听器、中耳充血及发炎、高频耳聋、第一次治疗后9~12个月以内者,脑电图异常者。

(3) 治疗过程

① 家长自愿申请

听觉统合治疗要求较严格,治疗前需要家长提供关于儿童发展的详细资料,不符合治疗条件的儿童不适宜进行听觉统合训练,治疗过程中也需要家长的配合。因此,学校采取家长自愿为儿童申请治疗的形式,为儿童申请治疗的家长需要在治疗期间和治疗教师密切配合。为此,学校负责听觉统合治疗的邓永兴教师为家长拟定了听觉统合治疗的介绍信,让家长了解后自愿申请。

② 医疗检查

接受听觉统合训练的学生在训练前要检查外耳道,排除外耳道炎症。学生在治疗前、治疗中、治疗后尽可能进行纯音听阈测查,以便根据听力图来调

---

[1] 听觉统合治疗[EB/OL]. http://www.guduzheng.net/2008/12/19718.html. 2008-12-8.

节选择所需过滤的音频。如果学生难以配合做听力图的测试,可根据家长反映的情况予以过滤或不过滤。

③ 治疗前的评估

教师为了了解学生在治疗前的发展水平,自编了听觉统合前期评估表,对学生干预前的社会交往、运动、语言、情绪行为、自理、听觉敏感、注意力等能力进行测量,量表由家长填写。前期评估表见表6-9。

表 6-9 元平特校听觉统合治疗评估表

学生姓名_____ 出生_____年____月____日 编号_____
听觉治疗时间第一次_____年____月 第二次_____年____月 第三次_____年____月
评估日期_____年____月____日 填表人_____(母亲、父亲、其他)

项目		反应状况					特别说明
社会交往	交往交流	没有	偶尔有	经常有	基本正常	正常	
	目光接触	没有	偶尔有	经常有	基本正常	正常	
	合作行为	没有	偶尔有	经常有	基本正常	正常	
	听话行为	没有	偶尔有	经常有	基本正常	正常	
	自我安慰	没有	偶尔有	经常有	基本正常	正常	
	容易安慰	相当困难	比较困难	容易	比较容易	很容易	
运动	精细技能	极差	差	基本正常	正常	相当好	
	运动技能	极差	差	基本正常	正常	相当好	
语言	说话音量	没有	几乎听不见	很小	基本正常	正常	
	语言长度	单字	单词	词组	简单句	复合句	
	语言理解	极差	差	基本正常	正常	相当好	
	语言表达	没有	偶尔有	经常有	基本正常	正常	
	重复语言	相当多	比较多	偶尔有	经常有	没有	
	自言自语	相当多	比较多	偶尔有	经常有	没有	
情绪行为	发脾气	相当多	比较多	偶尔有	经常有	没有	
	自我刺激	相当多	比较多	偶尔有	经常有	没有	
	攻击行为	相当多	比较多	偶尔有	经常有	没有	
	自伤行为	相当多	比较多	偶尔有	经常有	没有	
	刻板行为	相当多	比较多	偶尔有	经常有	没有	
自理	睡眠问题	极差	差	基本正常	正常	相当好	
	食欲/食量	极差	差	基本正常	正常	相当好	
其他	听觉敏感	没有	偶尔有	经常有	基本正常	正常	
	注意力	极差	差	基本正常	正常	相当好	

其他补充说明(请家长具体描述):

④ 治疗内容

对于有治疗需求的儿童,治疗师将学生带到学校的听觉统合治疗室,根据儿童的评估结果为儿童安排相应的音乐。治疗时,每次治疗音量按要求逐渐增加,前十次双耳音量相同,后十次右耳音量高,左耳音量为右耳的70%,最高音量不超过80分贝。训练中,教师需要引导儿童保持安静,佩戴好大小合适的耳机,专心聆听。听觉统合治疗每次时间为30分钟,每天上午、下午各一次,10天为一个疗程(也可以中间休息1~2天),如果有发热或其他急性病需暂停治疗。在听觉统合训练期间,为了维护疗效,应该避免孩子听过于响亮、刺激的音乐或声音。治疗教师对每次的治疗内容和治疗效果进行记录,任何不寻常的表现都将被记录在评估记录中,听觉统合记录表见表6-10。

表 6-10 听觉统合治疗记录表

姓 名_____ 性别_____ 年龄_____ 档案编号_____
纯音听阈检测:有/没有　　　　听觉过敏频率:左　　　右
没做检测的原因:(1)不配合、无法做　　(2)其他(请说明)

日 期	次数	设 置	过 滤	治疗情况(出现的问题)	操作人
	1				
	2				
	3				
	4				
	5				
	6				
	7				
	8				
	9				
	10				
	11				
	12				
	13				
	14				
	15				
	16				
	17				
	18				
	19				
	20				

需要补充的说明:

⑤ 治疗效果

听觉统合治疗对自闭症儿童的治疗效果如何,目前国内的研究与治疗报道极少。北京市自闭症儿童康复协会 1997 年从法国引进治疗仪后,已先后对自闭症儿童进行了上千例的治疗观察,大部分儿童的临床症状有不同程度的改善。经过治疗后,儿童对听觉刺激的注意力得到改善,发音增多,词汇量增大,目光接触明显增多,交流意识及兴趣增加,参与社交的能力有所提高,对某些声音的超敏度现象减少等。刘淑华等人对 62 例自闭症儿童进行听觉统合治疗后发现,儿童的依从性模仿力和配合力增强,ABC 量表分值普遍降低。患儿有些临床行为通过一般的行为训练进步很缓慢,听觉统合治疗后可在短期内上升一个水平。① 以上研究结果说明,听觉统合治疗的疗效是值得肯定的。

学校康复部自闭症组的教师在听觉统合的治疗过程中,对自闭症学生的治疗前、治疗中、治疗后的治疗效果进行详细记录,并申报了科研课题"听觉统合治疗对孤独症学生语言、交往的影响"来研究听觉统合的治疗效果。学校邓永兴、郭俊峰、徐小亲三位教师还运用听觉统合训练对自闭症学生的问题行为进行研究,结果显示听觉统合训练降低了学生的自伤、伤人行为的发生频率以及缩短了问题行为的持续时间。现将三位教师撰写的《听觉统合训练与孤独症学生问题行为个案研究》提供如下。

听觉统合训练与孤独症儿童问题行为个案研究②

深圳市元平特殊教育学校　邓永兴,郭俊峰,徐小亲

听觉统合训练是通过让受试者聆听经过调制的音乐来矫正听觉系统对声音处理失调的现象,并刺激脑部活动,从而达到改善语言障碍、交往障碍、情绪失调和行为紊乱的目的。本研究以个案的方式根据听觉统合训练的标准操作模式对问题行为的孤独症儿童的攻击性行为进行试验研究,以期对孤独症儿童的康复起到一定的积极作用。

一、研究对象

1. 一般情况

黄××,男,1995 年 9 月出生,顺产,12 个月时开始走路,自幼哭叫较多,5

---

① 杨晓玲,蔡逸周.解密孤独症[M].北京:华夏出版社,2006:215-216.

② 邓永兴,郭俊峰,徐小亲.听觉统合训练与孤独症儿童问题行为个案研究[J].中国民康医学,2010(12):3086-3087.

岁半入幼儿园时,因情绪问题多、无语言、坐不住、不听指令而被迫退出幼儿园。家庭条件较好,照顾多。生活能力发展较慢:饮食起居均需照顾。曾因情绪行为日益严重而入某儿童医院精神科住院治疗过近一年。因为辗转治疗等原因,12 岁时才入读特殊学校。

2. 入学时基本情况

情绪行为严重;无语言;刻板;做事的持续性短;对要求的执行差;对声音尤其是噪音比较敏感,易烦躁、不耐烦;无法等待;人际互动差;攻击性行为严重,尤其是咬人、撕他人头发和衣服、跺脚、撞头、咬手等行为频繁,持续时间长,爆发力、破坏性强。

经过近半年训练后,该生问题行为都有不同程度的改善;语言进步很大(能说简单的叠语、单词);但攻击性行为仍然持续,并严重影响训练;能够在教室或其他教学活动环境中增加和教师或父母的配合。为避免别的学生影响他的情绪以及防止他攻击其他学生,一般都让他独自坐在单独的工作间内,工作内容通常是串珠、描红等精细运动和跑步、滑板等粗大运动。

3. 心理评估和诊断

5 岁半时,经医院诊断为孤独症;无法进行智力评估;孤独症儿童行为评定量表108 分;社会适应评估(儿童社会适应行为评定量表,姚树桥、龚耀先编制)为社会适应行为重度缺损;儿童期孤独症评定量表(CARS 量表)为重度孤独症。

二、研究目的和内容

本研究以个案的方式进行,根据听觉统合训练的标准操作模式对问题行为的孤独症儿童的攻击性行为予以介入,以期对孤独症儿童的康复起到一定的积极作用,并为特殊教育工作者以及存在相同问题的儿童的家长提供一定的参考。

三、研究过程

3.1 通过教师的直接观察和父母的转述如实地用文字记录该生的问题行为发生的时间、地点、持续时间、问题行为等。

3.2 该记录采取时间取样,属时间样本。记录从 11 月 1 日起至 11 月 28 日止,历时 28 天。其中 11 月 1 日至 14 日为治疗前的观察阶段(基线),共两星期;11 月 15 日至 28 日为治疗中的观察阶段,共两星期。

3.3 根据记录,把该生出现的问题行为进行了归纳,分为前兆行为、自伤行为和伤人行为三类。其中前兆行为包括不耐烦、哼哈、情绪激动、哭闹、乱跑等;自伤行为包括咬手、跺脚、撞头等;伤人行为包括撕扯他人衣物头发、抓咬他人等。

3.4 数据整理采用教育统计软件SPSS10.0的相关方法进行统计、分析。

3.5 听觉统合训练系统及训练过程

3.5.1 听觉统合训练仪。由法国医师G. Berard发明,后来被美国引进,批准为DAA(Digital Auditory Aerobice)。

3.5.2 本实验研究使用广州市忆明科学仪器有限公司生产的"天郎之星数码听觉统合训练系统(AIT)"。该系统由播放器(CD机)、立体声均衡器(可调节)、耳线(耳机)、专用CD碟20张和变压器组成。

3.5.3 听觉统合训练适合4到16岁的特殊需要儿童,如孤独症、言语及语言发育障碍、学习障碍(阅读困难)、精神发育迟滞(弱智)、多动症、注意缺陷障碍、情绪障碍等。

3.5.4 疗程训练。一个疗程20次,每天2次,每次30分钟。在接受治疗时有家长辅助督促被试安坐30分钟,并戴上耳机听音乐。

四、研究结果

1. 治疗期间问题行为次数分布图

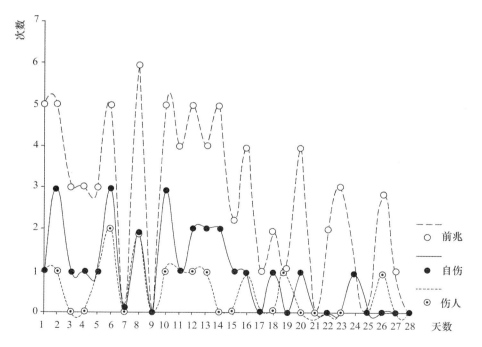

2. 治疗前与治疗中问题行为频数比较

治疗时间	治疗前			治疗中		
问题行为	前兆行为	自伤行为	伤人行为	前兆行为	自伤行为	伤人行为
N	14	14	14	14	14	14
Mean	3.79	1.57	.79	1.71	.36	.29
Mode	5	1	1	1	0	0
Std. Deviation	1.85	1.02	.70	1.38	.50	.47
Variance	3.41	1.03	.49	1.91	.25	.22
Minimum	0	0	0	0	0	0
Maximum	6	3	2	4	1	1

3. 从以上图表看出该生在治疗前后前兆行为、自伤行为和伤人行为都有明显改善。

4. 该生的问题行为主要集中在哭闹、不耐烦等前兆行为中,比例非常高:治疗前平均每天出现3.79次,甚至一天出现5次以上的有一个星期;治疗中平均每天出现1.71次,一天内前兆行为控制在4次(最多一天出现过4次)以内的超过一个星期,但与自伤行为和伤人行为做横向比较可以看出,该数据仍非常高。

5. 相对前兆行为而言,治疗前和治疗中自伤行为与伤人行为的平均次数、众数等都有大幅度的降低。

6. 从原始记录可以发现该生问题行为遵循如下规则:某一目的(如想回家、逃避学习任务等)未遂时,先出现不耐烦、哭闹等前兆行为,再发展为咬手、跺脚等自伤行为,在目的仍未达到的情况下,会出现抓妈妈的头发、咬阿姨手等伤人行为。

7. 自伤行为和伤人行为与前兆行为的出现频率成正比,也就是说前兆行为出现的频率高,则自伤行为和伤人行为出现的频率也高;反之亦成立。在治疗中该生的前兆行为大幅度降低,自伤行为和伤人行为也相应降低。

8. 治疗前与治疗中问题行为持续时间次数比较

(1) 在观察期间的28天中,该生问题行为共出现过112次,问题行为发生的持续时间主要控制在十分钟以内,有89次,占总数的79%;超过十分钟的有23次,其中治疗中问题行为仅出现过5次。

(2) 该生的问题行为主要发生在治疗前,有85次,占总数的76%;治疗中问题行为出现得较少,持续时间也短,其中持续时间在十分钟以内的问题行为约相当于治疗前的 31%。

（3）治疗前问题行为持续时间有 2 次超过半个小时的，治疗中问题行为持续时间未有超过半小时的。由此可以得知，在排除和忽略人为因素控制问题行为的前提下，该生在进行治疗的两个星期中，问题行为不论从次数还是持续时间上看都有十分明显的改善，可以说听觉统合治疗对该生的问题行为的效果非常明显。

五、讨论与分析

1. 听觉统合治疗是有肯定的效果的。我国著名的儿童精神心理学家陶国泰教授和北京大学精神卫生研究所的杨晓玲教授在《走出孤独的世界》一书中对听觉统合治疗给予了很高的评价；从本案例的治疗情况来看，对孤独症儿童的问题行为有较大程度的改善。

2. 听觉统合训练作为一种新的治疗手段和方法，家长可以先通过多种途径对有关问题做详细的了解，再决定是否让孩子参加听觉治疗。疗效出现前有些儿童会出现一些行为反常，如兴奋、话多、失眠等。

3. 孤独症是较为严重的儿童发育障碍性疾病，目前所有的治疗手段和方法均不能完全治愈孤独症，只能是使儿童出现不同程度的好转。听觉统合治疗也是如此，它只是治疗手段的一种选择。指导者（家长、教师）应更多地采取其他有针对性、行之有效的教育教学、训练康复的方法和模式。

4. 听觉统合治疗并非对所有的孤独症儿童或学习障碍儿童都有效，而是存在一定的适应症（如听觉异常等）。听觉统合治疗的效果通常在数周或数月后出现，也有一些儿童在治疗期间出现疗效（此案即是）。

5. 本研究以个案的方式进行研究，虽然此训练对个案对象有一定的效果，但由于孤独症患儿心理和生理等方面与其他患儿有较大差异，以及孤独症患儿存在个体差异，问题行为在每个患儿身上所表现的方式和程度都有所不同，所以听觉统合训练对问题行为的孤独症儿童康复的整体效果及实验的信度和效度还有待进一步实践和验证。

4. 音乐治疗

音乐治疗课程是以音乐活动的方式，给学生提供各种音乐经验，借由唱歌、肢体律动、敲奏乐器、音乐游戏等方式，来增进学生语言表达、肢体动作、感官认识学习、情绪表达、社会行为等方面的能力。[①] 音乐对自闭症学生来说是一种愉悦的体验，绝大部分的患儿具有良好的音乐感受能力。针对自闭症学

---

① 杨伶，兰继军. 自闭症儿童音乐治疗的研究进展[J]. 广西教育学院学报，2010(2)：162-165.

生的特点,学校开设了音乐治疗室,配备了音乐治疗师。在中国音乐治疗学会会员邓永兴老师的指导下,通过被动音乐治疗和主动音乐治疗两种形式,并结合唱游与律动等课程对自闭症学生开展音乐治疗。

(1) 被动音乐治疗

被动音乐疗主要是通过聆听音乐的方式使患者的精神、神经系统得到调节,从而达到治疗和康复的目的。学校音乐治疗室配置了索玛托音响振波治疗、体感音乐治疗、音乐水床等设备,对自闭症学生实施音乐治疗。目前学校运用较多的是索玛托音响振波治疗,其原理是通过把声音转为有效的声波传入人体的各个部位,使肌肉和身体更深内部的紧张得到松弛减轻。该疗法能够减缓紧张、促进松弛的反应、增强生理机能、提高交流沟通能力、干预不良行为、制造身心融合氛围、提供身体和听觉刺激、提高感官意识、打断强迫性行为、解决疼痛、放松肌肉的过分紧张、唤起情绪、减少压迫力、提高音乐鉴赏力等。治疗前,音乐治疗师需要对自闭症学生的音乐喜好进行分析,通过儿童感兴趣的音乐逐渐引入针对性的治疗音乐。治疗过程中,音乐治疗师要根据学生的特点和康复需求选择音乐,例如,针对精神紧张、情绪问题较严重的儿童,要选取旋律优美抒情、节奏平稳、速度徐缓、风格幽静的音乐,例如勃拉姆斯的《摇篮曲》、德彪西的《月光》、圣-桑的《天鹅》、海顿的《小夜曲》以及我国民族乐曲《渔舟唱晚》等,可以缓解儿童的焦虑和紧张。针对智力衰退、智力低下类型的儿童,可以选取旋律刚劲活泼、节奏明快坚定、多种乐器配奏、速度稍快、音色饱满有力、情绪热烈的音乐,例如贝多芬《命运交响曲》、比才的《卡门》序曲、苏配的《轻骑兵》序曲、莫扎特的《土耳其进行曲》以及我国的民族音乐《得胜令》等,这些兴奋性乐曲可以健脑益智,开发儿童的潜能。体感音乐治疗、音乐水床等设备主要用于情绪问题较严重的学生,达到缓和、疏导学生情绪的目的。

(2) 主动音乐治疗

主动音乐治疗是相对于通过单纯地听音乐来达到治疗和康复目的的被动音乐治疗而言。它是一种让患者亲自、主动参与到音乐艺术活动之中的疗法。患者通过参与音乐行为,如直接参与演奏、演唱等活动来达到治疗与康复的目的。[①] 元平特校对自闭症学生开展的主动音乐治疗有音乐游戏、韵律操和奥尔夫打击乐训练三种,主要通过唱游与律动课展开。

(3) 音乐游戏

音乐和游戏都是自闭症学生感兴趣的活动,音乐与游戏的有机结合对自

---

① 邓永兴.主动音乐治疗[J].现代特殊教育,2010(5):39-40.

闭症学生的康复而言是最合适和最自然的方法。音乐游戏可以让缺乏语言表达及理解能力的自闭症学生用身体语言作为沟通媒介，表达内心感受，并与周围的人和事物建立联系。学校教师在开展音乐游戏治疗时，以班级为单位，在分析学生能力、兴趣和对音乐的反应的基础上，选择合适的游戏和音乐，并与辅助教师共同分析游戏流程。课程进行中，由主课老师担任游戏的主要带领者，随时注意学生的行为，并给予必要的介入；辅助教师则以现场音乐提示活动流程，并随时依状况调整活动进行之节奏。目前，学校发展出的音乐游戏主要有情绪治疗类、语言治疗类、同伴沟通类、观察能力介入类、身体协调类、表情模仿类等，对自闭症学生注意力、语言、情绪、社会交往等多方面能力的发展起到了明显的作用。

（4）韵律操

韵律操是一项在音乐伴奏下，以舞蹈的基本动作和步伐组成的成套练习。韵律操生动活泼、肢体语言很强，具有丰富的表现力，能够提高学生控制身体及动作姿态的能力，培养学生的节奏感和表现力，达到健身、健美、健心的目的。[①] 自闭症学生行为刻板，常伴有无意义的刻板行为，例如玩手、摇手、晃手等，但是当他们听到音乐时，常会随着音乐做规律、有节奏的动作，例如摇晃身体、拍手、跺脚等，刻板行为变成了有意义的舞蹈动作。针对自闭症学生对音乐的独特喜好以及他们的行为特点，学校音乐组的教师用几十支儿歌编排了多套韵律操，既有说唱又有动作，自闭症学生不仅可以充分表达、表演和发挥个人的音乐表现力，还可以逐渐培养对音乐的敏感性。考虑到自闭症学生身体协调性差、动作分化困难等特点，低年级的韵律操常为生动形象的手指操，例如《洗手歌》《幸福拍手歌》《巧巧手》《拉拉钩》《盖房子》《毛毛虫握手》《小司机》等，这些韵律操将自闭症学生的刻板行为变成舞蹈动作，赋予刻板动作以意义，有效地改善了自闭症学生的行为。随着自闭症学生身体动作不断地发展，中、高年级的韵律操将认知、表情、生活自理、身体各部位的锻炼等融入其中，内容逐渐丰富，难度逐渐增加，例如通过《刷牙》《洗手》模仿操训练学生的生活自理能力，通过《表情歌》《小动物怎么走》等训练学生表情、动作的模仿能力，通过《我们大家跳起来》《来吧，快乐的节日》等较复杂的动作训练学生身体动作协调能力。

（5）奥尔夫打击乐训练

奥尔夫音乐教学体系起源于德国，它的创始人是德国近代著名的作曲家卡尔·奥尔夫。它以听力训练、节奏训练、律动训练、语言学习、创造性能力培

---

① 苗坤.浅析韵律操在小学体育中的重要地位[J].体育博览，2011(10)：121-124.

养等为基本内容,通过说、唱、跳、奏、戏剧表演、绘画等音乐舞蹈艺术形式,以生动活泼、丰富多彩的快乐教学形式,让学生发现自我,培养创造力、自信心、专注性、合作精神、反应能力及人格的全面发展。[①] 奥尔夫音乐可以有效地提高自闭症学生的参与能力和专注力、感知觉、模仿能力、精细和手眼口耳协调、身体协调、感觉统合能力、听力、记忆力、认知理解能力、语言和交流能力,增进自闭症学生的情感,对改善情绪和行为问题都有很好的帮助。元平学校对奥尔夫音乐教学的应用,主要是通过奥尔夫音乐仪器,对自闭症学生进行打击乐的训练,通过简单的乐器模仿演奏、即兴演奏、即兴表演等达到情绪表达、自我表现、挖掘想象力的能力。为了更好地开展打击乐训练,学校购买了整套奥尔夫音乐器材,建立了奥尔夫音乐训练室,并对学校音乐组的教师进行了专业的培训。

为了充分发挥自闭症学生的音乐潜能,学校在日常音乐教学和训练的基础上,还于2008年5月组建了自闭症组打击乐队,利用每周周一到周三的课外活动课的时间,在音乐训练室进行集体打击乐训练。打击乐队面向康复部自闭症组的全体学生,重点培养喜欢音乐或有一定音乐天赋的学生。打击乐队在成立之初,制订了训练的阶段目标,第一阶段的目标为调动学生参与的积极性,发挥其主观能动性,能够听音乐,看指挥,配合音乐演奏,表演打击配乐。第二阶段的目标为学生情绪基本稳定,能够以饱满的热情听从指挥者手势,表演合奏音乐,排练一定的精品音乐表演,为以后参加各种表演活动打下良好的基础。第三阶段的目标为使用乐器,能够演奏音乐,成立"小小音乐家"演奏队,参加校内学生才艺表演等活动,达到较好的音乐表演效果。打击乐队成立后,学校对自闭症学生进行了大量的打击乐训练,编排了众多的音乐作品,为自闭症学生提供了展现自我的平台,大大挖掘了自闭症学生的音乐潜能。自闭症学生通过奥尔夫打击乐的训练,在情绪行为、注意力、语言、动作协调、社会交往等方面都有明显的改善。

5. 认知训练

良好的认知能力是自闭症学生学习的基础。学校开设了认知功能训练室,通过认知功能训练仪、注意力训练仪等,提高自闭症学生的知觉、记忆、表象思维等各方面能力,达到全面发展的康复目标。

(1) 训练仪器

① 认知功能训练仪

认知功能训练仪是台湾仪讯股份有限公司开发的一套设备,包括评估系

---

① 王佳.浅论奥尔夫音乐治疗法对智障儿童行为治疗的作用[J].大众文艺,2011(12):13-14.

统和训练系统两部分。认知功能训练系统包括物体概念、象征语言(命名身体部位、定义物体等)、知觉关系(分辨大小、数量等)、比较排序、同类匹配等内容。训练系统通过提供生动有趣的图片、声音和影像,让儿童根据语音提示操作鼠标,选择相应的选项,让学生练习,从而刺激引发兴趣,提高注意力、参与能力,增进学习效率,达到训练认知功能的目的。

② NJ22儿童注意力测试分析仪

NJ22儿童注意力测试分析仪是对6至16周岁儿童进行注意力集中程度的测量及训练的医学测试仪器,注意力训练是整合了脑电波监测、认知技能训练和行为塑造技术,通过电脑放出一定的声音和动画,让儿童进行一些操作,特制头盔监测儿童脑电波做出反馈,以提高儿童注意力的品质和注意力的持久性为目的的一种治疗形式。训练内容包括注意力稳定性训练、注意力广度训练、注意力分配性训练、注意力转移性训练。注意力稳定性训练的方法包括:通过持久注视某个物体来培养儿童的注意力稳定能力;通过意念注视法来培养儿童的注意力稳定跟踪能力,即训练期间眼球紧紧跟住飞行物体,只要被训练儿童集中注视后,此物体会慢慢地自动移向屏幕右侧,并一块块拼成整幅图片,此图片便会一步步退后。注意力广度训练的方法包括:通过找错法来培养儿童的注意力广度辨别能力,通过记忆来培养儿童的注意力广度记忆能力。注意力分配性训练的方法包括通过图声法来培养儿童的注意力分配匹配能力,以及注意力分配协调能力。注意力转移性训练的方法主要通过主显示区的图片和焦点图片对比来培养儿童注意力转移的适应能力。

(2)训练原则

① 医教结合的原则

自闭症学生认知能力的训练是一个长期、复杂的过程,不可能通过单纯的医疗康复得以改善,除了专门的医疗康复,还需要通过各类学校教育课程的配合来进行训练。例如,注意的过程不是一个单纯的心理过程,所有的注意都是在各种具体的认知活动中实现的,训练学生的动作感知、观察能力、语言能力、思维能力的活动过程,都应该伴随和渗透注意能力的训练。因此,注意能力的训练应该始终贯穿于学生的所有课程。

② 生活化的原则

通过认知功能训练仪、注意力测试分析仪等对自闭症学生的认知能力进行训练时,还需要注意训练内容与学生生活中所接触的事物相结合。学生每一项认知训练,都应该最终回归到问题解决能力的提高,使具体技能具有生活实用价值,在提高学生认知能力的同时提高学生的社会性发展,让学生在解决问题的过程中提高认知能力。如果只注重仪器训练而脱离学生的生活,将难以让学生将掌握的内容运用在生活中。

(3)训练方案

自闭症学生在思维、注意力、记忆、概念等认知方面存在严重的障碍。元平特校对自闭症学生认知能力的训练,主要目的在于通过集中的、一对一的个别化训练,提高学生的认知水平。认知训练由专门的康复师在认知功能训练室进行。康复训练前,康复师会通过训练仪器对学生进行认知功能评估。一般评估包括初期评估和末期评估两次,康复师会根据学生的情况选择评估项目。初期评估后,康复师会为学生制订个别化训练计划。下面以学校康复师姜会利为学生黄××制订的康复计划为例。表6-11是学生的认知功能初期评估表,表6-12是教师为学生制订的个训计划,表6-13是教师对学生进行训练的内容记录。

表6-11 自闭症学生康复认知功能初期评估表

姓名	黄××	年龄	8岁	班级	A二
评估时间	2011.11		评估地点	手眼协调室	

评估结果:
1. 物体概念:遵循图片指示,完成相应的物品配对尚可;视觉动作完成较好。
2. 知觉关系:对抽象事物形象化的理解存在。
3. 序列关系:对事物功能属性的理解存在。
4. 阶层性分类:视觉空间泛化辨别方面存在障碍。

物体概念
  物体配对:对13;错4;未作答0 时间1分19秒
  不完整的图:对1;错2;未作答3 时间57秒

知觉关系
  分辨大小:对0;错3;未作答3 时间21秒
  分辨数量:对6;错8;未作答6 时间1分21秒
  分辨数量(喜爱的食物):对1;错2;未作答0 时间18秒

序列关系
  以序列的顺序摆放物体:对1;错4;未作答4 时间56秒

阶层型分类
  依据不同特性分类 对:0;错3;未作答3 时间1分11秒

治疗师: 年 月 日

表 6-12　自闭症学生康复认知功能治疗个训计划

时　间	计　划　内　容
第 1 周	学生的基本情况的记录及制订康复训练计划
第 2 周	儿童认知训练系统评估
第 3 周	辨认颜色及图形的训练
第 4 周	教学生大小排序之间的关系
第 5 周	逐渐克服学生的不良习惯,例如"依赖、不自信"等行为
第 6 周	帮助学生手眼协调、语言表达功能训练
第 7 周	辨别数字概念、图形组合训练
第 8 周	辨认方向定位、概念功能训练
第 9 周	进一步加强学生的认知及语言表达功能训练
第 10 周	评估终结,了解学生通过本学期的训练,有哪些不足之处

表 6-13　自闭症学生康复认知功能治疗个训记录表

姓名	黄××	性别	女	班级	A 二
个训时间	2011.11.22		个训地点		手眼协调室

个训内容:
　　1. 儿童认知训练系统
　　① 认识红色、绿色
　　例如:全红色、辨认(红蓝、红橙、绿红,四种颜色蓝红黄绿、红蓝绿紫、紫黄蓝红等)
　　② 认识数字(一):
　　0 到 9 的数字介绍,例如:"数字 1 基础,数字 1 的介绍,数字 1 的介绍动画"。
　　③ 图形组合
　　④ 方向概念:
　　例如:"请问哪一只猫在左边?"
　　⑤ 重叠图形(一):
　　有八种图形,分别 2~5 种,并在下面指认正确的。

个训反馈:通过训练,学生的视觉注意尚可,物体辨别能力存在障碍。

治疗师签字:
学生或家属签字:
年　　月　　日

(二) 教育康复

自闭症学生的问题在目前的医学条件下不能得到根本性的解决,而且还没有一种被广泛认可的康复方法。因此,医疗康复、教育康复等多种方法同时并用,从各个方面改善自闭症学生的障碍,整体上提高他们的发展水平,这种方式被特殊教育工作者广泛接受。元平特校在认识到自闭症学生存在三大核心障碍的同时,还意识到他们在音乐、绘画、美工制作等方面有极大的发展潜力。因此,学校对自闭症学生进行教育康复时,课程的设置以学生认知程度、实际能力水平和可开发的能力发展需要为依据,突出"生存与发展"的核心目标,加强课程整合,设置了培养学生自我服务意识和提高社会生存技能为目标的"生活适应"课,提高认知水平、促进思维发展的"生活数学""生活语文"课程,发展艺术潜能的"唱游律动""绘画与手工"和"艺术休闲"课程。在课程内容和教学内容的设计上,学校从"以人为本"的角度出发,既满足学生的康复需求,补偿其缺陷,又能激励他们的学习兴趣,挖掘其潜能,使他们在学习、生活和社会实践活动中获得成功的喜悦,使其掌握实用的生活知识,形成基本的生活能力和良好的生活态度与习惯,为他们将来进入社会以及平等参与社会生活打下基础。在课程实施上,学校采取集体教育与个别化教育相结合的教学方式。自闭症学生社会性发展落后,需要将他们放入集体中进行教学,为他们提供丰富的语言刺激,创设与人交流互动的环境。同时,自闭症学生个体间的差异大,整齐划一的班级教学难以满足学生的需求,需要教师针对学生的障碍程度和发展特点制订个别化教育计划,进行有针对性的教学。

(三) 职业康复

实现就业、独立生活,并最终平等参与社会、融入社会是自闭症学生康复的最终目标,而这一目标的实现除了需要家庭、社会的努力,还需要学校对学生进行专门的职业康复,培养他们从事某项工作的技能。为此,学校为小学和初中阶段的自闭症学生开设了劳动技能课,以培养学生简单的劳动技能。通过劳动技能的培训,使学生掌握一定的劳动知识与技能,养成良好的劳动习惯,具备一定的社会适应和职业适应能力。学校根据自闭症学生的身心障碍特点和实际能力情况,从家政服务、客房服务、园艺劳动、社区服务四大领域对学生进行劳动技能训练。根据各个阶段学生的身体发展特点,低年级劳动技能课主要学习一些简单的环境整理、废物处理、工艺制作的知识和技能,培养良好的劳动习惯;中年级劳动技能课学习以烹饪为主的家政课;高年级劳动技能课包括家政和职前劳动。为了给学生更多操作和实践的机会,学校为自闭症学生开设了家政室,设有厨房、饭厅、客厅、洗手间、卧房,并配备电视机、空调、冰箱等家用电器和家具。此外,还在学校的空地为学生开辟了劳动基地,供学生种植蔬菜瓜果等,丰富了学生的实践经验。通过职前劳动技能的训练,大部分中重度自闭症学生基本上能够实现家庭生活自理,轻度自闭症学生能够掌握一定的劳动技能和职业技能,实现家庭生活自理和社会生活自理。在职业高中阶段,学校为轻度自闭症学生开设了专业技能课,包括办公文员、客房服务、西式面点、中式厨艺、中国结艺、洗衣服务、插花艺术七类,旨在培养学生从事某一类或多类职业的能力和素质。学生可根据自身的能力和兴趣选择其中一项作为自己的专业,深入学习,熟练掌握这一专业所需的基本知识和技能,具备相应职业岗位所要求的职业道德和品质,实现社会生活自立,最终融入社会。

(四)家庭康复

家庭是自闭症学生教育康复支持体系的一个重要组成部分,家长可以为教师提供自己孩子的基本情况,如既往病史、诊断经历与结果、智商、早期干预情况、行为习惯、个性特征等,这可以方便教师在教育康复活动中采取合理的措施,为他们提供有针对性的,适合其个体特征的帮助。在参与过程中,家长需要直接参与到学校教育康复活动中,还可以通过配合儿童完成家庭作业,或在家庭中开展继续康复训练,达到间接支持学校教育康复活动的目的。[①] 因此,学校要求从自闭症学生的评估到康复训练的实施家长都需要参与其中,让家长了解学生个别化教育计划的制订和执行情况,并在家庭中实施与学校康复相应的训练,实现学校教育和家庭教育的衔接。

家长在特殊儿童康复和发展过程中具有至关重要的作用,家长的教育康复理念以及家庭氛围等都是影响自闭症学生发展的关键因素。为了给学生提供良好的家庭康复环境,学校编制相关问卷了解学生家庭教育的情况,在此基础上向家长举办有针对性的康复理念、康复技能的相关讲座,并坚持每学期印刷"星爸星妈"家长学校手册,为家长提供自闭症学生训练的内容和训练技巧,帮助家长树立正确的教育理念,鼓励家长充分利用家庭环境的优势对孩子语言能力、生活自理能力、社会交往能力等实施及时的、有效的康复训练。此外,各班级还利用春游、运动会等机会邀请家长参加班级活动,搭建了家长与教师之间、家长与家长之间沟通的桥梁。

第4节 训练效果的评价

训练计划是否合理,训练的效果如何,需要在实施一段时间后,对拟定的训练目标进行检测,对训练的效果进行评价,以持续追踪儿童的发展进程,确定方案的有效性,并在必要时对方案进行相应的调整。此阶段的评价有利于拟订恰当的干预计划,并为测量学生的进步和干预效果提供比较的基线。对训练效果的评价与检测主要包括阶段性评估、总结性评估两个阶段,评价的方

---

① 谢明.孤独症儿童的教育康复[M].天津:天津教育出版社,2007:262.

式可以选择合适的、能够准确反映康复内容和康复目标的量表,也可以在课堂或生活情境中对儿童进行结构化的和非结构化的观察。

一、评价方式

(一)观察记录

观察记录的评价方式主要由学生的授课教师和家长对学生在课堂、日常生活、家庭生活中的能力和行为表现进行观察,并做详细记录,以了解学生在接受一段时间训练后的发展和变化。观察记录法将学生的能力发展与学生的生活结合起来,能够更形象具体地反映学生的发展状况,是一种功能性的评估方式。

(二)个案分析

个案研究是指针对个别学生的发展障碍进行深入研究的过程,此过程需要通过各种方式搜集资料,加以分析整合,以了解个案主问题的成因,进而提出恰当的辅导策略,协助改善问题。个案分析是个案研究中的一个重要环节,它是一个连续、动态化的过程,需要对学生的特殊状况进行长期细致的观察和追踪,对影响学生心理和行为发展的诸多因素进行全面分析,能够让人们更好地理解干预在某种情境下是如何对学生的心理和行为产生影响的。通过个案分析,研究者可以不断地对学生实施教育训练,并根据分析的结果逐步修正训练方案,力求找到最合适的训练措施。

(三)档案袋评价

档案袋评价是指教师与家长一同有目的地、系统地搜集学生的作品,用以描述学生在学习中的努力和成就状况,所搜集的作品可以真实反映学生的表现,记录学生的学习过程。[①] 例如,学生平时的作业、作品、测验结果、检核表、观察记录、录像带等。档案袋以动态方式记录了学生不同阶段与不同情境中学习的资料,可以真实且完整地呈现学生长时间的学习情况,因此它是一种真实、动态与整体的评估。[②] 自闭症学生在康复训练中的发展是一个持续的缓慢变化的过程,学生的进步体现在课程学习和康复训练的整个过程之中,因此康复人员在学生的平时训练中,需有意识、有目的地搜集学生的学习成果,为学生建立起成长记录的档案。

(四)课程性评价

课程性评价是一种以学生在现有课程内容学习上的持续表现来决定其教

---

① 王辉.特殊儿童教育诊断与评估[M].南京:南京大学出版社,2007:426.
② 黄建行,雷江华.智障学生职业教育模式[M].北京:北京大学出版社,2011:146.

学需求的评估方式,它强调用实际授课的内容与材料来评估学生的学习,并以此作为判断学生学习问题所在及做出教育决策的依据。[①] 授课教师根据学期初为学生制订课程性个别化教育计划的内容,综合运用测验、观察等方法对学生在学习过程中的表现进行评价,从多次课程性的评价中获得有关学生学习的成就表现资料来调整教学策略,以提高学生的学习效能。课程性评价包括课后评价、月评价和期末评价。课后评价主要是授课教师在每节课后,根据学生的课堂表现对他们做简单的评定,也是教师对教学的反思。月评价是专业任课教师根据学期初为学生制订的学期总目标和每月教学分目标,对学生的阶段目标达成情况做出的评价,目的在于发现学生学习中的优势和存在的不足,为教师开展有针对性的教学、调整课程内容和教学进度提供参考。期末评价是班主任及任课教师根据学生在本学期的学习情况所做的评估,评估内容包括学生的认知发展、行为规范、各门课程学习情况、适应行为等多方面的内容,是一种是综合性评估。

二、评价阶段

(一)阶段性评价

对自闭症学生进行训练时,每隔一个阶段都要对训练结果进行评估,评估应该实事求是,肯定优点、重视缺点,尤其应该对学生出现的新倾向作出分析,通过评估全面地了解训练计划对学生的有效性和局限性,扬长补短。对计划中不合适的部分,例如要求过高或过低、训练内容过难或过于简单做出调整,便于继续实施,在训练中要做好相关的记录。评估的手段主要有自然观察法和课程评价。

以社会交往和感觉统合训练为例,按照学期初为学生制订的训练计划,在实施一段时间的康复训练后,例如当对学校场景中的"问好"、感知觉训练中的"辨认指定范围内看到的物体"进行训练后,执行训练的教师将会对学生的完成情况进行阶段性的评价,社会交往课程形成性评价表(表6-14)、感觉运动课程形成性评价表(表6-15)。如果班级学生大多能够达到预期的目标,则进入下一个训练阶段,情况较差的学生将通过个别化的训练和家庭训练进行强化和巩固。如果大多数学生不能达到预期的目标,教师将会调整课堂训练内容和进度。

[①] 张旭,张海丛.课程本位测量及其在学习障碍评估与干预中的应用[J].中国特殊教育,2009(6):56-62.

表 6-14 社会交往课程形成性评价表

评价领域	次领域	项目	完成情况	备注
学校场景交往	问好	跟老师问好		
		跟同学问好		
		跟同学的家长家辅问好		
		和来宾问好		
	自我介绍			
	应答			
	等待			

A. 独立完成　　B. 提示下完成　　C. 协助下完成　　D. 不能完成

填表日期：　年　月　日

表 6-15 感觉运动课程形成性评价表

姓名：　　　　　性别：　　　年龄：　　　班级：　　　类别程度：
理解能力：弱　一般　好　　表达能力：弱　一般　好　　身体状况：
评估教师：　　　　　评估时间：

评估领域		评估内容	评估结果 1. 不能完成 2. 辅助下完成 3. 口语提示下完成 4. 独立完成	教师评价 (标准：差、中、好)		家长评价 (标准：差、中、好)		建议
				情绪状况	学习态度	情绪状况	学习态度	
感知	视觉	1.1.1 辨认指定范围内看到的物体						

说明：
1. 评价时间由教师根据教学进度自行确定。
2. 教师评价是针对学生在学校的表现，家长评价是针对学生在家里的表现，如有家长无法进行评价的情况，请在备注中说明。

（二）总结性评价

总结性评价又称事后评价，一般是在某一相对完整的训练阶段结束后对整个训练目标实现的程度做出的评价。它以预先设定的教育目标为基准，考查学生发展达成目标的程度，并对学生未来的发展可能性进行预测。总结性评价的次数比较少，一般是一学期一次，在学期或学年结束时进行。总结性评价的内容要全面，不仅要考察学生的知识学习，还要包括学生的行为、情绪、社会交往等方面的内容，不仅要考察学生的课堂表现，还要关注学生在学校的日常生活和家庭生活中的表现，以对学生做出综合的评价。

1. 社会交往课程总结性评价

社会交往课程总结性评价表是由学校教师编写的（见表6-16），评价的内容依据课程的内容和学生学期初的康复计划内容而定，由学校教师和家长共同完成。评价的方式包括课堂观察、日常生活观察、家庭观察以及与学生的对话。评价等级包括掌握、基本掌握、协助下完成、不配合。掌握和基本掌握的能力是学生已经达到的能力，在下一个训练阶段将以此能力为基础进行训练内容的深化，协助下完成的内容是学生的潜在能力，是下一个训练阶段的起点和重点。

表6-16 自闭症学生社会交往课程总结性评价表

领　　域	评价描述	评价等级	努力方向
人际交往基本礼仪			
家庭场景交往方面			
社会场景交往方面			
学校场景交往方面			
其　　他			

评价等级：根据完成情况划分"掌握、基本掌握、协助下完成、不配合"四个等级，分别用"√、○、△、×"进行标记。

填表日期：　　年　　月　　日

2. 感觉运动课程总结性评价

感觉运动课程总结性评价表的评价内容包括感知觉、精细运动、粗大运动、感觉统合游戏四部分（见表6-17），主要在学期末进行。由上课教师借助一定的康复器材在感觉统合训练室对学生的能力进行评价,评价标准包括独立完成、口语提示下完成、辅助完成、不能完成四个等级。辅助完成的内容将是下一个阶段学生训练的基线。

表6-17 感觉运动课程总结性评价表

姓名：　　　　　性别：　　　　　年龄：　　　　　班级：　　　　　类别程度：
评估教师：　　　　　　　　　　评估时间：
理解能力：弱　一般　好　　表达能力：弱　一般　好　　　身体状况：

评估领域		评估内容	评估结果（标准：1.不能完成 2.辅助下完成 3.口语提示下完成 4.独立完成）	评价	备注
感知	视觉	1.1.1 辨认指定范围内看到的物体			
		1.1.2 辨别物体大小			
		1.1.3 辨别物体形状			
		1.1.4 辨别颜色：红、黄、蓝			
		1.1.5 分辨高矮			
		1.1.6 分辨长短			
		1.1.7 分辨厚薄			
		1.1.8 分辨明暗			
		1.1.9 辨别方位			
		1.1.10 依所看过的次序把图片再排列			
		1.1.11 凭记忆选出刚看过的物品和图片			
		……			
	听觉				
	触觉				
	嗅觉				
	味觉				
精细运动					
粗大运动					
感觉统合游戏					
综合评语					

说明：1. 本基线评估量表适用于义务教育阶段的自闭症学生。2. 在每学期期末进行评估。

3. 期末课程评价

期末课程评价是在学期结束时对学生各方面训练结果的评定。这类评价的主要目的是评定学生的各类教育康复训练的效果，确定学生达到教育目标的程度，证明学生掌握知识、技能的程度和能力水平，以为确定学生在新的课程中的学习起点，为制订新的教育目标提供依据。期末课程评价由各个科目的教师执行，多通过描述性的语言对学生的能力进行总结，并对学生在相应课程的表现情况评定等级。下面以三年级学生×路路的期末课程评价表为例。

表6-18 期末课程评价表

科目	学 生 表 现	评价	科目	学 生 表 现	评价
生活数学	能较好参与课堂教学，正确地点数10以内的数量，书写数字1—10，但对人民币的认知需要强化	优秀	唱游与律动	在课堂上心情较为愉悦，能积极模仿本学期所学的律动《超人老爸》《让爱住我家》等，手指操练习有明显进步	优秀
生活语文	通过本学期四个单元的学习，能准确认知常见的番茄、土豆、胡萝卜等蔬菜以及狗、猫、鸡、鸟等动物，复述所学的句式和课文，言语表达和文字书写有进步，希望继续努力	优秀	绘画与手工	对简笔画、涂色、手工等有一定的兴趣，在老师指导下能完成手工作品，但注意力和工作耐心需要进一步培养	良好
感觉运动	运动能力较好，能够配合老师完成各项训练内容；有时注意力易分散，双脚跳的动作还需加强训练	优秀	劳动技能	动手能力较好，能够完成基本的家务劳动，如扫地、拖地、擦桌子等	良好
……			……		
出勤情况	病假		获奖情况	学习进步奖	德育考核 优秀

4. 综合能力评定

对学生的康复与训练最终的目的是要提高学生的社会适应能力。学期末，除了就学生某个领域的发展水平进行评价外，还要就学生的认知、语言、运动、生活自理、社会适应多方面的内容进行综合的评价，以了解学生通过训练后社会适应能力的高低。评定量表（表5-11）主要由心理组的评估人员执行。需要注意的是，此项评定还需要重点参考家长的意见，因为有时学生在学校表现良好，不一定就表示已经习得这项技能，除非学生在家中也和在学校时表现出相同的行为。所以学校评估人员保持与家长的长期联系，随时了解学习迁移的情形。

5. 家长评价

家长对学生的训练效果有重要的发言权。在评估的过程中,家长参与评价可以为教师提供有关学生发展状况的信息,让教师了解学生的动态发展过程,有利于做出最真实最全面的评估,以调整训练内容和方案。因此,学校注重将家长纳入训练评价的工作中,制订了《学校家庭教育联系册》,为学生制订动态的成长档案。康复训练营期间,还制订了训练满意度调查表(表6-19),该表不仅能反映家长的满意度,还能了解学生习得的能力在家庭生活中的迁移情况,为新一阶段的训练提供了重要的参考资料,同时也体现了家长在教育教学、康复训练效果评价中的地位和作用。

表6-19 2012年自闭症学生康复训练营满意度调查表

学生姓名		班　级	
家庭住址		联系电话	
残疾类型	□脑瘫 □自闭症 □唐氏综合征 □多重残疾		
残疾程度	□一级　　□二级　　□三级　　□四级		
生活自理能力	□完全自理 □部分自理 □不能自理		
是否接受康复服务	□是　　　□否		
康复服务内容	□运动训练　　□物理治疗　　□作业治疗 □语言训练　　□认知训练　　□特殊教育 □生活能力训练 □注意力训练　□其他		
康复服务效果	□明显好转　□略有好转　□不明显		
服务满意程度	□非常满意　□比较满意　□不满意		
意见和建议	家长签名:　　　　　　　　　时　间:		

第 7 章 智障学生的训练

智障(mental retardation,MR),是一种由多种原因引起的脑发育障碍所致的综合征,以智力低下和社会适应困难为主要特征,可伴有某种精神或躯体疾病。人类对智障的认识可追溯到古代文明时期,对此有多种称呼,本书将采用现在比较通用的名称"智障"来界定概念。智障学生是指在 18 岁之前处于义务教育阶段被评估出智力明显落后于正常同龄人,并伴有适应性行为困难的学生。智障学生是特殊学校教育的主体,更是特殊学校康复训练的重要对象,他们的康复发展既为其将来实现生活自理、走入社会奠定基础,也是智障学生家庭幸福和社会安定和谐的保障。智障学生的康复训练涉及训练评估、计划制订和实施及训练效果的评价。元平特校严格按照智障学生的康复训练程序,对智障学生进行感知等方面的评估,据此制订康复训练计划和个别训练计划,在康复训练实施过程中坚持全面康复和个别训练相结合的原则,帮助他们达到既定的康复目标,融入社会生活。

第 1 节 智障学生的评估

康复评估人员选用合适评估工具,运用多种方法对智障学生进行全面客观的评估,为智障学生康复安置形式的确定、康复计划及个别教育计划的制订与实施提供依据。智障学生康复训练包括六个领域:运动、感知、认知、语言交往、生活自理和社会适应,对其康复训练的评估也是针对这些领域。

一、智障学生的特点

智障学生与普通学生一样,身体和心理都是随着年龄的增长而向前发展着,所不同的是:他们的发展起点低、速度慢、最终达到的水平低。由于智力水平不同、生活环境不同、接受训练的背景以及康复条件不同,智障学生所表现出的身心特点也不相同。虽然这样,他们之间仍有很多共性,现就目前对智障学生的了解,作以下总结。

(一)生理和动作

与普通学生相比,智障学生在动作发展、运动技能的掌握和实际运动水平等方面都存在一定的障碍,智障的程度越重,运动发育也越差,障碍也越严重。中、重度智障学生在身高、体重、骨骼的成熟等方面都可能比同龄普通学生发展的速度慢,质量差。程度越重,与同龄学生的差距越显著。

生理方面,智障学生头颅大小和形状异常,如小头、脑积水;特异面貌与躯体异常,如眼球突出或斜视、上腭过高;经过特殊检查,如骨骼 X 线平片,可发现颅骨先天性缺损或畸形、脑积水及异常钙化等。[①]

在动作发展方面,智障学生在平衡动作、速度与灵巧方面发展很差。尤其是那些中枢神经系统有损伤的学生,大动作及精细动作都存在问题。大动作发展迟缓,走路姿势僵硬、笨拙,动作不协调、步态异常,甚至缺乏行动能力。精细动作发展水平低,手眼不协调,不能够穿针、捏握等。[②] 在学生幼小的时候,可以发现智障学生的精细动作低龄化,即该消退的动作很久不消退,该形成的新技能不能形成。

(二)心理特点

1. 感觉特点

智障学生的各种感觉一般比较迟钝。视觉方面,轻度智障学生感受性降低,一般很难或不能辨认物体的形状、大小、颜色的微小差异;听觉方面,明显比较迟钝,对语音的分辨能力更差,进而影响理解能力和言语表达能力;触觉、痛觉和温度觉比较迟钝,是许多智障学生自残或身体受伤而毫无反应的原因之一;有些中、重度智障学生可能缺失嗅觉和味觉,因为误食或误喝东西而中毒生病;动觉、平衡觉与内脏感觉,智障学生都较迟钝,对不同重量物品的鉴别力差,肢体的协调有障碍,对饥渴、躯体的不适感等感受较低,以致有病时不能准确述说。

2. 知觉特点

知觉与感觉密切相关,智障学生的感觉特点直接影响到知觉特点。他们知觉速度缓慢,容量小;范围狭窄、不够分化、联系少;缺乏知觉积极性。

---

① 卓大宏.中国康复医学[M].北京:华夏出版社,2003:1391.
② 中国残疾人联合会.智力残疾儿童系统康复训练[M].北京:华夏出版社,2000:1.

3. 注意力特点

智障学生无论是在注意的水平还是注意品质的发展上,都要比普通学生落后得多。[①] 发展水平低,无意注意占优势;广度狭窄,注意速度缓慢;稳定性差,易分心;分配差,常常顾此失彼。[②]

4. 记忆特点

智障学生识记缓慢,记忆容量小;保持差,易遗忘;再现困难,不完整;记忆目的性差,识记的选择功能不完全;意义识记差,机械识记相对较好;记忆与情绪关系密切,凡是自己喜欢的事物,明显识记得比较快,记得也比较牢。

5. 思维特点

智障学生的思维直观具体,分析、综合和抽象、概括能力低,难理解事物的内在联系;思维活动内容贫乏;缺乏积极性和灵活性,敏捷性和适应能力差,应变能力差,反应慢;思维缺乏独立性和批判性。

6. 语言特点

智障学生的语言发育迟滞,开始说话的年龄晚;发音不准,吐字不清,与语音听觉分辨力差有关;语言理解能力差,比较难理解别人说话的意思,但语言理解的能力强于表达能力;词汇贫乏,语言量少,语法简单,语言运用的质量差。

7. 情感特点

智障学生的情感不稳定,体验不深刻;情感反应和引起情感的外部作用不相符合;控制和调节情感的能力差;高级情感发展缓慢;有不少智障学生有病态性情感,如细小的刺激就引起不一般的兴奋爆发反应。

8. 意志特点

智障学生的意志表现有三个特点:没有预定目的,做一步算一步,没有针对性;遇到困难容易放弃,不能想办法克服;行为缺乏自制力,不会主动抑制情绪冲动,如面对一些不满意的事,马上大吵大闹,难以平息。

9. 个性和社会行为特点

智障学生生活经验有限,参加的社会活动又少,心理过程发展迟缓,因而其个性的发展也受到一定的影响。概括地说,有八大特点:独立自主能力差,在集体中不大会做事;同伴之间的相互关系简单;自我意识差;非常固执;是非

---

① 银春铭. 弱智儿童的心理与教育[M]. 北京:华夏出版社,1996:67.
② 银春铭. 弱智儿童的心理与教育[M]. 北京:华夏出版社,1996:67.

观念薄;常有不可遏止的冲动;毫不顾忌他人;缺乏自信。①

美国缺陷儿童教育局提出智障儿童的十大心理特点为:① 多动;② 感知觉运动失调;③ 情感容易突然爆发;④ 笨手笨脚;⑤ 容易分心;⑥ 任性;⑦ 记忆学习材料有困难;⑧ 理解抽象概念差;⑨ 阅读、书写及识数能力差;⑩ 理解他人言语或表达自己思想能力差。②

二、智障学生康复训练的意义和紧迫性

从对康复的界定来看,特殊学校对智障学生进行日常的教育教学活动,是其教育康复功能;特殊学校运用医学的、康复学的、心理学的特殊技术与方法、仪器设备来对智障学生进行康复,是其医学康复功能或康复训练功能;特殊学校对智障学生进行职业与劳动技能训练,是其职业康复职能;特殊学校从社会的角度出发来研究怎样促进社会对智障学生的支持与保障等,是其社会康复功能,牵涉到社会中方方面面的内容。③

据调查,我国每年新增0～6岁残疾儿童约19.9万,智障所占比例最高,为54.21%,其他依次为:肢体残疾24.69%,听觉障碍9.00%,视觉障碍6.20%,精神残疾5.91%。我国第二次全国残疾人抽样调查结果显示:截至2006年4月,全国各类残疾人口总数为8296万人,其中智力残疾554万人,占6.68%,6～14岁学龄儿童中有246万残疾儿童,占3%。④ 截至2015年底,我国特殊学校共有2503所,在校学生共有44.2万人。其中智力残疾学校458所,约占特殊学校总数18.3%,智力残疾学校在校学生232084人,占特殊学校在校学生总数的52.5%。⑤ 元平学校共有928名学生,其中智障教育部有26个班,334名学生,是学校班级最多、学生人数最多的教育教学部。这些智障学生不但给家庭带来了极大的精神和经济压力,而且也导致了许多社会问题。面对智障学生人数众多、程度差异较大的现状,其康复训练势在必行。

---

① 茅于燕.智力落后于早期干预[M].上海:上海教育出版社,2007:68.
② 卓大宏.中国康复医学[M].北京:华夏出版社,2003(10):1392.
③ 郑虹,黄建行,邓鸿雁,陆瑾.广东省特殊学校培智教育康复工作现状的调查研究[J].中国特殊教育,2005(8):31.
④ 中华人民共和国国家统计局[EB/OL]. http://www.stats.gov.cn/was40/reldetail.jsp?docid=402369684.2006(12).
⑤ 白银婷.培智学校低学段语言康复课程开发的研究[D].上海:华东师范大学硕士论文,2010.

智障学生通过康复训练,能改善其功能,补偿缺陷,开发潜能,提高生活自理和社会适应能力,有利于智障学生的身心健康和生活质量的提高。同时,可以减少家庭的负担,提高家庭成员的幸福指数。这也符合我国国情,是一项具有战略意义的长远工作,有利于实现残疾人"平等、参与、共享"的目标,是经济发展、社会和谐及文明与进步的体现。可以说,于己于家于国都有利无弊。

三、智障学生的评估工具、方法、内容

(一)评估工具

广东省残疾人康复协会在《广东省智力残疾学生康复机构建设规范》中提到康复评估工具,如下:

(1)《学生孤独症及相关发育障碍心理教育评定量表(C-PEP)》
(2)《婴儿—初中学生社会生活能力量表(S—M评估量表)》
(3)《儿童适应行为评定量表》(分农村版本与城市版本)
(4)《中国—韦氏幼儿智力量表》(所用工具:《中国—韦氏幼儿智力量表》及相关测试工具)
(5)《中国—韦氏儿童智力量表》
(6)《感觉统合能力量表》
(7)《PORTAGE早期教育指导手册》
(8)《全套粗大运动评估材料》
(9)《全套精细运动评估材料》
(10)《全套语言评估材料》
(11)《全套智能/学前概念评估材料》
(12)《全套自理/社交评估材料》[①]

元平特校根据本校情况,针对智障学生的特点,制订出感知训练各领域基线评估表、劳动技能诊断性评估表等。以感知觉评估的视觉评估为例来说明,见表7-1。

---

① 广东省残疾人康复协会.广东省智力残疾儿童康复机构建设规范(试行)[EB/OL]. http://www.gdkf.org.cn/old/2007-5-9/200759103800.htm. 2007(4).

表 7-1 元平学校感知能力基线评估表(视觉部分)

评估领域	次领域	评估内容	发生时间	评估建议	操作材料	是否独立完成
视觉	视觉辨别	能按厚薄对物品或图片配对	4～5岁	桌子上摆放薄厚不同的书,教师手里拿和其中一本一样厚的书,对学生说"把和它一样厚的书拿给我"。观察并记录学生能否正确拿取。	书	
		能命名多种形状(例:菱形、半圆形、平行四边形)	5～6岁	桌子上摆放许多形状的积木,教师指着其中的一块,对学生说"这是什么形状的?"记录学生是否正确回答。	积木	
	视觉记忆与序列	依所看过的次序把图片再排列	2～3岁	依次排列种子发芽、长叶、开花的图片,然后收起图片,让学生重新按顺序摆放图片。观察并记录学生能否正确摆放。	图片	
		能凭记忆选出刚看过的物品、图片等	3～4岁	桌子上摆放5种日常用品,让学生观察,然后全部拿走,问学生"刚才桌子上有什么?"或者让学生在众多物品中找出刚才出现的物品。观察记录学生回答或寻找情况。	多种日常用品	
		能凭记忆叙述事情发生的过程,包括看过的电视节目	4～5岁	教师请学生讲述周末看见的事情或看过的电视。记录学生是否正确叙述或用其他方式表达。		
	视觉对象背景区分	能凭记忆选出很久以前看过的物品、图片、符号或标志	5～6岁	教师请学生想一想秋游时看过的东西。教师拿出许多照片,对学生说"把秋游时看到的东西选出来"。观察并记录学生能否正确挑选。	照片	
		在图画里(简单背景和复杂背景中),找出指定的物品或图形	2～3岁	教师拿一幅大树的画(枝杈、树叶用数字的外形勾画),让学生找找画中的数字。观察并记录学生能否正确指出。	画	
		勾画出重叠图形的轮廓	3～4岁	教师把许多物品的线条画在一起,请学生仔细看,对学生说"把杯子勾画出来"。观察并记录学生能否正确勾画。	画	
	视觉空间形式的处理	分辨上、下	2～3岁	教师在桌子上和桌子下摆放常见的物品,对学生说:"把桌子上的东西给我""把桌子下的东西给我"。观察并记录学生能否正确拿取。	桌子、球	
		分辨里、外	3～4岁	教师出示两个盘子和两个苹果(一个盘子里有苹果,一个盘子外有苹果)问学生:"哪个盘子里有东西?""哪个盘子外有东西?"观察并记录学生能否正确指认。	盘子、苹果	
		分辨前、后	4～5岁	请三位学生列队站在教师和被教育学生面前,问学生:"谁站在前面?""谁站在后面?"		
		分辨左、右	5～6岁	请两位学生站在教师和被教育学生面前,问学生"谁站在左面?""谁站在右面?"观察记录学生是否正确回答或指认。		

（二）评估方法

智障学生的评估方法有正式与非正式之分。在康复训练的过程中所做的评估一般是综合性的，需要将两者结合起来。① 具体的评估方法有：观察法、测验法、访谈法、档案袋法等。

1. 观察法

智障学生的生理心理特征比较突出，观察法是在对智障学生进行评估时最基本的方法。在进行观察时，既要进行外部观察，还要进行内部观察，包括对心理、精神、性格、情绪、智能等方面的观察，内在观察主要通过言语和行动进行。

2. 测验法

有标准化测验和非标准化测验之分。学校对智障学生进行智力测验和适应性行为评估就是标准化测验；而学期中和学期末根据对学生情况的掌握进行测试就是非标准化测验。在对学生进行测验时，应将二者结合起来。

3. 访谈法

这种方法不受任何评估条件、工具的限制，是一种比较容易开展运用的方法。访谈法主要是对智障学生父母或教师等与学生相关的人员进行的，可以了解学生的生活情况等更多的资料。

4. 档案袋法

选择适合于智障学生的评估工具，对智障学生的基本情况包括身体健康状况、智力、适应能力、心理健康水平、个性特点、功能障碍特征等方面进行评估，按照康复目标和发展的顺序，观察和记录功能性课程及康复训练的成长性成果，做好学生"成长档案袋"的收集和整理。每一学期、学年都对学生进行评估，个人档案里包括：学生心理档案、接种情况、出生医学证明等。

（三）评估内容

特殊学生评估涉及多方面，如个人资料、家庭资料、健康资料、认知功能、动作功能、语言功能、社会情绪、课程评量、环境评量等，但智障学生的康复评估主要是从六个领域进行。

1. 运动领域

头部控制、翻身、坐、爬、站、步行、上下台阶、蹲和跳跃、跑、双脚协调运动、平衡运动、翻滚、拍球、传球、踢球、骑小三轮车、跳绳、夹包、伸手取物、手指戳

---

① 王彦. 浅谈教育评估与智障学生的康复教育[C]. 广东省残疾人康复协会 2005 学术年会论文汇编, 2005: 603-604.

点、捏取、拧盖、串珠、搭积木、系扣子、用剪子、握笔画线、插棍、穿袜子、折纸等。

2. 感知领域

看见物体、进行视觉追视、用视觉分辨形状、分辨颜色、视觉分辨方位、使用视觉记忆、听见声音、分辨声音的性质、分辨熟悉的声音、使用听觉记忆、有触觉反应、用触觉分辨、使用触觉记忆、有味觉反应、用味觉分辨、分辨食物口味、使用味觉记忆、有嗅觉反应、用嗅觉分辨、使用嗅觉记忆等。

3. 认知领域

物体的存在、从背景中选择知觉对象、感知范围、注意持续、配对和分类、模仿做排列、分辨常见关系、按特征排列、能按顺序排列、认识线段、认识常见的物体、认识常见物体的形状、分辨有无、分辨多少、认识快慢、识别简单方位、认识早迟、认识一天的时间、认识昨天今天明天、认识简单的因果关系、用常见的办法解决问题、唱数1—100、点数1—30、认识5以内的数、认识10以内的数、掌握10以内的加减法、有一个星期的概念、认识年月日、有基本的时间概念、认识钱、认识观察天气状况、认识常见动物、知道常见的水果、认识常见的蔬菜、认识花草树木、认识常见的粮食、认识最基本的自然现象等。

4. 语言交往领域

听的基本能力、说的基本能力、能静坐等待、遵从简单的指令、对常见名词有适当反应、对常用动词有适当反应、理解别人的要求、对常用简单短句有适当反应、对含常用形容词副词的词组或短句有适当反应、对表示指示或愿望的短句有适当反应、对简单否定句有适当反应、对常用复杂句有适当反应、理解别人的礼貌用语、有交往的意愿、能表达自己的需求、能把握说话的情境、懂得沟通的礼仪、尽量解决沟通困难、表达想法、表达自己的情绪、读写前准备等。

5. 生活自理领域

饮食基本能力、拿着食物吃、用餐具吃、用餐具喝、饮食常识、餐饮礼仪、解便、能自己如厕、处理便后、辨识男女厕所、穿脱简单衣物、穿脱复杂衣物、能使用雨具、整饰衣着、知道就寝时间与常规、自己就寝、处理每日例行的身体清洁、维护身体清洁、简单的清洁、清洗整理物品等。

6. 社会适应领域

认识自我、认识家庭成员、认识家庭环境、使用家庭常用设施、与家庭成员相处、辨认邻居、与邻居友好交往、认识学校环境、认识学校有关人员、参与集体活动、认识社区、合理使用社区设施、自娱活动、知道用火的安全、知道用水安全、知道用电安全、知道安全使用锐器、交通安全常识、知道基本的卫生保健常识、知道居家安全、在特殊环境中注意安全等。[1]

各领域评估内容见表 7-2，这里所说的康复训练评估主要是针对表中的初次评估，至于中期评估和末期评估，是对康复训练效果的评价，会在第 4 节中说明。

表 7-2 康复训练评估项目表[2]（部分）

领域	项目	指导语	器具及情景	分值	评分依据	评估计分		
						初次	中期	末期
运动能力	1 翻身	学生仰卧位，从一侧逗引其翻身	彩色玩具或带响玩具、垫子	3	能自己连续翻身			
				2	需要小部分帮助			
				1	需要大部分帮助			
				0	完全依赖帮助			
	……	……	……	…	……	…	…	…
	12 穿珠子	用线把珠子穿起来	穿珠子玩具	3	独立完成			
				2	大部分能			
				1	小部分能			
				0	不能完成			
	本领域合计分：							
感知能力	1 注视物体	那是什么？那是谁？	物体、人	3	能注视人			
				2	能注视物 3 秒以上			
				1	能看，不能保持注视			
				0	不能完成			
	……	……	……	…	……	…	…	…
	6 触觉分辨	用手摸一摸，这是什么？	冷水、热水、蒙眼布、干毛巾、湿毛巾、软硬糖果	3	能分辨出冷热、干湿、软硬 6 项			
				2	能分辨出 6 项中的 3～5 项			
				1	能分辨出 6 项中的 1～2 项			
				0	不能分辨			
	本领域合计分：							

---

[1] 中国残疾人联合会.智力残疾学生系统康复训练[M].北京：华夏出版社,2000：60.
[2] 中国残联社会服务指导中心.康复训练与服务工作手册[M].北京：华夏出版社,2004：168.

续表

领域	项目	指导语	器具及情景	分值	评分依据	评估计分		
						初次	中期	末期
认知能力	1 认识物体的存在	老师把这些东西换个地方，你能找到吗？	玩具、糖果	3	当物品更换位置时，能全部找到			
				2	当物品更换位置时，会一一寻找			
				1	当物品更换位置时，会短暂寻找			
				0	不寻找或追视			
	……	……	……	…	……	…	…	…
	13 认识钱币	你知道这是多少钱吗？		3	认识各种面值的钱币，知道钱的用途			
				2	大部分认识			
				1	小部分认识			
				0	不认识钱币，不知道用途			
	本领域合计分：							
语言交往能力	1 知道自己的名字	你叫什么名字？		3	说出自己的名字			
				2	提示后说出自己的名字			
				1	对呼唤名字有反应			
				0	不知道自己名字			
	……	……	……	…	……	…	…	…
	6 书写基本能力	你把笔拿好，像老师那样写出来。请你写出自己的名字	纸、笔、桌、椅	3	会写字			
				2	能写简单的笔画，画不成形			
				1	会拿笔，画不直			
				0	不会握笔，乱画			
	本领域合计分：							
生活自理能力	1 拿着东西吃	请你尝尝这些食品	食品、水果	3	会吃各种食品（剥皮、剥纸、吐籽）			
				2	能吃不需剥皮、剥纸、吐籽的食品			
				1	需帮助才能拿东西吃			
				0	不会拿东西吃			
				0	完全依赖帮助			
	……	……	……	…	……	…	…	…
	15 认识家居环境	你家周围有商店、车站、邮局、饭馆吗？	家居环境录像或现场	3	自己能够认识家居环境和周围机构			
				2	认识大部分家居环境和周围机构			
				1	提示下认识部分家居环境周围机构			
				0	不知道家居周围有什么			
	本领域合计分：							

续表

领域	项目	指导语	器具及情景	分值	评分依据	评估计分 初次	评估计分 中期	评估计分 末期
社会适应能力	1 知道自己	镜子里是你吗？照片里有你吗？指出你的头和四肢；指出你的眼、耳、鼻、口	镜子、自己照片	3	认识自己，正确指出身体各部位			
				2	能认出自己，能大部分认识身体部位			
				1	能认出自己，能小部分认识身体部位			
				0	不能认出自己，不能认识身体各部位			
	……	……	……	…	……	…	…	…
	7 懂得安全常识	你知道用火、水、电安全常识吗？你知道怎样使用剪刀吗？你知道怎样遵守交通规则吗？	安全教育图片、录像带	3	懂得用水、用火、用电、用剪刀、过马路注意事项			
				2	在提示下懂得大部分安全常识			
				1	在提示下懂得用火、水、电安全常识			
				0	不懂得安全常识			
本领域合计分：								

注：1. 此表由康复训练人员填写。

2. 训练对象的初次评估需对六个领域60个项目项逐一进行整体评估，中期和末期主要针对初次评估结果确定的重点训练领域及项目进行评估。

3. 在进行评估时，训练对象可使用假肢、矫形器、生活自助器具等辅助器具。

4. 评估时应依据学生不同年龄阶段的生长发育特点进行评分。

四、评估的实施

（一）评估实施过程

1. 确定评估目的

康复训练评估人员，在学校中包括心理评估人员、学生教师、家长等，一般以心理评估人员和教师为主，家长为辅。智障学生评估的目的是促进智障学生的康复，有利于康复目标的实现。

2. 制订评估计划

每一项评估都有详细的评估计划，包括评估内容、方法、时间、工具等，并设计收集资料的程序，准备好充分的评估资源。评估计划是实施评估的前提，保证评估顺利进行，但评估计划又是动态评估，必须考虑设置修改的空间。

3. 实施评估计划

实施评估是评估工作的核心环节,根据评估计划收集多方面的资料,对各种资料进行分析与综合整理。实施的过程中要注意评估的多元化、精致化、人性化、意义化、个别化和科技化的把握。

4. 评估结果的分析与解释

首先,把可靠的资料与需要证实的资料分开。然后,分析所收集的各种评估资料之间是否有矛盾,还要分析为什么会出现这样的矛盾。第三步,剔除对评估和制订康复训练计划无用的资料。最后,运用专业知识以合理的方式比较和解释各种资料,根据评估目的对智障的发展及存在问题作出结论。

5. 评估结果的应用

评估所得出的资料必须加以应用,否则就失去了评估的意义。应用是评估的价值体现。但同时也要注意:不是每一项评估结果都是可以应用的,还会受到社会经济条件、康复人员能力等诸多因素的影响。

(二)康复训练评估的实施

一般将评估实施阶段分为:基线即诊断性评估、阶段即形成性评估、总结性评估。诊断性评估一般是指在训练活动开始之前对智障学生的各种状况进行收集整理和预测,也即表7-3中的初次评估。而形成性评估、总结性评估是对训练效果的评估,会在本章第4节训练效果的评价中说明。这里的评估主要是指基线即诊断性评估,通过这种整理可以了解智障学生的能力基础和准备状况,以判断他们是否具备实现当前康复目标所要求的条件,为实现"因材施教"提供依据。

诊断性评估的实施时间,一般在康复训练活动、课程、学期、学年开始的时候。其作用主要有二:一则,确定智障学生康复进展;二则,适当安置智障学生。诊断性评估的目的是设计出可以满足不同起点水平和不同学习风格的智障学生所需的康复训练方案,并分别将智障学生置于最有益的康复训练程序中。

元平特校规定,在评估之前,评估人员要认真地阅读各种评估表使用说明,依照说明中所列出的方法和标准进行评估。每个学生都应当有一份学生情况表(表7-3)、基线评估结果分析(表7-4)和侧面图(图7-1),当学生因健康、情绪或者环境因素而影响评估时,评估者可以在排除这些因素之后进行再次评估。为了避免占用过多的教学时间,评估者可以按照实际需要的部分进行评估。在评估的过程中,若对某一细项存在不同意见,要在"备注"一栏填写意见。"学生情况表"主要是了解被评估学生的大致情况,包括性别、年龄、适应能力、个性特点、功能障碍、身体状况等。

表 7-3　元平学校学生情况表

学生姓名		性　　别	
年　　龄		班　　级	
适应能力		智　　商	
个性特点			
功能障碍			
身体状况			

"感知能力基线评估结果分析表"(表 7-4)是对学生现有感知能力的具体分析。通过分析,可以知道学生各领域的感知能力具体达到的智龄状况。考虑巩固和加强学生的现有水平,"已达到的智龄"一项以"发生时间"的下限年龄为标准。

表 7-4　感知能力基线评估结果分析表

评估领域	编号	次领域	已达到的智龄	备注
肤　觉	1	触觉敏锐度		
	2	温觉和冷觉		
	3	辨别		
	4	记忆与序列		
嗅　觉	5	敏锐度		
	6	嗅觉辨认		
	7	嗅觉记忆		
味　觉	8	敏锐度		
	9	辨别		
	10	味觉记忆		
视　觉	11	凝视		
	12	追视		
	13	精确度		
	14	双眼协调		
	15	视觉注意		
	16	视觉辨别		
	17	视觉记忆与序列		
	18	视觉对象背景区分		
	19	视觉空间处理形式		
	20	手眼协调		
听　觉	22	敏锐度		
	23	听觉辨认		
	24	听觉记忆		
	25	听觉对象背景区分		

续表

评估领域	编号	次领域	已达到的智龄	备注
平衡觉	26	静态平衡		
	27	动态平衡		
运动觉	28	主动运动		
	29	被动运动		
机体觉	——			
总体分析				

"感知能力基线侧面图"(图 7-1)是对学生现有感知能力的总体分析。评估者可以一目了然地看出学生现有状况与目标能力之间的关系。如：图中黑色实线代表目标能力达到的年龄,虚线代表学生感知能力现有的智龄。

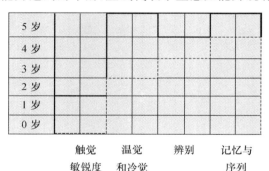

图 7-1　感知能力基线侧面图

第 2 节　训练计划的制订

康复训练计划指进行康复训练的时间、内容、人员和康复资源的安排与准备,即如何将每一个智障学生的康复训练目标通过康复训练计划落实到学校康复的各类活动(单元、美、音、体能、生活自理等)的整体康复训练和个别康复训练中的方案,[①]以便对每位智障学生实施康复。在制订康复训练计划前应确定康复训练的目标,康复训练计划涉及人员、原则、内容、具体步骤等,还有针对个人的个别化训练计划。

---

① 中国残疾人联合会.智力残疾学生系统康复训练[M].北京：华夏出版社,2000：42.

一、智障学生康复训练目标

2004年,全国康复课程标准研制组在《全国培智学校康复新课程标准(草案)》中提到智障学生的康复目标:

总目标:要体现时代特色和要求,通过康复训练,培养智障学生自我适应、自我定向、自我决策的能力,使智障学生的生理、心理功能得到康复和提高,潜能得到开发,并让智障学生接受一些基本的康复技能与方法,培养康复意识,养成康复习惯,以满足他们终身康复的需要,为提高生活质量打下基础。

具体目标分为知识与能力、过程与方法、情感与态度三方面。知识与能力:获得康复训练的一般知识,掌握康复的一些基本技能和方法,在日常生活中能够运用这些方法促进自身的康复;过程与方法:通过创设情境化和趣味化的康复训练活动,提升智障学生教育训练兴趣,培养良好的训练习惯;情感与态度:以积极的态度来看待和参与教育康复训练,培养学生健康的心理、乐观向上的生活态度和健全的人格。

(一)智障学生康复训练领域及目标

智障学生的康复需要表现在身心发展和社会适应两个方面,与评估领域相对应,康复方面包括运动、感知、认知、语言与交往、生活自理和社会适应等六个领域。[①]

1. 运动能力训练,包括大运动训练和精细动作训练

大运动,如俯卧、抬头、竖颈、翻身、仰卧、爬行、独坐、独站、行走、跑步、跳跃等。目标:逐渐做到感官与机能配合,动作协调,适当地控制动作的力度和速度,操纵物件和运用工具。

精细运动,如大把抓、手指捏、穿珠、写字等训练,是康复训练中必要的训练领域。目标:逐渐做到依据视觉指示做精细而准确的动作。

2. 感知能力训练,包括视觉、听觉、触觉、嗅觉和味觉等范围

目标:借助感觉能力,了解事物的外形,分辨声音和颜色,然后作出反应,并能将对外界的体验应用于日常生活中,以便更能适应环境。

3. 认知能力训练

目标:逐渐做到利用视和听觉认识外界事物,懂得生活常识、自然常识等,并做出正确反应(语言或动作均可)。

4. 语言与交往能力训练

目标:逐渐做到会用目视、点头、摇头、微笑、动作等表示理解他人的说

---

① 中国残疾人联合会.智力残疾儿童系统康复训练[M].北京:华夏出版社,2000:20.

话,并能用别人能理解的声音、单词、句子、问题来表达自己的愿望和要求。

5. 生活自理能力训练

主要包括穿衣、进食、个人清洁、如厕等自理能力,应根据每个孩子的实际发育水平选择时机,训练越及时,效果越明显。

目标:逐渐做到会运用基本的生活自理技巧和步骤,照料个人每天的起居饮食及个人卫生;并配合环境,运用已有的自理常识,应付生活上的需要。

6. 社会适应能力训练

目标:逐渐做到与别人友善合作,建立和维系良好的关系,掌握一般社会认可的行为,以便适应社会。

智障学生康复训练领域的目标包括长期目标和短期目标。长期目标是指一个智障学生需要经过较长时间训练才能完成的项目。有两个作用:一是由一系列发展性或功能性有序排列的长期目标规定了相应领域的深度与广度。二是长期目标用于测评。鉴于长期目标的上述作用,在一个领域中它的数量要求相对稳定,难易程度恰如其分,从而保证康复训练的一致性和连贯性,能够有效地比较康复训练前后的成效。

短期目标是指经过较短时间训练能够完成的康复内容。在康复训练中,短期目标主要是由长期目标分解或派生出来的,也可以由实际的社会生活环境和智障学生的个别需要中产生。与长期目标规定领域的框架(范围)相对应,短期目标则是填充并适度扩充领域的具体内容。与长期目标用于测评的功能相对应,短期目标用于具体的康复训练。

因此,与长期目标要求稳定的性质相反,短期目标的数量和难易程度则可以根据智障学生的特征、能力、活动的内容、不同地区的社会环境等因素作较为灵活的调整。在康复训练活动中提出的短期目标主要是从长期目标展开的,在实施训练时,可以根据实际情况再自拟短期目标。

表 7-5　康复训练领域、长期目标、短期目标(节选)

领域	长期目标	短期目标
运动能力	头部控制	俯卧时头能自由转动
感知能力	能进行视觉追视	能注视移动的物体
认知能力	能认识常见的物体形状	能指认出球体、长方体的东西
语言与交往	对常用复杂句有适当反应	对表示评论的句子有适当的反应
生活自理	处理每天例行的身体清洁	能洗脸、漱口、刷牙、剪指甲等
社会适应	能在特殊环境中注意安全	能在楼上不攀登阳台、不上窗户

(二)元平学校智障学生康复训练目标

元平特校接收年龄在义务教育阶段、轻、中、重不同程度的智障学生。根据学生在各发展阶段的不同需求,将教育过程分为学会生存阶段(小学一年级至小学三年级)、学会共处阶段(小学四年级至小学六年级)、学会发展阶段(中学一年级至中学三年级),并提出智障学生教育康复训练的总目标和分层目标。

总目标:全面贯彻党的教育方针,体现社会文明进步要求,使智障学生具有初步的爱国主义、集体主义精神;具有初步的社会公德意识和法制观念;具有乐观向上的生活态度;具有基本的文化科学知识和适应生活、社会以及自我服务的技能;具有基本的身心保健知识与能力;具有初步的健康审美情趣和相应的审美能力;形成正确的劳动态度,掌握简单的劳动技能,养成健康的行为习惯和生活方式,成为适应社会发展的公民。

分层目标:基于"以人为本"的理念,推进宝塔式的分层目标:第一层级(塔底层级),帮助所有学生掌握基本的生活自理技能和社会交往技能,具有基本的生存能力;第二层级(宝塔中段层级),帮助大部分的学生具有生活自理技能、适应社会的能力,并能掌握一定的劳动技能,获得一定的生存质量;第三层级(塔尖层级),帮助少部分的学生具有生活自理、社会适应、职业适应和自食其力的能力,从而获得较高的生存质量。下面以感知训练为例加以介绍。

总体目标:充分发挥各器官的功能并有敏锐的感知反应。在生活中使用这些技能,提高生活的能力,改善生活质量。首先学生有用感知机能去探索环境的兴趣,能够积极收集及分析从环境中接收的信息。学生接受视觉、听觉、嗅觉、味觉、运动觉等方面的训练后,观察能力、听辨能力、触觉敏感性、运动能力等方面有所提高;视觉方面,能够集中视线,运用视觉追踪目标,辨别事物,记忆并重整合事物;听觉方面,能够集中听觉,辨别各种声音和音调;建立时间、空间、苦甜、冷热等概念,并能在日常生活中做出适当反应。对于障碍程度不同的学生,又有不同的侧重点。

轻度学生:通过训练有助于学生收集及分析从环境中接收的讯息,加强学生的感知反应,促使学生可以协调地完成动作;建立起空间、时间等概念,懂得辨别是非,并能在日常生活中做出适当反应;在日常生活中能独立运用所学的感知概念和技能,提高他们独立生活的能力,为学习其他学科或范畴准备条件,同时也为融入社会打下坚实的基础。

中度学生:培养学生用感知机能去探索环境的兴趣,在感知训练中发展其各项能力,协助学生充分发挥各项感官功能,促进学生的感知活动经验,并较协调地完成动作,建立空间概念,并能使所学的有关感知概念和技能简单地应用于日常生活中,为进一步适应社会和学习其他领域准备条件。

重度学生:培养学生用感知机能去探索环境的兴趣,建立感官通道的各项基本功能,并懂得简单的因果关系、自我观念、形状和颜色的概念、空间概念、先后程序的排列,为能适应生活及学习其他领域打下基础。

二、智障学生康复训练计划的制订

(一)康复训练计划的制订者

1. 康复人员及评估人员

康复人员对康复训练整个过程都极为了解,是康复训练计划制订的主要人员;各类评估人员为康复训练计划提供智障学生的评估结果和预期可以达到的评估目标,实施评估并解释评估结果,说明智障学生的特殊康复需要,指出学生所需相关服务的类型和程度,提出康复目标。

2. 教师

教师是制订训练计划的主要参与者。教师对学生的情况比较熟悉,对学生的各种特殊康复要求比较清楚,可以提供与学生的障碍有关的资料;指出学生参与康复训练计划的能力和限制;指出在训练计划中必须考虑的特殊需要;参与评估结果的解释等。

3. 家长

家长了解智障学生的生活情况,参与计划制订不但能提供强有力的资料,还能将学校外康复和学校内康复相结合;说明孩子在家庭中的各种表现并提供其他有关资料;说明参与孩子康复训练的能力和限制;[1]参与制订康复训练目标。

4. 辅教人员

辅教人员包括家长聘请的家庭辅教人员和学校班级辅助人员,他们要配合评估人员、康复人员达到康复训练的目的,所以必须了解康复计划,同时对制订康复计划及修改康复计划提供意见和反馈建议。

5. 学校管理者

学校管理者组织召开康复训练计划制订会议,负责校内人员的协调和资源的调配,与校外服务机构或提供服务的个人建立联系[2],并为学生康复训练提供各种保障条件,监督、验收学生康复训练计划的制订和合理性。

(二)康复训练计划的制订原则

1. 可行性原则

制订计划应该注意康复训练人员和康复对象在时间、精力和资源三方面是否有助于计划的实施,即计划是否具有可行性。计划适当可行,才能保证计划的顺利实施,最终达到目标。每位智障学生都是独特的,康复需求不一、自

---

[1] 肖非,王雁.智力落后教育通论[M].北京:华夏出版社,2005(1):214.
[2] 韦小满.特殊儿童心理评估[M].北京:华夏出版社.2009(7):341.

身情况不同,所以计划也应根据每位智障学生的情况而定。这就要求训练人员在制订计划时要征询智障学生及其家长的意见,让学生充分地参与到计划的制订中。

2. 正向性原则

康复训练人员在制订计划时应尽量用正向的术语来陈述,一方面,能够对智障学生起到积极暗示的作用,可以激发他们的潜能,另一方面,有助于康复人员和智障学生将关注的焦点集中于目标的实现上,从而利用各种优势和资源达到康复目标。

3. 发展性原则

康复计划并不是一成不变的,应随着学校的实际情况以及智障学生自身情境的变化而改变,应具有发展性。因为在计划的实施过程中,会出现一些新的情况阻碍或促进目标的实现,更重要的是,智障学生的潜能和优势无法估计,康复训练人员应寻求更多的资源促进计划的实施。当然计划的发展性并不是随便改变计划,而是必须紧紧围绕目标的达成。

4. 实事求是原则

既要考虑智障学生实际,又要考虑训练条件的实际,真实地测量、记录反映智障学生的各种情况和数据,从而避免虚假情况的产生。确保资料务必清楚、明确、准确。只有这样才能反映出康复训练计划制订得是否恰当,也才能反映出学生是否有真正的进步,进而也才能显示康复训练计划的实际意义。

(三)康复训练计划的内容

一个完整的训练计划包括:学生基本资料、现有水平、康复训练目标、康复内容即训练项目、康复训练指导参考书、康复时间安排、康复人员等。这些内容的合理安排是康复训练顺利实施的前提,训练计划的内容越全面,越具有针对性,就越有利于智障学生的康复。

1. 智障学生基本情况

基本情况包括出生史、发展史、教育史、康复史、医药史等多个方面。健康资料的评估包括视力、听力、神经系统功能以及新陈代谢、呼吸系统、消化系统和其他涉及生理学疾病、智力、适应性行为等方面的信息。

2. 智障学生最主要的康复需要及相应的行为水平或现状

训练计划中要提到根据评估得出的智障学生目前的康复训练需要及现状,以方便康复人员了解智障学生的现有情况,采取相应的措施和训练方法,也便于整个训练计划完成后的比较及评估。

3. 康复训练目标

康复训练计划中包括长期目标和短期目标,长期目标是智障学生经过较长时间才能完成的内容；短期目标是经过比较短的时间就可以完成的康复任务。短期目标是长期目标实现中的一个阶段性的目标，应制订合理的长、短期目标，有目的有步骤地进行康复训练。

4. 康复内容即训练项目

康复内容即我们上面提到的六大领域：运动、感知、认知、语言与交往、生活自理和社会适应。元平特校结合学生特点和本校实际情况主要对智障学生进行以下三个领域的康复训练：感知康复训练、运动与保健、心理教育康复训练。

5. 康复训练相关服务

相关服务包括康复训练的方法、方式；参考指导用书；校外专业机构的资源，及各种服务之间的协调，如物理治疗、职业治疗、言语矫正、听力学服务、心理学服务、社会工作服务、医疗服务、交通服务等。

6. 训练时间安排

在某个时间段内完成某些任务，达到某个目标，应规定具体的开始时间以及持续时间。当然，也应该注意一定的灵活性。

7. 康复训练人员安排

前面提到智障学生康复训练计划的制订者，也要在训练计划中提到，由哪些人员参与制订训练计划，由谁去实施训练计划，谁是主要实施人员，每个人的任务是什么，必须在训练计划中明确分工。表7-6是中国残联社会服务指导中心编制的训练计划表，可以作为参考。

（四）康复训练计划的制订步骤

康复训练计划的制订建立在评估的基础上，设定康复目标，同时还要选择康复计划的评价方法。训练计划的制订不是由一个老师来完成的，应该是集体智慧的结晶。

1. 搜集资料并加以整理

广泛搜集有关这个学生的书面资料，如病历、住院记录、各种测试数据、幼儿园和学校的作业或测试等；也可以由有关人员与家长面谈，了解学生的出生史、家庭史、疾病史等。凡是与学生身心发展相关的资料都要加以收集，并进行适当的整理。这其实也属于评估的一个部分。

2. 确定目标行为

目标行为可能是多个，也可能是一个，这是由康复训练计划是单一内容还是综合内容来确定的。当然，这些目标行为是教师或家长在日常的生活、学习中观察到或感觉到并认为需要专门帮助的行为。

目标行为分长短期目标，从目标行为的基础量出发制订长期目标。再将长期目标进行分解，成为短期目标。并设计完成长短期目标所需的时间。

3. 选择康复训练方法、康复人员

根据智障学生的现状及确定的目标，选择合适的康复方法及康复人员。康复方法要注意综合性和因材施教，康复人员要注意合理配置。每位康复人员都有自己的一套方法和理念，应该互相学习，合理搭配，以发挥团队优势。

4. 选择评价康复训练计划的方法

康复训练计划实施一段时间后要进行必要的总结和调整，既要对智障学生进行评估，又要对康复人员特别是康复效果进行评估。整个康复训练计划的制订可由如图7-2的流程来表示。

表7-6 康复训练计划表[①]

康复目标	训练后预期实现： 　　运动能力改善　　□明显改善　　□改善 　　感知能力提高　　□明显提高　　□提高 　　认知能力提高　　□明显提高　　□提高 　　语言交往能力提高　□明显提高　　□提高 　　生活自理能力提高　□明显提高　　□提高 　　社会适应能力提高　□明显提高　　□提高
训练项目	依据初次评估结果确定重点训练的项目为： 1. 运动能力： □翻身　□坐　□爬　□站　□步行　□上下台阶　□跑 □伸手取物　□捏取　□拧盖　□系扣子　□穿珠子　□折纸 2. 感知能力： □注视物体　□追视移动物体　□分辨味道　□分辨气味 □分辨常见生活环境声音　　□触觉分辨 3. 认知能力： □认识物体的存在　□物品配对　□认识物体常见的关系　□认识颜色 □认识形状　□分辨有无　□认识蔬菜、水果等食品　□知道天气情况 □知道因果关系　□点数　□认识时间　□认识钱币 4. 语言交往能力： □知道自己的名字　□服从简单指令　□表达需求　□说简单的短句 □语言交流　□书写基本能力 5. 生活自理能力： □拿着东西吃　□用餐具吃饭　□用杯、碗喝水　□小便自理　□大便自理 □脱衣物　□穿衣物　□穿鞋袜　□刷牙　□洗脸 □洗手　□洗脚　□盖被子　□叠被子　□认识家居环境 6. 社会适应能力： □知道自己　□认识熟悉的人　□认识家庭环境　□知道居家安全 □认识公共设施　□参加集体活动　□懂得安全常识

---

① 中国残联社会服务指导中心. 康复训练与服务工作手册[M]. 北京：华夏出版社，2004：171.

续表

训练指导材料	1.《智力残疾学生系统康复训练》 2. 智力残疾康复普及读物、康复指导丛书 3. 智力残疾康复训练音像制品 4. 省残联认定的训练指导材料	□（中国残联编） □（中国残联编） □（中国残联编） □		
训练场所	□区（县）级以上机构	□社区康复站（点）	□家庭	□学校
康复训练人员签名		家长签名		制订计划日期

注：此表由康复训练人员在相应栏目内文字描述或"□"中划√。

图7-2 康复训练计划制订步骤

三、个别化训练计划

元平特校既重视针对全体学生的康复训练，更注重和发展个别康复训练计划。康复训练计划的制订也主要是指个别化康复训练计划（表7-7）。其制订步骤和内容与康复训练计划相同。

表7-7 个别化康复训练计划（空白表示例）

学生姓名： 开会日期：
班级： 年 班 个案管理者：
第一部分 基本数据

（一）个人资料						
学生姓名		性别		出生	年 月 日	身份证号码
住 址						
家长或监护人			关系			联系电话
障碍类型：			障碍程度：			手机：

续表

(二)家庭状况			
受教育程度	父：	母：	主要照顾者：
家长职业	父：	母：	主要学习协助者：
家庭经济状况		父母婚姻状况	
家长期望			
家庭生活简述		（家人关系、教养态度、生活作息状况等）	
家庭对个案的支持			
家庭需求			
(三)疾病史			
专业诊断治疗过程(状况)			
其他(出生特殊状况)			
(四)教育史			

第二部分 现况描述

项目	评估策略	评估者	日期	能力现况描述
运动能力				（翻身、坐、爬、上下台阶、跑、折纸等）
感知能力				（注视物体、追视、分辨味道、分辨气味等）
认知能力				（认识常见物体、分辨有无、认识时间等）
语言交往能力				（表达需求、语言交流等）
生活自理能力				（饮食、排泄、盥洗、穿脱衣服等）
社会适应能力				（知道自己、知道居家安全、认识公共设施等）

关于长短期目标及具体内容的安排，元平特校制订出了详尽的计划。学校极其重视学生个别化教育计划，每学期、学年根据学生情况都会制订个别化教育计划，并根据学生需要制订康复训练计划，包括：学生基本情况、现有能力水平、能力基线及长短期康复目标、康复训练内容安排等。以智障教育教学部何小玲老师为某位学生制订的个别化训练计划为例，见表 7-8 和表 7-9。

表 7-8　学生的能力基线及长、短期康复目标

康复重点和方向	语言训练(听的习惯训练；理解能力、口头表达能力、书面表达能力的训练)，重点培养口头表达能力；记忆力训练，主要在机械记忆的基础上加强意义记忆
已备能力（基线）	具备简单的表达与书写能力，书写习惯较好，口语表达不够流利，听的习惯一般，注意力能够集中，但不能持久。机械记忆能力较好，能背诵课堂的儿歌及一些要求的重点内容。能积极地参与一些劳动，劳动技巧较好，但速度较慢，对精细的工作操作较差，需培养耐心。

续表

长期目标 (一学期 至一年)	1. 养成较好的听的习惯(集中注意力、安静地听)。 2. 能够较好地听懂一篇短的故事,能够记住主要的内容。 3. 学会讲 5 条社会新闻,并能理解简单的意思。 4. 能进行简单的看图说话,理解意思。 5. 能用 3~4 句话表达一个完整的意思。 6. 提高耐心,学会穿针引线、缝衣基本针法、钉纽扣,加强对精细活动的操作技巧。
短期目标 (三个月)	1. 在已有认知能力基础上,以日常生活为主发展认知能力。 2. 能较流利地进行师生对话,进行简单的看图说话。 2. 能理解新闻的意思,能用 3~4 句话表达一个完整的意思。 4. 学会穿针引线、基本缝衣针法、钉纽扣。

表 7-9 个别化训练计划内容安排

月份	训练内容	训练记录		备注
		训练时间	训练效果	
9月	▲语言训练 能回答说出图上有什么 能回答说出图上的人在干什么 能回答与人有关联的主要事物 能回答出图中的主要意思是什么 能够主动表达图上有什么,人在干什么			训练策略 1. 利用"工序分析法"实施小步子训练 2. 坚持物质奖励与语言鼓励强化相结合,逐步减少物质刺激 记录方法 1. 没有反应"D" 2. 在扶持、帮助下完成"C" 3. 在语言提示下完成"B" 4. 独立完成"A" 评估方法 1. 观察法( ) 2. 提问和交流( ) 3. 考核量表( ) 4. 音像资料( ) 5. 测验法( ) 6. 笔记( )
10月	能用 3~4 句话表达出图片的意思 能用 3~4 句话表达出当天的活动内容 能用 3~4 句话表达出某一活动及自己的感受			
11月	▲听的习惯、说的能力训练 能够安静地听完一则新闻 能够流利地读出一则新闻 能够复述出新闻的意思,并能背下新闻 能够自己理解简单新闻的意思,并能用自己的话表述出来			
12月	能够自己较流利地读出简单的新闻 能够自己理解简单新闻的意思并用自己的语言表述出来 能简单地与老师谈论对新闻的看法			
1月	能够自己穿针引线、打结 学会基本的缝衣针法 学会自己钉纽扣 自己独立操作			

第3节 训练过程的实施

智障学生康复训练实施就是根据评估结果,将康复训练计划付诸实施以达到康复目标。元平特校在康复训练实施过程中,遵循"以人为本"的康复理念,运用多种方法对智障学生进行全面、综合的康复。

一、智障学生康复训练的实施原则

(一)全面发展与补偿缺陷相结合原则

以智障学生得到康复、回归社会主流、成为自食其力的人为目的,要求学校不仅在大脑缺陷方面进行补偿训练,还要在身心、智能方面进行开发训练,也要在品格、修养方面进行养成训练,更要在生活自理、职前教育、社会适应等方面进行康复训练,使其获得全面发展。

(二)系统性与渐进性相结合原则

通过康复训练,提高智障学生的感受能力,身心协调能力,增加对大脑刺激的频率和大脑本身的分析、综合调节锻炼活动的能力,以促进大脑机能的补偿。提供的康复资料适合个人水平,做到个别化、生活化,由易到难,前后连贯,循序渐进,坚持系统性、渐进性原则,达到补偿的效果。

(三)因人施训原则

康复训练的实质是大脑缺陷补偿活动。每位智障学生大脑损伤的部位及各种主客观条件不同,因此对不同的智障学生还必须有针对性、量力性训练,坚持因人施训的原则。

(四)强化性原则

康复训练可以改善智障学生的高级神经活动过程。大脑皮层有兴奋消退快、保护性抑制、定向反射弱的特点,因此要坚持强化性原则,以扩大兴奋点,建立新的神经通路,以强化康复训练效果。

(五)游戏性与趣味性相结合原则

智障学生缺乏积极态度和主动性,各种挫折使其失去信心,形成心理上的压抑,对任何事情都缺乏兴趣,不主动积极学习,心智成熟较晚。因此,在游戏中训练,可以激发智障学生积极性、主动性,使受训学生参与其中,乐在其中。

(六)热爱学生与严格要求相结合原则

智障学生在生活学习中会遇到许多困难,行为上出现各种问题,情绪或个性方面也会出现一些不良表现。康复人员及教师应表示理解并满腔热情给予耐心和细心的启发诱导,热爱学生。智障学生容易依赖对自己亲近的人,对康复训练产生侥幸心理,但康复人员和教师应当按照计划进行,不随意减少或降低要求。

二、智障学生康复训练的方法

(一)智障学生康复训练常用的康复器具

智障学生康复训练的主要领域有运动、感知、认知、语言、生活自理、社会适应等六大领域。常用的康复训练器具主要有以下12类。

1. 各种规格的球类

应用:锻炼智障学生大运动能力,上、下肢肌力,平衡反应和协调能力。

注意事项:直径在8～25 cm的比较合适,宜选择耐用的橡胶质的、充气的小皮球,乒乓球质地较薄,易碎,不应选择。原则上智力稍差的学生玩大球,智力较好的学生玩小球。

2. 积木

应用:质地为塑料或木头的,可搭成图案。训练精细运动、手眼协调能力、空间知觉、数的概念、颜色形状的认识,及对大小、多少的感知练习。

注意事项:积木块不能太小,以防学生误食。要着色均匀,不脱色。

3. 穿孔珠子、绳

应用:质地塑料或木头的均可,也可用大算盘珠。训练精细运动、数的概念、加减法、对颜色的认识。

注意事项:珠子不能太小,以防学生误食。要着色均匀,不脱色。

4. 带盖的瓶子

应用:训练精细运动和手指协调能力。

注意事项:为防止玻璃瓶口划伤手指,应选用塑料瓶。

5. 学生用剪刀

应用:训练精细运动、手眼协调能力。

注意事项:应选择学生用剪尖钝圆的小剪刀,以确保安全,防止扎伤。

6. 布口袋(内装软硬、大小不同的物件)

应用:训练触觉分辨,及对大小、形状的认识。

注意事项:袋内物件不要锐利,防止扎、划伤皮肤。

7. 看图识字的图片

应用:训练认知及分类配对能力。

注意事项:图、字要鲜艳、醒目,易于辨认。

8. 钟或表

应用:认知训练,认识时间。

注意事项:为了辨认方便,表面应大,并要有1～12的数字。

9. 彩色笔、纸

应用：精细运动，手眼协调能力。

注意事项：彩色笔尖要粗圆、钝些，防止戳伤。

10. 日常生活用品（分别准备有尼龙搭扣的、拉锁的、扣子的衣服，有尼龙搭扣的和系带的鞋以及毛巾、杯子、牙刷等）

应用：训练日常生活自理能力。

注意事项：拉锁、扣子要钉牢，以免误食伤人。

11. 各种玩具娃娃（应有男有女，大小不限）

应用：训练社会适应能力，知道性别、年龄及人身体各个部位的名称。

注意事项：制作物要结实，不易损坏。

12. 家居玩具（锅、碗、厨具等）

应用：训练认知能力、精细运动。

注意事项：玩具最好是塑料的，要结实、耐用，以防易碎伤人。

（二）智障学生康复训练的方法

1. 模仿

模仿是让学生通过模仿训练者来达到康复目的的一种训练方法，包括操作性模仿、社交性模仿、发音模仿和动作模仿等。通常是训练者进行示范，学生进行模仿。一般的动作技能和语言技能，如行走技能、运动技能、演奏技能、阅读和朗诵技能等，由于示范较易外显，学生模仿起来也比较容易。[①] 为了让智障学生加深对动作要领的理解，防止学生机械、盲目地模仿，康复人员要注意将动作和适当的讲解相结合。同时，考虑到智障学生身心发展的特殊情况，应该鼓励智障学生多次反复地进行模仿练习。

2. 练习—反馈法

动作技能是构成行为的基础，其熟练程度可以通过动作的速度、准确性、力量或身体的平衡机能反映。智障学生由于理解能力稍低，机械记忆能力稍强，不断的练习可以加快技能的形成，有利于康复。每次练习，还要提供反馈信息，使教师、家长及智障学生本身能知道康复者的动作与期望动作之间的差距，以便改进或完善康复计划。

3. 多重感官练习

多重感官练习是同时综合利用几种感官以促进学生学习的方法。康复人员在训练过程中充分运用各种感觉器官的特点，如视、听、触、味、嗅等感觉器官，让他们看看、听听、摸摸、闻闻、尝尝，在大脑皮质区留下许多同一意义的神

[①] 陈云英.智力落后课程与教学[M].北京：高等教育出版社，2007：322.

经联系,从而加深对事物的理解,获得比较完整、全面的印象。同时,智障学生也能从感官活动中产生兴趣,提高康复训练的动机和兴趣,减少紧张和挫败压力。

4. 任务分析法

将特定的、复杂的训练任务分解为若干个简单的、可以操练的动作或步骤,然后按照一定的顺序进行训练或教学。智障学生所要康复训练的很多任务,对他们来说是比较复杂的,为了使他们快速掌握,就需要进行分解。如将前滚翻训练项目分解成:手掌撑垫—双脚半蹲—头紧靠胸—双脚用力蹬—团身向前翻这五个动作,同时让学生掌握每一步的动作要领,指导学生完成前滚翻的训练项目。

5. 游戏训练法

游戏训练法是以游戏为载体,充分调动智障学生积极性和主动性,让他们在活动中进行康复训练的方法。把训练的内容编成游戏使训练具有趣味性,学生们在游戏中进行训练,训练效果更好。游戏能创设发展中重度智障学生智力的良好教学情境。赞可夫说:"智力活动是在情绪高涨的气氛里进行的。"所以说,在游戏中,智障学生可以在轻松、愉快的环境和气氛中无拘无束地进行活动,提高了他们对训练活动的兴趣,在积极主动的活动中获得康复的知识和技能。游戏训练可以贯穿到各科教学中,尤其是体育、音乐、劳动技能课。

6. 引导式训练法

引导式训练法是以学生为中心,以运动能力提高为根本的训练法,是通过教师引导调动学生的积极性,让学生自发主动地进行训练的方法。如在训练跑步这项技能时,在终点放一些学生自己喜爱的糖果,来引导学生主动进行跑的训练。

三、智障学生康复训练实施

元平特校针对学校智障学生的身心特点和学校实际情况,对智障学生进行感知训练的康复实施,并综合实践课、劳动技能、运动与保健、心理健康等课程的教育教学活动进行医疗康复、职业康复、心理康复。既有针对全班学生的整体康复训练,又有针对有特殊需要学生的个别训练。

(一)感知训练

元平特校利用本校优势,对教师进行培训,培养了一大批可以从事康复训练的教师,并配备感知训练室,供康复教师进行感知训练和教育教学。感知训练是元平特校智障教育教学部最重要的康复训练课程,通过大量的、综合的、有效的感官刺激,训练和加强学生的感知能力。学校康复教师通常是在蒙台梭利教室以集体训练的形式对学生进行感知训练,同时对有个别需要的学生,进行个别化训练。感知训练包括八大部分,在智障学生康复评估内容中已提到。但学校康复教师在对智障学生进行康复时,不局限于对学生的感知进行训练,还强调学生认知能力和语言与交往能力的发展,将智障学生康复内容加以融合。学校制订了感知训练的内容标准如下。

1. 视觉

(1) 凝视。找出光线来源,辨认明与暗;与他人有视觉接触、注视自己的手、在游戏中能注视对方或对方手上的物件、注视镜中的影像。

(2) 追视。视线跟着光源移动,看着前面、侧面走过的人;视线紧跟着物体移动;视线由一个目标移往同距离的另一个目标,视线由一个近的目标移向一个远的目标,视线由远的目标移向近的目标,视线有顺次地转移如由上至下、由下至上、由左至右、由右至左、由前至后、由后至前。

(3) 精确度。说出在视野范围内所看见的物体;说出在指定范围内所看见的物体的名称(如图片中、房间中、公园中的物体等)。

(4) 双眼协调。交替地注视不同的物体。

(5) 视觉注意。从部分找出整体或按照指示望向指定的物品。

(6) 视觉辨别。① 辨认喜欢的物体、常见的物体、熟悉的人;从镜子中辨认自己的影像,从照片中辨认自己;在图画中辨认某一指定图形;辨认物体形状、颜色、大小、高矮、长短、厚薄、宽窄、胖瘦、软硬、光滑粗糙等;认识不同地方中出现的同一物体(如:照片、图片、电视、实物中出现的物体等)。② 分类:从一堆不同的物体中找出目的物;从一堆相似的物体中找出目的物。③ 配对:按物体的形状、颜色、大小、高矮、长短、厚薄、宽窄、胖瘦、软硬、光滑粗糙等进行配对与比较。④ 寻找异同:在近似物中找出相同,在近似物中找出不同。

(7) 视觉记忆与序列。① 回忆:依所看过的次序给物体排序、依次序模仿所示范的动作,凭记忆描述刚见过的事情包括电视、书报,凭记忆形容人或物体的特征。② 再认:寻找视野中被取走的物体,凭记忆选出刚看过的物体,从物体部分认出整体。

(8) 视觉对象背景区分。① 隐藏:在图画中找出隐藏的物体,在一大堆实物中找出隐藏的物体。② 重叠:勾画出重叠图形的轮廓,指出重叠的物体名称。

(9) 视觉空间形式的处理。指出物体所处的空间位置;在指定范围内寻找目标物体。

（10）手眼协调。① 控制：视觉寻找从手中掉下的物品；将物品从一只手移到另一只手；叠高物品、穿珠、拼图、系鞋带、扣扣子等。② 持笔：仿画直（曲）线、书写简单的文字、沿尺子画线等。

2. 听觉

（1）敏锐度。① 集中听觉：注意对自己说话的人。② 收讯：说出听见的声音，对声音有反应。

（2）辨别。① 辨别：辨认熟悉的人的声音，辨别不同的语气如责备、赞赏等，辨认常听见的声音。② 方位：辨别声音的来源和方向如前后、左右、上下，分辨声音的远近。③ 配对：把声音和发出声音的物体进行配对，如人、动物、交通工具、乐器发出的声音等。④ 音量：分辨声音的大小、强弱、高低、快慢。⑤ 异同：找出听到的各种声音的相同点和不同点。

（3）记忆。① 听指令：能听从简单到复杂的指令并按指令要求一步一步去做。② 回忆：依次序模仿听到的声音，依次序复述听到的事件，记诵听到的声音如词语、句子、故事等，唱喜欢的歌曲。③ 再认：在声音中指出很久以前听过的声音。

（4）听觉对象背景区分。区别主体声音和背景声音；在不同的音响中寻找一种或多种声音。

3. 肤觉

肤觉训练主要从以下几个方面入手：① 痛觉和痒觉。② 触觉敏锐度：身体被触摸时有反应，并能指出（说出）被触摸的部位。③ 压觉和振动觉。④ 温觉和冷觉。⑤ 触觉辨别：识别手的触摸的感觉（如：软硬、锐利迟钝、粗糙平滑、凹凸、曲直斜、长短、宽窄、厚薄、粗细）及从身体接触得来的感觉（如：干湿、冷热等），并能通过手触摸辨认常见物体的名称、物体性状等。⑥ 记忆与序列：回忆触摸过的物体的名称、性状等，如形状、大小、质地、软硬等，能够按次序说出触摸过的物体名称。

4. 嗅觉

嗅觉训练主要从以下几个方面入手：① 敏锐度：对不同的气味有反应。② 嗅觉辨别：分辨常见食物、蔬菜、水果、油漆、腐烂物、煤气、烟、烧焦等发出的气味，并懂得辨认嗅觉和味觉的关系（如：好闻又好吃的食物；好闻不能吃的物体；难闻但好吃的食物；难闻不能吃的物体）。③ 嗅觉记忆：识别以前闻过或刚闻过的气味。

5. 味觉

味觉训练主要从以下几个方面进行：① 敏锐度：刺激与反应，即对不同的味道有反应，如太辣、太咸、太麻等。② 辨别：辨别不同的味道，如酸、甜、苦、辣、咸、麻等,能辨别混合的味道,辨别味道的浓和淡、冷和热,辨别食物的软硬、脆滑、干湿等。③ 味觉记忆:能说出吃过的食物的味道。

6. 平衡觉

平衡觉训练主要从以下几个方面进行:① 静态平衡:坐、蹲、站。② 动态平衡:爬、走、跳、跑或静态、动态互相转变的过程中不摔倒。

7. 运动觉

运动觉训练主要从以下几个方面进行:① 主动运动:对身体运动的感知,主动地控制自身运动的方向,运动过程中遇到障碍物能主动避开。② 被动运动:被推或拉时,能顺势将身体移动。

8. 机体觉

分辨并表达疲倦、瞌睡、晕眩、发烧、饿饱、干渴、身体受压、麻胀酸痛等感觉。

在实际生活中,一般很难把感觉和知觉绝对分开。香港教育统筹局2000年编制的《为有特殊教育需要学生拟定的感知肌能训练学习纲要》中将学习内容分为四个范畴:感知训练、肌能训练、感知和肌能活动的配合、与空间关系有关的认知概念。由于学校将"肌能训练"中的"大运动训练"内容纳入"运动与保健"课教学中,其他内容都整合到感知训练里,所以,元平特校的这门课程名称为"感知训练",不同障碍程度和年级的学生,课程设置不同,见表7-10。学校有一间感知训练室,配备平衡木、蹦床以及蒙台梭利、福禄贝尔等感知训练设备和教具。

表7-10 感知训练课程设置、课时数安排

阶段	学生层次	设置年级	每周开设课时(节)
义务教育段	轻度	1—3	4
	中度	1—3	4
		4—6	2
	重度	1—6	4
		7—9	3

根据内容和学生特点提出以下实施建议:

① 注重教育训练的操作性和实践性,提高适应社会能力。

② 制订个别化教学计划,根据学生的实际掌握情况,灵活调整训练计划。

③ 强调训练目标的循序渐进,由浅入深,由易到难。

④ 尽可能体现不同学生的需求,开展集体训练时,进度可按班级优势部分(多数部分)学生的实际水平进行训练,采取集体、小组和个别相结合的训练

方式。

⑤ 训练项目应在不同的环境中反复地进行训练。

⑥ 充分利用学校的训练教室、教学仪器、设备,创造有利的教学情境。

⑦ 广泛搜集并合理运用各种教学资源,并自制教具。

⑧ 在训练过程中要确保学生的安全。

⑨ 建议家长参与到学生感知训练中来,积极配合学校的训练工作。

以何永娜老师对学生进行视觉辨别的康复训练为例(见表7-11),来简单说明感知训练康复实施的过程。

表7-11 视觉辨别

科目	感知训练	班级	R7-3	周次	7	课时	4
教学主题	视觉辨别	时间		授课类型	新授	授课人	何永娜
教学目标	1. 能将成双作对的物品整理到一起,体验对应关系。 2. 体验操作活动,能细心对比、发现成双物品的相同之处。						
教学重点	视觉辨别						
教学难点	能将成双作对的物品整理到一起,体验对应关系。						
教学方法	练习法 游戏法 演示法 讲授法						
教学准备	各种实物						
教学过程	课前准备活动: 一、师生问好,点名 二、导入 "你们瞧,老师这有什么呀?"(出示装有小玩具的瓶子)老师也给每个学生一个瓶子:"你们也把瓶盖拧开,把珠子装进去吧!" 给每个学生一个带盖的瓶子,让他们用自己的方式拧开盖子,把珠子或小玩具放进瓶子。 三、"找朋友游戏"配配对。 教师选大的瓶子,慢慢地演示给学生看,如何把盖子拧在瓶子上。 1. 将大小不同的瓶盖混放在一起,请学生给不同的瓶子寻找正确的盖子拧上。 2. 袜子配对 袜子翻乱了,要请同学们帮忙来整理,把一双一双的袜子配对放在一起。 在做袜子配对的时候,教师提问:"你是怎么看出这两只是同一双袜子的?" (引导学生从袜子的颜色、花纹、大小等进行比较) 四、操作练习 五、小结 "同学们真能干,帮物品找到它的好朋友了,它们可高兴了,谢谢你们!在日常生活中希望同学们也能对身边的物品进行细心对比,发现相同之处。"						

(二)通过其他课程的教育教学活动进行康复

1. 综合实践活动课

综合实践活动课程是基于重度智障学生的兴趣和直接经验,以学生经验和生活为核心的实践性课程。旨在培养学生的生活能力、实践能力和创新能力以及对知识综合运用的能力。综合实践活动课程具有实践性、自主性和开放性的特点。

本课程适用于重度智障学生一至九年级的教育教学,具体课程安排为一至六年级每周1课时,七至九年级每周2课时。根据智障学生个体的智力程度、年龄特征和认知发展水平,着眼生活,立足兴趣,体现综合,推进学生对周围事物与自我内在联系的认识与体验,发展学生的实践能力和养成良好的行为习惯。

实施建议:活动内容应遵循重度智障学生的思维规律,符合他们的实际需求,可以重复训练,但活动形式要灵活多样;根据教学实际,适时地安排本学期所学主题;保证学生在活动中的参与度,教师起到引导的作用;强调训练目标的循序渐进,由浅入深,由易到难;强调支持性理念,关注学生的学习特点,注重灵活性、直观性,尽可能体现不同学生的需求,强调学生的终身发展需要;开展集体训练时,进度可按班级优势部分(多数部分)学生的实际水平进行训练,采取集体小组和个别相结合的活动方式,注重发挥能力较强学生的带头作用;学生积极参与活动时,要及时给予肯定;合理安排时间,根据学生的实际掌握情况,灵活调整训练计划;建议家长及社区参与到学生的活动过程中来,积极配合活动内容。

2. 劳动技能课

以培养学生简单的劳动技能为主,对学生进行职前劳动知识和技能教育。可以改善学生的生活自理能力、语言交往能力,并为学生的职业教育打下基础,可以说是职业康复的重要内容。通过劳动技能的训练,使学生掌握一定的劳动知识与技能,养成良好的劳动习惯,具备一定的社会适应和职业适应能力。对不同智障程度的学生有不同的要求。

轻度智障学生:为满足智障学生在个人、家庭和社会工作方面的生存需要,选择家政服务、客房服务、园艺劳动和社区服务等劳动技能内容作为职前劳动教育的主体。可以根据各阶段学生的身体发育和接受能力特点,从拓展内容中选择和增加适当内容。

中度智障学生:低年级、中年级主要进行简单的环境整理、废物处理和简单的园艺劳动的学习,养成良好的劳动习惯。高年级家政的学习内容主要是食物加工;为了与我校高中职业教育接轨,职前劳动的学习内容主要是园艺劳动或客房服务。

重度智障学生：在指导下学习简单的环境整理和废物处理、园艺劳动以及简单食物加工等技能，养成良好的劳动习惯，提高自我服务的意识和能力。

实施建议：注重教育训练的实践性和操作性；集体与个人相结合的授课方式；运用观察法、调查法、实践法、分析法、个案法等教学方法，提高学生的技能水平；重视学生实际参与，发挥学生的主动性和能动性；充分运用各种设备、场室，为学生创造实际操作的机会和场所；充分运用当地的各种教学资源，挖掘各种潜力，为学生实践服务；针对当地的实际情况，开设有特色的技能训练项目。以"洗毛巾"为例，见表7-12。

表7-12 洗毛巾

教学内容	洗毛巾
教学目标	1. 认识毛巾与肥皂。 2. 通过练习用肥皂洗毛巾，掌握洗毛巾的技能，培养同学们良好的卫生习惯
教学准备	毛巾、肥皂、脸盆
教学步骤	1. 认识毛巾、肥皂和脸盆。（图1） 2. 用脸盆打适量水，把毛巾浸湿。（图2） 3. 把毛巾稍拧干，并在毛巾上抹适量的肥皂。（图3） 4. 抓住毛巾反复搓洗。（图4） 5. 用脸盆盛清水洗毛巾3～5遍，直至干净。（图5） 6. 把毛巾拧干并晾晒于适当位置。（图6） 图1　　图2　　图3 图4　　图5　　图6
友情链接	1. 如果用肥皂洗毛巾有一定的困难，可以先学会直接用清水洗毛巾。 2. 如果已学会用肥皂洗毛巾，还可以尝试洗围裙、枕巾等物品。
评估建议	1. 建议采用同学互评、家长评价以及教师评估相结合的评价形式。 2. 采用动态进行性评价，在操作实践中分五级进行考评。A 独立完成；B 口头提示完成；C 手势提示完成；D 手持提示完成；E 合格待努力。

3. 运动与保健

可以改善学生的运动能力、语言交往能力,还可以发展学生的运动觉和机体觉等感觉。本课程适用于重度智障学生一至九年级的运动与保健教育教学,具体课程安排为一至六年级每周3课时,七至九年级每周4课时。每个阶段有不同康复目标。将九年义务教育分为三个阶段,第一阶段(一至三年级),第二阶段(四至六年级),第三阶段(七至九年级)。

第一阶段:感受到参与体育活动的乐趣,并体验参与时欢快愉悦的情绪,养成同伴间友好相处、团结协作的精神。形成正确的身体姿势,学会简单的走、跑、跳、投等基本动作,发展柔韧性、灵敏性。

第二阶段:了解运动与保健和安全的常识,掌握锻炼身体的基本常识;通过学习田径、体操、球类等项目的基本技术,提高基本运动能力。

第三阶段:初步掌握科学锻炼身体的基本方法;加强安全教育,提高自我保护能力;改善和提高所学各项运动的基本技术,学习特奥会运动项目,掌握比赛方法;养成自觉参与体康活动的习惯,促进社会能力的提高,养成胜不骄、败不馁、公平竞争、团结协作的体育精神。针对每个水平目标,又有轻、中、重度之分,如初步掌握简单的技术动作,见表7-13。每次上课既是教育学习的过程,又是康复训练的过程,以"快速跑"为例,见表7-14。

表 7-13　初步掌握简单的技术动作

水平目标		达到该水平目标时,学生将能够:
初步掌握简单的技术动作	轻度	在球类游戏中做出单个连续动作,如连续拍球、运球等;做出基本体操的动作,如滚翻等;能模仿简单的舞蹈或韵律活动动作
	中度	在球类游戏中做出单个动作,如单个拍球、原地投篮等;在教师帮助下做出基本的体操动作
	重度	在教师指导帮助下能做出基本的跳跃、投掷等动作

表 7-14　快速跑

教学内容	快速跑
教学目标	1. 了解及初步掌握快速跑辅助练习。 2. 基本掌握快速跑技术动作。
器材	运动场、标志物

续表

教学建议	一、学习摆臂技术。正确摆臂动作：以肩关节为轴，前后摆动，向前摆动；大小臂夹角是90度，手的虎口和肩平；向后摆动大小臂夹角是135度左右。两手不要紧握，手指成半握拳或自然伸掌；摆臂自然放松，幅度要大。 组织：二路纵队　××××× 　　　　　　　××××× 　　　　　　　　◎ 二、学习原地高抬腿。要注意： 1. 身体直立，重心不要前倾也不要后倾。 2. 注意节奏要快。 3. 摆臂与抬腿要协调。 4. 一条腿抬起来的时候，大腿与上身之间（腿根）、大腿与小腿之间（膝盖）最好达到90度直角（这是最规范要求）。 5. 一条腿抬起来，那支撑地的一条腿一定要绷直，且脚跟离地脚尖着地。 6. 由于节奏快，特别注意要前脚掌着地、落地就起、轻、快，避免太用力砸地受伤。 7. 总体重心要高，有助于更好完成。 组织：二路纵队　××××× 　　　　　　　××××× 　　　　　　　　◎ 三、学习后蹬跑。动作要领： 1. 基本姿势：上体正直或前倾，两臂前后有力摆动。 2. 蹬地：充分伸展髋关节、膝、踝关节蹬伸在后，后蹬力量大，重心前移，身体放松。 3. 前跨：摆动腿积极向前上方摆动到水平或接近水平部位时，带动同侧髋充分前送，同时膝关节放松大腿积极下压。 4. 后拉：小腿前送至足前掌着地，缓冲，迅速转入后蹬。 组织：二路纵队　××××× 　　　　　　　××××× 　　　　　　　　◎
拓展训练	1. 通过教师示范讲解、学生体验的方式掌握快速跑的要领。设置游戏环节，引导学生在快乐中学习。 2. 让学生在玩中学，在学中玩，在玩中提高运动技能，在玩中获得成功感。 3. 教师示范快速跑练习，并纠正学生在快速跑中的易犯错误：坐着跑、摆臂不协调等。
注意事项	1. 短跑属于极限强度范围的项目，学生可能存在肌肉力量不足，跑的技术不完善或练习方法不正确，容易造成损伤。 2. 易出现抽筋、关节扭伤、肌肉拉伤、摔伤等，在整个教学过程中教师应引起高度重视，做好准备活动及课前对学生身体状况的充分了解。

（三）心理康复

学校拥有专业的心理康复教师，从医学、心理学、教育学等专业角度出发，为残障学生的各种心理、行为问题提供帮助和治疗：心理评估，利用二十余种专业心理评估量表，对智障学生的智力、社会适应能力、情绪、行为、人格等方面进行评定；心理咨询，为家长、教师及有关人员提供相应的心理咨询；心理健康教育，讲授与学生日常生活密切相关的生理、心理卫生知识，提高他们对身心健康的认识，促进他们身心和谐发展。学校主要是通过心理健康教育课实施。本课程适合轻度智障七至九年级的学生，不同年级有不同要求：

七年级：适应学校的集体学习和生活；正确、客观、全面地了解和认识自我，学会适当地评价自我，形成初步正确的自我意识及自我观念；培养并增强良好的注意力、记忆力、自制力、思维能力，提高学习兴趣和学习动机，掌握基本的学习技巧和方法，感受学习知识的乐趣，有效提高学习的效率；乐与老师、同学交往，在谦让、友善、宽容、平等、尊重的交往中体验友情，掌握基本的人际交往规则及技能技巧，进而培养与人深入交往的能力。

八年级：在学习、生活中品尝解决困难的快乐，调整学习、生活心态，提高学习、交往兴趣，增强自信心，克服厌学心理，体验学习及成功的乐趣，培养面临毕业升学的进取态度；培养集体意识，在班级活动中，善于与更多的同学交往，健全开朗、合群、乐学、自立的健康人格，培养自主自动参与活动的能力。

九年级：做好准备适应我校职业高中的学习环境和学习要求，培养正确的学习观念，发展学习能力，改善学习方法；把握升学选择的方向；了解自己，学会克服青春期的烦恼，逐步学会调节和控制自己的情绪，抑制自己的冲动行为；加强自我认识，客观地评价自己，积极与同学、老师和家长进行有效的沟通；逐步适应生活和社会的各种变化，培养对挫折的耐受能力。

其实施建议如下：

1. 全面把握课程目标

教师在教学过程中应全面地把握目标，通过多种教学活动和手段，帮助学生增进积极正确的自我认识、获得丰富的情感体验、形成积极的生活态度、建立良好的人际关系、提高适应和参与社会的能力，从而整体地促进学生心理的正常健康发展。

2. 丰富学生的生活经验

学生的心理和社会性发展是一个连续的过程，在现实生活中，学生已经形成了一定的行为习惯，积累了一些基本的社会生活经验，形成了相应的态度和能力。因此，在教学时要善于调动和利用学生已有的经验，结合学生现实生活中实际存在的问题，共同探究学习主题，不断丰富和发展学生的生活经验，使学生在获得内心体验的过程中，获得感悟和提高。

3. 引导学生自助助人

注意引导学生从自己的世界出发,用多种感官去观察、体验、感悟社会和生活,获得对世界的真实感受,让学生在活动中探究,在分享中发现和解决问题,要引导学生学会对自己负责,及时鼓励学生相互间的支持和互助行为。

4. 注重团体动力

心理健康课程的主体不是单一的学生,而是作为团体的班级。因此,在教学中应特别重视利用团体动力来激发学生参与活动的热情;利用团体气氛调动学生相互的分享和反馈;利用团体支持使活动效果得到加强。因此,教师对于团体气氛的调动、团体领导技巧的掌握是上好此门课程的一个重要因素。

5. 拓展教学空间

教学要面向学生的生活实际,加强课程内容与学生生活实际的密切联系。教学空间不局限于学校和课堂,应创设条件尽可能向社会延伸。为此,鼓励教师积极地开发和利用地方和本校的各种课程资源,以满足学生不同的需要。创造条件让学生积极参与社会实践,体验社会生活,在理解和感悟中受到教育,获得经验,逐步提高认识社会、参与社会、适应社会的能力。

6. 让心理健康教育全面渗透在学校教育教学的全过程中

在学科教学、各项教育活动、班主任工作中,都应注重对学生的心理健康教育,这是心理健康教育的主要途径。还要充分利用活动课、班团队活动、举办心理健康教育的专题讲座、建设学生心理网站、心理报刊等形式及途径,帮助学生掌握一般的心理保健知识和方法,培养良好的行为和心理素质。

(四)职业康复

劳动技能课实际是属于职业康复的一部分,是为后期进一步的职业教育打下基础。学校设置专门的职业教育部,接收经过学校考核合格的智障学生学习职业技能,进行职业康复。

学校为智障学生设置了办公文员、客房服务、洗衣服务、西式面点、中国结艺、中式厨艺、插花艺术等职业教育课程,并与外部企业如富士康、沃尔玛、肯德基、深圳香格里拉酒店等多家单位建立校外劳动实践和就业基地。校内,职业康复教师根据学生评估资料制订康复计划,既有整体的康复实施,又有针对个别学生的康复实施。校外,则是征求学生及家长意见,根据学生水平制订校外实施计划,并进行跟踪管理,切实保证职业康复落到实处。

(五)医疗康复

学校除通过课程的方式进行康复训练,还配备有专门的医疗器械设备和有医学背景的康复治疗师。针对智障学生言语语言能力发展的滞后,为低年级智障学生进行言语康复训练;针对智障学生认知障碍,学校引进认知系统软件；针对智障学生运动功能障碍，使用电疗、按摩等方式对学生进行康复训练。以上领域的训练一般都是以个别化训练形式开展的。康复治疗师鼓励学生参与康复训练所准备的食物奖励，都是对大脑发育有帮助的饮食，如含有维生素、糖、蛋白质成分等。

康复医师及语言治疗师根据心理评估组做出的个别化评估，制订康复训练计划，运用康复训练方法，如任务分析法、游戏训练法、引导式训练法等，对智障学生进行康复训练，每次训练结束后都要进行记录和总结，然后再由评估人员组成评估小组进行阶段性评估，再进行训练，循序渐进。

四、智障学生康复训练记录

记录智障学生康复训练的实施过程，有利于分析实施过程，反省训练计划和方法，便于向学生家长和其他老师反馈康复训练效果，同时为下次康复训练奠定基础。首先根据康复内容制订训练记录表；其次在实施过程中注意观察智障学生的情况，如果不能当时记录，则要准备录音笔和摄像头等设备，在康复训练结束后再及时填写训练记录表。以元平特校李欣影老师的个训记录表（表7-15）为例，展示康复训练记录表。

表7-15 个训记录表

学 生	陈××	班 级	R3-1班
训练时间	11月14日(18:40—19:40)2节连堂	训练地点	康复楼A1-1班
训练内容	一、舌操训练　20分钟 1. 伸缩运动(20次) 2. 左右摆动(20次) 3. 顶舌头(20次) 4. 抵舌头(20次) 二、嗓音训练　10分钟 嗓音训练部分主要进行拟声训练，如：打枪的声音 ba-ba-ba、马蹄声 da-da-da、鼓声 dong-dong-dong、火车声 wu-wu-wu、猫叫声 miao-miao-miao、狗叫声 wang-wang-wang。 三、音素训练　20分钟 音素训练主要针对陈××难发或发不准的音进行训练，通过发音部位、口型、相关字词到儿歌一系列程序训练他掌握发音方法，并尽量准确发音。本节课练习 b、p、zh、ch、sh 的发音。 四、情景对话　10分钟 情景对话这一部分，老师和孩子将会模拟一些日常生活中经常接触到的场所，来进行模拟对话练习。让孩子在掌握日常沟通能力的同时，促进语言发展。 本节练习内容：模拟"在餐馆点餐"的情景，老师扮演服务员，孩子扮演顾客，模拟对话练习。		
效果反馈	陈××认知能力较强，但舌头灵活性较差，需要长期的舌部训练，因此很多音读不准，舌操训练和音素训练完成质量不理想，需要长期不间断训练。		

第4节 训练效果的评价

一个完整的康复训练包括对康复训练效果的评价。康复训练效果如何，既是对康复训练的总结，也是对康复训练整个过程的反馈，有助于下个阶段康复训练的进行。智障学生的康复训练效果评估可分为阶段性评价和总结性评价。阶段性评价是从智障学生康复训练的初期测评时开始的、渐进的多次评估；总结性评价则是在阶段评价基础上进行的总结性判断。

一、评价内容和评价形式

（一）评价内容

康复训练效果的评价是针对康复训练的内容和学生在康复训练阶段取得成绩的评价，评价内容包括感知觉、运动能力、认知能力、语言交往能力、生活自理能力、社会适应能力等六个领域，与康复评估几乎相对应。元平特校根据学校实际及学生情况，已制订出关于感知能力、运动能力、劳动技能等方面的阶段性评价和总结性评价。

（二）评价形式

1. 康复人员评价

康复人员参与智障学生康复训练的评估、计划的制订与实施等全过程，对学生训练情况比较了解，根据评价量表和训练过程中的观察可以对康复领域做出全面的、综合的评价。康复人员评价是训练效果评价的必不可少的形式。

2. 教师评价

教师比较了解学生在课堂及学校生活中的表现，同时教师也参与到教育康复、职业康复中，不仅可以配合康复人员的评价，同时也可以自己做出评价，以检测康复训练的效果。

3. 家长评价

家长对子女的进步和发展最为敏感，能很快捕捉到孩子的不足和进步。对康复训练效果进行评价，不仅仅是老师的任务，还包括家长的参与。在康复训练前，家长要参与基线评估，同样，在康复训练结束后，也要参与训练效果的评价。元平特校认识到家长参与的重要性，不仅在期末评估中需要家长填写意见，在每次康复训练营结束后，也需要家长填写康复服务满意度问卷，如下：

表7-16 2012年深圳市学龄期唐氏综合征学生康复训练营满意率调查表

学生姓名		班　级	
家庭住址		联系电话	
残疾类型	□脑瘫　　□自闭症　　□唐氏综合征　　□多重残疾		
残疾程度	□一级　　□二级　　□三级　　□四级		
生活自理能力	□完全自理　　□部分自理　　□不能自理		
是否接受康复服务	□是　　　□否		
康复服务内容	□运动训练　　　□物理治疗　　　□作业治疗 □语言训练　　　□认知训练　　　□特殊教育 □生活能力训练　□注意力训练 □其他		
康复服务效果	□明显好转　　□略有好转　　□不明显		
服务满意程度	□非常满意　　□比较满意　　□不满意		
意见和建议	家长签名： 时　　间：		

4．同学评价

同伴支持在智障学生康复中起到很重要的作用。孩子同样可以看到彼此的进步，同学评价主要是言语评价，是以上评价形式的补充，而且他们对彼此的评价需要教师的参与和引导。

二、评价阶段

（一）阶段性评价

阶段性评价是在智障学生康复训练的过程中开始的、渐进的多次评价，是对康复训练效果的形成性评价，也即表7-2中的中期评估。智障学生康复训练一段时间后，进行阶段评估，计算由初次评估至阶段性评估提高的分数，小结训练计划的执行情况，掌握训练对象目前存在的主要障碍和困难以及训练中存在的问题，并据此调整训练计划。

需要注意的是，在评价过程中，应尽早找出智障学生在康复训练六个领域（即运动、认知、感知、语言、生活自理、社会适应）中的优势、劣势以及进步幅度最大的领域。通常，运动、感知这样的领域，其发展是智障学生自身发育与康复训练两种因素综合作用的结果，对于障碍程度轻、基础好的学生，更可能是自身发育在其中占较重的比例。而生活自理、社会适应等领域，如果原来的起点低，后来的进步幅度大，则可认为是康复训练的效果比较显著；如果进步幅度不明显，则应考虑身体和康复训练方面的问题，及时找有关医生咨询、指导。

学校强调在康复训练过程中采用动态的、阶段性的评估方法对康复效果和进展进行评估。根据康复基线评估的内容，运用康复评估工具对康复训练一段时间的成果进行测评，包括主观评语和客观量表评价。以劳动技能课的阶段性评价为例，见表7-17。

表7-17 劳动技能课程阶段性评价表

评估项目例：洗毛巾
1. 评估形式：建议采用同学互评、学生自评、家长评价以及教师评价相结合的形式。
2. 评估标准：在操作实践中完成考评，分"掌握、基本掌握、没掌握"三个等级，分别用"√、○、×"进行标记。
3. 评估阶段：以一个月为单位时间进行阶段性评估一次。
4. 体现学习过程中的情感态度等因素，主要由老师根据同学们学习过程中的表现给予评价。对于练习认真、比较认真和不够认真的分别给予记录"☆☆、☆、△"标记。

测评领域	次领域	测评内容（主题）	测评时间	自我评价	同学互评	家长评价	教师评价		备注
							掌握情况	兴趣态度等	
家政服务	家庭清洁	洗毛巾							

（二）总结性评价

在学期、学年末进行的对整个康复训练过程计划和效果的评估，如表7-2中的末期评估。应注意末期效果和初次至末期提高的领域，判断训练效果，总结实现康复目标的情况，提出进一步康复意见。中国残联社会服务中心在《康复训练与服务工作手册》中提到康复训练阶段性与总结性评估表（表7-18）。元平特校在学期末都会对学生进行评估，根据学生特点和学校实际制订期末评估表，见表7-19。

通过诊断性评估，掌握训练对象目前的障碍和困难情况，为制订训练计划、选择适宜的训练项目提供客观依据，实际上就是康复训练需求评估；通过阶段性评估（在康复训练过程中进行），及时检查训练效果，并针对存在的问题调整训练计划；通过总结性评估，总结实现康复目标的情况，提出进一步康复的意见。林晓敏老师的《智障学生感知教育训练的个案研究报告》从康复评估、计划、实施等方面展示了智障学生康复训练完整的过程（章节末尾）。

表 7-18　康复训练阶段性和总结性评估表[①]

中期评估与总结 评分：　　初次分数＿＿＿＿　　中期分数＿＿＿＿　　提高分数（初次至中期）＿＿＿＿ 小结训练计划的执行情况，智障学生当前的能力水平和主要困难，训练中存在哪些问题以及训练计划进行了哪些调整：   康复训练人员签名：　　　　　　　　　评估日期：　　年　月　日
末期评估与总结 评分：　　末期分数＿＿＿＿　　提高分数（初次至末期）＿＿＿＿ 训练效果：□显效　　□有效　　□无效 实现康复目标情况： 1. 运动能力：　　□明显改善　　□改善　　□无改善 2. 感知能力：　　□明显提高　　□提高　　□无提高 3. 认知能力：　　□明显提高　　□提高　　□无提高 4. 语言交往能力：□明显提高　　□提高　　□无提高 5. 生活自理能力：□明显提高　　□提高　　□无提高 6. 社会适应能力：□明显提高　　□提高　　□无提高 进一步康复意见： 1. □继续训练 2. □接受教育 3. □家长培训 4. □心理辅导 5. □知识普及 6. □改变环境，提供辅助 7. □参与社会生活或集体活动 8. 转介：□社会救济　□医疗　□护理　□日间照料　□托养 9. □其他 康复训练人员签名：　　　　　　　　　评估日期：　　年　月　日

注：此表由康复训练人员在相应栏目文字描述或在"□"中划"√"。

[①] 中国残联社会服务指导中心. 康复训练与服务工作手册[M]. 北京：华夏出版社，2004：173.

表 7-19 学生期末评估(部分)

科目	学生表现	评价	科目	学生表现	评价
唱游与律动	乐感比较强,有表现力;喜欢音乐,能选择自己喜欢的歌曲来播放;节奏感很强,能正确给乐曲打拍子;喜欢音乐游戏及律动,能主动表演。	优秀	感知训练	能够通过视觉辨别3~5个物体的排列组合。	优秀
				能够通过触觉辨别不同物体的手感。	优秀
				能够通过听觉辨别各方向的声音来源。	优秀
				熟练玩连连看游戏。	优秀
生活适应	认识春天的植物和动物,知道春天的节日和活动,了解春天保健的注意事项。	优秀	生活语文	运用"我爱××"进行表达;能看图片朗读并理解儿歌的意思;书写生字"春、桃、种、油"。	优秀
	知道自己家的情况,知道自己家周围的设施和机构,认识常见的家具、用途及注意事项。	优秀		书写生字词"地址、客厅";运用句式"我家住在××"进行表达;背诵并理解儿歌意思。	优秀
	能区分男孩女孩的衣着及身体特征的不同,具有自我保护意识,能与异性正确交往。	优秀		运用句式"××和××是朋友"进行表述;朗读短文,并理解短文的基本意思。	优秀
	了解夏天的特点,认识台风预警信号,注意饮食卫生,知道夏天防暑降温的基本方法。	优秀		准确地读出"夏天、阳光、强烈"等字词;进行生字"夏、阳、炎、雷、闪、凉"的书写;能理解并背诵儿歌。	优秀
生活数学	能比较上下、粗细、高矮、长短、宽窄;认识50~100的数。	优秀	劳动技能	能够刷洗鞋垫。	优秀
	能够计算10以内的加法,认识线段。	优秀		能够整理床上用品(枕头、床单和小被子)。	优秀
	认识小时、认识钟表、认识月、认识日、知道自己的生日日期。	良好		能够进行园艺劳动:松土和浇水。	优秀
	人民币的兑换;一起来庆生。	良好		能把葱头种到坑里并培土。	优秀
绘画与手工	认识和学习了各种绘画材料、工具,懂得其在美术绘画上的应用。	优秀	运动与保健	知道体育、卫生保健基础知识;能快速整队。	优秀
	重点了解了吹塑纸版画,知道版画绘画、制版和拓印过程。	优秀		会50米快速跑、变向跑、立定跳、跑动中跳过障碍。	优秀
	了解了美术绘画中的各种画种,感受不同题材绘画中蕴含之美。	优秀		会双手前后抛实心球、能直线运球、投篮。	优秀
	熟练一种或以上绘画方法,能独立完成一门画种的绘画。	优秀		会原地拍接球和行进间传球、接球投篮。	优秀

续表

科目	学生表现	评价	科目	学生表现	评价
教师寄语	××本学期有很大的进步,能够友好地和身边同学相处;课堂中能积极主动配合老师的教学,说话声音明显响亮很多,乐于表现;能主动拒绝对自己不利的物品;愿意为老师和同学服务,能帮助班级做力所能及的事。		家长意见		

智障学生感知教育训练的个案研究报告

深圳元平特殊教育学校　林晓敏

摘要：智障学生进行感知教育训练是我们面对的重要问题,本文主要通过对楠楠的感知教育训练过程进行分析研究,探讨了多种训练方法的过程和效果,陈述了智障学生的感知教育训练方法,提出可行性训练建议。

关键词：智障学生　感知　教育训练　个案研究

1. 研究对象

楠楠,6岁,是一名唐氏综合征的小男孩,父母经商,家庭条件较好。2003年入读我校学前班,父母很重视他,一直坚持早晚接送,很关注他的学业,支持我们的教学工作。

2. 研究目的和内容

2.1　通过对楠楠的感知教育训练过程进行分析研究,提出一些可行的教育训练方法,从而提高楠楠的感知能力及学习能力。

2.2　研究内容

2.2.1　通过与家长和教师的交谈,对楠楠进行多方面的系统的评估,并制订这个学年的个别化训练计划,为进一步的教育训练做准备。

2.2.2　探讨对智障学生进行感知教育训练的可行性和效果分析。

3. 研究过程

3.1　研究对象

3.1.1　访谈和观察得到的行为表现

楠楠的父母对他特别重视,在家着重培养他良好的生活习惯及自理能力,如他能独立穿鞋子、吃饭,见人打招呼等。反应迟钝,学习接受能力差。由于楠楠的舌头较宽厚,发音有些困难,只能模仿简单的词语,如：再见、爸爸、妈妈等等。父母对他期望值高,希望教师能够尽快提高他的认知能力及语言表达能力,希望他以后能够到普通学校就读。

3.1.2 医学评估：三个月大时，家长带他到医院检查，诊断结果为唐氏综合征。

3.1.3 心理学评估：结合其行为表现，我们进行了一系列的心理学评估，其中包括：

3.1.3.1 智力评估。（瑞文测验—联合型测验）智商为64。

3.1.3.2 社会适应评估。测评结果：独立因子T分为42、认知因子T分为16、社会自制T分为74，ADQ最后得分90，在感觉运动、生活自理、语言发展、时空定向、劳动技能和经济活动方面不存在问题，即社会适应能力达到正常学生的水平。

3.1.3.3 感知能力基线评估。能理解实物与图片的关系；能指出玩具娃娃的五个部位（眼睛、鼻子、手、耳朵、脚），难理解整体与部分的关系；难分辨圆形、方形、三角形；难拼成由几块木块拼成的图片；难理解"冷、热、高、矮、长、短、上、下"等关系，能用笔涂涂画画。只达到正常学生两岁的水平。

3.1.3.4 对楠楠进行观察的主要情况

对楠楠进行感知能力基线评估的同时对他进行观察，发现他的感官的感受性较差，如在测试区分酸甜苦时，对微苦或微酸的食品分辨不出来。他的接受能力差，反应迟钝，对指令反应慢。他的感知恒常性、整体性差，还有他的空间知觉、时间知觉发展较落后。

3.1.4 诊断结果

鉴别诊断：智障，感知能力滞后，主要表现在感知分化程度薄弱，主动选择性差；感知速度慢、范围小、容量小；感知恒常性、整体性差，空间知觉、时间知觉发展较落后。根据他的这些情况，我着重训练他的感知能力（包括视、听、触、嗅、味、平衡、运动觉等），因为感知与语言、动作联系在一起，通过感知训练来提高他的思维能力、语言能力、动作协调能力，促使他全面发展。

3.2 感知训练的过程和方法

3.2.1 感知训练的过程

根据楠楠评估的结果及日常生活中的一些表现，在对其进行感知训练时，先制订个别化计划，采用个别辅导、集体授课、个别教育训练及家庭辅导等形式，将教育训练贯穿于日常生活之中。例如：在课堂教学过程中，设计一些练习，对他进行个别指导。个训课，准备一些教具如拼图、积木、插孔板、图片等，辅导他完成制订的目标。课外活动期间，利用身边存在的物品，让他理解大小、物品的颜色和形状及用途。午餐时，利用食物，让他感知食物的冷热、酸甜苦辣。在家庭教育中，经常与家长沟通，向他们传递一定的教育方法，告知训练内容，布置家庭作业及编写反馈表，和家长共同研究训练方案，共同配合，让家长在训练中发挥作用,使训练收到事半功倍的效果。

3.2.2 训练方法

根据楠楠日常生活以及学习过程中的一些表现,在对其进行感知训练时,拟订选用如下方法对其进行实践教学。

3.2.2.1 操作法

感知训练主要以学生操作活动为主,通过学生动手操作,以提高他们的思维能力及手眼协调能力。又因为感知训练中使用的教具和训练内容一样丰富,凡是与人的感知有关的实物、玩具等等都可以作为教具,所以我经常收集一些小东西,如衣服、绳子、带子、夹子、珠等,用这些小玩意自制了一些练习内容。如在颜色配对练习中,选用三种彩色的夹子、绳子、支架,在桌子上设计一个晾衣台,自制红、黄、蓝色的纸衣服,请楠楠将与夹子相同颜色衣服夹在绳子上晾干,在这过程中还让楠楠与同学进行比赛,增强训练的形象性、趣味性,这样既能充分调动楠楠的学习兴趣,又能取得良好的训练效果。

3.2.2.2 引导式教学法

从智障学生的认知特点来看,他们是在感知事物的实践活动中获得经验、学习知识的,如何让智障学生主动参与教学活动,这就需要我们精心设计每个教学活动,设计符合智障学生的生活、符合智障学生的心理特点的教学活动,由浅入深,分层引导。由此在整个活动设计中我根据楠楠学习的特点,训练内容由浅入深,一环扣一环,螺旋上升。例如:在学习"大和小"中,我先让他穿上大鞋走路,问他是不是觉得大鞋穿在自己小小的脚上走路摇摇晃晃的,容易摔跤,由此引出大和小之间的关系,并让他从相同的物品中挑选出大或小的物品。接着我通过儿歌《变大变小》,进一步加深他对大小关系的理解。最后我通过游戏"吹泡泡",让他感知相同物品大和小的关系。通过分层引导,楠楠现在已经能够理解并说出相同物品大小之间的关系。

3.2.2.3 生活训练法

生活中的每一个环节都是教育训练的好机会,要抓住教育的契机,即时教育。首先将训练的目标具体化,利用身边的事物,将教育训练融进生活中的各个环节。例如,吃饭时,引导他认识常见食物,通过品尝食物,感知食物的酸甜苦辣或冷热。

3.2.2.4 游戏训练法

游戏是孩子的好伙伴,智障学生也不例外,只是他们的游戏要简单和灵活一些。在个别化训练中,想要调动楠楠的兴趣,游戏是最好的方法,例如训练分辨声音来源中,我和他一起玩藏猫猫的游戏,我先藏起来,再发出不同的声音,让他寻找声源想方设法找到我。通过玩藏猫猫的游戏,楠楠积极参与,达到预期训练的目标,将游戏作为感知训练的主要方法,寓训练于兴趣中,寓训练于活动、游戏中,提高了训练效果。

3.2.2.5 利用环境法

利用教室的一切资源,结合主题单元,依据楠楠个别化训练计划,在墙壁上布置一些与主题内容有关的图片,在结构区摆放可操作的物品,在图书角摆放感知训练的图书,利用课间活动时间,引导他到某个区域,利用操作材料进行学习。例如,在结构区摆放套桶、插柱等物品,引导他将小的套桶套在大的套桶里,将小的插柱插在小的圆孔里,大的插柱插在大的圆孔里。

3.3 感知训练的原则

3.3.1 训练过程中合理安排训练时间。针对楠楠的学习特点,制订专项练习个别训练时间为8~10分钟不等,练习1~2个项目。先讲解、示范、手把手教,再让他自己做练习。训练时间不宜太长,项目不宜太多。训练时间太长,学生容易疲劳,而且对训练内容失去兴趣。训练项目太多,容易互相干扰,难以达到训练效果。

3.3.2 在训练过程中,可采用不同的形式、运用不同的方法,做到目标不变、形式多样、场合多样。如个别教学时我慢慢示范,手把手教,或练一些辅助动作,如捏橡皮泥、扭手指等指尖活动;用鼻子吹棉絮,用嘴喷气,漱口等活动。在集体活动中做各种各样的游戏(猜猜我是谁、抢椅子等)。在集体课进行挑选、分类比赛等。做到对每一个感知项目,都能结合重点训练进行辅助活动练习,并做到趣味性强、生活性浓重,使楠楠愉快地学,学得快,练得多,效果巩固。

3.3.3 训练内容的设计须依据循序性、量力性原则,这主要涉及内容安排的先后顺序:从易到难,从简单到复杂,从形象到抽象,要求前后紧密联系,一环扣一环,最终达到训练的目标。例如在"大小概念"这个训练项目中,最终的目标是使得楠楠通过比较能说出物体的大、小,要做到这一点,首先是让他明白什么是大、什么是小。在教学活动中我用形状颜色相同的有明显区别的大球、小球作为教具,将它们进行对比,很明显的,楠楠初步建立了大小概念。第二步是通过比较两个相似物品的不同大小,使得他加深了对大小概念理解,再比较三个至五个相似的物品的不同大小,最后到比较三个至五个相似的物品的最大和最小来达到最终目标,使他最终建立了大小概念。

3.3.4 根据发展性原则。由于学生的智力也在逐步发展,相应的教学内容也必须加深。因此,我编排各个月相同的训练项目时,力求根据智障学生的认知发展规律,在内容的安排上极力体现发展性原则。例如:在绘画中,首先我从握笔练习开始,接着是直线、斜线练习,曲线练习,圆形、方形、三角形等几何形状绘画练习,涂色练习,虚线连接,最后是添画。前面一项训练内容是后面一项的基础,后面一项训练内容是前面一项的延伸,一环扣一环,紧密有序,可以避免走弯路,迅速达到训练效果。

3.3.5 经常、反复地进行训练。任何一种项目的训练,即使已经基本掌握了,也要经常练、反复练,以巩固和发展其效果。因此在选择内容时我较为重视各个训练项目每个月的内容的交叉或循环。例如,在形状概念的训练项目中,第一个月认识圆,第二个月认识三角形,在第二个月认识三角形中,渗透一些有关圆形的练习。例如:说出下面图形的名称,从圆形和三角形中挑出三角形,圆形和三角形的图形配对等。到第三个月认识四方形时,继续引入圆形、三角形,设计一些综合练习,就这样,不断给楠楠图形刺激,一步一步加深了他对这三种图形的印象,促使他最终达到教学目标。

3.3.6 及时强化和及时反馈。训练中楠楠哪怕有一点微小的进步都给予及时的表扬和鼓励,这样有利于增强他的信心,激发他的学习兴趣,使他全身心投入学习,认真听讲解示范,认真做练习。所谓的反馈就是每个训练项目中,要及时评价,及时进行校正,因为感知活动自身就具有强化作用。通过外界不同刺激物的刺激,促使个体的感知能力得到不断加强。例如:从楠楠画直线、斜线练习中能够评价他是否熟练掌握握笔姿势,能否为今后的画曲线打下良好的基础,再将这些反馈信息进行处理,并且作为调整下个训练项目的重要依据,这样有利于及时调整计划,修正训练内容,使训练过程得到不断完善,最终达到训练目标。

4. 研究结果与分析

4.1 测试结果

表 1 感知能力评估测量统计表

项目	视觉运用	听觉运用	触觉运用	味觉运用	嗅觉运用	运动觉运用	肤觉运用	机体觉运用	综合评价
原始	2	3	2	1	1	3	2	1	2
2004年6月	3	5	3	1	2	5	4	3	4
2005年6月	5	6	5	1	2	8	5	4	6

满分10分

表 2 视觉训练前后比较

训练项目	训练前评估状况描述	训练一年后评估状况描述
物件概念	能分辨鞋、裤子、上衣等物品	能说出上衣、裤子、鞋的几种常见的种类及理解其主要的用途,并能将鞋、裤子、上衣等物品分类
整体与部分的关系	能明白简单的物品或人物的图片	能够从部分中找出它的整体图片;能将一副分成三块的图片拼成图

续表

训练项目	训练前评估状况描述	训练一年后评估状况描述
大小概念	未建立大小的概念	能做相同物品大小的配对、分类及挑选的练习
长短概念	未建立长短概念	能分辨说出相同物品的长短
高矮概念	未建立高矮概念	能分辨说出相同物品的高矮
形状概念	未建立形状的概念	能分辨说出圆形、三角形、四方形及其相关的物品;能配对圆形、三角形、四方形
空间概念	直接的反应	能按指令将物品放在上面、下面;能将七块积木叠高及排列成火车状
颜色概念	未建立颜色概念	能将相同的红黄蓝色配对、将两种颜色分类
绘画	注意力集中,但未能按要求作画	能够流畅画直线、斜线、曲线,能模仿画出圆形、三角形、四方形,并按要求将虚线描实,线条曲直,不流畅,手眼协调性有待以后提高

4.2 结果分析:通过前后三次的测试结果我们可以看出,经过一年的训练,楠楠的进步是十分明显的。

4.2.1 学年结束时,重新对他进行评估。如表1所示,视觉、听觉、触觉、运动觉、肤觉、机体觉等方面的运用能力增强。表2详细描述了视觉训练前后各训练项目的具体表现,从中可以看出视觉在各训练项目所取得的进步。综上所述,经过一年的训练,楠楠的感知能力明显得到增强。

4.2.2 分析评估结果,结合楠楠训练的表现,发现他的感官感受性有所改进,感知的主动选择性有所改善,感知的恒常性、整体性也有所改善。

4.2.3 交往能力增强,愿意与人接触,和小朋友一起做游戏,理解游戏规则能力增强,在游戏中起带头作用。

4.2.4 注意力持续时间加长,能够长时间做玩积木或拼图等游戏。

5. 结论

5.1 个别化教育训练是一个需长期坚持的过程,它不仅渗透于课堂教学中的个别辅导、课余时间的专门指导,而且还有赖于家庭配合和合作,这三者是紧密结合、互相促进、相辅相成的。

5.2 通过访谈和观察,使用评估工具,对楠楠进行评估考察,然后做出科学的分析,再根据其自身特点,制订个别化训练计划,采用多种训练方法,合理安排训练时间,有计划地进行训练,促进楠楠的感知能力的提高。由此可见,我们作为特殊教育者应根据智障学生的特征来探索、挖掘有利于个体发展的训练内容和方法,以促进他们心身健康、和谐发展。

第 8 章　听障学生的训练

我国听障学生的教育从"启喑学堂"以来,至今已有一百多年的历史。虽然在听障学生的教育中就伴随着康复,但我国听障学生的听力语言康复以政府行为提出来还是从 1988 年中国残疾人联合会成立以及全国特殊教育工作会议召开以后开始的。从 1988 年聋儿听力语言康复作为一项抢救性工作被正式写入《中国残疾人事业五年工作纲要(1988—1992)》,到 2011 年制订的《中国残疾人事业"十二五"发展纲要》,国家一直在不断地完善听障学生康复的体系。我国教育部 2006 年的统计数据显示,全国听障学生(6～15 岁)在校人数为 115785 人,可见义务教育阶段听障学生的康复与训练工作任重而道远。元平特校作为深圳市一所全日制特殊教育学校,目前共有从小学一年级到高中三年级的听障学生 187 名。学校对听障学生实行医疗康复、教育康复、职业康复、心理康复和社区康复相结合的综合康复模式,充分发挥各种人员和助听、学语设备的作用,并根据听障学生的特点以及本校的地理位置优势和资源优势为他们开展科学的康复训练,以减轻听觉障碍给他们造成的听觉、言语障碍及其他不良影响,使他们能听会说,与他人进行正常的语言交往,达到融入主流社会的目的。开展听障学生的康复工作对于改善听障学生的生存、发展状况,促进社会的公平与和谐有重要的意义。

第 1 节　听障学生的评估

在特殊教育学中,"听觉障碍"与"听力残疾"一词是通用的。听觉障碍是指由于各种原因导致双耳听力丧失或听力减退,以致听不到或听不清周围的声音。[1] 听障学生的评估有很重要的意义。通过听觉障碍的评估,可以明确听障学生的特殊需要,可以明晰听障学生的康复起点和发展定位,可以为教师和家长制订个别康复计划提供依据,可以为公共政策的制订提供信息。总之,听障学生听力损失评估得越早,儿童的听力损失状况确定得就越早,听障学生接受听觉障碍康复和语言训练就越早,从而听障学生康复的效果就越好,也有

---

[1] 张宁生.听觉障碍学生的心理与教育[M].北京:华夏出版社,1995:10.

利于学生以后的长远发展,可减轻整个家庭乃至社会的负担。

一、听障学生的特点

听障学生由于自身的听觉障碍,在不参加康复、教育、训练的情况下,很难像普通学生那样进行正常的语言交往活动,从而可能会进一步导致他们其他能力的下降。听障学生有同龄普通学生的共同特点之外,还有一些他们固有的特点。

(一) 听障学生的生理特点

尽管听障学生没有视障学生、脑瘫儿童、自闭症儿童那么明显的生理特点,但根据北京、天津、上海、南京、太原、兰州等地的调查结果,在身高、体重、胸围、肺活量、肌肉力量等发育指标方面,有的年龄阶段的听障学生比正常学生要差一些。[1] 即尽管听障学生的身体状况基本是常态的,但由于听觉上的限制,使得听障学生参加有助于身体发展的一些活动受到限制,从而会或多或少地影响他们的身体发育。

(二) 听障学生的心理特点

1. 听障学生的感知活动特点

感知是感知觉的简称,由于感觉是作为一个组成成分存在于知觉之中,所以通常把感觉和知觉统称为感知觉。感觉往往只反映事物的个别属性,它所得到的信息,主要是滞留在感觉器官的感受器上、未经整合的各种具体信息,[2]例如颜色、形状、声音、气味、温度等;知觉反映的是事物的整体。知觉不是感觉的简单相加,而是各种感觉的有机组合。

听觉是人们接受外界信息、认识客观世界的重要渠道和途径之一。听障学生由于听觉障碍,使得他们在感知方面有一系列的特点。

(1) 视觉发生明显的变化

人体各器官之间是相互联系、相互影响的。听障学生由于听觉方面的损伤,他们的视觉功能就会在某种程度上来补偿听觉功能。

视觉更敏锐、更清晰、更完整、更接近实物。在教学实践中,经常发现听障学生可以看见很小很细微的东西。也有研究表明听障学生在知觉细节上要优于普通学生。而且,听障学生唇读能力特别强。但由于听障学生在语言表达上的不足,导致他们在描述所见到的物体时比普通学生稍差。

视觉反应时的变化。视觉反应时是视觉察觉到刺激信号并作出反应的时

---

[1] 转引自刘全礼.残障儿童的早期干预概论[M].天津:天津教育出版社,2007:115.
[2] 梁宁建.当代认知心理学[M].上海:上海教育出版社,2003:58.

间。苏联学者 K.H.施夫对听障学生与普通学生的视觉反应时作了比较实验,实验结果表明:一年级听障学生的反应时比同年级普通儿童的反应时要慢得多;随年级的增高,两者逐渐接近;听障学生视觉反应时发展速度高于正常儿童。[1]

对物体的视觉认知差异。有实验表明,低年级听障学生的视觉认知能力低于正常儿童;他们认知倒置物体的困难比普通学生更大;他们视觉认知发展的速度较快,到四年级时已接近正常成人。[2]

(2) 触觉、振动觉和言语动觉更具重要性

听障学生的触觉、振动觉和言语动觉与普通学生并无两样,只是由于听觉障碍,这些感觉在听障学生的生活中相对普通学生而言更具重要性。

触觉和振动觉部分地代偿了听觉功能。在语言训练的过程中,为了让听障学生更快、更准确地学会发音,经常让听障学生将手放在喉咙旁感知声带的振动。还有的时候,老师为了让听障学生感知发音时气流的不同,把学生手背放在嘴旁感知气流的变化。在律动课中,听障学生可通过木制地板的振动,感受音乐的节奏,并随之完成规定的动作。

言语动觉对听障学生学习口语具有很重要的作用。言语动觉是发音时对自己言语器官的运动和言语器官各部分所处的位置状态的感觉。例如,发"a"时,自己体会语言器官的各部分是如何运动的。言语动觉在看话的过程中是必不可少的,一方面要看说话者的口型,另一方面要体会发音的动作,这样才能理解说话者的意思。[3]

(3) 感知活动受到限制

听觉障碍影响了知觉的完整性。感觉是知觉的基础,知觉的完整性取决于知觉的丰富性。听障学生的知觉形象主要是视觉形象或视觉、触觉和动觉的综合形象,不易形成视听结合的综合性形象。生活中的很多事物的形象是视听结合的形象,而且,所有知觉形象中视听结合的形象最具鲜明性。视听结合的形象给人以层次感和立体感。缺失了事物的听觉形象,听障学生很难形成对有声事物的完整感知。

听觉障碍缩小了听障学生感知的范围。听觉可以在不直接接触事物的情况下反映事物的某些特性。例如,普通学生在室内,可以听见户外鸟儿的叫

---

[1] 王志毅.听障儿童的心理与教育[M].天津:天津教育出版社,2007:13.
[2] 张宁生.听障学生的心理与教育[M].北京:华夏出版社,1995:39.
[3] 李明扬.听障儿童的语言智能测评研究[D].南京:南京师范大学硕士研究生学位论文,2011:20.

声,可以听见高空飞机飞行的声音,可以听见别人在很远处的叫喊声。而听障学生则不行,他们部分或完全丧失了这种能力。就这一层面而言,听障学生的知觉范围缩小了。

听障学生很难利用声音识别物体的某些特性。不同的事物发出的声音是不同的,听障学生只能凭借别人提供的一些信息去想象事物大概是什么样的声音。而且,当需要用听觉去辨别事物的性质时,听障学生会很困难。例如:我们买西瓜的时候可以敲一敲,听听西瓜发出的声音,就可以判断西瓜是否成熟;听见某个人说话时声音嘶哑了,就可以猜测他是不是感冒了。而听障学生就很难有效利用这些信息为自己所用。

听障学生很难利用声音进行定向。定向就是确定方向,它是一种方位知觉。确定方向包括两个方面,一是确定物体在空间的方向位置,一是确定自身在空间所处的方向位置。普通的儿童过马路的时候,背后有司机按喇叭,他就会知道让车,而有些听障学生由于听不到声音,所以就不知道后面究竟发生了什么。[1]

2. 听障学生的记忆

工作记忆(Working Memory,WM)是巴德利等人(Baddeley,et al)于1974年提出的一个概念,他们将工作记忆分为三个子系统——视觉空间模板、语音回路和中央执行系统,并认为工作记忆指的是一种系统,它为复杂的任务比如言语理解、学习和推理等提供临时的储存空间和加工时所必需的信息。与短时记忆强调储存功能不同,工作记忆同时储存和加工信息。有实验证明听障学生的言语工作记忆的广度差于普通学生言语工作记忆的广度,但是听障学生的视空工作记忆的广度具有很强的优势。而且,听障学生在工作记忆中的提取速度并不慢于普通儿童。[2] 此外,听障学生的无意记忆占优势,有意记忆的发展需要对记忆任务的意义、活动的动机与情绪作用以及多种感官的参与。很多研究者发现听障学生存在记忆语言文字材料困难,记得慢、忘得快,丢三落四、张冠李戴等问题。

(三)听障学生的语言特点

听障学生最主要的特点是语言发展有困难。一个人的语言能力是通过听、说、读、写活动而形成,又表现在这四个方面。因此,就从这四个方面来阐述听障学生的语言特点。

---

[1] 张宁生.听觉障碍学生的心理与教育[M].北京:华夏出版社,1995:37.
[2] 管燕平,夏静宇,邹蓉.听障儿童与键听儿童工作记忆的比较研究[J].中国听力语言康复科学杂志,2011(9):32-35.

1. 听话能力

一般来说,听障学生很难通过听的途径学习说话,因而很难形成说话的能力,很难正常地进行语言交流。失去听话能力是听障学生说、读、写发展困难的最主要原因。但是轻度的听障学生还有部分的听话能力。现在有很多学语前的听障学生,经过人工耳蜗手术后,再配合语言训练,是可以发展听话能力的。学语后的听障学生,由于有一些语言经验和词汇,经过一定的听话能力和语言训练,再配戴助听器,其听话能力可以得到很大的改善。[①]

听障学生的听话能力受到很多因素的影响,例如:听力损失的程度,听觉障碍发生的时期,听觉障碍的类型,早期是否有语言训练,周围的语言环境,家庭、学校或社区对他的接纳态度等。

2. 说话能力

学语前的听障学生与一般听力正常的学生一样,在幼儿期也会有喃语现象。但是很快由于缺乏听觉的反馈,其喃语现象便消失了[②]。学语前的听障学生如果很早就做了人工耳蜗植入手术,并经过一定的专业的语言训练,他们是可以慢慢学会说话的。但是未做人工耳蜗植入手术的学语前的听障学生和学语后的听障学生,由于缺乏声音刺激,只能依靠模仿和视觉进行语言学习,很多口型不是很明显和相似的音就会很难察觉或者区分,汉语中的四声也是很难靠眼看来掌握的。因而,听障学生说话时经常无法控制音量、音调等,使健听者很难听清他们说话的内容。

3. 阅读能力

大部分的听障学生由于语言的限制,阅读的时间较少,阅读时喜欢逐字阅读,而且相对而言更难理解阅读材料的内容,阅读的水平比同龄的普通学生要低。有研究表明,9岁听障学生的阅读理解能力相当于普通学生二年级的程度;14岁听障学生的阅读能力相当于普通学生三年级的水平;20岁的听障学生的阅读理解能力仅及普通学生五年级的水平。[③] 听障学生阅读水平相对较低除了听障学生自身的原因以外,还与教师的语文教学水平,家长和老师为听障学生提供阅读材料的数量、时间、类型,家长、教师及社会对听障学生的阅读期望值较低等相关。

4. 写作能力

在九年义务教育阶段,听障学生的写作能力是很重要的。但由于听觉障

---

① 陈云英.中国特殊教育学基础[M].北京:教育科学出版社,2004:158-159.
② 陈云英.中国特殊教育学基础[M].北京:教育科学出版社,2004:159.
③ 陈云英.中国特殊教育学基础[M].北京:教育科学出版社,2004:160.

碍和经常使用手语,他们在写作方面有以下特点:① 比普通学生的作文写得要短;② 句子颠倒现象十分突出(词语内部字序的颠倒、句子成分的颠倒、事理上的颠倒);③ 词语兼带,几个意义相近的词互相代替,难以区分它们之间的区别;④ 使用抽象词汇很困难;⑤ 用词不够准确;①⑥ 有残缺现象(词语内部的残缺、虚词的残缺、量词的残缺);⑦ 多余(同义重复、多词多字、大小概念重复)。

(四)听障学生的思维特点

思维是人对客观事物概括的和间接的反映,是认识过程的高级阶段。思维的基本过程包括分析、综合、比较、抽象和概括。思维的基本形式包括概念、判断和推理。按照性质和内容特点可以将思维分成动作思维、形象思维和抽象思维。动作思维是通过实际动作来进行的思维,儿童在掌握抽象概念之前,用手摆弄物体进行计算活动,就属于动作思维。形象思维是用直观形象和表象解决问题的思维,幼儿的思维主要是以表象来进行的。抽象思维是运用概念和理论知识来解决问题的思维,这种思维需要遵循逻辑规律,所以也叫逻辑思维。

1. 听障学生思维的总特点

普通儿童的思维发展经历了三种水平或三个阶段,即动作思维、形象思维和抽象思维。听障学生的思维发展与普通学生有相同的趋势。但听障学生由于语言形成和发展迟缓、困难和缺陷,其思维的发展停留在第二阶段的时间较长,即表现出更多的具体形象性。在由具体形象思维向抽象思维过渡的过程中,听障学生要比普通学生花更多的时间。并且在抽象思维发展的同时,仍表现出很大的具体形象性。甚至在抽象思维明显占据优势之前,他们的两种思维形式不分高低,看不出主次。

2. 听障学生思维过程的特点

在操作分析和直观分析方面,听障学生比普通学生分析得更细致、更具体;但是他们的逻辑分析和思想分析发展得较为迟缓而不完善,分析较为困难,往往欠深刻。听障学生综合能力的发展比其分析能力的发展要更为迟缓。随着语言能力的提高,概念的日益丰富以及生活经验的积累,他们的分析、综合能力都会逐步发展和提高。一般而言,听障学生的分析能力要优于综合能力。

听障学生在比较的过程中很容易找出事物之间的不同点,而较难找出事物之间的相同点;不善于作全面的比较,往往找到相同点就忘了不同点,注意

---

① 陈云英.中国特殊教育学基础[M].北京:教育科学出版社,2004:161.

了不同点就忽视了相同点;注重事物的外在差异而忽视事物的内在本质。听障学生的抽象概括跟普通儿童一样经过动作水平的概括、形象水平的概括和抽象水平的概括三个阶段。但是,相对而言,他们在第三阶段有点困难。[1]

(五)听障学生的学习特点

虽然,听障学生中也有学习成绩很好的,但是数量上并不多。听障学生的学习成绩要落后于普通儿童。我国大陆聋校实行九年义务教育,在文化知识方面的目标是达到小学毕业的水平。实践证明,就是这样一个不算高的目标,绝大部分听障学生都达不到。[2] 一般情况下,听障学生要比普通学生的学业水平低三到四个年级。

听障学生学习成绩整体上差于普通儿童,原因可能是:① 听障学生由于听觉障碍,比普通儿童接收到的信息刺激要少很多。② 有很多的家长和教师对听障学生的期望值太低。③ 教师没有很好地利用听障学生视觉和触觉学习的优势。④ 听障学生自信心不强,等等。

(六)听障学生的人格特点

人格是构成一个人的思想、情感及行为的特有统合模式,这个独特的模式包含了一个人区别于他人的稳定而统一的心理品质。人格具有独特性、稳定性、统合性和功能性。人格是由多种成分构成的一个有机整体,具有内在的一致性,受自我意识的调控。人格的统合性是心理健康的重要指标。当一个人的人格结构在各方面彼此和谐一致时,他的人格就是健康的。否则,会出现适应的困难,甚至出现"人格分裂"。人格决定一个人的生活方式,甚至决定一个人的命运。当面对挫折和失败时,坚强者能发奋拼搏,懦弱者会一蹶不振,就是人格功能性的表现。此外,人格是一个复杂的结构系统,它包括许多成分,其中主要包括气质、性格、认知风格和自我调控等方面。[3]

有学者认为听障学生在人格上有以下特点:① 听障学生虽无明显人格问题,但是他们的个性表现出刚愎自用、自我中心和缺乏内部控制力的特征。他们既容易冲动,又易受暗示,缺少同情心,这个问题到青少年期更强烈。② 随班就读的听障学生,大多数表现出孤独与拒绝的态度。③ 听障学生比普通学生表现出更多的情绪困扰,自尊水平低,缺少乐观向上的进取精神,较不顺从,与他人少有分享互动的喜悦,成就感不强,并且缺乏独立性和创造性。④ 在人际关系上,听障学生表现出脱离性、决绝型和接近型三种适应态度;听障学

---

[1] 张宁生.听觉障碍学生的心理与教育[M].北京:华夏出版社,1995:67-71.
[2] 汤盛钦.特殊教育概论[M].上海:上海教育出版社,1998:248.
[3] 彭聃龄.普通心理学[M].北京:北京师范大学出版社,2001:426-427.

生容易产生攻击性或退缩行为,以便控制情境。⑤ 听障学生的年龄越小,道德判断发展的差距愈小,年龄越大,差距愈大。①

但是有研究者以《特殊儿童人格诊断量表》为工具,对上海地区303名听障学生个性进行评定,结果显示听障儿童在生活习惯、社会性、情绪稳定性、自我中心、自我炫耀、活动性、神经质、自卑感、成熟性等发展较好,而在一般适应性、独立性、固执性方面发展稍差,特别在忍耐性和领导性方面发展更差些。② 但并不是所有的听障学生都是刚愎自用、缺乏同情心、忍耐性差的,有很多的听障学生特别有礼貌、特别热情,而且也很有爱心。他们之所以表现出领导性差、自尊水平低等的原因是:他们由于自身的听觉障碍,很少有锻炼领导能力的机会;而且由于自身的听觉障碍,听障学生要比普通学生经受更多的挫折和困难。

二、听障学生评估的内容和方法

听力评估应该从新生儿开始,例如:美国于1999年就有29个州的政府机构要求对所有新生儿开展听力检查。主要是使用两种方法:使用听觉脑干反应器将传感器放在头皮上测量婴儿对听力刺激的电位反应,然后将反应与正常儿童进行比较;用耳声传射机检查时将一块微小的扩音器放入婴儿的耳中,用于探测耳蜗中毛细胞随声波震动,并记录来自内耳的回声,并将其与正常内耳功能进行对比。③ 在此主要介绍国内听障学生的评估内容和方法,评估主要包括听觉功能评估、语言能力评估、心理评估以及学业评估。

(一)听障学生的听觉功能评估

听觉康复是听障学生康复最重要的组成部分之一,是听障学生教育康复的基础。听觉功能评估能为制订听障学生康复计划、听障程度的进一步诊断和助听调试等提供依据。听觉功能评估由专业人员进行,它是在全面了解听障儿童听力状况及与之相关的某些项目的基础上,对该儿童的听觉状况所做的评定与描述。其目的是了解听觉功能状况和听觉障碍的程度、导致听觉障碍的原因、语言康复潜力,并估计康复的效果,以此作为拟定康复目标和制订康复计划的依据。听觉评估不同于听力检测。听力检测是专业人员运用一定的设备和方法,了解受测者的听力状况,判断听觉障碍的性质、程度和部位的一项检测。听力检测为听觉评估提供信息,但不能代替听觉评估。听觉功能

---

① 陈云英.中国特殊教育学基础[M].北京:教育科学出版社,2004:165.
② 张福娟,刘春玲.听觉障碍学生个性特征研究[J].中国特殊教育,1999(3):22-25.
③ 肖飞等.特殊需要儿童教育导论[M].北京:中国轻工业出版社,2007:307.

评估主要包括听觉察知能力评估、听觉分辨能力评估、听觉识别能力评估和听觉理解能力评估。

1. 听觉察知能力评估

听觉察知能力是指听障学生能察觉到有声音还是无声音的一种能力。若听障学生能够察觉,则说明他具有该能力,反之则无。通过听觉察知能力的评估可以知道听障学生的听觉察知能力水平,其在不同频率能察知到的最小声音,为听觉训练提供参考依据。

听觉察知能力的发展经过无意注意、有意注意和有意后注意三个阶段。无意注意是指事先没有目的,也不需要意志努力的注意。有意注意是指有预定目的,需要一定意志努力的注意。有意后注意是注意的一种特殊形式,它同时具有无意注意和有意注意的某些特征。听障学生的听觉察知功能只在无意注意和有意注意这两个阶段进行评估。

无意注意阶段听障学生的听觉察知能力评估主要是在听障学生无法主动配合的情况下,由治疗师在听障学生不经意的状态下给声,并观察听障学生的反应。它可以使用主频段不同的打击乐器来进行,这样既能够引起儿童的注意,又方便携带,便于操作。低频可以采用鼓声,中频可以采用双响筒,高频可选用锣。此外,还可选择滤波复合音,即经过滤波处理的声音。它既具有原音的特点,主频又非常明确,还能够吸引儿童注意。滤波复合音可通过 GSVLH 唱 PC2B2 型听觉评估仪给出,声音包括钟声、蛙鸣和鸟叫。[①] 有意注意阶段听障学生的听觉察知能力评估的材料既可以用滤波复合音,也可用林式五音。听觉察知能力评估记录表和结果分析表分别见表 8-1 和表 8-2。

表 8-1　听觉察知能力评估记录表[②]

姓名_____　出生日期_____　性别:□男　□女
证件号码_____　家庭住址_____　电话_____
检查者_____　测验日期_____　编号_____
听力状况:□正常　□异常　放大装置:□人工耳蜗　□助听器　效果_____
备注:_____

测试材料名称	序号	测试项目	测试目标	测试内容	测试结果
乐器声	1	低频	50 Hz	鼓	
	2	中频	1000 Hz	双响筒	
	3	高频	3000 Hz	锣	

---

① 孙喜斌,刘巧云,黄昭鸣.听觉功能评估标准及方法[M].上海:华东师范大学出版社,2007:2-3.
② 同上,27.

续表

测试材料名称	序号	测试项目	测试目标	测试内容	测试结果
滤波复合音	1	低频	750 Hz	钟声	
	2	中频	1600 Hz	蛙鸣	
	3	高频	3000 Hz	鸟叫	
林氏五音	1	低频	250 Hz	/m/	
	2	低频	300—900 Hz	/u/	
	3	中频	700—1500 Hz	/a/	
	4	高频	2000—4000 Hz	/ʃ/	
	5	高频	3500—7000 Hz	/s/	

表8-2 听觉察知能力评估结果分析表[①]

乐器声		滤波复合音		林氏五音	
内容	结果	内容	结果	内容	结果
鼓		钟声		/m/	
双响筒		蛙鸣		/u/	
锣		鸟叫		/a/	
				/ʃ/	
				/s/	

结果分析与建议：

评估者：

评估日期：

2. 听觉分辨能力评估

听觉分辨能力主要是指听障学生能分辨声音相同与不同的能力，包括分

[①] 孙喜斌,刘巧云,黄昭鸣.听觉功能评估标准及方法[M].上海：华东师范大学出版社,2007：23.

辨声音的时长、强度和频率。听觉分辨能力评估包括以无意义音节为材料的评估和有意义音节为材料的评估。听障学生听觉分辨评估记录表和结果分析表见表 8-3 和表 8-4。

表 8-3 听障学生听觉分辨能力评估记录表

姓名＿＿＿＿＿＿＿＿ 出生日期＿＿＿＿＿＿＿＿ 性别：□男 □女
证件号码＿＿＿＿＿＿ 家庭住址＿＿＿＿＿＿＿＿ 电话＿＿＿＿＿＿＿
检查者＿＿＿＿＿＿＿ 测验日期＿＿＿＿＿＿＿＿ 编号＿＿＿＿＿＿＿
听力状况：□正常 □异常   放大装置：□人工耳蜗 □助听器 效果＿＿＿＿＿
备注：＿＿＿＿＿＿＿

一、无意义音节分辨

1. 时长

（1）长短

序号	对比项目	测试目标	测试内容	测试结果
1	女	长/短	3s/1s	a—/a—
2	女	长/短	2s/1s	a—/a—
3	女	长/短	3s/2s	a—/a—

（2）断续

序号	对比项目	测试目标	测试内容	测试结果
4	女	连续/间断	1/2(3s)	a—/a—a—
5	女	连续/间断	1/3(3s)	a—/a—a—a—

2. 强度

序号	对比项目	测试目标	测试内容	测试结果
6	鼓	大/小	低频	70/55 dB
7	木鱼	大/小	中频	70/55 dB
8	三角铁	大/小	高频	70/55 dB

3. 频率（音调）

序号	对比项目	测试目标	测试内容	测试结果
9	电子琴	低/高	5 个音阶	c^1/a^1
10	电子琴	低/高	3 个音阶	c^1/f^1
11	电子琴	低/高	1 个音阶	c^1/d^1

二、有意义音节分辨

1. 时长[①]

(1) 长短

序号	对比项目	测试目标	测试内容	测试结果
12	女	长/短	三/单	西红柿/梨	
13	女	长/短	双/单	西瓜/瓜	
14	女	长/短	三/双	西红柿/西瓜	

(2) 断续

序号	对比项目	测试目标	测试内容	测试结果
15	女	间断/连续	1/2(3 s)	猫/猫猫	
16	女	间断/连续	1/3(3 s)	猫/猫猫猫	

2. 强度

序号	对比项目	测试目标	测试内容	测试结果
17	女	大/小	70 dB/60 dB	猫(大)/猫(小)	

3. 音调

(1) 语调(高兴/不高兴)

序号	对比项目	测试目标	测试内容	测试结果
18	女	高兴/不高兴	语调	下雨了	
19	男	高兴/不高兴	语调	下雨了	
20	童	高兴/不高兴	语调	下雨了	

(2) 声调

序号	对比项目	测试目标	测试内容	测试结果
21	女	一/四	wā/wà	蛙/袜	
22	女	二/四	wá/wà	娃/袜	
23	女	三/四	wǎ/wà	瓦/袜	
24	女	一/二	wā/wá	蛙/娃	
25	女	一/三	wā/wǎ	蛙/瓦	
26	女	二/三	wá/wǎ	娃/瓦	

[①] 孙喜斌,刘巧云,黄昭鸣.听觉功能评估标准及方法[M].上海:华东师范大学出版社,2007:31.

表 8-4　听障学生听觉分辨能力评估结果分析表①

无意义音节						有意义音节					
时长		强度		频率		时长		强度		音调	
序号	得分	序号	得分	序号	得分	序号	得分	序号	得分	序号	得分
1		6		9		12		17		18	
2		7		11		13		小计		19	
3		8		小计		14				20	
4		小计				15				21	
5						16				22	
小计						小计				23	
										24	
										25	
										26	
										小计	

听觉分辨总分(%)：无意义音节_____%；有意义音节_____%；总分_____%。

结果分析与建议：

评估者：
评估日期：

3. 听觉识别能力的评估

根据中国聋儿康复研究中心和世界卫生组织听力康复预防与康复合作中心编制的《听力语言康复事业标准汇编》，听障学生的听觉识别能力主要是依据听障儿童听觉能力评估系列词表来进行，主要包括对自然声响的识别、语音识别、数字识别、声调识别、单音节词(字)识别、双音节词识别、三音节词识别、短句识别和选择性听取 9 项，以韵母识别、单音节词(字)识别和双音节识别词表为例，见表 8-5、表 8-6、表 8-7：

---

① 孙喜斌，刘巧云，黄昭鸣.听觉功能评估标准及方法[M].上海：华东师范大学出版社，2007：33.

表 8-5 韵母识别词表

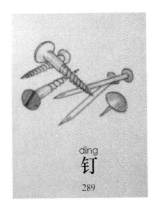
dīng
钉
289

lún
轮
298

māo
猫
29

qiāng
枪
296

luó
锣
300

gǔ
鼓
299

rēng
扔
297

jiǎn
捡
303

zhàn
站
295

表 8-6 单音词(字)识别表

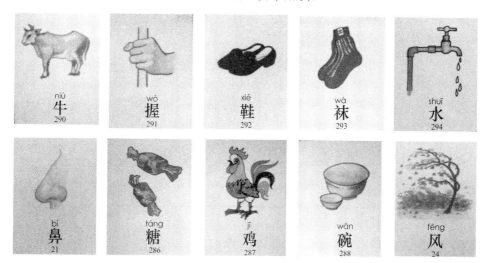

表 8-7 双音节词识别表

4．听觉理解能力的评估

听觉理解能力是指将听到的声音与声音所对应的意思结合起来的能力。通过听觉理解能力的评估可以诊断听障学生的听觉理解能力是否正常，明晰其听觉理解能力的问题所在，并为以后的康复工作提供依据。听觉理解能力的评估主要参考的是由孙喜斌等人编写的《听觉功能评估标准及方法》,其主要评估内容包括单条件词语、双条件词语和三条件词语的听觉理解能力。听觉理解能力的评估记录表格见表8-8。

表8-8 听障学生听觉理解能力评估记录表[①]

姓名_____ 出生日期_____ 性别：□男 □女

证件号码_____ 家庭住址_____ 电话_____

检查者_____ 测验日期_____ 编号_____

听力状况：□正常 □异常 放大装置：□人工耳蜗 □助听器 效果_____

备注：_____

一、单条件词语

1. 一类词语

序号	目标词	测试词1	测试词2	测试词3	测试词4	结果
1	眼睛	嘴巴	眼睛	鼻子	耳朵	
2	叔叔	阿姨	爷爷	奶奶	叔叔	

2. 二类词语

序号	目标词	测试词1	测试词2	测试词3	测试词4	结果
3	哥哥	哥哥	姐姐	弟弟	妹妹	
4	洗澡	洗澡	穿衣	洗手	洗脸	

3. 三类词语

序号	目标词	测试词1	测试词2	测试词3	测试词4	结果
5	大象	猴子	狮子	老虎	大象	
6	毛巾	梳子	牙膏	洗手	洗脸	

4. 四类词语

序号	目标词	测试词1	测试词2	测试词3	测试词4	结果
7	扫地	扫地	照相	滑雪	倒水	
8	打伞	倒水	打伞	打针	吃药	

---

① 孙喜斌,刘巧云,黄昭鸣.听觉功能评估标准及方法[M].上海：华东师范大学出版社,2007：85-95.

5. 五类词语

序号	目标词	测试词1	测试词2	测试词3	测试词4	结果
9	楼梯	楼房	立交桥	楼梯	电梯	
10	起床	起床	擦桌子	扫地	洗菜	

二、双条件词语

6. 一类词语(并列词语)

序号	目标词	测试词1	测试词2	测试词3	测试词4	结果
11	眼睛和嘴巴	眼睛和鼻子	眼睛和嘴巴	耳朵和嘴巴	耳朵和鼻子	
12	叔叔和奶奶	爷爷和奶奶	叔叔和阿姨	叔叔和奶奶	爷爷和阿姨	

7. 二类词语(动宾词语)

序号	目标词	测试词1	测试词2	测试词3	测试词4	结果
13	拿水果	拿饮料	拿水果	画水果	画饮料	
14	吃萝卜	切西红柿	吃萝卜	切萝卜	吃西红柿	

8. 三类词语(主谓词语)

序号	目标词	测试词1	测试词2	测试词3	测试词4	结果
15	哥哥骑车	姐姐骑车	哥哥跑步	姐姐跑步	哥哥骑车	
16	叔叔照相	阿姨照相	叔叔照相	叔叔扫地	阿姨扫地	

9. 四类词语(偏正词语)

序号	目标词	测试词1	测试词2	测试词3	测试词4	结果
17	黑色的头发	黑色的眼睛	蓝色的眼睛	黑色的头发	蓝色的头发	
18	圆圆的镜子	圆圆的镜子	方方的镜子	方方的时钟	圆圆的时钟	

10. 五类词组(介宾词语)

序号	目标词	测试词1	测试词2	测试词3	测试词4	结果
19	在笼子里面	在洞的里面	在洞的外面	在笼子里面	在笼子外面	
20	在篮子里面	在篮子里面	在篮子外面	在盒子里面	在盒子外面	

三、三条件词语

11. 一类词语（并列词语）

序号	目标词	测试词1	测试词2	测试词3	测试词4	结果
21	猴子、老虎和狮子	大象、老虎和狮子	猴子、老虎和狮子	猴子、老虎和熊猫	猴子、斑马和狮子	
22	眼睛、嘴巴和鼻子	眼睛、耳朵和鼻子	眼睛、嘴巴和鼻子	眼睛、嘴巴和手指	鼻子、嘴巴和头发	

12. 二类词语（动宾词语）

序号	目标词	测试词1	测试词2	测试词3	测试词4	结果
23	拿很多水果	拿很多饮料	拿很多水果	画很多水果	拿很少水果	
24	画一个圆形	画一个圆形	画一个正方形	拿一个圆形	画两个圆形	

13. 三类词语（主谓词语）

序号	目标词	测试词1	测试词2	测试词3	测试词4	结果
25	两个叔叔刷牙	两个叔叔刷牙	两个叔叔洗头	两个阿姨刷牙	一个叔叔刷牙	
26	两个叔叔扫地	两个阿姨扫地	两个叔叔扫地	两个叔叔看书	一个叔叔扫地	

14. 四类词语（偏正词语）

序号	目标词	测试词1	测试词2	测试词3	测试词4	结果
27	两个黑色的浴缸	一个黑色的浴缸	两个黑色的浴缸	两个白色的浴缸	两个黑色的马桶	
28	黑色的短头发	黑色的长头发	黑色的短裤	黑色的短头发	黄色的短头发	

15. 五类词组（介宾词语）

序号	目标词	测试词1	测试词2	测试词3	测试词4	结果
29	在红色的沙发上面	在红色的沙发上面	在红色的沙发下面	在红色的桌子上面	在黑色的沙发上面	
30	在黑色的台灯前面	在黑色的台灯后面	在黑色的台灯前面	在黄色的台灯前面	在黑色的镜子前面	

（二）听障学生的语言能力评估

听障学生语言能力评估是听障学生评估中的重要组成部分，能为教学内容的选择和教学计划的制订提供依据。听障学生语言能力评估标准见表8-9。听障学生的语言能力评估内容主要包括语法能力、理解能力、表达能力、交往能力、语音能力和词汇能力几个方面。

表8-9 听障学生语言能力评估标准

康复级别	语音清晰度（%）	词汇量（个）	模仿句长（字）	听话识图	看图说话	主题对话	语言年龄（岁）
四	简单发音	20	1～2	事物的名称	事物名称、简单行动	理解"呢"	1
三	≥20～55	200	3～5	动作、外形、机体感觉	事件中的主要人物和行动	理解"什么""谁""哪个""哪儿"	2
二	≥56～85	1000	6～7	个性品质、表情情感	主要人物和主要情节	什么时候、什么地方	3
一	≥86	1600	8～10	事件、情节	百字以内的简单故事	怎么、怎么样、为什么	4

① 语法能力主要是通过模仿句长能力的测验进行。因为句子的长度和句子结构的复杂程度成正比的关系，因此句长度能大致评价听障学生的语法运用能力。模仿句长的测试题一共分为四个等级，每个等级与相应的语言年龄一致。测试时，测试人员出示一张图片并完整地读完测试内容，然后让听障学生模仿说出图片内容。若能正确模仿，就进入下一个测试，反之则抽取同等级的内容再模仿。如连续三次不能正确理解则停止测试，以前一个通过的级别定级。

② 语言理解能力主要通过听图说话能力的测验进行评估。同样根据听图说话题的难度将其分为四个等级，每个级别与普通学生的语言年龄相一致。测试时测试人员出示某一级别的一些图片，并描述其内容，然后要求听障学生指出相应的内容。若能正确指出就进入下一个测试，反之就取同一级别的另一组图片测试。如连续三次不能正确理解则停止测试，以前一个通过的级别定级。

③ 表达能力主要通过看图说话能力的测验进行评估。依据看图说话内

容的难易,共分为四个级别,每一级别均与相应的语言年龄相一致。测试时,主试人员与听障学生面对面坐,从一年级开始测试,出示一张图片,并讲述其内容,讲完后要求被试讲述,根据复述内容、语句的完整程度及语言的流畅度等语言要素评定。如通过就进入下一个级别的测试,如不能通过可取同一级别的另一组图片测试。如连续三次不能正确理解则停止测试,以前一个通过的级别定级。

④ 交往能力主要是通过主题对话能力的测验进行评估。根据问句的难易程度将主题对话分为四个等级,每个等级都与相应的语言年龄相一致。测试工具是4组图片及其相应的疑问句。或设计适当的生活场景,与听障学生在游戏中完成测试。测试时,由主试出示一张图片,并根据内容依次提出问题要求听障学生回答,如能正确回答则通过测试,进入下一级测试。不能通过,可取同一级别另一组图片提问。如连续三次不能正确理解则停止测试,以前一个通过的级别定级。

⑤ 语音能力主要是通过对语音清晰度水平的测验进行评估。将语音清晰度分为四个等级,每个级别的语音清晰度与相应的语言年龄一致。测试人员要求为当地人,无听觉障碍。测试工具是50张语言清晰度测试双音节图片,共两组,每组25张。测试时4名测试人员面对听障学生,主试选择25张双音节测试图片依次出示,让听障学生认读,每张图片读2次。测试人员依据标准答案对测试者的记录评分,评分标准双音词每词正确为1分,每字正确为0.5分,每名测试人员满分25分。最后将4名测试人员记录的正确数累加,即可获得听障学生的语音清晰度。

⑥ 词汇能力主要是通过听障学生词汇量的测验进行评估。此测验同样分为四个等级,每个等级与相应的语言年龄对应。测试工具为《等级词汇量表》。测试时,由测试人员将听障学生掌握的词汇从列表中划去,并补充被试已掌握但词表中未出现的词汇,一并统计,计算出该听障学生的词汇量,并依据语言能力评估词汇量等级标准评估其目前的等级。

（三）听障学生的心理评估

听障学生的心理评估是听障学生评估中的一个很重要的部分。通过心理评估,教师可以了解听障学生的心理特点,从而为听障学生的鉴别、诊断和安置提供依据,也为教师教学工作的安排、教学效果的评估以及教学管理等提供依据。

1. 心理评估的定义

心理评估是指为了搞好教育教学,评估者根据心理测量的结果和其他多方面的资料(如医学检查、日常的观察记录、个人的生长发育史、个人病史、个人受教育的经历等),对被评估者的心理发展水平及存在问题做出判断、解释的过程。①

2. 心理评估的原则

听障学生的心理评估要遵循以下几个原则:① 遵循伦理性的原则。要以学生为本,要尽量避免评估对学生造成的伤害。② 要坚持保密原则。听障学生的个人信息不得任意传播。③ 坚持将评估与教育、康复训练相结合的原则。评估只是手段,不是目的,要将评估与听障学生的教育与康复训练有效地结合在一起。④ 坚持静态评估与动态评估相结合的原则。因为听障学生一直处在发展的状态,只有采用动态评估才能及时地掌握听障学生的变化,才能为听障学生教学及康复计划的制订提供更可靠的依据。⑤ 坚持多种评估形式以及多领域人员共同参与评估的原则。只有采取多种评估形式,才能收集到有关听障学生更全面的信息。多领域人员,尤其是听障学生家长参与评估具有很重要的意义,因为家长对自己的孩子非常了解,家长参与孩子的评估还可以提高家长参与孩子教育及康复训练的积极性。

3. 听障学生心理评估过程

元平特校作为一所全日制的特殊教育学校,每一学年听觉障碍新生入学的时候,为了了解听障学生的基本心理情况和行为问题,心理组的老师会用各种量表对听障学生做一个心理评估和行为问题评估,然后为他们建立一个心理档案,为听障学生后期的教育、康复训练计划的制订提供依据。

4. 听障学生的学业评估

听障学生评估内容中还有一个很重要的部分就是听障学生的学业评估。元平特校听障部从小学一年级到高中三年级的学生,一共11个班,87名听障学生。随年级的增高,学业评估越发重要。元平特校对学生的学业评估的形式主要有各个班级学生平时的学习表现评比栏、学生之间的互相评价、家长对学生的评价以及主要学科每一个学期期末测试及单元测试。

除此之外,元平特校还会根据具体康复课程的需要给听障学生作具体的评估。以义务教育阶段听障学生的"沟通与交流"课程为例,老师会给学生做诊断性评估、形成性评估和总结性评估。具体见表8-10、表8-11。

---

① 韦小满.特殊儿童心理评估[M].北京:华夏出版社,2006:16.

表 8-10 沟通与交流诊断性评估表

学生姓名：_____ 班级：_____ 评估者：_____ 评估日期：_____

领域	评估内容	教师评价	学生评价	家长评价	备注
感觉训练	能通过听觉分辨出大自然、机械、乐器声音				
	能够通过听觉进行音乐韵律、节奏的识别				
	能够辨别言语声音、日常生活声音与噪音				
口语训练	有学习口语的兴趣，养成用口语进行沟通的习惯				
	能够运用口头语言进行日常生活的简单交流				
	通过读话了解沟通交往的简单内容				
手语训练	能够使用手语进行沟通与交往				
	了解自然手语和文法手语的差别，懂得学习中国手语				
	能用流畅的自然手语进行日常生活信息的沟通与交流				
	会用中国手语打出常用词汇和简单句型				
	能用手指语打出汉语的拼音声母和韵母				
	通过读话了解沟通交往情境的简单内容				
书面语训练	通过手指语阅读一般的图画书				
	能够写清楚自己想表达的意思				
	能够通过笔谈与家长、老师、同学进行日常生活的沟通与交往				
其他沟通方式训练	看图读书，对语言文字产生兴趣				
	能够就阅读的图画书与同学进行简单交流和讨论				
	认识常用的功能性符号				
	了解电子邮件、手机等沟通方式的特点并能运用进行简单沟通				

说明：1. 评估标准：A：学生能独立完成，B：口语提示下完成，C：操作，D：不能完成。

2. 本基线评估量表适用于义务教育阶段的1~3年级的听障学生。

3. 在学生入校和转班时进行评估，一般需要连续评估两次。

表 8-11 沟通与交流诊断性评估表

学生姓名：_____ 班级：_____ 评估者：_____ 评估日期：_____

领域	评估内容	教师评价	学生评价	家长评价	备注
口语训练	有积极地使用口头语言进行交往的倾向				
	能够主动跟同伴和老师讨论共同关注的或有关现场的问题				
	在交谈时能够用疑问、陈述和否定的简单句式表达自己的想法				
	能够通过读话了解简单的记叙文、说明文的内容				
	能够运用口头语言进行日常生活的基本交流				
手势语言训练	能够流畅地以自然手语和他人进行自如交流				
	会用中国手语打出完整的句子				
	能够流畅地将语文所学课文以自然手语打出				
	能够通过手指语将阅读的故事自如打出				
书面语训练	能够通过笔谈就所看到的事物与发生在身边的事情与老师、家长和同学进行简单表述				
	能够通过笔谈就学校管理人员、教师所提出的简单问题，如：谁、什么、哪里、为什么、怎样、什么时候等问题进行回答				
	会写书信、请假条、贺卡、通知等				
其他沟通方式训练	喜欢看图读书，对语言文字产生兴趣				
	继续认识常用功能性符号				
	喜欢并能够采用电子邮件、网络、手机短信等沟通方式进行一般性沟通				

说明：1. 评估标准：A：学生能独立完成，B：口语提示下完成，C：操作，D：不能完成。
2. 本基线评估量表适用于义务教育阶段的 4～6 年级的听障学生。
3. 在学生入校和转班时进行评估，一般需要连续评估两次。

第2节 训练计划的制订

听障学生评估的一个很重要的目的就是为制订听障学生的康复训练计划提供基础和依据,听障学生的康复训练计划又为后期的康复实施奠定基础和提供依据。因而,听障学生的康复训练计划在整个康复环节中是承上启下的部分,能否根据他们的评估情况及综合各种资源制订出一套比较科学的康复训练计划对于后期康复训练的实施具有很重要的影响。

一、听障学生的康复训练目标

听障学生的康复训练目标是通过对听障学生的现有状况进行分析之后,再结合他们的特点、教师资源和学校条件等为他们设定的预期康复效果。康复目标包括长期的康复训练目标、中期的康复训练目标和短期的康复训练目标。长期的康复训练目标时间一般为一个学期、一个学年甚至几年,中期的康复训练目标时间通常为几个月,而短期的康复训练目标时间通常指几个星期或者几节课。

(一)听障学生的医疗康复目标

听障学生的医疗康复在全面康复中具有很重要的作用,是全面康复的基础。在听障学生的致病因素中有很多都是医学方面的原因,而且目前很多听觉障碍方面的评估和康复工作也是由医学人员在做。医疗康复的目标主要是通过药物治疗、人工耳蜗手术和听骨链重建手术等,提高他们的听觉功能。

(二)听障学生的教育康复目标

教育康复的效果对听障学生的全面康复效果有很重要的影响,从早期的聋儿语言训练到义务教育阶段的教育,听障学生都在接受教育康复。教育康复的目标是通过日常的教育教学,提高他们的听觉辨别能力、听觉理解能力和语言能力,提高他们与他人交往的能力,使他们成为有理想、有道德、有文化、有纪律的人。

(三)听障学生的职业康复目标

听障学生职业康复的目标是使他们能获得、保持适当职业并得到提升,从而促进他们参与或重新参与社会。在义务教育阶段,听障学生所接受的职业康复主要是学习各种生活指导课、劳动技术课和职业技术课。通过这些基本课程的学习,可以使义务教育阶段的听障学生有一些基本的劳动意识和劳动能力,也为后期的职业教育、职业训练和就业打下基础。

（四）听障学生的心理康复目标

很多听障学生由于听觉障碍，在生活中缺乏自信、多疑、对某些事情过分敏感，遇到事情缺乏理性的判断和处理，很多时候会因误解别人的意思而造成心情郁闷，同时也可能出现自伤或伤害他人的行为。若不及时得到心理康复，长期下去对听障学生的心理健康影响非常大。因而，听障学生的心理康复目标是通过心理老师或专业的心理咨询师的沟通、引导和治疗等，使听障学生消除心中错误的观念、建立正确的观念，树立正确的人生观和世界观，保持平和的心态，建立正常的行为方式，能够积极地学习和生活并与他人融洽相处。

（五）听障学生的社区康复目标

随康复观念的不断更新和人们康复意识的提高，社区康复在整个康复环节中的地位和作用越来越高。义务教育阶段特殊教育学校的听障学生社区康复的目标是在特殊学校教师、儿童家长和社工等相关人员的配合下，争取社区机构等相关部门的支持，努力使听障学生能够走出校门、走出家门、走进社区，在社区里接受相关的康复训练，在社区中做自己力所能及的事情，不断提高听障学生的综合能力，使他们最终能回归社区，在社区中能融洽地与人相处和生活。

二、听障学生的康复训练计划

义务教育阶段听障学生的康复计划主要体现为学校根据国家《聋校义务教育课程设置实验方案》、听障学生的生理和心理特点以及学校的实际情况所设的课程、教学计划以及教师为每个学生制订的个别教学计划。

在课程设置原则方面，《聋校义务教育课程设置实验方案》规定：课程设置要坚持综合课程和分科课程相结合，各门课程都应重视学科知识、社会生活和听障学生自身经验的整合，加强学科渗透。小学阶段（一至六年级）以综合课程为主，初中阶段（七至九年级）设置分科与综合相结合的课程。设置综合课程，一至三年级设品德与生活，四至六年级设品德与社会，旨在适应听障学生生活范围逐步扩大、经验不断丰富、社会融合能力逐步发展的需要；四至九年级设科学课，旨在使听障学生从生活经验出发，体验探究过程，学习科学方法，形成科学精神；一至三年级设生活指导课，四至六年级设劳动技术课，七至九年级设职业技术课，旨在通过生活实践、劳动实践和职业技术训练，帮助听障学生逐步形成生活自理能力、劳动能力和就业能力。

根据以上课程设置的原则，听障学生义务教育阶段增设了沟通与交往和综合实践活动课程。沟通与交往课程的内容主要包括感觉训练、口语训练、手语训练、书面语训练及其他沟通方式和沟通技巧的学习与训练，旨在帮助听障学生掌握多元的沟通交往技能与方式,促进听障学生语言和交往能力的发展。综合实践活动课程的内容主要包括信息技术教育、研究性学习、社区服务与社会实践等,使听障学生通过亲身实践,提高收集与处理信息的能力、综合运用知识解决问题的能力以及交流与合作的能力,增强社会责任感,并逐步形成创新精神与实践能力。

元平特校在给学生进行集体课堂教学的同时,还根据每个学生的具体情况制订个别教育计划,学生个别教育计划见表 8-12。

表8-12 个别教育计划表(1)

学生基本情况					
姓名		性别		出生日期	
听力类型		听力等级		执行起止日期	
确诊时间		佩戴的放大器	助听器□		人工耳蜗□
父亲姓名		年龄		联系电话	
父亲工作单位			父亲学历		
母亲姓名		年龄		联系电话	
母亲工作单位			母亲学历		
家庭住址			联系方式		

个别教育计划表(2)

学生现状评估	
医学评估	
心理评估	
语言能力评估	
康复教师发展建议	
监护人意见	

个别教育计划表(3)

姓名		科目		教师	
康复训练长期目标 (学期目标)					
康复训练中期目标 (月目标)					
康复训练短期目标 (单元目标)					

续表

康复训练内容 (针对单元目标所 采用的方法和内容)		
评估反馈	目标达成度	
	发展状况	
	原因分析	
	下阶段发展建议	
备注		

个别教育计划表(4)

姓名		教师		日期	
短期目标					
康复训练内容					
主要困难与问题					
反思 (目标达成度、 应对措施等)					
备注					

第3节 训练过程的实施

《中国残疾人事业"十二五"发展纲要》中指出要"以专业康复机构为骨干、社区为基础、家庭为依托,发挥医疗机构、城市社区卫生服务中心、村卫生室、特教学校、残疾人集中就业单位、残疾人福利机构等的作用,建立健全社会化的残疾人康复服务网络,全面开展医疗康复、教育康复、职业康复、社会康复,提供功能技能训练、辅助器具适配、心理辅导、康复转介、残疾预防、知识普及和咨询等康复服务"。听障学生作为残疾人的一个大群体,他们的康复自然需要遵循《中国残疾人事业"十二五"发展纲要》中的相关指示。听障学生的康复是一个很漫长的过程,须坚持医疗康复、教育康复、心理康复、职业康复和社区康复相结合的全面康复原则,在保证听障学生安全的前提下,尽可能恢复听障学生的听觉功能,提高他们的言语能力和语言能力,增强他们的综合能力,使他们能够自己独立地生活,能自信地融入社会。

一、听障学生康复训练的原则

（一）早期康复原则

2005年中国聋儿康复研究中心专门组织专家制订了《聋儿早期康复教育指导纲要》，其中指出"聋儿早期康复教育同幼儿园教育一样，是基础教育的重要组成部分，是我国学校教育和终身教育的奠基阶段。各级各类聋儿早期康复教育机构都应贯彻'以人为本'的原则，从实际出发，因地制宜地实施科学的康复教育，为聋儿一生的发展打好基础"。可见听障学生早期康复的重要性，且实践证明，听障学生早期康复的效果是最好的。听障学生康复得越早，语言能力等自然也会发展得更好，对他们的全面发展有很重要的作用。

（二）循序渐进原则

听障学生康复训练实施过程中，学生康复训练的内容、难度和强度都要遵守循序渐进的原则，要清楚学生康复训练的基线水平和康复训练的最近发展区。要重视学生在康复训练过程中的自我效能感，避免学生出现习得性无助现象。

（三）生活化原则

听障学生康复训练内容和情境的生活化更能引起听障学生的兴趣，有利于学生理解语言所表达的意思，有利于他们运用和巩固所学的内容，有利于家长指导和矫正学生的发音，有利于学生与社区其他人员的交流。

（四）坚持性原则

听障学生的康复训练是一个长期的过程，进展速度很慢，而且学生记忆保持时间短，需要教师和家长不断地再现和重复康复训练的内容。此外，虽然义务教育阶段听障学生康复训练效果没有早期康复训练的效果好，但是也须坚持，这尤其对那些有残余听力的学生非常重要。很多听障学生早期康复训练的效果很好，但是进入义务教育阶段之后，重点抓文化知识的学习，很多教师和家长忽视了学生的康复训练，这对听障学生的全面康复和语言能力的发展有消极影响。

（五）多方合作原则

听障学生的康复训练不是教师、家长或医生单方的责任，仅靠单方的努力是很难达到很好的康复训练效果的。听障学生的康复训练，要充分发挥学生的积极主动作用，教师的指导作用，家长的引导辅助作用和其他社会人士的支持作用，要尽量集合多方的信息、资源和人力促进听障学生的康复训练。

二、听障学生康复训练的实施

(一) 听障学生的医疗康复

听障学生的医疗康复是听障学生全面康复的重要组成部分,是其他康复的前提和基础。听障学生的医疗康复主要指通过各种药物、人工耳蜗手术、听骨连重建术等以及助听器的配备及其调试不断提高听障学生的听觉功能。此外,听障学生的医疗康复还包括言语治疗。元平特校对听障学生实施的医疗康复主要表现为学校和医疗机构进行合作,对有需要的学生进行医学评估,调试助听器,为他们做人工耳蜗手术。同时,元平特校还有两名医疗康复专业治疗师,为有需要的学生实行相应的康复训练。

(二) 听障学生的教育康复

听障学生的教育康复主要贯穿于学校为听障学生所开设的课程之中。此外,元平特校还为小学阶段的听障学生开设了"沟通与交往"课,对学生进行专门的康复训练。

1. "沟通与交往"课程的总目标

"沟通与交往"课程的总目标主要概括为:① 帮助听障学生掌握多元的沟通交往技能与方式,促进听障学生语言和交往能力的发展。② 在交往与沟通课程的学习中,培养听障学生积极进取的人生态度和正确的价值观。提高他们建立良好人际关系和适应社会的能力,以顺利回归与融入聋人社群与主流社会。③ 帮助听障学生认识沟通与交往的重要性与作用,使他们逐步形成不畏困难、勇于沟通、乐于交往和善于表达的态度倾向。④ 激发听障学生沟通与交往的兴趣,增强其语言理解与表达的能力,养成使用语言进行思考的习惯,提高他们在实际情景中使用恰当语言(口语/手语/书面语)进行沟通的语言运用能力。⑤ 要求听障学生根据自己的发展特点和特殊需要,具备运用多种沟通交往技能与方式(口语/手语/书面语)与人(聋人、健听人)沟通交流,掌握文明礼貌的人际沟通与社会交往规范,促进语言和交往能力的发展。

2. "沟通与交往"课程的阶段目标

第一阶段:小学一至三年级。有学习口语的兴趣,具备简单的口语沟通能力,养成用口语进行沟通的习惯;具备良好的声音辨别能力;能够基本掌握自然手语、文法手语、手指语,能够使用中国手语进行日常的沟通;能够进行简单的阅读;能够通过笔谈、手机等沟通方式进行简单沟通。

第二阶段:小学四至六年级。具有良好的口语交流和读话的能力,并具备较好的谈话技能;在学习中能够熟练地使用自然手语、手指语、手指语,能运用中国手语自如交流;能够熟练地通过笔谈与人交谈;会写书信、请假条、通知等,能够采用电子邮件、网络、手机等沟通方式与人沟通。

3. "沟通与交往"课程的内容标准

第一阶段:小学一至三年级

表 8-13 小学 1～3 年级内容标准

领域	次领域	学年学习内容	学年学习目标
1. 感觉训练	1.1 具备通过听觉分辨出大自然、机械、乐器声音的能力	1.1.1 三种不同乐器的声音	1.1.1 练习辨听两到三种不同乐器的声音
		1.1.2 三种不同的大自然声音	1.1.2 练习辨听两到三种不同的大自然声音
		1.1.3 大自然、机械、乐器等不同的声音	1.1.3 练习辨听大自然、机械、乐器等不同的声音
	1.2 能够通过听觉进行音乐韵律、节奏的识别	1.2.1 音乐的韵律与节奏	1.2.1 愿意运用听觉体验音乐的韵律与节奏
		1.2.2 音乐的韵律	1.2.2 能够通过听觉识别音乐的韵律
		1.2.3 音乐的节奏	1.2.3 能够通过听觉识别音乐的节奏
	1.3 能够辨别言语声音、日常生活声音与噪音	1.3.1 言语声、日常生活声音与噪音	1.3.1 初步辨听言语声、日常生活声音与噪音
		1.3.2 言语声、日常生活声音与噪音	1.3.2 基本辨听言语声、日常生活声音与噪音
		1.3.3 言语声音、日常生活声音与噪音	1.3.3 能够辨别言语声音、日常生活声音与噪音
2. 口语训练	2.1 有学习口语的兴趣,养成能够用口语进行沟通的习惯	2.1.1 开口说话	2.1.1 愿意开口说话,有学习口语的兴趣
		2.1.2 与人沟通	2.1.2 愿意学习、运用口语,喜欢与人沟通
		2.1.3 用口语进行沟通	2.1.3 能主动学习口语,养成用口语进行沟通的习惯
	2.2 能够运用口头语言进行日常生活的简单交流	2.2.1 口语的运用	2.2.1 能够在教师指导下运用口语在课堂上进行简单的交流
		2.2.2 日常生活中口语的简单交流	2.2.2 能够在教师指导下运用口语进行日常生活的简单交流
		2.2.3 日常生活中口语的简单交流	2.2.3 能够运用口语进行日常生活的简单交流

续表

领域	次领域	学年学习内容	学年学习目标
3. 手语训练	3.1 知道手语是聋人交往的一种语言，愿意使用手语进行沟通与交往	3.1.1 手语的交往作用	3.1.1 了解手语的交往作用，有使用手语进行沟通的意愿
		3.2.2 手语交往的重要性	3.2.2 认识手语交往的重要性，愿意使用手语进行沟通
		3.3.3 手语	3.3.3 知道手语是聋人交往的一种语言，有学习手语的意愿
	3.2 了解自然手语和文法手语的差别，懂得学习中国手语的重要性	3.2.1 课堂常用手语	3.2.1 了解手语，初步学习课堂常用手语
		3.2.2 学习中国手语的重要性	3.2.2 懂得学习中国手语的重要性，愿意学习手语
		3.2.3 日常生活中的常用手语	3.2.3 初步学习日常生活中的常用手语
	3.3 能用流畅的自然手语进行日常生活信息的沟通与交流	3.3.1 日常生活的常用手语	3.3.1 学习日常生活的常用手语，并在生活中练习初步使用
		3.3.2 日常生活的常用手语	3.3.2 学习日常生活的常用手语，并在生活中练习使用
		3.3.3 用手语进行沟通与交流	3.3.3 练习用流畅的手语进行沟通与交流
	3.4 会用中国手语打出常用词汇和简单句型	3.4.1 中国手语的常用词汇	3.4.1 能够用中国手语打出常用词汇
		3.4.2 中国手语的常用词汇和简单句型	3.4.2 能够用中国手语打出常用词汇和简单句型
		3.4.3 中国手语的常用词汇和句型	3.4.3 能够用中国手语打出常用词汇和句型
	3.5 知道手指语的符号意义，并能用手指语打出汉语的拼音声母和韵母	3.5.1 手指语的意义，名字的手指语	3.5.1 知道手指语的符号意义，学习名字的手指语
		3.5.2 汉语拼音声母的手指语	3.5.2 能够用手指语打出汉语拼音声母
		3.5.3 汉语拼音声母和韵母的手指语	3.5.3 能够用手指语打出汉语拼音声母和韵母

续表

领域	次领域	学年学习内容	学年学习目标
4. 书面语训练	4.1 开始通过读话了解沟通交往情境的简单内容	4.1.1 简单的读话	4.1.1 能够在教师的指导下进行简单的读话
		4.1.2 理解简单的对话内容	4.1.2 能够通过读话理解简单的对话内容
		4.1.3 理解较复杂的对话内容	4.1.3 能够通过读话理解较复杂的对话内容
	4.2 能够通过手指语阅读一般的图画书	4.2.1 用手指语阅读字、词	4.2.1 能够用手指语阅读字、词
		4.2.2 用手指语阅读简单的句子	4.2.2 能够用手指语阅读简单的句子
		4.2.3 用手指语阅读一般的图画书	4.2.3 能够用手指语阅读一般的图画书
5. 其他沟通方式训练	5.1 喜欢看图读书,对语言文字产生兴趣	5.1.1 看图读书	5.1.1 有看图读书的意愿
		5.1.2 看图读书	5.1.2 喜欢看图读书
		5.1.3 语言文字	5.1.3 对语言文字产生兴趣
	5.2 能够就阅读的图画书与同学进行简单交流和讨论	5.2.1 简单的阅读	5.2.1 能够进行简单的阅读
		5.2.2 阅读简单图画书	5.2.2 能够阅读简单图画书
		5.2.3 就阅读与同学进行简单交流和讨论	5.2.3 能够就阅读与同学进行简单交流和讨论
	5.3 对笔谈产生兴趣,初步能够写清楚自己想表达的意思	5.3.1 用笔交谈	5.3.1 愿意用笔交谈
		5.3.2 用笔表达简单的愿望	5.3.2 能够用笔表达简单的愿望
		5.3.3 用笔写清楚自己想表达的意思	5.3.3 能够用笔写清楚自己想表达的意思
5. 其他沟通方式训练	5.4 初步能够通过笔谈与家长、老师、同学进行日常生活的沟通与交往	5.4.1 用笔交谈	5.4.1 愿意用笔交谈
		5.4.2 用笔谈与老师进行日常生活的简单沟通	5.4.2 能够用笔谈与老师进行日常生活的简单沟通
		5.4.3 用笔谈与家长、老师、同学进行日常生活的沟通与交往	5.4.3 能够用笔谈与家长、老师、同学进行日常生活的沟通与交往
	5.5 认识常用的功能性符号(如男女厕所、停车场、游泳场等)	5.5.1 校园内的功能性符号	5.5.1 认识校园内的功能性符号
		5.5.2 校园及公共场所的常用功能性符号	5.5.2 认识校园及公共场所的常用功能性符号
		5.5.3 常用的功能性符号	5.5.3 认识常用的功能性符号
	5.6 了解电子邮件、手机等沟通方式的特点并能运用进行简单沟通	5.6.1 手机的沟通方式	5.6.1 了解手机的沟通方式
		5.6.2 用手机进行简单沟通	5.6.2 能运用手机进行简单沟通
		5.6.3 用电子邮件进行简单沟通	5.6.3 了解电子邮件,能运用电子邮件进行简单沟通

第二阶段：小学 4～6 年级

领域	次领域	学年学习内容	学年学习目标
1. 口语训练	1.1 具有积极地使用口头语言进行交往的倾向	1.1.1 使用口头语言进行交往的意义	1.1.1 知道使用口头语言进行交往的意义
		1.1.2 使用口语与人交流	1.1.2 在教师指导下使用口语与人交流
		1.1.3 使用口语交流	1.1.3 积极地使用口语交流
	1.2 能够主动跟同伴和老师讨论共同关注的或有关现场的问题	1.2.1 使用口语与人讨论问题	1.2.1 在教师指导下使用口语与人讨论问题
		1.2.2 使用口语与人讨论问题	1.2.2 积极主动使用口语与人讨论问题
		1.2.3 表达自己的意思	1.2.3 能够较为清楚地表达自己的意思
	1.3 在交谈时能够用疑问、陈述和否定的简单句式表达自己的想法	1.3.1 使用简单的疑问、陈述和否定句式	1.3.1 在教师指导下练习使用简单的疑问、陈述和否定句式
		1.3.2 使用简单的疑问、陈述和否定句式表达自己的想法	1.3.2 在教师指导下使用简单的疑问、陈述和否定句式表达自己的想法
		1.3.3 使用疑问、陈述和否定句式表达观点	1.3.3 交谈中合理正确地使用疑问、陈述和否定句式表达观点
	1.4 能够通过读话了解简单的记叙文、说明文的内容	1.4.1 有效阅读	1.4.1 在教师指导下进行有效阅读
		1.4.2 阅读文章	1.4.2 通过阅读在教师指导下了解文章的主要内容
		1.4.3 了解文章的主要内容	1.4.3 通过阅读了解文章的主要内容
	1.5 能够运用口头语言进行日常生活的基本交流	1.5.1 运用口语在课堂上交流	1.5.1 能够在教师指导下运用口语在课堂上交流
		1.5.2 运用口语进行日常生活交流	1.5.2 能够在教师指导下运用口语进行日常生活交流
		1.5.3 运用口语进行日常生活的基本交流	1.5.3 能够运用口语进行日常生活的基本交流

续表

领域	次领域	学年学习内容	学年学习目标
2. 手势语言训练	2.1 能够流畅地以自然手语和他人进行自如交流	2.1.1 日常生活的常用手语	2.1.1 学习日常生活的常用手语,并在生活中练习初步使用
		2.2.2 日常生活的常用手语	2.2.2 学习日常生活的常用手语,并在生活中练习使用
		2.3.3 用流畅的手语进行沟通与交流	2.3.3 练习用流畅的手语进行沟通与交流
	2.2 会用中国手语打出完整的句子	2.2.1 用中国手语打出常用的词汇	2.2.1 能够用中国手语打出常用的词汇
		2.2.2 用中国手语打出常用的词汇和简单的句型	2.2.2 能够用中国手语打出常用的词汇和简单的句型
		2.2.3 用中国手语打出完整的句子	2.2.3 用中国手语打出完整的句子
3. 书面语训练	3.1 能够流畅地将语文所学课文以自然手语打出	3.1.1 用自然手语打出常用词汇	3.1.1 用自然手语打出常用词汇
		3.1.2 用自然手语打出常用词汇和简单句型	3.1.2 用自然手语打出常用词汇和简单句型
		3.1.3 用自然手语打出简单的课文	3.1.3 能够用自然手语打出简单的课文
	3.2 能够通过手指语将阅读的故事自如打出	3.2.1 用手指语阅读字、词	3.2.1 能够用手指语阅读字、词
		3.2.2 用手指语阅读简单的句子	3.2.2 能够用手指语阅读简单的句子
		3.2.3 用手指语将阅读的故事自如打出	3.2.3 用手指语将阅读的故事自如打出
	3.3 初步能够通过笔谈就所看到的事物与发生在身边的事情与老师、家长和同学进行简单表述	3.3.1 与他人主动交谈	3.3.1 愿意将自己身边的事与他人主动交谈
		3.3.2 清楚地表达自己的意思	3.3.2 能够清楚地表达自己的意思
		3.3.3 与人交谈的技巧及养成交谈的好习惯	3.3.3 掌握与人交谈的技巧及养成交谈的好习惯

续表

领域	次领域	学年学习内容	学年学习目标
	3.4 能够通过笔谈就学校管理人员、教师所提出的简单问题，如：谁、什么、哪里、为什么、怎样、什么时候等问题进行回答	3.4.1 回答问题	3.4.1 敢于根据学校管理人员、教师提的问题回答问题
		3.4.2 正确地表达自己的意见	3.4.2 能够正确地表达自己的意见
		3.4.3 能围绕他人的问题正确回答	3.4.3 能围绕他人的问题正确回答
	3.5 会写书信、请假条、贺卡、通知等	3.5.1 了解书信、请假条、贺卡、通知应用的范围	3.5.1 了解书信、请假条、贺卡、通知应用的范围
		3.5.2 正确掌握书信、请假条、贺卡、通知的书写格式	3.5.2 能够正确掌握书信、请假条、贺卡、通知的书写格式
		3.5.3 正确地书写书信、请假条、贺卡、通知	3.5.3 能够正确地书写书信、请假条、贺卡、通知
4. 其他沟通方式训练	4.1 喜欢看图读书，对语言文字产生兴趣	4.1.1 看书的好习惯	4.1.1 养成看书的好习惯
		4.1.2 对语言文字的兴趣	4.1.2 对语言文字有兴趣
		4.1.3 看书的意义	4.1.3 知道看书的意义
	4.2 继续认识常用功能性符号	4.2.1 一些公共场所的常用功能性符号及表示格式	4.2.1 了解一些公共场所的常用功能性符号及表示格式
		4.2.2 各种常用功能符号的应用	5.2.2 掌握各种常用功能符号的应用
		4.2.3 根据具体语境正确运用所学常用功能性符号	4.2.3 能根据具体语境正确运用所学常用功能性符号
	4.3 喜欢并能够采用手机短信、电子邮件、网络等沟通方式进行一般性沟通	4.3.1 用手机进行沟通	4.3.1 能运用手机进行沟通
		4.3.2 电子邮件的沟通方式	4.3.2 了解电子邮件的沟通方式
		4.3.3 用网络进行沟通方式	4.3.3 应用网络进行沟通

(三）听障学生的心理康复

听障学生的心理康复主要指针对听障学生的各种心理和行为问题开设的心理健康课和心理治疗、心理咨询等。元平特校从四年级开始为听障学生开设了心理健康课程，对听障学生进行心理教育和辅导。同时听障学生的授课老师时刻关注听障学生的心理变化，经常与心理组的老师一起讨论听障学生存在的问题或困惑，并想尽一切办法帮助他们。此外，元平特校还充分利用已建的沙盘治疗室、情感宣泄室、多感官治疗室、心理健康活动室等功能教室和设备，对听障学生进行心理康复。

（四）听障学生的职业康复

义务教育阶段听障学生的职业康复主要指通过劳动课程所进行的康复。元平特校的劳动课小学低年级为生活指导课，小学高年级为劳动技术课，初中为职业技术课。

劳动技术课主要教学生日常打扫常识和技能。每天傍晚的时候，听障学生都会自觉地打扫教室卫生。元平特校还有一个特殊之处是孩子们有自己的种植园。听障低年级的学生每周都会到自己班上的种植园除草、浇水，有时会种上新菜。在劳动的过程中，就潜移默化地锻炼了听障学生的合作能力和动手能力，提高了他们的自信和劳动技能。

小学高年级的信息技术课也是元平特校的一大品牌。通过信息技术课的学习，可以培养听障学生对信息技术的兴趣和意识，让学生了解和掌握信息技术基本知识和技能，了解信息技术的发展及其应用对日常生活和科学技术的深刻影响，培养听障学生获取信息、传输信息、处理信息和应用信息的能力，有效地利用信息技术帮助听障学生补偿缺陷、开发潜能，提高他们的语言能力和社会交往能力，教育学生正确认识和理解与信息技术相关的文化、伦理和社会等问题，培养学生良好的信息素养，把信息技术作为支持终身学习和合作学习的手段，为适应信息社会的学习、工作和生活打下必要的基础。

初中阶段的职业技术课是学生到高年级后为将来步入社会做准备的一门技能课。初中阶段的学生经过小学阶段的学习，已经可以选择自己喜欢的职业技能的学习方向了。元平特校根据学校的办学理念，对七、八年级的这门职业技术课采取分流的教学模式，2节课时为基础知识的学习，分别为语文和英语的学习，2节课时为专业技能的学习，专业可以包括信息技术和美术方面的专业技能，为学生今后进一步深造或步入社会奠定良好的基础。九年级的学生面临九年义务教育的毕业，学校加强了学生的基础知识技能方面的训练，开设了强化基础技能课，体现在数学和英语方面，保证学生巩固其所掌握和形成的一些基本知识和技能。元平特校通过以上课程的开设和教学,很好地促进了听障学生的职业康复。

(五) 社区康复

听障学生的社区康复对听障学生的成长非常重要,元平特校在听障学生的社区康复工作中也做出了很多努力并取得了很大的成果。仅在 2011 年,元平特校就组织了听障学生做义工 100 人次,服务总时数达到 270 小时。(具体见表 8-14)

表 8-14　元平特校 2011 年学生义工服务/活动情况一览表

活动主题	内容	时间	地点	服务效果	备注
伴你一起认识义工——首期听障学生义工培训	以义工基础知识和参与义工服务注意事项为主要内容,给已报名参加学生义工的听障学生开展首期培训	2011.4.22	元平学校	学生义工了解了义工的基础知识和参加义工服务的注意事项,为以后参加义工服务做好准备	
大爱无声真诚交流——暑期学生义工服务培训	为两校学生义工暑期深圳图书馆服务活动做好准备,让他们有一次直接的沟通交流,相互学习,一起探寻在服务中可快速、顺畅交流的方式(方法),从而提高服务的质量;同时,给予他们一次手语交流的体验	2011.7.12	深圳中学初中部	两校学生在活动中积极主动交流,相互熟悉、学习,为暑期在深圳图书馆的义工服务奠定基础	
营造舒适阅读环境——暑期学生义工深圳图书馆服务	组织听障学生义工到深圳图书馆少儿馆进行服务,希望可以让他们通过义工活动的体验和学习度过一个愉快的假期,也从中学习、体验一些有用的东西,体会活动的意义、生活的美好,实现自我的价值	2011.7.19、7.26	深圳图书馆少儿服务区	听障学生义工与普通学生义工相互交流、合作,并主动学习服务方法和技巧;听障学生义工很快掌握了服务的要领,其认真负责的服务态度,获得图书馆领导和工作员的肯定	

续表

活动主题	内容	时间	地点	服务效果	备注
很高兴认识你——两校学生义工交流会	为两校学生义工提供一次直接的沟通交流、相互学习的机会，一起探寻在服务中可快速、顺畅交流的方式（方法），从而更好地完成在深圳图书馆的服务工作	2011.10.16	深圳中学初中部	两校学生在活动中积极主动交流，相互熟悉、学习，为在深圳图书馆的义工服务奠定基础；同时，两校学生建立了良好的友谊，促进听障学生与普通学生的深入交流和融合	
营造舒适阅读环境——听障学生义工深圳图书馆义工服务	组织听障学生义工到深圳图书馆少儿服务区进行整理图书的服务	2011.10.23、10.30	深圳图书馆少儿服务区	以"一对多"或"多对一"的形式，即一名或多名普通学生义工协助一名听障学生义工，在深圳图书馆少儿服务区开展义工服务，主要内容是整理图书，维持秩序；听障学生义工有纪律、积极主动学习、认真负责服务，获得了图书馆领导和工作员的肯定和高度赞扬；同时，听障学生义工完成了一次社会实践，促进了他们与社会的融合	
奉献与友爱的启航——听障学生志愿者协会成立仪式	结合学生义工对于协会归属感、参与社会活动完成社会化的需要，以及建立完善的协会制度、顺利运行日常工作等需要，举行听障学生志愿者协会成立仪式	2011.10.20	元平学校	成立仪式顺利完成，使听障学生志愿者协会在学校内部得到一个认可，正式成立，成为听障学生的组织 使已报名参加志愿者的听障学生在成立仪式中获得学生组织的归属感，保持和提高学生参与志愿服务的热情和积极性 整合学校资源，与学校合作，发挥听障学生的优势和潜能，促进学生更好地成长	
营造舒适阅读环境——听障学生义工深圳图书馆义工服务	组织听障学生义工到深圳图书馆少儿馆进行整理图书的服务	2011.11.6、11.13、11.20、11.27	深圳图书馆少儿服务区	以"一对多"或"多对一"的形式，即一名或多名普通学生义工协助一名听障学生义工，在深圳图书馆少儿服务区开展义工服务，主要内容是整理图书，维持秩序；听障学生义工有纪律、积极主动学习、认真负责服务，获得了图书馆领导和工作员的肯定和高度赞扬；同时，听障学生义工完成了一次社会实践，促进了他们与社会的融合	

续表

活动主题	内容	时间	地点	服务效果	备注
壹基金海洋天堂计划之家庭剪影作品大赛评选义工服务	为壹基金海洋天堂计划之家庭剪影作品大赛评选工作提供整理作品以及现场支持服务	2011.12.10		顺利出色完成了评选的服务工作,获得评选专家的高度赞扬;同时,也让社会人士充分认识听障学生的优势和潜能,他们也在服务中实现了自我的价值	
"细"看生活"筷"行动徒步宣传活动	学生义工穿上自己亲手绘制的环保T恤,在华强北与普通学生义工一起,进行环保徒步宣传活动	2011.11.12	华强北、深圳外国语学校初中部	提高了听障学生的低碳环保生活意识;促进了他们与社会的融合;丰富了听障学生的课余生活,增加了他们作为学生义工的归属感	
"深"爱校园——听障学生义工升旗值周服务	社工组织并引导听障学生义工开展每周一的升旗值周服务,以维持升旗式场外的秩序	2011.10—12月逢周一	元平学校操场	培养了听障学生的责任感;提高了听障生自我管理、自我组织活动以及独立参与服务的能力	

通过以上活动,很好地促进了听障学生的社区康复。从听障学生参加义工活动可以看出,听障学生不是一味地要别人来帮助他们,他们也可以通过自己的努力为学校、为社会作出贡献。

第4节 训练效果的评价

听障学生康复效果的评价是指听障学生通过全面康复和训练后能否达到预期的效果,康复老师、家长、学生等需要对听障学生最后的康复效果进行严格的主观和客观评价。评价听障学生的康复效果,不仅仅是为了考查学生达到的康复程度,更是为了检验和改进学生的康复训练,为康复教师改进和调整康复训练方法提供依据,为领导对教师工作业绩的考核和制定政策提供依据,但其最终目的是促进听障学生的全面康复。

一、评价的原则

(一)主体性原则

对听障学生康复训练的效果进行评价是对学生在康复训练过程中的表现、参与康复训练时的情感和态度等做全面的评价,其目的是激励听障学生,帮助他们更好地参与康复训练,提高自信心。因而,在对听障学生进行康复效果的评价时,要坚持以学生为主体的原则,树立"以人为本"的意识,充分尊重学生,充分发挥他们的主观能动性,突出学生的主体地位。

（二）激励性原则

对听障学生的康复训练效果进行评价的根本目的是促进他们的成长,促进他们的全面康复,而不是甄别或者淘汰某个学生。因而,教师和家长要意识到评价的等级或者评语对学生的自信心和积极性的影响。在评价的过程中,坚持激励性原则,可以使学生获得成就感、增强自信心,有助于学生提高自我认识,提高合作意识和能力,不断进行自我反思和调节自己在康复训练过程中的表现。坚持激励性原则,也有利于教师和家长获得反馈信息,从而反思和调整自己的康复训练计划和态度。在评价的过程中,要用积极的评价方式和反馈方式,激励听障学生不断进取,不断完善和发展自我,进而明确自己的努力方向。

（三）导向性原则

学生和教师都需要信息和指导以规划下一阶段的康复和训练,所以教师、家长以及其他同学应该明确指出学生的长处并建议如何进一步发扬;明确、建设性地指出弱点并告知如何改进;向学生提供加以改进的机会。康复训练效果的评价结果对学生自己和老师都具有导向作用,因而在评价的过程中要注意多关注学生主动积极的一面,注重学生的潜力。

（四）动态性原则

学生是一个不断发展和变化的个体,在不同的阶段有不同的特点和表现,而且评价的标准和内容也在不断地更新和完善,因而,听障学生康复训练效果评价的标准、内容和形式等应该坚持动态性原则,评价的内容和方式等要根据学生的发展有所变动,这样才能真正评价出学生的康复训练效果。

（五）全面性原则

在听障学生康复训练效果的评价过程中要坚持全面性原则,不仅仅是评价学生的康复成绩,还要评价学生在康复训练过程中的身体发展状况、心理特点、语言的发展情况等等内容。只有坚持全面性的评价原则,才能真正反映出学生的进步和发展。

（六）个别差异性原则

评价听障学生的康复训练效果,要从听障学生的实际出发,根据他们的年龄特征、听力等级、听觉能力、心理特征、语言能力、个别差异等,灵活地、实事求是地进行评价。对不同年级的学生,评价内容、评价指标、评价标准和评价方法都有所区别。

（七）多元化原则

坚持听障学生康复训练效果评价的多元性原则就是要在评价的过程中，坚持评价主体的多元化、评价内容和方式的多元化。听障学生评价的主体包括教师、家长、同学、学生自己以及评估专家等。听障学生康复效果的评价内容包括身体评价、学习能力评价、心理评价和职业能力评价等，每一评价内容又细分为更具体的、更具有操作性的评价内容。听障儿童康复效果的评价方式有随堂语言和非语言评价、学生互评和家长评价、形成性评价和总结性评价等多种形式和方法。

二、评价内容和方法

在听障学生的康复训练效果的评价过程中，评价内容和方法多样化是保证评价公平、公正和真实反映学生康复效果的前提。

（一）随堂语言和非语言评价

随堂语言和非语言评价在听障学生的康复训练效果的评价过程中占有很重要的地位，也是应用最多的评价方法。随堂语言评价，强调积极性和激励性语言的使用，不断鼓励学生坚持康复训练，提高学生参与康复训练的积极性和耐性。非语言评价包括在课堂上及时回应，如给学生的微笑、肯定的眼神、亲切的拥抱和鼓励的手势等。由于听障学生听觉上的缺陷，非语言评价在听障学生的康复训练过程中尤为重要。

（二）学生的自我评价

学生自我评价的形式也具有多样性，可以是随时对自己参与康复训练的表现和康复训练结果进行评价，也可以采用学生成长记录袋的形式实施评价。学生的自我评价不是在被动接受评价，而是主动要求评价。教师和家长可以根据实际情况对学生的自我评价给予引导，以促使他们形成比较客观的自我认识，做到实事求是。

（三）学生互评

学生的互评在听障学生的康复训练评价过程中也经常使用，比如教师在教听障学生发某个音的时候，可以让别的同学评价他发得好不好、准不准等。学生互评强调与即时评价相结合，让学生评一评、说一说，在评别人的过程中实际上也在自我提高。

（四）家长评价

听障学生的康复训练需要家校的密切配合，需要老师和家长的团结协作，因而，家长对学生评价也非常重要，一方面可以反映学生的表现，另一方面可以为教师更好地了解学生和改进康复训练计划提供依据。元平特校主要通过家长联系册实现家长对学生的评价,内容见表 8-15。

表 8-15　元平学校家庭教育联系手册

学生小档案

姓名：＿＿＿＿＿＿＿　性别：＿＿＿＿＿＿＿　生日：＿＿＿＿＿＿＿

家庭电话(座机)：＿＿＿＿＿＿＿＿＿＿　手机：＿＿＿＿＿＿＿

家庭住址：＿＿＿＿＿＿＿＿＿＿＿＿＿＿＿＿＿＿＿＿＿＿＿＿

特殊情况备注：＿＿＿＿＿＿＿＿＿＿＿＿＿＿＿＿＿＿＿＿＿＿

学校名称：＿＿＿＿＿＿＿＿＿＿　班级：＿＿＿＿＿＿＿＿＿＿

班级教师：＿＿＿＿＿＿＿＿＿＿　电话：＿＿＿＿＿＿＿＿＿＿

特殊情况备注：＿＿＿＿＿＿＿＿＿＿＿＿＿＿＿＿＿＿＿＿＿＿

学生照片粘贴

本月康复训练内容

主题内容粘贴(沟通与交往、生活语文、生活数学、劳动技能)

沟通与交往课的表现 ☆☆☆☆☆　　体育课的表现 ☆☆☆☆☆

我会说的话：＿＿＿＿＿＿＿＿＿＿＿＿＿＿＿＿＿＿＿＿＿＿＿

备注：＿＿＿＿＿＿＿＿＿＿＿＿＿＿＿＿＿＿＿＿＿＿＿＿＿＿

自己的事情自己做(由生活老师协助完成)

穿衣：☆☆☆☆☆

洗漱：☆☆☆☆☆

吃饭：☆☆☆☆☆

个人卫生：☆☆☆☆☆

帮助他人：☆☆☆☆☆

学会的新本领：＿＿＿＿＿＿＿＿＿＿＿＿＿＿＿＿＿＿＿

作业展示

温馨提示

教师寄语：_____
家中表现（爸爸妈妈协助完成）
个人自理：☆☆☆☆☆
待人接物：☆☆☆☆☆
生活习惯：☆☆☆☆☆
作业复习：☆☆☆☆☆
特别记录：☆☆☆☆☆
爸爸妈妈的话

本月活动剪影

我的星星记录
本月我共获得_____☆，我的最高纪录是_____☆，加油！

（五）形成性评价

　　形成性评价是在听觉障碍儿童康复训练的过程中对他们的康复效果给予的评价。在听障学生的康复效果的评价过程中必须注重对学生康复训练过程的评价，要随时关心学生康复训练的进程，关注他们在康复训练过程中取得了哪些进展、有什么困难、需要什么帮助,康复训练计划是否需要做出适当的调整等。元平特校为听障学生开设了"沟通与交往"课,并坚持康复训练过程中的形成性评价,以下以听障学生"沟通与交往"课的口语训练的形成性评价为例介绍,见表8-16。

表8-16 听障学生沟通与交往形成性评价标准(一年级)

班级:_____ 姓名:_____ 评价日期:_____ 授课教师:_____ 评价教师:_____

领域	次领域	知识点	评估					备注
			听讲	发言	准确率	清晰度	书写	
口语训练	有学习口语的兴趣,养成能够用口语进行沟通的习惯	开口说话						
	能够运用口头语言进行日常生活的简单交流	口语的运用						
	知道手语是聋人交往的一种语言,愿意使用手语进行沟通与交往	手语的交往作用						
	了解自然手语和文法手语的差别,懂得学习中国手语的重要性	课堂常用手语						
	能用流畅的自然手语进行日常生活信息的沟通与交流	日常生活的常用手语						
	会用中国手语打出常用词汇和简单句型	中国手语的常用词汇						
	知道手指语的符号意义,并能用手指语打出汉语的拼音声母和韵母	手指语的意义,名字的手指语						

说明:1. 本评估表适用于义务教育阶段的听障儿童。

2. 每个月评估一次。

3. 评价等级分为:A. 优秀;B. 良好;C. 及格;D. 继续努力。

(六)总结性评价

对听障学生康复训练的总结性评价是对学生进行康复训练的阶段性的总结性评价。在评价的过程中,坚持"以人为本"的原则,坚持评价内容的多元化和全面性。特别注重学生在康复训练过程中的自我进步和自我超越，注重学生情感的发展和潜能的开发。以下以深圳元平特殊教育学校听障学生"沟通与交往"课的总结性评价为例介绍，见表 8-17。

表 8-17　听障学生沟通与交往综合性评价标准（一年级）

班级：_____ 姓名：_____ 评价教师：_____ 评价日期：_____

评价内容		评价细则									综合评价
		情感与态度			过程与方法					实践能力	
		能积极主动地参与学习活动，学习兴趣高	认真听讲，善于思考，积极发言	能认真独立地完成作业	学习过程中思维活跃，反应敏捷	能把以前学习的知识引入学习当中	能用多种渠道获取相关知识	能与同伴合作和交流	能不断地更新自己的知识	能顺利地完成学习任务	能积极参与实践活动，获得初步的实践活动经验	能用所学知识解决生活中实际问题	
感觉训练	具备通过听觉分辨出大自然、机械、乐器声音的能力											
	能够通过听觉进行音乐韵律、节奏的识别											
	能够辨别言语声音、日常生活声音与噪音											
口语训练	有学习口语的兴趣，养成用口语进行沟通的习惯											
	能够运用口头语言进行日常生活的简单交流											

续表

评价内容	评价细则											综合评价
	情感与态度			过程与方法						实践能力			
	能积极主动地参与学习活动,学习兴趣高	认真听讲,善于思考,积极发言	能认真独立地完成作业	学习过程中思维活跃,反应敏捷	能把以前学的知识引入学习当中	能用多种渠道获取相关知识	能与同伴合作和交流	能不断地更新自己的知识	能顺利地完成学习任务	能积极参与实践活动,获得初步实践活动经验	能用所学知识解决生活中实际问题	
手语训练	知道手语是聋人交往的一种语言,愿意使用手语进行沟通与交往											
	了解自然手语和文法手语的差别,懂得学习中国手语的重要性											
	能用流畅的自然手语进行日常生活信息的沟通与交流											
	会用中国手语打出常用词汇和简单句型											
	知道手指语的符号意义,并能用手指语打出汉语拼音的声母和韵母											
书面语训练	开始通过读话了解沟通交往情境的简单内容											
	能够通过手指语阅读一般的图画书											

续表

评价内容		评价细则										综合评价
		情感与态度			过程与方法						实践能力	
		能积极主动地参与学习活动，学习兴趣高	认真听讲，善于思考，积极发言	能认真独立地完成作业	学习过程中思维活跃，反应敏捷	能把以前学习的知识引入学习当中	能用多种渠道获取相关知识	能与同伴合作和交流	能不断更新自己的知识	能顺利地完成学习任务	能积极参与实践活动，获得初步的实践活动经验	能用所学知识解决生活中实际问题	
其他沟通方式训练	喜欢看书，对语言文字产生兴趣											
	能够就阅读的图画书与同学进行简单交流和讨论											
	对笔谈产生兴趣，初步能够写清楚自己想表达的意思											
	初步能够通过笔谈与家长、老师、同学进行日常生活的沟通与交往											
	认识常用的功能性符号（如男女厕所、停车场、游泳场等）											
	了解电子邮件、手机短信等沟通方式的特点并能运用进行简单沟通											

第 9 章 视障学生的训练

人在社会生活及劳动中,主要依靠视觉来认识世界,当人的视力出现问题时,感知周围的客观事物就会受到很大的限制。视障学生由于视功能受损,难以像普通学生那样顺利地工作、学习和从事其他社会活动。但随着科学技术和康复医学的发展,不断有新技术新成果用于视障学生的康复训练,使越来越多的视障学生得以重见光明。如角膜移植、人工晶体植入、视网膜重建、生物芯片植入等复明技术和康复手段的研究和推广,以及新型高效能助视设备的研制,对视障学生来说无疑是莫大的福音和喜讯。因此,只要社会正确接纳视障学生,提供恰当的教育和康复技术支持,视障学生是能够全面发展的。元平特校作为一所全日制特殊教育学校,将视障学生安置在听视障教育教学部,视障教育的课程与国家实验课程统一,主要包括:基础课程(语文、数学、英语)、专业课程(定向行走、写字等)和技能课程(手工、陶艺等)。在康复实施的过程中,学校根据视障学生的身心发展规律和特点对其施以针对性的康复和训练,形成了一套康复评估体系,并为每个视障学生制订相应的康复计划,以弥补学生缺陷,最大限度地开发学生潜能,提高学生的适应能力。

第 1 节 视障学生的评估

目前我国尚未建立对新生儿进行眼科检查的制度,所以学生如有眼部异常,常在他们出生以后4~5个月才由家长发现。专家认为儿童出生后应进行包括眼部在内的全身系统检查,以期早期发现疾病,做出正确的诊断及早期进行治疗或康复。这种检查应分阶段进行,可以分别在出生时、6个月、1岁、2岁、3岁、4岁及5岁时进行。人的眼球及其功能在出生时发育尚不够完善,到四五岁时,眼球在解剖及功能上已有较完善的发育,与成人基本相同。所以在此阶段定期检查,早期发现,及早预防,预后较好。[①] 对视障学生的视觉功能进行测量评估,目的就在于了解他们的视觉状况,以便能对他们进行恰当的教育与康复。一般来讲,视觉功能的测量评估包括视力、视野、色

---

① 孙葆忱. 低视力患者生存质量与康复[M]. 北京:人民卫生出版社,2009:20.

觉、暗适应和立体视觉（条件好的地方，用检查对比敏感度来代替视力检查）等五个方面。

一、视障学生的特点

视觉缺陷给视障学生的活动带来很多不便之处，从而进一步影响了他们的心理发展，主要表现在感知觉、注意、思维能力、语言、智力以及自我概念和个性等方面。

（一）感知觉特点

1. 残余视觉

在现实生活中，全盲儿童并不多见，多数视障儿童都有残余视力。美国的调查结果显示，只有7%的法定盲人完全看不见，10%的法定盲人有感光能力，83%以上的盲人还有可用的残余视力，但从残余的视力接收到的信息是模糊、变形或不完整的。[①] 即使所获的视觉信息是模糊的、不完整的，甚至是变形的，但是对视障儿童学习行为技能，了解、控制环境也具有十分重要的作用。有些低视力学生通过适当的残余视觉训练，可以学习普通文字，更能促进其身心的健康发展、知识的不断增长以及良好的社会适应。低视力儿童能依靠视觉从事许多工作，一般说来，其视觉在日常生活中起主导作用，而其他感觉器官是补充视觉的。[②]

2. 听觉

视障学生部分或全部丧失了视觉，根据缺陷补偿理论，听觉成为视障学生认识世界、获取各种信息的主要手段，也是他们学习、交流、活动的主要途径。他们可以通过听觉进行空间定位和辨别方向，也可以通过听觉了解和熟悉生活和学习的环境。由于视障学生在生活中主要依靠听觉来获取各种信息，他们的听觉注意力比正常学生更为灵敏。例如，有的学生能够通过硬币掉在地上的声音来判断硬币的币值。此外，由于视障学生经常高度地注意声音，所以他们的听觉记忆力较好，例如，他们能够通过声音来识别熟人和陌生人，而在考试的时候，他们能够通过老师读题、自己记题的形式来答题。

3. 触摸觉

视障学生一般都是以手代眼。在学习中，视障学生依赖手触摸点字、图案、实物、动物的模型等来增进对各种知识的理解。在生活中，他们凭借触摸

---

① 王芙蓉.盲童的感知觉与盲校无障碍系统的建立[J].四川建筑科学研究,2003(1):93.
② 李牡子.盲童教育概论[M].北京：北京盲文出版社,1981:17.

觉来判断东西的大小、形状、质地、温度、重量和位置等。行走的时候,他们通过感知地上的盲道和地面来判断自己的位置。由此可见,触摸觉在视障学生的日常生活中扮演着重要的作用。

4. 嗅觉

嗅觉在视障学生的生活中也是不容忽视的。他们凭借嗅觉判断食堂、厕所和加油站等地方,凭借嗅觉判断户外的空气是否清新,凭借嗅觉判断哪些是他认识的人,哪些是陌生人等。

(二)注意特点

视障学生虽然在认知发展上相对于普通学生有一定的滞后,但是在注意力上却很好。由于视觉上的缺陷,视障学生主要依靠听觉、触摸觉和嗅觉等来获取信息,因而他们的有意注意在长期的实践中不断得到强化和发展。此外,他们在生活中常常是同时利用不同的感觉通道来获悉对外界的认知,这也从侧面反映了视障学生的注意分配能力较强。

(三)思维特点

首先,在概念的形成方面视障学生比普通学生要困难一些。概念是人脑对客观事物的本质特征的认识。① 一般而言,普通学生通过视觉上的观察、比较就可以找出事物的特征,并逐步将那些共同的特征进行概括,最后形成概念。而视障学生由于缺乏视觉经验,仅凭触觉、听觉等很难感知一个事物的全貌,从而在概念的形成上存在困难。其次,由于视障学生在概念形成上的困难,所以他们对事物的分析、分类、判断、推理等能力自然也就比普通学生要弱一些。

(四)语言发展特点

1. 视障学生的语言水平可以达到同龄普通学生的水平

视障学生的语言发展也遵循着普通学生语言发展的共同规律。视障学生尽管视力存在缺陷,但他们的听觉注意力、辨别力和记忆力都很好,而语言的学习主要是通过听觉,而非视觉,因此,他们在语言的学习过程中,总体来说还是比较顺利的。此外,由于语言是视障学生与他人交流的主要渠道,因此,他们使用语言的主动性要比普通人更强,所以才会有"盲人健谈"之说。由于视障学生更注意倾听他人讲话,因此他们对词汇的掌握、言语的发展还可能比普通学生要快一些。②

---

① 彭聃龄.普通心理学[M].北京:北京师范大学出版社,2001:255.
② 教育部师范教育司.盲童心理学[M].北京:人民教育出版社,2000:49.

2. 由于缺乏视觉表象,视障学生的语言容易与实物脱节

视障学生由于缺乏视觉表象,其语言缺乏感受性认识的基础,导致了语言与实物脱节。如视障学生因缺乏亲身的体验而容易误解或错用一些与视觉经验有关的概念,如浮云、五颜六色等。或者即使使用了某一词语,也很可能是生搬硬套,或者非该词的真正意义,而仅是按其片面或错误的理解而想象出来的意义,造成"语"非其"意"的现象。如视障学生说:云在天上"走",是因为它们也有脚。但是这种语意不符的现象会随着视障学生学习的深入、知识面的扩大、对词语意义的逐步理解而逐渐减少或消失。①

3. 视障学生在语言表达时会出现盲态

普通学生在进行语言表达时,一般附带有表情、手势和动作来完善自身的语言表达,但是视障学生因为自身的视力缺陷,在借助表情、手势、动作来帮助说话方面有较大困难,往往很难做到这一点;相反,还可能表现出摆弄手指、耸肩、抓弄头发等一些多余的动作。②

4. 有的视障学生音发不准或有口吃、颤音等情况出现

视障学生在模仿和学习语言时仅凭听觉和触觉,看不到口形,因而会出现发音不准或口吃、颤音的现象,甚至在发音时出现面部的多余动作。此外,由于缺少视觉参与,也就缺少了视觉在模仿发音过程中的调整作用,一些错误的发音动作得不到很好的纠正,也没有办法模仿正确合理的面部表情,因而不可避免地表现出上述的特点。

(五)自我概念发展特点

所谓自我概念是人对自身存在的体验。西方关于视障学生自我概念的研究表明:视障学生更多地考虑自己的未来;更需要与他人达成和谐的关系;更难以控制脾气;他们觉得人们从总体上对他们期望不高;视障学生评价自己或事物比较极端,不是过高的正面评价,就是过高的否定评价。视障学生对于身份、物质自我、道德自我等方面都倾向于极端否定。宋鸿雁通过采用二十句陈述自我概念测验技术、艾森克人格问卷及深入访谈法,对明眼、视障学生所做的研究结果表明:在自我概念的结构特征方面,明眼学生、弱视学生和视障学生是一致的,都主要集中于精神自我和社会自我两个维度,很少关注物质自我。③

---

① 邓猛.视觉障碍学生的发展与教育[M].北京:北京大学出版社,2011:85.
② 邓猛.视觉障碍学生的发展与教育[M].北京:北京大学出版社,2011:85.
③ 宋鸿雁.视障学生与正常学生自我概念和个性的比较研究[D].西安:陕西师范大学硕士研究生学位论文,2000:13-19.

二、视障学生的评估

（一）视障学生评估的内容和方法

1. 视力

视力是指视网膜分辨影像的能力，包括中心视力（即视敏度）和周边视力（即视野）。视敏度反映的是视网膜黄斑部注视点的视力，包括远视力和近视力。视野是指当眼球固定注视不动时视线保持平直方向所能见到的空间范围，也是视功能检查的重要方面，[①]也称为边缘视力。

视力是眼辨别物体形状的能力，可用视力表测量之，即可用数值来表示，而视觉功能是指个体应用其视觉的实际能力，即个体在周围环境中观察事物实际可利用的有效视力，其结果是不能被准确测量或通过医疗、心理以及教育人员的努力而做出任何精确的临床报告的。[②] 换句话说，视觉功能也受复杂的病理及心理因素的影响。临床视力仅是影响视觉功能的一个因素，除此之外，像智力、情绪、动机、视障病因、控制眼睛运动的能力、环境等因素都可能影响视觉功能的正常发挥。

因此，恰当准确地评估视障学生的视功能是件相当复杂的工作。在评估中，不仅要考虑环境因素、学生视力状况、学生所患眼疾的种类及预后（眼疾是相对稳定的，还是逐渐恶化）等各种因素，还要考虑学生本身的因素，即学生"看"的动机及"看"的经验多寡。忽略了任何一种因素，就不可能对视障学生的视觉功能做出正确的诊断性的评估。要想了解视障学生的视觉功能状况，不仅需要进行一般的眼科视力检查（即通常所说的视力客观鉴定），还需对他们的视觉行为进行仔细观察（即通常所说的视觉的主观评估）。

（1）视觉的主观评估

这种评估方法一般都在学校内使用，主要是对学生的视觉行为进行有目的、有计划的观察，目的在于了解学生视觉功能状况，对视障学生的视觉行为进行观察，首先，教师可以向家长了解学生的相关情况，如他们的眼疾情况、视力障碍原因及时间、家族中是否有相关的眼疾史或者手术史等，以及了解孩子在家中使用视力的情况。其次，教师可以在日常生活中对学生进行观察，了解他们的用眼习惯，如他们看东西时是眯着眼看还是瞪着看？最后，教师可以通过设置不同的情况对学生进行现场检查，如让学生坐在不

---

① 邓猛.视觉障碍学生的发展与教育[M].北京：北京大学出版社，2011：38.
② 沈家英，陈云英，彭霞光.视觉障碍学生的心理与教育[M].北京：华夏出版社，1993：47.

同的座位——离黑板远近或窗口远近,坐哪个位置学生感到舒服、看黑板上的字体效果更好?

通过对视障学生以上几个方面的观察,可以对被观察者的视觉功能情况有个大致的了解,但缺乏数量化及统一标准,因此需对视障学生的视力做客观的检查。

(2)视觉的客观检查

对视障学生视力的客观检查是指通过专业人员运用各种有效的工具,对被检者的视力进行专业上的检查诊断,即通常所指的一般眼科的视力检查。检查内容一般包括远视力及近视力。[①]

远视力的检查是指中央凹处视力机能的检查,这种检查又分为视力表检查和实物检查两种。我国现在使用最多的远视力表为《国际标准视力表》。用《国际标准视力表》测查视障学生的视力有许多不便之处,因为视障者的视力一般都集中于 0.2~0.05 之间,而《国际标准视力表》视标数是视力越低,视标越少(0.3~0.1 之间仅有 6 个视标),这样容易造成被检者凭记忆识别视标,从而给视障学生视力的准确诊断带来麻烦。现在国内外有一些专门为低视力者设计的视力表,如《灯塔远视力表》《低视力数字远视力表》《新型 E 字视力表》等。实物检查法用于因年龄幼小不能用视力表测试的小儿或不需准确检查其视力,只想粗略了解其视力情况的较大年龄的视力残疾者,主要包括乒乓球测试和硬币测试。[②]

近视力检查也称为调节机能或阅读视力的检查,主要是检查两眼受调节作用下的视力敏度。对于视障者来说,远视力的检查固然重要,但从教育的角度讲,近视力检查更不能忽视。因为学生在学校的学习活动中,需要近视力的场合相当多,时间也相当长,尤其有些学生的远视力虽差,但其阅读的视觉能力可能还不错,因此近视力的检查更有教育意义。[③] 我国近视力检查一般使用国际标准近视力检查表。近视力检查主要是测量内眼肌(睫状肌)的调节能力,因此视障学生近视力检查可以不限定距离,只要被检察者能看得清。近视力的检查的目的是看其是否具有阅读印刷字体的视觉能力,因而检查近视力也有一种简单的方法,即让被检者辨认规格不同的字体或数字,以确定其阅读文字的视觉能力的水准。使用此法应注意一点,就是测查使用的字不应太难,

---

[①] 彭霞光.视力残疾学生的教育理论与实践[M].北京:华夏出版社,1997:41.
[②] 邓猛.视觉障碍学生的发展与教育[M].北京:北京大学出版社,2011:47.
[③] 徐白仑.家长怎样对视障学生进行早期干预[M].北京:中国盲文出版社,2005:27.

应是学生比较熟悉常见的字。①

(3) 视力检查注意事项

无论是远视力检查,还是近视力检查,应两眼分别检查,先右后左。检查时应以布罩严密遮盖另一眼,但不要压迫眼球。检查后要及时记录下视力及距离;检查完左、右眼后,应再检查双眼视力;对检查结果有怀疑时,应再作复查。如检查时间过长,应嘱被检者闭眼休息后再测查,以避免视觉疲劳。由于有些视障学生固定注视能力较差,所以辨认视标的时间可适当延长。②

2. 视野

视野是当眼球固定注视不动时,所能看见的空间范围,也称为视力所及的三度空间。视野的检查包括中心视野检查和周边视野检查。③ 中央30°范围以内的视野为中心视野。30°以外的视野为周边视野。视野是视功能的重要方面,它可以使人们感知周围环境、物体的方位以及外界物体的运动及其速度。如果一个学生中心视力不错,而视野却受到严重的损伤,就好像是通过管道窥物,不能够很好地觉察周围环境而使行动受到限制。另外,视野的检查对视觉疾病的定位诊断,对青光眼、眼底病的诊断,都有重要的价值,而且对判断某些疾病的发展过程、预后和疗效起重要作用,因此视障学生视野的检查是不容忽视的一个重要方面。

(1) 中心视野的检查

一般使用平面视野屏,检查中央30°范围以内的视野(其中黄斑部3°—10°)。平面视野屏为无反光的黑色正方形绒布,面积一般为1平方米,屏面绘有弧线和经线。检查方法是:被检者坐在视野屏前1米处,被检眼向前注视视野屏中央的固定点,并且与固定点处于同一水平线上,选用1~5毫米直径视标,沿经线移动,记录下检查结果。这种检查可以将周边视野放大3倍,便于查出较小的中央视野缺损。④ 中心视野的检查,除了使用平面视野屏检查以外,还可以使用Amsler's表检查。Amsler's表是一块10厘米见方的黑纸板,用白色线条划分为5毫米宽的正方形格400个,板中央的白色小圆点为注视目标,检查距离为33厘米。Amsler's表中一个方格相当于1度,共有20个格子,相当于中心视野20度。使用Amsler's表检查中心视野,既快又有效,而且携带方便,检查方法也容易掌握。⑤

---

① 彭霞光. 视力残疾学生的教育理论与实践[M]. 北京:华夏出版社,1997:43-44.
② 沈家英,陈云英,彭霞光. 视觉障碍的心理与教育[M]. 北京:华夏出版社,1993:46-57.
③ 彭霞光. 视力残疾学生的教育理论与实践[M]. 北京:华夏出版社,1997:46.
④ 陈云英. 残疾学生的教育诊断[M]. 北京:科学出版社,1996:122-123.
⑤ 彭霞光. 视力残疾学生的教育理论与实践[M]. 北京:华夏出版社,1997:46-47.

(2) 周边视野的检查

周边视野的检查方法包括对比视野检查法、周边视野计检查法和视野卡片法,通常采用视野卡片法。视野卡片法的检查方法主要用于那些因看不见周围物体而行走困难的对象。具体步骤是把特制的视野卡片放在被检眼前33厘米处,相当于一般的阅读距离,让被检者遮蔽一眼,另一眼注视卡片的中心黑点不动,此时如被检者不能同时看见卡片上的内环,不论其视力如何,均定为一级盲(视野半径小于5度);如被检者能看到卡片内环而看不见外环,则不论其视力如何,均定为二级盲(视野半径小于10度)。此卡片须是白色背景,同心圆的圆心涂成5毫米直径大小的黑圆点,圆环黑线条宽1毫米。[①]

3. 色盲与色弱的检查

色觉是人类的视觉器官辨别外界事物颜色的能力,是人眼的重要视功能之一,是人们获得外界信息的一个重要途径。当辨色能力发生障碍时,轻者称为色弱,重者称为色盲。色盲多是先天性疾患,男性发病率为女性的20倍。但也有少数为后天疾患。检测色盲与色弱的方法主要包括:假同色测验法和彩色绒线团挑选法。

(1) 假同色测验法

假同色表常被称为色盲本,是用亮度相等而色觉障碍者易混淆的颜色斑点构成图形、数字、字母或曲线,使色盲者无法辨认。普通人以颜色来辨别,色觉障碍者则只能以明暗来判断,从而暴露其色盲状态。

(2) 彩色绒线团挑选法

彩色绒线团挑选法是将许多不同颜色和颜色深浅不一的彩线混成一堆,嘱受检者从中选出认为颜色相同的彩线或选出检查者授意的颜色或指出某种颜色的名称,然后根据受检者的表现作出判断。

4. 暗适应检查

当人们从强光的环境下进入光线黑暗的环境中时,一开始会感到"一团漆黑",但经过一段时间后,逐渐能辨认黑暗环境下的事物,就是说眼睛产生了对黑暗环境的适应,这一过程称为暗适应;反之由暗处到明处,也需经过一段时间后方能看清物体,这种过程称为明适应。暗适应的检查方法有如下几种。

(1) 简单对比法

被检查者和具有正常暗适应功能的检查者,同时进入可控制光亮度的暗室,分别记录在暗室内可辨别周围物体所需时间,将两者所用的时间作比较,以粗略地判断受检者的暗适应功能情况。

[①] 彭霞光.视力残疾学生的教育理论与实践[M].北京:华夏出版社,1997:47-48.

(2) 对比法

在暗室内,让被检者和检查者(具有正常的暗适应功能)并排观察视力表,通过特殊的装置使视力表的照明,由极弱逐渐增强,将被检者能看清视力表第一行最大符号所需要的时间,与检查者看清最大符号所需的时间相比较,从而估计被检者暗适应情况。

(3) 暗适应计

常用的暗适应计有 Goldmann-Weekers 氏计、Hartinger 氏计等,这两种暗适应检查计基本结构类似,都包括可调光照明装置及记录系统两部分。这种暗适应计既可做明适应检查,又可做暗适应检查,通常视力正常者做明适应检查需 5~15 分钟,做暗适应检查需 30 分钟,先检查明适应,再检查暗适应,然后将各个测点连成曲线,根据所画的曲线,对被检者的暗适应情况做判断。

5. 立体视觉检查

立体视觉又称深径觉、三维视觉,是人类的视觉器官对三维空间的立体知觉,也就是指眼睛及视中枢对周围环境内各种物体远近、深浅、凸凹和高低的辨别能力,实际是指深度视觉。立体视觉是人和高等动物在漫长的进化过程中获得的一种特有的高级视觉功能。

立体视觉表示的是双眼的视觉功能,当两眼注视环境中的物体时,物体的形象分别落在双眼视网膜的黄斑部,它所产生的刺激,引起神经冲动,并经视神经系统传至中枢,大脑皮层的视觉中枢把来自两眼的这些视觉信号分析整理,综合成一套完整的、具有立体感觉的单一物体。

一次完整的立体视觉功能的检查应包括立体视敏度(两眼能够正确判断深度的最小差异)、交叉视差与非交叉视差(立体视觉范围)三个指标。目前,立体视检查工具较多。远距离检查的有同视机、Dolman 深径计等。近距离检查有 Titums 立体镜、R.D.E.、T.N.O.、随机点立体图等。值得指出的是,立体视觉的远距离检查与近距离检查的结果可能会有出入,如同视机(远距离)检查立体视觉正常,而 Titums 或 T.N.O.(近距离)检查则可能会无立体视觉,所以应把远近距离检查结果综合考虑,这样才能保证判断结果可靠。[①]

(二) 元平特校视障学生评估系统

元平特校视障学生数量较少,但在教师的努力下,逐渐形成了一整套视障学生接受义务教育能力评估项目,其中主要包括基本资料、生活技能评估、低视力学生视觉功能评估、功能性视觉评估和社会适应能力评估等方面的内容。

---

① 沈家英,陈云英,彭霞光.视觉障碍学生的心理与教育[M].北京:华夏出版社,1993:61-69.

1. 视障学生基本资料

表 9-1 视障学生基本资料记录表

姓名		性别		年龄		出生年月	
家庭住址						家庭电话	
视力	左眼					身高	
	右眼						
父亲姓名		年龄		联系电话			
工作单位							
母亲姓名		年龄		联系电话			
工作单位							
是否畏光	左眼			右眼			
是否畏风	左眼			右眼			
致盲原因及时间：							
受教育情况：							
遗传病史：							
最喜欢的人/事情/玩具/食物/故事/地方：							
其他情况：							

2. 低视力学生视觉功能评估

在对低视力学生进行视觉功能训练前，除了对他进行视力（含远近视力）、视野、光觉、色觉及其他检查外，还有必要对其进行视觉功能评估，以全面了解其残余视力的应用情况，同时，也为制订训练计划、预测训练效果提供科学的依据。

在正式测试前，可用以下简单粗略的方法，大致了解学生的视觉功能，同时让学生能理解和适应测查过程，进行合作。① 检查光感。可采用小手电筒检查，分别照射学生以下各部位，以观察他是否追随手电光，并让他说出照在什么部位。先从学生的正前方照射到鼻部，再照上额、下巴；照左眼的上面、下面；照右眼的上面、下面；然后把电筒光影照射在学生可以抓到的地方，令其捕捉，以检查其对光的敏感性。② 检查手动。以 2～3 根手指在学生眼前适当距离晃动，问其能否看见，若不能看见则表示其中心视力不好。③ 看滚动的球。在桌子或地面上滚动白色或黄色的小球，观察学生是否能跟踪球的滚动，并让他把球捡回来。④ 把 4 件物品放在学生面前，让他确认，然后分别增加 1 件、取走 1 件，问其物品数量有无增减。

以上是比较粗略的检查方法，对距离及物品的大小均无严格规定，可控制在合理范围内。测查结果应作记录。

低视力学生视觉功能测查方法由 15 个项目构成,主要是检查低视力学生对三维(立体)物体、二维(平面)物体、色彩、人的面部表情、人体姿势等方面的辨认能力。测查结果记录在表 9-2"低视力学生视觉功能评估检查表"上。该表按顺序列出 14 个项目,每个项目包括 5~9 个小题目。每个项目后有 1~5 个或 1~9 个数字,供记录此项目能完成的小题目数时作标记用。如该项目能完成 4 小题就在 4 上画圈;如另一项目完成 8 小题,就在 8 上画圈。根据该项目完成的成绩,又可分为差、较好、好三个等级。最后空白的三栏也是表示差、较好、好三个等级,供测试者在相应的栏内打上"＊"号,然后从上至下按顺序将"＊"用线段联起来,形成的图形能较形象地反映该学生的视觉功能的情况,图形越向右移动,说明视功能越好,向左移动则说明视功能较差,这也为日后的训练提供了一定的方向。以下介绍低视力学生视觉功能测试法的内容及操作评分方法。

表 9-2 低视力学生视觉功能评估检查记录表

被试者_____ 测试者_____ 测试日期_____

序号	测试项目	视觉发展情况			视觉发展情况分析曲线图		
		差	较好	好	差	较好	好
1	立体实物辨认能力	1 2	3 4	5			
2	辨认立体物品的形状	1 2	3 4	5 6			
3	立体物体的区别	1 2	3 4	5 6			
4	立体物体的配对	1 2	3	4 6			
5	图片配对	1 2 3	4 5 6	7 8			
6	非完整图形的辨认	1 2	3 4	5			
7	描绘和说出线条图的名称	1 2	3 4	5 6 7			
8	图画的描绘及辨认	1 2	3 4	5 6 7 8			
9	区分面部表情	1 2	4 5 6	7 8 9			
10	分辨静态人体的姿势	1 2	3 4	5 6			
11	分辨和模仿人的动作	1 2	3 4	5 6			
12	手眼协调性测试	1 2	3 4	5			
13	区分不同的颜色	1 2	4 5 6	7 8			
14	颜色命名	1 2	4 5 6	7 8			

(1) 三维(立体)实物辨认能力测查。拿出 5 种学生常用而熟悉的立体的生活用品,如勺子、杯子、球、钟等,每次拿一件,不让孩子用手摸,只许用眼看,能说出物品的名称为通过。

(2) 辨认立体物品或模型的形状。可用 6 种生活用品、玩具或模型,如盒子、桌椅、瓶子、杯盘等,让孩子辨认并说出其形状,如长方形、圆形等。

（3）三维物体的区别。在 4 个一组的物体中，其中 3 个是一样的，另一个形状或颜色不同，让孩子把不同的物品找出来。共 6 组。

（4）三维物体的配对。在 4 个一组的物品中，只有两个是一样的，也就是说 4 个物品中 3 个不一样，另一个与其中 1 个在外形和颜色上是一样的。让学生把其中两个一样的物品找出来。共 5 组。

（5）图片配对。方法同上，所不同的是本题用图片测查。在 4 张一组的图片中，让学生找出相同的两张图片。图片可画成各种几何图形或水果、动物等画面。共 8 组。

（6）非完整图形的辨认。在图片上画出某种动物、房屋、汽车等物体的局部，如猪头、车轮，让学生判断出该物体，说出名称。画时不必很细很逼真，只需粗略表现出来即可。测 6 题。

（7）描绘和说出线条图的名称。用黑白线条画或简单素描图，让学生辨认所画为何物，画面不宜过大，不必上彩色，只需类似简笔画即可。测 7 题。

（8）图画的描绘及辨认。让孩子口头描绘或说明较复杂的图画。测 8 题。

（9）区分面部表情。把表现男女老少不同年龄人的面部表情的图片，展现给孩子。其中有高兴、哭、发怒、悲哀等表情，测试前告诉低视力学生，看看图片上的脸和嘴，说出他的表情，或模仿他的表情。测 6 题。

（10）分辨人体的姿势（静态）。让孩子分辨画有人体跳、跑、坐、站、跪等姿势的图片。测 6 题。

（11）分辨和模仿人的动作。对孩子说："我在做什么？你跟着我做。"测 6 题。

（12）设计类似迷宫的图形，让学生用右手食指指向迷宫的起点，然后走出迷宫。

（13）区分不同的颜色。每次取 4 组颜色板，每组由两块各为 3cm×3cm 大小的不同颜色板拼成长方形。4 组中 3 组两块颜色不同，1 组颜色相同，让学生指出哪几组颜色不同。对色盲者只要求找出相同的颜色组。每次出示不同的颜色组合，共 8 次。

（14）颜色命名。从红、黄、蓝、绿、白、黑、褐、橙等 8 中颜色板中，分别取出一块，让学生说出是什么颜色，共问 8 种颜色。[①]

3. 功能性视觉评估

功能性评估的目的是评估每位视障学生在日常生活情境中，如何利用剩余视力来完成日常生活的活动，[②]如：上下楼梯、找到落于地上的铅笔等。功能性评估可以帮助教师与家长了解学生是否需要使用书本立架才可以看得较

[①] 教育部师范教育司.目盲预防及康复[M].北京：人民教育出版社，2001：111-114.

[②] 张千惠.功能性视觉评估[J].特殊教育季刊.2001(78)：26-28.

清楚,或者是否需要扩视镜。功能性视觉评估要在不同情境中观察学生,以了解他们在不同的情境中如何使用残余视力。功能性视觉评估除了教师观察,还需要家长进行配合,以了解学生在家中的用眼情况。

4. 社会适应能力评估

学校对新入学的视障学生的社会适应能力评估主要包括三项内容,即社会适应行为评估、生活技能评估和视障学生智力评估,对这三项内容进行评估后,算出视障学生的入学评估总分,作为制订视障学生康复训练计划的判断基础。

(1) 学生社会适应行为评估表

适应行为的评估采用湖南医科大学姚树桥、龚耀先(1994)修订编制的《儿童适应行为评定量表》(城市版),具体内容见表6-2。

(2) 视障学生生活技能评估(节选)

① 独立饮食能力(选择一项)

会自己用筷子吃饭	2
会自己勺子吃饭	1
会自己倒水喝	2
会自己端杯子喝水	1

② 个人卫生管理能力(选择所有合适项)

会自己洗澡(冲凉)	1	
会自己刷牙　如果会,表演刷牙动作	1	
会自己洗脸　如果会,表演洗脸动作	1	
会自己穿衣　如果会,脱、穿外衣	1	
会自己穿鞋　如果会,脱、穿一只鞋	1	( )

③ 定向行走能力(选择所有合适项)

能在家中独立活动	1	
能自己上下电梯或楼梯	1	
听测试者击掌的声音,能走到测试者跟前	1	( )

(3) 视障学生智力评估(本测验适用于7~15岁学生)

指导语:

小朋友,今天我们来做一个测验。这里有一些简单生活常识题,还有一些简单的问题和计算题要你回答。凡是你知道的,就马上做出简单的回答。没听清楚,可以要求再讲一遍。不知道的,就讲不知道。为了让你明白怎样回答问题,我们先来做2个例题:

　　a. 问你一只狗几只耳朵? 你答两只耳朵。

　　b. 问你下雨天为什么要打雨伞或穿雨衣? 你答不打伞(或不穿雨衣)身上会淋湿的。

现在测试开始。

① 分辨能力：

表 9-3　分辨能力测试

测试题目	标准答案	得分
你有几个手指头？	10 个	1 分
你家里有几个人？	说对（与家人核对）	1 分
一星期有几天？	7 天	1 分
一年四季叫什么？	春夏秋冬（不说全没分）	1 分
你认识几种颜色？	说出 4~5 种	1 分
	说出 3 种以下	不给分

② 照管日常生活：

表 9-4　照管日常生活测试

测试题目	标准答案	得分
解大小便到哪里？	上厕所	1 分
为什么要洗脸洗手？	讲卫生、爱干净、避免细菌	1 分
为什么要穿衣服？	不穿会冷、不穿丑、讲文明	1 分
你知道怎样把水煮开吗？	放在炉上点火烧，用电壶烧开	1 分
你不小心把手指割破了，应该怎么办？	包起来、上医院	1 分
	告诉妈妈	0.5 分

③ 计算：

表 9-5　计算能力测试

测试题目	标准答案	得分
你把手指数一下。	从 1 数到 10	1 分
你用手指表示 1,3,6,7	繁式简式均可	1 分
如果我将一个苹果一刀切开，应该有几块？	两块	1 分
给你 3 个皮球，再给你 2 个，你共有几个皮球？	5 个	1 分
你有 12 本小人书，借给别人 5 本，你还剩几本小人书？	7 本	1 分

④ 言语（学讲主试者言语）：

表 9-6　言语能力测试

测试题目	标准答案（被试能回答）	得分
我的房子	学讲一字不差	1 分
我们在晚上睡觉	同上	1 分
爸爸早上七点钟到厂里上班	同上	1 分
那个正在唱歌的孩子是小强的弟弟	同上	1 分
妹妹有两个洋娃娃，弟弟只有一个玩具汽车	同上	1 分

⑤ 理解:

表 9-7 理解能力测试

测试题目	标准答案	得分
房子为什么要有窗子?	通气、亮	1分
如果有一个比你小得多的小孩与你打架,你将怎么办?	说服他	1分
如果你把小朋友的支球玩丢了,你该怎么办?	赔偿	1分
	告诉妈妈(老师)、找	0.5分
我们为什么需要公安人员(人民警察)?	抓坏人(小偷、特务),指挥交通、治安	1分
为什么寄信要贴邮票?	向邮局付邮费	1分

5. 定向行走能力评估

所谓定向,主要是指视障学生运用各种感官,包括残存视力,确定其在环境中的位置,了解其周围环境的重要事物,如空间的大小和形式,空间中物体的大小和位置及与自己的距离等。定向行走的能力对于视障学生的出行、提高生活适应能力有着重要的作用。学校视障组的教师自行研制了定向行走评估表(见表 9-8),该表主要包括定向技能、独行技能、盲杖技巧三部分的内容,共包括 17 个子项目,实行五点计分制,满分 85 分。

表 9-8 定向行走训练评估表

项	目	20 年 月 日				
		5	4	3	2	1
定向技能	方向、方位辨别	☐	☐	☐	☐	☐
	阳光定位法	☐	☐	☐	☐	☐
	内、外时钟定位法	☐	☐	☐	☐	☐
	线索、路标定位法	☐	☐	☐	☐	☐
	触觉、心理地图	☐	☐	☐	☐	☐
独行技巧	上、下部保护	☐	☐	☐	☐	☐
	沿物(墙)行走	☐	☐	☐	☐	☐
	垂直定位、穿越空间	☐	☐	☐	☐	☐
	寻找失落物	☐	☐	☐	☐	☐
	独行上下楼梯	☐	☐	☐	☐	☐

续表

项　目		20　年　月　日				
		5	4	3	2	1
盲杖技巧	两点式触地(滑行)行走	☐	☐	☐	☐	☐
	斜杖而行、点击法	☐	☐	☐	☐	☐
	三点式触地行走	☐	☐	☐	☐	☐
	触地辨别、探索障碍物	☐	☐	☐	☐	☐
	持杖上下楼梯、滚梯	☐	☐	☐	☐	☐
	短杖技术	☐	☐	☐	☐	☐
	斜杖置杖	☐	☐	☐	☐	☐
本表评估得分(总85分)						
评估人(签字)						

第2节　训练计划的制订

对视障学生进行评估的目的主要包括检测提供的服务是否合格,预测未来表现,观察学生的进步,提出在最少限制的环境下适当的安置方式。评估后,教师对学生现有水平进行详细描述,并为学生制订康复计划,这对学生将来发展起到了重要作用。学校要求进行视障教学的教师利用评估中收集到的信息,为学生制订出清楚可行的个别化康复计划,对学生进行有针对性的康复训练。

一、视障学生的康复目标

(一)视障学生全面康复的理念

视障学生的全面康复即综合康复,其内容包括医疗康复(利用医疗手段促进康复)、教育康复(通过特殊教育和训练促进康复)、职业康复(使之具备职业技能,获得就业机会)及社区康复(使之适应社会生活,促进残疾人重返社会)。全面康复的目的是要使视障学生今后成为生活能自理,能自食其力,能以平等的地位参与社会生活、自立自强的人。

1. 医疗康复

医疗康复对视障学生至关重要。部分视障学生由于条件限制,从未进行规范系统的检查诊断和治疗,其中不乏可治性视障学生。有的视障学生原来虽无治疗的可能,但随着医学的发展或治疗条件的改善,现在经手术治疗可以重见光明,或至少能改善视觉功能,提高生活技能。在盲校,视障学生集中,应视作医疗康复的重点单位。因此,了解视障学生的病情及致病原因,关注视障学生康复治疗的动态,及时地把复明治疗的有关信息介绍推荐给视障学生,是视障教育工作者责无旁贷的义务和职责。由于高新技术的发展,电子技术在视障学生康复中得到广泛应用。科学家研制的一系列最具现代化水平的高科技复明、助视的仪器设备得到应用。

2. 教育康复

通过对视障学生的特殊教育,使之德、智、体全面发展,成为有理想、有道德、有文化、有纪律的公民。同时还要通过各种技能的训练,使视障学生的视力缺陷得到补偿。近年来,我国视障教育出现了迅速发展和进步的局面。高科技在视障教育中的应用,新技术、新设备在视障教育和训练中的逐步推广使用,使视障学生的教育训练和康复大为改观。目前用于导行、文字阅读和图像识别的,间接感觉补偿助视的设备越来越多,如声呐眼睛、障碍物感应发声器、激光杖、触觉机、字声机、触觉助视器等已在国外普遍使用。定向行走和导盲犬的使用,扩大了视障者的活动范围,提高了视障者的自信心、安全感和生活质量。

3. 心理康复

心理康复是指视障学生心理障碍的康复,如促进心理健康和增进社会适应能力,使其心理状态趋于正常。对视障学生的心理康复教育首先应强调其共性,与普通学生的思想品德教育相结合;其次是注意其特性,结合视障生自身的心理状态,有针对性地进行心理康复。通过心理康复训练,使视障学生逐步摆脱疾病和环境带来的种种情绪困扰,克服抑郁、焦虑、畏难、自卑、依赖、任性、孤僻离群、多疑敏感等消极心理,树立自尊、自信、自强、自立的精神,乐观向上,积极进取。

4. 职业康复

对视障学生进行全面康复的重要目的就是使之成年后成为自食其力的劳动者。对在校视障学生来说,可以通过日常生活自理、家务及手工劳动等活动,培养其劳动观念及动手操作的能力,为日后接受职业训练做准备。部分视障学生有机会接受中等专业教育或高等教育,从事专业技术性较强的职业。经过教育训练,视障学生可以在许多行业上为社会作出贡献。对在校视障学生尤其是高年级学生要有意识地做好职前训练的准备,如培养基本的体力,进行时间概念、劳动纪律、协作配合、安全保护、做事有条理、爱护环境等方面的教育。[1]

---

[1] 教育部师范教育司.目盲预防及康复[M].北京:人民教育出版社,2001:145-149.

5. 社区康复

视障学生的社区康复过程就是学生与社会之间相互适应的过程。一方面,社会要为视障学生平等地参与社会创造条件,形成理解、尊重、关心和帮助残疾人的社会风尚,营造一个接纳视障人群的文明进步的社会环境和生存空间。另一方面,视障学生要以自立、自强、自尊的精神,面对现实,克服困难,努力拼搏,以积极健康的心态参与社会生活。在学校,要教育视障学生从小懂得文明礼貌、团结友爱、尊老爱幼等优良品德,以及守纪律、讲卫生、爱护公共财物和环境等社会公德。他们还应具备与人正常交往的能力,掌握出行、购物、乘车、打电话、用厕、看病等各种技能,这对今后适应社区生活是必不可少的。

(二)视障学生具体康复目标

学校对视障学生进行康复训练的总目标是:① 视力残疾儿童脱离对养护人员的依赖,能独自料理好个人生活,或仅需他人很少帮助;② 懂得并学会应用残余视力及其他感觉参与学习,并能完成各项学习任务;③ 掌握一定的行走技能,并能动作协调、安全、有效地独立行走;④ 热爱生活,自尊、自强,积极参与家庭生活、学校学习及社会活动。

为了达到以上康复目标,学校开设了综合康复和定向行走两门康复课程,将总的康复目标贯穿和融合到综合康复和定向行走的训练中。具体如下所述。

1. 综合康复的目标

(1)情感与态度目标。培养视障学生热爱生活、乐观开朗、诚实守信、勇敢顽强、不怕困难、有自信、乐意与人合作和分享的美好品质。

(2)行为与习惯目标。使视障学生养成良好的生活、学习习惯适应群体生活,学会自主生活。

(3)知识与技能目标。使听障学生会利用各种感官认识生活中的常用物品和周围的事物;知道基本的安全知识,学会保护自己;懂得与年龄相适应的得体行为,表现出与特定场合相适应的得体行为;掌握自己生活需要的基本知识和劳动技能。

(4)过程与结果目标。使视障学生能够积极、主动、愉快地参与生活技能训练;能够清除视力障碍的间接影响,并能够最大限度地发挥其潜能。

2. 定向行走训练的目标

定向行走训练就是培养他们善于应用各种线索如声音、气味、标志来帮助自己定向,并采用辅助工具,学会独自行走的方法,定向行走训练的康复目标如下:

(1) 行走中会保护自己,在熟悉的环境中能独立行走而不致碰上;在不熟悉的环境中会借助辅助工具独自行走。
(2) 在马路上行走时能应付突然发生的意外事故,做到安全行走。
(3) 路线正确,不走弯路,做到有效地行走。
(4) 行走时姿态端正,动作协调,没有盲态。

二、视障学生的康复计划

(一) 制订训练计划的基础

为视障学生制订康复计划时,首先要确定学生现有的能力,在评估的基础上,确定合适的康复目标,然后选择恰当的康复策略、适当的材料和媒介,再评估康复效果。

(二) 课程训练计划的制订

学校视障组的教师在对视障学生进行评估后,针对学生的情况和康复需求为学生制订相应的康复训练计划。在康复课程方面,学校为一至三年级的视障学生开设综合康复课程,主要包括认识初步与生活指导以及感知觉训练两部分,并将定向行走包含在综合康复课程中。为四至六年级开设定向行走课程,对学生的定向行走能力进行集中的训练。在开展这些康复课程时,学校教师会在评估的基础上,就评估分析的结果安排训练内容,准备训练材料。因为每个视障学生的情况都不尽相同,教师在制订训练计划时,会根据学生实际需求安排计划,训练时还应根据学生个人的进展情况,及时调整和修改训练内容,以符合各人的需求。如有的低视力学生要求阅读或做近距离工作,可把训练重点放在近功能性视力训练上。相反有些学生目前的困难主要是独立行走,那么训练重点应放在远距离功能性视力方面。为了保证训练计划的科学性和有效性,学校要求训练计划的制订必须有学生的家长、教师及提供各种服务的人员共同参与。训练计划包括学生目前的状况、学生所应达到的教育水准、每年的教育目标和短期的教学目标和评价程序。

(三) 个别化训练计划的制订

视障学生除了视觉方面的缺陷,往往还伴有其他方面的障碍,例如伴有多动症、脑性瘫痪、自闭症等,构成了多重残疾。而且从学生的评估报告来看,他们往往都不只是在某一方面存在困难。由于视障学生的特殊性,仅仅开设视障方面的康复课程往往不够,还需要针对他们存在的伴随的障碍进行专门的训练。学校为了保障视障学生得到全方位的康复,在开设视障的康复课程之外,还要求教师为有特殊需求的学生制订专门的个别化训练计划。个别化训练计划需要多方人员综合了解学生在各种环境下的情况和需求后来制订。下面以视障组沈光银老师为×年级伴随有脑性瘫痪的视障学生制订的个别化教育计划为例,来呈现元平特校对视障学生制订个别化教育计划的基本情况,见表 9-9。

表 9-9　脑瘫视障学生盲文书写训练的个案研究

学生姓名:	欧××	班　级:	计划时间:

| 教师:沈光银 ||||

学生基本情况	视觉	寄宿生。7个月早产,顺产,经诊断为一级盲,先天性角膜混浊、陈旧性葡萄膜炎、先天性小眼球、先天性白内障,双侧眼球萎缩。
	肢体发展	3个月不能抬头,半岁时不能坐,经诊断为脑性瘫痪,痉挛型四肢瘫,右侧下肢重。上肢屈曲、手指屈曲呈握拳状。右手精细动作差,抓握较困难,运笔无力,手腕不灵活,写字破点串方,不会装卸字板,不理解反写正摸。
	认知	智力正常,记忆力好,语言流利,注意时间不长,手指触觉发展落后于其他学生。入学两年,学会了摸读盲文,但不会书写。
	学习情况	学习主动性不强,成绩良好,对英语和学习书写盲文的兴趣很浓。因行动不便,很难参与其他同学的活动,与同学交往少。音色好,乐感强,喜欢唱歌,频频拿奖。家校行为表现差异大,在家经常稍不如意就发脾气或躺着哭闹,不能按时完成家庭作业。

训练目标	1. 训练其上肢能力,握笔姿势规范,用力适度,无穿纸、破点现象。 2. 能独立完成装卸字板。 3. 双手能够有较好的协调能力,能够抄写课文,获得良好的盲文书写能力。	

训练方法和内容	运笔姿势训练	用手指操、握力器和运转两个核桃训练其手指的灵活性;示范用手腕控制笔上下运动的姿势,在课桌、书本、文具盒等不同质地的物质上变换节奏地敲击,培养其练习腕关节运动的兴趣,教会其上下运笔。
	点位书写训练	突破传统的书写顺序,不从单韵母、声母、复韵母的顺序教学点位书写,让学生按照满方、缺1点、缺2点、缺3点、缺4点、缺5点、缺6点、一二三点、四五六点、一四点、二五点、三六点、一点、二点、三点、四点、五点、六点、声母、韵母的顺序反复练习。
	理解反写正摸	把理解反写正摸放在书写盲文点位的后面,不提出反写正摸的概念,在其学会书写后,再通过指出写盲文和摸读盲文方向的不同来解释反写正摸的概念。
	分词连写训练	在阅读中训练其注意观察课文分词连写的规律;通过正确抄写课文或数学题来指导其分词连写;在日常学习中逐步讲授分词连写的原则;指导其写日记和信件,在与教师或朋友交流中促进其掌握分词连写的原则。
	装纸训练	当其手指灵活性得到一定锻炼后,根据其生理状况,简化装纸的操作方法。具体方法:用右手把纸的左边抵住铰链,纸的上边超出底板的上边,同时用中指和拇指压住纸的上下边,当左手食指放开盖板,右手抽出时,纸不会移动。

续表

家长指导	指导家长认识到脑瘫和视障限制其活动和认知范围,理解其情绪问题,多发现她的进步和优点,用鼓励代替说教,用表扬代替期待。当其出现情绪问题时,家长要注意其情绪的转移。

第3节 训练过程的实施

视障学生某些基本技能必须经过单独专项的康复训练,如定向行走、感知觉能力、运动技能、生活技能等。只有经过专项的康复训练,视觉缺陷才能得到更好的补偿。学校有受过专业训练的教师,有能力开展相应的工作,能够对视障学生进行相应的评估,并制订康复计划,能够保证康复训练计划的科学性、连续性,能够使训练内容更恰当。同时,学校也有专门训练器材,这也是保证训练成功的重要因素之一。因此,特殊学校实施的康复训练对视障儿童的康复有重要的作用。元平特校对视障学生进行康复时,首先组织相关教师对学生进行评估,而后制订康复训练计划,在学校中开设相应的康复课程对视障学生进行康复训练。

一、视障学生的康复原则

（一）因材施教原则

实现因材施教,首先要打破从普通教育中迁移过来的班级、年级界限,同一班级的视障学生需要的康复内容、方法可能不同,而不同班级、年级的学生的需要有时可能相同。学校通过对视障学生进行评估,了解和掌握学生的现状,然后根据学生的各方面能力的发展现状,找准学生的最近发展区,根据各个学生的优势与缺陷程度设计相应的康复方案。

（二）缺陷补偿原则

视障只是机体的局部残疾,并不影响中枢神经系统。当某人的某一器官和组织因受损而功能失常时,通过其他途径可以替代、改善受损器官和组织的功能。当视觉受损时,就可以通过对听觉、触觉的功能训练以进行部分替代和补偿。在对视障学生进行康复时,要通过康复训练提高视障学生听觉、触觉等感知能力,以补偿视觉缺陷。

（三）直观性原则

视障直接影响学生对事物的认知、理解程度,仅仅通过语言的描述和指导无法使他们形象、具体地认知事物。因此,对视障学生进行康复时,要注意教育内容和手段的直观性。在直观教学过程中，除了选择的教具要具有直观性，例如为视障学生专门录制的有声读物等，教学方式、方法也应该具有直观性。教师在讲授过程中，应尽量使用最简洁、最通俗的语言来进行课堂教学，避免使用晦涩、难懂的语言，应力求把抽象、概括的知识通过通俗易懂的语言具体化、形象化。[①] 此外，由于视障的程度千差万别，这就决定了直观教学方式的多元化。

（四）整体性原则

康复训练应该着重特殊学生的整体发展，而不是其所患的疾病或残疾。在康复教育、训练中，要用整体的康复观对学生进行训练，同时兼顾其躯体、心理、社交、行为及生活等各个方面的康复，促进潜在能力的充分发展，以提高运动能力、生活自理能力、语言能力等。

二、视障学生的康复实施

（一）综合康复

综合康复是为一至三年级的视障学生开设的一门康复课程，它包括认识初步与生活指导和感知觉训练两部分，其中前者主要是对听障学生的生活技能进行训练。视障学生由于失去了视觉模仿这一最有效的学习日常生活技能的手段，普通学生能够自然而然获得的生活技能，视障学生需要专门的系统的教学与训练。由于视力的缺损，视障学生学习任何一项技能，必须依靠听觉、触觉、嗅觉等其他感知觉能力，其听觉、触觉、嗅觉等不得不承担额外的任务，尽量去完成原本由视觉完成的任务。因此，对视觉障碍学生进行听觉、触觉、嗅觉等感知觉训练是基础。因此两部分的训练必须同时进行，相互穿插，要求把感知觉的训练融入生活技能的训练中，生活技能所需要的某种感知觉技能要在感知觉训练中加以强化，二者相互配合。

1. 综合康复的教学要求

在对教学课时的要求上，综合康复课在"六～三"学制的小学 1～3 年级开设，每周 2 课时，共 204 课时，占小学总课时的 3.6％。在"五～四"学制的小学 1～2 年级开设，每周 3 课时，总课时数也是 204 课时。

在对不同年级学生的教学要求上，一年级的教学内容主要包括熟悉学校环境、如厕、洗手、刷牙、洗脸、洗脚、认识自我、穿脱上衣、穿脱袜子、穿脱鞋、会辨认自己的衣物、擦桌椅、叠被子等最基本的生活自理能力。二年级的内容主要包括折叠上衣、扫地、拖地、打扫教室、整理床铺、整理房间、洗裤子、面部表

---

① 邓猛.视觉障碍学生的发展与教育[M].北京：北京大学出版社，2011：109.

情、点头和摇头、认识常见的水果、校外环境等。三年级内容主要为洗澡、洗外衣,认识常见的交通工具、家畜、昆虫、天气、电视机、洗衣机、电冰箱,学会安全用电、打电话、了解校外环境等。

2. 综合康复原则

(1) 开放性原则

面对视障学生生活,重视训练教师、家庭以及视障学生的创造性,训练内容应扩展到所有视障学生有意义、有兴趣的题材。空间上应扩展到家庭、社区及视障学生的其他生活空间,时间上的开放主要体现在从专门的训练到日常生活中的锻炼。

(2) 差异性原则

生活训练尊重视障学生的个别差异,在训练内容、方法和手段上应有所区别,如对低视力学生进行视功能训练,对全盲学生进行触觉、听觉训练等。不论是全盲还是低视力,只要其优先需要的领域不同,他们训练内容的侧重点就应不同。

(3) 视障学生主体性原则

视障学生是训练的主体,教师是视障学生生活训练的组织者、指导者和合作者。教师要引导视障学生进行训练,开发视障学生潜能,促使视障学生获得成功的训练体验,让视障学生能够生动、活泼、主动地参与训练活动,以便获得最好的训练效果。

(4) 训练形式多样化原则

视障学生生活训练的需要多种多样,不同个体所需要的训练方法也会不同。教师要因人而异地选择各种不同的训练活动,鼓励教师根据具体目标、内容、条件、资源的不同,针对视障学生的实际,选用并创设丰富多彩的内容和多样化训练形式。

(5) 训练内容生活化的原则

任何司空见惯的事物对于视障学生都是陌生的,任何简单的技能,由于没有视觉的参与都可能变得很复杂,只有在真实的情境中,他们才能有真实的感性认识。因此,生活指导和感知觉训练的内容必须来源于学生生活,形式必须贴近生活,才能满足视力特殊学生生活的需要,使视障学生的生活技能在生活中得到训练,在训练中学会生活。

3. 康复内容

日常生活技能对于视障学生来说,需要有计划的、系统的、有针对性的训练,需要教师在真实的情景中有意识地对其进行训练。视力发生残疾,作为感知外部世界的主渠道部分或者全部失去功能后,其听觉、触觉、嗅觉等不得不承担额外的任务,尽量去完成原本由视觉完成的任务。因此,对视障学生进行听觉、触觉、嗅觉等感知觉训练是基础。感知觉训练的目标不是提高视障学生感知觉的生理灵敏度,而是帮助他们拓展更多的感知机会,发挥这些感官更多的潜能,使其感知觉功能可以基本满足学习、生活的需要。

(1) 感知觉训练

① 听觉训练

辨别日常声响(如风声、雨声、水流声、动物的声音、交通工具的声音等);

听觉选择性训练,从背景音中选择特定的声音;

声音辨别能力训练,能从声音中辨别人、物及自然声的细微差异,从同伴、老师的声音、语气中辨别说话者的情绪状态;

辨别声音的方向、强弱、远近等;

辨别声音的顺序、节奏等;

听觉记忆训练,如电话号码、地址、电子地址等;

听觉闭合训练,理解有少量缺失的听觉信息;

声音的反射与折射训练,判断原声与回声,判断空间的形状、大小等;

利用听觉协助理解其他感官信息。

② 触觉训练

辨认物体形状,普通形状与特殊形状,规则形状与不规则形状;

辨认物体的质地,粗糙与光滑、坚硬与柔软、干燥与潮湿等;

触动觉训练,身体动作时的姿势,运动中的物体等;

利用触觉协助理解其他感官信息;

辨认物体的轻重;

盲文符号的辨别。

③ 嗅觉训练

辨认日常生活中的不同气味;

通过气味辨认特殊场合;

通过气味辨认日常生活用品,如水果、点心、菜肴等;

通过气味估计方向与距离;

利用嗅觉协助理解其他感官信息。

④ 残余视力训练

视觉注意行为——物体的固视、搜索物体、跟随物体、转头时维持固视、从一个物体转而注视另一个物体、跟随下落的物体、对近处和远处物体的反应。

视觉检查行为——集中注意力看手、对面孔或物体消失的反应、注意小的物体、看图画并识别图画、匹配物体或图画。

(2)(衣食住)基本内容

① 衣

a. 着装

会穿脱衣服、鞋袜,会系鞋带;

会辨认自己的衣物,会辨认衣服的正反面;

懂得着装的一般常识,穿着整洁、得体;

懂得在恰当的地点、恰当的时间检查衣着情况。

b. 洗熨

使用触觉、嗅觉等判断衣服是否干净;

根据衣服质地,恰当选择干洗、水洗,手洗、机洗;

掌握浸泡时间、洗衣粉的用量;

对易脏部位特殊处理;

衣服晾晒时,会挂牢、夹紧,避免落地弄脏、难以寻找;

熨烫衣服时,熨斗放在支架上,以免烫伤。

c. 存放

掌握衣服的折叠、整理方法;

根据衣服质地,采取挂放、叠放;叠放时层数不宜过多;

不同颜色的衣服在内面做标记。

② 食

a. 准备

掌握常见的食品、副食品的挑选、购买;

掌握常见的蔬菜、水果等的挑选、购买;用嗅觉、触觉判断是否新鲜;

掌握鱼、肉、禽类荤菜的挑选、购买;用嗅觉、触觉判断是否新鲜;

掌握不同种类蔬菜的切、洗;

掌握鱼、肉、禽类荤菜的切、洗;

掌握面食发酵的时间与温度;

用不同形状、质地的容器盛不同的调味品;

清洗碗筷,并用触觉检查。

b. 烹饪

能够使用火(电、气炉灶);最好购置有报警装置的炉灶;

做主食(米饭、稀粥、馒头、包子、水饺、面条);

烧菜(煎、炸、烹、炖、凉拌);

能够使用烤箱、微波炉等;可以自制触觉标识;

使用嗅觉、时间知觉判断食物生熟程度。

c. 用餐

日常用餐会用勺子和筷子；将有汤汁的菜饭放牢固、靠近身体；

宴会用餐时使用餐巾保护衣服；可使用个人餐碗代替餐碟，可以请邻座的人用公筷将菜夹到自己的餐碗中。

③ 住

a. 个人卫生

会洗漱、剃须、梳头、剪指甲；

会正确如厕、冲厕；

掌握挑选、使用化妆品的一般常识；

掌握非处方药的使用与保存，不同药品标上明显不同的标识。

b. 家庭卫生

会叠被子、整理床铺；

用拖把或扫帚清洁地面；

布置房间，保持家具位置相对稳定，有利于行走；

养成物归原处的习惯。

c. 居住安全

懂得安全用电常识；

懂得防火常识；

安全使用煤气，谨防煤气中毒；

能够安全、正确使用常用工具；

掌握安全自救常识；

了解学校、单位、家庭周边的知名标志；

了解学校、单位、家庭周边社区、企事业单位；

了解学校、单位、家庭周边的车站、道路；

了解学校、单位、家庭周边的常见的（特别的）声音；

了解学校、单位、家庭周边的常见的（特别的）气味；

学会识别危险的环境，具有在危急之中解决问题的能力和心理的承受能力。[1]

（二）定向行走

劳温费尔德（Lowenfeld，1948）指出，目盲对人有三方面客观的限制：① 概念的范围和种类；② 行动能力；③ 对环境的控制和自己与环境的关系。

---

[1] 钟经华.视力残疾学生的心理与教育[M].天津：天津教育出版社，2007：166-174.

这三方面的限制都和定向与行走有关。定向是指在环境中运用各种感官确定自己的位置及其和其他物体间相互关系的能力。行走是指能安全、自如地从一处移动到另一处的能力。定向和行走是密不可分的,一个人要独立行走,必须具备这两个方面的能力。劳温费尔德(1981)还提出,行走能力包括两个方面:心理上的定向和身体的移动。心理上的定向是指认识周围环境、确定自己与环境的时间和空间关系的能力。身体的移动是身体从一个地方移到另一地方的过程。[①] 定向和行走教学的最终目标是使学生能在各种环境中进行有目的的、安全的、有效的、独立的、自如的活动。开展定向与行走教学,对增强学生的独立性很有帮助,并且会对学生产生很多积极影响。学校对1～6年级视障学生开设定向行走课,其中1～3年级的定向行走课融入综合康复教学中,每周1课时,而4～6年级专门开设定向行走课,每周2课时。

1. 康复意义

通过开设定向行走课,视障学生要能顺利地掌握至关重要的定向能力,不仅需要学会认识环境,还需要学会认识自己,学会充分利用自己的感觉器官,积极地创造条件去认识环境。

① 心理方面。定向行走能帮助一个人确定自我概念,头脑中形成能在各种环境中独立行走的思想,能增加自尊心和自信心。

② 身体方面。定向行走是空间运动,身体在行走过程中得到锻炼,无论是大运动技能(走路)还是精细运动技能(使用手杖)都能得到学习和加强。

③ 社会方面。掌握良好的定向行走技能,就有了更多的社交机会。一个没有掌握良好的定向行走技能的人,在社交的数量、多样性和自发性上均受到限制。

④ 日常生活方面。掌握了定向行走技能,可以增加和便于进行许多日常生活活动。如买东西时需要定向行走技能(确定商店的位置及在商店内走动)。寻找丢失的物品和清扫地面等活动需要借助系统的搜寻方法。这正是定向行走教学的组成部分。[②]

2. 影响定向行走的因素

视障学生的定向能力并非完全相同,有些学生能力较强,有些则较差。除此之外,学生的定向能力也因自己主观状态(如心情好坏、身体健康与否)、自然环境(如天气、路面的好坏)等情况的不同而有些差异。

① 视障学生自身的因素。视障学生的主观状态在定向中发挥较大的作

---

① 姚伟.关于失明者定向与行走训练的价值[J].盲教育,1994(1):19.
② 萨丽·曼哥尔德.盲教育教师指南[M].北京:华夏出版社,1992:210-211.

用。健康的状况对定向有一定的影响。另外,是否有残余视力对学生的定向能力产生重要作用。

② 环境的因素。自然环境如天气、路面等对视障学生定向的影响也不容忽视。如天气恶劣时,视障学生的定向行走会受到许多外界条件的干扰,很可能会使他们做出错误的判断。如何在不利的自然环境中顺利地定向与行走,也是视障学生需要面对的问题,当然也是他们需要逐渐克服的困难。

③ 教师、家人及同伴的影响。教师对视障学生的定向行走能力的培养起着至关重要的作用。只有教师适当地照顾,充分地指导,恰当地要求,才利于学生定向行走能力的培养。家人、同伴对视障学生的态度也是很重要的因素。如果家人相信视障学生的能力,给予他们自信心和安全感,则视障学生就会有积极的态度,反之亦然。同伴鼓励视障学生行走,学生也会渐渐地活动起来,同伴如果总是嘲笑他,视障学生就会逐渐退缩,其定向与行走能力也会受到一定的影响。

3. 行走方法

视障学生行走的方法包括:独走、明眼人带路(也称导盲法)、使用盲杖、受过训练的狗给盲人带路(犬导法)、使用电子探测器等 5 种方法。在我国最常使用的是前 3 种方法。

(1) 独走方法

独走是视障学生不借助任何辅助工具,独自行走。此种方法多被学生在较熟悉的环境中使用。以下介绍的独走技巧,一种或几种结合使用,都可防止碰到物品及碰伤自己。

① 跟踪行走

在过道行走时,为了不迷失方向,可沿墙、桌子或其他物品的边跟踪行走。具体的做法是:学生站在他所需跟踪的物体旁边;伸直手臂接近物体,使手臂在身体的前方,指背(准确讲是小拇指和食指背)轻触物体;手指稍微弯曲,脚离物体保持半步左右距离。

使用此法需注意:手臂要轻轻触碰物体,且不能用手掌,因为手掌太柔嫩,容易碰伤;学生行走时,应确保手及手臂不要太靠近身体,以免在前方发现障碍物时,没有足够的时间停下来。

② 上手保护

当视障学生独走时,为防止胸及头部受伤,可以用上手保护法。用此方法可使学生免受树枝、打开的窗户、柜门及其他类似物品的撞击。具体做法:将左手或右手臂抬起与肩同高;肘关节弯曲形成钝角(大于 100 度);掌心向前,手指张开且稍曲向身体。

使用上手保护法切记：手臂要放松，不能紧张；五指张开，前臂宽度以自己的肩宽为准；掌心向前，不能用手背向前，以防止碰伤；保持肘关节屈成钝角（大于直角）。若小于直角，肘关节会在前臂的前方，将会先于前臂碰到障碍物，这将是很痛的；在遇到头上方的障碍时，如绳子、横杆等，也可把前臂向上，五指朝天。

③ 下手保护

在室内行走时，一般都使用下手保护法，用于保护腰部水平以下的身体，以免被较低的物体碰伤。许多视障学生也使用此法去寻找椅子、桌子等家具。具体做法：左臂或右臂伸直放到身体中间；手指向地面，掌心对身体；手臂保持在身体前20～30厘米的位置。

切记：手臂一定要保持在身体的中心线位置上，手臂向前，掌心向内；手臂与身体的距离不能太大或太小。太小，不便有效探知前方的障碍物；太大，会显现出盲相；肩部不能前伸，应自然挺直，以免出现盲相。

(2) 明眼人带路法（导盲法）

一般明眼人与视障学生同行时，往往不知道如何给视障学生引路，不是照顾不到，未达到导盲的目的，就是照顾过分，使学生感到不愉快。因此明眼人带领视障学生时应掌握一些特殊的技巧，使学生、明眼人都能在轻松、愉快的状态下安全快走。

① 基本技巧

明眼人根据需要而站在学生左边或右边，与学生朝向同一方向，用手背轻轻地触碰学生的手臂，目的是让学生知道明眼人的位置，或告诉学生将要带领他去什么地方；视障学生用他的手沿着明眼人的手臂向上触摸，直至摸到肘关节，然后轻轻握住肘关节上方一寸处，拇指在肘关节外侧，手指弯向内侧。学生紧握明眼人的手臂，使行走时不致脱开其手臂，但也不要紧握到使明眼人感到不舒服的程度；学生应将肘部紧贴身体，以防止在行走时左右转向或摆动；学生在行走时，应总比明眼人慢半步左右，视障学生正好位于明眼人的正后方。

切记：明眼人不应在学生的后面推他走，这会使学生遇到危险。视障学生也不要双手搭在明眼人的双肩上，直接跟着走，虽然这样可由于带领人的身体保护，使学生有一种安全感，但若他绊倒或失去平衡，他会摔向前方，撞到明眼人，这是非常危险的，特别是在附近有许多汽车的地方尤其危险。

② 通过狭窄通道

当明眼人与学生通过狭窄通道或遇到障碍物仅能允许一人通过时，应使用特殊的方法使视障学生能在明眼人的正后方走。具体做法：当明眼人和视障学生走向一个狭窄的通道时,明眼人将被视障学生握着的那只手臂伸直,并横过背部,以此向学生发出通过狭窄通道的信号;学生接收到通过狭窄通道的信号后,伸直他握着明眼人那只手的手臂,斜走向一边,以此作为接到信号后的反应,并使自己位于明眼人正后方一整步远的地方;在明眼人和视障学生都通过狭窄通道后,明眼人将手臂恢复到原位置,表示狭窄通道已走完,此时学生也回到原位。

切记:在通过狭窄通道时,视障学生是在明眼人后方一整步远的位置,手臂伸直,否则行走时容易踩到明眼人的后脚跟,造成危险。

③ 180°转向

当明眼人带领视障学生走到路口的尽头或遇到某种障碍物需要转向时,可用180°转向的技巧。具体做法:明眼人和视障学生停下来,同时转向,面对面站立;视障学生用另一只手握住明眼人的未被握的手臂,并放开原来握着明眼人手的那只手;明眼人和视障学生一同转向相反的方向,继续行走。

④ 换边

明眼人在给视障学生带路时,往往会遇到人多、路窄、道路不平等情况,为确保学生的安全,需要换边,即视障学生从明眼人一侧转移到另一侧。具体做法:明眼人把被视障学生握着的手臂伸向后背,指尖刚好触着另一手臂的肘关节;视障学生的手臂沿着明眼人放在后背的手臂,从背后转到另一侧,握着明眼人的另一手臂。在此过程中,双方最好要一直都保持接触。换边时,对于配合默契的老搭档,双方不必停下来,只需将脚步放慢点就可以,但对于初次合作的明眼人和视障学生,最好双方都停下来,待完成换边后,再继续行走。

⑤ 进出门技巧

门开着:进门时,明眼人告诉视障学生门开着,要进门了。若门够宽可以使用正常的行走方法进门。若门道狭窄,可以采用狭窄通道技巧进门。遇到有门槛时,应该稍停一下,并告诉视障学生有门槛,以免被绊倒。

门关着:要告诉视障学生门是关着的,可以采用下述方法开门。明眼人用被视障学生握着的那一只手去开门,使学生通过动作知道明眼人去开门了;然后采用狭窄通道法进门;进门后让视障学生用另一只手去关门。使用此法注意:若视障学生不是站在近于门轴一边,需要换边,使学生站在靠门轴的一边,主要目的是便于学生用手触摸门的把手,以便关门;若门是半开着,告诉学生要用上手保护法护住头部,以免被门碰着;在关门时,要告诉视障学生后面是否有人。

⑥ 上(下)楼梯

当明眼人带领视障学生上(下)楼梯时,首先是告诉学生上(下)楼梯了,以便让学生做好思想准备。具体做法：明眼人先靠近最下（上）一层台阶边沿处，稍停片刻，以便让学生知道前面要上楼梯了；视障学生在明眼人后方半步的位置；告诉学生，我们是在楼梯底（顶）部，同时告诉他楼梯是否有栏杆，如有栏杆，让视障学生扶着栏杆上（下）楼梯，这样会使学生有安全感；在明眼人踏上第一级台阶时，应先稍等一下，学生向前移动半步，脚趾触到楼梯底（顶）部边沿，使他知道楼梯的确切位置；视障学生跟着明眼人上（下）楼梯，总应保持比明眼人晚一台阶，上（下）楼梯时不应上（下）一级台阶就停下来，应以正常人正常的方式上（下）楼梯；上（下）楼梯时，视障学生和明眼人应将重心稍微前倾（后仰），如果偶然绊倒，就会向前（后）跌，这比向后（前）倒下然后滚下所有台阶安全性要大得多；当到达最上（下）层时，明眼人应稍微停一下，让学生知道已完成上（下）楼梯了。

⑦ 找座位

从前面接近椅子：明眼人将视障学生带到座位前方；明眼人将学生的手放在椅子的靠背上，视障学生能摸到椅子；他自己用另一只手去检查椅子的座位上是否确定是空的，是否足够牢固，只需用手将座面及左右摸一下即可；视障学生仍抓住椅子的靠背，转身背对椅子，然后后移，使腿的后面能触到椅子前边；他坐下时，一只手抓住椅子靠背以免椅子滑动，用另一只手确定椅子两边位置，检查自己是否坐在椅子中间。

从后面接近椅子：明眼人将视障学生带到椅子后，把他的手放在椅子靠背上；视障学生用另一只手沿椅背滑下，检查椅子是否是空的，是否牢固；他抓住椅子靠背绕到椅子前面，转身后让腿后面接触到椅子前沿，然后坐下；视障学生坐下后，一只手抓住椅子靠背以免椅子滑动，用另一只手确定椅子两边的位置，检查自己是否坐在椅子中间。

在使用上述各种方法带领视障学生外出活动时，最好积极利用语言指导，诸如"前面有门""上楼梯了""我们要向右拐了"等，这不仅能密切明眼人与视障学生的关系，保证安全到达目的地，更重要的是帮助他们对于所经过的路线在心理上形成地图，为他们能自己独自行走打下基础。

（3）使用盲杖的方法

盲杖是用来帮助视障学生行走的工具，而且就目前来讲，是最普遍、最便宜的辅助工具。使用盲杖可以帮助视障学生探索周围环境的情况，保护身体免于碰伤。

① 使用盲杖帮助行走的基本要领

使用盲杖不仅要握牢，更要讲究姿势自然美观而不易疲劳。盲杖的基本握法是：将盲杖置于胸前，大拇指放在盲杖上端，虎口朝上，食指在盲杖的一侧伸直,其余手指在盲杖下方弯曲,握住盲杖。

手腕的动作:握好盲杖以后,腕关节很自然地像鱼尾那样左右摆动,要注意手臂不动。盲杖末端应在身前左边、右边触地,不要总指向一边或一边指得多,另一边指得少,这会使杖端移动得不均衡,容易使学生偏向。

手臂的位置:手臂的位置对视障学生能否直线行走具有决定性的作用。最适当的位置是握杖的手应常放于身体的中线上,此时肘关节微屈,靠近身体。若盲杖握在身体一边,走路时会因走不直而改变方向。

盲杖的摆动:盲杖左右摆动接触地面的宽度应比肩的宽度稍微宽一点,摆动高度离地面大约5厘米左右。杖端落地离身体大约两步距离(一米左右)。步伐:盲杖末端移到右边,左脚向前迈进。盲杖移到左边,右脚向前迈进,即盲杖末端总是接触下一次脚要迈到的地方。节奏:视障学生的脚跟与地面接触时,盲杖的末端也正与地面接触,两个动作几乎同时发生。盲杖最好以固定的速度来回划动。

② 具体方法

a. 利用盲杖跟踪行走

视障学生可以利用盲杖沿墙根、草地边、马路沿儿等跟踪行走。具体方法为:用盲杖一边轻轻撞击各种跟踪行走的根儿、沿儿,同时也必须将盲杖轻轻向另一边划动,以免被路上的障碍物绊倒或撞伤,每走一步,盲杖都要左右轻轻划动一次。视障学生在人行道上行走时经常采用沿马路沿儿跟踪行走的方法。

b. 利用盲杖上楼梯

视障学生到楼梯前停下,面对楼梯站好;用盲杖试探楼梯最下一级台阶的宽度、高度、长度、楼梯两边有无扶手及是否有障碍物,最后选好安全的地方(通常靠近楼梯右侧),准备上楼梯;伸直握盲杖的手臂与肩同高,以拇指顶直盲杖,并使杖端与第二级台阶的边缘接触,往上行走;盲杖与楼梯保持自动叩击,直到没有与楼梯接触的声音,就表示已到了最上层。

c. 利用盲杖下楼梯

视障学生到楼梯前停下,面对楼梯站好;用盲杖试探楼梯最高的一级台阶的边缘;试探台阶的宽度、高度、长度、楼梯两边有无扶手及是否有障碍物,最后选好安全的地方(通常靠近楼梯左侧)准备下楼梯;将盲杖顺斜在第二级台阶边缘上,并稍微提起一点,使盲杖不接触台阶面,仅与台阶的边缘接触;当盲杖末端触及地面时,表示快到地面了,但注意还应再下一级或二级才能到达地面。

d. 横过马路

当视障学生走到路边要过马路时,应停下来倾听一下附近车辆的来往声音,判断是单线道还是双线道;用盲杖沿路的边缘探知路的方向,取好过马路的垂直路线,再静下来听一下来往车辆情况;如果是双线道,则先听一下左边车辆的声音,到公路中间再听一下右边车辆的声音,再迅速通过。如果是单线道,则要判断车行驶的方向,静听一下车辆行驶的情况,再迅速通过。

第4节 训练效果的评价

为了检测为视障学生制订的训练计划是否合适、训练内容是否恰当、训练方法是否有效,教师需要在一定的时间段内,以预先设定的教育目标为基准,考查学生达成目标的程度,对训练的效果进行有针对性的评价,以及时地调整训练计划、改善训练方法,为学生提供最恰当的训练。视障学生虽然在视觉方面存在缺陷,但是只要为他们提供无障碍的环境,并为他们提供感知觉、定向行走方面的训练,大部分的视障学生都有能力融入主流社会中。长期以来教育界过分强调视障学生的学业进步,而忽视了他们社会适应能力和生活技能等各项潜能的发展,这不利于他们走出学校,适应社会。因此,学校十分重视视障学生的生活适应能力的提高,除了学生的学科知识能力,将学生的功能视力、适应能力、定向行走能力作为训练质量的关键指标。

一、功能视力评价

每位学生都有两种水平的视力,一种是生理视力,即通过视敏度和视野的测量以及对特殊眼病、外伤、遗传或产前因素的影响的评估而得之;另一种是功能视力,是指在周围环境中能利用的残余视力的程度。前者需要在医院等专业的机构进行检查,学校一般不具备相应的条件,所以一般多对学生的功能视力进行训练和评价。功能视力的结果并不完全依赖视力值,而应从生活的种种情境中做系统的观察与记录,内容需统合个体的视觉能力、环境线索及现存可用的个人经验。功能视力是确定视障学生独特视觉功能的最有效的方式。对功能视力的评价是评估学生在日常生活情境中如何利用剩余视力进行日常生活的活动,以帮助视障学生选择适宜的学习媒介,拟订适宜的个别化教育计划,设计适宜的教学活动等。[1]

在对视力功能进行评估时,需要注意在课堂、日常生活等多种情境中的多

---

[1] 雷江华.学前特殊儿童教育[M].武汉:华中师范大学出版社,2008:75.

种活动中对学生进行评估。下面表 9-10 是元平特校根据美国编制的功能性视力评估样例而改编的评价量表。

表 9-10　功能性视力评价表

一、远距离视觉 在____米远处能模仿教师表情。 在____米远处能定位喝水的水龙头。 在____米远处能认出名字、形状、数字。 高度为 3 米的图片，在____米远处能说明图片中的主要形状，但需要到在____米远处才能确认细节。 在____米远处能认出同班同学。 在____米远处能找到自己的小橱柜。 找到掉到地板上的四个硬币中的____个；在____米远处找到 1 元的硬币。 在____米远处找到 1 元的硬币；在____米远处找到角币；在____米远处找到分币。 在____米远处能跟踪和寻找____（尺寸）的滚动的球。 当绕着体育运动器械运动时，避开障碍物。　能____　否____ 在坡道或台阶表面凹凸不平时，能用视觉发现并平稳渡过。能____否____
二、近距离视觉 头离板____厘米远，完成____（数目）块拼图（描述学生如何完成任务——如：试误法，用视觉或触觉等）。 在____厘米远处把螺钉钉入螺钉板，头离螺钉____米（描述学生如何完成任务）。

二、适应能力评价

　　社会适应程度高低直接影响人的一生发展，参照世界卫生组织所倡导的"三维"健康标准——身体健康、心理健康、社会适应良好，它既关系到一个人的基本生存问题，又关系到一个社会的健康发展，因此适应能力的提高是视障学生训练的最终目的。在总结性评价阶段，学校十分重视对学生适应能力的评估，评估强调视障学生的功能性视力是否在原有基础上有所提高，为生活能力的提高发挥作用，而不强调视障学生的绝对辨别事物的能力。对视障学生的适应技能的评估，各个阶段都有不同的要求，不仅要求他们独立完成个人卫生、衣着整洁，还要求他们能帮助父母整理居室、参加家务劳动和社会公益劳动等。评价的工具是生活技能评估量表和社会适应行为评估表，由教师和家长共同参与评价，了解学生在学校和家庭中的适应行为。

三、定向行走能力评价

　　视障学生在接受一段时间的定向行走能力训练后，是否掌握了定向和行走的方法,是否矫正了异常步态,以及是否能在他们熟悉的环境中基本做到准确定向和安全行走,需要教师对训练的效果进行评价,以及时调整训练方案。此外,为了了解学生习得的定向行走能力在家庭生活和社会生活中的运用情况,以更客观、更全面地评价学生的适应能力,学校对"盲人定向行走训练效果评估表(试行)"进行改编,选取评估表中的"家庭生活中的应用"和"社会生活中的应用"两个指标,将分值评分改为描述性评语,形成视障学生定向行走能力运用效果评估表(见表9-11)。该部分的评价主要由教师通过与家长的访谈,根据家长的描述评价学生在实际生活中的表现。

表9-11 视障学生定向行走能力运用效果评估表

一级指标	二级指标	三级指标	学生表现描述
家庭生活中的应用	个人卫生	穿着搭配	
		用餐卫生	
	家务劳动	打扫房间	
		洗晾衣服	
	休闲娱乐		
社会生活中的应用	道路行走		
	乘坐交通工具		
	去目的地		
	沟通能力		

四、学科知识能力评价

学科知识能力是视障学生所应掌握的基本的学科知识和听说读写算等方面的能力。例如视障部对学生开设的语文课,课程要求学生掌握与生活紧密相关的语文基础知识和技能,具有初步的听说读写能力。学生知识能力的提升在一定程度上也反映了学生认知能力的提升。在学习过程中,教师根据学科的内容和目标编制测验工具,对学生进行量化的考核或等级评定。评价的方式主要采用成绩测验和课程评估的方式,通过课后评价、月评价、期末总结评价的方法反映学生的发展过程。如课后评价表(见表9-12)所示,教师在每次课结束后,依据学生的课堂表现和对教学内容的掌握情况及对教学目标的达成情况填写。月评价表(见表9-13)显示,每个月底,教师会根据学期之初为学生制订的每月的教学分目标和教学内容,对学生学习态度、知识和技能的掌握情况进行评定,填写教学反馈表,以反映学生达成目标的情况。此外,如期末评价表(见表9-14)所示,每个学期末学校会对学生的综合素质进行一次全面的评估,期末评估包括学生的在校表现、学期获奖情况、班主任的评价和意见、家长意见及建议四个部分。该评价表主要由班主任教师根据学生日常行为表现和学习情况进行评定。

表 9-12　课后评价表

年级/班级		科　目		教学时间					
教学主题									
教学内容									
教学目标									
教学重难点									
教学方法									
教学过程									
学生掌握程度	学生姓名	学生掌握情况							
		能力	兴趣	能力	兴趣	能力	兴趣	能力	兴趣
备注	程度:A:独立完成　　　B:口语提示下完成　　　C:手势提示下完成　D:辅助下完成 兴趣:主动、积极√　　社会性强化△　　食物强化○ 不感兴趣×								
学后记									

表 9-13　每月教学计划反馈表

科目：　　　　　　授课教师：　　　　　　时间：

本月预设教学目标						
教学目标实际完成情况						
学生掌握情况	掌握情况＼学生姓名	完全掌握	基本掌握	部分掌握	在教师协助下完成	完全不能掌握
教师小结						

表 9-14　期末评价表

科目	学生表现	评价	科目	学生表现	评价
语文					

出勤情况	病假		获奖情况		德育考核	

教师寄语		班主任：	家长意见		家长：

北京大学出版社
教育出版中心 精品图书

21世纪特殊教育创新教材·理论与基础系列
特殊教育的哲学基础　　　　　　方俊明 主编 36元
特殊教育的医学基础　　　　　　张　婷 主编 36元
特殊教育导论（第二版）　　　　雷江华 主编 45元
特殊教育学（第二版）　　　雷江华 方俊明 主编 43元
特殊儿童心理学（第二版）　方俊明 雷江华 主编 39元
特殊教育史　　　　　　　　　　朱宗顺 主编 39元
特殊教育研究方法（第二版）杜晓新 宋永宁 等 主编 39元
特殊教育发展模式　　　　　　　任颂羔 主编 33元
特殊儿童心理与教育（第二版）
　　　　　　　　　　杨广学 张巧明 王 芳 主编 36元

21世纪特殊教育创新教材·发展与教育系列
视觉障碍儿童的发展与教育　　　邓　猛 编著 33元
听觉障碍儿童的发展与教育　　　贺荟中 编著 38元
智力障碍儿童的发展与教育　刘春玲 马红英 编著 32元
学习困难儿童的发展与教育　　　赵　微 编著 39元
自闭症谱系障碍儿童的发展与教育　周念丽 编著 32元
情绪与行为障碍儿童的发展与教育　李闻戈 编著 36元
超常儿童的发展与教育（第二版）
　　　　　　　　　　　　苏雪云 张　旭 编著 39元

21世纪特殊教育创新教材·康复与训练系列
特殊儿童应用行为分析　　　李 芳 李 丹 编著 36元
特殊儿童的游戏治疗　　　　　　周念丽 编著 30元
特殊儿童的美术治疗　　　　　　孙　霞 编著 38元
特殊儿童的音乐治疗　　　　　　胡世红 编著 32元
特殊儿童的心理治疗（第二版）　杨广学 编著 45元
特殊教育的辅具与康复　　　　　蒋建荣 编著 29元
特殊儿童的感觉统合训练　　　　王和平 编著 45元
孤独症儿童课程与教学设计　　　王　梅 著 37元

自闭谱系障碍儿童早期干预丛书
如何发展自闭谱系障碍儿童的沟通能力
　　　　　　　　　　　　　朱晓晨 苏雪云 29元
如何理解自闭谱系障碍和早期干预
　　　　　　　　　　　　　　　　苏雪云 32元
如何发展自闭谱系障碍儿童的社会交往能力
　　　　　　　　　　　　　　吕　梦 杨广学 33元
如何发展自闭谱系障碍儿童的自我照料能力
　　　　　　　　　　　　　　倪萍萍 周　波 32元

如何在游戏中干预自闭谱系障碍儿童　朱　瑞 周念丽 32元
如何发展自闭谱系障碍儿童的感知和运动能力
　　　　　　　　　　　韩文娟，徐芳，王和平 32元
如何发展自闭谱系障碍儿童的认知能力
　　　　　　　　　　　　　　潘前前 杨福义 39元
自闭症谱系障碍儿童的发展与教育　周念丽 32元
如何通过音乐干预自闭谱系障碍儿童　张正琴 36元
如何通过画画干预自闭谱系障碍儿童　张正琴 36元
如何运用ACC促进自闭谱系障碍儿童的发展 苏雪云 36元
孤独症儿童的关键性技能训练法　　　李 丹 45元
自闭症儿童家长辅导手册　　　　　　雷江华 35元
孤独症儿童课程与教学设计　　　　　王 梅 37元
融合教育理论反思与本土化探索　　　邓 猛 58元
自闭症谱系障碍儿童家庭支持系统　　孙玉梅 36元

特殊学校教育·康复·职业训练丛书（黄建行 雷江华 主编）
信息技术在特殊教育中的应用　　　　　　55元
智障学生职业教育模式　　　　　　　　　36元
特殊教育学校学生康复与训练　　　　　　59元
特殊教育学校校本课程开发　　　　　　　45元
特殊教育学校特奥运动项目建设　　　　　49元

21世纪学前教育规划教材
学前教育概论　　　　　　　　　李生兰 主编 49元
学前教育管理学　　　　　　　　　　王　雯 45元
幼儿园歌曲钢琴伴奏教程　　　　　　果旭伟 39元
幼儿园舞蹈教学活动设计与指导　　　董　丽 36元
实用乐理与视唱　　　　　　　　　　代　苗 40元
学前儿童美术教育　　　　　　　　　冯婉贞 45元
学前儿童科学教育　　　　　　　　　洪秀敏 39元
学前儿童游戏　　　　　　　　　　　范明丽 39元
学前教育研究方法　　　　　　　　　郑福明 39元
外国学前教育史　　　　　　　　　　郭法奇 39元
学前教育政策与法规　　　　　　　　魏　真 36元
学前心理学　　　　　　　　　　涂艳国、蔡 艳 36元
学前教育理论与实践教程　　王 维 王维娅 孙 岩 39元
学前儿童数学教育　　　　　　　　　赵振国 39元

大学之道丛书
市场化的底限　　　　　　　　[美]大卫·科伯 著 59元

大学的理念	[英] 亨利·纽曼 著 49元	美国公立大学的未来	
哈佛：谁说了算	[美] 理查德·布瑞德利 著 48元		[美] 詹姆斯·杜德斯达 弗瑞斯·沃马克 著 30元
麻省理工学院如何追求卓越	[美] 查尔斯·维斯特 著 35元	东西象牙塔	孔宪铎 著 32元
大学与市场的悖论	[美] 罗杰·盖格 著 48元	理性捍卫大学	眭依凡 著 49元
高等教育公司：营利性大学的崛起	[美] 理查德·鲁克 著 38元	**学术规范与研究方法系列**	
公司文化中的大学：大学如何应对市场化压力		社会科学研究方法100问	[美] 萨子金德 著 38元
	[美] 埃里克·古尔德 著 40元	如何利用互联网做研究	[爱尔兰] 杜恰泰 著 38元
美国高等教育质量认证与评估		如何为学术刊物撰稿：写作技能与规范（英文影印版）	
	[美] 美国中部州高等教育委员会 编 36元		[英] 罗薇娜·莫 编著 26元
现代大学及其图新	[美] 谢尔顿·罗斯布莱特 著 60元	如何撰写和发表科技论文（英文影印版）	
美国文理学院的兴衰——凯尼恩学院纪实			[美] 罗伯特·戴 等著 39元
	[美] P. F.克鲁格 著 42元	如何撰写与发表社会科学论文：国际刊物指南	
教育的终结：大学何以放弃了对人生意义的追求			蔡今忠 著 35元
	[美] 安东尼·T.克龙曼 著 35元	如何查找文献	[英] 萨莉拉·姆齐 著 35元
大学的逻辑（第三版）	张维迎 著 38元	给研究生的学术建议	[英] 戈登·鲁格 等著 26元
我的科大十年（续集）	孔宪铎 著 35元	科技论文写作快速入门	[瑞典] 比约·古斯塔维 著 19元
高等教育理念	[英] 罗纳德·巴尼特 著 45元	社会科学研究的基本规则（第四版）	
美国现代大学的崛起	[美] 劳伦斯·维赛 著 66元		[英] 朱迪斯·贝尔 著 32元
美国大学时代的学术自由	[美] 沃特·梅兹格 著 39元	做好社会研究的10个关键	[英] 马丁·丹斯考姆 著 20元
美国高等教育通史	[美] 亚瑟·科恩 著 59元	如何写好科研项目申请书	
美国高等教育史	[美] 约翰·塞林 著 69元		[美] 安德鲁·弗里德兰德 等著 28元
哈佛通识教育红皮书	哈佛委员会撰 38元	教育研究方法（第六版）	[美] 乔伊斯·高尔 等著 88元
高等教育何以为"高"——牛津导师制教学反思		高等教育研究：进展与方法	[英] 马尔科姆·泰特 著 25元
	[英] 大卫·帕尔菲曼 著 39元	如何成为学术论文写作高手	华莱士 著 49元
印度理工学院的精英们	[印] 桑迪潘·德布 著 39元	参加国际学术会议必须要做的那些事	华莱士 著 32元
知识社会中的大学	[英] 杰勒德·德兰迪 著 32元	如何成为优秀的研究生	布卢姆 著 38元
高等教育的未来：浮言、现实与市场风险		**21世纪高校职业发展读本**	
	[美] 弗兰克·纽曼等 著 39元	如何成为卓越的大学教师	肯·贝恩 著 32元
后现代大学来临？	[英] 安东尼·史密斯等 主编 32元	给大学新教员的建议	罗伯特·博伊斯 著 35元
美国大学之魂	[美] 乔治·M.马斯登 著 58元	如何提高学生学习质量	[英] 迈克尔·普洛瑟 等著 35元
大学理念重审：与纽曼对话		学术界的生存智慧	[美] 约翰·达利 等主编 35元
	[美] 雅罗斯拉夫·帕利坎 著 40元	给研究生导师的建议（第2版）	
学术部落及其领地——当代学术界生态揭秘（第二版）			[英] 萨拉·德拉蒙特 等著 30元
	[英] 托尼·比彻 保罗·特罗勒尔 著 33元	**21世纪教师教育系列教材·物理教育系列**	
德国古典大学观及其对中国大学的影响（第二版）		中学物理微格教学教程（第二版）	
	陈洪捷 著 42元		张军朋 詹伟琴 王 恬 编著 32元
转变中的大学：传统、议题与前景	郭为藩 著 23元		
学术资本主义：政治、政策和创业型大学			
	[美] 希拉·斯劳特 拉里·莱斯利 著 36元		
21世纪的大学	[美] 詹姆斯·杜德斯达 著 38元		

| 中学物理科学探究学习评价与案例 张军朋 许桂清 编著 32元
| 物理教学论 邢红军 著 49元
| 中学物理教学评价与案例分析 王建中 孟红娟 著 38元

21世纪教育科学系列教材·学科学习心理学系列

| 数学学习心理学（第二版） 孔凡哲 曾 峥 编著 38元
| 语文学习心理学 董蓓菲 编著 39元

21世纪教师教育系列教材

| 教育学基础 庞守兴 主编 40元
| 教育学 余文森 王 晞 主编 26元
| 教育研究方法 刘淑杰 主编 45元
| 教育心理学 王晓明 主编 55元
| 心理学导论 杨凤云 主编 46元
| 教育心理学概论 连 榕 罗丽芳 主编 42元
| 课程与教学论 李 允 主编 42元
| 教师专业发展导论 于胜刚 主编 42元
| 学校教育概论 李清雁 主编 42元
| 现代教育评价教程（第二版） 吴 钢 主编 45元
| 教师礼仪实务 刘 霄 主编 36元
| 家庭教育新论 闫旭蕾 杨 萍 主编 39元
| 中学班级管理 张宝书 主编 39元
| 教育职业道德 刘亭亭 39元
| 教师心理健康 张怀春 39元
| 现代教育技术 冯玲玉 39元
| 青少年发展与教育心理学 张 清 42元
| 课程与教学论 李 允 42元

21世纪教师教育系列教材·初等教育系列

| 小学教育学 田友谊 主编 39元
| 小学教育学基础 张永明 曾 碧 主编 42元
| 小学班级管理 张永明 宋彩琴 主编 39元
| 初等教育课程与教学论 罗祖兵 主编 39元
| 小学教育研究方法 王红艳 主编 39元

教师资格认定及师范类毕业生上岗考试辅导教材

| 教育学 余文森 王 晞 主编 26元
| 教育心理学概论 连 榕 罗丽芳 主编 42元

21世纪教师教育系列教材·学科教育心理学系列

| 语文教育心理学 董蓓菲 编著 39元
| 生物教育心理学 胡继飞 编著 45元

21世纪教师教育系列教材·学科教学论系列

| 新理念化学教学论（第二版） 王后雄 主编 45元
| 新理念科学教学论（第二版） 崔 鸿 张海珠 主编 36元
| 新理念生物教学论（第二版） 崔 鸿 郑晓慧 主编 45元
| 新理念地理教学论（第二版） 李家清 主编 45元
| 新理念历史教学论（第二版） 杜 芳 主编 33元
| 新理念思想政治（品德）教学论（第二版）
| 胡田庚 主编 36元
| 新理念信息技术教学论（第二版） 吴军其 主编 32元
| 新理念数学教学论 冯 虹 主编 36元

21世纪教师教育系列教材·语文课程与教学论系列

| 语文文本解读实用教程 荣维东 主编 49元
| 语文课程教师专业技能训练 张学凯 刘丽丽 主编 45元
| 语文课程与教学发展简史
| 武玉鹏 王从华 黄修志 主编 38元
| 语文课程学与教的心理学基础 韩雪屏 王朝霞 主编
| 语文课程名师名课案例分析 武玉鹏 郭治锋 主编
| 语用性质的语文课程与教学论 王元华 著 42元

21世纪教师教育系列教材·学科教学技能训练系列

| 新理念生物教学技能训练（第二版） 崔 鸿 33元
| 新理念思想政治（品德）教学技能训练（第二版）
| 胡田庚 赵海山 29元
| 新理念地理教学技能训练 李家清 32元
| 新理念化学教学技能训练（第二版） 王后雄 36元
| 新理念数学教学技能训练 王光明 36元
| 新理念小学音乐教学法 吴跃跃 主编 38元

王后雄教师教育系列教材

| 教育考试的理论与方法 王后雄 主编 35元
| 化学教育测量与评价 王后雄 主编 45元
| 中学化学实验教学研究 王后雄 主编 32元
| 新理念化学教学诊断学 王后雄 主编 48元

西方心理学名著译丛

| 荣格心理学七讲 [美]卡尔文·霍尔 45元
| 拓扑心理学原理 [德]库尔德·勒温 32元
| 系统心理学：绪论 [美]爱德华·铁钦纳 30元

书名	作者	价格
社会心理学导论	[美]威廉·麦独孤	36元
思维与语言	[俄]列夫·维果茨基	30元
人类的学习	[美]爱德华·桑代克	30元
基础与应用心理学	[德]雨果·闵斯特伯格	36元
记忆	[德]赫尔曼·艾宾浩斯 著	32元
儿童的人格形成及其培养	[奥地利]阿德勒 著	35元
幼儿的感觉与意志	[德]威廉·蒲莱尔 著	45元
实验心理学（上下册）	[美]伍德沃斯 施洛斯贝格 著	150元
格式塔心理学原理	[美]库尔特·考夫卡	75元
动物和人的目的性行为	[美]爱德华·托尔曼	44元
西方心理学史大纲	唐钺	42元

心理学视野中的文学丛书

书名	作者	价格
围城内外——西方经典爱情小说的进化心理学透视	熊哲宏	32元
我爱故我在——西方文学大师的爱情与爱情心理学	熊哲宏	32元

21世纪教学活动设计案例精选丛书（禹明 主编）

书名	价格
初中语文教学活动设计案例精选	23元
初中数学教学活动设计案例精选	30元
初中科学教学活动设计案例精选	27元
初中历史与社会教学活动设计案例精选	30元
初中英语教学活动设计案例精选	26元
初中思想品德教学活动设计案例精选	20元
中小学音乐教学活动设计案例精选	27元
中小学体育（体育与健康）教学活动设计案例精选	25元
中小学美术教学活动设计案例精选	34元
中小学综合实践活动教学活动设计案例精选	27元
小学语文教学活动设计案例精选	29元
小学数学教学活动设计案例精选	33元
小学科学教学活动设计案例精选	32元
小学英语教学活动设计案例精选	25元
小学品德与生活（社会）教学活动设计案例精选	24元
幼儿教育教学活动设计案例精选	39元

全国高校网络与新媒体专业规划教材

书名	作者	价格
文化产业概论	尹章池	38元
网络文化教程	李文明	39元
网络与新媒体评论	杨娟	38元
新媒体概论	尹章池	39元
新媒体视听节目制作	周建青	45元
融合新闻学	石长顺	39元
新媒体网页设计与制作	惠悲荷	39元
网络新媒体实务	张合斌	39元
突发新闻教程	李军	45元
视听新媒体节目制作	周建青	45元
视听评论	何志武	32元
出镜记者案例分析	刘静 邓秀军	39元
视听新媒体导论	郭小平	39元

全国高校广播电视专业规划教材

书名	作者	价格
电视节目策划教程	项仲平 著	36元
电视导播教程	程晋 编著	39元
电视文艺创作教程	王建辉 编著	39元
广播剧创作教程	王国臣 编著	36元

21世纪教育技术学精品教材（张景中 主编）

书名	作者	价格
教育技术学导论（第二版）	李芒 金林 编著	33元
远程教育原理与技术	王继新 张屹 编著	41元
教学系统设计理论与实践	杨九民 梁林梅 编著	29元
信息技术教学论	雷体南 叶良明 主编	29元
网络教育资源设计与开发	刘清堂 主编	30元
学与教的理论与方式	刘雍潜	32元
信息技术与课程整合（第二版）	赵呈领 杨琳 刘清堂	39元
教育技术研究方法	张屹 黄磊	38元
教育技术项目实践	潘克明	32元

21世纪信息传播实验系列教材（徐福荫 黄慕雄 主编）

书名	价格
多媒体软件设计与开发	32元
电视照明·电视音乐音响	26元
播音与主持艺术（第二版）	38元
广告策划与创意	26元
摄影基础（第二版）	32元

21世纪教师教育系列教材·专业养成系列（赵国栋主编）

书名	价格
微课与慕课设计初级教程	40元
微课与慕课设计高级教程	48元
微课、翻转课堂和慕课设计实操教程	188元
网络调查研究方法概论（第二版）	49元
PPT云课堂教学法	88元